主编简介

孟国碧，法学博士，广东商学院法学院教授，硕士生导师。美国波士顿大学高级访问学者。主要研究领域为国际经济法的基础理论问题、国际投资法、国际贸易法、世界贸易组织法等。在《法学家》、《法学》、《武汉大学学报》（哲社版）、《国际经济法学刊》、《北京理工大学学报》等刊物上发表学术论文近四十篇。主持省部级项目多项，参与国家级、省部级项目多项。出版学术专著一部，主编教材一部。

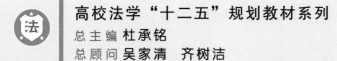

高校法学"十二五"规划教材系列

总主编 杜承铭

总顾问 吴家清 齐树洁

国际经济法学

International Economic Law

（第三版）

主　编 孟国碧

副主编 蒋冬梅　刘　彬　李广辉

撰稿人（按撰写章节顺序）

孟国碧　蒋冬梅　熊育辉　龚柳青

刘　彬　甘玉环　闫翠翠　叶才勇

刘淑勤　李仲平　钟立国　李广辉

厦门大学出版社
XIAMEN UNIVERSITY PRESS
国家一级出版社
全国百佳图书出版单位

图书在版编目(CIP)数据

国际经济法学/孟国碧主编. —3 版. —厦门:厦门大学出版社,2016.9(2018.10 重印)
(高校法学"十二五"规划教材系列)
ISBN 978-7-5615-6155-3

Ⅰ.①国⋯　Ⅱ.①孟⋯　Ⅲ.①国际经济法学-高等学校-教材　Ⅳ.①D996

中国版本图书馆 CIP 数据核字(2016)第 155107 号

出版发行　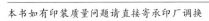

社　　　址	厦门市软件园二期望海路 39 号
邮政编码	361008
总 编 办	0592-2182177　0592-2181406(传真)
营销中心	0592-2184458　0592-2181365
网　　　址	http://www.xmupress.com
邮　　　箱	xmupress@126.com
印　　　刷	厦门集大印刷厂

开本	787mm×1092mm　1/16
印张	26
插页	2
字数	616 千字
版次	2016 年 9 月第 3 版
印次	2018 年 10 月第 2 次印刷
定价	65.00 元

本书如有印装质量问题请直接寄承印厂调换

厦门大学出版社
微信二维码

厦门大学出版社
微博二维码

"高校法学'十二五'规划教材系列"编委会

总 主 编：杜承铭

总 顾 问：吴家清　齐树洁

编委会成员（按姓氏拼音顺序排列）：

蔡国芹　蔡镇顺　陈俊成　陈亚平

崔卓兰　邓成明　邓世豹　韩明德

蓝燕霞　栗克元　马占军　彭真军

祁建平　施高翔　王继远　王晓先

吴国平　夏　蔚　熊金才　徐　波

徐继超　于风政　张小平　曾月英

秘　　　书：甘世恒

总　序

　　2011年3月，吴邦国委员长向世人宣布：中国社会主义法律体系已经形成。中国已步入了法治社会的健康发展轨道。作为改革开放排头兵的广东省，更是在法制建设的进程中敢于先行先试，为中国社会主义法律体系的完善贡献了自身的力量。与之相适应的是，广东省法学院校在法学教育和法学研究方面，也一直进行着积极的探索和改革。广东省开设法学专业的院校二十余所，以法学本科教育为主，多年来为广东、华南地区乃至全国的政法系统、党政部门、企事业单位培养和输送了数以万计的法律人才。随着我国市场经济的逐步发展完善，对法律人才的要求也进一步提升，既有的法学本科教学内容体系和教育模式在新的形势和新的要求面前难避僵化之虞。因此，以教学内容体系和教育模式为取向的法学本科教育改革，就成为广东各法学院系教育教学改革的重中之重。为了进一步推进广东法学院校法学教育教学改革特别是法学教材建设与改革，由厦门大学出版社策划，组织广东省二十余所院校法学专业教师联合编写的"高校法学'十二五'规划教材系列"便应运而生。

　　"高校法学'十二五'规划教材系列"是根据教育部公布的法学教学大纲编写的，符合国家"十二五"规划要求的法学创新教材。本教材系列具有如下特点：

　　第一，以几个较早成立的法学院系为依托，由广东二十余所院校的法学专业教师联合编写。本教材系列集合了广东省大部分开设法学专业课程的院校的教师，由具有丰富教学经验和科研能力的资深教授担任各册主编，并吸收了许多具有丰富一线教学经验的中青年任课老师作为作者参与编写。教材系列作者队伍阵容强大，同时又具有一定的权威性。

　　第二，紧密结合实际，力图打造具有广东特色的法学创新教材。广东省处于改革开放的前沿，经济的繁荣带来了思想的活跃。作为广东法学本科教学改革的一次尝试，教材系列力图突破传统的理论性较强的编写模式，将法学基本知识和具有地方创新特色的司法实务以及国家司法考试相结合，培养既具有法学基本知识，又能够了解司法实务的合格法律人才。为此，教材系列除对法律知识体系的整体阐述外，还吸收了部分具有广东特色的案例，精简为各章之前的"引例"部分，帮助学生进一步理解法学知识在法律实务中的应用。同时在各章之后增加"司法考试真题链接"部分，有助于学生将本章知识与国家司法考试要求相结合。

第三,吸收和采纳我国法学界的成熟观点和研究成果,精简教材内容,提高教学质量和效率。法学本科教育应为通识教育,即将学生培养成掌握法律基本知识,并能熟练运用法律的实用人才。目前国内大部分法学教材共同存在的问题是篇幅过大,理论争议过多,导致学生难以完全吸收掌握,从而在走上工作岗位后无法正确使用法学知识。因此,为了确保学生能掌握基本的法律知识并熟练运用,本教材系列要求各主编仅采用我国法学界公认的观点和理论,对于存有争议的部分暂时搁置,从而将教材的篇幅尽可能地压缩,减轻学生的学习压力,提高学习质量。

本教材系列是各院校教师共同努力的结晶,凝聚了许许多多一线教师的心血和智慧,是广东省各法学院校在法学本科教材上的一次共同探索和努力。当然,由于参编教师众多,加之水平有限,难免有所缺失和不足,敬请读者批评指正,以助日后不断完善。

杜承铭

2011 年 12 月

第三版前言

来自广东 8 所高校及中央党校的 12 位老师集合集体智慧,编写了《国际经济法学》教材,2012 年由厦门大学出版社出版,供本科生使用。2013 年编者对该教材进行了第一次修订,2014 年该教材获准为广东省级精品教材建设项目(粤教高函[2014]97)。2016 年编者对教材进行了第二次修订,此次修订是在 2013 年修订版的基础上,根据先前教材的使用经验进行的,是为了反映自 2013 年以来国际经济法的最新发展和变化,2018 年重印时,编者又根据学科发展的最新变化,补充和更新了部分内容和资料。两次修订的内容主要有:

第一,在国际贸易法领域,增加了 2015 年《英国保险法》修订的主要内容,介绍了 WTO 多哈回合谈判的最主要成果——《贸易便利化协定》,新增了有关区域贸易协定方面的相关内容,特别是被国际法学界普遍关注的 TPP、TTIP、中国的 RCEP 等协定的内容。

第二,在国际投资法领域,重点对被全球普遍关注的负面清单管理模式,结合其在中国自贸区的先行先试,在《外国投资法》(草案征求意见稿)中的规定、在中美 BITs 谈判中的博弈、在区域贸易协定如 TPP 中的内容等进行了介绍和分析,并对 2018 年美墨加协定进行了简要介绍。

第三,在国际金融法领域,主要补充了自 2016 年 10 月 1 日起,人民币将作为第五种货币,与美元、欧元、日元和英镑一道构成特别提款权(SDR)货币篮子的内容。

第四,在国际税法领域,增加了《联合国范本》和《经合组织范本》的最新修订内容,以及 BEPS 的介绍。

第五,在国际经济组织法领域,主要更新了国际货币基金组织份额调整的最新信息。

第六,在国际经济争端解决法领域,按照新《民事诉讼法》的规定,对涉及国际民事诉讼的部分作出了相应修改和调整。

此外,在文字表述方面作了改进,使之更准确、完整。相关的统计数据也进行了更新。

在教材结构方面,仍然保持了前一版的结构。

本教材由孟国碧任主编,蒋冬梅、刘彬、李广辉任副主编。各章节作者依次为:

孟国碧,广东财经大学法学院教授,硕士生导师,法学博士,撰写第一章。

蒋冬梅,广东第二师范学院政法系经济法学副教授,法学博士,撰写第二章。

熊育辉,广东财经大学法学院讲师,法学博士,撰写第三章。

龚柳青,广东财经大学讲师,西南政法大学法学硕士,英国杜伦大学法学硕士,撰写第四章。

刘 彬,西南政法大学法学院副教授,法学博士,撰写第五章,与叶才勇合作撰写第八章第四节。

甘玉环,广东工业大学政法学院讲师,法律硕士,撰写第六章。

闫翠翠,中央党校图书馆文献研究室,法学博士,撰写第七章。

叶才勇,华南师范大学法学院副教授,硕士生导师,撰写第八章第一、二、三节,与刘彬合作撰写第八章第四节。

刘淑勤,广州大学讲师,法学硕士,撰写第九章。

李仲平,广东金融学院副教授,上海财经大学法学博士,撰写第十章。

钟立国,广东财经大学教授,硕士生导师,法学博士,撰写第十一章。

李广辉,广东汕头大学法学院教授,硕士生导师,法学博士,撰写第十二章。

2016年第三版修订,除第八章由孟国碧、李伟(广东财经大学2013级研究生,就职于万利加集团控股有限公司)修订外,其他章节都由原作者修订。2018年重印修订,由主编负责完成。

本书的编写,借鉴了国内外同仁的部分文献资料和观点,恕不一一列举,谨在此致以深深的谢意!厦门大学出版社的编辑为本书出版付出了辛勤的劳动,在此一并表示衷心的感谢。

由于水平有限,本书错讹之处在所难免,敬请读者批评指正。

编 者

2018年9月

目 录

第一章　国际经济法导论

【引例】2008年5月、6月、9月，美国相继对来自中国的标准钢管、非公路用轮胎、薄壁矩形钢管和复合编织袋等四种产品征收反倾销税和反补贴税。

2008年9月19日，WTO收到中国递交的磋商请求。2008年12月9日，中国向世界贸易组织争端解决机构提起申诉，要求就美国商务部针对来自中国的标准钢管、矩形钢管、非公路用轮胎和复合编织袋等四种产品采取的"双反"措施进行调查。2009年3月4日，世界贸易组织正式就此案设立专家组，展开调查。2010年10月22日，专家组发布调查报告，部分支持中国主张。2010年12月1日，中国正式向世界贸易组织上诉机构提出上诉。2011年3月11日，世界贸易组织上诉机构发布裁决报告，支持中方有关主张，认定美国对中国产标准钢管、矩形钢管、非公路用轮胎和复合编织袋采取的反倾销、反补贴措施，以及"双重救济"做法，与世界贸易组织规则不符。请问：(1)此案中包含哪几个层次的国际经济关系？(2)调整这些国际经济关系的法律规范包括哪些？分别属于哪种类型的法律规范？

第一节　国际经济法的概念、体系和发展

一、国际经济法的概念

国际经济法(International Economic Law)是为了适应调整国际经济关系的需要而产生和发展起来的，是一门新兴的边缘性学科。

国际经济法是调整国际经济关系的法律规范的总称，对此学者们一般不存在异议。但由于中外学者长期以来对"国际经济关系"、"法律规范"等要素的理解存在分歧，也由于观察角度和研究方法上的差异，关于国际经济法的概念和范围，在理论上形成了不同的学说。归纳起来大致有以下几种：

（一）狭义说——国际公法说

持这种观点的学者认为，国际经济法是"经济的国际法"，是调整国家之间、国际组织之间以及国家与国际组织之间经济关系的法律规范，是"国际公法的一个特别分支"。国际公法的主体就是国际经济法的主体，包括国家和国际组织；国际公法的法律渊源就是国际经济法的法律渊源，包括国际条约和国际习惯。该学说的代表人物，国外主要有英国的施瓦曾伯格、詹克斯，法国的卡罗、朱亚尔、弗洛里，德国的艾尔勒，奥地利的霍亨维尔顿，日本的金泽

良雄等。① 国内代表人物主要有史久镛、汪暄。② 但是关于国际经济法的调整对象,狭义说的学者看法又不尽一致。一些学者将国际经济法定义为调整任何包含"显著经济因素"的事项。另一些学者的定义中,国际经济法的调整对象极为广泛,包含了国际法其他分支的事项,如"深海自由"和"大陆架"。③

狭义说的显著特征是坚持传统法律部门的分类,维护传统国际法体系,把调整国际经济关系的法律规范限于国际法规范,把国际经济法理解为"经济的国际法"。从方法论的角度看,这种观点坚持传统的"公法"与"私法"、"国内法"与"国际法"的分类标准,将调整国际经济交往关系的法律规范分门别类地划分为国际法与国内法、公法与私法。

(二)广义说——独立法律部门说

持这种观点的学者认为,国际经济法是一个独立的、综合性的法律部门,是调整跨越一国国境的经济交往的法律规范。其调整对象国际经济关系,不仅包括国家之间、国际组织之间、国家与国际组织之间的经济关系,而且包括大量的分属不同国家的个人、法人之间,个人和法人与他国或国际组织间的经济关系。其主体不仅包括国家和国际组织,还包括私人。其法律渊源不仅包括国际法规范,还包括国内法规范。

广义说的代表人物,国外主要有德国的哈姆斯、彼特斯曼,美国的杰克逊、杰塞普、斯坦纳、瓦茨、洛文费尔德,日本的樱井雅夫、小原喜雄等。④ 国内的代表人物早期主要有姚梅镇、王名扬、陈安等老一辈学者。⑤

广义说虽然不符合传统法律部门的分类,但这种观点注重从实际出发,注重事物之间的联系,强调调整跨国经济关系的国内法规范与国际法规范的相互联系与不可分割性,适应了20世纪后期国际经济关系的现实需要。

(三)其他学说

除上述两种主要学说之外,还有国际国内公法说、国际协调说等。

1. 国际国内公法说

该学说认为,在国际经济法中,很难将国际公法和国内公法分开,因为两者都同样规范着国际经济关系。所以,国际公法和国内公法是国际经济法的两个主要部分。至于私人之间的国际交易行为则由国内私法、国际私法以及国际商事交易法调整。该学说的代表人物有德国格廷根大学教授艾尔勒,日本的泽田寿夫。⑥

2. 国际协调说

该学说认为,国际经济法的调整对象——国际经济关系,是两个以上国家共同协调国际经济运行过程中发生的经济关系,即国际经济协调关系。⑦

---

① 陈安主编:《国际经济法总论》,法律出版社1991年版,第76~82页。
② 史久镛:《论国际经济法的概念和范围》;汪暄:《论国际经济法》,载《中国国际法年刊》1983年,第359~400页。
③ 曾华群著:《国际经济法导论》,法律出版社1997年版,第33~34页。
④ 陈安主编:《国际经济法总论》,法律出版社1991年版,第82~91页。
⑤ 姚梅镇:《国际经济法是一个独立的法律部门》,王名扬:《国际经济法是一门独立的学科》,载《中国国际法年刊》1983年,第359~400页。陈安主编:《国际经济法总论》,法律出版社1991年版,第91页以下。
⑥ 黄东黎主编:《国际经济法》,社会科学文献出版社2004年版,第24页。
⑦ 杨紫烜著:《国际经济法新论——国际协调论》,北京大学出版社2000年版;杨紫烜:《论国际经济法基础理论的若干问题》,载《法商研究》2000年第3期。

对于国际经济法的概念和范围的思考和争论至今仍未停止,如在我国,在20世纪80年代到90年代初,狭义说的观点主要为国际公法学者所主张,而在国际经济法学界,几乎压倒性地支持广义说。这种情况在90年代中后期发生了变化,一些国际经济法学界的年轻学者开始转向狭义说立场,但他们的观点与20世纪80年代国际公法学者的狭义说有根本不同,其前提是承认国际经济法是独立的法律部门,国际经济法学是独立的法学学科。并在此基础上,将前述广义的国际经济法分为两个独立的法律部门,一个是国际经济法(公法),另一个是国际商法。① 尽管对国际经济法的概念和范围有了以上反思,但目前我国国际经济法学界的主流观点仍为广义说,这在各种教材中表现得尤为明显。

鉴于广义说在世界范围内被越来越多的学者接受,本书在编排体例上采纳了广义上的国际经济法概念,即国际经济法是调整国家、国际组织、不同国家的私人之间经济关系的国际法规范和国内法规范的总称。它是一个独立的、新兴的、综合性的法律部门。

二、国际经济法的特征

由于学者在国际经济法的概念和范围上仍存在争议,目前还不存在统一和公认的国际经济法的特征,下面对广义的国际经济法的特征进行分析。从国际经济关系与国际经济法本身的内在联系来看,广义的国际经济法在主体、调整对象及法律规范方面与国际公法、国际私法等相邻法律部门相比,特征如下:

(一)国际经济法主体的广泛性

国际经济法的主体是指国际经济关系中的权利享有者和义务承担者,不仅包括国家、国际组织,也包括分属于不同国家的自然人和法人以及其他非法人组织。国际公法的主体只限于国家和国际组织;国际私法主要是以间接的方式调整涉外民事关系,其主体一般限于私人,国家只有在特殊情况下才以一般私法法人的身份,从事跨越国境的商事活动,才有可能成为国际私法关系的主体。

(二)国际经济法调整对象的复杂性

国际经济法的调整对象是国际经济关系,这种国际经济关系,既包括国际法上的关系,也包括国内法上的关系;既包括横向的国际经济关系,也包括纵向的国际经济关系。而且在一项具体的国际经济关系中,往往同时具有双重的经济关系。国际法上的关系主要是指国家间、国际组织间、国家与国际组织间所发生的经济关系;国内法上的关系是指不同国家的自然人、法人之间所产生的经济关系,以及国家对涉外经济活动的管理关系。横向的国际经济关系主要指自然人、法人之间发生的跨越一国国境的平等互利的国际经济流转关系,这是一种在当事人平等自愿的基础上建立起来的国际经济交流与合作关系。纵向的国际经济关系指主权国家依据国际条约或国内立法对国际经济活动进行管理和调节的关系,如外贸管制、外汇管理、海关监管、投资保护等,这是一种国际经济统制关系。

国际经济法与国际公法和国际私法的调整对象均有所不同。国际公法主要调整国家间政治、军事、外交和经济等方面的关系,而且,直到二战以后,国际公法对国家间经济关系的

---

① 徐崇利:《国际经济法与国际经济法学——"国际经济法"概念新探》,载《厦门大学学报》(哲社版)1996年第2期;左海聪:《论国际法部门的划分》,载《中国国际私法与比较法年刊》1998年,第259~284页;左海聪:《国际经济法基本问题论纲》,载《法学评论》2009年第1期。

调整在比重上才有所上升。传统上,国际私法是通过冲突规范间接调整私人之间的涉外民商事关系的,其作用在于解决发生法律冲突时的管辖权问题和法律适用问题,不以国家和/或国际组织之间的经济关系为调整对象。

（三）国际经济法规范的综合性

由于国际经济关系的复杂性,要解决国际经济关系中出现的不同问题,必须综合运用各种法律规范。如一项国际贸易关系,往往要涉及三个方面的法律:一是关于调整国际贸易活动的国内买卖法、合同法等国内"私法";二是关于国家对贸易进行管理和管制的外贸法、关税法、产品责任法等国内"公法";三是关于调整国家间贸易的双边贸易协定、多边条约等国际法。在其他国际经济关系,如国际税收关系、国际投资关系中,同样也要综合运用不同类型、不同性质的法律规范。可见,调整国际经济关系的规范并不局限于某一方面的法律规范,它不仅包括国际法规范,如国际条约、国际习惯等,也包括国内法中具有涉外因素的规范;不仅包括国家对国际经济关系进行调整的公法规范,也包括调整国际经济关系的私法规范;不仅包括规定国际经济法主体在国际经济活动中的权利和义务的实体性规范,也包括解决国际经济争议的程序性规范。这些规范相互联结,相互渗透,共同作用,形成了涉及多领域、多层面的法律规范的综合体。

国际公法的规范只限于国际条约和习惯,而不包括国际商务惯例及相关国内法。传统国际私法的规范基本上属于冲突规范以及极少的旨在解决法律冲突的国际条约,不包括直接确定当事人的权利义务的实体规范,如国际经济条约、国际商务惯例和各国国内法中的涉外经济法规。

综上所述,从国际经济法的特征可以看出,国际经济法与国际公法在主体、调整对象、法律规范上都有明显的不同。同时,因为国际经济法主要直接调整国际经济关系,而国际私法主要间接调整涉外民商事关系,二者也具有本质的区别。

三、国际经济法的体系

由于在国际经济法的概念和范围等问题上存在不同的学说,关于国际经济法的体系,不同的学者有不同的看法。即使是广义的国际经济法,其体系也是仁者见仁,智者见智。如1984年刘丁教授编著的我国第一部国际经济法概论性专著《国际经济法》分为五编,分别为总论、国际贸易法、国际技术转让法、中外合资经营企业法和国际经济技术合作的其他方式。[1] 陈安教授将国际经济法分为八部分:绪论、国际贸易法、国际投资法、国际货币金融法、国际税法、国际海事法、国际经济组织法和国际经济争端处理法。[2] 姚梅镇教授将国际经济法分为十四部分:绪论、跨国公司、国际货物买卖、国际技术转让、国家对进出口贸易的管理与管制、国际经济立法与反托拉斯法、国际运输及保险、国际投资、国际工程承包、国际支付、国际借贷与国际债券、国际税法、国际经济组织、国际经济交往中的争议及其解决。[3] 到目前为止,大多数学者在构建国际经济法的体系时,都包含了概论、国际贸易法、国际投资法、国际货币金融法、国际税法、国际经济组织法、国际经济争端解决法,本书也不例外。

---

① 刘丁著:《国际经济法》,中国人民大学出版社1984年版。

② 陈安主编:《国际经济法学》,北京大学出版社各版。

③ 姚梅镇主编:《国际经济法概论》,武汉大学出版社1989年版。

四、国际经济法的产生和发展

国际经济法是从什么时候开始出现的？对于这个问题，中国学者有不同的看法。有学者认为，作为国际公法的一个新分支的国际经济法，直到 20 世纪 40 年代，在联合国主持下相继出现了《国际货币基金组织协定》和《国际复兴开发银行协定》两个协定以及关税与贸易总协定以后，才开始了用多边条约调整国家间经济关系的新时代。它标志着国际经济关系方面的无法律状态的结束和新兴的国际经济法的出现。① 有学者认为，国际经济法是资本主义发展到垄断阶段的产物。② 还有学者认为，作为广义的国际经济法，其渊源甚早，其国内法规范可追溯到古希腊、罗马时期以及古代中国的夏、商、周。③ 本书认为，广义的国际经济法，因为包括不同层次的法律规范，不同层次的法律规范有其自己的发展历程，其出现时间不一样，如调整私人之间从事跨国经济活动的涉外法律规范，它的萌芽状态确实可以追溯到西方的古希腊、罗马时期和古代中国的夏、商、周时期；调整国家、国际组织相互之间经济关系的法律规范，在资本主义世界市场逐步形成、各种国际商务条约相继出现之际才开始出现。而作为一个独立的、新兴的、综合性的法律部门，国际经济法是资本主义发展到垄断阶段以后的产物。

（一）国际经济法的萌芽阶段

调整私人之间从事跨国经济活动的私法规范，最早可以追溯到西方的古希腊、古罗马时期。早在公元前，地中海沿岸亚、欧、非各国之间就已经出现频繁的国际经济往来和国际贸易活动，在长期实践的基础上，各国商人约定俗成，逐步形成了处理国际商务的各种习惯性规则。这些习惯性规则有的被国家法律吸收，有的被各种商人法庭援引，实际上是国际经济法律规范的最初萌芽。如在当时，传说中的"罗得法"中的相关规定，是近代海商法中"共同海损"和"海上保险"制度的最初渊源。在古代的罗马法中，也已有市民法和万民法之分，万民法中有关商务往来的规定，在古代即已逐步推行于欧洲大陆，后来对世界许多地区影响甚大。私法性质的国际商事交易规范主要根源不是罗马法，而是公元 10—15 世纪的商人自治法。商人自治法是商人们在长期的商业实践中形成的习惯性规则或做法，其内容已较广泛，涉及货物买卖合同的标准条款、两合公司、海上运输及保险、汇票、破产程序等方面的习惯性规则，这些习惯性规则逐渐发展成为整个西方世界的商事交往的基础，并适用于各国从事商业交易的商人，其影响一直持续到资本主义革命时期，并于那时被各国的商法所吸收。

在古代和中世纪时期的国际商事法律规范，其调整的对象，主要是私人之间超越一国国界的商事交易关系；它所直接涉及的商事法律关系的主体是私人而不是国家。而以国家为主体，用来调整国家与国家之间经济关系的法律规范，在当时尚属罕见。尽管在中世纪后期，国际经济条约，如"汉萨联盟"式的商务规约④开始出现并逐步发展，但它和近现代意义

---

① 王铁崖主编：《国际法》，法律出版社 1981 年版，第 411～413 页。
② 姚梅镇主编：《国际经济法是一个独立的法学部门》，载《中国国际法年刊》1983 年卷。
③ 陈安：《国际经济法总论》，法律出版社 1991 年版，第 28～55 页。
④ 汉萨联盟是 14—17 世纪间北欧诸城市国家结成的商业、政治联盟组织，以北德意志诸城市为主，其主要目的在于互相协调和保护各加盟城市国家的贸易利益和从事贸易的公民，并且共同对付联盟以外的"商敌"。对于联盟内部各盟员城市之间的商务争端，则应当按有关规定交付仲裁。参见陈安主编：《国际经济法专论》（上编，总论），高等教育出版社 2002 年版，第 29 页。

上的国际商务条约不能相提并论,因为后者是以彼此完全独立的民族国家的形成作为前提的。因此,这个阶段的国际商事法律规范,只能说是国际经济法的萌芽。

（二）国际经济法的形成阶段

国际经济法作为一个新兴的法律部门,是资本主义发展到垄断阶段以后的产物。资本主义发展到垄断阶段后,其国际国内关系产生了巨大变化,从17世纪到20世纪40年代的数百年间,用以调整国际经济关系的法律规范也发生了巨大变化。主要表现在以下三个方面:首先,调整私人间跨国交往活动的法律规范进一步发展。商品和资本跨越国界而大量流动,使许多生产和消费都具有了世界性,资本主义世界市场逐步形成,世界各民族国家之间的经济贸易交往空前频繁,使调整私人间跨越国境的商事交易法律规范进一步发展,国际商事惯例、国际商务条约大量涌现。如1877年关于共同海损理算的《约克—安特卫普规则》、1932年关于CIF贸易术语的《华沙—牛津规则》、1933年关于信用证的《商业跟单信用证统一惯例》等。其次,调整国家和私人间经济管理和控制关系的涉外经济法律规范应运而生。当自由资本主义发展到垄断阶段后,资本主义所固有的矛盾已达到不可调和、不可克服的地步,周期性的经济危机造成社会剧烈的混乱和动荡,而资本主义本身的自动调节机制已不再灵验,需要国家直接对社会经济进行各种干预、调节和组织活动。各主要资本主义国家逐步放弃了自由贸易政策,纷纷实行贸易保护主义政策,逐步提高关税税率,抵制其他国家工业品的进口。这样,组织和管理社会经济就成为国家的一项重要职能。国家对经济的干预和管制,必然要运用法律手段,经济法就应运而生,以管理和管制国内经济和对外经济活动。这样,使调整国家和私人之间纵向的经济管理关系的涉外经济法律规范得以迅速发展。最后,调整国家间经济关系的国际经济条约开始大量出现。由于生产和资本的国际化,各国垄断资本在国际上也相互竞争,国家间经济矛盾日益加剧和尖锐化,国与国之间开始签订各种协议,以求暂时妥协和利益平衡。由此而产生了多边国际专项商品协定,如1902年的布鲁塞尔砂糖协定、1931年的国际锡协定、1933年的国际小麦协定等。另外,许多国家和国际经济组织谋求对国际经济关系进行法律协调和保护,在一些领域产生了一系列国际公约或条约。如在知识产权保护领域,有1883年的《保护工业产权巴黎公约》、1886年的《保护文学艺术作品伯尔尼公约》、1891年的《商标国际注册马德里协定》等。在国际贸易支付领域,有在国际联盟支持下达成的有关票据法的国际公约,包括1930年《汇票与本票统一法公约》和《解决汇票与本票若干法律冲突的公约》;1931年《支票统一法公约》和《解决支票若干法律冲突的公约》。在国际货物运输领域,有1924年的《统一提单的若干法律规则的海牙公约》、《统一国际航空运输某些规则的华沙公约》等。

由此可见,从17世纪开始到20世纪初,国际经济关系本身发生了很大变化,相应地,调整国际经济关系的法律规范也有了较大的发展变化。除调整私人间跨越国境的经济交往的国内法规范和国际法规范不断发展外,在国内层面,国家对经济干预的出现和加强,导致涉外经济管制立法得以发展;在国际层面,国家间经济矛盾的加剧,使得协调和保护国际经济关系的国际经济条约大量涌现。国际经济法作为一个新的、独立的法律部门,已逐步形成。

（三）国际经济法的发展阶段

第二次世界大战后,国际形势发生了许多新的变化,调整国际经济关系的法律规范数量急剧增加,内容日益丰富和完善,国际经济法作为一个独立的法律部门迅速发展并日渐成熟,体现在:

1. 处理和协调国际经济贸易关系的公法性质的国际经济条约大大发展

二战结束前后,以《国际货币基金协定》、《国际复兴开发银行协定》、《关税与贸易总协定》为契机,国际社会开始进入以多边国际商务条约调整重大国际经济关系的重要阶段,这是国际经济法发展过程中的一个新阶段。根据上述三个协定分别建立的国际货币基金组织(IMF)、国际复兴与开发银行(IBRD)、关税与贸易总协定(GATT)分别在国际货币领域、国际投资金融领域、国际贸易领域推动国家间的协调和合作,在它们的推动下,国与国之间签订了大量的国际条约。特别是在 GATT 的推动下,先后进行了八个回合的多边贸易自由化谈判,其成员方之间缔结了大量的货物贸易和服务贸易自由化、与贸易有关的投资措施、知识产权的国际保护等方面的国际条约,特别是第八个回合——乌拉圭回合的谈判,最终通过了一揽子协议。1995 年 GATT 被 WTO 所取代,继续在推动贸易自由化方面发挥着不可替代的作用。2001 年启动的多哈回合谈判,历经艰难,终于在 2013 年达成《巴厘一揽子协议》,其中,《贸易便利化协定》是其最核心的协定。

2. 区域性国际经济条约和组织的出现

第二次世界大战结束以后,各种类型的区域性国际经济组织蓬勃发展,驱动了大量的区域性国际经济条约的签订。如 1984 年的安第斯共同体、1992 年的北美自由贸易区、1993 年正式诞生的欧盟等。

3. 大量的私法性国际商事条约和国际商事惯例,数量不断增加,覆盖的领域不断扩大

经济全球化、经济一体化的产生和不断向纵深推进,使国际经济法统一化运动不断加强,国际商事条约和国际商事惯例不仅数量激增,而且所涉领域不断扩大。国际商事条约方面,如 1965 年《解决国家和他国国民间投资争端公约》、1978 年《联合国海上货物运输公约》(《汉堡规则》)、1980 年《联合国国际货物销售合同公约》、1985 年《多边投资担保机构公约》、1999 年《蒙特利尔公约》、2008 年《联合国全程或部分海上国际货物运输合同公约》(《鹿特丹规则》)等。国际商事惯例方面,如《2010 年国际贸易术语解释通则》、《跟单信用证统一惯例》(国际商会第 500 号、第 600 号出版物)、《国际商事合同通则》(1994 年版、2004 年版)等。

4. 国际、国内管制跨国公司的法律规范得到不断发展

跨国公司的迅速发展,导致国际、国内加强了对跨国公司活动的监督和管制。在国际上,1974 年联合国大会通过的《各国经济权利和义务宪章》确立了国际社会处理跨国公司问题的新的基本准则,1974 年联合国又成立了"跨国公司委员会",并拟订了《跨国公司行为守则(草案)》。在国内层面,20 世纪 70 年代后,许多国家相继颁布了一些直接调整跨国公司活动的法律,如外资法、外汇管制法、反托拉斯法、涉外税法等涉外经济法。

5. 反映新独立国家要求建立国际经济新秩序的国际法文件大量产生

战后,许多殖民地、半殖民地受压迫的弱小民族取得独立,形成第三世界,它们运用集体力量,以谋求本国经济的发展,争取建立新的国际经济秩序。联合国在建立国际经济新秩序,制定国际经济法律方面作出了非常重要的贡献,通过了一系列建立国际经济新秩序的宣言或决议,如 1962 年通过的《关于自然资源永久主权的宣言》、1974 年通过的《建立国际经济新秩序宣言》、《建立国际经济新秩序行动纲领》、《各国经济权利和义务宪章》,为新的国际经济秩序的建立奠定了基石,并成为国际经济法十分重要的内容。

总之,这一阶段的国际经济法的特征是,除了有关协调或统一各国涉外民商事法律关系的国际经济条约、国际商事惯例进一步发展外,有关调整各国管制国际经济关系的国际经济

条约大量签订,区域性国际经济条约迅猛发展,各国以管制跨国公司活动为中心的涉外经济管理立法不断加强,国际经济法作为一个独立的、新兴的法律部门日渐成熟。

第二节 国际经济法的主体

法律关系的主体是法律关系中权利的享有者和义务的承担者。国际经济法的主体指在国际经济交往的法律关系中可以独立享有权利及承担义务的法律人格者,又称国际经济法律关系的参加者或当事人,不仅包括国家和国际组织,也包括分属于不同国家的自然人和法人。跨国公司虽然不是一个法律实体,但作为一种特殊的经济组织,也是国际经济法的重要主体。

一、私人

私人(individuals)是国际经济法最重要的主体之一,包括自然人和法人。从现实情况看,以法人为主的私人跨国经济活动是国际经济交往活动最主要的内容,大量的国际经济关系都是私人进行跨国经济活动的产物。从另一个角度看,调整国际经济关系的国内法规范和国际法规范的直接和间接调整对象主要也是私人。

(一)自然人

1. 自然人的权利能力和行为能力及其确定

自然人能否成为国际经济法的主体,取决于其是否具有权利能力和行为能力。自然人的权利能力,指自然人享有权利和承担义务的资格,是其作为权利主体的前提。各国法律一般规定,自然人的权利能力始于出生,终于死亡。自然人的行为能力,指自然人通过自己的行为实际取得权利和承担义务的资格。各国法律一般规定,自然人的行为能力始于达到一定年龄并且具有或恢复正常理智。各国法律主要根据年龄和身体状况,将自然人分为完全行为能力人、限制行为能力人和无行为能力人。能作为国际经济法主体的自然人,必须是完全行为能力人。

根据各国普遍的立法和实践,自然人的权利能力和行为能力依其属人法确定,而属人法就是特定自然人的本国法或住所地法。因而国籍是决定自然人的权利能力和行为能力的重要因素。

2. 自然人的国际经济法主体资格

在国际经济交往中,自然人可以从事各种国际经济贸易活动,国际经济条约和各国法律一般都承认,具有权利能力和行为能力的自然人是国际经济法律关系的合格当事人。中国法律也明确承认外国自然人的国际经济法主体资格。中国自然人在中国境外的国际经济法主体资格,也已得到一些国际条约的确认。而中国自然人在中国境内的国际经济法主体资格目前还受到一定的限制,如在国际贸易领域,根据《对外贸易法》,个人可以作为对外贸易经营者从事货物进出口、技术进出口和国际服务贸易活动。而在国际投资领域,根据《中外合资经营企业法》和《中外合作经营企业法》的有关规定,中国自然人还不能作为中外合资经营企业和中外合作经营企业的中方当事人。随着我国改革开放的发展,我国法律对境内自然人从事国际经济交往的资格将会逐步放宽,2015年1月19日公布的《外国投资法(草案征求意见稿)》就明确规定,中国投资者包括具有中国国籍的自然人。[①]

(二)法人

1. 法人的权利能力和行为能力及其确定

法人要成为国际经济法主体,必须是完全行为能力人。法人的权利能力,指法人依法享有权利和承担义务的资格。法人的权利能力从法人依法成立时产生,在法人依法被撤销、解散、被宣告破产或因其他原因而终止时消灭。法人的权利能力由其章程和有关法律规定。不同类型的法人具有不同的权利能力。即使是同类法人,各自的权利能力也不尽相同。法人的行为能力,指法人以自己的行为实际取得权利和承担义务的资格,与其权利能力的范围一致,并且同时发生,同时消灭。

法人的权利能力和行为能力一般依其属人法确定。法人的属人法不仅决定法人是否存在,是否具有一般权利能力,而且还决定法人的内部关系、特殊的权利能力、行为能力等问题。法人的国籍是属人法的依据。关于法人国籍的确定,各国立法实践和有关理论包括设立地规则、住所地规则、准据法规则、资本控制规则和复合标准规则等。

2. 法人的国际经济法主体资格

国际经济条约和各国法律一般都承认法人的国际经济法主体资格。在我国,能成为一般国际经济法律关系主体的法人,包括国有企业、集体企业、私营企业、三资企业。法人能否成为国际经济法律关系的主体,取决于其权利能力的范围,该范围由设立法人的宗旨决定,并且明确规定于其章程和有关法律中。

二、跨国公司

跨国公司(transnational corporations)又称多国公司、多国企业、国际企业、世界企业和全球公司等。跨国公司是随着国际分工以及国际贸易的发展而逐渐形成和发展起来的,作为国际经济关系的重要参加者,凭借其财力、物力和人力优势和先进的技术和管理经验,在国际经济贸易活动中,起着举足轻重的作用。

(一)跨国公司的概念和特征

联合国跨国公司委员会在 1983 年制定的《跨国公司行为守则(草案)》中对跨国公司的定义是:"跨国公司系指一种企业,构成这种企业的实体分布在两个或两个以上的国家。而不论其法律形式和活动范围如何。各个实体通过一个或数个决策中心,在一个决策系统的管辖之下开展经营活动,彼此有着共同的战略并执行一致的政策。由于所有权关系或其他因素,各个实体相互联系,其中一个或数个实体,对其他实体的活动能施加相当大的影响,甚至还能分享其他实体的知识、资源,并为它们分担责任。"由此可以看出,跨国公司具有如下特征:

1. 生产经营跨国化

跨国公司通常以一个国家为基地,设立母公司,同时又在其他一个或多个国家设立不同的实体,接受母公司的管理、控制和指挥,从事各种经营活动,从而使生产过程在很大程度上在国际范围内实现。

---

① 参阅《外国投资法》(草案征求意见稿)第 12 条。

2．具有全球性经营战略

跨国公司的母公司在制订经营方案时，通常从跨国公司的整体利益出发，制订其在全球范围内的生产、销售和经营策略。

3．公司内部相互联系

跨国公司由分布在各国的诸实体所组成，其内部各实体之间，特别是母公司和子公司之间存在着密切的关系，从而使母公司或公司内的某些实体，能与其他实体分享知识、资源和分担责任，从而实现利润的最大化。同时，也可以逃避或规避东道国的税收管辖、关税壁垒或非关税壁垒等措施。

（二）跨国公司的基本结构

跨国公司为了实现其全球战略，在其海外实体的设置方式上有所不同。典型的跨国公司一般由设立于不同国家的母公司、子公司和分公司三类实体组成，另一些跨国公司则分别由母公司和分公司或母公司和子公司两类实体组成。母公司是通过股权占有或其他方式对其子公司和分公司实行控制的公司，具有母国的法人资格。子公司通常指由母公司拥有全部或多数股权的企业。它一般依东道国法律设立，采取股份有限公司、有限责任公司等形式，具有东道国的法人资格。分公司是外国母公司在东道国设立的办事机构。分公司，包括海外分公司都不具有独立的法人资格，母公司对分公司的行为直接负责。

（三）跨国公司的特殊法律问题

1．跨国公司的法律人格

跨国公司的法律人格指跨国公司在国内法上的法律人格和在国际法上的法律人格。

（1）跨国公司的国内法律地位。由于跨国公司是由设立于不同国家的母公司、子公司和分公司三类实体组成，跨国公司诸实体在国内法上没有特殊地位。跨国公司的母公司或总公司在其母国，与其他商业公司一样，是根据母国的法律成立的，其法律能力也是由母国的法律决定的。跨国公司在东道国的实体，或是根据东道国法律成立而由母公司控制的子公司，与东道国其他公司处于相同地位；或是作为分公司在东道国登记注册，其地位仍属外国公司。但跨国公司的法律人格却是一个比较复杂的问题，在跨国公司由母公司和分公司组成的情况下，由于母公司和分公司具有同一法律人格，此类跨国公司无论是经济上或法律上都是统一的实体。而跨国公司如果由母公司、子公司和分公司组成，或者由母公司和子公司组成，由于母公司和子公司分别取得母国和东道国的法人资格，这类跨国公司一般不能被视为统一的法律实体，而只能视为多个法律实体的聚合，跨国公司母公司是否应对其子公司的行为负责则是一个比较复杂的问题。

（2）跨国公司的国际法律地位。跨国公司拥有强大的经济实力，在同发展中国家的经济交往中居于明显的优势地位。它们可以通过与东道国政府签订特许协议享有专属于东道国的某种权利，并在特许协议中规定不受东道国法院和法律的管辖。那么跨国公司在国际法上是否具有特殊地位？是否可以成为国际法主体？国际法学者对此众说纷纭。有些学者认为跨国公司不具有国际法律地位，但也有些学者以国家契约、国际仲裁等理由认为其具有国际法主体资格。发展中国家的学者大多否定跨国公司的国际法主体地位，原因在于，组成跨国公司的各实体，包括母公司、子公司和分公司均为国内法的产物。无论作为内国或外国法人，它们的权利能力和行为能力只能取决于国内法的规定。同时，跨国公司各实体必须分别接受和服从母国或东道国的管辖。基于这种管辖产生的重要法律后果是：其一，跨国公司没有根据自己的意思独立参加国际法律关系的能力;其二,它们也没有直接承担国际法权利和义务的能力。显然,跨国公司不具备国际法主体的资格和能力,不是国际法主体,而仅仅是国内法主体。① 本书也持这种观点。

2. 跨国公司母公司对子公司的债务责任

在跨国公司的实际经济关系中,由于母公司的原因导致子公司及其债权人利益受损的事时有发生。这可能是由于母公司的指示,导致子公司与第三人之间的合同不能履行,或造成子公司破产,损害了子公司股东及其债权人的利益;也可能是由于母公司过错产生的侵权行为,对他人的人身和财产造成损害。关于跨国公司母公司对其子公司的债务是否应当承担责任,目前尚没有统一的观点和实践。从目前各国实践和学者们的意见来看,主要有以下几种不同的观点和做法。

(1)严守有限责任原则。该学说认为,根据法人的有限责任原则,在公司内部关系上,股东的责任以其出资额为限,对外则以公司的全部资产承担责任。这样,法人的责任与股东的责任严格区分,不同法人的责任亦严格区分。由于跨国公司的母公司和子公司是各自独立的法人,亦应严格适用有限责任原则。该学说的缺陷在于:如果严守有限责任原则,就使跨国公司各实体的法律责任与它们的经济联系相分离。跨国公司往往以有限责任为借口,来逃避其应负的责任。

(2)整体责任说。与有限责任相对应,有些学者主张,母公司应对其全部所有受其控制的子公司的债务负责任,这类似于代理的概念,即母公司把子公司作为其代理人,让母公司负责任;或者是在立法中规定,让母公司对其子公司的债务负责任。这实际上是把母公司与子公司看作一个企业实体来追究责任。该学说的缺陷在于:目前除德国公司法有关于公司集团的特殊规定外,很少有国家有专门的公司集团法。

(3)特殊情况下的直接责任。从目前的实践来看,让母公司对子公司的债务负直接责任的做法主要是以传统的有限责任原则的某些例外为根据来"揭开公司法人面纱","否定子公司法人人格",追究母公司的责任。传统的有限责任的例外主要有代理、法律形式的滥用、公司的投资不足等。在普通法系国家,特别是美国,以代理为依据揭开法人面纱较为常见。但"公司法人人格否认理论"是对传统公司法"独立法律主体承担独立责任"理论的例外规定或是一种补充。除美国外,其他国家,如欧洲大陆国家,很少有这样的案例,法院对此一般持慎重态度。而且对于哪些情况属于有限责任的例外,怎样认定,没有确定的准则和权威的解释,各国判例之间,甚至一国国内的判例之间,也不一致,没有固定的模式。

(4)母公司的责任与子公司享有的自主性程度相联系。具体来说:在子公司具有足够的或必要的自主性,是一个独立自主的自治体,能独立作出决定从事各种民事活动,独立对外承担民事责任时,有限责任的原则应占有优势,母公司对子公司的债务不负责。当子公司在某些事项上的自主性由于母公司的干涉和支配,如母公司的错误决策、不当指示而被剥夺,并对子公司或其债权人造成损害时,母公司应对由此造成的特定损害承担责任。当子公司由于母公司的控制而基本或完全失去自主性时,应让母公司对子公司的债务直接负责任,因为这时子公司已失去独立性,实际上与母公司的分支机构的地位差不多。② 这种观点中,对

---

① 余劲松主编:《国际经济法学》,高等教育出版社 1994 年版,第 31～35 页。

② 余劲松、吴志攀主编:《国际经济法》,北京大学出版社、高等教育出版社 2000 年版,第 41～42 页。

如何确定母公司对子公司控制的标准、控制的程度,目前国际上尚无普遍接受的统一的检验标准,东道国法院在判断跨国公司母子公司关系上难度甚大,且容易引起争端。

综上所述,跨国公司母公司对子公司的债务责任问题,国际上仍无普遍接受的观点和实践。我国在2005年修订的《公司法》中第一次引入了"公司法人人格否认理论",对解决跨国公司母公司对子公司的债务责任问题,或许具有一定的指导意义。

3. 对跨国公司的法律管制

对跨国公司的法律管制包括对跨国公司经营活动的管制和对跨国公司社会责任的管制。

(1)对跨国公司经营活动的法律管制。由于跨国公司具有强大的经济实力,且根据其全球战略在世界范围内追逐高额利润,这就会在跨国公司与东道国间、跨国公司与母国间、东道国与母国间产生种种矛盾和冲突。跨国公司对东道国的经济发展既有积极作用,又有消极影响。这种消极影响表现在多个方面,如跨国公司可能采取各种手段,无视或违反东道国法律,逃避东道国管辖;控制和掠夺东道国的自然资源;跨国公司的全球战略可能与东道国的发展目标不一致等。跨国公司与其母国也可能存在矛盾和冲突,如跨国公司资本的大量输出,可能会减少母国国内的就业机会,减少母国商品的出口,导致技术外流,国内投资减少,影响母国的国际收支等,由此引发各国积极要求对跨国公司的跨国经济活动进行法律规范。由于跨国公司由设在不同国家的实体组成,各国基于属人原则和属地原则对其进行管辖,因此,对于跨国公司的管制主要是通过国内法实现的。考虑到跨国公司的不当行为,单个国家的法律已不能对其进行有效的管理,以及各国对跨国公司管制制度的差别,自20世纪70年代以后,关于管理跨国公司行为的国际立法提上了议事日程。1974年12月,联合国成立了"跨国公司委员会",拟定了《跨国公司行为守则》,对跨国公司的母国及东道国有关跨国公司的管制制度予以统一规范。1982年起草工作组向跨国公司专门委员会第八次会议提交了《跨国公司行为守则(草案)》,1990年提交联大第四十五次会议审议。由于有关国家对守则涉及的某些重要问题无法达成共识,陷入僵局,再加之20世纪90年代以后国际经济形势也发生了变化,守则的谈判在1992年就停顿了下来,1993年自将跨国公司事项移交给联合国贸易与发展会议后,守则的谈判就再也没有被提起,国际社会经过十多年的努力拟定的守则草案最终没有成果。

(2)关于跨国公司社会责任的管制。随着经济全球化的深入发展,全球跨国投资迅猛增长,跨国公司的社会责任问题引起了国际社会的广泛重视。《1994年世界投资报告》规定了企业和跨国公司社会责任的最低标准,即"为社会利益,不具有故意的伤害行为,如果产生了损害,企业提供的利益必须足以抵销企业伤害行为带来的不利"。跨国公司社会责任的主要内容包括经济责任、法律责任、道德责任、环境责任等。目前广受瞩目的关于跨国公司社会责任的标准是SA8000,它是全球首个关于企业社会责任的标准。SA8000标准主要源于《国际劳工组织公约》、《世界人权宣言》和《联合国儿童权利公约》,与ISO9000质量管理体系、ISO14000环境管理体系一样,是一套可被第三方认证机构审核的国际标准。目前,SA8000只有一个国际认证机构:社会责任国际(SAI)。由企业自愿申请认证,通过认证的公司会获得证书,并可以在公司介绍手册和公司信笺抬头处印上认证标志。随着经济全球化的深入发展、社会的进步、各国经济的发展和人民生活水平的不断提高,企业的社会形象越来越受到社会的关注,SA8000也越来越受到全世界重视。自其公布以来,正逐步成为企业争取竞争优势的一个手段。

SA8000 涉及的内容包括：核心劳工标准，包括雇佣童工，强迫性劳动，工人的结社自由和集体谈判权，歧视，惩戒性措施；工时与工资，包括工作时间、最低工资标准；健康与安全；管理系统等。

SA8000 对我国既有积极作用，如有助于提高企业社会形象、有利于企业发展；也有消极作用，如 SA8000 自始就有贸易保护的倾向，已逐步演变成一种新型的贸易壁垒——社会责任壁垒；增加企业的成本；抑制出口等。① 对此，我国应认真研究、了解和遵守 SA8000，尽快建立健全我国相应立法。

三、国家

根据传统国际法，国家是国际法的主体。由于国际经济法包括了调整国际经济关系的国际法规范，国家也是国际经济法的主体。

（一）国家作为国际经济法主体的资格

1. 国家作为主权者创立并实施国际经济法规范

国家作为主权者，具有独立从事国际行为或参加国际关系的能力和直接享有和承担国际法权利和义务的能力。作为国际经济法主体，国家首先是国际经济法规范的创立者。国家通过与其他国家签订双边或多边经济条约形式创立国际经济法的一般规则或特殊规范，直接调整国家之间或间接调整缔约国国民之间的经济关系。国家通过国内立法、行政和司法机构来实施国际经济法中的国际法规范，特别是其在国际经济条约中承担的国际义务。国家还可通过制定法律，对本国经济结构和境内的涉外经济活动进行调整和管辖。

2. 国家作为主权者对经济活动进行管理和监督

国家作为国际经济法主体，还有其他主体所不具有的特殊职能，即对经济活动进行管理和监督的职能。

3. 国家作为特殊的民商事主体可直接参加国际经济贸易活动

国家本身可作为国际经济关系的当事人，参与签订国际经济合同。例如，国家可以同外国私人投资者签订特许协议，以开发本国自然资源或发展公用事业；国家可以同外国或外国人签订各种外贸合同，直接在国际市场上采购商品等。但在国际经济贸易活动中，应严格区分以国家名义签订的经济合同和以独立法人资格的国营企业签订的经济合同。因为在前一种情况下，由国家作为法律主体，以国库财产为基础承担有关法律责任；而在后一种情况下，则出国营企业依法在其所支配的财产或资金范围内承担法律责任。在国家作为国际经济关系的当事人签订国际经济合同时，国家具有合同当事人和主权者的双重身份，即作为国际经济合同当事人，国家与另一方当事人地位平等；而作为主权者根据主权平等原则，国家及其财产享有豁免权。

（二）国家及其财产豁免问题

国家及其财产豁免原则是国家主权原则派生出来的一项独立的国际法原则。其主要内容是：(1)管辖豁免，指未经一国同意，不得在他国法院对其起诉或以其财产作为诉讼标的；

---

① 杨树明：《非关税壁垒法律规制研究》，中国检察出版社 2007 年版，第 237～245 页。

（2）执行豁免。指即使一国同意在他国作为被告或主动作为原告参加民事诉讼，未经该国同意，不得对其财产采取诉讼保全措施和根据法院判决对其实行强制执行。[①] 关于国家豁免，在国际上存在绝对豁免和限制豁免两种理论与实践。所谓绝对豁免，是指不论国家从事的是公法上的行为还是私法上的行为，除非该国放弃豁免，都给予豁免。英国、美国过去曾采取这种立场，而苏联和某些东欧国家则一贯主张绝对豁免。所谓限制豁免指只对外国公法上的行为给予豁免，对私法上的行为则不予豁免。许多西方发达国家，如奥地利、比利时、德国、卢森堡、荷兰、瑞士等，均采取这一立场，英国、美国后来也逐渐转向限制豁免。

综合我国的有关理论和实践，我国在国家及其财产豁免问题上长期以来主张国家及其财产豁免是一项国际法原则，坚持以国家名义从事的一切活动都享有豁免权，注意将国家与国营企业的活动与财产区别开来，并赞成通过国际条约消除各国在国家及其财产豁免问题上的分歧。[②] 2005 年 9 月 14 日我国签署了《联合国国家及其财产管辖豁免公约》。依据该公约，作为一般原则，国家及其财产在他国法院享有管辖豁免，包括司法管辖和执行管辖豁免。同时，该公约在第三部分又专门规定了 8 种不得援引国家豁免的诉讼，包括商业交易、雇佣合同、人身伤害和财产损害、财产的所有、占有和使用、知识产权和工业产权、参加公司和其他集体机构、国家拥有或经营的船舶、仲裁协定的效果。判断是否"商业交易"，公约规定主要考虑合同或交易的性质，但在两种情况下（合同或交易当事方达成一致，或根据法院地国的实践，合同或交易的目的与确定其非商业性质有关）也应考虑其目的。该公约在肯定国家豁免作为一般原则的同时，也对限制豁免的做法予以确认，体现了各种利益之间的妥协和平衡，代表了国家及其财产豁免国际立法的最新发展。我国签署该公约，表明我国政府对公约的规定持肯定和支持立场。[③]

四、国际经济组织

广义的国际经济组织是指两个或两个以上国家或民间团体为了实现共同的经济目标，通过一定的协议形式建立的具有常设组织机构和经济职能的组织。狭义的国际经济组织限于政府间组织，不包括非政府组织。本部分所指的国际经济组织是狭义的国际经济组织。现代国际法已承认了国际组织的国际法主体资格。与国家一样，国际经济组织作为国际经济法的主体，既是国际经济法规范的创立者，同时也可能是国际经济合同的当事人。

（一）国际经济组织的法律人格

1. 国际经济组织的法律人格及其特点

国际经济组织必须具有一定的法律人格，才能作为国际经济法的主体行使权利和承担义务，从而有效地进行国际经济交往活动。在国际法律秩序中，国际经济组织的法律人格取决于各成员国建立该组织的基本文件，由其成员国共同授予。国际经济组织和国家一样，可作为不受其他实体管辖的法律主体参与国际法关系，具有在国际法和国内法上的符合其宗

---

① 黄进：《国家及其财产豁免问题研究》，中国政法大学出版社 1987 年版，第 1～3 页。
② 黄进：《国家及其财产豁免问题研究》，中国政法大学出版社 1987 年版，第 1～3 页。
③ 余劲松、吴志攀主编：《国际经济法》，北京大学出版社、高等教育出版社 2009 年第 3 版，第 32～33 页。

旨和职能的法律能力,其基本法律能力包括缔约权、取得和处置财产的能力、进行法律诉讼的能力等。

2. 国际经济组织的国内法地位

国际经济组织必须具有国内法上某种形式的人格,否则将无法生存和运作。一些国际经济组织的基本文件,如《联合国宪章》第 104 条明确规定,该组织在各成员国领土享有行使其职能和为达到其目标必要的法律能力。成员国对该组织基本文件的签署和批准相当于对该组织的独立国际法律人格的承认,由此确立了该组织在其各成员国的法律地位。一些国家在宪法中以上述《联合国宪章》第 104 条的方式规定了国际组织在国内法中的权利能力。另一些国家通过专门性的法律规定,给予本国参加的国际组织以法律人格,使有关国际组织在本国具有签约、取得和处置财产以及进行法律诉讼的能力。

必须注意的是,国际经济组织如果要在非成员国进行活动,其法律人格和法律能力必须得到非成员国的承认。特别是区域性国际经济组织和专业性国际经济组织,由于在其管辖权范围之外进行广泛的国际经济交往活动,其法律人格更需要非成员国的承认。在国际法上,并未要求各国明示承认国际组织的法律人格。换言之,国际组织的法律人格不受各国是否明示承认的影响,而是取决于其存在的客观事实。在实践中,国际经济组织的法律人格得到了广大国家,包括非成员国和私人的普遍承认。明显的例证是,各国法院一般都承认国际经济组织的法律人格,而不论该组织的基本文件或本国法律是否有明确的规定。

(二)国际经济组织的特权与豁免

根据职能必要性理论,国际经济组织须享有其成员国,包括东道国法院管辖的豁免。《联合国宪章》第 105 条第 1 款作了明确的规定:本组织享有在各成员国领土履行其宗旨所必需的特权和豁免。

与国家一样,国际经济组织在任何内国法院被诉时,可援引豁免原则。国际经济组织所享受的特权与豁免因其性质和职能而异。国际经济组织的特权与豁免通常限于执行职能所必要的范围,一般来说,其具体内容通常包括财产和资产免受搜查、征用、没收或其他形式的扣押,档案不受侵犯等。

国际经济组织也可放弃豁免。在国际经济组织放弃豁免,在内国法院应诉时,各国法院通过选择本国法适用于该案,除非有关国际经济组织有规定其本身责任限度的特别法律规范。在后一种情况下,内国法院可适用国际经济组织本身的规范。

国际经济组织的官员享有与其公务有关的法律诉讼的豁免。一般说来,国际经济组织成员享有外交豁免和特权,但限于独立执行任务的范围。

第三节 国际经济法的渊源

法律渊源有实质法律渊源和形式法律渊源之分。前者指法的效力产生的根据,后者指法律规范的表现形式。国际经济法的渊源包括国际法规范和国内法规范,国际法规范主要是国际经济条约、国际经济惯例、重要国际组织的规范性文件;国内法规范是各国涉外经济立法、涉外民商事立法,有些国家还包括法院判例。

一、国际经济条约

（一）国际经济条约的概念和种类

国际经济条约是指国家之间、国际组织之间或国家与国际组织之间为确立相互经济权利义务关系而达成的明示协议。国际法的主体只能是国家及国际组织等，而不能是私人；相应地，国际经济条约项下的权利义务主体也只能是缔约方。但是，由于国际经济活动的参与者主要是私人，因此，国际经济条约也间接地为各缔约方私人之间或缔约方与另一缔约方私人之间的经济关系创设规范。如1980年《联合国国际货物买卖合同公约》；1965年《解决国家与他国国民间投资争端公约》。国际经济条约的主要类型如下：

1. 双边经济条约

双边经济条约是指在两个国家之间缔结的调整双边经济关系的条约。目前双边经济条约为各国广泛采用和接受。在国际贸易、国际投资、国际税收等领域都存在大量的双边经济条约。

2. 区域性经济条约

区域性经济条约是指为设立区域性国际经济组织或者区域性经济合作而签订的基本文件，如区域性经济一体化协定或进行区域性经济合作以协调成员方涉外经济法律政策而签订的条约。大多数区域性经济一体化协定涉及自由贸易区及关税同盟的建立，如1994年《北美自由贸易协定》，欧洲经济共同体（欧盟）建立过程中的一系列协定等。近年来，由于在多边体制下贸易自由化的进程缓慢，各国都加强了区域经济一体化的进程，使得区域经济一体化组织蓬勃发展，相应地，区域贸易协定的数量也迅速增加，涵盖的领域也不断扩大。如2016年2月4日，美国、日本、澳大利亚、新加坡和越南等12个国家正式签署的《跨太平洋伙伴关系协定》(TPP)成为一份21世纪的标志性协议。协议覆盖范围广泛，包括货物贸易、海关和贸易设施、卫生检疫措施、贸易技术壁垒、贸易救济、投资、服务、电子商务、政府采购、知识产权、劳动、环境等。此外，2013年6月启动的《跨大西洋贸易与投资伙伴关系协定》(TTIP)谈判，美国和欧盟双方将通过削减关税、消除双方贸易壁垒等来发展经济、应对金融危机。谈判一旦达成协议，意味着欧美自贸区成形。这将一举成为世界上最发达和规模最大的自由贸易区，对欧美经济乃至全球贸易格局和规则的演变无疑将产生重大影响。在这种大背景下，中国也加快了区域经济一体化的进程，所签定的区域贸易协定的数量不断增多，所涉领域也不断扩大。至2018年9月，我国已签署的自由贸易协定有16个，正在谈判的有13个，正在研究的有10个。涵盖的范围已由传统的货物贸易领域扩及服务、投资、知识产权保护等领域。[①]

3. 世界性多边经济条约

世界性多边条约是指由世界上不同区域的众多国家通过国际组织或国际会议共同制定的行为规范。世界性多边条约大量存在于国际贸易、国际投资、国际货币金融、国际知识产权保护、国际海事等领域。这些公约或条约由于众多国家的参加而带有普遍性，因而直接构成了国际经济法的渊源。

---

① 中国自由贸易区服务网:http://fta.mofcom.gov.cn/。访问日期:2018年9月30日。

（二）国际经济条约的效力

1. 国际经济条约对缔约方的效力

国际经济条约对各缔约方均具有拘束力。各国适用国际经济条约的方式有二：有的国家规定有关国际经济条约须经国内立法的"转化"，才能在本国生效，如英国；部分国家承认有关国际经济条约无须通过本国的国内立法即可直接适用，如欧洲经济共同体条约在成员国国内具有直接的效力。按照我国《民法通则》第142条的规定，我国缔结或参加的民商事条约在国内可直接适用。

2. 国际经济条约对第三方的效力

根据条约法，国际经济条约的效力一般只及于缔约方，未经第三方同意，通常不得为该第三方创设义务或权利。当然，在国际法中，一项条约包含的规则可能为国际社会所普遍赞成，从而具有习惯法的性质，于是对那些非条约当事方产生拘束力，但这种情形在国际经济条约中极少发生。

3. 国际经济条约与国内法的效力的比较

根据国际法，国际经济条约当然具有高于各缔约方国内法的效力。但各国立法对国际经济条约与国内法关系问题的认定，并非如此简单。对于如何处理有关国际经济条约与本国一般国内立法关系的问题，各国的立场不一样。但无论采取何种制度，当国际经济条约与国内立法产生抵触时，各国一般通过对相关国内立法进行解释，使之与条约的规定相一致。否则，一国适用与国际经济条约相冲突的内国立法，须对外承担国家责任。按照我国《民法通则》第142条的规定，民商事条约的效力高于国内民商事立法，但此类规定仅限于一些具体的法律，还不能说已构成一般的原则。

（三）重要的世界性经济条约的范围

在国际经济领域，重要的世界性经济条约主要有：1947年《关税与贸易总协定》、1944年《国际货币基金协定》、1944年《国际复兴开发银行协定》、1994年《建立世界贸易组织协定》等。此外，还有许多专门性国际公约。如：在国际货物买卖领域有：1964年《关于国际货物买卖合同成立统一法公约》、1964年《关于国际货物买卖统一法公约》、1974年《国际货物买卖时效期限公约》、1980年《联合国国际货物销售合同公约》等。在国际货物运输领域有：1924年《关于统一提单的若干法律规则的国际公约》（《海牙规则》,）、1978年《联合国海上货物运输公约》（《汉堡规则》）、1980年《联合国国际货物多式联运公约》（未生效）、2008年《联合国全程或部分海上国际货物运输合同公约》（《鹿特丹规则》未生效）等。在票据方面有：《统一汇票本票法公约》（1930年）、《统一支票法公约》（1931年）等。在工业产权方面有：1883年《保护工业产权巴黎公约》、1891年《商标国际注册马德里协定》WTO的《与贸易有关的知识产权协定》（《TRIPs协定》等。在国际投资方面有：1965年《解决国家与他国国民间投资争端公约》、1985年《多边投资担保机构公约》等。在仲裁方面有：1958年《承认和执行外国仲裁裁决的公约》（《纽约公约》）。此外，在国际海事活动、国际环境保护等方面还有一些国际公约，在国际贸易方面还有若干"国际商品协定"。

二、国际经济惯例

国际经济惯例从性质上看，可进一步区分为国际公法性质的国际经济惯例和一般私法性质的国际经济惯例。前者调整国际法主体、主要是国家之间的经济关系，称为习惯国际经济法(Customary International Economic Law)。后者调整不同国籍的私人之间、国家与他国私人之间或国际组织与私人之间的经济关系,称为国际商务惯例。习惯国际经济法与作为国际法渊源的国际习惯的形成和效力是一致的,但由于各国经济利益的直接冲突,习惯国际经济法的确立十分困难,因此,习惯国际经济法的内容并不多见,可以被视为习惯国际经济法的例子有"国家有权征收本国境内的外国人财产"、"国家及其财产豁免原则"等。① 因此,本部分以国际商务惯例为主。

(一)国际商务惯例的含义

国际商务惯例一般指在国际贸易、国际直接投资、国际融资等国际经济活动中逐步形成并得到普遍承认和遵守的任意性行为规范。要对国际商务惯例作一确切的定义是困难的。因此,大多数国家的有关立法和一些国际经济条约只提及惯例这一概念,未作明确的定义。国际商务惯例的显著特征表现在:首先,它是一种跨国性规范,它能调整跨越国境的经济交往活动,并为有关当事人普遍承认和遵守。其次,它是一种自治性的规范。从性质上看,它既不是国内习惯法,也不是习惯国际经济法,而是商人们通过长期的商业实践形成的习惯性的规则、原则和做法。从内容上看,它直接反映的是国际商业社会的私人意志。第三,它是一种任意性规范。一般说来,它所规定的权利和义务通常不具有普遍的强制性,只有在当事人明示或默示同意采用时,才对他们产生法律拘束力。

(二)国际商务惯例的法律效力

在理论上,国际商务惯例是否为法律,一向有分歧。有否定说和肯定说。否定说认为,国际商务惯例不是法律,只是一种商务原则。肯定说则从实证法理学上论证国际商务惯例具备法律规范的一般性与普遍性、权威性和强制性,指出国际惯例是法律工具之一,是未臻完善的法律体制。② 在实践中,国际商务惯例为从事国际经济交往的当事人提供了约束手段,它们可确定当事人之间的权利义务关系,使当事人在确立其经济关系时对各自的行为后果有所预见,在履行各自的合同义务时有所遵循。在当事人之间出现争端时,国际商务惯例又可成为解决争端的依据。然而,在国际经济交往活动中,当事人主要靠合同来确立其权利义务关系,国际商务惯例一般起补充或辅助的作用。在通常情况下,当事人选择适用经编纂成文的国际商务惯例,可简化合同文本,事半功倍。

国际商务惯例一般只有任意法的效力,即在当事人同意采用时,才对有关当事人具有法律约束力。在一般情况下,当事人不仅可以自由决定是否采用或采用何种国际商务惯例,而且可在采用某种国际商务惯例时,根据具体情况和需要,对其内容进行修改。但在特定情况下,国际商务惯例也具有强行法的效力,主要是:(1)国家的立法承认和司法承认。国家的立法承认指通过国内立法对国际商务惯例予以一般认可,从而赋予其直接的法律效力。如《瑞士民法典》第1条、《中华人民共和国民法通则》第142条第3款。学说层面上有人主张,司法承认也是赋予法律效力的方式。然而,无论在大陆法系或普通法系国家,对国际商务惯例的司法承认都存在不确定性。(2)国际经济条约的承认。根据某些国际经济条约,国际商务惯例的适用不再以当事人的明示同意为前提,而以当事人未明示排除为前提。换言之,对于

---

① 曾华群:《国际经济法导论》,法律出版社 1997 年版,第 129~130 页。

② 关于国际商务惯例的法律性质,参见单文华:《国际贸易惯例基本理论问题研究》,载《民商法论丛》第 7 卷,法律出版社 1997 年版,第 630~645 页。

众所周知的国际商务惯例,当事人如无相反的约定,就被视为已默示采纳。如《联合国国际货物销售合同公约》第 9 条规定:"……除非另有协议,双方当事人应视为已默示地同意对他们的合同或合同的订立适用双方当事人已知道或理应知道的惯例,而这种惯例在国际贸易上,已为有关特定贸易所涉同类合同的当事人所广泛知道并为他们所经常遵守。"[①]

三、重要国际组织的规范性文件

国际组织的规范性文件指国际组织按其法定程序制定的旨在确立成员国之间权利义务关系的法律文件。国际组织,特别是世界性的国际组织,一般都设立一个由所有成员国参加的最高权力机构,讨论和审议该组织权限范围内的任何问题和事项,并通过有关决议。自联合国成立后,特别是 20 世纪 60 年代以来,联合国大会和其他机构通过或制定了一系列调整国际经济关系的规范性文件。因此,本部分所指国际组织的规范性文件主要指联合国大会的规范性决议。

目前,关于联合国大会的规范性决议是不是国际经济法的渊源,学界见解不一。概括起来大致有如下观点:

(一)传统国际法渊源说

一种观点主张把联大决议纳入传统国际法渊源的范畴。[②] 其中又包含三种不同的主张,有学者将其归类为扩展的条约法;有学者将其归类为国家实践,因而是习惯国际法的证据;还有学者将其归类为"直接的习惯"。[③]

(二)其他渊源说

这种观点不是将联大决议与传统的国际法渊源相联系,而是将它表述为国际法独立的其他渊源。前国际法院院长 T.埃利亚斯曾主张其他渊源说。[④]

(三)"软法"说

所谓"软法"是指趋向于形成而尚未形成的规则和原则。软法说认为,以传统国际法渊源的标准衡量,联大决议不能视为成熟的国际法规则,但由于联大决议至少满足了国际法规则所需的某些标准,也不能简单地将它们归于"非法律"。因此,形象地说,在法律的白色区域和非法律的黑色区域之间存在一个软法的灰色区域,并且,灰色区域可能强有力地影响白色区域。[⑤]

(四)区别说

一些学者认为,联大决议的宣示性质并不意味着它们缺乏法律意义或效力。不同类型的联大决议具有不同的法律意义或效力,应具体分析,区别对待。如英国学者劳特派特、苏联学者扎多罗兹尼、印度学者弗玛,[⑥]中国学者杨泽伟等。[⑦]

---

① 陈安主编:《国际经济法总论》,法律出版社 1991 年版,第 136～142 页。

② 即《国际法院规约》第 38 条所列举的国际法渊源。

③ 陈安主编:《国际经济法学专论》(上编,总论),高等教育出版社 2002 年版,第 169～170 页。

④ 转引自[荷]G.J.H.范霍夫:《关于国际法渊源的新理论》,载《法学译丛》1989 年第 2 期。

⑤ "软法"的概念、特征和种类,参见赵秀文:《论软法在调整国际交易中的作用——兼论国际组织和学术团体在国际商事立法中的作用》,载《国际经济法论丛》第 2 卷,法律出版社 1999 年版,第 116～122 页。

⑥ 陈安主编:《国际经济法学专论》(上编,总论),高等教育出版社 2002 年版,第 172～173 页。

⑦ 杨泽伟:《再论国际组织决议的法律效力问题》,载《法商研究》1998 年第 6 期。

（五）某些特定决议具有法律效力说

陈安教授认为,有关建立国际经济新秩序的联大决议具有法律效力。①

目前发展中国家的学者比较普遍接受的观点是区别说,认为联合国大会的决议复杂多样。虽然其中许多决议只具有建议的性质,对国际法或国际经济法的形成并没有什么意义。但是,有些联大决议是旨在宣告国际法原则和规范的,应具有法律效力,有些决议在国际实践中也已逐渐被接受而成为有法律拘束力的规范。

四、各国涉外经济法律

各国涉外经济法律包括成文法和判例法,是国际经济法的重要渊源之一,既包括调整国家对涉外经济活动的统制关系的涉外经济管理法律,也包括调整平等主体间的跨国经济流转关系的涉外民商事法律。

各国对涉外经济关系的统制涉及贸易、投资、金融、技术转让等各个领域;相应地,形成了出口管制法、反倾销法、反补贴法、反不正当竞争法和反垄断法、外资、外汇管理法、技术转让法等各项法律。这些法律统制涉外经济关系的方法主要有保护、鼓励和管制等。

各国调整民商事关系的国内法律形式主要有两种:统一制和分流制。所谓统一制是指制定的国内法律既适用于国内民商事关系,又适用于涉外民商事关系。采取这种做法的主要是一些发达的资本主义国家,如美国、英国、德国、日本等。所谓分流制是指采取内外有别的做法,分别制定不同的法律来调整涉外和国内的民商事关系,国内民商法与涉外民商法二者并行。采取这种做法的主要是发展中国家和社会主义国家,其原因或是出于维护本国经济利益的需要,或是基于经济体制的不同。

五、其他辅助性渊源

除上述国际经济法渊源外,国外一些学者还主张判例、学说、特许协议、国际组织的指南等文件也是国际经济法的辅助性渊源。

（一）判例

这里的判例包括国际法院判例、国际仲裁案例和国内司法判例。

1. 国际法院判例

根据国际法院规约第59条的规定,国际法院的判决只对本案和本案当事人有约束力。但由于国际法院在适用和解释国际法时,要对国际法原则、规则和规章制度加以认证和确定,这种认证和确定往往在一般国际实践中受到尊重。国际法院判例不能成为独立的国际法渊源,但可作为确定有疑义的法律规范的证明方法。国际经济纠纷的判例对国际经济法原则的形成也具有重要影响。

2. 国际仲裁案例

国际仲裁庭包括国际性特设仲裁庭和国际性常设仲裁机构仲裁庭两种类型。两类仲裁庭有关国际经济争端的裁决,特别是"解决投资争端国际中心"的裁决,在一定意义上,提供了可用于解释国际经济法规范的证据或范例。但此类案例只具有参考价值,不具有普遍的法律约束力。

---

① 陈安主编:《国际经济法学专论》(上编,总论),高等教育出版社2002年版,第173~175页。

3. 国内司法判例

首先取决于它们在本国或本地区是否构成法律。在普通法系国家或地区,判例是主要的法律渊源之一。在大陆法系国家或地区,判例不能成为有约束力的"先例",不是法律渊源。但事实上,一些重要的判例对法院审理类似案件具有重要的指导或参考意义。在这个意义上,判例也是国际经济法的辅助性渊源。在中国大陆和台湾、澳门地区,判例的地位与大陆法系国家或地区相似。

(二)学说

根据国际法院规约第 38 条的规定,"各国权威最高之公法学家学说,作为确定法律原则之辅助资料者",也是国际法院可援引适用的国际法渊源。有的国家也承认法学学说是法律渊源。例如在英国法院诉讼中,当事人辩论或法院判决中常常引证近代法学家的著述,作为辅助性的法律渊源;在苏格兰,某些法学家的著述被视为苏格兰法律的主要渊源。绝大多数国家认为,法学学说不属于法律渊源。当然,无论对立法或法律的解释和适用,权威法学学说都具有重要的作用和影响。

(三)特许协议

特许协议(concession agreement)是东道国政府与外国投资者签订的规定前者将其拥有和行使的特定权力和权利授予后者的协议。典型的特许协议一般是为自然资源的开发而签订的。在其他投资领域,例如铁路、电讯、发电、不动产开发以及石油产品销售等,也常采用特许协议形式。特许协议只对协议的当事人具有约束力,不是国际经济法的渊源。

(四)国际组织制定的指南、标准和合同范本等文件

在联合国体制内,一些特别机构制定了各自领域的指南、标准和合同范本等文件。例如,欧洲经济委员会(ECE)制定的合同范本和格式条款成为东西合作项目的文件范本;联合国工业发展组织(UNIDO)设计和起草了技术协议、工业合营企业协议、分包合同、工业项目签约和合同规划等范本和谈判手册;联合国跨国公司(UNCTC)起草了石油勘探和开采协议范本;联合国国际税务专家小组起草了《发达国家与发展中国家之间双边税收条约谈判手册》等。一些国际经济组织为了实现其宗旨,有时也需要制定一些指南之类的文件,例如世界银行和国际开发协会的《使用世界银行贷款和开发协会信贷进行采购的指南》。此类指南等文件在规范国际经济活动方面具有重要的作用。但此类文件,无论由政府间组织或非政府组织制定,本身并不当然具有法律约束力,只是在有关国家或当事人确认或采用的情况下,才具有法律约束力。

第四节 国际经济法的基本原则

国际经济法的基本原则,指贯穿于调整国际经济关系的各类法律规范之中的主要精神和指导思想,是这些法律规范的基础和核心。在调整国际经济关系过程中,某些最基本的行为规范和行动准则,只有获得国际社会广大成员即众多主权国家的共同认可和普遍赞同,才能逐渐成为国际经济法的基本原则。

关于国际经济法的基本原则,大多数著作和教材一般采取三原则说,即国家经济主权原

则、公平互利原则和国际合作与发展原则,[1]另有少数学者将有约必守原则列入其中。[2] 还有学者提出了尊重国家主权、保护并促进自愿合作、诚信履约三个原则。[3] 还有学者甚至倾向于取消"国际经济法基本原则"这一命题,理由是现有的国际经济法基本原则名不符实,没有必要继续坚持这个自相矛盾的理论框架。[4] 关于国际经济法的基本原则,本书采用三原则说,即经济主权原则、公平互利原则、国际合作以谋发展原则。

一、经济主权原则

经济主权原则是国家主权在经济领域的体现,构成了新国际经济秩序的基础,是国际经济法基本原则中最重要的原则。

(一)经济主权原则的提出

主权原则一直是国际公法中最基本的原则。本来,国家主权是一个含义相当广泛的概念,既包括政治主权,也包括经济主权、社会主权以及文化主权等。但是,数十年来,众多发展中国家却不得不在各种国际场合一再强调和坚持自己在各种经济领域享有独立自主的权利,鲜明地、突出地提出了经济主权的概念和原则,并为维护自己的经济主权而大声疾呼,不懈奋斗,有其深刻的历史原因。从历史上看,大多数发展中国家在第二次世界大战结束以前都处于殖民地的地位,受到殖民主义的直接统治。在传统的国际法观念中,殖民地是不具有主权的政治实体,既无政治主权,更无经济主权。还有一些发展中国家在第二次世界大战结束以前名义上是独立国家,但实际上处于半殖民地的地位,受到殖民主义列强的间接统治,境内的自然资源以及有关的经济命脉,也大多被外商垄断或控制。它们只具有形式上的政治独立,但其政治主权和经济主权都是残缺不全的。第二次世界大战结束后,全球殖民地、半殖民地众多被压迫的弱小民族相继挣脱了殖民枷锁,获得了政治上的独立自主权,但在经济上仍然遭受着发达国家殖民主义势力的盘剥和榨取,甚至仍然处于从属和附庸的地位。实践证明,如果不紧接着尽快争取经济独立和经济主权,政治独立和政治主权就会有名无实;有朝一日,势必得而复失,荡然无存。

(二)经济主权原则的基本内容

经济主权原则主要是通过联大一系列决议所形成的,包括 1962 年第十七届联大通过的《关于自然资源永久主权的宣言》,1974 年联大第二十九届会议通过的《各国经济权利和义务宪章》(以下简称《宪章》),1974 年联大第六届特别会议通过的《建立国际经济新秩序宣言》(以下简称《宣言》)和《建立国际经济新秩序行动纲领》(以下简称《行动纲领》)。根据联大的上述基本文献以及其他有关决议,国家经济主权原则的主要内容大体上可归纳为以下四个方面:

1. 国家对其自然资源享有永久主权

---

① 姚梅镇:《国际经济法概论》,武汉大学出版社 1989 年版,第 31~32 页;曾华群:《国际经济法导论》,法律出版社 1997 年版,第 159 页以下;余劲松、吴志攀主编:《国际经济法》,北京大学出版社、高等教育出版社各版次。

② 陈安主编:《国际经济法总论》,法律出版社 1990 年版,第 210~216 页;也有学者称之为"履行国际义务原则",参见张晓东:《国际经济法原理》,武汉大学出版社 2005 年版,第 37 页。

③ 熊建明:《重构国际经济法基本原则体系之理由和尝试》,载《比较法研究》2008 年第 2 期。

④ 莫世健主编:《国际经济法》,中国政法大学出版社 2008 年版,第 42~44 页。

自然资源是国家民族生存和发展的物质基础。国家对其境内自然资源的永久主权是国家经济主权的核心内容,是国家基本的和不可剥夺的权利。《宣言》明确规定:"每一个国家对本国的自然资源以及一切经济活动拥有完整的、永久的主权。为了保护这些资源,各国有权采取适合本国情况的各种措施,对本国的资源及其开发事宜行使有效的控制管理,包括有权实行国有化或把所有权转移给本国国民。"《宣言》还进一步郑重宣布:一切遭受外国占领、异族殖民统治或种族隔离的国家、地区和民族,在它们所固有的自然资源以及其他一切资源受到盘剥榨取、严重损耗和毁损破坏时,有权要求物归原主,并向施加上述侵害的外国殖民主义者索取充分的赔偿。[①]

2. 国家对境内的外国投资以及跨国公司的活动享有管理监督权

每个国家有权按照其法律和规章并依照其国家目标及其优先次序,对在其国家管辖范围内的外国投资加以管理和行使权力。任何国家不得被迫对外国投资给予优惠待遇。各国有权对境内跨国公司的经营活动加以管理监督,有权采取各种措施,以确保跨国公司的经营活动切实遵守本国的法律、条例和规章制度,符合本国的经济政策和社会政策。跨国公司不得干涉所在国内政。

当前众多发展中国家所面临的现实问题是:在吸收和利用外国资本促进本国经济发展的过程中,既要对境内外商的合法权益加以切实的保护,使他们确实有利可图;又要将境内外国资本和跨国公司的活动纳入国际经济新秩序的轨道,要求外商充分尊重东道国的经济主权,切实遵守东道国的法律法规,接受严格的管理和监督。

3. 国家对境内的外国资产有权收归国有或征用

国有化或征收的合法性及其补偿问题长期以来是南北双方激烈争论的问题。在西方国际法学界中曾经长期占统治地位的观点是,落后地区的东道国政府对于境内外国投资者的财产,只有保护的义务,没有"侵害"的权利。一旦予以"侵害"(包括国有化或征用)就构成"国际不法行为"。从 20 世纪 30 年代末起,随着弱小民族的进一步觉醒,发达国家开始让步,争论的焦点开始转向国有化或征收的补偿问题上,西方国家提出,只有给予"充分、及时、有效"的补偿,东道国政府才有权征用境内的外国人的私有财产。而发展中国家一贯主张在征用外资时只需按照东道国国内法的规定给予补偿,从而维护自己的政治主权和经济主权。经过激烈论战,联大 1974 年通过的《宪章》确立了国有化或征收的权利及其补偿标准。《宪章》明确规定:"每个国家都有权把外国资产收归国有、征用或转移其所有权。在这种场合,采取上述措施的国家应当考虑本国有关的法律、条例以及本国认为有关的一切情况,给予适当的补偿。"[②]1973 年联大通过的第 3171 号决议还明确规定,国有化的赔偿问题以及因赔偿引起的争端,均应按照实行国有化的国家的国内法加以解决;除非有关各国自由和相互同意根据各国主权平等并依照自由选择方法的原则寻求其他和平解决办法。这些规定表明,国家实行国有化是其经济主权权力的行使,国有化赔偿问题是国内法管辖的事项,而不是依传统的"国际法"进行赔偿。

4. 国家对世界性经济事务享有平等的参与权和决策权

经济主权不仅包括前述对内的经济主权,而且包括对外经济主权,即国家不分大小、贫

[①] 《宣言》第 4 部分。
[②] 《宪章》第 2 条第 2 款第 3 项。

富和强弱,在世界性经济事务的讨论、磋商和作出决定的过程中,都享有完全平等的参与权和决策权。国家在世界性经济事务中的参与权和决策权,既是国家经济主权的重要组成部分,也是国家经济主权的重要保证。完全没有这种参与权与决策权,国家经济主权就是残缺不全的;虽然有一定的参与权和决策权,但权力的分配很不平等、不公平,则在世界性经济事务的磋商和决策过程中,就不可避免地会出现以大压小、仗富欺贫和恃强凌弱的现象,从而使小国、贫国、弱国的经济主权和正当经济权益得不到基本保证。在全球化时代,发展中国家的此项权利远没有实现,如何争取此项权利,是广大发展中国家面临的一项艰巨的任务。

二、公平互利原则

公平互利原则是国际经济关系中的基本原则。《宣言》强调:国际经济新秩序应当建立在彼此公平相待的基础上,国际社会一切成员国应当根据公平原则,开展最广泛的合作,借以消除经济差距,达到共同繁荣。[①]《宪章》也强调:"所有国家在法律上一律平等,并作为国际社会的平等成员,有权充分和有效地参加解决世界经济、金融和货币问题作出国际决定的过程,并公平分享由此产生的利益。"[②]

国际经济法中的公平互利原则,与国际公法中传统意义上的主权平等原则、平等互利原则既有联系,又有重要区别,该原则是主权平等原则和平等互利原则的重大发展。所谓公平,一般可理解为"公正平等"、"公平合理"。真正意义上的公平,不仅要求在形式上的平等,而且要求实现实质上的平等。公平(equity)与平等(equality)有时是近义的,有时却是大相径庭的。在某些场合和特定条件下,表面上的"平等"实际上是不公平的;反之,表面上的"不平等"却是公平的。所谓互利,指的是各国在相互关系中,应当做到对有关各方互相都有利,反对为了利己,不惜损人,即不能以损害他国的利益来满足本国的要求,更不能以牺牲他国、压榨他国为手段,攫取本国单方的利益。公平互利合为一个原则,是一个统一体,其中互利是核心和基础,没有互利就谈不上公平,公平必然要求互利,公平和互利密不可分,否则就会造成对这一原则的曲解。

我国是国际社会中最早提出并积极推行平等互利原则的国家之一,早在1954年就提出了平等互利原则,并为世界大多数国家所承认,成为国际法基本原则之一。这一原则不仅要求各国政治上平等,而且要求经济上互利。可以说,公平互利原则是平等互利原则在经济领域中的体现和发展。

根据公平互利原则,不仅在一般国际经济关系中应遵循平等互惠原则,更重要的是要树立和贯彻新的平等观:对于经济实力相当、实际地位基本平等的国家来说,公平互利落实于原有平等关系的维持;对于经济实力悬殊、实际地位不平等的不同类国家来说,公平互利落实于原有形式平等关系或假平等关系的纠正以及新的实质平等关系的创设。为此目的,就应当积极采取各种措施,让经济上贫弱落后的发展中国家有权单方面享受非对等性的、不要求直接互惠回报的特殊优惠待遇,并且通过给予这些貌似不平等的特惠待遇,来补偿历史上的过错和纠正现实中的弊病,以实现真正的、实质上的平等,达到真正的公平。例如,在国际贸易方面,必须对发展中国家给予非互惠的特惠待遇;在技术转让方面,必须制定符合发展

---

① 《宣言》第4部分,第2点。
② 《宪章》第10条。

中国家需要和条件的技术转让国际行动准则。

目前,在发展中国家的集体努力下,公平互利原则在国际贸易领域已得到一定程度的贯彻和实施。如关贸总协定正式确认了普惠制,即发达国家(给惠国)给予发展中国家(受惠国)特定出口制成品和半制成品普遍的、非歧视的、非互惠的关税优惠。在 WTO 的有关协议中都订有关于发展中成员特殊和差别待遇的条款,在一定程度上照顾到了发展中成员的利益。但从当前国际现状的整体上看,公平互利原则的贯彻实行,还只是略见端倪,有所进展。发展中国家在国际经济关系中的不利地位,尚未得到重大改变。要真正实现公平互利,还需经过长期的奋斗和不懈的努力。

三、国际合作以谋发展原则

（一）国际合作以谋发展原则的含义和基本内容

强调全球各类国家开展全面合作,特别是强调南北合作,以共谋发展,是始终贯穿于《宣言》、《行动纲领》和《宪章》中的一条主线。《宪章》规定:"国际合作以谋发展是所有国家的一致目标和共同义务,每个国家都应对发展中国家的努力给予合作,提供有利的外界条件,给予符合其发展需要和目标的积极协助,要严格尊重各国的主权平等,不附带任何有损它们主权的条件,以加速它们的经济和社会发展。"《宪章》对于全球合作的基本目标、基本范围、首要途径以及主要方式等,都作了明确的规定。

全球合作的基本目标:实行世界经济结构改革,建立公平合理的国际经济新关系和国际经济新秩序,使全球所有国家都实现更普遍的繁荣,所有民族都达到更高的生活水平。为此,一切国家都有义务对世界经济实现平衡稳定的发展作出贡献,充分注意到发达国家的福利康乐同发展中国家的成长进步是息息相关的;注意到整个国际社会的繁荣昌盛取决于它的各个组成部分的繁荣昌盛。[①]

全球合作的基本范围:一切国家都有责任在公平互利的基础上,在经济、社会、文化、科学和技术等各种领域中通力合作,以促进整个世界特别是发展中国家的经济发展和社会进步。合作是多领域、多层次和全方位的。[②]

全球合作的首要途径:所有国家在法律上一律平等,并且作为国际社会的平等成员,有权充分地和切实有效地解决世界性经济、财政、货币问题的国际决策,从而公平地分享由此而来的各种利益。[③]

全球合作的主要方式:南北合作和南南合作。南北合作指发展中国家与发达国家的合作,这是国际合作的核心内容和中心环节。《宪章》明确提出,一切国家都应严格尊重他国主权平等,不附加任何有损于他国主权的条件,对发展中国家加速本国经济发展和社会进步的各种努力给予合作。按照这些国家的发展需要和发展目标,提供有利的外部条件,扩大对它们的积极支持。[④] 南南合作指发展中国家之间的全面合作,它是全球合作的新兴模式和强

---

① 《宪章》序言,第 8 条,第 31 条。

② 《宪章》序言,第 3 条、第 4 条、第 9 条、第 11 条至第 14 条、第 17 条、第 23 条、第 27 条、第 28 条、第 30 条。

③ 《宪章》第 10 条。

④ 《宪章》序言,第 17 条。

大趋势。《宣言》强调:全球各发展中国家必须通过单独的和集体的行动,在经济、贸易、财政以及技术等方面加强相互之间的合作,并且把加强这种合作列为建立国际经济新秩序的20条重大原则之一。①《行动纲领》进一步指出:发展中国家之间集体的自力更生以及日益扩大的互助合作,将进一步加强它们在新的国际经济秩序中的作用。②《宪章》也重申了全球发展中国家加强互助合作的重要性。③

(二)国际合作以谋发展原则的初步实践

目前,南北合作和南南合作都取得了初步成果。南北合作方面,较为重要的是1975年欧洲国家和非洲、加勒比以及太平洋地区发展中国家签订的《洛美协定》和《科托努协定》。《洛美协定》的全称是《欧洲经济共同体——非洲、加勒比和太平洋(国家)洛美协定》,简称《洛美协定》或《洛美公约》。它在当前的南北关系中,是最大的经济贸易集团。《洛美协定》首次于1975年签订,迄今为止共签订了四个,前三个协定,有效期均为5年,第四个协定有效期为10年,于2000年期满。在此之前,世界经济全球一体化的进程明显加快,欧洲共同体于1993年进一步发展成为欧洲联盟,世界贸易组织于1995年正式成立,新的世界性贸易体制和有关规则开始运作和实施。为了适应新形势的发展,《洛美协定》成员国自1998年秋起开始谈判原协定的更新和改订问题,其间意见不一,分歧不少,但终于在较为公平合理的基础上达成了各方都可以接受的新协议。2000年6月23日,欧共体(欧盟)15个成员国以及非加太地区77个国家在贝宁的科托努共同签署了新《伙伴关系协定》,简称《科托努协定》,用以取代原先的《洛美协定》,其有效期长达20年,每隔5年修订一次。《科托努协定》规定了新的发展目标、新的实施途径和运作方式,其发展前景令人瞩目。

南南合作方面,初步实践是"77国集团"。"77国集团"是全球众多发展中国家实行南南合作的重要组织形式,也是它们凝聚零散力量,通过联合奋斗,推动国际经济秩序破旧立新的重要手段。其宗旨是加强发展中国家在国际经济领域的合作,采取一致立场反对超级大国和帝国主义的控制、剥削和掠夺。主要活动方式是在每届联合国贸易和发展会议召开之前,举行成员部长级会议,研究对策,协调立场,采取联合行动,为改革不平等的国际经济关系同发达国家进行斗争。"77国集团"自1964年成立,初始成员国77个,此后,又有许多发展中国家相继参加了该集团,截止到2018年9月,其成员已增至134个,④但仍沿用"77国集团"这个具有历史意义的原始名称。中国自1971年恢复在联合国的席位和安理会常任理事国的席位之后,虽未直接加入这个集团,成为其正式成员,但一向与这个集团保持密切的协作关系,积极支持其维护弱小民族国家的共同权益,推动国际经济秩序破旧立新的正义要求。"77国集团"作为第三世界在联合国最大的联合体,自组建迄今的50多年中,已成为发展中国家在国际经济组织中共同利益的代表。它在促进南南合作、推动南北对话、为维护自己的正当权益以及改变不合理的国际经济秩序进行了不懈的努力,并取得了可喜的成就,在联合国贸易和发展会议主持的谈判中达成

---

① 《宣言》第4部分,第19点。

② 《行动纲领》第7部分。

③ 《宪章》第21条、第23条。

④ http://www.g77.org/doc/members.html,下载日期:2018年9月30日。

了一系列对发展中国家有利的国际公约和协定。期间也遭遇过重大的困难,其影响力也曾一度削弱。但进入到 21 世纪后,它又重整旗鼓,恢复了活力,在 WTO 多哈"发展回合"的启动和谈判中发挥了不可忽视的作用。

在本章的引例中,第一个问题,此案包括三个层次的国际经济关系,一是本案所涉四种产品的美国进口商与中国出口商之间的进出口贸易关系;二是美国政府和中国政府各自对国际贸易活动的管理关系,本案体现为美国政府对中国输美四种产品采取"双反"措施,以及中国政府对出口贸易的管理关系;三是美国政府与中国政府在 WTO 下的权利义务关系。第二个问题,上述三个层次的国际经济关系中,美国进口商与中国出口商之间的跨越国境的经济交往关系分别由国际货物买卖的相关国际公约如 CISG 进行调整,以及美国和中国的涉外民商法律规范进行调整,包括合同法、货物买卖法等,这些法律规范属私法性质的国际法规范和国内法规范;美国政府对输美四种产品采取"双反"措施,由美国政府管理对外经济交往的法律规范进行调整,包括关税法、进出口管制法、反倾销和反补贴措施的相关法律等;中国政府对出口贸易的管理,由中国政府管理出口贸易的法律规范进行调整,包括关税法、对外贸易法、进出口管理条例、外汇管理法等,这些法律规范属于公法性质的国内法规范;美国政府与中国政府在 WTO 下的权利义务关系由 WTO 相关的国际条约进行调整,包括WTO《反倾销协定》《补贴与反补贴措施协定》《关于争端解决规则和程序的谅解》等,这些国际条约属公法性质的国际法规范。

✳ 思考题

1. 如何理解国际经济法的概念和范围?
2. 国际经济法有哪些特征?
3. 如何理解国家作为国际经济法主体的特殊性?
4. 国际经济法的渊源有哪些?
5. 你认为国际经济法包括哪些基本原则?
6. 如何理解公平互利原则?
7. 经济全球化对国际经济法产生了哪些影响?
8. 案例讨论:

1984 年 12 月 2—3 日午夜,在印度中央邦博帕尔市发生了世界历史上最悲惨的工业事故案。由美国联合碳化公司驻印度子公司所拥有的位于博帕尔市北部的一家化工厂,发生了毒气泄漏事故,剧毒气体甲基异氰酸盐从该厂中大量泄漏出来。12 月 3 日晨顺着由西北刮向东南的风向,将这种剧毒气体吹向与工厂相邻的人口拥挤的临时木棚,并吹入该市人口最稠密的地方。由毒气当时直接致死的达 2000 多人(几年后中毒死亡人数逾 4000 人),20多万人受害,家畜死亡,庄稼受损,环境污染,商业中断,造成震惊世界的工业事故。事故发生后,印度政府代表受害者向联合碳化公司提起诉讼,要求后者赔偿高达 31.2 亿美元的损失。后该案庭外解决,1989 年 2 月印度政府与美国联合碳化公司达成了一项赔偿协议,由后者为印度博帕尔子公司赔偿 4.7 亿美元,作为该事故的最后解决方法。

博帕尔化工厂是由"联合碳化印度有限公司"所拥有和经营的。该公司是 1934 年根据印度法成立的,美国联合碳化公司持有 50.9% 的股票,印度政府拥有和控制着 22% 的股票,其余股票则由 2 万多名印度人持有。由于该案是在美国最大的跨国公司——联合碳化公司的子公司里发生的,因此就涉及作为母公司的联合碳化公司的责任问题。

请问:(1)国际社会关于跨国公司母公司对子公司的债务责任有哪几种观点?(2)本案中美国联合碳化公司对其印度子公司的行为是否应该承担责任?

第二章 国际货物买卖法

【引例】7月27日,中国A公司应美国B公司的请求,报出某农产品100吨,每吨350美元CIF纽约,订约后1个月装运,本月回复有效的实盘。B公司接收到A公司报盘后,没作承诺表示,而是再三请求A公司增加该农产品的数量、降低价格,并要求延长要约有效期。A公司曾将数量增至300吨,价格每吨减至320美元CIF纽约,并两次延长了要约的有效期,最后将要约的有效期延至8月30日。美国B公司于8月26日来电接受该盘。A公司在接到B公司承诺电报时,发现因南美国家遭受旱灾而影响到该产品的产量,使国际市场价格暴涨,因此复电称:"由于国际市场价格变化,货物在接到承诺电报前已售出"。而美国B公司则认为承诺是在要约有效期内作出的,因而是有效的,合同已成立,A公司应按要约的条件履行合同,否则A公司应赔偿B公司的损失,如不予赔偿则提起诉讼。请问:(1)什么是要约及实盘?(2)依据《联合国国际货物销售合同公约》,该合同于何时成立?

第一节 国际货物买卖法概述

一、国际货物买卖合同

(一)国际货物买卖的特点

国际贸易即指跨越国界进行的商业贸易。长期以来,国际贸易一直以有形货物的跨国交易为主要内容,国际货物买卖是国际贸易中最古老的形式。随着科学技术发展的突飞猛进,逐渐出现了国际技术贸易、国际服务贸易等逐渐产生和发展,但国际货物买卖始终是国际贸易传统的主要的部分。国际货物买卖与国内货物买卖相比更为复杂:首先,当事人位于不同的国家,各国的法律制度各不相同;其次,国际货物买卖中的货物一般需要经过长距离的运输;再次,货款一般都不能即时结算。因此,国际货物买卖与国内货物买卖相比会更具风险性。

(二)国际货物买卖合同的特征

与国内货物买卖合同相比,国际货物买卖合同具有下列特征:

1. 国际货物买卖是跨国界的贸易活动,合同所涉及的交易数量和金额通常都较大,合同的履行期限也相对较长,又采用与国内买卖不同的结算方式,因此相比国内货物买卖合同要复杂得多。

2. 在进出口活动中,双方当事人要与运输公司、保险公司及银行等发生法律关系,长距离运输会遇到各种风险,使用外汇支付货款和采用国际结算方式,可能发生外汇风险。此外,还可能涉及有关政府对外贸易法律和政策的改变。

3. 国际货物买卖合同中买卖的货物一般很少由买卖双方直接交接,而是多由负责运输的承运人转交。

4. 国际货物买卖合同中买卖双方多处于不同的国家和地区,直接付款的情况少,多利用银行收款或有银行直接承担付款责任。

5. 在国际货物买卖中,买卖双方面临着法律适用多样性的问题。国内货物买卖合同中一般只适用本国法即可,而国际货物买卖合同从签订到履行要涉及国内法、外国法、国际法等一系列的法律规范。

(三)国际货物买卖合同的主要内容

国际货物买卖合同的内容一般由首部、正文与尾部三部分组成。首部包括合同的名称、编号、缔约日期、缔约地点、买卖双方的名称、地址、电话等。尾部包括合同的份数、附件情况、使用文字及其效力、合同生效日期与双方的签字盖章等。正文是合同的主体部分,主要包括以下条款:

1. 货物的品质规格条款。在该条款中具体描述货物的品名、规格和牌号,规定凭样品或凭文字与图样的方法。

2. 数量条款。包括交货数量、计量单位与计量方法等,并写明数量的机动幅度,即"溢短装条款",规定溢短装的计价方法。

3. 包装条款。包括包装方式、规格、包装材料、运输标志、注意事项等。

4. 价格条款。主要内容有:每一计量单位的价格金额、总额、计价货币、指定交货地点,贸易术语与商品的作价方法等。在国际货物买卖中,合同作价通常采用以下方法:

(1)对于短期交货合同,可采用由买卖双方商定的在合同有效期内不得变更的价格,即固定价格;

(2)对于长期交货合同,为避免受国际市场价格变动的影响,可采用买卖双方在合同中暂定价格,在交货时再根据行情及生产成本增减等情况作相应的调整的方法,即滑动价格;

(3)对于价格波动大的货物,可以在合同中不规定价格,只规定确定价格的时间和方法,即后定价格;

(4)对于分批交货合同,可采用部分固定价格、部分滑动价格的方法,对近期交货部分采用固定价格,对远期交货部分按交货时的行情或另行协议作价。

此外,为了防止商品价格受汇率波动的影响,在合同中可以约定外汇保值条款,明确规定在计价货币币值发生变动时,价格应作相应调整。

5. 装运条款。主要包括:装运时间、运输方式、装运港与目的港,装运方式及装运通知等。

6. 保险条款。主要包括:确定投保人及支付保险费,投保险别和保险金额等。

7. 支付条款。主要包括:支付手段、支付方式、支付时间和地点等。

8. 检验条款。主要包括:检验机构、检验权与复验权、检验与复验的时间与地点、检验标准与方法及检验证书等。

9. 不可抗力条款。不可抗力是指合同订立以后发生的当事人订立合同时不能预见、不能避免、人力不可控制的意外事故,导致不能履约或不能如期履约。遭受不可抗力一方可由此免除责任,而对方无权要求赔偿。就一般情况而言,不可抗力来自两个方面:自然因素和社会因素。前者包括水灾、旱灾、海啸、地震、飓风等;后者包括战争、暴动、罢工、政府禁令等。不可抗力条款的主要内容包括:不可抗力的含义、范围、引起的法律后果,以及双方的权利义务等。

10. 仲裁条款。仲裁是国际贸易中解决争议时最常用的方法。仲裁条款的主要内容包括:仲裁机构、适用仲裁程序规则、仲裁地点及裁决效力等。

11. 法律适用条款。根据当事人意思自治原则,当事人可以自由选择合同适用的法律,可以是当事人的国内法,也可以是第三国的法律,可以是国际公约,也可以是国际商业惯例。

二、国际货物买卖的法律

(一)国际货物买卖立法

国际货物买卖立法包括国际立法和国内立法两个层面。

在国际立法层面,主要指有关国际货物买卖的统一立法,表现为与国际货物买卖相关的国际公约。当前国际货物买卖方面的国际公约主要有:国际统一私法协会制定的《关于国际货物销售的统一法公约》(ULIS)、《关于国际货物销售合同成立的统一法公约》(ULF)以及联合国国际贸易法委员会制定的《联合国国际货物销售合同公约》(CISG),该公约是在两个海牙公约的基础上合并而成,本章第二节将着重对其进行介绍。

在国内立法层面,普通法系和大陆法系的不同国家调整国际货物买卖的法律规范也各不相同。在大陆法系民商合一的国家,买卖法通常作为民法典的一部分在债篇中加以规定,如瑞士债务法典、意大利民法典、土耳其民法典、泰国民法典等。在大陆法系民商分立的国家,除民法典外还制定有单独的商法典,民法的规定适用于商法,商法典则作为民法的特别法,针对商行为作出补充规定,例如,法国民法典、商法典等。在英美法系国家,没有专门的民法典,除了以法院判例形成的普通法原则外,通过颁布单行法规的形式制定了货物买卖法。典型的有《美国统一商法典》。

《美国统一商法典》(Uniform Commercial Code,简称UCC)是世界上最著名的法典之一,它是在美国《统一票据法》、《统一买卖法》、《统一信托收据法》等7个成文法的单行法规基础上,由美国法学会、美国统一州法协会共同制订的。

众所周知,美国是一个判例法国家,法院根据从以前判例中抽象出来的原则,并考虑涉及案件的具体情况做出判决,其基本原则是"遵从前例"。作为一个联邦国家,美国各州都享有独立的立法权,因此传统的普通法是建立在各州法院的判例基础之上的。虽然这些判例都是在传统的普通法原则的框架中做出,具有一定的一致性,但由于各法院对于一些问题的不同认识,也由于各案的具体情况不同,导致传统的各州普通法判例存在较大分歧。起草统一商法典的目的就是推进美国各州之间商事法律的一致性,以促进州际贸易的活跃与发展。

在缔约前进行有关各种合同条款的磋商、起草并最终签订合同方面,可能会花费双方当事人大量的时间,并且由于现代科技的发展与电子商务的兴起,在贸易中双方往往仅通过几份传真或电子邮件就可以订立合同,而没有时间对泛泛的合同条款进行讨论,否则就会丧失稍纵即逝的贸易机会。UCC本身并不是强制性法规,当事人可以自由选择排除或适用,因此,它是一种补缺性规则。当合同当事人未就某些事项达成协议时,就可以使用该规则解决。UCC通过补缺性规则降低交易成本、促进交易的顺利进行,它可以给予双方当事人一个合理的、有效的规则框架,使双方当事人可以省略对于各种基础条款的讨论,仅就双方所关心的、不同于普通合同的部分进行重点讨论。

由于 UCC 是由法学专家起草的,当然比当事人自行起草的合同更为科学而严谨,这样可以大大降低商人们的缔约成本。并且在合同履行过程中,对于双方当事人在缔约时未能加以考虑的问题或合同条款不清楚的部分,UCC 又为当事人提供了履约指引,避免双方当事人发生纠纷或当事人为了逃避合同义务而毁约。这就降低了当事人的履约成本,并能避免争议的发生。

买卖法在 UCC 的第二篇,共 7 章 104 条,其内容包括简介、解释原则和适用范围;合同的形式、订立和修改;当事方的一般义务和合同的解释;所有权、债权人和善意购买人;履约;违约、毁约和免责;救济。

新中国成立以来,我国制定专门的商法典。目前,有关货物买卖的法律主要体现在 1986 年颁布的《民法通则》以及《合同法》中。《民法通则》对货物买卖做了原则性规定,而《合同法》的规定较为详细。当涉及国际货物买卖时,除了适用《民法通则》的原则外,还适用《合同法》的有关规定。

(二)国际商业惯例

除了国际公约及国际贸易立法外,各种民间组织也制订了许多标准规则和共同条件,这些规则带有很大的随意性,由当事人选择适用。例如《国际贸易术语解释通则》、《国际销售示范合同》等,其中最有影响、并在实践中得到广泛使用的是国际商会编纂的《国际贸易术语解释通则》,该通则是由巴黎国际商会以国际贸易中应用最为广泛的国际惯例为基础,首次于 1936 年公布的具有国际性的通则的解释。此后,该通则先后在 1953 年、1967 年、1976 年、1980 年、1990 年、2000 年 6 次修改补充,最新的一次修改是在 2007 年,由国际商会发起对 2000 年版进行修订的动议,并组建了修订小组,历时 3 年,征集了全球商界大量的意见和建议,几易其稿,最终版本于 2010 年 9 月正式面世,并于 2011 年 1 月 1 日起生效。《国际贸易术语解释通则®2010》(Incoterms® 2010)的目的在于对国际贸易合同中使用的主要术语提供一套具有国际性通用的解释,使从事国际商业的人们在这些术语因国家不同而有不同解释的情况下,能选用确定而统一的解释。本章第三节将对 Incoterms® 2010 进行详细介绍。

第二节 国际货物买卖合同公约

《联合国国际货物销售合同公约》(United Nations Convention on Contracts for the International Sale of Goods,简称 CISG)由联合国国际贸易法委员会制定,于 1980 年 4 月 11 日在维也纳外交会议上获得通过。我国于 1986 年批准该公约,属于第一批批准 CISG 的国家之一。[①] CISG 在 1988 年 1 月 1 日正式生效,截止到 2015 年 12 月 29 日,核准或加入该公

---

① 由于历史原因,我国香港地区没有加入该公约。

约的国家已有 84 个。① CISG 的主要目的是为了各国在平等互利的基础上发展国际贸易，减少法律障碍，促进国际贸易的发展。

由于国际社会存在着英美法系和大陆法系发展的历史传统不同，在两大法系的法律制度中形成了许多相差甚远的法律规则。而 CISG 的目的是在国际间形成关于国际货物买卖的统一的法律制度，这就不可避免地涉及两大法系制度的调和。在起草阶段，来自两大法系国家的代表都尽量将自己法系内的制度更多地添加到 CISG 中，因此 CISG 在很多方面都显示出是折中的产物。

CISG 在前言中提出，"本公约各缔约国，铭记联合国大会第六届特别会议通过的关于建立新的国际经济秩序的各项决议的广泛目标，考虑到在平等互利基础上发展国际贸易是促进各国间友好关系的一个重要因素，认为采用照顾不同的社会、经济和法律制度的国际货物销售合同统一规则，将有助于减少国际贸易的法律障碍，促进国际贸易的发展"。CISG 为国际货物买卖提供了一个现代、统一、公正的制度，避免了按照国际私法规则确定合同的适用法，大大提高了国际销售合同的确定性和可预测性，它为使商业交易具有确定性并降低交易成本做出了重要的贡献，同时也带动了各国的合同法改革。CISG 对中国合同法也产生了重要影响，其中的一些核心概念都体现于《合同法》中。

CISG 分为四部分共计 101 条。第一部分：适用范围和总则。第二部分：合同的订立。第三部分：货物销售；第一部分至第三部分——（第 1 条至第 88 条）——关于跨国货物买卖统一法的规则。第四部分——（第 89 条至第 101 条）：国际公法性质的最后条款。

一、CISG 的适用条件和适用范围

CISG 的适用条件和适用范围体现在条款第 1 条～第 6 条。

（一）适用条件

1. "营业地"要件

CISG 第 1 条第（1）款规定，"本公约适用于营业地在不同国家的当事人之间所订立的货物销售合同"，由此可见：适用 CISG 关键性的要件是合同双方的营业地处于不同的国家。也就是说，CISG 通常适用于营业地分别处在不同缔约国的当事人之间所订立的货物买卖合同，而不考虑当事人各方是否具有同一国籍。即使交易的买卖双方为同一国家的公司企业，只要卖方的营业地与买方的营业地不在同一国家，就适用 CISG。相反，如果买卖双方为不同国家的公司企业，但交易时双方营业地在同一国家，货物不需要经过跨越国界的运输，就不可以适用 CISG。

换句话说，如果合同双方当事人的营业地处在不同的国家，并且这些国家都是该公约的缔约国，那么该公约就适用于他们之间订立的买卖合同。

如果合同一方或者双方都具有多处营业地或无营业地的情况下，按照 CISG 第 10 条的规定：如果当事人有一个以上的营业地，则以与合同及合同的履行关系最密切的营业地为其营业地，如果当事人没有营业地，则以其惯常居住地为准。

---

① 参见 http://www.uncitral.org/uncitral/zh/uncitral_texts/sale_goods/1980CISG_status.html，访问日期：2018 年 9 月 30 日。

2. 基于冲突法规范的适用

按照第(1)款中(b)项的规定,只要各方当事人的营业地处于不同的国家,即使他们的营业地所在国不是 CISG 的缔约国,但"如果按照国际私法规则导致适用某一缔约国的法律",则该公约也将适用于这些当事人之间订立的国际货物买卖合同。CISG 这项规定的目的是为了扩大其适用范围,使该公约不仅适用于营业地处在缔约国的当事人之间订立的买卖合同,而且还可以适用于营业地处于非缔约国的当事人之间所订立的买卖合同。只要依据国际私法规则导致该合同适用某一缔约国的法律(如合同的订立地法或履行地法或因当事方的国籍而导致适用某一缔约国的法律)即可。

我国在加入 CISG 时对(b)项作出了保留,宣布不受该规定的约束,只承认 CISG 的适用范围限于双方的营业地处于不同缔约国的当事人订立的货物买卖合同。不过,目前有学者主张中国应撤回该项保留。[①]

(二)适用范围

1. 适用的例外

CISG 第 2 条规定,公约不适用于以下的销售:(a)购供私人、家人或家庭使用的货物的销售,除非卖方在订立合同前任何时候或订立合同时不知道而且没有理由知道这些货物是购供任何这种使用;(b)经由拍卖的销售;(c)根据法律执行令状或其他令状的销售;(d)公债、股票、投资证券、流通票据或货币的销售;(e)船舶、船只、气垫船或飞机的销售;(f)电力的销售。

CISG 对上述买卖之所以不适用,是因为很多国家的法律都认为上述对象的销售行为属于特殊的买卖,对此各国根据自己国家的情况均已做出了不同的规定。由于很难将这些规定进行统一,同时也为了能够有更多的国家参加进来,CISG 明确将以上各项销售排除在适用范围之外。

CISG 第 3 条规定:"(1)供应尚待制造或生产的货物的合同应视为销售合同,除非订购货物的当事人保证供应这种制造或生产所需要的大部分重要材料。(2)本公约不适用于供应货物一方的绝大部分义务在于供应劳力或其他服务的合同。"其中第(1)款的主要目的是排除对加工贸易的适用,第(2)款用于排除服务贸易、技术贸易合同。如果一个合同中,既有货物买卖又有提供服务,并且合同的大部分内容是提供服务,则 CISG 对这样的合同也不适用,如补偿贸易合同。但也有两个例外:一是如果货物提供与服务提供是可分离的,则 CISG 仅适用于其货物买卖部分;二是如果提供服务未占到大部分,则 CISG 可以适用。

2. 不涉及的法律问题

CISG 对如下三个问题未作规定:

(1)合同的效力,或其任何条款的效力,或任何惯例的效力。对于合同的有效性问题,各国法律规定的合同无效原因通常有:违反法律、公共政策、社会公共利益、善良风俗;合同系以欺诈、胁迫手段订立;订立合同的主体为无行为能力人等。但各国在界定公共秩序、公共利益、欺诈、胁迫、完全行为能力等概念方面差距很大,而且这些方面的规定通常又属于各国的强行法的范畴,因此很难弥合,所以 CISG 对此不予涉及。同时对于商业惯例的解释理解

---

① 参见李巍:《论中国撤回对于〈联合国国际货物销售合同公约〉第 1 条 b 项保留的积极意义》,载《2012 年中国国际经济法学会年会论文集》(上册),第 361~373 页。

等问题所引起的争议,CISG 也不涉及。

(2)合同对所售货物所有权可能产生的影响。各国关于货物所有权转移的制度比较复杂,而在货物出售后遭遇原所有人追索时是保护善意卖方还是保护原所有人,这些问题属于物权法范畴,只能留给各国国内法解决,CISG 并不涉及。

(3)卖方对于货物对任何人所造成的死亡或伤害的责任(产品质量侵权)。

产品责任由各国产品责任法、消费者权益保护法调整,并且产品责任通常是基于私人消费购买而产生的法律关系。根据 CISG 第 2 条(a)项关于 CISG 不适用供个人或家庭消费使用的购买的规定,为了避免同各国国内消费者权益保护法相重叠或冲突,CISG 对产品责任问题不予涉及。

二、CISG 的一般规定

CISG 第 7 条~第 13 条是一般性的、对于合同的订立以及公约下的买卖合同实体内容都有效的规定。

(一)对当事人意思表示的解释

CISG 第 8 条第(1)款规定了对当事人的意思表示或者有法律意义的行为的解释。首先,应当取决于表意人或者将一个意思表示以行为表现出来的一方的真实(主观)意愿,这种主观的意思表示必须为相对方所知晓或者可能知晓。在其他情况下,第 8 条第(2)款规定,意思表示(或者等同于意思表示的行为)应当按照其客观的意义来认定。决定性的因素是接受者的水平,即"一个与另一方当事人同等资格、通情达理的人处于相同情况中"的接受水平。由于对于"通情达理之人"的概念的解释要以第 7 条第(1)款为指导,也就是说要以国际贸易中的诚信为标准,所以在解释通情达理之人的接受水平时可以按照诚信原则来进行。第 8 条第(3)款中规定:为了查清当事人的主观意思表示及意思表示的客观含义,与事实有关的一切情况,包括谈判情形、当事人之间确立的任何习惯做法、惯例和当事人其后的任何行为,都应该得到考虑。

(二)商业惯例和当事人之间的习惯做法

依据 CISG 第 9 条,在当事人之间一致同意的商业惯例或者在他们之间实际在用的习惯做法,具有法律约束力。这条规定进一步确认了当事人可以对于合同订立过程"意思自治"地决定。

习惯做法是指具体当事人之间规律地形成的、正在被遵守的一些行为方式,重要的是这样的行为方式在当事人之间具有实质的经常性，使它们在当事人意思自治的概念下可以被认定。例如:在付款时一直使用某种如寄送支票、向某个特定账户转账、随时结清等;在供货时,供货量上下有所出入为习惯做法。

(三)形式自由

CISG 第 11 条规定了形式自由这一基本原则,这与《中华人民共和国合同法》(以下简称《合同法》)第 10 条第 1 款的规定是相一致的。作为一个基本原则,它对其他所有 CISG 涉及的法律行为性质的意思表示都适用,尤其是 CISG 第 29 条关于变更合同和解除合同的规定。CISG 当然不限制当事人约定某种特定的合同形式,根据 CISG 第 6 条,当事人意思自治原则总是优先适用的。中国在加入 CISG 时对此作了保留。经过几十年的改革开放,中国的经济已经发生了很大变化,为了适应新的经济发展的需要,也为了使我国加入的公约与国内法的规定保持一致,我国已于 2013 年 1 月 16 日正式递交了撤销"书面形式"保留的通知,该撤销通知于 2013 年 8 月 1 日起正式生效。

根据 CISG 第 13 条,书面形式包括了电报和电传。随着科技的日益发展,这些规定已显得日益老化。由于受时代的限制,CISG 对于电子邮件等方式的使用还没有给予规定,联合国国际贸易法委员会于 1996 年起草了《电子商务示范法》,该示范法对 CISG 下合同的订立起到了补充作用。

三、合同的订立

CISG 的第二部分规定了"合同的订立",即通过要约和承诺的方式订立买卖合同。

(一)要约(offer)

1. 要约的条件

要约也称为发价或发盘,发出要约的人称为要约人或发价人,或称发盘人。接受要约人的称为被要约人、被发价人、承诺人,或受盘人等。CISG 第 14 条第(1)款规定:"向一个或一个以上特定的人提出的订立合同的建议,如果十分确定并且表明发价人在得到接受时承受约束的意思表示,即构成发价",第 14 条第(2)款规定了将要约与其他合同订立过程中的意思表示相区别的条件,特别是区别于要约邀请,这与《合同法》第 14 条、第 15 条的规定是相一致的。据此,构成要约的实质要件是合同标的物的确定性或可确定性及受约束的意思表示。归纳起来,要约应符合以下要求:

(1)要约应向一个或一个以上的特定人发出。不是向一个或一个以上特定的人提出的建议,一般视为要约邀请。所谓要约邀请,是希望对方向自己发出要约的意思表示,如向不特定的人寄送商业广告、商品报价单、招标公告、在网站上发布商品信息的行为等,[①]都属于要约邀请。需要注意的是,要约通知(即 CISG 中所称的"建议")如果是向不特定的人发出的,必须明确表示该通知不是要约邀请而是要约时,要约才有效。如外贸上通常用"实盘"来表示该通知为"要约"。

(2)要约的内容必须十分确定。一般来说,要约通知中如包含货物名称、数量、价格或者确定数量、价格的方法的,即为内容"十分确定"。

(3)要约人应当表明一旦对方接受即与对方成立国际货物买卖合同的意思。例如:中国甲公司向美国乙公司发出要约:"购古巴白糖 100 吨,每吨 650 美元,CIF 上海,10 天内电复有效。"此例中的"10 天内电复有效"即为甲公司愿受要约约束的意思表示,也就是说一旦乙公司在 10 天内接受了甲公司的要约(即做出承诺),双方之间的国际货物买卖合同就已经成立。

2. 要约的撤回

CISG 第 15 条第(1)款中强调了对合同订立有重要意义的到达主义生效原则,即一项要约直到送达被要约人才生效。这与《合同法》第 16 条的规定一致。根据第(2)款的规定,一项要约可以撤回,如果撤回通知于要约送达被要约人之前或同时送达。这与《合同法》第 17 条相一致。也就是说,要约的撤回是指在发出要约之后,在其尚未生效之前,即尚未到达被

---

① 参见:【德】彼得8 施莱希特里姆著,李慧妮译:《〈联合国国际货物销售合同公约〉评释》第三版,北京大学出版社 2006 年版,第 62 页。

要约人之前,将该项要约收回,使其不发生效力。如果撤回通知于要约送达被要约人之前或同时送达被要约人,即如果要约尚未生效,应允许其撤回。

要约撤回的规则有:

(1)要约即使是不可撤销的,也可以撤回。

(2)撤回通知必须在要约到达被要约人之前或同时送达被要约人。

(3)撤回的法律效果是要约对要约人不发生法律约束力(要约未生效),受要约人即使在规定时间内做出和要约内容完全一致的承诺,合同也不能成立。

3. 要约的撤销

撤销是指要约人在其要约已生效之后将其取消,使之失去法律效力。对于撤销,CISG第16条第(1)款规定原则上允许,只要撤销通知于被要约人发出承诺通知之前送达被要约人。这与《合同法》第18条相一致。

CISG在第(2)款规定了不能撤销的两种情况:

(1)要约写明接受要约的期限或以其他方式表示要约是不可撤销的。

(2)被要约人有理由信赖该项要约是不可撤销的,而且被要约人已本着对该项要约的信赖行事。例如:被要约人本着信赖已经开始准备供货,此时要约是不可撤销的,即使要约人的撤销通知到达被要约人的时间早于承诺通知的发出时间。这一款与《合同法》第19条相一致,目的是为了避免被要约人出于合理信赖为履行合同采取了行动,如果认定要约可以撤销,对其显然是不公平的,可能会使其受到一定的经济损失。

CISG关于撤销的规定是采取折中方式调和大陆法系与英、美法系分歧的一个典型例子,第(1)款采用了英、美法系的原则,而第(2)款则主要反映了大陆法系的原则。

4. 要约的失效

CISG第17条规定:一项要约被撤回或者有效地撤销,或者被要约接收人拒绝时失效。这与《合同法》第20条第1款、第2款相一致。

要约失效的原因可以归纳为以下四种情况:

(1)有效承诺未在要约规定时间做出。

(2)被要约人的拒绝通知到达要约人,需要注意的是,此处的拒绝既可以是明示的,也可以是默示的。

(3)被要约人合法地撤销了要约。

(4)被要约人做出的承诺对要约的内容作了实质性变更。所谓实质性变更,根据CISG第19条第(3)款的规定,是指对货物价格、付款方式、货物的质量和数量、交货时间和地点、一方当事人的赔偿责任范围和争议解决方式等内容的添加或改变。

(二)承诺(acceptance)

承诺又称作接受或受盘。CISG第18条~22条规定了使合同订立得以完成的承诺意思表示存在的前提条件,以及出现问题的情形,即"承诺的迟延"、"对要约内容有变更的承诺表示"等内容。这些规定与《合同法》第25条~31条基本一致。

1. 承诺的意思表示

CISG第18条规定,"被发价人声明或做出其他行为表示同意一项发价,即是接受。"根据规定,被要约人只能采取积极的方式,比如做出声明(statement)或者行为(conduct)来表示接受,而不能采取缄默或者是不行动等消极的方式。承诺一般在送达要约人时才生效。

在此之前承诺可以被撤回,条件是撤回通知早于或者至少同时于承诺的意思表示到达接收人处。例外的情况是,当要约被某种关键性的、具有意思表示性质的行为承诺了,那么承诺在该行为做出时就已经生效。其前提条件就是在要约中已经表明承诺不需要送达,或者是基于当事人之间的习惯做法和惯例,这种行为具有承诺的效果。例如,发出的货物或者货款,在其作为一种推定的意思表示尚未到达相对方之前,就已经可以被作为承诺加以认定了。

归纳起来,有效的承诺一般来说应具备如下条件:

(1)承诺要由被要约人做出。

(2)承诺须在要约规定的时间内做出并到达要约人。

(3)承诺与要约内容一致,即承诺对要约内容未做出实质性变更。

2. 承诺的期限

承诺应在要约规定的时间内到达被要约人,即承诺通知到达要约人时生效;没有规定期限的,应在合理的期限内到达要约人才生效。未在上述期间内到达受要约人的,构成逾期承诺。《合同法》第28条、29条对此也作了规定。

逾期承诺可分为两种:

(1)主观逾期承诺,即没有客观原因,仅由于被要约人的原因造成的承诺逾期到达,这种逾期承诺原则上无效。但如果要约人毫不迟延地用口头或书面表示接受该逾期承诺,则该逾期承诺仍可成为有效承诺,合同仍然成立。

(2)客观逾期承诺,即载有逾期承诺的信件或其他书面文件表明它是传递正常、能及时送达要约人的情况下寄发的,但由于邮递延误或其他客观原因等造成该承诺迟延到达的,则此种逾期承诺原则上有效。但如果要约人毫不迟延地用口头或书面通知表示原要约已经失效,则该逾期承诺就没有约束力。

3. 承诺内容与要约不一致的情况

实践中经常发生承诺的内容与要约不完全一致的情况,通常是指承诺通知中对要约通知中的内容作了添加、限制或其他更改,这种承诺是否有效分成以下两种情况:

(1)实质性变更,实质性变更的承诺无效。

(2)非实质性变更,这样的承诺原则上有效,即如果该承诺通知未对要约内容进行实质性变更,则该不一致的承诺原则上仍属有效承诺,除非要约人对此非实质性变更也无法接受,并在不过分迟延的时间内以口头或书面形式通知被要约人其反对这种变更。如果要约人不做出这种反对,合同的条件就以该项要约的条件以及承诺通知内所载的更改为准。

四、买卖双方的权利义务

CISG第三部分"货物销售"规定了买卖实体法,即当事人双方的权利和义务、合同不当履行的后果,特别是当事人在履行出现问题时的法律救济措施。该部分共分为五章,核心是第二章和第三章。其中第二章第一节和第二节,即第30条～44条规定了卖方的义务,第45～52条规定了买方在卖方违约时可以提出的请求。在第三章中,第一节和第二节即第53条～60条规定了买方的义务,然后又在第三节即第61～65条中规定了卖方在买方违约时可以采取的救济措施。事实上第四章即第66条～70条关于风险转移的规定也属于买方付款义务的一部分,因为风险转移问题归根到底还是关于买方在没有最终得到货物或没有得到无损的货物时是否还要付款的问题。

（一）卖方的义务

1. 交付货物和移交单据

CISG 第 30 条规定："卖方必须按照合同和本公约的规定，交付货物，移交一切与货物有关的单据并转移货物所有权"。《合同法》第 133 条、第 135 条和第 136 条与此是相对应的。

（1）交货地点

交货的地点在实践中作为能够确定法院地的合同履行地，具有重要意义。

交货地点的确定主要有如下四种情况：

第一，取决于当事人的约定，《合同法》第 141 条第 1 款也有同样的规定，例如大多数使用贸易术语的国际贸易通常都约定了交货地点，如"FOB 黄埔"，表明卖方应在广州黄埔港交货。

第二，如果货物是需要运输的，卖方应把货物移交给第一承运人，以便经运输后交给买方，此时，货交第一承运人处为交货地点。

第三，如果合同指的是特定货物或从特定存货中提取的或尚待制造或生产的未经特定化的货物，而双方当事人在订立合同时已知道这些货物是在某一特定地点，或将在某一特定地点制造或生产，卖方应在该地点把货物交给买方处置，则此特定地点为交货地点。

第四，在其他情况下，卖方应在订立合同时的营业地向买方交货。

（2）交货时间

交货时间规定在 CISG 第 33 条，分为如下三种情况：

第一，尊重合同的约定，如果合同规定有日期，或从合同可以确定日期，应在该日期交货。

第二，如果约定了一定的履约时间段，在这段时间内，卖方可以自行选择履行的时间，除非情况表明应由买方选定一个日期。

第三，在其他情况下，应在订立合同后一段合理时间内交货。国际货物买卖合同中的交货时间一般是某一段时间或某一日期之前，只要符合这一规定，无论是在期限的第一天或最后一天交货，卖方都在规定的时间履行了交货义务，应根据合同的性质、货物的特征、对时间的要求等确定，例如：货物是圣诞节期间所用的物品，则应在合同订立后、12 月 25 日前一段时间交货，方为合理。

（3）交付单据

CISG 第 34 条规定，如果卖方有义务移交与货物有关的单据，他必须按照合同所规定的时间、地点和方式移交这些单据，如果卖方在合同约定时间以前已移交这些单据，他可以在约定时间到达前纠正单据中任何不符合合同规定的情形，但是，该权利的行使不得使买方遭受不合理的不便或承担不合理的开支，同时，买方保留 CISG 所规定的要求损害赔偿的权利。

国际货物买卖合同与国内货物买卖合同的不同之一就是货物流转与单据处理分开进行，卖方在交货之后或同时必须交付有关单据。通常的单据包括发票、提单、保险单、质量检验检疫证书、原产地证明、进出口许可证等。

2. 品质担保

所谓品质担保，是指卖方保证交付的货物必须与合同所规定的或其他特定的数量、质量和规格相符，并须按照合同所规定的方式装箱或包装。CISG 第二章第 2 节规定了货物与合同约定相符的前提条件，并规定了买方要维护其权利时必须履行的一定义务。

（1）以约定为基础的货物品质标准

CISG 第 35 条～第 37 条规定的货物在质量和数量上的瑕疵问题在实践中具有重要意义，很多案例都是围绕这个问题发生的。决定货物是否与合同相符的关键性问题是合同的约定，《合同法》第 153 条也有对此的规定。CISG 第 35 条第（1）款规定："卖方交付的货物必须与合同所规定的数量、质量和规格相符，并须按照合同所规定的方式装箱或包装"，可见，对于货物的品质并不存在一个客观标准，而是要看合同中约定的品质数据和具体的描述，《合同法》第 156 条也是与此相一致的。

（2）当事人无约定下的四种规定

合同当事人一般不能够在合同中把货物应当具备的每一个细小品质都约定明确，因此 CISG 第 35 条还规定了一些辅助性规则和标准，在当事人对某个细节上既没有明示也没有默示约定时予以采纳。《合同法》第 154 条也表现了该条文的中心思想，即缺乏当事人间约定的主观标准时，第 62 条第 1 项应当适用。

第一，符合通常目的，即货物应适用于同一规格货物通常使用的目的。

第二，符合特定目的，即货物应适用于订立合同时买方曾明示或默示地通知卖方的任何特定目的，除非情况表明买方并不依赖卖方的技能和判断力，或者这种依赖对他是不合理的，例如买方给卖方一些复杂的技术参数作为货物的品质标准，就表明买方是凭自己的技能和判断力而不是依赖卖方的技能和判断力来购买货物的，此时卖方就不能承担提供适合特定用途的货物的义务。

第三，符合样品，即货物的质量与卖方向买方提供的货物样品或样式相同。

第四，包装，货物按照同类货物通用的方式装箱或包装，如果没有此种通用方式，则按照足以保全和保护货物的方式装箱或包装。

（3）品质担保责任的免除

如果买方在订立合同时知道或者不可能不知道货物不符合合同，卖方就无须按上面规定承担不符合合同的责任。

（4）对品质有重要意义的时间点

CISG 第 36 条第（1）款规定，卖方应"对风险移转到买方时所存在的任何不符合合同的情形，负有责任，即使这种不符合合同情形在风险转移后方始明显"，第（2）款规定，"卖方对在风险转移到买方后发生的任何不符合合同的情形，也应负责任，如果这种不符合合同的情形是由于卖方违反他的某项义务所致，包括违反关于在一段时间内货物将继续适用于其通常使用的目的或某种特定目的，或将保持某种特定质量或性质的任何保证"。可见，对交付货物具有决定性意义的时间点是风险转移的时间点。

在一项一般的、涉及一定时间段的保质期下，卖方只负责使货物在风险转移时间点上具有其应该具有的品质，并使其在一般使用方式下至保证期满前可以正常使用。在这类情况下，卖方没有义务对由于不适当的使用或者外力所致的不适用性在保证期内免费修补。保质期的功能因此在于免除买方证明，在保质期内出现的瑕疵是同于货物在风险转移之前就有的，但是没有显现出来的品质问题造成的。例如，合同规定卖方提供的一批食品的保质期为 1 年，在货物交付后 3 个月时发现该批货物已经开始变质，尽管货物的风险此时早已转移至买方，但由于货物仍在约定的保质期内，因此，卖方仍应承担责任。

(5)卖方补救履行的权利

CISG 第 37 条规定,如果卖方提前交货,至合同约定的交货期限前,卖方都可以对货物品质不符的情形采取补救措施,补救的措施由卖方决定,包括交付任何缺漏部分、补足不足数量、替换不符合合同规定的货物等。但是,这一权利的行使不得使买方遭受到不合理的不便或承担不合理的开支。对于由于补救履行而给买方带来的损害,买方也保留求偿的权利。

3. 权利担保

权利担保,也叫所有权担保、追夺担保,是指卖方应当保证其对所出售的货物享有合法的所有权或处置权,该货物上没有设置任何未向买方披露的担保权利,同时也没有侵犯其他第三人的任何权利,第三人也不会就该货物向买方主张任何权利。CISG 的第 42 条、43 条规定的权利担保的规则如下:

(1)卖方原则上必须对其出售的货物拥有完全的所有权,是第三方不能提出任何权利或要求的货物,例外是,买方如果知道卖方的权利瑕疵但仍同意接受该货物的,卖方解除该项义务。

(2)卖方所交付的货物,必须是第三方不能根据工业产权或其他知识产权主张任何权利或要求的货物,即要求该货物不能侵犯任何第三人的工业产权和知识产权。两个例外是:

第一,买方在订立合同时已知道或不可能不知道此项权利或要求的发生。

第二,由于卖方要遵照买方所提供的技术图样、图案、程式或其他规格的要求所致。在这两种例外情况下,卖方不再承担权利担保义务。

(3)卖方并不是对第三方依据任何一国的法律所提出的工业产权或其他知识产权的权利或请求都要向买方承担责任,而仅在两种情况下对买方负责:

第一,双方在订约时已知道或不可能不知道买方将把货物转售到某一国家或在某一国家使用,则卖方对第三人依据该国有关知识产权保护方面的法律所提出的权利请求,应对买方承担责任,因为既然卖方在订约时已知道或不可能不知道货物转销往该国,他就应保证该货物不侵犯该国公民或法人的知识产权。

第二,在任何其他情况下,卖方仅对第三方根据买方营业地所在国的法律所提出的有关侵犯工业产权或其他知识产权的请求,对买方承担责任。

(二)买方的义务

CISG 第三章首先在第 53 条和其后两个小节,即第 54～60 条中规定了买方支付货款和提取货物的义务。

1. 支付合同价款

(1)付款准备

根据 CISG 第 54 条,买方支付货款的义务包括了所有在合同中约定的支付方式,如通过转账的方式支付、以支票的方式或者现金支付、事先支付、交货后支付、开具信用证等等。另外,该义务还包括了要遵守涉及的法律规范,如外汇、转账、结算规范,以及在一些情况下的特定外汇要求、申请必要的货款转移许可等。实践中,根据不同付款方式的特点,买方可能需要做如下准备活动:申请信用证或付款担保;在外汇管制国家获得用汇许可及将该笔外汇汇出的许可等。

(2)付款地点

CISG 第 57 条规定,在合同中没有特别约定时,支付地点应为卖方营业所在地,在这种情况下,支付货款的义务是送付义务,所以买方要承担相关的费用和风险。只有在卖方在订立合同之后变动了营业地时,由其产生的额外费用才由卖方承担。或者,如凭移交货物或单据支付价款,则付款地点为移交货物或单据的地点。《合同法》第62条、第160条与此相对应。

（3）付款时间

CISG第58条规范了在双方当事人没有特别约定的情况下支付货款的时间问题,中国《合同法》第161条与此相对应。基本原则是货款支付应当同货物的移交或者相应的单据的移交同时进行。此外,只要未与对方约定的交付货物、交付货款的方式相抵触,买方可以在有机会检验货物后才支付货款。这样,买方可以有更多的机会及时发现与合同约定品质不符的情况,也就是说可以在支付货款前发现,从而中止全部货款或部分货款的支付。

2. 收取货物

CISG第60条规定了买方提取货物的义务:

（1）买方必须提供所有合理的,从他那里可以期待得到的合作,以便于卖方交付货物,比如申请必需的进口证明,完成卖方安装工作所需要的先期准备工作,提出交货要求等等。

（2）及时接收货物,对于买方是否在没有明文规定的情况下享有一段合理的接收时间,可以遵循CISG第7条第（1）款的基本原则,通常情况下立即收取货物是合理的义务。在一定情况下,买方可以拒绝接受货物,"拒绝接受"并不一定意味着拒绝收取货物的权利,买方还是要先行保存货物,对于不符合合同规定的货物,买方仍具有在合同规定的时间或合理时间内要求退货或赔偿的权利。

对于提前交付或部分交付,买方可以接受也可以拒绝,如果卖方交付的货物数量大于合同规定的数量,买方也可接受或拒绝,如果买方收取多交部分货物的全部或一部分,他必须按合同价格付款。

五、违约及其救济方法

（一）违约类型

根据违约的程度,可将违约分为根本违约和一般违约;根据违约的时间,可将违约分为预期违约和实际违约。预期违约也可以是根本违约。

1. 根本违约与宣告合同无效

（1）根本违约的概念和标准

CISG设计了比较复杂的违约与救济制度,在第三部分的第一章总则中首先就规定了根本违反合同的情况,第25条规定,"一方当事人违反合同的结果,如使另一方当事人蒙受损害,以至于实际上剥夺了他根据合同规定有权期待得到的东西,即为根本违反合同","除非违反合同一方并不预知而且一个同等资格、通情达理的人处于相同情况下也没有理由预知会发生这种结果"。简单说来,也就是违约方的违约行为非常严重,严重到使对方蒙受了重大的损害,以至于对方原来订立该合同的目的已根本达不到了。

根本违约的主要标准是受损方预期利益的丧失,但这一标准不是单纯的受损方的主观标准,还必须满足另外两个标准:违约方应预知这种结果,以及第三人能预知这种结果,这种结果应是买卖双方共同预期的。损害致使预期利益丧失可以理解为受损方签订合同的目的落空,继续履行合同失去意义。《合同法》中没有根本违约的概念,也没有与之对应的概念,只是在规定受损方可以解除合同时,提到了不能实现合同目的,但并没有把它作为违约的一种类型。

（2）根本违约的法律效果

根本违约的效果是使受害方可以宣告合同无效。宣告合同无效类似于《合同法》中的解除合同，但不同于《合同法》中的合同无效。《合同法》的合同无效是由法院或仲裁机构来裁判的，而 CISG 的宣告合同无效则是由合同的守约方单方享有的权利。

（3）宣告合同无效的效果

宣告合同无效的效果是解除了双方在合同中的义务，任何一方无权要求另一方继续履行合同规定的义务，但该效果不影响合同中关于解决争端的任何规定，不影响合同中关于双方在宣告合同无效后权利和义务的任何其他规定，而且各方仍应负责损害赔偿。宣告合同无效后，已全部或局部履行合同的一方，可以要求另一方归还他按照合同供应的货物或支付的价款。，如果双方都须归还，双方必须同时进行。

一般违约与根本违约相对应，指一方违约的效果没有达到根本违约，但一般违约不是 CISG 中的法律概念。在一般违约时，受损方不能宣告合同无效，只能要求其他救济。

2. 预期违约

（1）预期违约的类型

预期违约可能是一般违约，也可能是根本违约。

根据 CISG 第 71 条规定，订立合同后，如果一方当事人由于履行义务的能力或他的信用有严重缺陷，或是他在准备履行合同或履行合同中的行为表明其显然将不履行其大部分重要义务，另一方当事人可以中止履行义务。该条是在一方当事人预期一般违约的情况下对方可以履行不安抗辩权的规定。中止履行义务的一方必须立即通知对方，如果对方对履行义务提供充分保证，则必须继续履行义务。如果当事人一方没有对方不能履行合同的确切证据而中止合同的履行，则应负违反合同的责任。

根据第 72 条第（1）款规定，如果在合同履行期到期之前，明显看出一方当事人将根本违反合同，另一方当事人可以宣告合同无效。

（2）分批交付货物中的违约

按照 CISG 第 73 条，对于分批交付货物的合同，当事人可以根据每批货物的违反合同约定的程度、与其他各批货物以及整个合同货物之间的关系来采取相应措施。如果一方当事人不履行任何一批货物的义务，对该批货物构成根本违约，另一方可以宣告合同对该批货物无效；如果一方当事人不履行任何一批货物的义务，使另一方有充分理由相信对今后各批货物将会发生根本违约，该另一方当事人可以在一段合理时间内宣告合同今后无效；对于买方来说，买方在宣告合同对任何一批货物的交付无效时，如果各批货物相互依存，不能单独用于双方当事人在订立合同时所设想的目的，可以同时宣告合同对已交付的或今后交付的各批货物均为无效。

（二）救济手段

CISG 第 26 条和第 27 条规范了与履行合同相关的，或者在履约出现问题时为有效地行使救济权而必须发出的意思表示通知，特别是规范了该通知耽搁、传递错误或者未能到达时的风险问题，第 28 条、第 29 条触及了某些特定的救济手段，即"实际履行的请求权"，"补救履行的请求权"以及"解除合同的请求权"等，只有理解了 CISG 的整个法律救济体系后，才能对第一章总则有更好的理解。

在 CISG 中,买卖双方当事人可以获得的法律救济手段分别在"卖方的义务"和"买方的义务"中规定,与之不同,《合同法》则是在第 67 条及下,第 91 条及下,以及第 107 条及下的内容中规定了对双方都适用的一般性条款。在此将买方和卖方各自可获得的救济手段及双方共同享有的救济措施一并归纳。

1. 卖方违约时买方可获得的法律救济手段

卖方的违约主要表现为不交货、延迟交货、交货不符合约定、交单不符合约定以及违反担保义务等,CISG 第 45 条首先明确了卖方违约时买方可能获得的救济手段,即实际履行、解除合同、损害赔偿和要求减价。

(1)要求卖方实际履行和采取补救措施

根据 CISG 第 46 条、第 47 条,在卖方没有按时或不能按时交付货物时,买方可以给予卖方一段合理时限的额外时间(宽限期),以便卖方履行其义务;在宽限期内,买方不得对违反合同采取任何补救办法,除非买方收到卖方通知,卖方不在这一期限内履行义务;在货物不符合合同构成根本违约时,买方也可以要求交付替代物;在其他情况下,买方可要求卖方通过修理对不符合合同之处做出补救,并且买方可以通过法院强制手段强迫卖方履行以上义务。

(2)买方宣告合同无效

卖方如果不履行其在合同或者 CISG 中的任何义务,构成根本违约,买方可以宣告合同无效。买方可以宣告合同无效的情况有三种:

第一,卖方不交付货物,延迟交货或交货不符或所有权有瑕疵构成根本违约。

第二,卖方声明他将不在规定的时间内履行交货义务。

第三,在买方给予的宽限期届满后仍不履行合同。

但是如果卖方已经交付货物,买方宣告合同无效的权利将受到限制。如果买方不在下述的一段合理时间内宣告合同无效,即失去了宣告合同无效的权利:

第一,对于迟延交货,买方应在知道交货后的一段合理时间内。

第二,对于迟延交货以外的任何违反合同事项,应在已知道或理应知道这种违反合同后一段合理时间。

第三,在给予卖方宽限期满后或卖方声明其将不在这一宽限期内履行义务后一段合理时间内。

第四,如果卖方要求买方表明是否接受卖方履行义务,买方在合理时间内没有做出答复后一段时间内,或买方声明其将不接受卖方不履行义务后一段合理时间内。

(3)买方减少价金

如果卖方交付了与合同约定不相符的货物时,买方有权依据 CISG 第 50 条要求减价,《合同法》第 111 条有同样的规定。但是,如果卖方对不符货物进行了补交、替换、修理,或买方拒绝卖方的上述要求,买方即不得要求减低价格;减价按实际交付的货物在交货时的价值与符合合同的货物在当时的价值两者之间的比例计算。

(4)损害赔偿

根据 CISG 的规定,买方享有的要求损害赔偿的权利不因其行使采取了其他救济措施而丧失,也就是说,无论买方是否采用了要求实际履行并给予宽限期,或减少价金或宣告合同无效等救济方法,如果不足以弥补由于卖方违约造成的损失,买方仍可以继续要求损害赔偿。

2. 买方违约时卖方可获得的法律救济手段

根据 CISG 第 61 条和 62 条,如果买方不履行其在合同和 CISG 中的任何义务,卖方可以要求买方支付价款、收取货物或履行他的其他义务,同样也可以要求损害赔偿。

(1)要求买方实际履行

卖方可以要求买方支付货款,也可以规定给予买方一段合理时限的额外时间。同样,在宽限期内,卖方不得对违反合同采取任何补救办法,除非卖方收到买方通知将不在这一期限内履行义务。

(2)卖方宣告合同无效

卖方可以宣告合同无效的情况有三种:

第一,买方不履行其在合同或 CISG 中的义务构成根本违约。

第二,买方不在卖方给予的宽限期内履行合同。

第三,买方声明不履行合同。

(3)损害赔偿

根据 CISG 的规定,损失赔偿额应与买方违约给卖方造成的实际损失与可得利润相等,即赔偿额为合同价与转售额之间的差价。此外,卖方为保全货物支出的合理费用都可以从转售额中予以扣除。

六、风险转移

所谓风险,指货物在整个交易过程中可能遭受的各种意外损失,如火灾、搁浅、雨淋、盗窃或沉船等情况所导致的货物的全部灭失或部分灭失损坏。划分风险的目的就是确定对这些损失应当由谁来承担。

(一)风险分担的原则

CISG 规定了买卖双方风险分担的原则:

1. 以交货时间确定风险的原则

与某些国家以所有权的转移时间作为风险转移时间的做法不同,CISG 采用了所有权与风险相分离的方法,确定了以交货时间作为风险转移时间的原则。CISG 第 69 条规定,从买方接收货物时起,风险转移于买方承担。

2. 国际惯例优先原则

CISG 在第 9 条就已规定,"双方当事人业已同意的任何惯例和他们之间确立的任何习惯做法,对双方当事人均有约束力",例如如果当事人在合同中选择了适用国际贸易术语,那么国际贸易术语规定的风险划分原则优于 CISG 的规定。

3. 过失划分的原则

CISG 第 69 条规定,从买方接收货物时起,风险从卖方转移至买方;第 66 条规定,风险由卖方转移至买方后,货物遗失或损坏,买方仍要付款,除非这种遗失或损坏是由卖方造成的;第 70 条规定,如果卖方有根本违约行为,则即使风险已转移至买方承担,买方仍有权采取 CISG 规定的各种补救措施。

4. 划拨是风险发生转移的前提条件

根据 CISG 的规定,货物在划归合同项下前风险不发生转移。所谓划拨又称特定化,是指对货物进行计量、包装、加上标记,或以装运单据,或向买方发出通知等方式表明货物已归于合同项下。经过划拨的货物,卖方不得再随意进行提取,调换或挪作他用。当交货涉及运输时,CISG 第 67 条规定,风险于货交第一承运人时起转移到买方,但在货物未划拨合同项下前不发生转移;在交货不涉及运输时,第 69 条规定,风险是在货物交由买方时发生转移,但当货物未划拨合同项下之前,不得视为已交给买方。

(二)风险转移的时间

1. 涉及运输的货物

如果买卖合同涉及货物的运输,按照 CISG 第 67 条的规定:

第一,货交第一承运人时转移,即货物按照合同交付给第一承运人以转交给买方时起,风险就转移到买方承担。

第二,如果卖方有义务在某一特定地点把货物交付给承运人,货物于该地点交付给承运人时转移给买方。

第三,卖方保留控制货物处置权的单据,不影响风险的转移。

第四,在对货物加上标记,或以装运单据或向买方发出通知或其他方式清楚地表明货物已划归合同项下以前,风险不转移到买方承担。

2. 在途货物的风险转移

国际贸易中常有卖方先将货物装上开往某目的地的船舶,再寻找买主的情况,对于订约时已在运输途中的货物的风险转移,按照 CISG 第 68 条的规定:

第一,在运输途中销售的货物,从订立买卖合同时起,风险就移转到买方承担。

第二,如果情况表明有此需要,从货物交付给签发载有运输合同单据的承运人时起,风险就由买方承担。

第三,如果卖方在订立合同时已知道或理应知道货物已经遗失或损坏,而他又不将这一事实告之买方,则这种遗失或损坏应由卖方负责。

3. 其他情况下的风险转移

在不涉及运输的情况下,按照 CISG 第 69 条的规定:

第一,从买方接收货物时起,风险转移至买方承担。

第二,如果买方不在适当时间内接收货物,则从货物交给他处置但他不收取货物从而违反合同时起,风险转移到买方承担。

第三,如果买方有义务在卖方营业地以外的某一地点接收货物,当交货时间已到而买方知道货物已在该地点交给他处置时,[①]风险转移至买方。

第四,上述规定以货物的特定化为条件,即如果合同指的是当时未加以识别的货物,则这些货物在未清楚注明有关合同以前,不得视为已交给买方处置。

---

① 所谓货物交买方处置,是指卖方已将货物划拨合同项下,完成交货的准备工作并向买方发出通知等一系列行为。参见:余劲松、吴志攀主编,《国际经济法》第三版,北京大学出版社、高等教育出版社 2009 年版,第 94 页。

第三节　国际贸易术语解释通则[①]

一、国际贸易术语解释通则®2010(简称"Incoterms®2010")概述

国际贸易术语是一套由三个字母组成的、反映货物买卖合同中商业实务的贸易术语,主要描述了货物由卖方交付给买方过程中所涉及的工作、成本和风险。国际贸易术语解释通则由国际商会(ICC)制定,目的在于便利全球贸易活动。在买卖合同中使用术语可以明确当事人各自的义务,并减少法律纠纷风险。

(一)Incoterms®2010 概述

1. 在买卖合同中写入 Incoterms®2010 术语

如果想在国际货物买卖合同中使用 Incoterms®2010,应在合同中用类似词句做出明确表示,如"所选用的国际贸易术语,包括指定地点,并标明 Incoterms®2010"。

2. 选择合适的国际贸易术语

对国际贸易术语的选择应适用于货物性质和运输方式,首先要考虑合同各方是否想给卖方和买方增加额外的义务,如安排运输或保险的义务等。每个术语的"使用说明"对选择术语十分重要。

3. 尽可能对地点和港口做出详细说明

只有合同双方写明港口或地点,所选用的国际贸易术语才能发挥作用,而对港口或地点写得尽量确切,则更能凸显国际贸易术语的作用。

4. 国际贸易术语并不是一个完整的买卖合同

国际贸易术语规定了买卖合同中哪方有安排运输、保险的义务,卖方何时向买方交货以及各方应当支付的费用,但国际贸易术语没有说明应付价格或支付方式,它也没有涉及货物所有权的转让或违约后果。这些问题通常依据买卖合同的明确约定或合同的适用法律处理。

(二)Incoterms®2010 的主要特点

1. Incoterms®2010 中 11 个术语的分类

Incoterms®2010 中的 11 个术语分为两大类,适用于任何运输方式或多种运输方式的术语:EXW、FCA、CPT、CIP、DAT、DAP、DDP;适用于海运及内河水运的术语:FAS、FOB、CFR、CIF。

2. 国内贸易与国际贸易术语

国际贸易术语传统上用于货物跨越国界的国际货物买卖合同。但是,在世界许多地区,像欧盟一样的贸易同盟已使不同成员国间的边界形式显得不再重要。因此,Incoterms®2010 正式确认这些术语对国际和国内货物买卖合同均可适用。

3. 使用说明

在每个 Incoterms®2010 术语前,均有该术语的使用说明。使用说明解释了每个术语的

---

① 参见:中国国际商会,《国际贸易术语解释通则®2010》,中国民主法制出版社 2011 年版。

要点,比如何时适用,风险何时转移和买卖双方如何分摊费用。使用说明不是 Incoterms®2010 的构成部分,但期望能帮助使用者在特定交易中准确、高效地选择合适的术语。

4. 电子讯息

国际贸易术语解释通则以往的版本曾经规定诸多文件可用电子数据信息替代。Incoterms®2010 的 A1 和 B1 条款则在各方约定或符合惯例的情况下,赋予电子讯息与纸质讯息同等效力。这种表述便利新电子程序在 Incoterms®2010 有效期内的发展。

5. 保险合同

Incoterms®2010 是《伦敦保险协会货物险条款》修订以来的第一版国际贸易术语,并且已考虑了修订对条款的影响。Incoterms®2010 将与保险相关的信息义务纳入涉及运输合同和保险合同的 A3 和 B3 条款。

6. 安检通关及其通关所需信息

Incoterms®2010 在各术语的 A2/B2 和 A10/B10 条款中,明确了买卖各方间完成或协助完成安检通关的义务,比如产销监管链信息。

7. 码头作业费

按照 Incoterms®2010 中 CPT、CIP、CFR、CIF、DAT、DAP 和 DDP 术语,卖方必须安排货物运输至指定目的地。运费虽由卖方支付,但买方为实际支付方,因为通常运费已由买方包含在货物总价之中。运输费用有时会包括在港口或集装箱码头设施内处理和移动货物的费用,而承运人或港口运营人很可能向接收货物的买方索要这些费用。在这种情况下,买方会希望避免为同一服务支付两次费用:一次是在货物总价中向卖方支付,另一次是单独向承运人或港口运营人支付。为了避免此类问题发生,Incoterms®2010 相关术语的 A6 和 B6 条款中明确了此类费用的分摊。

8. 链式销售

与特定产品的销售不同,在商品销售中,货物在运送至销售链终端的过程中常常被多次转卖。出现这种情况时,在销售链中端的卖方实际上不运送货物,因为处于销售链始端的卖方已经安排了运输。因此,处在销售链中间的卖方不是以运送货物的方式,而是以"取得"货物的方式、履行对其买方的义务。为了澄清此问题,Incoterms®2010 术语中包括"取得运输中货物"的义务,并以其作为在相关术语中运输货物义务中的替代义务。

9. 两个新增术语 DAT(运输终端交货)和 DAP(目的地交货)取代了国际贸易术语解释通则 2000 中的 DAF(边境交货)、DES(目的港船上交货)、DEQ(目的港码头交货)和 DDU(未完税交货)。

(1)国际贸易术语由原来的 13 个减至 11 个。新增了 DAT 和 DAP,取消了 DAF、DES、DEQ 和 DDU。

(2)在这两个新增术语中,交货都在指定目的地发生。使用 DAT 时,货物已从到达的运输工具卸下,交由买方处置(与原 DEQ 术语相同)。使用 DAP 时,货物同样交由买方处置,但仅需要作好卸货准备(与原 DAF、DES 和 DDU 术语相同)。

(3)新术语使得国际贸易术语解释通则 2000 中的 DES 与 DEQ 成为多余。DAT 中的指定终端很可能是港口,因此该术语可完全适用于国际贸易术语解释通则 2000 中 DEQ 适用的场合。同样,DAP 中抵达的运输工具很可能是船只,指定地点也很可能是港口,因此,DAP 可完全适用于国际贸易术语解释通则 2000 中 DES 适用的场合。这两个新术语和先前的术语一样,是"交货"型,由卖方承担将货物交至指定目的地的所有费用(除与进口清关相关的费用外)和风险。

(三)Incoterms®2010 术语专用词的解释

如同 ncoterms®2000 术语一样,买卖双方的义务是对照列出的,分别反映在规定卖方义务的 A 栏和买方义务的 B 栏。这些义务可由卖方或买方亲自承担,但有时根据合同条款或适用的法律,也可通过第三方中介,如承运人、货运代理人,以及由卖方或买方指定的其他人来承担。

但为了便利使用 Incoterms®2010 术语,以下部分将对几个专用词在本通则中的特定含义做出指导性说明。

1. 承运人:在 Incoterms®2010 术语中,承运人是签约承担运输责任的一方。

2. 海关手续:指为遵守任何适用的海关规定所需满足的要求,并可包括各类文件、安全、信息或实物检验的义务。

3. 交货:在贸易法律与实务中,此概念有多种含义。但在 Incoterms®2010 术语中,它所指的是货物灭失与损坏的风险从卖方转移至买方的点。

4. 交货凭证:此词现为 A8 的标题。它是指证明已交货的凭证。在 Incoterms®2010 许多术语中,交货凭证是运输凭证或对应的电子记录。但是,在使用 EXW、FCA、FAS 和 FOB 时,交货凭证可能仅仅是一张收据。交货凭证也会有其他作用,比如作为支付安排的构成部分。

5. 电子记录或程序:由一条或多条电子信息组成的整套信息,同时如适用时与对应的纸质凭证具有同等效力。

6. 包装:此词可用于不同目的。

(1)为满足买卖合同的要求对货物进行包装。

(2)为适应运输需要对货物进行包装。

(3)在集装箱或其他运载工具中装载包装好的货物。

在 Incoterms®2010 术语中,包装所指的是以上第一种和第二种情况。Incoterms®2010 中的术语不涉及各方在集装箱内的装载义务,因此,如需要的话,各方应在买卖合同中作出约定。

(四)国际贸易术语的变通

有时买卖各方希望变通国际贸易术语。Incoterms®2010 并不禁止此类变通,但是这样做是有风险的。为避免不期望见到的惊讶,缔约方需要在买卖合同中非常清晰地明确他们希望通过修改达到的效果。例如,如果合同对 Incoterms®2010 某术语的费用分摊作出改变,缔约方也应清楚地表明他们是否同时希望改变风险自卖方转移至买方的点。

二、适用于任何运输方式或多种运输方式的术语使用说明

(一)EXW(Ex Works,工厂交货)

1."工厂交货"是指当卖方在其所在地或其他指定地点(如工厂、车间或仓库等)将货物交由买方处置时,即完成交货。卖方不需将货物装上任何前来接收货物的运输工具,需要清关时,卖方也无需办理出口清关手续。

2. 双方在指定交货地范围内应尽可能明确具体交货地点,因为在货物到达交货地点之

前的所有费用和风险都由卖方承担。买方则需承担自此指定交货地的约定地点(如有的话)收取货物所产生的全部费用和风险。

3. EXW(工厂交货)术语代表卖方承担最低义务,使用时需注意以下问题:

(1)卖方对买方没有装货义务,即使实际上卖方也许更方便这样做。如果卖方装货,也是由买方承担相关风险和费用。

(2)卖方只有在买方要求时,才有义务协助办理出口,即卖方无义务安排出口通关。因此,在买方不能直接或间接地办理出口清关手续时,不建议使用该术语。

(3)买方仅有限度地承担向卖方提供货物出口相关信息的责任,即使卖方可能出于缴税或申报等目的,需要这方面的信息。

(二)FCA(Free Carrier,货交承运人)

1."货交承运人"是由卖方在卖方所在地或其他指定地点将货物交给买方指定的承运人或其他人。由于风险在交货地点转移至买方,双方应尽可能清楚地写明指定交货地内的交付点。

2. 如果双方希望在卖方所在地交货,则应当将卖方所在地址明确为指定交货地。如果双方希望在其他地点交货,则必须确定不同的特定交货地点。

3. 如适用时,FCA 要求卖方办理货物出口清关手续。卖方无义务办理进口清关,支付任何进口税或办理任何进口海关手续。

(三)CPT(Carriage Paid To,运费付至)

1."运费付至"是指卖方将货物在双方约定地点交给卖方指定的承运人或其他人。卖方必须签订运输合同并支付将货物运至指定目的地所需费用。

2. 在使用 CPT、CIP、CFR 或 CIF 术语时,当卖方将货物交付给承运人时,而不是当货物到达目的地时,即完成交货。

3. 由于风险转移和费用转移的地点不同,该术语有两个关键点:特别建议双方尽可能确切地在合同中明确交货地点(风险在这里转移至买方),以及指定的目的地(卖方必须签订运输合同运到该目的地)。

4. 由于卖方需承担将货物运至目的地具体地点的费用,双方应尽可能确切地在指定目的地内明确该点。如果卖方按照运输合同在指定的目的地卸货发生了费用,除非双方另有约定,卖方无权向买方要求偿付。

5. 如适用时,CPT 要求卖方办理货物的出口清关手续。卖方无义务办理进口清关,支付任何进口税或办理进口相关的任何海关手续。

(四)CIP(Carriage And Insurance Paid To,运费和保险费付至)

1."运费和保险费付至"是指卖方将货物在双方约定地点交给卖方指定的承运人或其他人。卖方必须签订运输合同并支付将货物运至指定目的地所需费用。

2. 卖方还必须为买方在运输途中货物的灭失或损坏风险签订保险合同。买方应注意到,CIP 只要求卖方投保最低险别。如果买方需要更多保险保护的话,则需与卖方就此明确达成协议,或者自行做出额外的保险安排。

(五)DAT(Delivered At Terminal,运输终端交货)

1."运费终端交货"是指卖方在指定港口或目的地的指定运输终端将货物从抵达的载货运输工具上卸下,交由买方处置时,即为交货。"运输终端"意味着任何地点,而不论该地点是否有遮盖,例如码头、仓库、集装箱堆积场或公路、铁路、空运货站。卖方承担将货物送至指定港口或目的地的运输终端并将其卸下的一切风险。

2. 由于卖方承担在特定地点交货前的风险,双方应尽可能确切地约定运输终端,或如果可能的话,在约定港口或目的地的运输终端内的特定的点。

3. 如果双方希望由卖方承担由运输终端至另一地点间运送和受理货物的风险和费用,则应当使用 DAP 或 DDP 术语。

4. 如适用时,DAT 要求卖方办理出口清关手续。卖方无义务办理进口清关、支付任何进口税或办理任何进口海关手续。

（六）DAP(Delivered At Place,目的地交货)

1.“目的地交货”是指当卖方在指定目的地将仍处于抵达的运输工具之上,且已做好卸货准备的货物交由买方处置时,即为交货。卖方承担将货物运送到指定地点的一切风险。

2. 由于卖方承担在特定地点交货前的风险,特别建议双方尽可能清楚地约定指定目的地内的交货点。建议卖方取得完全符合该选择的运输合同。如果卖方按照运输合同在目的地发生了卸货费用,除非双方另有约定,卖方无权向买方要求偿付。

3. 如适用时,DAP 要求卖方办理出口清关手续。但是卖方无义务办理进口清关、支付任何进口税或办理任何进口海关手续。如果双方希望卖方办理进口清关、支付所有进口关税,并办理所有进口海关手续,则应当使用 DDP 术语。

（七）DDP(Delivered Duty Paid,完税后交货)

1.“完税后交货”是指当卖方在指定目的地将仍处于抵达的运输工具之上,但已完成进口清关,且已做好卸货准备的货物交由买方处置时,即为交货。卖方承担将货物运至目的地的一切风险和费用,并且有义务完成货物出口和进口清关,支付所有出口和进口的关税和办理所有海关手续。

2. DDP 代表卖方的最大责任。

3. 由于卖方承担在特定地点交货前的风险,特别建议双方尽可能清楚地约定在指定目的地内的交货点。建议卖方取得完全符合该选择的运输合同。如果按照运输合同卖方在目的地发生了卸货费用,除非双方另有约定,卖方无权向买方索要。

4. 如卖方不能直接或间接地完成进口清关,则特别建议双方不使用 DDP。

5. 如双方希望买方承担所有进口清关的风险和费用,则应使用 DAP 术语。

6. 除非买卖合同中另行明确确定,任何增值税或其他应付的进口税款由卖方承担。

三、适用于海运和内河水运的术语使用说明

（一）FAS(Free Alongside Ship,船边交货)

1.“船边交货”是指卖方在指定的装运港将货物交到买方指定的船边(例如,置于码头或驳船上)时,即为交货。货物灭失或损坏的风险在货物交到船边时发生转移,同时买方承担自那时起的一切费用。

2. 由于卖方承担在特定地点交货前的风险,而且这些费用和相关作业费可能因各港口惯例不同而变化,特别建议双方尽可能清楚地约定指定装运港内的装货点。

3. 卖方应将货物运至船边或取得已经这样交运的货物。此处使用的“取得”一词适用于商品贸易中常见的交易链中的多层销售(链式销售)。

4. 当货物装在集装箱里时,卖方通常将货物在集装箱码头移交给承运人,而非交到船边。这时,FAS 术语不适合,而应当使用 FCA 术语。

5. 如适用时,FAS 要求卖方办理出口清关手续。但卖方无义务办理进口清关、支付任何进口税或办理任何进口海关手续。

（二）FOB（Free On Board,船上交货）

1."船上交货"是指卖方以在指定的装运港将货物装上买方指定的船舶或通过取得已交付至船上货物的方式交货。货物灭失或损坏的风险在货物交到船上时转移,同时买方承担自那时起的一切费用。

2. 卖方应将货物在船上交付或者取得已在船上交付的货物。此处使用的"取得"一词适用于商品贸易中常见的交易链中的多层销售（链式销售）。

3. FOB 可能不适合于货物在上船前已经交经承运人的情况,例如用集装箱运输的货物通常是在集装箱码头交货。在此类情况下,应当使用 FCA 术语。

4. 如适用时,FOB 要求卖方办理出口清关。但卖方无义务办理进口清关、支付任何进口税或办理任何进口海关手续。

（三）CFR（Cost And Freight,成本加运费）

1."成本加运费"是指卖方在船上交货或以取得已经这样交付的货物方式交货。货物灭失或损坏的风险在货物交到船上时转移。卖方必须签订合同,并支付必要的成本和运费,将货物运至指定的目的港。

2. 当使用 CPT、CIP、CFR 或者 CIF 时,卖方按照所选择术语规定的方式将货物交付给承运人时,即完成其交货义务,而不是货物到达目的地之时。

3. 由于风险转移和费用转移的地点不同,该术语有两个关键点。虽然合同通常都会指定目的港,但不一定都会指定装运港,而这里是风险转移至买方的地方。如果装运港对买方具有特殊意义,特别建议双方在合同中尽可能准确地指定装运港。

4. 由于卖方要承担将货物运至目的地具体地点的费用,特别建议双方应尽可能确切地在指定目的港内明确该点。建议卖方取得完全符合该选择的运输合同。如果卖方按照运输合同在目的港交付点发生了卸货费用,则除非双方事先另有约定,卖方无权向买方要求补偿该项费用。

5. 卖方需要将货物在船上交货,或以取得已经这样交付运往目的港的货物的方式交货。此外,卖方还需签订一份运输合同,或者取得一份这样的合同。此处使用的"取得"一词适用于商品贸易中常见的交易链中的多层销售（链式销售）。

6. CFR 可能不适合于货物在上船前已经交给承运人的情况,例如用集装箱运输的货物通常是在集装箱码头交货。在此类情况下,应当使用 CPT 术语。

7. 如适用时,CFR 要求卖方办理出口清关。但卖方无义务办理进口清关、支付任何进口税或办理任何进口海关手续。

（四）CIF（Cost Insurance and Freight,成本、保险费加运费）

1."成本、保险费加运费"是指卖方在船上交货或以取得已经这样交付的货物方式交货。货物灭失或损坏的风险在货物交到船上时转移。卖方必须签订合同,并支付必要的成本和运费,将货物运至指定的目的港。

2. 卖方还要为买方在运输途中货物的灭失或损坏风险办理保险。买方应注意到,在CIF 下卖方仅需投保最低险别。如买方需要更多保险保护的话,则需与卖方明确达成协议,或者自行做出额外的保险安排。

3. 当使用 CPT、CIP、CFR 或者 CIF 时,卖方按照所选择术语规定的方式将货物交付给承运人时,即完成其交货义务,而不是货物到达目的地之时。

4. 由于风险转移和费用转移的地点不同,该术语有两个关键点。虽然合同通常都会指定目的港,但不一定都会指定装运港,而这里是风险转移至买方的地方。如果装运港对买方具有特殊意义,特别建议双方在合同中尽可能准确地指定装运港。

5. 由于卖方要承担将货物运至目的地具体地点的费用,特别建议双方应尽可能确切地在指定目的港内明确该点。建议卖方取得完全符合该选择的运输合同。如果卖方按照运输合同在目的港交付点发生了卸货费用,则除非双方事先另有约定,卖方无权向买方要求补偿该项费用。

6. 卖方需要将货物在船上交货,或以取得已经这样交付运往目的港的货物的方式交货。此外,卖方还需签订一份运输合同,或者取得一份这样的合同。此处使用的"取得"一词适用于商品贸易中常见的交易链中的多层销售(链式销售)。

7. CIF 可能不适合于货物在上船前已经交给承运人的情况,例如用集装箱运输的货物通常是在集装箱码头交货。在此类情况下,应当使用 CIP 术语。

8. 如适用时,CIF 要求卖方办理出口清关。但卖方无义务办理进口清关、支付任何进口税或办理任何进口海关手续。

在本章的引例中,关键问题是合同订立的程序。国际货物买卖合同是当事人之间意思表示一致的结果。它是通过一方提出要约,另一方对要约表示承诺后成立的。一个合同的达成往往不是一次意思表示就可以达成,在一方提出要约后,对方往往还会还盘,经过反复磋商,最后双方取得一致意见,合同才能成立。在磋商的过程中,要约与承诺是两个重要的法律步骤。CISG 第 14~24 条对此进行了规定。

本案中国 A 公司向美国 B 公司发出的发盘构成了要约。要约(offer)是一方当事人以订立合同为目的向对方所作的意思表示。提出要约的一方称为要约人(offeror),或发价人,在实践中也称为发盘人,对方则称为受要约人(offeree),或被发价人,或受盘人。在实务中,包含货物、数量、价格三要素,并注明了要约有效期的发盘又被称为实盘。而有关要素不全且没有要约有效期的被称为虚盘。本案 A 公司的发盘符合上述构成要约的要件。首先,本案 A 公司的发盘是向特定人发出的,A 公司向特定的 B 公司发出了具体的订立合同的建议。其次,A 公司的发盘包括了要约应该包含的最基本的要素,A 公司发出的发盘包括了"某农产品 100 吨,每吨 450 美元 CIF 纽约,订约后 1 个月装运,本月回复有效"的具体内容,因此 A 公司的发盘属于实盘。

依公约的规定,合同应于受要约人接受时成立。构成承诺应满足公约规定的条件。承诺(Acceptance)是受要约人按照要约所规定的方式,对要约的内容表示同意的一种意思表示。要约一经承诺,合同即成立。承诺又被称为"接受"。

本案中,中国 A 公司 7 月 27 日的发盘为要约,B 公司再三请求 A 公司增加该农产品的数量,降低价格,并要求延长要约有效期的反应属于还盘。最后经过推迟的要约有效期是 8 月 30 日,B 公司的承诺于 8 月 26 日到达,是有效承诺,因此,案中的合同应于 8 月 26 日成立。A 公司以"由于国际市场价格变化,货物在接到承诺电报前已售出"为由不履行合同,是没有法律依据的。

※ 思考题

1. 要约和要约邀请的区别。

2. 要约的撤回和撤销的区别和联系。

3. 试述国际货物买卖合同的主要内容。

4. 案例讨论：

5月10日,中国某地粮油进出口公司A与西班牙B公司签订了出口大米若干吨的合同,该合同规定:规格为水分量最高20%,破碎率最高10%,以中国商品检验局的检验证明为最后依据;单价每吨若干美元,FOB中国某港口,买方须于当年6月10日派船只接运货物,等等。B没按期派船前来接运,直至当年9月20日才派船来华接货。大米运抵目的港后,买方B公司发现大米生虫了,于是委托当地一家检验机关进行了检验,并签发了虫害证明。B据此向A提出索赔请求,遭到A的拒绝,A公司同时要求B公司支付延误期间A方支付的大米仓储保管费及其他费用。另外,保存在中国商品检验局的检验货样至争议发生后仍完好,并未发生虫害。问:

(1)A要求B支付延误时期的大米仓储保管费及其他费用能否成立,为什么?

(2)B的索赔要求能否成立,为什么?

✿✿ 司法考试真题链接

1. 中国甲公司与法国乙公司商谈进口特种钢材,乙公司提供了买卖该种钢材的格式合同,两国均为1980年《联合国国际货物销售合同公约》缔约国。根据相关规则,下列哪一选项是正确的?(2014年司法考试真题)

A. 因两国均为公约缔约国,双方不能在合同中再选择适用其他法律

B. 格式合同为该领域的习惯法,对双方具有约束力

C. 双方可对格式合同的内容进行修改和补充

D. 如双方在合同中选择了贸易术语,则不再适用公约

2. 中国甲公司向加拿大乙公司出口一批农产品,CFR价格条件。货装船后,乙公司因始终未收到甲公司的通知,未办理保险。部分货物在途中因海上风暴毁损。根据相关规则,下列哪一选项是正确的?(2014年司法考试真题)

A. 甲公司在装船后未给乙公司以充分的通知,造成乙公司漏保,因此损失应由甲公司承担

B. 该批农产品的风险在装港船舷转移给乙公司

C. 乙公司有办理保险的义务,因此损失应由乙公司承担

D. 海上风暴属不可抗力,乙公司只能自行承担损失

3. 某国甲公司向中国乙公司出售一批设备,约定贸易术语为"FOB(Incoterms2010)",后设备运至中国,依《国际贸易术语解释通则》和《联合国国际货物销售合同公约》,下列哪一选项是正确的?(2013年司法考试真题)

A. 甲公司负责签订货物运输合同并支付运费

B. 甲、乙公司的风险承担以货物在装运港越过船舷为界

C. 如该批设备因未按照同类货物通用方式包装造成损失,应由甲公司承担责任

D. 如该批设备侵犯了第三方在中国的专利权,甲公司对乙公司不承担责任

4. 甲公司(卖方)与乙公司于 2007 年 10 月签订了两份同一种农产品的国际贸易合同,约定交货期分别为 2008 年 1 月底和 3 月中旬,采用付款交单方式。甲公司依约将第一份合同项下的货物发运后,乙公司以资金周转困难为由,要求变更付款方式为货到后 30 天付款,甲公司无奈同意该变更。乙公司未依约付款,并以资金紧张为由再次要求延期付款。甲公司未再发运第二个合同项下的货物并提起仲裁。根据《联合国国际货物销售合同公约》,下列哪一选项是正确的?(2010 年司法考试真题)

A. 乙公司应以付款交单的方式支付货款

B. 甲公司不发运第二个合同项下货物的行为构成违约

C. 甲国公司可以停止发运第二个合同项下的货物,但应及时通知乙公司

D. 如乙公司提供了付款的充分保证,甲公司仍可拒绝发货

5. 甲国 A 公司(卖方)与中国 B 公司采用 FOB 价格条件订立了一份货物买卖合同,约定货物保质期为交货后一年后。B 公司投保了平安险。货物在海运途中因天气恶劣部分损毁,另一部分完好交货,但在交货后半年左右出现质量问题。根据《联合国国际货物销售合同公约》和有关贸易惯例,下列哪一选项是正确的?(2010 年司法考试真题)

A. A 公司在陆地上将货物交给第一承运人时完成交货

B. 货物风险在装运港越过船舷时转移

C. 对交货后半年出现的货物质量问题,因风险已转移,A 公司不承担责任

D. 对海运途中损毁的部分货物,应由保险公司负责赔偿

6. 甲公司(卖方)与乙公司订立了国际货物买卖合同。由于甲公司在履约中出现违反合同的情形,乙公司决定宣告合同无效,解除合同。依据《联合国国际货物销售合同公约》,下列哪些选项是正确的?(2010 年司法考试真题)

A. 宣告合同无效意味着解除了甲乙二公司在合同中的义务

B. 宣告合同无效意味着解除了甲公司损害赔偿的责任

C. 双方在合同中约定的争议解决条款也因宣告合同无效而归于无效

D. 如甲公司应归还价款,它应同时支付相应的利息

7. 甲公司(买方)与乙公司订立了一份国际货物买卖合同,后因遇到无法预见又不能克服的障碍,乙公司未能按照合同履行交货义务,但未在合理时间内将此情况通知甲公司。甲公司直到交货期过后才得知此事。乙公司的行为使甲公司遭受了损失。依《联合国国际货物销售合同公约》,下列哪些表述是正确的?(2010 年司法考试真题)

A. 乙公司可以解除合同,但应把障碍及其影响及时通知甲公司

B. 乙公司解除合同后,不再对甲公司的损失承担赔偿责任

C. 乙公司不交货,无论何种原因均属违约

D. 甲公司有权就乙公司未通知有关情况而遭受的损失请求赔偿

第三章 国际货物运输与保险

【引例】 浙江某茶叶进出口公司甲委托某船运公司乙以班轮运输的方式将750箱红茶从上海出口运至德国汉堡(CIF汉堡),并依约向某保险公司投保平安险+串味险。乙将红茶装入该公司所属船舶"大禹号"的货舱中,运至汉堡。货到目的地后,收货人发现该批红茶受精萘气味污染受损,遂向保险公司要求赔偿。为此,保险公司按保单向收货人赔偿损失后向乙追偿,遭到拒绝。于是保险公司向海事法院提起诉讼,请求乙赔偿其全部损失。请问:(1)船运公司乙对于货物受气味污染而导致的损失是否负有责任?(2)保险公司是否有权要求乙赔偿其损失?

第一节 国际货物运输

在绝大多数国际货物买卖合同中,都会涉及货物如何运往境外的问题。国际货物运输就是指承运人接受托运人的委托,采用一种或多种运输方式,负责将货物从一国运至另一国。根据不同种类、性质的货物,以及对运输速度的不同要求,可供选择的运输方式有很多,包括海上运输、江河运输、铁路运输、公路运输、航空运输、管道运输以及由上述若干方式组合而成的多式联运等。其中,海上运输以无可比拟的成本低、运载量大的特点成为最主要的运输方式,它的历史最悠久、法律制度也最完善。铁路运输和航空运输也占有相当大的比例,多式联运近年来则发展较快,前景广阔。

各种国际货物运输方式之间,存在以下共同特点:(1)国际货物运输,无论采用哪种方式,一般都是通过当事人之间订立运输合同来实现的;(2)国际货物运输关系相对独立于国际货物买卖关系之外,它是货物承运人与托运人及收货人之间,因运输货物而发生的一种法律关系;(3)调整国际货物运输关系的法律,主要是国际条约和国际惯例;(4)国际货物运输是跨越国境的货物移动,运输的货物主要是国际经济贸易关系中流转的商品。

本章将着重介绍国际海上运输、铁路运输、航空运输和多式联运四种方式中有关的法律问题。

一、国际海上货物运输

国际海上货物运输合同是指承运人收取运费以船舶为运输工具,负责将托运人的货物经海路从一国港口运至另一国港口,并交付收货人的协议。承运人是指其本人或委托他人以本人名义与托运人订立海上运输合同的人,一般是船舶所有人或者其他经营海上货运的人。托运人是指本人或委托他人以本人名义与承运人订立运输合同的人,大多数是国际货物买卖中的卖方或买方。收货人是有权提取货物的人,可以是托运人本人,也可以是持有提货凭证的其他任何人。

海上货物运输合同有两种基本形式:班轮运输合同与租船合同。所谓班轮运输,是指托运人将一定数量的货物交由作为承运人的轮船运输公司,轮船公司收取固定的运费,按固定的航线、固定的船期所进行的运输,它多用于货物运输数量少、交接港分散的货物,是海上货物运输中使用最广的一种方式。租船运输是指托运人租用船舶的全部、部分或指定舱位运送货物的方式,一般用于大宗货物运输,如石油、矿石、谷物等。根据不同的租船方式,可以分为航次租船合同、定期租船合同和光船租赁合同。

(一)班轮运输

1. 提单的概念及法律性质

班轮运输主要是通过承运人签发提单实现的,因此又被称为"提单运输"。提单(Bill of Lading,B/L)是海上货物运输中的承运人或其代理人签发给托运人的,用以证明海上货物运输合同和货物已经由承运人接收或者装船,以及承运人保证据以交付货物的单据。

提单是国际海上货物运输中使用最广泛的单据,在法律上具有重要意义:

(1)提单是承运人与托运人之间订立海上货物运输合同的凭证。在班轮运输下,承运人和托运人之间往往没有书面形式的海上货物运输合同,而提单是承运人应托运人的请求签发的,其正面条款和背面条款都详细地规定了承运人和托运人的权利和义务,因此提单就成为运输合同的证明文件。需要注意的是,一旦提单被转让或背书给第三人,则提单在受让人与承运人之间,就是运输合同本身,而不仅仅是合同的证明。

(2)提单是承运人收到所承运货物的收据。自提单签发之日起,承运人就对货物的保管、运输承担法律责任,直至在目的港交货为止。承运人向提单持有人交货时,在货物的品名、标志、数量、表面状况等各方面,都必须与提单的记载相符。

(3)提单是代表货物权利的凭证。谁合法持有正本提单,即等于拥有该货物的所有权。在目的港,提单持有人出示正本提单,就有权要求承运人履行交付货物的义务。提单属于有价证券,可以转让、买卖或作为担保物。

2. 提单的内容

提单内容由正面事实记载条款和背面权利义务条款两部分组成。各船公司所制定的提单虽然格式不完全相同,但内容大同小异。根据中国《海商法》第73条规定,提单的正面条款一般包括下列各项:(1)承运人的名称和主营业所;(2)托运人的名称;(3)收货人的名称;(4)船舶的名称;(5)装货港和在装货港接收货物的日期;(6)卸货港;(7)多式联运提单增列接收货物地点和交付货物地点;(8)货物的品名、标志、包数或件数、重量或体积,以及运输危险货物时对危险性质的说明;(9)运费的支付;(10)提单的签发日期①、地点和份数;(11)承

---

① 提单签发的日期必须据实填写。在实践中,由于种种原因,当卖方不能按照买卖合同约定的时间交运货物时,为了顺利结汇,就会通过出具保函的方式请求承运人将提单的日期倒签,即提单上填写的日期早于实际装船的日期,称为倒签提单。或者在货物尚未装船或尚未装船完毕的情况下,由承运人提前签发已装船提单,使卖方能够顺利结汇,是谓预借提单。不论出于什么原因,承运人通过倒签和预借提单,总是向收货人或提单持有人传达了一个关于装船时间的虚假情况。这样一旦被收货人发现,承运人就要承担收货人控告索赔全部货价的风险,在有些国家甚至还要受到刑事制裁。

运人或者其代表的签字。提单缺少上述一项或者几项的,不影响提单的性质,但是必须符合海商法关于提单的定义和功能的规定。提单的背面条款主要是规定承运人和托运人之间的权利义务关系,包括承运人的责任期限、责任限额、免责条款、索赔时限等内容。

3. 提单的种类

根据不同的标准,可以将提单分成不同的种类。

(1)根据货物是否已经装船,可分为已装船提单(shipped B/L, or on board B/L)和收货待运提单(received for shipping B/L)。已装船提单是货物实际装船完毕后,应托运人要求,由承运人或其代理人签发的提单,上面需注明装货船名和装船日期。收货待运提单,又称为备运提单,是承运人在收到货物后,因一时无法确定承运船舶和装船日期,而临时签发给托运人的收据。由于买方和银行一般都不接受收货待运提单,因此在货物确实装入预定船舶后,须向承运人换取已装船提单。

(2)根据提单上对货物外表状况的记载,可分为清洁提单(clean B/L)和不清洁提单(unclean B/L)。清洁提单是承运人对货物表面状况未加不良批注的提单。如果承运人在提单上注明货物表面状况受损或包装不良等则为不清洁提单,如"包装不固"、"破包"、"沾有油污"。这种提单表明货物是在表面状况不良的条件下装船的,在卸货时如果由此而造成损失,可以减免承运人的责任。在国际贸易实践中,银行、买方或提单的受让人只接受清洁提单。因此不清洁提单也难以作为物权凭证自由转让。

(3)根据提单上对收货人的记载方法,可分为记名提单(straight B/L)、不记名提单(open B/L)和指示提单(order B/L)。记名提单是指提单上"收货人"一栏内写明具体收货人的名称,只有该列明的收货人才能提货。我国《海商法》第79条明确规定记名提单不得转让,因此也有的学者认为记名提单不是物权凭证,实质上等同于海运单(sea waybill)[1]。不记名提单,又称空白提单,指在收货人一栏空白或只填写"交与持票人"(to bearer)的字样,这种提单不经背书即可转让,凡持票人均可提取货物,具有很强的流通性,在国际贸易中因风险太大而很少使用。指示提单是在收货人一栏不写明具体收货人的名称,而填有"凭某人指示"(to order of ……)字样,或仅填有"凭指示"(to order)字样[2]。这类提单经指示人背书即可以转让,如指示人不作任何背书,则意味着指示人保留对货物的所有权,有权提货的仍是指示人本人。因指示提单适应了正常贸易需要,所以在当今国际贸易中应用最为广泛。

(4)按提单内容的繁简,可分为全式提单(long form B/L)和简式提单(short form B/L)。全式提单,亦称繁式提单,是指通常应用的,在提单背面列有承运人和托运人权利义务等详细条款的提单。简式提单,又称略式提单,即只在提单正面列入必要项目,而略去背面一般条款的提单。

(5)根据提单的表现形式,可分为纸面提单和电子提单。纸面提单是以纸面形式存在的提单。电子提单是以数据电文(data message)形式存在和传输的提单。1990年6月29日,国际海事委员会通过了《国际海事委员会电子提单规则》(CMI Rules for Electronic Bills of Lading),共11条,涉及适用范围、定义、程序规则、收货单据的形式和内容、运送合同的术语和条件、法律适用、支配和转让权、密码、交货、接受纸面单证的选择和电子数据等同书面等

---

① 杨良宜:《提单及其他付运单证》(修订版),中国政法大学出版社2007年版,第22~25页。

② 如仅填有"凭指示"字样,则通常为"凭托运人的指示"。

内容。纸面提单的转让是用背书或交付来完成的,不需要经过承运人的确认,而电子提单的转让过程则是通过承运人作为桥梁,将提单转让人和受让人衔接在一起。为此,《规则》详细规定了一整套严密的程序①,首先由现持有人向承运人发出其意欲将电子提单转让给新持有人的通知,承运人确认该通知后,向被建议的新持有人发送除密码以外的关于货物的所有信息,如果被建议的新持有人愿意接受该电子提单,则应在合理的时间内通知承运人,承运人据此销毁现有密码②,并向新持有人发出一新密码③。按此程序进行的电子提单的转让,与在纸面提单下的转让具有同样的效力。

此外,根据提单上规定的运输方式不同,可分为直达提单(direct B/L)、转船提单(transshipment B/L)和多式联运提单(combined transport B/L)等。按运费支付的时间,可分为预付提单(freight prepaid B/L)和到付提单(freight payable at destination B/L)。具体采用哪一种提单,则需要托运人根据实际情况来决定,如国际贸易中采用的是 CIF 买卖合同,则托运人应向承运人要求签发运费预付提单。

4. 调整提单的法律

班轮运输中,承运人和托运人的权利义务由当事人双方在提单中明确规定,但为了防止承运人滥用其优势地位,在各国的国内法和有关的国际条约中都会对承运人的责任和义务做出强制性的规定。国内法主要是指各国的海商法,如 1992 年《中华人民共和国海商法》第四章第四节"运输单证",就主要是对提单的规定。

调整提单的国际法,目前已经生效的主要有三个国际公约,即 1924 年《统一提单的若干法律规则的国际公约》(又称 1924 年《海牙规则》,The Hague Rules)、1968 年《修改 1924 年 8 月 25 日在布鲁塞尔签订的统一提单的若干法律规则的国际公约的议定书》(又称 1968 年《维斯比规则》,The Visby Rules)和 1978 年《联合国海上货物运输公约》(又称 1978 年《汉堡规则》,The Hamburg Rules)。《海牙规则》于 1931 年 6 月生效,它的突出特点是偏重于保护承运人的利益,有利于航运业发达的国家,有 89 个国家和地区加入了该条约④。《海牙规则》所确立的原则,已成为各国有关海运提单立法和各航运组织格式提单的内容。后经航运业发展较慢的国家要求,国际海事委员会 1968 年通过了《维斯比规则》。但《维斯比规则》主要是扩大了《海牙规则》的适用范围,提高了承运人的赔偿限额,对《海牙规则》进行的修改和补充并未触及其基本制度。目前,《维斯比规则》共有 30 个成员方⑤。为了彻底纠正海运关系中承运人与货主间权利义务失衡的状况,1968 年 3 月联合国贸易和发展委员会决定设立国际航运立法工作组,经过多年的努力,1978 年在汉堡举行的联合国海上运输全权代表大会上通过了《汉堡规则》,其突出特点是加重了承运人的责任,共有 34 个成员方批准了《汉

---

① 参见 1990 年《国际海事委员会电子提单规则》第 7 条。

② 根据 1990 年《国际海事委员会电子提单规则》第 2 条(e)款,(电子)密码是指:经当事方同意为确保传输的真实性和完整性而采用的任何技术上适当的方式,如一组数码和/或字母。

③ 根据 1990 年《国际海事委员会电子提单规则》第 8 条的规定,密码对各个持有人都不相同,持有人不得转让密码,承运人和持有人应各自保持密码的安全性。

④ See CMI Yearbook 2014.

⑤ See CMI Yearbook 2014.

堡规则》①。

随着《汉堡规则》的生效,使得海上货物运输合同领域内的立法日趋复杂,而国际海上货物运输法律领域的不统一,也会间接影响贸易的顺利进行,增加因为法律不确定性导致的诉讼成本。因此在 20 世纪 90 年代末,国际海事委员会(Committee Maritime International,简称 CMI)成立专家组,率先提出统一运输法框架的文本草案初稿,并先后征求意见、进行修改,后来运输法制定工作转交给联合国国际贸易法委员会(United Nations Commission on International Trade Law,简称 UNCITRAL)继续进行。2008 年 12 月 11 日,联合国大会通过了《全程或者部分海上国际货物运输合同公约》(又称《鹿特丹规则》,The Rotterdam Rules),旨在取代上述三个公约,以真正实现海上货物运输法律制度的国际统一。但目前世界各国,尤其是航运大国对加入该公约普遍持审慎的态度,截止到 2018 年 9 月,共有 25 个签字国,其中只有西班牙、刚果、多哥和喀麦隆递交了批准书,尚未达到公约规定的生效条件②。

(1)《海牙规则》

《海牙规则》共 16 条,其中第 1 至第 10 条是实质性条款,第 11 至第 16 条是程序性条款,主要是有关公约的批准、加入和修改的程序性条款。实质性条款主要包括以下内容:

①承运人必须承担的两项最低限度的义务

第一,承运人在开航前和开航时恪尽职守使船舶适航③。该义务可主要从三个方面考虑:首先,所谓适航的船舶,就是能够抵御通常的海上风险,或是在通常的航海环境中,不会对货物产生危险或损坏的船舶;其次,一个恪职尽责的承运人,应该在航次开始前,对船舶进行仔细的检查,包括船上的维修保养工作、操作规程、船舶管理及常规命令等,也包括船员的配备和供应品的装备,如果存在缺陷,则应在船舶开航前消除该缺陷;最后,船舶要适合所载运货物的安全运送和保管。

第二,承运人要适当而谨慎地装载、搬移、配载、运输、保管、照料和卸载所运货物④,确保货物能以接收时的相似良好状况交付给收货人。至于如何确定"谨慎"和"适当"的标准,一般来讲,"谨慎"通常指主观上的要件,它要求承运人、船员或其他受雇人员要尽必要的注意,即以诚实勤勉且有经验的人为标准所应尽的注意义务。而"适当"则主要表现在客观方面,通常是一种技术上的要求,是针对技术水平、操作设备和程序而言的。例如,将新闻纸从寒冷的北欧装载、运送到温暖、潮湿的日本,一个有经验的承运人就应该制订一整套的温、湿度通风控制程序,严格控制运输中舱内的温度及湿度,以免暖空气中的湿气遇冷凝聚为水珠而被纸张所吸收,失去其应有的使用价值。为了避免在货物出现灭失或损害时承担责任,承运人必须通过准确而详细的记录及现场证据,证明自己在责任期间内,已经做好一切必要的工作,尽到了照管货物的义务。

---

① http://www.uncitral.org/uncitral/zh/uncitral_texts/transport_goods/Hamburg_status.html,访问日期:2016 年 3 月 30 日。

② http://www.uncitral.org/uncitral/zh/uncitral_texts/transport_goods/rotterdam_status.html,访问日期:2018 年 9 月 30 日。

③ 参见《海牙规则》第 3 条第 1 款。

④ 参见《海牙规则》第 3 条第 2 款。

②承运人的免责事项

《海牙规则》第 4 条第 2 款对承运人的免责作了 17 项具体规定,分为两类:

一类是过失免责条款,即《海牙规则》第 4 条第 2 款第 1 项:"由于船长、船员、引航员或承运人的雇佣人在航行或管理船舶中的行为、疏忽或过失所引起的货物灭失或损坏,承运人可以免除赔偿责任。"该条款又被称为"管船过失免责条款",最早出现在美国 1893 年制定和通过的哈特法中①。

另一类是无过失免责条款,主要包括以下几种:第一,因不可抗力或承运人无法控制的事项而免责的有:海上或其他通航水域的灾难、危险或意外事故;天灾;战争行为;公敌行为;君主、当权者或人民的扣留或拘禁,或依法扣押;检疫限制;不论由于任何原因所引起的局部或全面罢工、关厂、停工或劳动力受到限制;暴力和骚乱。第二,因货物的固有缺陷或托运人的行为或过失而免责的有:货物托运人或货主、其代理人或代表的行为;由于货物的固有缺点、质量缺陷所造成的容积或重量的损失,或任何其他灭失或损害;包装不固;标志不清或不当。第三,特殊免责条款:火灾,但由于承运人的实际过失或私谋所引起的除外;在海上救助或企图救助人命或财产;承运人谨慎处理,恪尽职守所不能发现的潜在缺陷。第四,杂项免责条款:不是由于承运人的实际过失或私谋,或是承运人的代理人或雇佣人员的过失或疏忽所引起的其他任何原因。这是一条概括性的条款,是指不包括在上述免责条款中,但是又与其具有同一性质或类似的原因。援引这一条款要求享有此项免责利益的人负举证义务。

③承运人的责任期限和赔偿限额

承运人对货物灭失或损害承担赔偿责任的期间,为从货物装上船时起至卸下船时止,即所谓"钩至钩"(Tackle to Tackle)、"舷至舷"(Rail to Rail)原则②。承运人对每件货物或每一计费单位的货物的损害或灭失,最高赔偿额为 100 英镑,但托运人在装货前已就该项货物的性质和价值提出声明并已在提单中注明的不在此限。

④索赔与诉讼

根据海上货物运输合同有权收货的人,在提货时如发现货物灭失或损害,应当立即向承运人或其代理人提交关于货损的书面通知,如果货损不明显,则在提货后 3 天以内提交。如果收货人未将索赔通知用书面形式提交承运人或其代理人,则这种交付应视为承运人已按提单规定交付货物的初步证据。除非权利人从货物交付之日或应交付之日起 1 年内提出诉讼,承运人和船舶在任何情况下都免除对灭失或损害所负的一切责任。

⑤托运人的义务和责任

根据《海牙规则》,托运人的义务主要有两项,即保证义务和通知义务。根据《海牙规则》第 3 条第 5 款的规定,托运人在托运货物时应妥善包装,并保证货物装船时所提供的货物品名、标志、包数、件数、重量或体积的正确性。当托运人托运危险货物时,应按照有关海上危

---

①　哈特法是 1893 年美国制定的有关美国港口之间或进出其港口的海上货物运输的法律,自美国《1936 年海上货物运输法》生效后,哈特法仅适用于海运货物装船前和卸船后有关承运人的权利、义务、责任和豁免。

②　当使用岸上吊货索具时,承运人对所运货物的责任期限为自货物在装货港挂上船舶吊杆或者吊车的吊钩时起,至货物在卸货港脱离吊钩时止,即所谓"钩到钩"原则;当使用岸上吊货索具时,则承运人对所运货物的责任期限为货物在装货港越过船舷时起,至卸货港越过船舷时止,即所谓"舷到舷"原则。

险货物运输的规定妥善包装,作出危险品标志的标签,并将其正式名称、性质及应当采取的预防措施通知承运人。如托运人未经承运人同意而托运属于易燃、易爆或其他危险性货物,应对因此直接或间接地引起的一切损害和费用负责。

根据《海牙规则》第4条第3款的规定:"对于任何非因托运人、托运人的代理人或其雇佣人员的行为、过失或疏忽所引起的使承运人或船舶遭受的灭失或损坏,托运人不负责任。"可见,托运人承担赔偿责任采用的是完全过错责任原则,即托运人只在本人或其代理人或受雇人有过错并因此给承运人或船舶造成损害的情况下,才负赔偿责任。

(2)《维斯比规则》

《维斯比规则》对《海牙规则》的修改并未触及根本,主要体现在以下几个方面:

①扩大了规则的适用范围

《海牙规则》仅适用于在缔约国签发的提单。《维斯比规则》扩大了其适用范围,其第5条第3款规定:在缔约国签发的提单;货物在一个缔约国的港口起运;提单载明或为提单所证明的合同规定,该合同受公约的各项规则或者使公约生效的任何一个国家的立法所约束,不论承运人、托运人、收货人或任何其他有关人员的国籍如何。即只要当事人自愿选择适用《维斯比规则》,则该提单或运输合同就要受《维斯比规则》的约束。

②明确了提单的证据效力

《海牙规则》第3条第4款仅规定了提单在承运人和托运人之间的证据效力为"初步证据",但对提单转让至第三人后,提单在承运人和第三人之间的证据效力,未作进一步的规定。《维斯比规则》为了弥补上述的缺陷,在第1条第1款补充规定:"……但是,当提单转让至善意的第三人时,与此相反的证据将不能接受。"这表明对于善意行事的提单受让人来说,提单载明的内容具有最终证据效力。所谓"善意行事"是指提单受让人在接受提单时并不知道实际装运的货物与提单的内容有何不符之处,而是出于善意完全相信提单记载的内容。

③强调了承运人及其受雇人员的责任限制

当货主在其货物遭受损害时,有的国家承认双重诉讼的权利,即货主可以在承运人违约或侵权之间选择其一来提起诉讼。但在货主以侵权为由提出诉讼时,承运人便不能援引《海牙规则》中的免责和责任限制的规定。如果对此不加以限制,运输法规中的责任限制规定就形同虚设,因此《维斯比规则》第3条第1款规定:"本公约规定的抗辩和责任限制,应适用于就运输合同涉及的有关货物的灭失或损坏对承运人提出的任何诉讼,不论该诉讼是以合同为根据还是以侵权行为为根据。"根据以上规定,使得合同之诉和侵权之诉处于相同的地位。

在《海牙规则》当中,也没有规定承运人的受雇人、代理人的地位。1953年,英国法院在审理"喜马拉雅"轮一案时,曾认为承运人的受雇人员或代理人无权援引承运人与他人签订的合同中的条款。此案之后,承运人纷纷在提单上规定承运人的受雇人员或代理人可以援引承运人的免责或责任限制,人们称之为"喜马拉雅条款"。但直到《维斯比规则》,才明确赋予"喜马拉雅条款"以法律地位[1]。

④提高了承运人对货物损害赔偿的限额

《海牙规则》规定承运人对每件或每单位的货物损失的赔偿限额为100英镑,而《维斯比规则》不仅将该赔偿限额提高到10000金法郎,同时还创造了一项新的双重限额制度,增加

---

① 参见《维斯比规则》第3条第2款。

一项以受损货物毛重为标准的计算方法,即每公斤为 30 金法郎①,以两者中较高者为准。后由于金本位制的垮台,1979 年在布鲁塞尔召开有 37 国代表出席的外交会议上通过的《修订维斯比规则议定书》中,将承运人责任限制的计算单位由金法郎改为特别提款权(Special Drawing Right,SDR),按 15 金法郎折合 1 个特别提款权,承运人的责任限额改为每件或每单位 666.67SDR,或按货物毛重计算每公斤 2 个特别提款权,两者中以较高者为准。但国内法规定不能使用特别提款权的缔约国,仍可以金法郎作为计算单位,该议定书于 1984 年 4 月开始生效。

此外,《维斯比规则》还进一步规定,如果损失是由于承运人蓄意造成,或者知道很可能会造成这一损害而毫不在意的行为或不行为所引起的,则承运人无权享受责任限制的权利。

⑤增加了"集装箱条款"

《海牙规则》没有关于集装箱运输的规定。为适应国际集装箱运输发展的需要,《维斯比规则》增加了"集装箱条款",按照该规则的规定,如果提单上具体载明在集装箱、托盘或类似的装运器具内的货物包数或件数,计算责任限制的单位就按提单上所列的件数为准;否则,以整个集装箱或托盘为一件计算。

⑥诉讼期限的延长

《海牙规则》规定,货物灭失或损害的诉讼期限为 1 年,从交付货物或应当交付货物之日起算。《维斯比规则》第 1 条第 2 款、第 3 款则补充规定,诉讼事由发生后,只要双方当事人同意,这一期限可以延长。对于追偿时效,在规定的 1 年期满之后,只要是在受理案件的法院所在地的法律准许期间之内,便可向第三方提起索赔诉讼。但是准许的时间自提起诉讼的人已经解决原索赔案件,或向其本人送达起诉状之日起算,不得少于三个月。

(3)《汉堡规则》

《汉堡规则》于 1992 年 11 月 1 日生效。与《海牙规则》相比,《汉堡规则》作了如下重大修改:

①变更了承运人责任的归责原则。《汉堡规则》将《海牙规则》的不完全过失责任制度改为完全过失责任制度,废除了对驾驶船舶和管理船舶的过失免责的规定,并且要求由承运人自己证明其无过失,否则应对货物的灭失、损害和延迟交货所造成的损失负赔偿责任。

②关于清洁提单的规定。《海牙规则》第 3 条规定,承运人或承运人的代理人、受雇人在收到货物后,应依照托运人的请求,发给托运人提单,托运人需对货物的包装或件(头)数、数量、重量做出如实描述,并由承运人记载在提单上。但是,承运人或其代理人、受雇人如有适当根据,怀疑货物的任何标志、号码、数量或重量不能确切代表其实际收到的货物,或无适当方法进行检验,则不必在提单上将它们注明或标明。因此,依《海牙规则》签发的所谓"表面状况良好"的提单,实际上并不一定是清洁提单。为了避免和减少由此引起的争议,《汉堡规则》第 16 条规定,如果承运人或代他签发提单的其他人,知道或有合理根据怀疑提单上所载有关货物的一般性质、主要标志、包数或件数、重量或数量等事项没有准确地表明实际接管的货物,或如签发"已装船"提单时所装船的货物,或者如果没有核对这些事项的合理手段,

---

① 当时采用的金法郎是以金本位为基础的,目的在于防止日后法郎纸币的贬值,一个金法郎相当于 65.5 毫克含金纯度为 900/1000 的黄金的价值。一旦法郎贬值,仍以上述的黄金含量为计算基础。在《维斯比规则》通过时,10000 金法郎大约等于 431 英镑。

则承运人或上述的其他人必须在提单上作出保留,列明这些不符之处,怀疑的根据或没有合理的核对手段。如果承运人或代他签发提单的其他人,没有在提单上对货物的外表情况加以批准,则视为他已在提单上注明货物的外表情况良好。

③将保函合法化。用保函换取清洁提单,在当今航运实务中被普遍采用,但很多国家的司法实践认为这是一种欺诈行为而无效。《汉堡规则》第17条规定,托运人在货物外表状况不良时,为换取清洁提单而向承运人提供的愿意承担签发清洁提单所引起的损失的保函,在托运人和承运人之间有效,但对受让提单的、包括任何收货人在内的任何第三方,不发生效力。在发生诈骗行为的情况下,承运人对信赖他所签发的提单上所载货物的说明行事的,包括任何收货人在内的第三方所受的任何损失,负赔偿责任,并且不能享受本公约所规定的责任限制的利益。

④延长了承运人的责任期限。《汉堡规则》规定的责任期限是从托运人把货物交给承运人掌管之日起,至承运人把货物交给收货人为止,即通常所谓"接到交"原则。

⑤关于承运人的赔偿限额,规定每件或每一装运单位的赔偿限额为835个特别提款权或毛重每公斤2.5个特别提款权。

⑥关于火灾,规定应由索赔人举证证明承运人、其受雇人或代理人对火灾犯有过失,否则承运人可以免责。

⑦规定了承运人和实际承运人的赔偿责任。如果承运人把全部运输或部分运输委托给实际承运人履行时,承运人仍须按《汉堡规则》的规定对全程运输负责。如果承运人和实际承运人都有责任,双方应负连带责任。

⑧延长了诉讼期限。关于货物运输的任何诉讼,诉讼期限为2年,自承运人交付货物或部分交付货物之日起算,或者在未交付货物的情况下,自应当交付货物的最后一日起算。

根据《汉堡规则》的规定,凡《海牙规则》和/或《维斯比规则》的缔约国,在加入《汉堡规则》时,必须声明退出以上两个条约。中国香港是《海牙规则》、《维斯比规则》的成员,中国澳门是《海牙规则》的成员。中国没有参加上述三个公约,但在制定海商法时,大量参考了这三个公约的规定。例如,在承运人的义务和免责事项上,我国采用的是《海牙规则》的规定;在承运人的赔偿责任限额上,与《维斯比规则》一致;在承运人的责任期间上,则是分为集装箱货和非集装箱货,分别采用了《汉堡规则》和《海牙规则》的规定。中国航运公司的提单条款也与《海牙规则》的规定相似。

(4)《鹿特丹规则》

由于目前广泛调整国际货物运输的《海牙——维斯比规则》形成于20世纪中期,时至今日,其内容已显陈旧,不适应现代国际海上货物运输的发展,某些除外责任过于偏向承运人,例如,随着造船水平和航运技术的不断提高,大家所公认的不应该再保留航海过失及管船过失免责。而《汉堡规则》由于缺乏主要航运大国的参加,所能发挥的作用非常有限。因此国际社会迫切需要一部新的国际公约来适应这些新发展。作为旨在取代上述三个公约的《鹿特丹规则》共18章96条,包括:总则,适用范围,电子运输记录,承运人的义务,承运人对灭失、损坏或者迟延所负的赔偿责任,有关特定运输阶段的补充条款,托运人向承运人履行的义务,运输单证和电子运输记录,货物交付,控制方的权利,权利转让,赔偿责任限额,时效,管辖权,仲裁,合同条款的有效性,本公约不管辖的事项,最后条款。

1 适用范围

根据《鹿特丹规则》第 1 条第 1 款的规定:"运输合同是指承运人收取运费,承诺将货物从一地运至另一地的合同。此种合同应当就海上运输作出约定,且可以对海上运输以外的其他运输方式作出约定"。公约只适用于收货地和交货地位于不同国家的运输合同,但并未将"一地运至另一地"限定在"一港运至另一港",因此《鹿特丹规则》适用于任何方式的运输合同,只要其中有部分运输是通过海运完成的即可。此外,运输合同还必须和缔约国有地理上的联系,即只要运输合同约定的收货地、装货港、交货地或卸货港之一位于一个缔约国之内,公约就适用①。

②承运人责任期间

《鹿特丹规则》第 12 条规定承运人责任期间是"收货—交货",并且不限定接收货物和交付货物的地点。因此,该规则适用于承运人在船边交接货物、港口交接货物、港外交接货物或者"门到门"运输。承运人责任期间的扩大,一方面将有利于航运业务尤其是国际货物多式联运业务的开展,但同时在一定程度上将增加承运人的责任。

③承运人责任基础与免责

承运人责任基础的规定,在海上货物运输法律中始终处于核心地位,是船货双方最为关注的条款。《鹿特丹规则》与《汉堡规则》相同,采用了承运人完全过错责任原则,高于我国《海商法》和《海牙规则》中的不完全过错责任,并且废除了承运人"管船过失"免责和"火灾过失"免责。②

④承运人的适航义务

我国《海商法》和《海牙规则》规定的承运人的适航义务仅限于在船舶开航前和开航当时。而《鹿特丹规则》将该义务扩展至整个航次期间③,使承运人对货物的灭失、损坏可以免责的情形大大减少,甚至承运人几乎没有免责的机会。

⑤承运人赔偿责任限额提高

《鹿特丹规则》继续沿用《维斯比规则》所创立的双重限额制,但是大大提高了承运人的赔偿限额,规定承运人对货物的灭失或损坏的赔偿限额为每件或者每一货运单位 875 个特别提款权,或货物毛重每公斤 3 个特别提款权,以两者中较高额者为准。

⑥电子运输记录

与前述三个公约不同,《鹿特丹规则》明确规定了电子运输记录,确认其法律效力,并将电子运输记录分为可转让与不可转让电子运输记录。该规定适应了电子商务的发展,具有一定的超前性,势必加速运输单证的流转速度并提高安全性。

通过以上的比较,可以清楚地看到《鹿特丹规则》一旦生效,将大大加重承运人的责任,对船东、港口营运商、货主等各个国际海上货物运输相关方带来重大影响;也将会对船舶和货物保险、共同海损制度等带来影响。但毋庸置疑的是,《鹿特丹规则》必将引发国际海上货

---

① 参见《鹿特丹规则》第 5 条。
② 参见《鹿特丹规则》第 17 条。
③ 参见《鹿特丹规则》第 14 条。

物运输立法的一场革命。①

(二)租船运输

租船合同是出租人(船方)与承租人(租船方)之间订立的,租用船舶运输货物的合同。根据租船方式不同,租船合同可以分为航次租船合同、定期租船合同和光船租船合同(我国海商法把后两者成为船舶租用合同)。

1. 航次租船合同(voyage charter)。是指出租人将船舶出租给承租人,按照约定的一个或几个航次进行货物运输,而由承租人支付约定运费的协议。航次租船合同的内容,主要包括出租人和承租人的名称、船名、船籍、载货重量、容积、货名、装货港和目的港、受载期限、装卸期限、运费、滞期费、速遣费以及其他有关事项。航次租船的"租期"取决于航次运输任务是否完成,并不规定完成一个航次或几个航次所需的时间,因此出租人特别希望缩短船舶在港停泊时间。而承租人与出租人对船舶的装卸速度又是对立的,所以在签订租船合同时,承租双方还需约定船舶的装卸速度以及装卸时间的计算办法,并相应的规定延滞费和速遣费率的标准和计算方法。

2. 定期租船合同(time charter)。是指出租人在约定的期限内将船舶出租给承租人,承租人按约定的用途使用船舶进行货物运输的协议。承租人在约定的期限内,既可以运送自己的货物,也可以用来承运第三方的货物以经营运输业务。定期租船合同的内容,主要包括出租人和承租人的名称、船名、船籍、船级、吨位、容积、船速、燃料消耗、航区、用途、租船期间、交船和还船的时间和地点以及条件、租金及其支付,以及其他有关事项。

3. 光船租船合同(bare boat charter)。是指船舶所有人保留对船舶的所有权,而将船舶的占有和使用权转移给承租人,由承租人雇用船长、船员及管理船舶的协议。光船租船合同虽然在实质上是财产租赁合同,但是租船的目的大部分仍是为了进行国际海上货物运输。光船租船合同的内容,主要包括出租人和承租人的名称、船名、船籍、船级、吨位、容积、航区、用途、租船期间、交船和还船的时间和地点以及条件、船舶检验、船舶的保养维修、租金及其支付、船舶保险、合同解除的时间和条件,以及其他有关事项。

以上三种租船合同的条款并不一致,内容繁多。为了便于租船业务的进行,一些国家的航运组织或航运公司通常都采用"标准格式"的租船合同。这些标准格式合同都是由航运业的垄断组织制定的,其条款内容着眼于维护船东的利益。租船人为了维护自身利益,在租船时,往往要通过谈判,对这些标准租船合同的条款加以增删。从另一角度来看,格式租船合同的出现,大大方便了租船合同当事人订立合同。目前,国际上对定期租船一般多采用"波尔的姆"(Baltime)定期租船格式合同,航次租船合同一般多采用波罗的海国际航运公会制订的统一租船合同格式,其代号是"金康"(Gencon)。中国使用的航次租船格式合同一般参照"金康"合同,而定期租船合同使用的是中国租船公司在 1976 年制定的"定期租船合同标准格式",经 1980 年修订后,改称"sino time 1980"。

租船合同当事人的权利义务由合同来约定,各方当事人必须遵守合同的规定,有关国家的法律只是在合同没有约定或没有不同约定时方得适用,中国《海商法》第 127 条对此作了明确规定。

---

① 虽然目前主要航运大国对批准加入《鹿特丹规则》持审慎态度,但由于美国的批准程序正在进行过程中,多数人对《鹿特丹规则》的生效抱有乐观态度。

二、国际航空货物运输

(一)概述

国际航空货物运输是较晚发展起来的一种现代化的运输方式。它不受地面条件限制，速度快，效率高，适于运输急需物资、贵重物品、鲜活物品等。近年来，航空货物运输在国际贸易中的使用日渐增多。航空运输有班机运输和包机运输两种方式。所谓班机运输，是指在固定时间、固定地点沿固定航线进行的运输，它适用于载运数量较少的货物；所谓包机运输，是指包租整架飞机运输货物，它一般用于运输数量较大、有特殊要求的货物。

目前，调整国际航空货物运输的国际公约主要有：1929 年《华沙公约》、1955 年《海牙议定书》、1961 年《瓜达拉哈拉公约》；此外还有修改 1929 年《华沙公约》的 1971 年《危地马拉议定书》及 4 个蒙特利尔附加议定书，从而形成了包括《华沙公约》在内的 8 个文件，它们总称为"华沙体系"。值得注意的是，1999 年国际民航组织缔约国大会在蒙特利尔通过了旨在取代"华沙体系"的、全新的《统一国际航空运输某些规则的公约》(简称 1999 年《蒙特利尔公约》)。

《华沙公约》的全称是 1929 年《统一国际航空运输某些规则的公约》。该《公约》于 1929 年在华沙签订，1933 年 2 月 13 日生效。目前已有 152 个国家和地区加入《华沙公约》。[①] 中国于 1958 年正式加入该公约。

《海牙议定书》的全称是《修改 1929 年 10 月 12 日在华沙签订的统一国际航空运输某些规则的公约的议定书》。该议定书于 1955 年在海牙签订，1963 年 8 月 1 日生效，至今已有 137 个成员[②]。中国于 1975 年加入该议定书。《海牙议定书》主要是在航行过失免责、责任限制、运输单证的项目以及索赔事项等方面对《华沙公约》作了修改，以使之适应国际航空货物运输发展的需要。

《瓜达拉哈拉公约》的全称是《统一非缔约承运人所办国际航空运输某些规则以补充华沙公约的公约》。该公约于 1961 年在墨西哥的瓜达拉哈拉签订，1964 年 5 月 1 日生效，目前已有 86 个成员[③]。其中包括中国香港地区。《瓜达拉哈拉公约》旨在弥补上述两个公约之不足，把《华沙公约》中有关承运人的各项规定扩大适用于非运输合同承运人，即所谓"实际承运人"。按照该公约的规定，"实际承运人"是指根据与托运人订立航空运输合同的承运人的授权，实际承担该合同项下全部或部分国际航空运输的人，但在办理部分运输的场合，实际承运人并非《华沙公约》或《海牙议定书》所指的"连续承运人"[④]。

上述三个主要公约在效力上是各自独立的。就一个国家而言，可以只加入其中一个公约或两个公约，也可以同时加入三个公约。不过，这三个公约在内容上是相互关联的：《华沙公约》是基础，《海牙议定书》是对《华沙公约》的修改，《瓜达拉哈拉公约》则是对《华沙公约》

---

① http://www.icao.int/secretariat/legal/Lists/Current%20lists%20of%20parties/AllItems.aspx，访问日期：2018 年 9 月 30 日。

② http://www.icao.int/secretariat/legal/Lists/Current%20lists%20of%20parties/AllItems.aspx，访问日期：2018 年 9 月 30 日。

③ http://www.icao.int/secretariat/legal/Lists/Current%20lists%20of%20parties/AllItems.aspx，访问日期：2018 年 9 月 30 日。

④ 有关"连续承运人"的规定，参加《华沙公约》第 1 条第 3 款及第 30 条。

和《海牙议定书》的补充。因此三个公约在适用上呈现出较为复杂的情况。

1999 年的《蒙特利尔公约》不是对 1929 年《华沙公约》的修订,而是一部全新的条约。其第 55 条特别说明,它在适用效力上优先于《华沙公约》及其议定书以及承运人之间的特别协定。2003 年 11 月 4 日,《蒙特利尔公约》正式生效,以中文、英文、阿拉伯文、法文、俄文和西班牙文 6 种语言为同等生效文本。2005 年 6 月 1 日,中国交存了批准书。同年 7 月 31 日,该《公约》对中国生效并已扩展适用于我国香港和澳门特别行政区。目前,《公约》已有 135 个成员[①]。

（二）国际航空货物运输合同的主要问题

《蒙特利尔公约》的生效,将取代已适用 70 多年的华沙体系,从而使规范国际航空运输的法律制度走向完整、统一。下面以《蒙特利尔公约》为例来阐述国际航空货物运输合同中的主要问题。

1. 合同的形式、签订及当事人

《蒙特利尔公约》第 11 条规定:"航空货运单或者货物收据是订立合同、接收货物和所列运输条件的初步证据"。因此,航空货运单（Air Consignment Note,ACN）,可以被视为国际航空货物运输合同的证明。合同的当事人一方是承运人,一般为从事国际运输的航空企业,另一方是托运人和收货人,一般为出口商或进口商。根据《蒙特利尔公约》第 4 条第 1 款的规定:就货物运输而言,应当出具航空货运单。航空货运单或航空运单,由承运人根据公约规定的内容制定,其空白部分则由托运人填写。航空货运单或航空运单的正本一式三份:第一份由托运人签字,交承运人;第二份由托运人和承运人签字,随同货物交收货人;第三份由承运人在接收货物后签字,交托运人。三者内容相同,共同构成一份合同。航空货运单不同于海运提单,它不是货物所有权凭证。

《蒙特利尔公约》第 5 条规定,航空货运单上应该包括以下各项:(1)对出发地点和目的地点的标示;(2)出发地点和目的地点是在一个当事国的领土内,而在另一国的领土内有一个或者几个约定的经停地点的,至少对其中一个此种经停地点的标示;以及(3)对货物重量的标示。

2. 托运人和收货人的权利与义务

托运人的基本义务是:(1)对其在航空货运单上所填写的各项内容的正确性负责;(2)提交货物以及与货物有关的各种单证资料,附于航空货运单后面,以便在货物交付收货人之前完成海关、税务和公安手续。托运人可享有以下权利:(1)在起运地或目的地航空站将货物提回;(2)在途中经停时中止运输;(3)在目的地或运输途中,将货物交给非航空货运单上所指定的收货人,或要求将货物退回起运地航空站。但托运人不得因行使此项权利而使承运人或其他托运人遭受损害,并得偿付由此产生的一切费用。

收货人的基本权利和义务是:收货人于货物到达目的地并缴付应付款项和履行航空货运单上所列的运输条件后有权要求承运人向其交付货物。如果承运人承认货物已经遗失或货物在应该到达的日期 7 天后仍未到达,收货人有权向承运人行使运输契约所赋予的权利。

---

① http://www.icao.int/secretariat/legal/Lists/Current％20lists％20of％20parties/AllItems.aspx,访问日期:2018 年 9 月 30 日。

3. 承运人的权利、义务和责任

(1)由过错责任制走向严格责任制

可以说,1999年《蒙特利尔公约》最主要的变化体现在责任制度方面。《华沙公约》采用过错推定责任制,只要承运人能够证明自己或其代理人为了避免损失的发生已经采取了一切必要的措施,或不可能采取这种措施时,就不负责任。但《蒙特利尔公约》对客、货运均采取严格责任制:在旅客伤亡方面,公约规定对于因旅客死亡或者身体伤害而产生的损失,只要造成死亡或者伤害的事故是在航空器上或者在上、下航空器的任何操作过程中发生的,承运人就应当承担责任;在货物运输方面,公约规定,对于因货物毁灭、遗失或者损坏而产生的损失,只要造成损失的事件是在航空运输期间发生的,承运人就应当承担责任。

(2)赔偿责任限额

对于运输中的货物灭失或损坏,承运人的赔偿责任限额,《华沙公约》与《蒙特利尔公约》的规定基本一致,承运人的责任以每公斤17个特别提款权(《华沙公约》为每公斤250金法郎,约合17个特别提款权)为限,如果托运人在交运时已特别声明货物运到后的价值,并缴付必要的附加费,则承运人所负责任不超过声明的金额,除非承运人证明托运人声明的金额高于货物运到后的实际价值。如果损失的发生是由于承运人或其代理人的故意或者明知可能造成损失而轻率地作为或者不作为造成的,承运人即无权引用公约关于免除或限制承运人责任的规定;对于受雇人、代理人的此种作为或者不作为,还应当证明该受雇人、代理人是在受雇、代理的范围内行事。

4. 恢复了运输凭证的正常功能

运输凭证的本来功能是作为运输合同的证据和判断是否构成"国际运输",但在《华沙公约》中,却把遵守凭证规则与否,作为是否有权援用责任限制的前提条件,如果承运人接收货物而没有填写或没按要求填写航空货运单,承运人就无权引用公约关于免除或限制承运人责任的规定。《蒙特利尔公约》恢复了运输凭证的正常功能,根据其第9条,即使未按公约要求出具航空货运单,亦不影响运输合同的存在或者有效,该运输合同仍应当受公约规则,包括有关责任限制规则的约束。同时,为适应现代电子技术需要,《蒙特利尔公约》开辟了"任何保存所作运输记录"的办法均可使用的现代化道路,即在货物运输中同样引入了电子凭证。

5. 索赔与诉讼

《蒙特利尔公约》第31条规定,收货人在收受货物时如发现货物有损坏,应立即向承运人提出异议,最迟应在收到货物后14天内提出异议;如果延迟交货,最迟应在货物交由其支配起21天内提出异议。任何异议应该在规定期限内写在运输凭证上或另以书面提出。并且,除非承运人有欺诈行为,否则在规定期限内没有提出异议的,就不能向承运人起诉。

在有几个连续承运人办理运输的情况下,每一个承运人对其办理的那一段运输任务,应作为运输合同的订约一方。托运人有权向第一承运人起诉,收货人有权向最后一个承运人起诉,而托运人和收货人都有权向造成货物损失或延误的一段运输的承运人起诉。各承运人都应对托运人和收货人负连带责任。[①]

关于诉讼期限,《蒙特利尔公约》第35条规定为2年,自航空器到达或应该到达之日或自运输停止之日起计算,其具体计算方式根据受理法院所在地的法律决定。

---

① 参见《蒙特利尔公约》第36条。

关于诉讼管辖,《华沙公约》第 28 条规定,原告可以按照自己的意愿,在一个缔约国领土内,向(1)承运人住所地法院;或(2)承运人主营业地法院;或(3)签订合同的机构所在地法院,或(4)目的地法院提起诉讼。诉讼程序应适用法院地法。《蒙特利尔公约》基本循此规范。①

三、国际铁路货物运输

(一)概述

国际铁路货物运输是指利用两个或两个以上国家的铁路,按照政府间共同签署的有关协定进行联合运输,将货物从一国运至另一国。这种运输方式的特点是,在两个或两个以上国家之间的铁路运送中,使用一份运送单据,以连带负责的方式办理货物的全程运送,由一国铁路向另一国铁路移交货物时,无需发货人和收货人的参与。国际铁路货物运输一般是依据有关国家间签订的公约或协定进行的。关于国际铁路货物运输的国际条约目前主要有两个:《国际铁路货物运输公约》(The Convention Concerning International Carriage by Rail,简称《国际货约》)以及《国际铁路货物联运协定》(The Agreement On International Railroad through Transport Of Goods,简称《国际货协》),分别由在亚欧大陆的两大政府间国际铁路合作组织,即国际铁路货物运输政府间组织和铁路合作组织,在各自范围内分别适用。

《国际铁路货物运输公约》于 1890 年 10 月 14 日在伯尔尼签订,1893 年 1 月 1 日生效,后经多次修订。1980 年 5 月在伯尔尼举行的第八次修订会议,决定将该公约与《国际铁路旅客和行李运输公约》合并。1999 年,《国际货约》再次被修订,目前得到 51 个国家和地区的批准,主要为欧洲、北非和西亚的国家,如奥地利、法国、德国、比利时、波兰等②。中国尚未参加该《公约》。

《国际铁路货物联运协定》于 1951 年由原苏联、保加利亚、匈牙利、原民主德国、波兰、罗马尼亚、阿尔巴尼亚、原捷克斯洛伐克等八国签订,后有中国、朝鲜、蒙古和越南等国加入。经过多次修订,目前施行的是 2015 年 7 月 1 日生效的修订本③,共有 25 个成员。

由于波兰、保加利亚等国同时参加了《国际货约》和《国际货协》,尚未参加《国际货约》的国家向《国际货约》成员国运送货物时,发货人可以用《国际货协》铁路运单办至《国际货协》成员国中最后一个过境铁路的出口国境站,由该国境站站长或收、发货人委托的代理人办理向《国际货约》成员国铁路转运手续,将货物运送到终点站。但由于需要重新办理另一运输体系的运输票据,不仅大大延长了货物送达的时间,同时还增加了运输费用。如,2008

---

① 对于因旅客死亡或者伤害而产生的损失,《蒙特利尔公约》在《华沙公约》的基础上,增加了第五种管辖权,公约第 33 条第 2 款规定:"对于因旅客死亡或者伤害而产生的损失,诉讼可以向本条第一款所述的法院之一提起,或者在这样一个当事国领土内提起,即在发生事故时旅客的主要且永久居所在该国内,并且承运人使用自己的航空器或者根据商务协议使用另一承运人的航空器经营到达该国领土或者从该国领土始发的旅客航空运输业务,并且在该国领土内该承运人通过其本人或者与其有商务协议的另一承运人租赁或者所有的处所从事其旅客航空运输经营"。

② http://www.otif.org/index.php? id=143&L=2,访问日期:2018 年 9 月 30 日。

③ http://zh.osjd.org/doco/public/zh? STRUCTURE_ID=43&layer_id=4581&refererLayerId=4621&id=52&print=0,访问日期:2018 年 9 月 30 日。

年开行的北京——汉堡集装箱示范列车,所有集装箱都在波兰的马拉舍维切国境站办理转发运手续,将国际货协运单改办为国际货约运单,致使列车在此多停留了时间。为解决上述问题,实现货物运送全程按一份运单办理,铁路合作组织和国际铁路货物运输政府间组织成立了联合工作组,共同编制了统一运输单据"国际货约/国际货协运单",并在 2006 年 7 月首先在乌克兰进行了试行。①

（二）《国际铁路货物联运协定》的主要内容

《国际铁路货物联运协定》是中国与有关国家之间处理铁路货物运输事务的主要法律依据,自 1951 年生效以来,为发展欧亚国家间国际铁路直通货物运输发挥了极为重要的作用。但为了应对各国铁路不断完善以及国际运输物流业快速发展所带来的新问题,铁路合作组织对《国际货协》进行了重大修改补充,并于 2015 年 7 月 1 日正式实施。修改后的《国际货协》在结构上进行了调整,将原货协的第 2 章运输合同的缔结、第 3 章运输合同的履行、第 4 章运输合同的变更、第 5 章铁路的责任、第 6 章赔偿请求、诉讼、诉讼时效、第 7 章各铁路间的清算等 6 章的内容,归为新货协的第 2 章运输合同,并与第 1 章总则一起,构成了新《国际货协》的基本内容,主要包括:

1. 适用范围。《国际货协》适用于缔约国间铁路直通联运的货物联运运送②和国际铁路—轮渡直通联运中的货物运送③,并为之规定了统一的法律。但如果《国际货协》的缔约国同时又是规定铁路货物运输合同法律标准的其他国际协定的参加方,则上述各方铁路车站之间的运输可按这些协定规定的条件办理。④

2. 运输合同。根据运输合同,承运人应有偿将发货人托运的货物,按发货人用缔约承运人商定的经路运至到站并将其交付收货人。运单是缔结运输合同的书面证明,但运单中记载的事项不正确或不准确,或者承运人丢失运单,都不影响运输合同的存在及效力。

3. 发货人的权利与义务。发货人,又称货物托运人,即运单中注明的货物发送人。发货人的基本义务是:正确填写运单,并对因不正确填写运单而引起的一切后果承担责任;提供适当的货物包装,并保证货物上的标记、标示牌或货签的正确性,并承担对因没有适当包装或不正确的货物标识所引起的一切责任;将履行海关和其他行政手续所需的文件附在运单上,若发货人将有关文件直接寄往相应的行政检查机关,则应在运单中记载说明;对参加货物运送的承运人办理的运送,支付运费,但对交付货物的承运人办理的运送除外。发货人的基本权利是:在协定允许范围内有权对运输合同作必要的更改,诸如更改货物到站等,但因此而引起的费用则由要求更改的一方当事人承担。

4. 收货人的权利与义务。收货人,即运单中注明的货物领收人。收货人的基本义务

---

① 此后自 2007 年 7 月 1 日起在乌克兰、白俄罗斯、俄罗斯等一些东欧国家正式实施。2012 年 10 月 31 日,中国第一次采用"国际货约/国际货协统一运单"的集装箱试验列车由重庆出发(渝新欧班列),11 月 16 日到达德国的杜伊斯堡,试验取得圆满成功。
② 国际铁路直通联运中的货物运送指全程按统一票据(运单)办理、经由两个或两个以上国家境内的铁路货物运送。参见《国际铁路货物联运协定》第 2 条。
③ 国际铁路—轮渡直通联运中的货物运送指在国际铁路直通货物联运中经过水运区段,且货物从发站至到站始终在车辆中运行或自轮运行。但国际铁路——轮渡直通联运中的货物运送还需经过协定各方公布的办理此类运送的线路水运区段办理。参见《国际铁路货物联运协定》第 2 条、第 3 条第 2 项。
④ 参见《国际铁路货物联运协定》第 3 条第 3 项。

是:对交付货物的承运人办理的运送,支付运费;货物到站后,领取货物和运单。收货人的基本权利是:同发货人一样,收货人也享有在协定允许范围内对运输合同进行必要更改的权利,但收货人自变更运输合同时起,即承担合同中所规定的发货人的义务;在运单项下的货物因承运人的过错毁损或腐坏时,可以拒绝领取货物,并按规定向承运人提出索赔。①。

5. 承运人的权利与义务。在以前的《国际货协》中所使用的概念是各国"铁路",但现在许多国家的铁路基础设施所有者与运输设备(货运车辆)所有者、实际运输人已经分离,国际铁路运输的实际承运人不一定就是铁路所有,所以在 2015 年的修订版中明确了"承运人"的概念,是承担货物运输责任、参加运送货物的"缔约承运人和接续承运人"。接续承运人是指从缔约承运人或其他接续承运人处接运货物以继续运送并进而加入运输合同(由缔约承运人缔结)的承运人。

根据《国际货协》的规定,承运人的基本权利是:收取运费及其他费用以及在与承运人无关的原因发生货物运送或交付受阻时,按规定向发货人要求赔偿;为保证能收到运输合同项下的一切费用,承运人对货物有留置权,此项留置权的效力和行使,依承运人行使其留置权所在国家的法律;按规定拒绝或延缓执行托运人所提出的变更合同的要求;按规定引用免责条款,拒绝托运人的索赔。承运人的免责事由,包括因不可抗力的灾害而引起的货物灭失或毁损,因货物的自然性质而引起的减量、腐烂、生锈、变质,因发货人或收货人的过失或由于其要求而造成的损失,由于在承运时无法从其外部发现的容器或包装的缺点而造成的损失,等等。

承运人的基本义务是:将运单项下的货物运至到站,交给收货人;自签发运单时起至交付货物时止的一段时间,为承运人的责任期间,在此期间内,承运人对因其不可免责的原因所导致的货物因逾期运到以及因货物全部或部分灭失或毁损承担赔偿责任。但在任何情况下,不得超过货物全部灭失时的价值。如发货人对货物的价格另有声明时,应按声明的价格赔偿。

6. 索赔与诉讼。《国际货协》规定,发货人和收货人有权根据运输合同提出赔偿请求。在提出赔偿请求时,应附有运单或其副本或添附其他相应的证明文件,并注明具体的赔偿金额,以书面形式由发货人向缔约承运人提出,或由收货人向交付承运人提出。自当事人提出赔偿请求之日起,承运人须在 180 天内审查这项请求,并给予答复。承运人不做答复的,有权提出索赔的人才可以提起诉讼。诉讼只能向受理赔偿请求承运人所在地有管辖权的法院提起。有关当事人向承运人提出的赔偿请求和诉讼,以及承运人对发货人或收货人关于支付运费、罚款和赔偿损失的要求和诉讼,其时效为 9 个月;但关于货物逾期交付的赔偿请求和诉讼,其时效为 2 个月。协定还规定了在各种不同情况下上述时效的起算日。凡时效期间已过的赔偿请求,不得以诉讼形式提出。

需要指出的是,《国际货协》虽然在总体上是一个统一实体法公约,但也包括一些冲突规范。如其第 5 条规定:"如本协定中无相关规定,则适用权利人行使权利时所在国的国内法律。"这些规定对于解决有关各国在相应问题上的法律冲突有着重要的作用。

---

① 参见《国际铁路货物联运协定》第 26 条。

四、国际多式联运

国际货物运输通常要经过两种或两种以上的运输方式才能将货物从起运地运到目的地。传统的做法是由托运人(出口商)分别与各区段有关运输方式的承运人签订运输合同,由各运输方式的承运人负责完成各该区段的运输,或由起运地的承运人代理托运人与下一程的承运人签订下一程的运输合同,分段完成全程运输。这样,托运人或他的代理人不仅要照料两种运输方式之间的换装安排,还要安排货物的仓储搬运。采用国际货物多式联运后,托运人只需与多式联运经营人签订多式联运合同,在起运地将货物交给多式联运经营人并取得其签发的多式联运单据后,便可通知收货人(进口商)在目的地提取货物。这种运输组织形式的特点是由多式联运经营人对国际货物的全程运输负责,托运人只需一次托运、一次订约、一次保险、一次付费,即可把货物托运到指定地点,因而减少了麻烦,降低了风险,节省了时间和费用,并有利于加强参加联运各方之间的配合,从而提高运输效率,促进国际贸易的发展。

(一)概述

国际货物多式联运(International Multimodal Transport)是指按照多式联运合同,以至少两种不同的运输方式,由多式联运经营人将货物从一国境内接管货物的地点运至另一国境内指定交付货物的地点的运输方式。作为国际货物多式联运,必须具备以下各项条件:(1)必须是国际的货物运输;(2)必须签发多式联运单据;(3)多式联运经营人对全程运输负责;(4)由两种或两种以上运输方式完成全程运输。

在联合国贸易和发展会议主持下起草的《联合国国际货物多式联运公约》(*United Nations Convention on International Multimodal Transport of Goods*)于 1980 年 5 月在日内瓦会议上获得一致通过,但目前只有 11 个国家批准或接受,尚未生效①。

(二)国际货物多式联运合同的主要法律问题

1. 多式联运合同及其双方当事人

多式联运合同是多式联运经营人凭以收取运费、负责完成或组织完成国际多式联运的合同。多式联运合同的当事人,一方为多式联运经营人,另一方为托运人。多式联运经营人是指其本人或通过其代表订立多式联运合同的任何人。对在整个运输过程中各个阶段所发生的货物的毁损或灭失,多式联运经营人都要以"本人"的身份直接承担赔偿责任,但这并不妨碍他对实际承运人的追偿权。托运人也包括缔约托运人和实际托运人,缔约托运人是指其本人或以其名义或其代表同多式联运经营人订立多式联运合同的任何人,实际托运人是指或其本人或以其名义或其代表按照多式联运合同将货物实际交给多式联运经营人的任何人。

2. 多式联运单据

多式联运单据是证明多式联运合同以及证明多式联运经营人接管货物并负责按照合同条款交付货物的单据。它由多式联运经营人在接管货物时签发,根据发货人的选择,可以是可转让单据,也可以是不可转让单据。

---

① http://treaties. un. org/Pages/ViewDetails. aspx? src = TREATY&mtdsg _ no = XI − E − 1&chapter=11&lang=en,访问日期:2016 年 3 月 30 日。

3. 多式联运经营人的责任期间

多式联运经营人的责任期间是指多式联运经营人履行义务和承担责任的期间。《联合国国际货物多式联运公约》以及我国的《合同法》都规定,多式联运经营人对全程运输负责,即其责任期间为从接收货物时起至交付货物时止,承运人掌管货物的全部期间。

4. 多式联运经营人的赔偿责任

多式联运经营人对于货物运输所采取的赔偿责任原则,在确定多式联运经营人责任方面起着重要作用。目前,各单一运输公约关于赔偿责任基础的规定不一,但大致上可分为严格责任制和过失责任制两大种。《联合国国际多式联运公约》采取的是类似于《汉堡规则》的推定过失责任制,即如果货物的灭失、损坏或延迟交付造成的损失发生在承运人的责任期间内,承运人应负赔偿责任。除非承运人证明他本人、其雇佣人或代理人为避免该项事故的发生及其后果已采取了一切合理有效的措施。推定过失责任制实际上加重了承运人的责任。我国《合同法》对此却无明确规定。

这里还需要注意的是,多式联运经营人通常将全程或部分区段的货物运输委托给区段承运人去完成,但由于多式联运涉及两种或两种以上的不同运输方式,而不同的运输方式所适用的法律对承运人责任的规定往往是不同的,当货物在运输过程中发生灭失、损坏或延迟时,对于多式联运经营人和区段承运人是采用相同的标准来确定各自的赔偿责任还是区别对待,就必须看各国法律及有关的公约对多式联运经营人所实行的责任制类型。目前,在理论和实践中,主要存在以下几种责任形式:

①责任分担制,也称分段责任制、独立赔偿责任制,是指多式联运经营人和各区段承运人在合同中事先划分运输区段,多式联运经营人对货主并不承担全程运输责任,仅对自己完成的区段货物运输负责,并按各区段所应适用的法律来确定各区段承运人责任的一种制度。由于这种责任形式与多式联运的基本特征相矛盾,如果采取这种模式,那么当多式联运经营人为无船承运人,则将因其不参与联运而对全程运输不负责任,这显然是与多式联运的立法目的相违背的。因此,只要多式联运经营人签发了全程多式联运单据,即使在多式联运单据中声称采取这种形式,也可能会被法院判定此种约定无效而要求其承担全程运输责任。

②统一责任制,是指多式联运经营人对全程运输负责,不论损害发生在哪一区段,均按照同一责任进行赔偿的一种制度。统一责任制的优势在于货方和多式联运经营人事先可以预见到未来的货物损失赔偿的程度。不足之处在于因多式联运经营人与区段承运人适用的法律不一样,有可能造成经营人向货主赔偿损失后不能从区段承运人那里得到补偿,对经营人来说责任负担较重,因而目前多式联运经营人签发的提单均未能采取此种责任形式。

③网状责任制,是指多式联运经营人尽管就全程运输向货主负责,但各区段或各运输方式适用的责任原则和赔偿方法仍根据该区段或运输方式的法律予以确定的一种制度。它是介于全程运输负责制和分段运输责任制之间的一种制度,在网状责任制下,如果发生了不可免责的货运事故,货主可直接向多式联运经营人或区段承运人索赔,多式联运经营人在赔偿时,适用货运事故发生区段的法律规定。多式联运经营人赔偿后有权就各区段承运人过失所造成的损失向其追偿。但当货主难以确定货运事故发生区段时,则按双方约定加以赔偿。目前,几乎所有的多式联运单据均采取这种赔偿责任形式。

④经修订的统一责任制。这是介于统一责任制与网状责任制之间的责任制,也称混合责任制。目前,《联合国国际货物多式联运公约》基本上采取这种责任形式。它在责任基础

方面与统一责任制相同,在赔偿限额方面则与网状责任制相同。根据这一制度,无论货损发生在哪一区段,多式联运经营人和区段承运人都按公约规定的赔偿责任原则统一承担责任。但如果货物的灭失、损坏发生于多式联运的某一特定区域,而对这一区段适用的一项国际公约或强制性国家法律规定的赔偿责任限额高于多式联运公约规定的赔偿责任限额时,多式联运经营人对这种灭失、损坏的赔偿应按照适用的国际公约或强制性国家法律予以确定。该公约确立的责任制度有利于货主而不利于多式联运经营人,因为其尚未生效,所以实践中适用这一责任制的情况也较少。

5. 发货人的赔偿责任

根据我国《合同法》第 320 条的规定,因托运人托运货物时的过错造成多式联运经营人损失的,即使托运人已经转让多式联运单据,托运人仍然应当承担损害赔偿责任。《联合国国际货物多式联运公约》第 22 条亦有类似的规定,如果多式联运经营人遭受的损失是由于托运人的过失或疏忽,或者他的受雇人或代理人在其受雇范围内行事时的过失或疏忽所造成,发货人对此应负赔偿责任;但如果损失是由于发货人的受雇人或代理人本身的过失或疏忽所造成,则应由该受雇人或代理人自行负责赔偿。

第二节　国际货物运输保险

假如没有国际货物运输保险的产生,运输事业也不可能得到长足的发展。但是国际上目前没有统一的货物运输保险法,因此实践中保险人和被保险人的权利义务主要是由各国国内法和当事人双方订立的保险合同确定的。

一、国际货物运输保险合同

国际货物运输保险合同指由保险人(又称承保人,insurer or underwriter)与被保险人(insured or assured)订立协议,由被保险人向保险人支付约定的保险费,而在保险标的发生承保范围内的风险并因此遭受损失时,由保险人对被保险人给予赔偿的合同。

(一)国际货物运输保险合同的基本原则

1. 可保利益原则

所谓可保利益,是指被保险人对保险货物具有某种合法的利害关系,即他将因该批货物发生灭失或损害而遭受损失,或因该批货物安全到达而获得利益。凡对被保险货物享有所有权、担保物权或承担风险、责任的人,都可视为对该批货物具有可保利益。综观各国保险法,都规定被保险人必须对保险标的物具有可保利益,保险合同才有效,否则,保险合同将被视为无效。

在外贸业务中,买方或卖方常常在订立买卖合同之后,或者在订妥舱位之后,就向保险公司办理货运保险手续,而不是等到货物装上船舶之后再去投保。一般来说,投保时被保险人可以对保险标的不具有保险利益,这并不影响保险合同的有效成立。但在保险标的物发生损失时,被保险人必须享有可保利益,否则保险合同无效,被保险人不能向保险人要求赔偿。

2. 最大诚实信用原则

所谓诚实信用原则,是指任何一方当事人对他方不得隐瞒欺诈,都必须善意地、全面地履行自己的义务。鉴于保险合同属于射幸合同,保险人主要依赖于投保人对保险标的的告知和保证来决定是否承保以及保险费率的高低。如果投保人有诈欺或隐瞒,都可能导致保险人判断失误和上当受骗。因此,保险法对于诚实信用要求的程度远远大于其他民事活动,不仅在保险合同订立时要遵守此项原则,当事人应依法向对方提供足以影响对方做出订约与履约决定的全部实质性重要事实,同时在整个合同有效期内和履行合同过程中也都要求当事人间具有"最大诚信"。故保险合同又被称为最大的诚实信用合同(Contract of the utmost good faith)。

最大诚信原则主要包括三个方面的含义:(1)投保人或被保险人必须披露重大事实。所谓重大事实,指一个谨慎的保险人在决定是否承保或确定费率时可以依据的事实,如货物性质、货物的价值等。某一事实是否重大是个事实问题,而不是法律问题,通常由法院依据案件的具体情况加以决定。(2)对重要事实的陈述必须真实。所谓真实,是指"基本正确"。陈述是指对事实的陈述,包括对可能的或期望的事实的陈述。只要是善意的,则不构成虚假陈述。(3)不得违反保证。保证是指在订立保险合同时,投保人或被保险人明示或默示作出的保证,如作为或不作为的保证;某种状态存在或不存在的保证等。

2015年2月12日,英国议会通过了《英国保险法》(The Insurance Act 2015,UK,以下简称"新法"),该法于2016年8月正式生效。新法废除了1906年《英国海上保险法》(Maritime Insurance Act 1906,UK,以下简称"MIA1906")中"最大诚信义务"的规定,重新平衡了被保险人和保险人的权利义务,设立了"公平提示义务"。MIA1906规定被保险人违反最大诚信义务的后果是保险人有权自始解除合同,不论被保险人是否有意违反,也不管违反的程度如何。而新法所规定的"公平提示义务",不再区分"告知义务"和"陈述义务"。一方面,被保险人有义务对可能的重要情况进行"合理查询";另一方面,保险人也应为判断风险而主动地、清楚地向被保险人询问所需的信息。在违反告知义务的救济方面,新法改掉了MIA1906合同自始无效的单一救济方式,而是区分被保险人违反该义务的主观状态(是否"故意"或"轻率"),及对涉案保险合同的具体影响程度,分别给予不同程度的救济。[①]

此外,MIA1906下的保证制度长期以来一直受到批评,最主要的原因就是,保证作为保险合同的条件和根基,必须要严格遵守。一旦被违反,保险合同将自保证违反之日起自动解除,无论违反保证与风险之间是否有实质性联系。新法中不再有"合同的基础"这种表述,而且废除了保证一旦违反,保险合同将自动解除的苛刻的法律后果。违反保证的法律后果是使保险合同效力中止,直到这种违约被修正,保险合同将继续有效。对于保险合同效力中止期间发生的损失,保险人不承担任何责任。[②]

3. 损失补偿原则

损失补偿原则直接体现了保险的经济补偿职能,保险法的许多原则和制度(如委付、代位求偿权)都是由它派生出来的,其基本含义包含两层:一是只有当约定的保险事故造成保险标的的毁损,致使投保人或被保险人遭受经济损失时,保险人才承担损失补偿的责任。否

---

① 张金蕾、潘秀华:《中国海上保险法律制度修改的再审视——以〈2015年英国保险法〉为背景》,载《中国海商法研究》2015年第4期;汪鹏南:《英国2015年保险法评述》,转引自中远保险经纪微信公众号。

② 张金蕾、潘秀华:《中国海上保险法律制度修改的再审视——以〈2015年英国保险法〉为背景》,载《中国海商法研究》2015年第4期。

则,即使在保险期限内发生了保险事故,但投保人或被保险人没有遭受损失,就无权要求保险人赔偿。二是被保险人可获得的补偿量必须等于损失量,即保险人的补偿恰好能使保险标的在经济上恢复到保险事故发生之前的状态,而不能使被保险人获得多于或少于损失的补偿,尤其是不能让被保险人通过保险获得额外的收益。

4. 近因原则

近因原则是指只有在约定的保险事故发生与损失结果的形成之间具有直接的因果关系时,保险人才对损失负补偿责任。也就是说,保险人承担赔偿责任的范围应限于以承保风险为近因(Proximate Cause)造成的损失。近因并非是指在时间上或空间上与损失最接近的原因,而是指直接促成结果的原因,对损失的产生起主导作用或支配作用的原因。[①]

中国的保险立法与司法解释虽然并未对近因原则做明确的规定,但是在司法实践中,近因原则已成为判断保险人是否承担保险责任的一个重要标准。对于单一原因造成的损失,单一原因即为近因;对于多种原因造成的损失,持续地起决定或有效作用的原因为近因。如果该近因属于保险责任范围内,保险人就应当承担保险责任。

(二)国际货物运输保险合同的当事人

在一个国际货物运输保险合同中,通常涉及以下几个基本的当事人:

1. 保险人。保险人(insurer or underwriter),亦称承保人,为经营保险业务的人。大多数国家规定只有符合法定条件的法人才可经营保险业,但英国也准许自然人经营保险业,例如著名的伦敦"劳埃德保险社",便是由众多自然人组成的保险团体。

2. 被保险人。被保险人(insured or assured)是指按照保险合同规定支付保险费,在货物发生承保风险造成损失后接受赔偿金的人。被保险人必须对被保险货物具有可保利益,国际货物运输中的被保险人一般是货物所有人或收货人。

3. 投保人。投保人(applicant)是指向保险人申请保险、签订保险合同的人,也称为要保人或保单持有人。投保人在通常情况下就是被保险人,但有时也可能是代替被保险人办理投保手续的被保险人的代表或代理人。

除上述基本当事人外,在保险合同关系中,还常常涉及其他关系人,诸如保险经纪人、保险代理人、保险公证人等。

(三)国际货物运输保险合同的订立与内容

订立海上保险合同的方式主要有两种,一种是由被保险人直接向保险公司投保,并提出保险要求,经保险人同意承保,并就保险条款达成协议后,合同成立。另一种是由被保险人通过专门的保险经纪人和保险代理人进行。前一种方式和一般合同缔结的方式相同,受合同法的一般原则约束,我国保险公司订立保险合同时一般采用这种方式。后一种方式多在英美国家的保险市场采用,是一种特殊的合同缔结方式,程序大致如下:希望投保的一方将货物、航次的具体情况、装载情况、船名、希望投保的类别等要求告诉保险经纪人,保险经纪人出具承保条,保险人在承保条上签字,合同即告成立。保险经纪人交纳保险费并从保险人

---

① 尽管各国保险法律都确立近因原则为保险法的重要原则,但对其解释却颇有分歧。正如美国学者普鲁瑟(Prosser)曾经指出的:"在这个问题上,凡是值得说的都已经说了,不值得说的也已经说了,近因仍然是一团乱麻和一堆荆棘,一个令人眼花缭乱、扑朔迷离的领域。"转引自许崇苗:《保险法原理及疑难案例解析》,法律出版社 2011 年版,第 139 页。

处收取佣金。如投保人不交保险费,则不能从保险经纪人手中得到保险单。

依国际社会的普遍实践,国际货物运输保险合同必须由保险人签发的书面文件来证明。此种书面文件主要是保险单,也包括保险人或其代理人签发的其他书面保险凭证,如中国实践中使用的暂保单及其他书面凭证。

货物运输保险合同主要包括下列各项内容:保险人名称;被保险人名称;保险标的;保险价值;保险金额;保险责任和除外责任;保险期间;保险费。货物运输保险合同的标的是货物。

保险价值是指保险合同所指向的保险标的的价值。这一价值可以是保险合同订立当时保险标的的市场价值,也可以是保险标的的成本价值加上被保险人的期得利益。通常这一价值由保险人和投保人在订立保险合同时商定,其以保险标的的市场价值为基础。期得利益一般不可超过实际价值的20%。

保险金额是指投保人和保险人在订立保险合同时共同商定的关于被保险人对于保险标的的可保利益的货币表现。保险金额是保险人计收保险费的依据和承担赔偿责任的最大限额。保险金额与保险价值直接相关。如果保险金额小于保险价值,则为不足额保险,此时保险标的发生损失,则按损失金额、保险金额与保险价值的比例赔偿。如果保险金额等于保险价值,则为足额保险,此时保险标的发生损失,则按损失金额在保险金额的范围内赔偿。中国《保险法》第55条规定,保险金额不得超过保险价值;超过保险价值的,超过部分无效。

保险费是根据投保人选择所投保险事故和保险金额来决定的。在选择了保险事故的内容后,保险人就可以提供一个保险费率,再乘以保险金额就得出了保险费的数值。从法律的角度看,保险费是保险人分担相应风险的对价。

(四)国际货物运输保险合同的种类

国际货物运输保险合同是确定双方当事人权利、义务的依据,根据不同的标准,可作如下分类:

1. 定值保单和不定值保单。定值保单(valued policy)是载明保险标的物预定价值的保险单。通常投保人以该价值作为保险金额进行投保,目前货物运输保险几乎全部采用定值保单。有关双方约定的保险价值,可以包括货价、运费、保险费以及预期费用和利润。在发生保险责任范围内货损时,不论保险标的实际价值如何变动,保险人按照约定的保险价值计算赔偿。

不定值保单(unvalued policy)是保险人与被保险人双方对保险标的事先并不约定保险价值,只订明保险金额。在发生保险责任范围内规定的货损时,再来确定保险价值,然后保险人按保险金额与保险价值之间的比例计算赔款金额的一种保险单。不定值保险通常是以FOB价格加运费和保险费为保险价值的,不包含预期利润。在国际贸易保险实务中,此种保险单很少见。

2. 航程保单和定期保单。航程保单(voyage policy)是以一次或多次航程为期限的保险单,主要用于货物运输的保险。定期保单(time policy)是保险人承保一定时期内的风险的保险单,它多用于船舶保险和运费保险。

3. 流动保单和预约保单。流动保单(floating policy)是载明保险的总金额和总条件(如承保风险、费率、总保险金额和保险期限等),但将船名和其他细节留待以后申报的保单。在每批货物出运时被保险人将有关情况通知保险人,保险人从总保险金额中扣除各批金额,直到总额用完,保险单自动注销。

预约保单(open cover)又称开口保单,保险人与被保险人事先约定保险货物的范围、险别、保险费率或每批货物的最高金额,并在保单上载明,但不规定保险总金额的保单。凡属预约保险单规定范围内的货物,一经起运保险合同即自动按预约保险单上的承保条件生效,但要求投保人必须向保险人对每批货物运输发出起运通知书,保险人据此签发正式的保险单证。

流动保单和预约保单不是正式保单,而是保险公司开出的保险凭证。两者的区别是,流动保单规定有承保货物的总价值,而预约保单则不规定承保货物的总价值,因而也不会发生保尽的问题,它按保单规定的期限(或长期地)自动承保保单内的一切货运。

4. 重复保险单。指被保险人在同一保险期间内,就同一保险利益、同一保险事故与数个保险人分别订立数个保险合同。重复保险金额的总额不得超过保险标的的价值。

5. 保险凭证。保险凭证(insurance certificate),是表示保险公司已经接受保险的一种证明文件,内容比较简单,通常仅载明被保险人名称、保险货物名称、货运工具的种类和名称、险别、保险期限、保险金额等项目,而关于保险人与被保险人的权利、义务方面的保险条款则不予载明。在保险业务中,当采用流动保单或预约保单时,被保险人所得到的通常都是保险凭证而不是正式的保险单。

(五)保险人和被保险人的主要权利和义务

保险人的主要权利有:(1)收取保险费;(2)进行再保险;(3)出险赔偿后从被保险人处接受代位证书,取得代位求偿权;(4)按推定全损赔偿后,通过委付获得残余标的物的所有权;(5)发生承保险别项下的事故时,有权勘查和检验;(6)在除外责任范围内有权拒赔。

保险人的主要义务有:(1)接受投保单后,签发保险单;(2)在保险责任范围内,对已发生的承保险别项下的损失,按保险金额与损失大小的比例给予赔偿。

保险人的责任期限,在国际货物运输保险中,国际上的通行做法都是实行"仓至仓"(Warehouse to Warehouse 简称 W/W)责任原则,即自货物运离保险单载明的起运地或储存处的发货人的仓库门之时起,直至货物在目的地进入收货人的仓库门之时为止。

被保险人的主要权利有:(1)接受保险单正本,并可将保险单随货物转让给其他人;(2)出险后有索赔权,如果推定全损,则可通过保险委付取得全额赔偿,但应将保险标的所有权移转给保险人;(3)就同一批货物进行重复保险;[①](4)在保险合同订立之后、保险责任开始之前,可要求解除合同或减少保险金额。

被保险人的主要义务有:(1)支付保险费;(2)最大诚信义务,被保险人需对被保险货物情况陈述的正确性负责,如在陈述中有欺诈行为,可构成保险人解除合同或拒赔的依据;(3)被保险货物出险后,及时通知保险人,自行或按保险人的指示,及时采取措施以防止或减少损失;(4)取得保险人的赔偿后,通过权利转移证书把对该货物的权利转移给保险人。

---

① 根据《中华人民共和国海商法》第225条的规定:被保险人对同一保险标的的就同一保险事故向几个保险人重复订立合同,而使该保险标的的保险金额总和超过保险标的的价值的,除合同另有约定外,被保险人可以向任何保险人提出赔偿请求。被保险人获得的赔偿金额总和不得超过保险标的的受损价值。各保险人按照其承保的保险金额同保险金额总和的比例承担赔偿责任。任何一个保险人支付的赔偿金额超过其应当承担的赔偿责任的,有权向未按照其应当承担的赔偿责任支付赔偿金额的保险人追偿。

（六）保险单证的转让

在货物运输保险中，被保险人通常都享有转让保险单的权利，例如，中国《海商法》第229条规定，海上货物运输保险合同可以由被保险人以背书或以其他方式转让，合同的权利、义务随之转移。转让保险单通常都需要采用背书和交付的方式，这也是国际贸易的习惯做法。

保险单经背书转让后，受让人就有权以自己的名义向保险人要求赔偿。在CIF合同下，即使货物在运输途中已经灭失，卖方仍应向买方提供包括保险单在内的全部单据，并有权要求买方照付货款，保险单的转让仍然有效。买方在付清货款取得上述装运单据之后，只要货物的损失是在承保的范围之内，买方就有权凭保险单直接向保险人请求赔偿损失。保险单被允许转让，加速了货物的流转，也保护了受让人的利益。

二、保险人承保的风险与损失

（一）承保的风险

国际货物运输途中可能会遭遇到各种风险，这些风险具体可分为以下几种：

1. 自然灾害。主要是指不以人们的意志为转移的自然力量所引起的灾害，包括恶劣气候、雷电、海啸、地震或火山爆发等人力不可抗拒的灾害。

2. 意外事故。是指偶然的非意料中的事故，主要包括搁浅[①]、触礁、沉没、倾覆、碰撞、火灾、爆炸、陆上运输工具倾覆或出轨、抛货、吊索损害等。

3. 外来风险。一般是指自然灾害和意外事故以外的其他风险。外来风险可分为一般外来风险和特殊外来风险。一般外来风险是指被保险货物在运输途中由于偷窃、短量、雨淋、玷污、渗漏、破碎、受热受潮、串味、生锈、钩损等外来风险。特殊外来风险是指由于军事、政治、国家政策法令以及行政措施等特殊外来风险，如战争、罢工、因船舶中途被扣押以及货物被有关当局拒绝进口或没收而导致的损失等。

（二）承保的损失

按照损失的严重程度，保险人承保的损失可以分为全部损失和部分损失。

全部损失简称全损，又可以分为实际全损（actual total loss）和推定全损（constructive total loss）两种。保险标的物发生保险事故后灭失，或受到严重损坏而完全失去原有形体、效用、使用价值，或者不能再归被保险人拥有的，都可称为实际全损。如货物被火烧为灰烬，茶叶被海水浸泡失去商业价值，货物被港口当局没收等等，均可作为实际全损处理。推定全损，是指货物发生保险事故后，认为实际全损已经不可避免，或为避免发生实际全损所需支付的费用与继续将货物运抵目的地的费用之和将超过保险价值。

当被保险货物的损失没有达到全部损失的程度时，就称之为部分损失。在海上货物运输保险中，又分为共同海损、单独海损和单独费用。

货物共同海损（general average）是指在同一海上航程中，船舶、货物和其他财产遭遇共同危险，为了共同安全，船方有意地、合理地采取措施所直接造成的货物特殊牺牲或为货物支付的特殊费用。如船只倾斜渗水，船长下令抛弃部分货物以保持船只平衡，维护船舶、货

---

① 搁浅是对于海上货物运输而言的，指由于异常的原因造成船舶与水底发生接触并处于滞留的状态，如果是由于规律性的涨潮落潮而使船舶处于滞留状态则不属于搁浅。

物和其他财产的共同安全,被抛弃的货物就属于共同海损牺牲;又如,船舶搁浅时船长雇用拖轮帮助起浮所支付的拖轮费便属于共同海损的费用。对于共同海损所作出的牺牲和费用,最终将在所有获救的利益方之间根据获救财产的价值按比例进行分摊。保险公司对共同海损牺牲和费用以及共同海损分摊都给予赔偿。

单独海损与共同海损相对应,是指保险货物由于承保的风险所引起的不属于共同海损的部分损失。单独海损由遭受损失的一方单独负担。在保险业务中,保险人对保险货物遭受单独海损是否予以赔偿,须视投保的险别加以确定。

单独费用是指在保险货物遭遇保险责任范围内的灾害、事故时,被保险人或其代理人、雇佣人员等为防止损失的扩大而采取抢救措施所支出的费用。单独费用只有在保险单予以承保时才可以要求保险人赔偿,例如营救费,只有当保险单中有"诉讼与营救条款"时才可以获得补偿。

三、国际货物运输保险的险别

险别是保险人承保风险的类别。各个不同的险别都有其特定的风险及该风险造成损失的事项。险别既是保险人缴付保险费多少的依据,也是确定被保险人的权利和保险人的义务范围大小的依据。因此,明确投保的险别是保险合同的基本内容之一。

在国际货物运输保险中,险别可分为基本险和附加险两大类。习惯上,一般不可单独投保附加险,而须以投保一种主要险别为前提。不同的运输方式又各有不同的主要险别。在全球的国际货物运输中,绝大部分货物进出口都是依靠海洋运输来完成的。在我国国际贸易实践中,进出口货物的保险一般采用中国人民保险公司所制定的"中国保险条款"(China Insurance Clauses,简称 C.I.C.)。但当我国企业以 CIF 价格条件对外出口时,有些外商也常会要求采用国际保险市场上通用的英国伦敦保险业协会所制定的"协会货物条款"(Institute Cargo Clauses,简称 I.C.C.)进行投保。下面对中国人民保险公司所制定的中国保险条款和伦敦保险业协会的货物保险条款进行介绍。

(一)中国保险条款

中国保险条款按运输方式又分为海洋、陆地、航空和邮包条款四大类。海洋运输保险条款分为一般保险条款和特殊保险条款。一般保险条款包括三种基本险别:平安险、水渍险和一切险。特殊保险条款包括一般附加险、特别附加险和特殊附加险三种。[①]

1. 基本险

(1)海上运输保险的基本险

①平安险(Free From Particular Average,F.P.A.)的责任范围包括:a. 被保险货物在运输途中由于恶劣气候、雷电、海啸、地震、洪水等自然灾害造成整批货物的全部损失或推定全损。b. 由于运输工具遭受搁浅、触礁、沉没、互撞、与流冰或其他物体碰撞,以及失火、爆炸等意外事故造成货物的全部或部分损失。c. 在运输工具已经发生搁浅、触礁、沉没、焚毁意外事故的情况下,货物在此之后又在海上遭受恶劣气候、雷电、海啸自然灾害所造成的部分损失。d. 在装卸或转运时由于一件或数件货物落海造成的全部或部分损失。e. 被保险人

---

① 我国的保险条款是参照 1963 年伦敦保险业旧保险条款制定的。1982 年在协会新保险条款启用后,我国的保险条款并未改变。

对遭受承保责任内危险的货物采取抢救、防止或减少货损的措施而支付的合理费用,但该项费用不得超过该批援救货物的保险金额。f. 运输工具遭遇海难后,在避难港由于卸货所引起的损失及在中途港、避难港由于卸货、存仓以及运送货物所产生的特别费用。g. 共同海损的牺牲、分摊和救助费用。h. 根据运输合同中"船舶互撞责任"条款的规定应由货方偿还船方的损失。

②水渍险。水渍险(With Particular Average,W.P.A.)的责任范围包括:a. 上述平安险中的各项责任。b. 因恶劣气候、雷电、海啸、地震、洪水等自然灾害所造成的部分损失。

③一切险。一切险(All Risks)的责任范围包括:a. 上述水渍险中的各项责任。b. 被保险货物在运输途中由于一般外来风险所致的全部或部分损失。

(2)空运保险的基本险

①航空运输险。航空运输险(Air Transportation Risks)的责任范围包括:a. 被保险货物在运输途中遭受雷电、火灾、爆炸或由于飞机遭受恶劣气候或其他危难事故而被抛弃,或由于飞机遭受碰撞、倾覆、坠落或失踪意外事故所造成的全部或部分损失。b. 被保险人对遭受承保责任内危险的货物采取抢救、防止或减少货损的措施而支付的合理费用,但以不超过该批被救货物的保险金额为限。

②航空运输一切险。航空运输一切险(Air Transportation All Risks)的责任范围包括:a. 上述航空运输险中的全部责任。b. 被保险货物由于一般外来风险所造成的全部或部分损失。

(3)陆地运输保险的基本险

①陆运险。陆运险(Overland Transportation Risks)的责任范围包括:a. 被保险货物在运输途中遭受暴风、雷电、洪水、地震自然灾害或由于运输工具遭受碰撞、倾覆、出轨或在驳运过程中因驳运工具遭受搁浅、触礁、沉没、碰撞或由于遭受隧道坍塌、崖崩或失火、爆炸意外事故所造成的全部或部分损失。b. 被保险人对遭受承保责任内危险的货物采取抢救、防止或减少货损的措施而支付的合理费用,但以不超过该批被救货物的保险金额为限。

②陆运一切险。陆运一切险(Overland Transportation All Risks)的责任范围包括:a. 上述陆运险的全部责任。b. 被保险货物在运输过程中由于一般外来风险所致的全部或部分损失。

(4)国际多式联运保险中的基本险

迄今为止,国际多式联运货物保险业务中尚未形成一种单独的险种。目前国际上的通常的做法是,根据承运货物的不同方式的运输工具投保相应方式的货物运输保险,在保险单的承保险别一栏中,将不同运输方式的货物运输险别予以一一列明。

(5)基本保险条款的除外责任

在海上运输中,如果发生下列情况导致被保险货物发生损失,中国人民保险公司不负责赔偿:被保险人及其代理人或发货人的故意行为或过失;货物的自然损耗、本身缺陷、自然特性、包装或准备不当,以及在保险责任开始前,被保险货物已经存在的品质不良、数量短差;行市变化、航行延迟或交货延迟,即使该损失是由保险事故引起的;船舶、驳船不适航或船舶、驳船、运输工具、集装箱不适合被保险货物的安全运输,但以投保人、被保险人或其雇员在装载时已知道或应当知道的情况为限,集装箱内积载不当,但以保险责任开始前记载已完成或该记载是由投保人或保险人或其雇员所进行的为限;被保险货物放置在舱面,但集装箱所载普通封闭式集装箱货物或经保险人同意承保并在保险合同中载明的其他舱面货不在此限;承运人无正本提单交货,或水上工具未抵达保险单上载明的目的地,但由于发生保险事故导致水上工具不能抵达目的地的不在此限;船舶所有人、管理人、租船人或经营人的破产或不履行债务;政府或有关当局行为,以及保险合同载明的海洋运输货物战争险条款、罢工险条款、交货不到险条款、拒收险条款、舱面货物险条款、进口关税险条款、黄曲霉素险条款约定的责任范围和除外责任。①

2. 附加险

附加险种类可分一般附加险和特别附加险。

(1)一般附加险(general additional risks)主要包括:偷窃、提货不着险;淡水雨淋险;短量险;混杂、污染险;渗漏险;破损、破碎险;串味险;受潮、受热险;钩损险;包装破裂险;锈损险。

(2)特别附加险(special additional risks)主要包括:战争险、罢工险、交货不到险、舱面货物险、拒收险等。

如投保人投保了一切险,就毋需加保一般附加险,但特别附加险则不包括在一切险的范围内,投保人仍须同保险人特别约定,并经保险人特别同意后,才能把特别附加险包括在承保范围内。

(二)伦敦保险业协会货物保险条款

伦敦保险业协会货物保险条款最早是在 1912 年根据 1779 年英国国会确认的"劳埃德船、货保险单价格"和 1906 年英国《海上保险法》所制订的,后经过多次修改,目前最新的是 2009 年 1 月 1 日所生效的版本,它对世界各国制定海上货物运输保险条款有着重要的指导意义。

协会货物险条款共包括 6 种险别:

1. 协会货物条款(A)〔Institute Cargo Clause A,简称 I.C.C.(A)〕。根据伦敦保险业协会对新条款的规定,I.C.C.(A)采用"一切风险减除外责任"的办法,即除了"除外责任"项下所列风险保险人不予负责外,其他风险均予负责。

I.C.C.(A)险的除外责任有下列四类:(1)一般除外责任。如归因于被保险人的恶意行为所造成的损失或费用;自然渗漏、自然损耗、自然磨损、包装不足或不当所造成的损失或费用;保险标的内在缺陷或特性所造成的损失或费用;直接由于延迟所引起的损失或费用;由于船舶所有人、经理人、承租人或经营人经营破产或不履行债务所造成的损失或费用;由于使用任何原子或核武器所造成的损失或费用。(2)不适航,不适货除外责任。指保险标的在装船时,被保险人或其受雇人已经知道船舶不适航,以及船舶、装运工具、集装箱等不适货。(3)战争除外责任。如由于战争、内战、敌对行为等造成的损失或费用;由于捕获、拘留、扣留等(海盗除外)所造成的损失或费用;由于漂流水雷、鱼雷等造成的损失或费用。(4)罢工、暴乱与恐怖行为除外责任。罢工者、被迫停工工人造成的损失或费用;由于罢工、被迫停工所造成的损失或费用等;恐怖行为,包括有极端思想、出于政治目的及宗教动机的个人恐怖行为所造成的损失或费用。但要注意的是,不包括因罢工或恐怖行为导致货物运输延误而带来的损失。

① 参见《中国人民保险公司海洋运输货物保险条款》(2009 年)。

2. 协会货物条款(B)〔Institute Cargo Clause B,简称 I.C.C.(B)〕。I.C.C.(B)险采用"列明风险"的方法,即在条款的首部把保险人所承保的风险一一列出。I.C.C.(B)险承保的风险是:保险标的物的灭失或损坏可合理地归因于下列任何之一者,保险人予以赔偿:①火灾或爆炸;②船舶或驳船搁浅、触礁、沉没或倾覆;③陆上运输工具的倾覆或出轨;④船舶、驳船或运输工具同水以外的外界物体碰撞;⑤在避难港卸货;⑥地震、火山爆发、雷电;⑦共同海损牺牲;⑧抛货;⑨浪击落海;⑩海水、湖水或河水进入船舶、驳船、运输工具、集装箱、大型海运箱或储存处所;⑪货物在装卸时落海或摔落造成整件的全损。

I.C.C.(B)险与 I.C.C.(A)险的除外责任基本相同,但有下列两项区别:(1)I.C.C.(A)险除对被保险人的恶意行为所造成的损失、费用不负赔偿责任外,对被保险人之外任何个人或数人故意损害和破坏标的物或其他任何部分的损害,要负赔偿责任;但 I.C.C.(B)对此均不负赔偿责任。(2)I.C.C.(A)把海盗行为列入风险范围,而 I.C.C.(B)对海盗行为不负保险责任。

3. 协会货物条款(C)〔Institute Cargo Clause C,简称 I.C.C.(C)〕。I.C.C.(C)险只承保"重大意外事故",而不承保"自然灾害及非重大意外事故"。I.C.C.(C)险也采用"列明风险"的方法,具体包括:保险标的物的灭失或损坏可合理地归因于下列任何之一者,保险人予以赔偿:①火灾、爆炸;②船舶或驳船触礁、搁浅、沉没或倾覆;③陆上运输工具倾覆或出轨;④在避难港卸货;⑤共同海损牺牲;⑥抛货。I.C.C.(C)险的除外责任与 I.C.C.(B)险完全相同。

4. 协会战争险条款(货物)(Institute War Clause-Cargo)。协会战争险承保的风险包括由下列原因造成的保险标的损失或损害:①战争、内战、革命、造反、叛乱或因而引起的内乱或任何交战方之间的敌对行为;②由上述第①款承保的风险引起的捕获、扣押、扣留或羁押以及此种行为结果或任何进行此种行为的企图;③被遗弃的水雷、鱼雷、炸弹或其他被遗弃战争武器;④为了避免根据上述承保风险造成的损失或与避免该损失而产生的费用,此种损失或费用以有关运输合同、准据法和惯例理算或确定的共同海损和救助费用为准。

协会战争险条款的除外责任除了包括 I.C.C.(A)险中所包含的一般除外责任和不适航、不适货除外责任之外,还增加了"航程受挫条款",即由于战争原因而使航程受挫折导致货物未能运达保险单所载明的目的地而引起的间接损失,保险人不负赔偿责任。

5. 协会罢工险条款(货物)(Institute Strikes Clause—Cargo)。协会罢工险条款承保的风险包括由下列原因造成的保险标的损失或损害:①罢工者、被迫停工工人造成的损失;②任何恐怖分子或任何出于政治目的的人造成的损失;③为了避免根据上述承保风险造成的损失或与避免该损失而产生的费用,此种损失或费用以有关运输合同、准据法和惯例理算或确定的共同海损和救助费用为准。

协会战争险条款的除外责任,不仅包括协会战争险条款所规定的一般除外责任和不适航、不适货除外责任,在一般除外责任中还增加了罢工所导致的间接损失和费用,以及战争、内战、革命、造反、叛乱或因而引起的内乱或任何交战方之间的敌对行为而引起的损失或费用。

6. 恶意损害险条款(Malicious Damage Clause)。恶意损害险承保除被保险人以外的其他任何人的故意损害,故意破坏、恶意行为所导致的保险标的的损失或损害。由于恶意损害险包括在 I.C.C.(A)险中,所以投保了 I.C.C.(A)险之后,无需再投保恶意损害险。

与中国保险条款不同,在以上六种协会货物条款中,只有恶意损害险属于附加险别,不能单独投保,其他五种险别的结构相同,体系完整。其中(A)险责任范围最为广泛,采用承保"除外责任"之外的一切风险的方式表明其承保范围。(B)险和(C)险都采用"列明风险"的方式表示其承保范围。战争险和罢工险在征得保险公司同意后,也可作为独立的险别进行投保。此外,还需要注意的是,中国保险条款中的平安险、水渍险、一切险与协会货物条款中的 I.C.C.(C)、I.C.C.(B)、I.C.C.(A)虽然类似,但并不是完全一一对应。例如,I.C.C.(C)条款的实际保障范围明显小于中国保险条款中的平安险。

四、国际货物运输保险理赔和争议的解决

(一)国际货物运输保险理赔

保险理赔是指保险事故发生后,被保险人向保险人提出保险赔偿请求,保险人予以受理并决定是否赔偿或如何赔偿的过程。

1. 保险人的赔偿原则

当被保险货物遭受损失时,被保险人能否取得赔偿,取决于损失产生的危险事故是否在承保范围之内。货物损失常常是由一个以上的危险事故引起的,有的可能属于承保范围,有的则可能不属于承保范围,保险人在处理索赔时,还应确定危险事故与损失之间是否存在因果关系,对于具有因果关系且因危险事故造成的在承保范围之内的损失,保险人才予以赔偿。

海上货物保险合同通常都规定,被保险人及其代理人应采取合理措施,以避免或减少损失,防止损失扩大,并应维护和行使其对承运人或其他第三者追偿损失的一切权利,否则,对扩大的损失,保险人不负赔偿责任。

2. 保险人的代位求偿权

在实际业务中,被保险货物的损失常常是由于第三人(例如承运人)的过失或疏忽所造成的,在这种情况下,保险人在支付保险金额后,可从被保险人处取得向有责任的第三人追偿的权利,这就是代位求偿权(subrogation)。代位求偿权是一种法定的代位权,许多国家在保险法或海商法中都有规定。如中国《保险法》第 60 条明确规定,因第三者对保险标的的损害而造成保险事故的,保险人自向被保险人赔偿保险金之日起,在赔偿金额范围内代位行使被保险人对第三者请求赔偿的权利。因此,无论是在全部损失或部分损失的情况下,只要保险人已经支付了保险赔款,保险人都有代位求偿的权利,并以他所赔付给被保险人的金额为限,如果保险人向第三人的追偿所得大于他赔付给被保险人的金额,其超出的部分,也应归还给被保险人。

3. 保险委付

对于货物运输途中所造成的实际全损,保险人给予赔偿;但对于推定全损,则由被保险人选择:如果被保险人按全部损失向保险人进行索赔,则必须向保险人发出委付通知,否则只能按部分损失向保险人进行索赔。所谓委付(abandonment),就是指在推定全损的情况下,被保险人将残存的保险标的的一切权利和义务①转让给保险人,从而请求保险人按全部

---

① 对于委付所起到的法律效果是将残存保险标的上的一切权利和义务一并转让给保险人,还是仅将权利转让给保险人,各国法律规定不一。例如,我国《海商法》第 250 条规定:保险人接受委付的,被保险人对委付财产的全部权利和义务转移给保险人。但台湾地区的"海商法"第 142 条则规定:海上保险之委付,指被保险人……移转保险标的物之一切权利于保险人,而请求支付该保险标的的全部保险金额的行为。

损失进行赔偿。对于被保险人的委付,保险人可以接受,也可以拒绝。如果保险人一旦接受了委付,便不得撤回,须应被保险人的要求,按照全损对货物予以赔偿。在这种情况下,保险人除了取得代位求偿权以外,还有权取得残存的保险货物,即使残存货物价值大于他付出的保险赔款,超出部分也应归保险人所有。

（二）争议的解决

当索赔发生争议,经双方协商而无法达成一致意见时,则可通过仲裁或诉讼解决。仲裁和诉讼应在索赔期限内提出。按中国人民保险公司制定的《海洋运输货物保险条款》的规定,海上货物运输保险的索赔期限为 2 年,从被保险货物在最后卸货港全部卸离海轮后起算。航空和陆地货运保险的索赔期限为 1 年,从被保险货物在最后目的地车站或机场全部卸离车辆或飞机后起算。

在本章的引例中,船运公司乙作为班轮运输的承运人,负有在开航前和开航时使船舶适航的义务以及在其责任期间内管货的义务,因此乙有义务提供适合于运送红茶的货舱,并在其未尽到此义务且造成货损时承担责任。保险公司在对被保险人赔付后,依法取得代位求偿权,有权向责任人乙进行追偿。

❀ 思考题

1. 什么是提单?提单有何法律意义?

2.《海牙规则》与《鹿特丹规则》对承运人的赔偿责任的规定有何不同?

3.《蒙特利尔公约》对承运人的赔偿责任是如何规定的?

4. 多式联运经营人在向收货人赔付之后,应如何向区段承运人追偿?

5. 共同海损和单独海损的区别是什么?

6. 海上货物运输保险的基本险别有哪些?

7. 案例讨论:

2010 年 1 月 16 日,原告与被告签订了货物运输保险合同。原告外购货物磷酸二氨,数量 21150 吨,保险金额按标的 CIF 价格加一成为 4233892.56 美元,承保条件是中国人民保险公司海洋货物运输保险条款一切险(包括"仓至仓"条款),附加超过装运总量 0.5% 的短重险。原告于签订保险合同当日,已将保险费 13548.46 美元支付给被告。货物于 2010 年 8 月 11 日运至天津新港,船上所载包括原告以及其他收货人的 35400 吨散装磷酸二氨(商检公估数为 35195 吨,短卸 205 吨,短卸率为 5.8%)全部卸入天津港第二港公司 203、204、207 号码头仓库内。原告作为提单项下的收货人,在货物到港前委托中国农垦物资公司代办提货。至 2010 年 9 月 1 日止,原告共提取磷酸二氨 8499.9 吨,并对此进行分配、分派运往河北、吉林等地。9 月 1 日,因遇特大海潮灾害,原告所属的 12401.1 吨货物遭海水浸泡造成损失。经鉴定,货损共折合 5398.32 吨,对货物进行施救,原告支付了所发生费用人民币 50522.59 元。此后,原告向被告索赔,同年 10 月 17 日,被告明确表示对该批货物的损失拒绝赔偿,被告认为保险人的责任,在货物到达卸货港,收货人提货后运至其仓库时止;如果收货人提货后不运往自己的仓库,则到对货物进行分配、分派、分散转运时终止。同时认为原告于 2010 年 4 月 20 日已将投保货物全部卖给案外人中国农垦物资公司,并且在该批货物运抵天津新港前已将提单转让,原告因此失去了诉权和可保利益。被告还认为,保险单所载明的目的地是天津新港,收货人在港口无自己的仓库。当收货人提货后,把全部货物存放在港区仓库时,港区仓库则视为收货人在目的港的最后仓库,因而构成了保险责任终止的条件。请运用相关理论,结合司法实践,谈谈你的见解。

司法考试真题链接

1. 中国甲公司通过海运从某国进口一批服装,承运人为乙公司,提单收货人一栏写明"凭指示"。甲公司持正本提单到目的港提货时,发现货物已由丙公司以副本提单加保函提取。甲公司与丙公司达成了货款支付协议,但随后丙公司破产。甲公司无法获赔,转而向乙公司索赔。根据我国相关法律规定,关于本案,下列哪一选项是正确的?(2011年司法考试真题)

A. 本案中正本提单的转让无需背书

B. 货物是由丙公司提走的,故甲公司不能向乙公司索赔

C. 甲公司与丙公司虽已达成货款支付协议,但未得到赔付,不影响甲公司要求乙公司承担责任

D. 乙公司应当在责任限制的范围内承担因无单放货造成的损失

2. 中国甲公司与某国乙公司签订茶叶出口合同,并投保水渍险,议定由丙公司"天然"号货轮承运。下列哪些选项属于保险公司应赔偿的范围?(2011年司法考试真题)

A. 运输中因茶叶串味等外来原因造成的货损

B. 运输中因"天然"号过失与另一轮船相撞造成货损

C. 运输延迟造成货损

D. 运输中因遭遇台风造成部分货损

3. 一批货物由甲公司运往中国青岛港,运输合同适用《海牙规则》。运输途中因雷击烧毁部分货物,其余货物在目的港被乙公司以副本提单加保函提走。丙公司为该批货物正本提单持有人。根据《海牙规则》和我国相关法律规定,下列哪一选项是正确的?(2010年司法考试真题)

A. 甲公司应对雷击造成的货损承担赔偿责任,因损失在其责任期间发生

B. 甲公司可限制因无正本提单交货的赔偿责任

C. 丙公司可要求甲公司和乙公司承担连带赔偿责任

D. 甲公司应以货物成本加利润赔偿因无正本提单交货造成的损失

4. 甲公司向乙公司出口一批货物,由丙公司承运,投保了中国人民保险公司的平安险。在装运港装卸时,一包货物落入海中。海运途中,因船长过失触碰造成货物部分损失。货物最后延迟到达目的港。依《海牙规则》及国际海洋运输保险实践,关于相关损失的赔偿,下列哪些选项是正确的?(2013年司法考试真题)

A. 对装卸过程中的货物损失,保险人应承担赔偿责任

B. 对船长驾船过失导致的货物损失,保险人应承担赔偿责任

C. 对运输延迟造成的损失,保险人应承担赔偿责任

D. 对船长驾船过失导致的货物损失,承运人可以免责

　　5. 青田轮承运一批啤酒花从中国运往欧洲某港,货物投保了一切险,提单上的收货人一栏写明"凭指示",因生产过程中水分过大,啤酒花到目的港时已变质。依《海牙规则》及相关保险规则,下列哪一选项是正确的? (2015年司法考试真题)

　　A. 承运人没有尽到途中管货的义务,应承担货物途中变质的赔偿责任

　　B. 因货物投保了一切险,保险人应承担货物变质的赔偿责任

　　C. 本提单可通过交付进行转让

　　D. 承运人对啤酒花的变质可以免责

第四章 国际贸易支付法

第一节 国际贸易支付法概述

【引例】张某经营的公司时常与国外客户进行交易,面对巨大的商机与随之而来的交易风险,张某有些犯难。请问:作为进口商,他选择什么样的付款方式既保证方便、安全,又能令出口商满意?

国际贸易支付是国际贸易的重要组成部分。在任何国际贸易中,买方希望能及时收取货物,而卖方则希望能迅速收到货款。但由于买卖双方处于不同的国家,双方的交易需求需要由一定的贸易支付方式来解决。与国内贸易支付相比,国际贸易支付面临着由于国家不同与领域不同而导致的汇率变动、外汇管制、法律冲突、法律适用等问题,因而国际贸易支付较国内贸易支付更为复杂。国际贸易支付通常包括国际贸易支付工具与支付方式两个方面。

一、国际贸易支付工具

(一)货币

在票据出现之前,货币是主要的国际贸易支付工具,作为支付工具的货币一般是在国际结算中能广泛使用,在国际金融市场可自由买卖,在国际上得到偿付并可以自由兑换其他国家货币的"自由外汇"。但是以货币支付在贸易尤其是国际贸易中存在缺乏安全、使用不便的特点,在当前的国际贸易实践中,更多的是以票据进行货款的支付。

(二)票据

国际贸易支付中极少用现金结算,可以使用票据(主要是汇票)进行支付,但票据涉及多方当事人、多项票据行为、多处行为地等问题,增大了处理纠纷的难度。目前尚无关于汇票的生效的统一的国际公约,所以汇票的法律问题主要是各国国内法问题。我国于1995年通过了《票据法》,并在2004年修改了该法。我国《票据法》中的票据包括汇票、本票和支票。限于篇幅,本章仅讨论汇票。

二、国际贸易支付方式

在国际贸易中,进出口双方可选择的结算方式种类众多,基本的结算方式包括汇付、托收、信用证、国际保理。这些不同的结算方式各有特色,但并没有哪一种结算方式是绝对安全的,每一种结算方式都存在潜在的风险,对双方的交易安全都有或多或少的影响。对当事人而言,灵活选择结算方式,既为了保障交易安全,也是为了获取更佳的经济利益。

汇付属于商业信用,银行不提供信用,故对出口方而言,交易风险较大,但费用低,交易灵活,通常用于货到付款、预付货款、佣金、尾款等小额款项的结算。

托收亦属商业信用,对出口方有一定风险,但可以减少进口方的费用支出,能够调动进口方的积极性,常被出口方用作增加竞争力的结算方式。

信用证与前述两种方式不同,是一种银行信用,由开证行以自己的信用对出口人作出付款保证,承担第一性的付款责任。即便如此,信用证方式结算并不意味着没有风险。由于信用证交易具有独立原则,一经开立,便成为一项独立的交易,独立于买卖合同,不受买卖合同的制约和影响。这种原则往往令不法商人利用各种手段实施欺诈,给企业造成各种损失。

国际保理是保理商为国际贸易赊销方提供的出口融资、销售账务管理、应收账款的收取及买方信用担保为一体的金融服务。近年来,由于国际贸易市场上买方市场的形成,越来越多的出口商将贸易结算方式作为一种市场竞争手段,国际保理在全球贸易中得到了迅速发展,已逐渐成为现代国际贸易结算的主流方式。

在本节的引例中,张某需要根据交易的实践情况,与交易对方协商,确定合适的付款方式。

第二节　票据和票据法

【引例】 钱某签发了一张汇票给与之交易的刘某,刘某随后将汇票背书给张某,张某到期日前往银行要求银行支付,却被银行告知,因为钱某与刘某的合同无效,所以票据也随之无效,银行不承担付款责任。请问银行的说法正确吗?

一、票据

（一）票据的概念和分类

广义的票据相当于有价证券,泛指一切体现商业权利或具有财产价值的书面凭证,权利的发生、移转和行使均以持有该凭证为必要。此种意义上的票据范围极为广泛,包括汇票、支票、本票、股票、债券、提单、仓单、车船票等。狭义上的票据,指出票人依法签发的委托他人或由自己于见票时或在到期日无条件支付一定金额给收款人或持票人的一种有价证券。法律上的票据一般指狭义意义上的票据。

各国票据法对票据的种类采取法定主义,不允许任何人在法外自行创制票据,因此各国对票据的分类各不相同。大陆法系国家,如法国、德国,由于支票产生较晚,大多采取"分立主义",将汇票、本票规定在一项法律中,而将支票规定于另一项法律中,。因此,这些国家的票据法认为汇票与本票为票据,支票则属不同的另外一种证券。而在英美法系中,典型的如英国、美国,采取"包括主义",或称"合并主义",将汇票、本票、支票统一规定在一项法律中,认为它们并无本质上的区别。《英国票据法》把汇票和本票看作票据,把支票定为汇票的一种。《美国统一商法典》规定汇票、本票、支票、存款证都是票据。

我国票据法上的票据包括汇票、本票和支票，票据不包括商业活动中广义的票据，遵循了大陆法系的合并主义的方式。

（二）票据的法律特征

票据属于有价证券，因而具备有价证券的全部特征。它体现的是一种财产权利，是权利与证券的结合体，票据权利的发生、移转和行使都必须以证券的存在为前提，但票据也具备着一些特征。

1. 流通转让性

可流通、可转让是票据的一项基本功能。票据上的权利，经背书或单纯的交付即可转让实现流通。记名票据，须背书、交付才能转让；不记名票据，凭交付即可转让。票据的流通性是票据能够发挥多种功能的基础，而且，票据流通的速度直接影响着交易的效率和频率。各国票据法中票据无因性、各种票据行为、正当持票人、票据期限等众多的规则实际上都反映了票据的可流通性。

2. 无因性

所谓无因，是指票据权利仅以票据法的规定发生，而不需考虑票据权利发生的原因或基础。票据的取得一般基于某种基础关系，但是一旦取得票据，票据的权利、义务即与基础关系中的权利、义务相分离。也就是说，票据权利是基于民事权利但又独立于民事权利的票据法上的权利。

3. 要式性

票据的作成必须依据票据法规定的格式进行，其记载的事项也必须严格遵循票据法的规定。如果不按票据法的规定作成票据或载明应记载的事项，则会影响票据的效力，甚至会导致票据无效。

4. 文义性

票据所创设的一切权利和义务，完全地、严格地依票据上所记载的文字为准，不得离开票据上记载的文字以其他事实或因素来解释或确定票据权利义务及票据债权人、债务人。

（三）票据关系及基础关系

1. 票据关系的概念及法律特征

票据关系是票据法律关系的简称，是指由票据法所确认和规范的，基于票据当事人的票据行为而发生的票据上的权利义务关系，换言之，是依票据行为享受权利、承担义务的法律关系。票据关系具有以下法律特征：（1）票据关系是票据权利义务关系。票据关系当事人为票据权利义务而实施票据行为，票据权利义务成为票据关系的内容，因此该法律关系是票据权利义务关系。票据关系是票据行为所产生的权利义务关系。（2）票据上权利义务的成立，必须基于票据法规定的能够发生票据关系的票据行为，包括出票、背书、承兑、保证、参加承兑等，票据行为是票据关系产生的唯一基础。票据行为之外的行为，无论其是否合法，票据法上纵有规定，也不能发生票据权利义务，不是发生票据关系的法律事实。（3）票据关系是与其基础关系相分离的无因性法律关系，具有抽象性。票据债务人依据一定的原因或基础承担无条件支付票面金额的义务，这种原因或基础可称之为票据的基础关系，如买卖关系、存款关系等。然而为鼓励票据的广泛运用，最大限度地保障票据的安全可靠，法律割裂了票据关系与其基础关系,使票据关系独立于其基础关系之外,在一般情况下,票据关系不受基础关系的影响,即使基础关系无效,只要票据关系无瑕疵,票据权利仍然有效。

2. 票据关系的基础关系

票据关系的基础关系,是票据当事人凭以实施票据行为、发生票据关系的民法上的债权关系。包括票据当事人之间的原因关系、出票人与付款人之间的资金关系、票据预约关系,这些关系适用民法一般债权制度的有关规定。

(1)票据原因关系。票据原因关系又称票据原因,是指票据当事人之间之所以为票据行为的缘由。主要包括:支付价金、劳务费或其他费用,借贷,交付定金,票据本身的买卖,债权担保,赠与,委托取款等。票据原因关系不以对价关系为要求,如我国票据法规定了无对价的原因关系:税收、继承、赠与等。

票据原因关系与票据关系之间,以"一般情况下分离,特殊场合中牵连"为原则,其目的是为了保护善意第三人的权利。票据属于无因证券,一经作成,其权利即产生,与原因关系相分离,无论原因关系有效与否,不影响票据权利的效力。

基于公平与诚信原则,票据原因关系与票据关系在特殊场合存在着牵连关系,这些例外情况包括:直接当事人之间,仍可基于原因关系主张抗辩;持票人若持票原因为无对价或无相当的对价,则不能享有优于其前手的权利;为了清偿既存债务(原因关系)而交付票据时,原则上票据债务不履行,原债务不消灭;票据上的请求权已因时效届满而消灭,仍可依民法上的关系为请求。

(2)票据资金关系。票据资金关系又称票据资金或资金关系,是指汇票或支票的发票人与付款人或其他资金义务人之间所发生的基础关系。即票据资金关系就是出票人之所以委托付款,付款人之所以愿意承担付款责任的原因。资金关系大致有以下几种:出票人在付款人处存有资金;付款人对出票人欠有财产给付性债务;出票人与付款人之间有信用合同关系,付款人事先承认为出票人签发的票据付款;其他合同;无因管理等。

资金关系与票据关系相分离,但在特殊场合有一定的牵连:汇票承兑人即使没有取得资金,也不得以此为理由拒绝向持票人付款;但可以以此为理由向出票人主张抗辩;支票的付款人对出票人存款数额足以支付或在与出卖人信用合同所定数额内的支票,应当无条件支付;汇票的出票人或承兑人因出票行为或承兑行为而收有资金,当持票人的票据权利因时效届满或手续欠缺而消灭时,该出票人或承兑人在其所收的资金限额内,负有应持票人的请求而返还的义务。

(3)票据预约关系。票据预约关系是指当事人之间预先约定使用票据的合同关系,又称预约关系或票据预约。原因关系发生时,因为有票据的预约,才得为票据行为;有票据行为才会产生票据关系。票据预约是民法上的预约合同,依民法上的债权合同制度规范,票据法不作规定。票据预约是否成立,票据行为是否按预约实施,对票据关系毫无影响。

(四)票据的分类

汇票:指由出票人签发,委托付款人在见票时或者在指定日期无条件支付确定的金额给收款人或持票人的票据。汇票是基本的票据类型。

本票:指出票人签发的,承诺自己在见票时无条件支付确定的金额给收款人或者持票人的票据。本票具有信用功能与支付功能。

支票:出票人签发的,委托办理支票存款业务的银行或者其他金融机构在见票时无条件支付确定的金额给收款人或者持票人的票据。票据法理论认为,汇票属于信用证券而具有信用功能,同时也具有支付功能;而支票则仅为单纯的支付证券,不具有信用功能,只具有支付功能。

二、票据法

(一)各国立法

各国都制定有票据法,但由于各国社会基础、政治条件、经济发展与文化传统的不同,从而使各国票据法的编制体例及内容方面存在着较大区别。

从形式上看,英国、德国、奥地利、瑞典等国,采取单行立法的方式,制定了关于票据的单行法规;法国、比利时、日本等大多数国家则把票据法列入商法典内,作为商法典的一个组成部分;美国自统一商法典公布后,各州原分散的票据法规已经基本上保持统一。

在具体的法律制度上,在日内瓦统一票据法制定以前,大致分成三个法系。法国法系(又称拉丁法系),主要特点是认为票据是代替现金输送的工具,而极少考虑到票据作为信用工具和流通手段的功能;认为票据关系与基础关系不能截然分离。这种特征的形成与法国票据法所处的时代特征有着直接的关系。德国法系(又称日耳曼法系),其主要特点是强调票据关系与基础关系相分离;采取严格的形式主义。英国法系的立法宗旨与法国法系有明显的区别,与德国法系比较接近。但对于票据的形式要求则比德国票据法的规定要灵活。其特点是强调票据的流通作用和信用功能,保护正当持票人的利益。

(二)国际公约

由于各国的票据法形式与内容各不相同,这些差异的存在影响着票据在国际上的流通使用,不利于国际贸易的发展。有鉴于此,从19世纪后期就有学者和国际组织主张统一各国票据立法,制定有关票据的统一法公约。这些统一票据法的运动至20世纪取得了一些实质上的成果。

1. 海牙统一票据法

1910年在德国、意大利的倡议下,31个国家参加了在荷兰海牙召开的国际票据法统一会议,会议拟定了统一汇票本票法草案和统一汇票本票法公约草案;1912年第二次海牙会议制定了统一支票法。统称为"海牙统一票据法"。但由于第一次世界大战的爆发,而未能获得参加国政府的批准,此项工作被迫中止,没有取得预期效果。虽然该次票据法的国际统一化运动因战争而中止,但它们仍对各国票据立法的统一产生了积极的影响。

2. 日内瓦统一票据法

第一次世界大战后,在国际联盟理事会的主持下,1930年在日内瓦召开了有31国参加的国际票据法统一会议,这次会议签署了三个公约:《统一汇票本票法公约》《解决汇票本票法律冲突公约》《汇票本票印花税公约》。1931年,在第二次日内瓦会议上,各国签署了《统一支票法公约》《解决支票法律冲突公约》和《支票印花税公约》。1930年和1931年制定的这些公约被通称为日内瓦公约。由于该公约集中了三大法系的优点,受到许多国家的重视,尤其是大陆法系国家,公约使拉丁法系与日耳曼法系在票据法上的区别逐渐消除。德国、法国、日本、瑞士等多数大陆法系国家都纷纷据此修订或重新制定了各自的票据法,法国法系和德国法系之间的对立情形从此逐渐消失。英国、美国虽然参加了这两次会议,但没有参加公约。事实上,日内瓦国际票据法统一会议,仅实现了欧洲大陆上的票据法统一。

3. 联合国统一票据法

虽然日内瓦统一票据法公约的通过和签署,在很大程度上解决了大陆法系国家在票据法上的分歧,但没有根本解决英美法系和大陆法系的分歧,所以日内瓦公约没有完全解决世界范围内的票据法存在差异的问题。第二次世界大战结束后,联合国国际贸易法规委员会为求得两大法系的沟通与统一,开展了国际票据法统一立法的工作。1968年,推举埃及、法国、印度、墨西哥、苏联、英国、美国等国代表,成立工作小组,起草了《国际汇票与国际本票统一法草案》。几经修订后,于1988年12月定稿,命名为《联合国国际汇票和国际本票公约》,共九章90条,但到目前为止该公约的签字国还极为有限,至今尚未生效。支票法方面由于各国特别是两大法系之间的分歧一时难以统一,国际票据立法的冲突依然存在。

(三)中国票据法

中国的《票据法》是1995年5月10日第八届全国人大常委会第十三次会议通过,于1996年1月1日实行的。根据2004年8月28日第十届全国人民代表大会常务委员会第十一次会议《关于修改〈中华人民共和国票据法〉的决定》进行了修正。从我国《票据法》的主要内容看,同大陆法系的票据法结构基本相同,条文内容除个别地方体现了我国的特殊国情外,其他大部分条款与大陆法系的票据法条文并没有太大差别。

我国《票据法》分为7章,内容包括总则、汇票(分列了出票、背书、承兑、保证、付款、追索权等具体内容)、本票、支票、涉外票据的法律适用、法律责任和附则,共110条,其中具有特色的条款分别为第7条、第8条、第10条、第15条。

三、汇票

汇票除了具有支票、本票具有的支付和流通功能外,还有后二者所没有的担保功能和融资功能,因此汇票在实践中得到大量运用,是商业上运用最为广泛的票据。汇票制度是票据法律制度中最基本的组成部分。

(一)概念

汇票指由出票人签发,委托付款人在见票时或者在指定日期无条件支付确定的金额给收款人或持票人的票据。在各种票据中,汇票是涉及当事人较多、关系比较复杂的一种票据;同时,在票据立法技术上,通常对有关汇票的规定比较详尽,而有关本票、支票的规定,则采用准用汇票若干规定的做法。

(二)分类

1. 根据出票人的不同,分为银行汇票和商业汇票

银行汇票(Bank's Draft)的出票人和付款人都是银行,是一家银行向另一家银行签发的汇票,一般用于代客汇款,即通常所说的票汇。承办票汇的银行在签发汇票后,必须将付款通知书寄给付款银行,以便付款行在收款人持汇票取款时核对,核对无误后付款。银行汇票多为光票,不附单据。

商业汇票(Trade Bill)的出票人是工商企业、个人。商业汇票一般不向付款人送交付款通知书,但通常附有货运单据,属跟单汇票。

2. 根据付款期限的不同,分为即期汇票和远期汇票

即期汇票(Sight Bill)是付款人在见票时即支付款项的汇票。即期汇票权利人可随时行使自己的票据权利,在此之前无须提前通知付款人准备履行义务。

远期汇票(Time Bill)是指载明付款人在一定期间或特定日期付款的汇票。可分为:定期汇票,指在票面上明确记载付款日期的汇票;计期汇票,指在出票日后一定日期付款的汇票;注期汇票,指在见票后一定日期付款的汇票。远期汇票是买卖合同中卖方给买方的一种优惠,也是一种信用,这种信用可以在市场上转让、贴现、质押,除了付款外还具备融资和担保功能。

3. 根据是否附有单据的不同,分为光单汇票和跟单汇票

光单汇票(Clean Bill),简称光票,是不附带货运单据的汇票。光单汇票的流通使用没有物权保证,仅凭出票人、付款人和背书人的信用,因此只有当事人信用良好时方能在市场上流通,在国际贸易中较少采用。银行汇票多为光票。

跟单汇票(Documentary Bill)指附带货运单据的汇票。跟单汇票除有人的信用外,还有物权作为保证,在国际贸易中得到广泛使用。其意义在于汇票的付款须以有关合同及履行该合同的单据为辅助,证明持票人付款的请求是符合当事人的约定,从而有利于交易和票据安全。商业汇票多为跟单汇票。

4. 根据票据上是否记载收款人,分为记名汇票、指示汇票和无记名汇票

记名汇票是在票据上记载收款人的姓名或商号的汇票。记名汇票有利于票据的安全,但在票据流通时会影响票据的流通速度和流通次数。

指示汇票是指票据上不仅记载收款人的姓名或商号,而且载明可以以收款人"指定的人"为权利人的票据。按指示票据,得到付款的权利属于票据上所列的第一人,或其指定的其他人或他的指定人。

无记名汇票是指在票据上不记载收款人的姓名,凡持票人都可以享有票据权利,直接向付款人请求承兑和请求付款的汇票。无记名汇票虽然流通速度快,但不利于持票人行使追索权,安全性较差。我国票据法没有采纳无记名汇票的方式。

(三)票据行为及其有效要件

1. 票据行为

即票据法律行为,有广义和狭义之分。广义的票据行为是指一切能引起票据关系产生、变更、消灭的法律行为或准法律行为;狭义的票据行为,则仅指以发生票据上的债务为目的的法律行为。票据行为还可分为基本票据行为和附属票据行为两类。基本票据行为又称为主票据行为,是指创设票据权利的行为,实指出票行为;附属票据行为也称从票据行为,是指在出票行为完成的基础之上,在已实际存在的票据上所为的票据行为。如背书、承兑、保证、付款等。汇票、本票、支票均属票据,三者存在共同的票据行为,但鉴于三者存在一定的差异,相应地也存在着独特的票据行为,这里仅分析汇票的票据行为。

2. 票据行为的形式要件

票据行为是一种特殊的民事法律行为,除须具备民法规定的实质要件外,还须依据票据法规定的一定形式进行。票据行为的形式要件有四:书面制作、进行必要事项的记载、行为人完成签章和向对方交付。

(1)必须采用书面形式。各种票据行为,都不得以口头方式为之,而必须由行为人或其代理人将行为人的意思记载于一定的书面。一定的书面主要是指金融机构或企业已经印制的票据用纸。行为人的书面记载依票据法的有关规定,在票据正面、背面、粘单等地方进行。

(2)记载事项。票据行为应当按照票据法的规定进行票据记载。票据记载包括记载的

具体内容和记载的格式。票据记载的具体内容称为记载事项。票据记载的格式则是记载事项在票据上的位置及顺序。各国都将出票规定在诸如"出票及款式"、"开立和格式"的章节中,对于出票的记载事项,作出严格的规定。根据票据记载事项的性质与效力的不同,可以将票据记载事项分为三类:必要记载事项、无益记载事项和有益记载事项。

必要记载事项,指按照票据法的规定,在票据上能够记载或者不能够记载的内容,又分为绝对必要记载事项和相对必要记载事项。绝对必要记载事项是指按照票据法的规定票据上必须记载,无此记载则票据无效的事项。不同的票据行为具有不同的绝对必要记载事项,如我国票据法对于汇票的出票行为规定了六项绝对必要记载事项:表明票据的种类、表明无条件支付的承诺或委托、确定的金额、收款人名称、付款人名称、出票日期和出票人签章等。这些记载事项不能缺失,否则发生票据行为无效的后果。相对必要记载事项也称法定记载事项,是指可以在票据上记载,但如果未做记载就直接适用票据法的规定,而票据不因欠缺该事项而无效的记载事项。欠缺此类事项的记载,并不当然导致票据或者票据行为的无效,一般视为以票据法的规定为补充记载,如我国票据法规定的相对必要记载事项主要有付款日期、出票地和付款地,具体为:汇票上未记载付款地的,付款人的营业场所、住所或者经常居住地为付款地;汇票上未记载出票地的,出票人的营业场所、住所或经常居住地为出票地,等等。

无益记载事项,又称为有害记载事项,是指在票据上不应进行记载,记载后也无效力甚至会导致票据无效的事项,可分为绝对无益记载事项和相对无益记载事项。绝对无益记载事项又称为有害记载事项或禁止记载事项,是指在票据上绝对不应进行记载,记载后可能导致该票据行为无效的事项。如我国票据法规定将汇票金额部分转让的背书或将汇票金额分别转让给二人以上的,背书无效;付款人承兑汇票,不得附有条件,承兑附有条件的,视为拒绝承兑等。相对无益记载事项是指法律规定不应该进行记载,如果进行了记载也视为无效记载,但并不影响票据行为效力的事项。如我国票据法规定背书不得附条件,如果背书时附有条件,所附条件不具有票据上的效力,但不影响背书的效力,仍发生票据权利转移的法律效力。

有益记载事项,又称任意记载事项,是指那些是否记载由当事人选择,但一经记载即发生票据法律效力的事项,可以分为绝对有益记载事项和相对有益记载事项。绝对有益记载事项是指法律规定可以由当事人自由选择,一经当事人选择记载就发生相应的票据上效力的事项。如我国票据法规定,背书人在汇票上记载"不得转让"字样,其后手再背书转让的,原背书人对后手被背书人不承担保证责任,就属于绝对有益记载事项。相对有益记载事项是指法律未明确规定可以记载,行为人可以自由选择是否记载,记载后虽然不具有票据法上的效力,但可能发生票据外效力的事项。如我国票据法规定,汇票上可以记载本法规定事项外的其他出票事项,但是该记载不具有汇票上的效力,像票据的编号、出票银行或付款银行的行号、收款人或付款人账号、与票据相关的交易合同号等都属于相对有益记载事项,记载后虽然不发生票据上效力,但却可能产生对行为人有利的证据资金效力、票据自身同一认定效力等票据外效力。

（3）票据的签章。票据签章是各种票据行为共同的形式要件,各种票据行为记载事项的具体内容是不相同的,但在票据签章这一问题上则完全相同,行为人在进行了相应的记载后,必须在票据上签章。票据签章是票据行为人必需的最低限度的形式要件,某一票据行为只要有签章就可以发生法律效力,就可能成立法律行为。一般而言,在票据上仅完成了票据记载而无票据签章,则票据记载没有法律意义,不产生任何法律后果;但如果已经完成了票据签章而未进行票据记载,则可能在其后因补充完成相关票据记载而使票据权利义务关系发生。

因为票据签章具有重要的作用,所以有关签章的方式,我国票据法明确规定了三种签章方式。

签名。即手书签名,票据行为人依自己的意志由本人在票据上亲手书写自己的姓名从而完成的票据签章。我国票据法规定,在票据上的签名应该为该当事人的本名,即户籍登记中所记载的姓名。

盖章。即加盖印章,盖章的规定与签名的规定一致。

签名加盖章。即在手书签名的同时,加盖印章,是一种双重的票据签章形式,在法律上与单独签名或单独盖章具有完全同一的效力。

法人及单位签章。要求必须加盖法人及单位的印章,同时再由法人或单位的法定代表人或者授权的代理人进行签章。一般而言,如果票据上签章不规范,只有法人或者单位的印章时,票据签章无效,签盖该印章的法人或者单位无须承担票据责任;反之,无法人或者单位的印章,只有法定代表人或经授权的代理人的签名,则该票据签章为有效,但此时成立的有效签章仅为其法定代表人或者授权的代理人的个人签名,由其个人承担票据责任,而不应由该法人或者单位承担票据责任。

(4)票据的交付。票据交付是指票据行为人将票据交给行为相对人持有。在票据按一定书面形式记载相关事项并签章后,还需要将票据交付给行为相对人,票据行为才成立生效,如我国票据法规定出票是指出票人签发票据并将其交付给收款人的票据行为;持票人行使转让票据权利时,应当背书并交付汇票等。

3. 汇票的绝对必要记载事项

(1)标明"汇票"字样(Bill of Exchange,Draft):日内瓦公约要求在汇票上标明汇票字样,以表明汇票的性质,否则将使汇票无效。"汇票"字样,学者称之为票据文句,其作用是使人们易于认清它是汇票,避免与其他种类的票据相混淆。但英美法系则不要求必须注明汇票字样。

(2)无条件支付命令(Unconditional Order to Pay):即汇票的付款必须是无条件的,并且禁止当事人附条件出票,凡在票面上附记条件或限定付款方法的,视为无效。例如,如果在汇票上规定"须于交付合格的货物才付款",就是有条件的,汇票无效。

(3)确定的金额(Certain in Money):汇票上所载明的金额是确定的,不得浮动不定,也不得具有可选择的不确定性;汇票支付的标的必须是金钱,而且金钱的数额必须确定;金额可用文字和数字记载,如果二者发生差异,以文字金额为准;如果多次发生文字和数字金额的差异,则以最小金额为准。

(4)载明付款人姓名(Drawee):各国票据法都要求汇票必须载明付款人的姓名或商号。付款人实际上就是受票人,他只是命令的接受者,并不一定付款,他可以拒付,也可以指定他人付款。汇票的付款人一般是一个,但也可以载明一个以上的付款人。在此情况下,任何一个付款人均须承担支付全部汇票金额的责任,不能仅就金额的一部分负责;当其中一个付款人付款后,其余的付款人即可解除付款义务。当出票人以自己为付款人时,称为"对己汇票",对于此种汇票的性质,各国看法不一,英美法认为持票人有权选择将它视为本票或汇票处理。其他国家法律有的视其为本票,有的则视为汇票处理。

(5)汇票的受款人(Payee):日内瓦公约要求汇票上必须记载受款人的姓名,原则上不承认无记名式的汇票,但英美法则允许开立"交付来人"的无记名汇票。按照英国票据法,汇票上的受款人可以有三种写法:

限制式抬头(Restrictive Order):即汇票上载明"仅付给某人"或"付给某人,不得转让"的字样。这种带有限制转让字样的汇票不能以背书的方式转让,而只能按一般民法上的债权让与的方式转让;

指示式抬头(Demonstrative Order):即在汇票上载明"付给某人或其指定的人"。这种指示性抬头的汇票可以经过背书转让。

来人式抬头(Payable to Bearer):汇票上不载明受款人的姓名,而只写明"付给持票人"的字样。这种汇票可以流通转让,而且在转让时无须背书,仅凭交付票据本身即可实现转让目的。

(6)汇票的到期日(Tenor):即汇票所载金额的支付日期。日内瓦公约规定汇票应载明付款的时间。按照英美法的规定,到期日并不是汇票的法定事项,如果汇票上未载明到期日,则可视为见票即付的汇票处理。汇票到期日的规定方式有四种:

定日付款(Fixed Date):出票时载明付款的具体日期;

见票即付(At Sight):付款人须于持票人提示汇票时即行付款;

出票日后定期付款(After Date):从出票之日结算,于指定期限内(如一个月)付款;

见票后定期付款(After Sight):从持票人提示汇票后起算,于见票后的一定期间内(如三个月)付款。

日内瓦公约只允许上述四种办法来规定汇票的到期日,不允许以其他方式规定到期日,否则汇票无效。而英国票据法则规定,汇票的到期日可以是确定的期限或日期,也可以把将来肯定会发生的,但不能预先确定其发生的确切日期的事件作为汇票的到期日。

(7)汇票的付款地点(place of payment):即持票人提示票据请求付款的地点。关于汇票上是否必须载明付款地点的问题,各国法律有不同的规定。日内瓦公约规定汇票上应载明付款地点,但英美法不作要求,只要能找到持票人,即可向其提出付款要求。

(8)汇票的出票日期及地点(date and place of issue):日内瓦公约规定,汇票的出票日期及地点是汇票的要件,必须在汇票上载明。英美票据法则认为,出票日期及地点并不是汇票必须记载的事项,不论是否载明,均不影响汇票的有效性。如无载明出票日期,则任何合法的持票人都可将其认为正确的日期补填在汇票上;如果未载明出票地点,则出票人的营业所、住所或居所被视为出票地。

汇票的出票日期和地点具有重要的法律意义。出票日期对于出票后定期付款的汇票具有确定付款日期的作用;对于见票即付的汇票则起着确定提示期限应于何时届满的作用。出票地点对于国际汇票的法律适用有重要意义,日内瓦公约规定汇票的形式问题(往往涉及汇票的有效性)依出票地法来确定。

(9)出票人签名(signature of the drawer):按照票据法的原则,只有在汇票上签名的人才对票据承担责任,因此各国票据法均规定汇票必须经出票人签字方能生效,欠缺出票人签名的汇票无效。关于出票人可否在汇票上列入"免于追索"的文句,以免除对持票人的偿付责任,各国规定不一。日内瓦公约规定出票人可以在汇票上列入免责文句免除担保承兑的义务,但不得免除担保付款义务。而英美法则认为出票人可以在汇票上载明免责文句,免除或限制其对持票人的偿还义务。

我国《票据法》规定,汇票必须记载下列事项:表明"汇票"的字样;无条件支付的委托;确定的金额;付款人的名称;收款人的名称;出票日期;出票人签章。汇票上未记载上述规定事项之一者,该汇票无效。

由上述可知,日内瓦公约与英美法在票据的形式及内容的规定上存在着差异,日内瓦公约的要求较严格,而英美法的规定则比较灵活。

4. 票据行为

(1)出票(issue)。出票是指出票人依照法定方式作成汇票,即在汇票上填写必要项目,然后把作成的汇票交付给收款人的行为。出票行为一旦完成,出票人和持票人之间就产生了法律关系,出票人成为汇票的主债务人,他担保汇票得以承兑和付款。如果汇票得不到付款人的承兑和付款,他就可能受持票人追索承担偿还债务的义务。收款人即持票人是汇票的债权人,享有向付款人提示票据要求付款的权利;在付款人拒绝承兑也拒绝付款时,持票人可以向出票人追索,要求清偿债务。

(2)背书(endorsement)。背书是以转让票据权利为目的的行为。在汇票背面签名的人为背书人,接受经过背书的汇票的人称为被背书人。一般来说,除无记名汇票仅凭交付转让外,记名式汇票和指示汇票都必须以背书的方式进行转让。

一旦对汇票进行背书,就在背书人与被背书人之间产生了相应的权利义务关系:第一,一经背书,票据上的一切权利就转让到被背书人手中,被背书人可以自己行使权利,也可以把权利再转让给他人;第二,背书人原则上对自己的全部后手负担保责任,当出票人不能作票据支付时,背书人必须支付票据款项或承担追索义务;第三,经连续背书的票据持有人,可以被推定为票据上的权利人,即持有人即便不能证明是权利者,也能够行使票据上的权利;债务人除非能举证持有人是无权利者外,不能拒付。

依据票据法的一般原理,凡是善意并支付了对价而取得汇票的人,包括背书受让人,都称为善意或正当的持票人。善意持票人可享有优于其前手(让与人)的权利,不因其前手让与人对票据的权利有瑕疵而受影响,无论是出票人或是该让与人的任何前手得以对抗该让与人的抗辩事由,原则上都不能用以对抗善意持票人。该项票据的善意取得制度的意义在于保护善意受让人,保证票据的正常流通。

(3)提示(presentment)。指持票人向付款人出示汇票,请求其承兑或付款的行为。可分为承兑提示和付款提示。承兑提示适用于远期汇票,特别是见票后定期付款的远期汇票更需及时向付款人作承兑提示,否则无法确定付款日期。远期汇票先向付款人作承兑提示,然后到期付款时再作付款提示。付款提示适用于即期汇票或已到期的远期汇票。

(4)承兑(acceptance)。承兑是远期汇票的付款人明确表示接受出票人的指示,承担付款义务的行为。通常方式为付款人在汇票上写上"承兑"字样,签上自己的名字并注明承兑的日期。一般而言,是否要求付款人承兑是持票人的一项权利,他可以在汇票到期日前向付款人提示承兑,也可以等待到期日来临时向付款人要求付款。在某些情况下,持票人必须向付款人提示承兑,比如见票后定期付款的汇票、载明必须提示承兑的汇票等;在某些情形下,无须或不能向付款人提示承兑,如见票即付的汇票、载明不得承兑的汇票等。

承兑对于付款人而言就是承诺了付款责任,如果付款人拒绝承兑,他对汇票的付款不负法律上的责任。在汇票被付款人承兑以前,汇票的债务人是出票人而非付款人,但付款人一旦承兑,他就被称为承兑人并成为汇票的主债务人,而出票人和其他背书人则居于从债务人的地位。

(5)保证(guarantee)。指汇票债务人以外的第三人为担保票据债务的履行所作的一种附属票据行为。票据保证是保证债务的一种,目的在于提高票据的信用程度,减少票据的风险性,保证票据流通的顺利进行。汇票保证是一种要式行为;汇票保证具有独立性,在汇票保证的情形下,即使被保证的主债务因任何原因无效时,除因款式欠缺无效外,保证人仍承担义务,此方面与民法上的保证具有明显不同;汇票保护人不享有先诉抗辩权,在汇票保证的情形下,汇票的持票人可以不先向被保证人请求付款或追索,而直接向保证人提出付款请求或追索,此系汇票保证与民法上的保证的主要区别。

(6)付款(payment)。指汇票的付款人向持票人支付汇票金额,以消灭票据权利义务关系的行为。依据日内瓦公约的规定,汇票的付款人付款时,有权要求持票人交出汇票并在汇票上签名注明"收讫"字样,使汇票上的债权债务关系归于消灭;付款人有权只支付汇票金额的一部分,并要求持票人在汇票上记载已付金额,向自己开立收据。持票人在汇票的到期日向付款人提示付款时,付款人是否必须于当天付款,有无优惠日的问题,各国法律规定不一。日内瓦公约明文禁止优惠日,而英国票据法则允许远期付款的汇票可以有三天的优惠日。

(7)拒付(dishonor)。包括付款人拒绝承兑和拒绝付款的两种行为。拒付还包括付款人逃避、死亡或宣告破产等情况,在此类情况下,持票人已不可能得到汇票上的金额。

(8)追索(recourse)。指持票人于汇票遭到拒付时,向其前手(出票人和背书人)请求支付汇票金额的权利。当汇票遭到拒付时,为了保护持票人的利益,各国法律均规定持票人有权向汇票的所有前手背书人以及出票人请求偿还汇票所载金额的追索权。正当持票人可以不按背书顺序,越过其前手,对任何一个债务人行使追索权。被追索的债务人清偿票款后,取得持票人权利,可以对其他债务人行使追索权。按照各国票据法的规定,持票人在行使追索权时必须具备相应的条件:第一,汇票遭到拒绝承兑或拒绝付款;第二,已在法定期限内向付款人作承兑提示或付款提示;第三,必须在汇票遭到拒绝后的法定期间内作成拒绝证书;第四,必须在汇票遭到拒付后的法定期间内将拒付事实通知其前手。

在本节的引例中,钱某虽因交易合同而签发汇票,但汇票一旦签发,其票据关系便与其基础合同关系相独立,票据权利并不受其原因关系的影响,所以银行的说法是不符合法律规定的。

第三节　汇付

【引例】李某在与国外客商交易的过程中,还有一些小额的样品费尚未结清。请问对于此项费用,李某可以采用什么方式结算?

一、概念

汇付（Remittance）又称汇款，指汇付人主动把货款通过银行汇交收款人的一种支付方式。汇付方式下的信用工具的流向与资金的流向是相同的，属于顺汇。汇付建立于商业信用的基础之上，是否付款取决于进口商，付款没有保证。付款从时间上可以分为预付货款和货到付款，对买卖合同双方而言均存在风险。往往买方不愿先付款而卖方不愿先交货，因此汇付在国际贸易中主要适用于小额交易，如样品费、展品费、尾款、杂费等。

汇付一般涉及四方当事人：汇付人、汇出行、收款人和汇入行。汇付人（Remitter）是债务人或付款人，通常是国际贸易中的买方；汇出行（Remitting Bank）是接受汇付人的委托，汇出货款的银行，一般是出口地银行；收款人（Payee）是债权人或受益人，通常是国际贸易中的卖方；汇入行（Paying Bank）是受汇出行委托解付汇款的银行，又称解付行，一般是出口地银行。

完成一笔款项的汇付须经四个步骤：

（1）汇付人填写汇款申请书并签字盖章。汇款申请书是汇款人与汇出行之间的一种契约，汇出行接受了汇款人的汇款申请书后，就应按照汇款人在申请书中的指示执行，否则汇出行承担违约责任。

（2）汇出行收取汇款金额、手续费，办理汇款书。汇款委托书，又称付款委托书，是汇出行委托其在国外的代理行（汇入行）解付汇款的一种书面凭证。汇出行接受汇款人的汇款申请书后，有义务按汇款人的委托指示向汇入行发出付款委托书，汇入行按委托指示向收款人解付汇款。

（3）汇入行接受付款委托书，发给收款人收款通知书。

（4）收款人凭收款通知书及其他适当的证明文件在一定时间内向汇入行领取汇款。

二、种类

汇付依其所使用的信用工具的不同，可分为信汇、电汇、票汇。

（1）信汇（Mail Transfer）。信汇是指汇出行应汇款人的要求，将支付授权书通过邮寄方式寄给汇入行，由汇入行向指定收款人解付一定金额的汇付方式。信用结算费用低，但收款时间较长。

（2）电汇（Telegraphic Transfer）。电汇是指汇出行通过电报或电传的方式通知汇入行，为保险起见，汇出行拍发的电报或电传都带有密押，汇入行在收到电报或电传且核对密押相符后，再用电汇通知书通知收款人取款。电汇速度最快，但汇费较高。

（3）票汇（Demand Draft）。票汇指汇出行受汇付人的委托，开立以汇入行为付款人的即期银行汇票，由汇付人自行寄交收款人，收款人凭该汇票向汇入行提取汇款的支付方式。票汇由汇付人自行邮寄，时间较电汇要长，但费用比电汇和信汇低。

在本节的引例中，对于小额款项，当事人可以选择简单灵活、费用较低、周转速度快的汇付或托收方式进行结算，而无须考虑费用较高、过程繁琐的信用证、保理方式。

第四节 托收

【引例】甲公司与乙公司签订了海鲜出口合同,约定以托收方式付款。货物到达后,乙公司因货物质量问题拒绝付款。因交涉时间过长,导致海鲜产品大量腐坏。甲公司认为当进口方拒收货时代收行应为甲方利益之考虑而主动提货,故要求代收行承担责任。请问:代收行是否有主动提货的义务?

一、概念

托收(Collection)是指由卖方开立以买方为付款人的汇票,委托银行向买方收取货款的一种结算方式。在托收方式下,信用工具的传递方向与资金的移转方向相反,因此属于逆汇法。托收也属于一种商业信用而不是银行信用,付款人是否付款只能依靠其商业信用,银行所起的作用仅是一种代理收款的作用,对付款人是否付款不承担责任,因此托收对卖方而言风险较大。

二、种类

托收依汇票是否附有商业单据,分为光票托收和跟单托收两种。

（一）光票托收（Clear Collection）

指卖方仅开立汇票委托银行向买方收款,而没有附具任何货运单据。通常光票托收只用于收取货款尾数、佣金、样品费等费用。

（二）跟单托收（Documentary Collection）

指卖方将汇票连同提单、保险单、发票等货运单据一起交给银行,委托银行向买方收取货款。跟单托收根据交单方式的不同,可分为付款交单和承兑交单。

1. 付款交单（Document against Payment D/P）

卖方的交单以买方付清货款为条件,即卖方在委托银行向买方收款时,指示银行只有在买方付清货款后,才能向买方交出货运单据,买方凭单据提取货物。对于卖方而言,安全性较强,买方不付款就无法取得货运单据。

付款交单依据买方付款的时间不同,可分为即期付款交单（D/P Sight）和远期付款交单（D/P after…days sight）。

即期付款交单是指卖方开立即期汇票,通过银行向买方提示,买方见票后立即付款,并于付清货款的同时取得货运单据。远期付款交单是指由卖方开立远期汇票,通过银行向买方作承兑提示,买方承兑后于汇票到期时再付款赎单。

2. 承兑交单（Documents against Acceptance D/A）

指卖方的交单以买方承兑汇票为条件。买方承兑汇票后,即可向代收行取得货运单据,凭单据提取货物,待汇票到期之时才付款。因为只有远期汇票才需办理承兑手续,因此承兑交单只适用于远期汇票的托收。

三、托收的基本当事人

托收方式通常有四方当事人：(1)委托人(Principal)。又称出票人，是开立汇票并委托银行收款的债权人，是国际贸易中的卖方。(2)付款人(Payee)是委托人所开立汇票上载明支付票款的人，在国际贸易中是买方。(3)托收行(Remitting Bank)是接受委托人的委托，转托国外银行代为收款的银行。(4)代收行(Collecting Bank)，是接受托收行的委托，向买方收取货款的银行。

四、托收的基本程序

托收的基本程序如下：

(1)在销售合同中约定采用何种托收。

(2)委托人按合同规定装运货物后，到托收行填写托收委托书，开出跟单汇票，连同货运单据交托收行。

(3)托收行将汇票及货运单据寄交代收行。

(4)代收行收到汇票及货运单据后，向付款人作提示汇票。

(5)付款人验单，决定是否承兑汇票或付款。

(6)如付款人承兑或付款，代收行向付款人交付有关单据；如付款人拒绝承兑或付款，代收行向托收行转述拒付理由，并返还有关单据。

(7)代收行向托收行付款。

(8)托收行向委托人付款；在付款人拒付时，向委托人返还有关单据。

五、托收统一规则

托收是较普遍的国际贸易结算方式，但尚未存在统一的具有强制约束力的国际立法。为调整在托收业务中各银行之间以及银行与客户之间的权利义务关系，国际商会在1958年制定了《商业单据托收统一规则》，1978年进行了修改，定名为《托收统一规则》(Uniform Rules for Collection)，于1979年1月1日生效。1995年国际商会第552号出版物（简称URC522)对规则再次进行修订，并于1996年1月1日生效。该规则并无普遍约束力，由当事人在合同中自愿适用，目前已在国际贸易中得到广泛的运用。

URC522主要从银行的利益出发，对银行的义务及免责作出了相应的规定。考虑到各国法律的差异，该规则未对托收各方当事人的法律关系作出明确的定性，也未对违反该项国际惯例所设定的义务将承担什么法律责任作出具体规定。因而，托收所涉及的代理法律关系，属于各国国内法调整的范畴。根据URC522的规定，托收行对委托人、代收行对托收行负有下列具体代理行为的义务：

1. 银行应严格按托收指示履行责任。一切托收单据必须附有托收指示书。该托收指示必须完整明确。在接受托收后，银行严格按托收指示办理托收。除非在托收指示中另有授权，银行概不理会来自托收委托的当事人/银行以外的任何一方/银行的指示。托收指示应包括有关当事人的详情、托收的金额和货币、所附的单据清单和数量、支付及/或承兑的条款和条件、托收费用、托收利息、付款方法和付款通知形式、不付款、不承兑或不符指示时的指示,还应包括付款人的完整地址以便进行提示。做出托收指示的一方须确保交单的条件清楚、明确,否则银行对由此造成的后果不承担责任。代收行对地址不完整或不准确而产生的迟延不负责任。

2. 银行的义务不涉及货物、服务或行为。银行履行义务的对象是有关单据。一般情况下,银行与买卖合同的执行没有关系。除非银行事先同意,货物不应直接发至银行,或以银行或银行的指定人为收货人。即使银行为收货人,银行也没有提货的义务,货物的风险及责任由发货人承担。银行没有义务对货物采取措施,包括存储和保险,即使在托收指示中有此专门指示;如果银行采取措施保护货物,对货物的下落、状况、受托保护货物的第三人的行为或不行为,不负责任,但必须毫不迟延地通知发出托收指示的银行。与保护货物的措施有关的费用由银行从其收到指示的一方承担。

3. 及时提示的义务。对即期汇票应毫无延误地进行付款提示;对远期汇票则必须不迟于规定的到期日作付款提示。当远期汇票必须承兑时应毫无延误地作承兑提示。

4. 保证汇票和装运单据与托收指示书的表面一致,如发现任何单据有遗漏,应立即通知发出指示书的一方。

5. 无延误地通知托收结果,包括付款、承兑、拒绝承兑或拒绝付款等。在托收成功的情况下,收到的款项和扣除必要的手续费和其他费用后必须按照指示书的规定无迟延地解交本人。

6. 银行的业务标准及免责事项。银行办理业务时遵循诚信及合理谨慎原则。由于托收属于商业信用,而不是银行信用,银行对货款能否支付不承担任何责任,银行在托收中的地位严格地限于代理人,为此,《托收统一规则》规定了银行不承担责任的情况,主要包括:

(1)对收到单据的免责。银行只负责确定收到的单据和托收指示所列是否一致。如果发现单据丢失,应毫不迟延地通知托收指示方。除此之外没有进一步的义务。如果单据没有列入清单,托收行不涉及代收行收到的单据的种类和数量的争议。

(2)对单据的有效性免责。银行只需核实单据在表面上与托收指示书一致,此外没有进一步检验单据的义务;代收行对承兑人签名的真实性或签名人是否有签署承兑的权限概不负责。对单据的形式、充分性、准确性、真伪性及法律效力,不负责任;对单据中规定的或附加的一般或特殊的条件不负责任;对单据所代表的货物的描述、数量、重量、质量、条件、包装、交付、价值或存在,不负责任;对托运人、承运人、货运代理人、收货人、保险人或任何其他的诚信、行为或不行为、清偿能力、履行或资信,不负责任。

(3)对寄送途中的延误、丢失及翻译的错误,不承担责任。与托收有关的银行对由于任何通知、信件或单据在寄送途中发生延误或失落所造成的一切后果,或对电报、电传、电子传送系统在传送中发生延误、残缺和其他错误,或对专门性术语在翻译上和解释上的错误,概不负责。

(4)对受指示方的行为免责。为执行委托人的指示利用其他银行的服务,一切风险和费用由委托人承担。银行对于所转递的指示未被执行不承担责任。但指示另一方提供服务的一方,应受外国法律和惯例对受指示方施加的任何义务和责任的约束,并应对被指示方进行偿付。

(5)对不可抗力免责。与托收有关的银行对由于自然灾害、暴动、骚乱、叛乱、战争或银行本身无法控制的任何其他原因,或对由于罢工或停工致使银行营业间断所造成的一切后果,概不负责。

(6)在汇票被拒绝承兑或拒绝付款时,若托收指示书上无特别指示,银行没有作出拒绝证书的义务。

在本节的引例中,代收行只是接受托收行的委托向买方收取货款,没有主动提货的义务。

第五节　信用证

【引例】甲乙两公司签订出口货物合同,约定以信用证方式付款,在卖方甲向银行提交单据要求付款时,银行怀疑该批货物存在以次充好的问题,故而拒绝收单付款。请问:银行的这种做法是否合理?

一、信用证的概念及法律特征

（一）概念

信用证(Letter of Credit,简称 L/C),是银行依开证申请人的请求,开给受益人的一种保证银行在满足信用证要求的条件下承担付款责任的书面凭证。信用证作为国际贸易交易的一种支付方式,已经有一百多年的历史。与汇付及托收不同,信用证是一种银行的付款保证,属于银行信用,比商业信用更安全可靠,对卖方安全性的保障更大。同时,由于银行的介入和预付货款,卖方在交付货物后即可得到货款,买方在得到单据时才向银行偿付,买方可得到一定期限的信贷。信用证付款是国际贸易中最常见、最广泛的一种支付方式。

（二）法律特征

信用证具有以下法律特征:

1. 信用证是银行依据申请人的请求以自己的名义开立的书面凭证,一旦开出,银行就承担对受益人付款的第一性责任,成为信用证关系的主债务人,是以银行自身的信誉为受益人提供付款的保证,属于银行信用;这种责任相对于原合同关系而言是独立的,不受原合同基础关系的影响。

2. 在信用证项下,开证行的付款责任是有条件的,银行承担第一性及独立的付款责任的前提是受益人完全遵守信用证的规定,满足信用证项下的全部条件,提交符合信用证要求的各种单据。

二、种类

信用证的种类很多,依据不同的特点可以作出不同的分类。

（一）光票信用证和跟单信用证

光票信用证(Clean L/C)指受益人不需提供其他单据就可提取款项的信用证,主要适用于贸易从属费或非贸易结算。跟单信用证(Documentary L/C)指受益人在提取款项时,除提交汇票外,还需要提供规定的单据的信用证。单据,指代表货物所有权或证明货物已经发运的单据,如海运提单、保险单等。在国际贸易中,跟单信用证使用最为广泛。

(二)保兑信用证和不保兑信用证

保兑信用证(Confirmed L/C)是指开证行开出的信用证,经另一家银行保证兑付的信用证。保兑银行的责任,与开证行的责任各自独立且完全相同,所以只要卖方提交的单据完全符合信用证的要求,无论开证行发生什么情况保兑行都不得单方撤销其保兑,得单独负起保证承兑及付款的责任。保兑信用证由于有两家银行承担着付款承诺,对受益人的保护是最有利的。不保兑信用证(Unconfirmed L/C)指不经另一家银行加具保兑的信用证。

(三)即期信用证和远期信用证

即期信用证(Sight L/C)指允许受益人开立即期汇票,开证行或议付行于见票后立即付款的信用证。远期信用证(Time or Unsance L/C)指受益人仅可开立远期汇票,开证行或议付行在汇票指定的付款到期日支付款项的信用证。

(四)可转让信用证和不可转让信用证

可转让信用证(Transferable L/C)指受益人将信用证的部分或全部权利转让给第三人的信用证。可转让信用证大多开给中间商(即第一受益人),由第一受益人申请通知银行将信用证转让给实际供货人即第二受益人,再由第二受益人负责装船交货。可转让信用证必须注明"可转让"字样,且只能转让一次,第二受益人不能将该信用证进行第二次转让。不可转让信用证(Untransferable L/C)指信用证的受益人不能将信用证的权利转让给他人的信用证。

(五)备用信用证

备用信用证(Standby L/C)是美国发展起来的一种信用证,指开证行保证在主债务人不履行其义务时,由该银行承担付款义务的信用证。在备用信用证有效期和金额限度内,如开证申请人违约,受益人得凭该信用证开具汇票,连同声明书、说明或证明开证申请人未能履约的情况,要求开证行按备用信用证的规定付款,以弥补因开证申请人违约而造成的损失。传统的商业信用证主要用于支付买卖合同项下的货款,而备用信用证在性质上与银行保函相类似,同属银行担保,常用于借款保证、投标保证、履约保证、赊购保证等。

(六)循环信用证

循环信用证(Revolving L/C)指准许受益人在每次规定的金额使用完毕后,重新恢复至原金额再次使用,直到达到规定的使用次数或总金额限度为止的信用证。适用于定期分批供应、分批结汇的长期供货合同。对买卖双方而言,可减少逐笔开证审证的手续,减少费用。

三、信用证的当事人及其关系

(一)信用证的当事人

开证申请人(Applicant),向银行申请开立信用证的人,通常是合同中的买方,申请人申请开证时,一般需向开证行提供押金或其他担保。

开证行(Issuing Bank),接受开证申请人的委托而开立信用证的银行,通常为买方所在地的银行,开证行与申请人之间的关系受开证申请书的调整,该关系不影响开证行与受益人之间的关系。

通知行(Advising Bank),接受开证行的委托,负责将信用证通知受益人的银行,通常为受益人所在地的与开证行有业务往来关系的银行。开证行与通知行之间是委托代理关系。通知行与受益人、开证申请人之间没有直接的法律关系。通知行可以不接受开证行的委托。通知行只承担确定信用证表面真实性的责任,如不能证实,通知行必须立即通知对其指示的银行;如通知行决定通知受益人,必须将不能确定信用证真实性的情况告诉受益人。

受益人(Beneficiary),信用证中指定的有权享有信用证上权益的人,通常是国际贸易中的卖方。

付款行(Paying Bank),信用证指定的向受益人付款的银行,可以是开证行自身,也可以是其他银行。

偿付行(Reimbursing Bank),信用证中指定的代开证行向议付行或付款行清偿垫款的银行。

保兑行(Confirming Bank),应开证行的请求在信用证上加具保兑责任的银行。

在信用证交易中,一个银行往往具有多种身份。

(二)信用证当事人之间的关系

(1)在信用证当事人的关系中,开证申请人与受益人是买卖合同关系;

(2)开证行与开证申请人是以开证申请书及其他文件确定的委托代理关系;

(3)开证行与受益人之间存在独立的合同关系;

(4)通知行与开证行之间是委托代理关系;

(5)受益人与付款行、议付行之间无法律关系;

(6)开证行与付款行、议付行之间的关系,在开证行指定或授权其他银行付款或议付且其他银行接受时方形成合同关系。

四、信用证的主要内容

各国信用证没有统一的格式,各银行都使用自己制订格式的信用证,但是各国信用证的主要内容大体是相同的。

(1)信用证当事人,包括开证申请人、开证行、通知行和受益人等;

(2)信用证种类和号码;

(3)开证日期,有效期限;

(4)金额条款,包括信用证应支付的最高金额,使用的币种等;

(5)货物条款,载明货物的名称、数量、价格、包装等及其所依据的合同号码;

(6)汇票条款,规定汇票的金额、种类、份数及付款人名称等;

(7)单据条款,是信用证最主要的条款,主要规定单据的种类和份数,单据主要是提单、保险单、商业发票、商品检验证书、原产地证明书等;

(8)装运条款,主要规定装运期限、装运地、目的的、是否允许分批装运等内容;

(9)交单日期条款,信用证必须规定一个交单日,受益人须在该日之前提交信用证规定的单据,如果超过规定日期交单,即使在交单时信用证的有效期限尚未届满银行有权拒收单据。

五、信用证的流程

（1）买卖合同双方当事人在合同中约定采用信用证方式支付货款，并规定信用证种类；

（2）买方向其所在地的银行（开证行）提出开证申请，要求银行向卖方开立信用证；

（3）开证行接受申请人的申请后，开立出以卖方为受益人的信用证，并通过其在卖方所在地的代理行或往来银行作为通知行，向受益人通知信用证；

（4）卖方按信用证的规定装运货物，取得有关单据，向通知行提交单据；

（5）通知行根据信用证规定的条件和方式对受益人付款、承兑或议付；

（6）通知行向开证行要求偿付；

（7）开证行向通知行偿付后，通知买方付款赎单，买方付款后即取得装运单据，凭单据提取货物。

六、信用证的法律、国际惯例及一般原则

（一）UCP600

1. UCP（《跟单信用证统一惯例》）

目前信用证主要由国际商会制定和公布的《跟单信用证统一惯例》（*Uniform Customs and Practice for Documentary Credits*，简称 UCP）调整。UCP 是全世界公认的非政府商业机构制定的最为成功的国际惯例，目前世界上 100 多个国家和地区近万家银行在信用证上声明适用 UCP。UCP 首次制定于 1933 年，经过 1951 年、1962 年、1974 年、1983 年、2006 年多次修订，现在广泛被接受的是 2007 年生效的最新文本即《国际商会第 600 号出版物》（简称 UCP600）。

2. UCP600 的内容与修订

UCP600 除对其适用范围、信用证的概念、一般原则、信用证的形式和种类进行规定外，主要规定了银行的权利义务、免责事由，以及信用证对单据的要求等。UCP600 没有规定与信用证有关的某些事项，如信用证的效力、信用证欺诈等，因此在适用时还需要国内法的补充。

（1）UCP600 的主要内容

UCP600 主要分为七部分：

第一部分为总则与定义（第 1 条至第 6 条），包括适用范围，信用证的定义，有关术语的解释，信用证与合同，单据与货物、服务或履约行为，兑用方式、截止日和交单地点等内容。

第二部分为银行的义务和责任部分（第 7 条至第 13 条），包括开证行的责任，保兑行的责任，信用证及其修改的通知，信用证的修改，电讯传输的和预先通知的信用证和修改，指定，银行之间的偿付安排等内容。

第三部分为单据审核部分（第 14 条至第 16 条），包括审核单据的标准，相符交单，不符单据、放弃及通知等内容。

第四部分为单据内容（第 17 条至第 28 条），包括正本单据及副本，商业发票，涵盖至少两种不同运输方式的运输单据，提单，不可转让的海运单，租船合同提单，空运单据，公路、铁路或内陆水运单据，快递收据、邮政收据或投邮证明，"货装舱面"、"托运人装载和计数"、"内容据托运人报称"及运费之外的费用，清洁运输提单，保险单据及保险范围等内容。

第五部分为杂项规定(第 29 条至第 37 条),包括截止日或最迟交单日的顺延,信用证金额、数量与单价的伸缩度,部分支款或部分发运,分期支款或分期发运,交单时间,关于单据有效性的免责,关于信息传递和翻译的免责,不可抗力,关于被指示方行为的免责等内容。

第六部分可转让信用证(第 38 条),包括可转让信用证的内容。

第七部分为款项让渡(第 39 条),包括项目让渡的内容。

(2)UCP600 与 UCP500 的比较

与 UCP500(1993 年修订本)相比,UCP600 在结构、内容等诸多方面有明显变化,以适应国际银行、运输和保险业发展的要求。

第一,结构上的变化。首先,UCP600 将 UCP500 中各主要常用术语统一于第一部分进行了解释,并定义了一些新术语。如通知行、申请人、银行工作日、受益人、相符交单等。其次,UCP600 在第二部分将业务流程进行了统一的归纳和梳理,包括开证、保兑、通知、修改、指定、偿付、审单、拒付等环节。再次,UCP600 删除了 UCP500 部分已过时的条款,如可撤销信用证(第 6 条、第 8 条)、货运代理人签发的运输单据(第 30 条)等。

第二,内容上的重要变化。首先,UCP600 将银行处理单据的时间由 7 天缩短至 5 天;其次,UCP600 细化了拒付电中对单据处理的几种处理方式,第 16 条将银行处理不符单据的选择增加了两项:一是开证行留存单据直到其从申请人处接到放弃不符点的通知并同意接受该放弃,或者其同意接受对不符点的放弃之前从交单人处收到进一步指示,二是银行将按之前从交单人处获得的指示处理。再次,UCP600 在第 12 条增加了融资许可条款,规定承兑信用证和延期付款信用证项下的指定银行在受益人提交相符单据时向受益人贴现或预付融资的行为被明确为开证行的授权行为,该指定银行将取得与议付信用证项下议付行同样的地位,当开证行以受益人欺诈为由拒绝对受益人付款时,仍有权要求开证行偿付。复次,UCP600 第 14 条放宽了银行审单的标准并确立了"单据必须满足其功能"的审单新标准。第 14 条 a 款规定,"单内一致"、"单单一致"、"单证一致"并不要求"完全一致",而只要不"不矛盾"即可;f 款规定在信用证未就单据的出单人或内容作出规定的情况下,只要提交的单据满足其功能性需要,并且符合一致性的要求,银行将接受提交的单据而不考虑单据的出单人。最后,UCP600 第 35 条明确了单据遗失风险承担责任,规定银行对单据邮寄遗失所造成的后果免责,并明确规定:"如果指定银行确定交单相符并将单据发往开证行或保兑行,无论指定银行是否已经承付或议付,开证行或保兑行必须承付或议付,或偿付指定银行,即使单据在指定银行送往开证行或保兑行的途中,或保兑行送往开证行的途中丢失。"

(二)信用证交易的一般原则

1. 信用证独立原则(Autonomy of Credit)

信用证源于买卖合同,但一经开立,便成为一项独立的交易,不受买卖合同的影响和制约。UCP600 第 4 条 a 款明确规定信用证在性质上与可能作为其开立基础的销售合同或其他合同是相互独立的交易,即使信用证中含有对此类合同的任何援引,银行也与该合同完全无关,并不受其约束。因此,银行付款、承兑并支付汇票或议付、履行信用证项下的其他义务的承诺,不受申请人基于其与开证行或与受益人之间的关系而产生的请求或抗辩的影响。该条进一步规定,受益人在任何情况下,不得利用银行之间或申请人与开证行之间的合同关系。

信用证独立原则具体包括:第一,信用证独立于其基础合同。开证行不能利用买方根据买卖合同对卖方所拥有的抗辩对抗受益人;受益人也不能以买卖合同为依据要求开证行接受不符合信用证规定的单据。第二,信用证独立原则也适用于开证申请人,开证申请人不能以其对开证行或受益人的请求或抗辩来限制或阻止银行付款。第三,信用证独立原则也适用于受益人。受益人不得利用银行间的合同关系而获得利益。同时,也不能利用开证申请人与开证行之间的合同关系。

其理论依据于在不同的当事人之间存在着不同的法律关系,应受不同的法律制约。开证行开立以卖方为受益人的信用证,承诺在受益人交付的单据符合信用证条款规定时付款,是基于申请人的申请;申请人申请开立信用证,是据合同约定。申请人申请开立信用证是为了履行买卖合同,开证行开立信用证是为履行其与申请人就开立信用证达成的协议,受益人在满足信用证的要求的同时也在履行其与买方之间约定的合同。传统的契约概念不能解释信用证的安排。UCP600 的规定也表明,信用证交易是一种特殊的契约性安排,每一事项的双方与其他事项的当事人是独立的,某一事项的当事人不能利用其他事项的当事人的作为或不作为充当自己不履行约定的抗辩事由。

2. 单证严格相符原则(Strict Compliance)

该原则包括两个方面,信用证交易仅处理单据原则及处理单据时的单证相符原则。

UCP600 第 5 条规定,在信用证业务中,银行处理的是单据,而不是与单据相关的货物、服务或履约行为。如果信用证含有某些条件而未列明需提交的单据,则银行将认为不包含该条件。银行不审核信用证没有规定的单据。信用证不能要求受益人不能取得的单据,不能要求遵守不能从单据表面确定的条件。信用证交易是一种单据买卖,因此,在采用信用证方式付款时,单据具有特别重要的意义。银行在凭单付款时,实行"严格相符原则",即卖方所提交的单据必须在表面上完全符合信用证的要求,各种单据之间完全一致,银行才予以付款。如果卖方所提交的单据与信用证的要求不符,银行有权拒收单据,拒绝付款。开证行所能处理的仅仅是单据而非货物,并且是根据买方在开证申请书中的授权行事,超出授权范围就可能遭到买方拒付,而由银行自身承担交易的风险,因此银行为了自身利益,必须在审单方面采取严格的标准行事。

UCP600 第 14 条明确规定了开证行(包括保兑行)根据信用证条件凭单付款的义务,并且规定在信用证未就单据的出单人或内容作出规定的情况下,只要提交的单据满足其功能性需要,并且符合一致性的要求,银行将接受提交的单据而不考虑单据的出单人。

在受益人交付的单据与信用证规定一致(单证一致)、单据与单据之间一致(单单一致)时,银行须向受益人付款。该一致仅限于表面一致,只要全套的单据互不矛盾,足以满足信用证的要求即可,不需要每一张单据都必须载明信用证所要求的一切细节。表现一致不应等同于绝对的字面一致,字母的大小写有误或明显的打印错误等情况不能视为表面不符。

七、信用证交易中银行的责任

(一)银行的责任

根据 UCP600 第 14 条、第 15 条,在信用证交易中银行必须合理小心地审核信用证规定的一切单据,以确定是否在表面上与信用证条款相符合。该惯例所体现的国际标准银行实务是,确定信用证所规定的单据表面与信用证条款相符的依据。单据之间表面互不一致,即视为表面与信用证条款不符。即银行的责任是合理谨慎地审单,仅限于审核银行所规定的

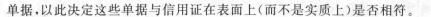

单据,以此决定这些单据与信用证在表面上(而不是实质上)是否相符。

(二)免责事由

UCP600第34条、第35条、第36条、第37条规定了银行的免责事由:

1. 对单据有效性的免责

包括:(1)对单据本身的免责。银行对任何单据的形式、充分性、准确性、内容的真实性、虚假性或法律效力,或对于单据上规定的或添加的一般性和/或特殊性条件,概不负责。(2)对单据代表的货物的免责。银行对于任何单据所代表的货物,服务或其他履约行为的描述、数量、重量、品质、状况、包装、交付、价值或其存在与否概不负责。(3)对单据有关当事人情况的免责:对货物的发货人、承运人、货运代理人、收货人或货物的保险人或其他任何人的诚信与否、作为或不作为、清偿能力、履约或资信状况,也概不负责。

2. 对文电传递的免责

当报文、信件或单据按照信用证的要求传输或发送时,或当信用证未作指示,银行自行选择传送服务时,银行对报文传输或信件或单据的递送过程中发生的延误、中途遗失、残缺或其他错误产生的后果,概不负责。

如果指定银行确定交单相符并将单据发往开证行或保兑行,无论指定银行是否已经承付或议付,开证行或保兑行必须承付或议付,或偿付指定银行,即使单据在指定银行送往开证行或保兑行的途中,或保兑行送往开证行的途中丢失。

银行对专业术语的翻译或解释上的错误,不负责任,并可不加翻译地传送信用证条款。

3. 不可抗力

银行对由于天灾、暴动、骚乱、叛乱、战争、恐怖主义行为或任何罢工、停工或其无法控制的任何其他原因导致的营业中断的后果,概不负责。银行恢复营业时,对于在营业中断期间已逾期的信用证,不再进行承付或议付。

4. 对被指示方行为的免责

第一,为了执行申请人的指示,银行利用其他银行的服务,其费用和风险由申请人承担。第二,即使银行自行选择了其他银行,如果发出的指示未被执行,开证行或通知行对此亦不负责。第三,指示另一银行提供服务的银行有责任负担被指示方因执行指示而发生的任何佣金、手续费、成本或开支("费用")。如果信用证规定费用由受益人负担,而该费用未能收取或从信用证款项中扣除,开证行依然承担支付此费用的责任。信用证或其修改不应规定向受益人的通知以通知行或第二通知行收到其费用为条件。第四,外国法律和惯例加诸银行的一切义务和责任,申请人应受其约束,并就此对银行负补偿之责。

八、信用证欺诈

信用证的独立原则与单证严格相符原则极大地促进了信用证交易的发展,加快了支付的速度,为双方当事人顺利交易提供了更为安全的保障,同时,信用证交易两项重要的原则表面真实原则与独立抽象原则也导致产生欺诈的负面效应。现代国际贸易中,信用证欺诈活动屡屡发生,使进出口双方的利益受到损害。因此,在国际贸易交易中,了解相关的知识,注重防范信用证欺诈、开展有效的法律救济极为重要。

(一)信用证欺诈的种类

在实践中,常见的信用证欺诈种类有以下几类:

1. 使用伪造、变造的信用证或附随的单据、文件的

使用伪造、变造的信用证行骗,可以是买方骗取卖方货物或卖方骗取买方开出真实信用证,也可以是直接骗取银行付款。伪造信用证主要是行为人通过编造虚假的根本不存在的银行开出信用证或者假冒有影响的银行的名义开出假信用证。变造信用证是行为人在真实、合法的银行信用证结算凭证的基础上或以真实的银行信用证结算凭证为基本材料,通过剪接、挖补、涂改等手段改变银行信用证结算凭证的内容和主要条款,使其成为虚假的信用证。伪造、变造附随的单据、文件,即伪造、变造与信用证条款相一致的假单据、假文件。根据 UCP600 的规定,受益人要提交商业发票、保险单据和运输单据、产地证明书、质量证明书、商检证明书等,其中提单是受益人主要的伪造对象。一种方式是伪造提单的内容,如在单据中进行欺诈性陈述,以没有价值的货物充作合同货物,另一种方式是设立假公司,伪造假提单。

2. 使用作废的信用证

主要指使用过期的信用证,使用无效的信用证,使用涂改的信用证等。

3. 利用"软条款"信用证

"软条款"是指由开证申请人要求在信用证中加列的,由其控制信用证的生效条件和限制单据结汇效力的条款。其目的在于使开证申请人具有单方面随时解除付款责任的主动权,以达到诈取保证金,增加出口商的风险,使货款的收回完全取决于买方的商业信用。所谓"软条款"信用证,是指在开立信用证时,故意制造一些隐蔽性的条款,这些条款赋予了开证人或开证行单方面的主动权,从而使信用证随时因开证行或开证申请人单方面的行为而解除,以达到骗取财物的目的。从实质上说,软条款信用证违反了 UCP600 所规定的银行在信用证业务中奉行的仅处理单据的原则,将信用证的生效及银行的付款责任与单据所涉及的货物、服务或其他行为相联系,使受益人失去银行在单证一致、单单相符的条件下绝对付款的保障。

实践中软条款大致可分为以下几类:第一,信用证暂不生效,需要待申请人、开证行、通知行签发通知后生效。第二,限制性装运条款,如规定公司、船名、目的港、起运港或验货人、装船时间须待开证申请人通知或须开证申请人同意,并以修改书形式通知。第三,限制性单据条款,信用证中对受益人的交货和提交的各种单据加列各种限制,如检验证书须由开证申请人出具。第四,限制性付款条款,规定开证行在符合某些条件下方予付款,如规定信用证项下的付款在货物清关后支付,开证行须在货物检验合格后支付等。

4. 以保函换取倒签提单、预借提单及清洁提单

倒签提单是指货物实际装船日晚于信用证规定的装船日期,但仍按信用证规定的日期签发提单。预借提单主要是指在货物实际装船完毕前签发的,并将当天的日期记载于提单签发日期栏内。倒签提单和预借提单都属于欺诈行为。

(二)信用证欺诈的防范

信用证交易是单据交易,而所有的单证、文件资料都可以伪造,银行内部人员仅凭检查单据表面一致后即付款;而且银行没有任何审查假单证的义务,除非是单证表面可以检查为假单证。银行在某些事项上获得 UCP600 的免责,因此不应期望仅仅由银行来承担信用证欺诈的防范工作,而应该把重点放在加强买方的各项防范、应对工作:(1)注重资信调查,选择资信良好的贸易对象,可通过银行、卖方所在国的资信评估机构、商会、可通过"Lioyd's

Maritime Directory"中列明的船东或船舶代理人查询提单所注明的货物,也可向装运港海关了解船货情况。(3)进行合同担保,促使债务人履行义务,保障债权实现。大额交易可要求可靠的银行或公司作担保,也可要求对方提供抵押财产作履约保证。(4)选择适当的价格术语,在选择 FOB 的情况下,买方可选择可靠的船运公司、保险公司,杜绝卖方单独或勾结船东进行欺诈。(5)买方如果已受到欺诈,可以采取多种救济手段,包括向法院申请冻结信用证、起诉承运人和卖方、通知付款银行,希望银行拒付等。

(三)信用证欺诈例外

信用证欺诈例外(Fraud Exception)是指即使受益人存在着欺诈行为,但提供了表面符合信用证要求的单据的情况下,银行可以不依单据与信用证的表面符合而拒绝付款;开证申请人有权请求法院颁发禁止令或采取其他措施,禁止银行对受益人付款;或者在付款后有追索权。UCP600 未对信用证欺诈例外作出规定,例外原则是由各国法院根据法律原则在实践中创设的一种理论和制度。国际商会 511 号出版物解释 UCP500 第 15 条的修改原因时说:"工作组一致同意统一惯例不能试图解决一切与跟单信用证业务有关的问题。工作组尤其支持国际商会出版物中的主张,即如果一桩信用证项下的货物或所提交的单据有关的诈骗案已经被揭露或得到证实,统一惯例就不应该试图规定银行应采取的态度。"国际商会银行技术与实务委员会主席惠布尔在《国际商会 400 号出版物》的前言中指出:"我们应该注意目前存在的欺诈这个主要问题,清楚地认识到欺诈起因是由于商业一方与一个无赖签订合同,但是跟单信用证只是为商业交易办理付款,它不可能当'警察'来控制欺诈的发生。"因此目前世界各国对信用证欺诈的认定主要依据的是各国的国内法。

1."欺诈使一切民事行为归于无效原则"是民商法最基本的原则之一,亦是信用证欺诈例外的理论基础。对信用证欺诈问题的解决,不能在信用证制度内部解决,产生信用证欺诈的根本原因是独立抽象原则,而该原则正是信用证制度的核心内容,否则该原则就相当于否定整个信用证制度。

2. 诚信原则是民法的"帝王条款",受益人提交伪造的或带欺骗性陈述的单据,违背了民法立法和实践中所应遵循的最基本的原则,在该情况下坚持银行对受益人付款,买方仅依据买卖合同向卖方索赔,显然极不公平。

信用证欺诈例外原则的存在能够有效地保证信用证的流通功能,并且保护信用证下善意的付出对价的交易方,因而得到各国立法的普遍支持和肯定。美国法院首先于 1941 年 Sztejn v.J.Henry Schroder Banking Corp.案中确立了该原则,在《统一商法典》中将该原则成文化。英国法院在此后的 United City Merchants v.Royal Bank of Canada 案中,也确认了这一原则。在大陆法系国家,尽管没有关于信用证欺诈例外的特别规定,其民法中关于善意履行债务的规定可以成为银行拒绝付款的依据。我国通过立法和司法实践确立了信用证欺诈例外原则,2006 年 1 月 1 日起施行的《最高人民法院关于审理信用证纠纷案件若干问题的规定》对欺诈例外原则适用的范围、适用的条件、适用的程序等作了详细的规定。

在本节的引例中,银行仅处理单据而不处理货物,只要单据符合信用证的要求就应该收单付款,所以银行以怀疑货物质量为由拒绝付款是不合理的。

第六节　国际保理

【引例】甲公司欲发展出口业务,但一方面缺乏资金,另一方面也担心收款的风险。请问:甲公司应考虑采用何种付款方式?

保理(Factoring)是集国际贸易结算和贸易融资为一体的交易方式。保理制度作为国际贸易活动中一种结算方式和法律性制度,有着十分悠久的渊源。早在18世纪的欧洲,最初是通过"采用寄售方式的商务代理制逐渐演变成为提供短期贸易融资的保理服务"。在19世纪后半叶,保理商从负责销售商品的商业代理人变成了接受卖方转让应收账款的债权人,因而使委托人和代理人之间的关系变成了债权转让人和受让人之间的民商法律关系。保理业到了20世纪,有了更为普及性的发展,保理业由适用于一般的国内贸易和个别领域扩展到国际贸易和金融等敏感领域,并且立有专门的法律。这种被称作"应收账款融资"的业务在美国随着《统一商法典》在除路易斯安那州以外的美国各州颁布实施而得到迅速发展,至今仍在继续。

保理从传统行业中向外发展的主要动力来自于国际贸易的需要。因此,从目前国际贸易市场的结算手段来讲,保理已经成为绝大多数参与国际贸易活动主体的一种较为常用的结算形式和手段。据国际保理商联合会(FCI)统计,1998年全球保理业务量为5000亿欧元,2010年则达到16482.29亿欧元,发展迅猛。而中国在2010年保理业务量为637亿欧元,虽然相对于2009年的637亿欧元而言,业务量增长142.6%,但中国的保理业务量仅占全球的9.38%,而欧洲的保理业务量则为63.4%。作为一个世界贸易大国,中国的保理业务量与发达国家相比,仍存在很大差距。

一、保理的概念

保理的概念,理论界和实务界并未形成统一的认识。国际统一私法协会在1988年制定的《国际保理公约》中,从保理合同的角度作出了界定。公约所确定的保理合同是指一方和另一方之间所达成的想要实现下列目的的合同:

(1)供应商可以或者愿意将产生于他与其顾客间的销售合同所产生的应收款项,而不是那些出于个人、家庭的使用而购买货物所产生的应收账款让与保理商。

(2)保理商至少执行以下功能中的两项:为供应商融通资金,包括贷款或预付;记录并保存与应收账款有关的账户;收取应收账款;保护供应商不受债务人拖欠的影响。

(3)对应收账款的让与通知送交债务人。

随着保理业的发展,保理的含义也得到了能适应时代需要的定义,指由经营国际保理业务的保理商向出口商提供调查进口商的资信、信用额度担保、资金融资和代办托收及账务管理等一系列综合性现代信息金融服务。保理,实际上就是保付代理,其核心内容就是通过收购债权的方式提供融资。保理制度的表现形式体现在服务之中,因而服务又成为这种制度的实质内涵。保理制度本身也有自己的流程规则和运作规律,虽说它的种类也较为丰富,但无论是哪种保理均离不开其实际内容和基本特征。

从保理服务的角度来说,它作为一种综合性的贸易服务方式,具体体现在债权的承购与转让,在核准的信用额度内承担坏账风险损失,为赊销式承兑交单托收方式提供风险担保等基本特征上。同时,保理制度最大的优点就是可以提供无追索权的短期贸易的融资,并且操作手段较简便,与电汇相比风险小,与信用证相比成本低。作为一种国际贸易的支付手段,对于进一步扩大我国的国际贸易,具有相当大的积极作用。

二、国际保理的当事人

国际保理一般涉及四方当事人:出口商(供应商)、进口商(债务人)、出口商所在地的保理商(出口保理商)、进口商所在地的保理商(进口保理商)。

出口商,也称供应商,是指对其提供的货物或劳务出具发票,其应收账款由保理商作保理的当事人,是国际贸易中的卖方。

进口商,也称债务人,是指对由提供货物或劳务所产生的应收账款负有付款责任的当事人,是国际贸易中的买方。

出口保理商,是指在保理协议下对供应商销售商品的应收账款作保理业务的当事人,位于供应商所在地,由声誉良好的大银行出资或帮助设立,但具有独立的法律人格。

进口保理商,是指同意代收由供应商出具的发票并转让给出口保理商的应收账款,并依照国际保理规则对承担信用风险的应收账款有支付义务的当事人,位于买方所在地,设立与出口保理商完全一样。

三、保理程序

保理业务主要涉及以下程序:

(1)出口商和出口保理商存在一定期限的保理协议;

(2)出口商与进口商存在交易意向;

(3)出口商将进口商的名称及有关交易情况告知出口保理商;

(4)出口保理商委托进口保理商对进口商的资信进行调查;

(5)进口保理商进行调查,并将调查结果告知出口保理商;

(6)如资信可靠,出口保理商对进出口交易进行确认,签订买卖合同,必要时明确规定采用保理方式结汇;

(7)出口商将交付货物后的有关单据出售给出口保理商,出口保理商将有关单据交进口保理商;

(8)出口保理商在承购单据时或在约定的日期将扣除利息和费用的货款余额付给出口商;

(9)进口保理商向进口商收款,并向出口保理商划付。

四、保理的分类

按照不同的标准,可将保理作出不同的分类。

(一)按保理是否提供融资,可分为到期保理和融资保理

到期保理(Maturity Factoring)指单据到期时(保理商计算的平均到期日)保理商无追

索权地向出口商支付票据金额,而不是在出售单据时向出口商支付。融资保理(Financed Factoring)又称标准保理,指出口商将单据出售给保理商时即取得货款。

(二)按是否公开保理商名称,可分为公开型保理和隐蔽型保理

公开型保理(Disclosed Factoring)在票据上载明将货款付给保理商。隐蔽型保理(Undisclosed Factoring)中,保理商参与对外保密,货款仍旧由客户直接付给供应商,由供应商自己负责账目管理,保理商负责有追索权的融资,在程序上按托收处理,但保理商在收妥货款后不再向出口商转交。

(三)按保理商是否有追索权,可分为有追索权保理和无追索权保理

有追索权保理(Recourse Factoring)中,保理商不负责为供应商的客户核定信用额度和提供坏账担保,仅提供包括融资在内的其他服务,当债务人因清偿能力不足而形成坏账、呆账时,保理商有权向供应商进行追索。无追索权保理(Non-Recourse Factoring)中,保理商根据供应商所提供的客户名单进行资信调查,并为每个客户核定相应的信用额度。供应商在相关信用额度内的销售已得到保理商的核准,因此保理商对此部分应收账款的收购价款无追索权。

(四)依据涉及的保理商数量不同,可分为单保理和双保理

单保理(Single Factor System)中,只涉及进口保理商,由供应商与进口保理商签订保理协议,并提出信用额度申请,进口保理商对债务人进行资信调查并确定信用额度。供应商发货后,将有关单据寄交进口保理商,由进口保理商负责应收账款管理和催收,并提供100%的买方信用风险担保,或提供80%的发票金额的短期贸易融资。

双保理(Double Factor System)中,进、出口的两个保理商共同协作完成一项保理业务。其运作程序为:(1)供应商委托本国出口保理商,出口保理商再选择进口国的进口保理商;(2)供应商将需要核定信用额度的进口商(债务人)清单交给出口保理商,由其转交进口保理商;(3)进口保理商对进口商进行资信调查,核定相应的信用额度,并通知出口保理商,告知供应商执行;(4)供应商于信用额度内发货后,将发票和有关单据直接寄交进口商,发票副本送交出口保理商,如有融资要求,出口保理商即以预付款方式向供应商提供不超过80%的发票金额的短期贸易融资,并向进口保理商定期提供应收账款清单,由其协助催收货款;(5)付款期届满时,进口商将全部货款付给进口保理商,进口保理商立即将款项转交出口保理商;(6)出口保理商扣除有关费用及贴息后将剩余款项付给供应商。

(五)国际保理的统一性规范

国际贸易不同于国内贸易,这其中存在着不同国家、地区在法律和商业惯例上的差异,因此,与国内保理相比较,国际保理要受到不同法律体系的制约,会遇到法律冲突、外汇管制等一系列问题,其运作方式和当事人之间的法律关系也更为复杂。为此,客观上需要不同国家保理商间的合作和统一的法律规则。目前,许多保理机构不仅到国外设立分支机构,还与外国保理机构签订业务往来协议,并在全世界范围内形成了一些较大的国际保理组织。主要有国际保理商联合会(FCI)、国际保理协会(IFG)和哈拉尔海外公司(HOC)。其中,国际保理商联合会是最大也是最有影响力的一个,其颁布的《国际保理业务惯例规则》已经成为国际保理界经常采用的国际惯例。此外,国际统一私法协会颁布的《国际保理公约》也对国际保理业务起到了促进作用。

在本节的引例中,甲公司可根据公司缺乏资金及保障货款安全的需要,而选择保理这种支付方式。

❈ 思考题

1. 国际贸易中的支付方式主要有哪些?试比较其优劣。
2. 托收的各方当事人之间的法律关系如何?
3. 如何理解信用证的独立抽象性原则?
4. UCP600 对 UCP500 的修改有哪些?
5. 如何理解信用证欺诈例外原则?
6. 保理有哪些类型?
7. 案例讨论:

上海申达公司与美国万隆公司签订了国际货物买卖合同,约定万隆公司的付款条件为付款交单(D/P)。申达公司发运货物后,于 2000 年 1 月 14 日将有关单据交给了汇丰银行上海分行,并填写了给汇丰银行上海分行的委托书,委托书载明按照国际商会 URC522 办理。汇丰银行上海分行制作了《汇票提示清单》,并载明方式为 D/P。在寄送《汇票指示清单》及单据时,汇丰银行上海分行本应将《汇票提示清单》及单据寄至其在美国的代收行加利福尼亚州银行,却错寄给了美国的佛罗里达州银行。佛罗里达州银行收到上述单据后,不顾约定的付款交单的支付条件,在未付款的情况下就将单据交给美国万隆公司,万隆公司取得提单后提取了货物,拒绝向上海申达公司付款。为此,申达公司以汇丰银行上海分行在业务中有过错为由提起诉讼,要求其赔偿损失。

请问:(1)本案中各方当事人的法律关系是什么?(2)本案中汇丰银行上海分行是否应该承担责任?

❈ 司法考试真题链接

1. 甲公司在与乙公司的交易中获面额为 100 万元的汇票一张,出票人为乙公司,付款人为丙公司,汇票上有丁、戊两公司的担保签章,其中丁公司担保 80 万元,戊公司担保 20 万元。后丙公司拒绝承兑该汇票。以下判断哪些是正确的?(2003 年)
A. 甲公司在被拒绝承兑时可以向乙公司追索 100 万元
B. 甲公司在被拒绝承兑时只能依据与乙公司的交易合同要求乙公司付款
C. 甲公司只能分别向丁公司追索 80 万元和向戊公司追索 20 万元
D. 丁公司和戊公司应当向甲公司承担连带责任

2. 修帕公司与维塞公司签订了出口 200 吨农产品的合同,付款采用托收方式。船长签发了清洁提单。货到目的港后经检验发现货物质量与合同规定不符,维塞公司拒绝付款提货,并要求减价。后该批农产品全部变质。根据国际商会《托收统一规则》,下列哪一选项是正确的?(2008 年)

A. 如代收行未执行托收行的指示,托收行应对因此造成的损失对修帕公司承担责任

B. 当维塞公司拒付时,代收行应当主动制作拒绝证书,以便收款人追索

C. 代收行应无延误地向托收行通知维塞公司拒绝付款的情况

D. 当维塞公司拒绝提货时,代收行应当主动提货以减少损失

3. 中国甲公司(卖方)与某国乙公司签订了国际货物买卖合同,规定采用信用证方式付款,由设在中国境内的丙银行通知并保兑。信用证开立之后,甲公司在货物已经装运,并准备将有关单据交银行议付时,接到丙银行通知,称开证行已宣告破产,丙银行将不承担对该信用证的议付或付款责任。据此,下列选项正确的是:(2010年)

A. 乙公司应为信用证项下汇票上的付款人

B. 丙银行的保兑义务并不因开证行的破产而免除

C. 因开证行已破产,甲公司应直接向乙公司收取货款

D. 虽然开证行破产,甲公司仍可依信用证向丙银行交单并要求付款

4. 2006年年初,甲国X公司(卖方)与中国Y公司(买方)订立货物买卖合同。Y公司向中国某银行申请开出了不可撤销信用证。在合同履行过程中,Y公司派驻甲国的业务人员了解到,该批货物很可能与合同严重不符且没有价值,于是紧急通知Y公司总部。Y公司随即向有管辖权的中国法院提出申请,要求裁定止付信用证项下的款项。依照2005年《最高人民法院关于审理信用证纠纷案件若干问题的规定》,下列哪一表述是错误的?(2006年)

A. Y公司须证明存在X公司交付的货物无价值或其他信用证欺诈行为的事实,其要求才可能得到支持

B. 开证行如发现有信用证欺诈事实并认为将会给其造成难以弥补的损害时,也可以向法院申请中止支付信用证项下的款项

C. 只有在法院确认国外议付行尚未善意地履行付款义务的情况下,才能裁定止付信用证项下的款项

D. 法院接受中止支付信用证项下款项的申请后,须在48小时内作出裁定

5. 中国甲公司(买方)与某国乙公司签订仪器买卖合同,付款方式为信用证,中国丙银行为开证行,中国丁银行为甲公司申请开证的保证人,担保合同未约定法律适用。乙公司向信用证指定行提交单据后,指定行善意支付了信用证项下的款项。后甲公司以乙公司伪造单据为由,向中国某法院申请禁止支付令。依我国相关法律规定,下列哪一选项是正确的?(2009年)

A. 中国法院可以诈欺为由禁止开证行对外支付

B. 因指定行已善意支付了信用证项下的款项,中国法院不应禁止中国丙银行对外付款

C. 如确有证据证明单据为乙公司伪造,中国法院可判决终止支付

D. 丁银行与甲公司之间的担保关系应适用《跟单信用证统一惯例》规定

6. 下列哪一项不是出口保理商提供的服务?(2005年)

A. 对销售货物质量进行监督

B. 应收账款的催收

C. 坏账担保

D. 贸易融资

第五章 政府管理货物贸易的法律制度

【引例】甲乙丙三国均系 WTO 成员。甲国以某种化学物质对人体健康不利为理由,决定禁止从乙国进口含有该种化学物质的猪肉,但据了解,甲国境内并不禁止此类猪肉的销售。另外,甲国仍从丙国进口含有该种化学物质的猪肉。乙国认为其根据 WTO 项下所获得的市场准入利益遭到损害。而甲国认为其采取的措施属于维护本国社会公共利益的正当需要。双方发生争议,谈判未果。乙国遂要求 WTO 争端解决机构成立专家组裁决争端。请问:甲国限制从乙国进口猪肉是否符合 WTO 法的规定?为什么?

第一节 政府管理货物贸易的法律制度概述

作为国际经济法的一个重要分支,国际贸易法可以分为私法性规范与公法性规范两大部分。其中,公法性规范指政府管理国际贸易的法律规范。各国政府为维护本国对外贸易秩序及经济、政治、社会等方面的国家利益,需要对与本国有关的国际贸易活动进行鼓励、保护、限制或禁止等一系列监督和管理活动。这是强制性的行政管理行为,违反这些法律规范的国际贸易参与者将面临政府的行政处罚甚至刑事制裁。另一方面,这些管理活动也是国家对外贸易政策的体现,国家通过这些活动实现对国内产业和经济战略的积极调控。

从管理对象的角度区分,政府对国际贸易的管理可分为货物贸易的管理、服务贸易的管理、技术贸易的管理。国际贸易的政府管理法律制度可以分为以下几个层面:一是一国政府管理国际贸易的国内法律制度,通常以该国的对外贸易基本法为代表(例如中国 2004 年《对外贸易法》),辅之以海关法、反不正当竞争法以及外汇管理、反倾销、反补贴、技术标准甚至环境保护等方面的若干法律、法规与规章等。二是国家之间双边性的贸易协定或安排,历史上曾经大量体现为友好通商航海条约,在当代以自由贸易协议(FTA)为典型。三是多个国家之间区域性的贸易安排,例如北美自由贸易协定(NAFTA)。四是全球层面的多边贸易体制,对众多成员的贸易法规和政策进行协调并确立基本行为框架,此即世界贸易组织(WTO)及其前身——关税与贸易总协定(GATT)。

对国际贸易的政府管理历史由来已久。自资本主义生产关系在欧洲中世纪晚期和近代迅速发展以来,重商主义思潮在欧洲曾盛极一时,其强烈主张政府干预国际贸易,实行多出口少进口的政策,以此增加国家财富。其后亚当8斯密与大6卫8李嘉图分别提出绝对优势学说和比较优势学说,为国际自由贸易确立了理论基础。但实践表明,从来没有国家会实行完全的自由贸易政策,出于本国国内的经济、政治、社会、文化等方面的利益,各国都在不同程度上实行一定的贸易保护政策。关于国际贸易保护的理论经历了最佳关税论、李斯特的幼稚产业论、凯恩斯主义的贸易保护观点、克鲁格曼等人的战略性贸易政策论、贸易政策的政治经济学等学说的演变。① 自由贸易理论和贸易保护理论的各种观点,在当代各国国内的贸易法规、政策和各项措施中均有不同程度的体现。

尽管对国际贸易进行管理属于各国的主权范畴,但基于国际贸易规模的日益扩大及经济全球化趋势的出现,各国国内单方面的管理和调控越来越不能适应国际贸易的需要,彼此需要进行法律和政策上的协调。协调的早期形式主要是一些双边贸易互惠协定或友好通商航海条约,对贸易关系作出一些便利性规定。但1929年开始的世界经济大危机将各国之间的贸易政策协调打入低谷。以美国1930年斯穆特8 霍利关税法案为标志,各国出于狭隘私利开始竞相实行对外高关税并实行货币贬值政策,使当时的国际贸易在全球范围内遭到严重削弱,也对全球和平格局造成了极大的消极后果。这一事实表明,在全球层面建立统一的贸易协调国际机制实属必要。在罗斯福新政期间,美国便开始逐步与外国协议互惠削减关税。而在第二次世界大战结束之后,美国更在多边层面上极力倡导贸易互惠理念,由此催生了关税与贸易总协定。关贸总协定以互惠和非歧视为基本理念,通过战后的历次多边回合谈判,在工业制成品领域的关税削减方面取得了十分显著的效果,为全球贸易自由化作出了重要贡献。二战之后全球殖民体系瓦解,广大新独立的发展中国家为捍卫经济主权、保护幼稚产业、发展国民经济以及抵制强国的经济掠夺,也非常重视对国际贸易的管理和监督。进入上世纪70年代之后,世界主要经济大国进入经济衰退期,全球贸易保护主义明显加强,非关税壁垒层出不穷,导致关贸总协定开始大量讨论非关税措施问题并达成了若干成果。在一系列因素的促动下,规模空前的乌拉圭回合最终产生了世界贸易组织,对国际贸易的政府管理行为作了进一步的规范和纪律强化,调整范围也大大扩展。与此同时,国际贸易格局中一个引人注目的现象是区域主义的兴盛。贸易区域主义历史悠久,在当代以关税同盟和自由贸易区为典型形式,以其他贸易优惠安排为辅助形式,在90年代之后进展特别迅速,对多边贸易体制的秩序权威提出了挑战,也丰富和发展了国际贸易的政府管理法律制度。

本章专门论述对货物贸易的政府管理法律制度,首先介绍政府管理国际货物贸易的国内法律制度,而后阐述世界贸易组织关于货物贸易的多边法律制度。

第二节　政府管理货物贸易的国内法律制度

政府管理国际货物贸易的国内法律制度在实践中集中体现在各种贸易措施上。这些措施可以从不同角度作出不同的分类,例如进口管理措施和出口管理措施、保护措施和促进措施等。但最常见的是从实施形式的角度划分,可分为关税措施和非关税措施两大类,贸易管理法律制度也相应分为关税制度与非关税制度。

---

① 参见李坤望主编:《国际经济学》,高等教育出版社2005年版,第129～145页。

一、政府管理国际货物贸易的关税制度

(一)关税概论

关税通常是一国政府为管理对外贸易,根据本国的海关法律法规,对出入本国关境的进出口货物征收的一种税赋。关税征收行为历史悠久,但现代意义上的关税是西方资产阶级革命后通过废除境内关税,实行统一国境关税而产生的。① 关税的主要作用,一是用以增加国家财政收入,二是作为影响商品价格竞争力的手段用以调节本国对外贸易活动,维护本国的国家利益。当代,除了一些经济较不发达的发展中国家仍然比较倚重贸易关税作为财政收入的重要来源之外,多数国家更看重关税的政策调节功能,特别是抑制国外商品进口、保护国内产业的功能。

一国的关税立法通常以它的关税基本法律为中心,辅之以一系列关于关税具体实施制度的行政法规、规章、细则等规范性法律文件。各国的关税基本法律的名称有《海关法》、《关税法》等,其内容主要包括关税征收主体、纳税主体、征税客体、征税标准、关税强制措施、税收保全措施、关税的缴纳、减免和退补以及纳税争议解决等制度;而辅助性法律文件主要包括关税基本法律的实施细则、一国的关税税则与税率表、海关估价规则、实施贸易伙伴间优惠关税的特别文件等。

一国海关征收关税的具体执行标准是关税税则,即该国通过立法程序制定并公布的关税税率表,按照商品类别进行排列。其基本内容包括税目、商品名称和具体税率,此外还有征税标准(从价或从量)、计价单位等。税目是由一组数字组成,体现对商品的分类排列,通常越靠左的数字表明类别越大,从大到小分为"章"、"目"和"子目"等。各国税则的税目安排各不相同,有的是以商品性质为标准,例如分为农产品、纺织品、机械产品、电子产品等;有的是以加工程度为标准,例如分为原料、半制成品、制成品等;实践中不少国家是以商品性质为主要标准,以加工程度为辅助标准。此外还有商品的原料成分、最终用途、整体特征等也可能会对税目编排产生影响。具体税率按税目逐项订出。如果一个税目只对应一个税率,称为单式税则;如果一个税目对应两个或两个以上的税率,称为复式税则。复式税则针对不同的贸易伙伴国的商品按不同的税率征收关税,按不同标准可分为二栏到五栏不等,与进口国存在贸易优惠关系的出口国的商品可享有更低税率(详见后文关税的分类)。由于适应国家对外贸易各种复杂需要,复式税则是现代关税税则的典型形式,只有少数国家还在实行完全的单式税则。

各国关税税则的体系和内容不一给国际贸易格局造成较大混乱。鉴此,海关合作理事会(现为世界海关组织)于 1983 年通过了《商品名称与编码协调制度》(*The Harmonized Commodity Description and Coding System*,简称 HS 编码),于 1988 年 1 月 1 日正式生效,并且每四年修订一次。HS 编码通常实行六位税目,但允许成员国视情况自行添加税目位数。它涵盖了海关合作理事会《税则商品分类目录》(CCCN)和联合国《国际贸易标准分类》(SITC)两大分类编码体系,由于其体系和内容的科学合理,得到世界上大多数国家的承认和接受。我国也是其成员国之一。

当代,出于发展转口贸易以及吸引外国资金、技术和人才的需要,一些国家在本国特定

---

① 廖益新主编:《国际经济法》,厦门大学出版社 2007 年版,第 140 页。

港口区域设立自由贸易区制度,在我国通常被称为保税制度。在保税制度下,国家在沿海开放城市划出专门区域,实行关税独立管理。外国货物进入中国国境后,在保税区内不必缴纳关税,经过储存、加工或装配后可再行运输出境销售到其他国家,但如果销往保税区外的中国一般内地,则应照章补缴关税。因此保税区的本质特征是"境内关外",即"国境之内、海关之外"。保税货物的本质特征是尚未结关的海关监管货物,海关有权对这类货物的转运、储存、加工、装配、使用等采取特定的监管措施。[①] 由于保税制度的免税便利,实践中发展出了保税仓库、自由港、出口加工区、综合型开发区等多种形式。2013 年 9 月 29 日,中国(上海)自由贸易试验区正式成立,涵盖上海市外高桥保税区、外高桥保税物流园区、洋山保税港区和上海浦东机场综合保税区等 4 个海关特殊监管区域。2014 年 12 月 28 日,全国人大常委会授权国务院扩展上海自由贸易试验区的面积至 120.72 平方公里。而后,天津、福建、广东三地也成立了同类自由贸易试验区,2018 年中国(海南)自由贸易试验区设立,新设的自由贸易试验区,连同上海自由贸易试验区组成中国新一代经济开放区域,承载着贸易、投资、金融、税收等多个领域全方位的改革试验功能。

(二)关税的主要分类

1. 根据征税客体的流向分为:出口关税、进口关税、过境关税

出口关税是政府针对本国货物出口而征收的关税。由于征收关税会增加商品成本,出口税显然不利于本国货物出口。因此出口关税在实践中使用较少,多服务于保证国内市场供应或限制国内重要商品出口的政策目标。

进口关税是政府针对外国货物进口而征收的关税。这是各国普遍实行的关税类型,构成关税的通常含义,也是各种政府国内立法与国际贸易协定关注的重点。

过境关税是政府针对外国货物过境而征收的关税。在这种情形下,外国货物虽然经过本国关境,但并不进入本国市场以供销售、消费或使用,而是出于运输或仓储等需要暂时入境,而后再转运到第三国市场。由于国家理论上对在本国地域内发生的一切经济活动都有权征税,所以过境关税也无可厚非。过境关税同样可以增加国家财政收入,但也加大了外国商品的成本,对国际贸易有一定阻碍作用,况且过境货物本身对东道国国内的生产和市场并不产生影响,因此取消过境关税成为国际社会贸易自由化的大势所趋。当然,东道国仍可以保留收取必要的管理和服务费用,例如港口使用费、驳运费、装卸费、仓储费等。一些国家为便利外国货物的转口过境,还设立了港口自由贸易区制度。

2. 根据关税税率的待遇差别分为:普通关税、优惠性关税

当进口国与出口国之间不存在任何贸易优惠关系(例如并非同为 WTO 成员或其他贸易协定的成员),或甚至不存在正式外交关系时,进口国完全自主决定所征收的关税税率,这样的关税税率常常较高,此即普通关税。

如果进口国与出口国之间存在某种贸易优惠关系,则进口关税税率相比普通关税而言会有所降低,此即优惠性关税。优惠性关税在实践中常常有以下类型:(1)WTO 最惠国待遇关税。由于 WTO 实行最惠国待遇原则,任何成员在 WTO 中做出的关税减让承诺都会自动地多边适用于所有其他成员。在特殊政治情形下,WTO 成员有时也会主动给予非WTO 成员的货物以最惠国待遇,例如中国在"入世"之前已经享有美国给予的一年一议的

---

① 曹建明主编:《国际经济法学》,中国政法大学出版社 1999 年版,第 287 页。

临时最惠国待遇。(2)普惠制关税。根据关贸总协定东京回合通过的"授权条款",发达成员有权单方面给予来自发展中成员的产品优惠性关税待遇,这种优惠不必按照最惠国待遇给予其他成员,而且通常也更优于最惠国待遇关税。(3)特别优惠关税。一些国家之间存在专门的贸易优惠关系,其典型形式是关税同盟、自由贸易区或其他形式的优惠性贸易安排。此种贸易优惠关系的法律依据通常来自 GATT/WTO 关于区域一体化的若干纪律规则,或原本是历史上的某种特惠安排,得到了 GATT/WTO 的最惠国待遇的义务豁免。这种优惠关系下的关税税率通常比 WTO 最惠国待遇税率优惠得多,常常就是零税率,但由于 WTO 的有条件承认而得以合法化,不必同等给予集团外国家(本章将在第三节论述)。

3. 根据关税征收的目的分为:财政性关税、保护性关税、特别关税

如前所述,关税既可以增加一国财政收入,又可以抑制国外商品进口从而保护国内产业。财政性关税是一国政府主要立足于增加财政收入的需要而征收的关税;保护性关税是一国政府主要立足于保护国内产业的需要而征收的税率较高的关税,但仍然属于一般关税的范畴。

特别关税则是服务于一国政府某种特殊的政策目标。这种政策目标有的是为了制止和制裁外国货物的不公平竞争行为,恢复正常的贸易秩序,但实践中常常也服务于隐蔽的贸易保护意图,例如反倾销税和反补贴税;有的是为了应对外国进口货物激增给本国产业带来的始料未及的冲击,例如保障措施下撤销原先关税减让承诺,恢复较高关税(参见本章关于 WTO 货物贸易协定的论述)。此外,政治关系不佳的国家之间常常会出现贸易制裁和贸易报复现象,联合国安理会等机构作出的维护国际和平与安全的决议也常常会涉及对一些国家的贸易制裁,这些情形下都可能出现惩罚性的特别关税。

4. 根据关税征收的形式分为:从量关税、从价关税、选择性关税、混合性关税、季节性关税

从量关税指海关以货物的某种计量单位为征税标准,先确定每一单位的应纳税额,以此为依据再计算货物整体的应纳税额,这些计量单位包括件数、重量、体积等。从量关税的优点是核算简便,但缺点是无法体现货物的价值和质量等级的差别。如果货物价格上涨或质量等级较高,海关依旧采取从量关税,则势必造成关税收入流失。如货物价格下降或质量等级较低,从量关税则有可能造成税负相对偏重。

从价关税指海关以货物的进出口价格为征税标准,在此基础上乘以一定的百分比税率,得出货物整体的应纳税额。由于从价关税直接体现了货物价值,有利于充分实现国家财政收入,因此成为各国实践中的主流关税形式。但从价关税体制也容易带来进出口商谎报价格的问题,所以海关估价成为必不可少的程序,这就导致从价关税的计征比从量关税要复杂得多。海关必须根据有关规定通过估价确定货物价格,即"完税价格",这是征收从价税的基础。目前对于进口商品,多数国家采用"到岸价格"(CIF 价格)作为完税价格。[①] 发票上载明的成交价格通常就是完税价格,但海关如果怀疑其申报真实性,可以启动法定程序进行重新估价。依照中国《海关法》、《海关审定进出口货物完税价格办法》的相关规定,中国海关部门审查确定完税价格的程序包括价格质疑程序和价格磋商程序。

如果一国海关对同种货物既规定从量关税也规定从价关税,但征收之时选择其中税额

---

① 但美国一直以 FOB 作为估价基础,参见[美]约翰 8 1H3杰克逊著:《世界贸易体制——国际经济关系的法律与政策》,张乃根译,复旦大学出版社 2001 年版,第 171 页。

较高的一种,这便是选择性关税。这种征收形式的计征标准显然比较灵活。而如果一国海关对同种货物既规定从量关税也规定从价关税,征收之时两者同时兼收,这便是混合性关税,又称为复合关税。

另外,对于一些季节性较强的特殊货物例如河海鲜货、水果等,一国海关可能会规定两种以上的税率,在不同季节视情况选择采用,这便是季节性关税。例如在供应淡季采用低税率,供应旺季则采用高税率,以调节市场供求均衡。

二、政府管理货物贸易的非关税制度

非关税制度指除了关税措施之外的其他一切管理商品进出口(主要针对进口)的政府措施。非关税制度客观上对于一国贸易秩序管理确有必要,但由于其种类繁多且形式隐蔽,在用于国际贸易保护方面具有独特的功效,因而在全球关税多边削减的背景下备受各国追捧,对国际贸易的正常进行有一定消极影响。相关措施主要包括:

(一)配额制度

配额是一国政府在一定期限内对特定进出口货物的数量或金额设置的最高限额,如果货物进出口的数量或金额超过该限额则不允许再进出口,或者须缴纳较高的关税或罚款。配额可以划分为若干类型。

1. 进口配额

针对进口货物而设定的配额是进口配额,这是限制外国货物进口的最直接有效手段,也是配额的最常见形式。进口配额可分为绝对配额和关税配额。

绝对配额指超过限额就不允许再进口,按额度的分配对象又可分为全球配额、国别配额、进口商配额等。全球配额指进口国有关配额系针对同种进口货物而设,不论其来自哪个国家或地区;国别配额指进口国对不同出口国各自分配配额,每个出口国只在自己享有的额度内出口货物;进口商配额指进口国针对不同的具体进口商分配配额,在这种情况下进口商需要提出配额申请,管理部门在分配配额时需考虑以下因素:申请人的进口实绩、以往分配的配额是否得到充分使用、申请人的生产能力、经营规模、销售状况、新的进口申请者的申请情况、申请配额的数量情况等。[①]

关税配额指虽然针对特定进口货物设定一个限额,但实际进口超过这个限额并不禁止进口,而是对其征收较高的关税或罚款,对属于限额内的进口则征收较优惠的关税。例如根据我国加入 WTO 议定书的规定,我国承诺对部分农产品进口实行关税配额管理。[②]

2. 出口配额

正如很少有国家征收出口关税一样,也很少有国家设置针对本国货物出口设置出口配额。但在保证国内市场供应或限制敏感重要的商品外流他国时,仍然会有这种可能。实践中根据出口国的意志状态,出口配额可分为主动配额与被动配额。主动配额指出口国政府根据国内外市场状况以及本国利益需要而自主设定的出口配额。被动配额则是在过去关贸总协定时期曾盛行过的一种"灰色区域措施",指出口国迫于进口国的压力而不得不设置的"自动出口限制"或"有序销售安排",貌似"主动"地设定的一种出口配额。之所以会出现这

---

① 余敏友、王追林著:《中国外贸法》,武汉大学出版社 2006 年版,第 52 页。

② 余敏友、王追林著:《中国外贸法》,武汉大学出版社 2006 年版,第 52 页。

样的情况,是由于关贸总协定原则上禁止进口国实行数量限制,而配额正是数量限制的典型形式,于是采用"自动出口限制"的形式便可以规避关贸总协定的这一规定。在乌拉圭回合结束之后,以上"灰色区域措施"已经被正式禁止。

（二）许可证制度

许可证制度是指国家要求货物进出口活动须获得国家事先批准并获得国家颁发的许可证明方可进行。实践中通常由国家事先颁布商品目录,将需要进出口许可证的商品名称列入其中,进出口商须向政府提出申请,经批准获得许可证,然后才能办理海关通关等一系列手续。但能否获得许可证,一般来说并不取决于进出口商,而是取决于商品本身的性质以及进出口的对象国家与本国的贸易和政治关系。许可证上一般载明许可证的种类、商品名称及数量、重量、价格、质量等级等、进出口商名称、进出口的对象国家以及有效期限等。由于许可证颁发的行政许可性质,进出口商必须在规定的有效期限内使用许可证,且不得转让。许可证通常逾期作废。

许可证也可作出若干分类。按照针对活动的不同,可分为进口许可证和出口许可证。按照与配额之间的关系,可分为有定额许可证和无定额许可证。前者是指许可证的发放在国家规定的配额限度内进行,如果商品实际进出口超过配额限度则不再发放许可证,这种许可证与配额结合使用的做法在实践中常见。后者是指许可证的发放与配额无关,而是考虑个案中具体情况决定是否予以发放,具有更强的政府控制性,可服务于一些具体的贸易政策目标。

按照许可证的许可性质,可分为自动许可证与非自动许可证。前者指国家对有关商品进出口并不予以实质限制,进出口商并不需要货物逐笔批准,而是在依法申请后主管部门即自动配发许可证,换言之在这种情况下许可证实质上并非货物进出口的必要条件。这种许可证的作用主要是用来进行海关统计和监督。而非自动许可证则要求进出口商必须提出申请,主管部门在综合审查和考虑后予以批准才颁发许可证,若许可证未获批准则海关通关手续便无法进行,因此这种情况下需要逐笔严格申请。显然,非自动许可证更具有许可证的典型特征,它主要用于国家对商品进出口存在实质限制的情形,如限制进出口商品的数量和产地来源,或认为某些进口商品可能损害本国国民健康与安全,或某些出口商品属于本国重要战略物资等。

配额和许可证属于数量限制的典型形式,鲜明体现了各国的贸易保护需要,由于其简单易行、效果直接而深受各国喜爱。它们都盛行于从一战到二战期间,除了平时维护本国贸易利益之外,在战争期间还大量用于限制重要农产品和战略物资的进出口,发挥了重要的历史作用,但也给国际贸易造成了消极后果。实践中配额与许可证常常结合使用,超过配额则不再发放进口许可证。二战后的关贸总协定一直致力于消除数量限制,导致配额与许可证使用大为减少。但迫于现实,关贸总协定仍然保留了禁止数量限制的不少例外。今天,基于贸易保护的各种复杂考虑,各国仍然或多或少地继续实行配额和许可证制度。

（三）海关监管制度

除关税、配额、许可证之外,一国政府还需要对商品进出口采取一系列监管措施,例如装运前检验制度、海关估价制度、货物原产地规则、卫生与动植物检疫措施、技术性贸易措施等。

装运前检验制度指经进口方政府授权委托的机构在出口方境内对出口到本国的货物的

价格、质量、数量和关税税则中商品分类等进行检查核实的制度。它与买卖双方在国际货物买卖合同中规定的商品检验不同，后者是一种自由约定的商业行为，主要是检验商品质量、数量是否符合合同规定。而装运前检验则是一种政府强制行为，并且内容主要集中于商品价格的核定，为货物入境时是否准予进口及海关估价行为等活动提供依据。二战后，由于一些发展中国家海关人员和技术力量较为薄弱，用于进口的外汇也比较短缺，为防止国家关税收入流失和商业欺诈，因此专门委托一些国外专业商检机构进行装运前检验工作。但进入21世纪以来，由于西方世界持续面临恐怖袭击的威胁，美国等发达国家也加强了装运前检验工作的管理，有关要求更趋严格，对外国商品进口有一定的阻碍作用。

如前所述，在征收从价税的前提下，海关需要对进口商品进行估价。海关估价不但可以人为抬高商品价格导致关税升高，还可以通过一系列繁琐程序达到加大外国货物进口成本从而削弱其竞争力的目的，因此往往成为一种非关税贸易壁垒。

货物原产地规则的作用主要是确定进口货物的"国籍"，以便决定对其适用复式税则中的何种具体税率；在配额管理、许可证发放、反倾销、反补贴、保障措施甚至海关贸易统计等活动中，也必须首先依据原产地规则确定进口货物的国别来源。但原产地规则通过设定货物的完全获得标准、实质性改变标准（主要包括税目改变标准、价值含量标准、特定加工工序标准等）以及各种具体规则（例如累积规则等），客观上可以对国际投资和生产活动产生重要的引导性作用，从而有助于一国产业政策的目标实现。过于严格的原产地规则可以大大加重外国产品进口成本，产生明显的贸易保护作用，而且各国原产地规则的差异会造成企业界的无所适从，因此在实践中被公认为非关税贸易壁垒之一。

卫生与动植物检疫措施和技术性贸易措施都属于一国进出口商品检验检疫制度的范畴。随着科学技术和生产力的发展，人类工业文明的弊端日益显现，例如全球范围内污染加剧，商品生产方式不利于环保，病虫害和传染性病菌层出不穷，食品中掺杂有害添加剂甚至有毒物质，转基因食品出现在市场上，假冒伪劣产品损害消费者权益，等等。为了保护本国人类和动植物健康、保护环境、维护本国消费者和国家利益甚至国家安全，政府在商品进出口中实施质量标准、技术标准、环保标准、检疫标准十分必要。但卫生与动植物检疫措施和技术性贸易措施的实施标准如果过于苛刻，则将构成事实上的贸易壁垒，成为实行变相贸易保护的新工具。

各国在海关监管制度方面的复杂性和差异性给国际贸易正常流转造成不便，也为贸易保护主义大开方便之门。关贸总协定自东京回合起开始大量讨论非关税措施问题，取得一定成果；而乌拉圭回合则更上一层楼，在装运前检验制度、海关估价制度、货物原产地规则、卫生与动植物检疫措施、技术性贸易措施等多个方面均达成了单独的货物贸易协定，作为该回合最终一揽子谈判成果的组成部分。

（四）外汇管理措施

外汇管理措施指一国政府对境内涉及本国货币的外汇汇率、外汇买卖以及外汇市场其他交易业务进行管理的法律制度，其直接目标在于维持本国国际收支平衡和金融秩序的基本稳定，总体上属于国际货币金融法的内容。但外汇汇率、外汇买卖都涉及国际货物贸易的支付和结算问题，因此也可归入政府对国际货物贸易的管理措施的范畴。

外汇汇率即本国货币与外国货币的比价，其波动会对进出口商品的价格发生影响，从而影响商品在国际市场中的竞争力。上世纪30年代世界经济危机期间，各国竞相宣布货币贬值就是明证。而今日美国等西方国家一再要求中国人民币升值,也体现出汇率在国际贸易中的重要意义。实践中,国家既可以通过官方立法的方式确定和公布汇率,也可以通过市场买卖等方式对汇率进行调控。

贸易项下的外汇管理涉及一国的国际收支。发达国家总体上经济发展程度高,市场发达成熟,外汇也比较充足,因此一般没有专门的外汇管制措施,对贸易项下的外汇收支通常不加限制,尤其是经常性的贸易支付和结算基本实行自由化。但不少发展中国家经济发展程度较低,市场监管不完善,外汇较为短缺,因此在这方面的管理制度总体上比发达国家严格得多。例如我国曾实行强制结汇售汇制,要求国内企业在出口业务中获得的外汇应按照官方汇率出售给国家外汇指定银行,而在进口需要外汇时,须向国家外汇管理部门申请,获得批准后方可从国家外汇指定银行购买外汇用于进口。这一制度对我国积累外汇储备具有历史贡献。

（五）贸易救济措施

国际贸易近现代史发展一直贯穿着贸易自由化与贸易保护主义这两条相互缠绕的主线。当代国际社会的贸易自由化已经开展到相当深入的程度,但各国贸易保护势力仍然此起彼伏。另一方面,一国市场开放的同时也意味着国内产业将面临着外部竞争压力,甚至会遭遇外国产品的不公平竞争行为,国家需要一定的"安全阀"机制来应对市场开放造成的特殊问题或紧急情况,以维护国家根本利益。于是贸易救济措施便应运而生,实践中主要包括反倾销、反补贴和保障措施三种类型,此外在 WTO 体制中针对特殊产品（例如农产品、纺织品等）还存在一种特殊保障机制。贸易救济措施既是国家维持正常对外贸易秩序的需要,又经常与贸易保护意图乃至国内政治需要紧密相连,在当今世界极为流行。WTO 在反倾销、反补贴和保障措施这几个领域都有专门协定,明确了相关概念,对成员实施这些行为规定了一些最低限度的行为纪律和框架。值得注意的是,反倾销、反补贴和保障措施尽管都被归为贸易救济措施,属于非关税措施的范畴,但其具体实施却大多以调整进口产品税费的形式出现,如征收反倾销税、反补贴税以及撤销或修改原先关税减让等。

（六）环境贸易壁垒

晚近,若干新型贸易壁垒开始在各国大量出现,实践中引起诸多争议。环境贸易壁垒是其中较有代表性的一种,这类壁垒之所以出现,与各国社会文化观念的差别存在一定的关联,但根源在于生产技术的发展和各国政治经济发展的不平衡。工业社会生产技术的飞速发展对资源的大量消耗,导致贸易与环境原本互不相干的传统时代宣告结束。[①] 环境污染和破坏已经威胁到人类生存条件,加强环保工作逐渐成为国际社会的共识。各国政治经济发展的不平衡则导致了部分国家运用环境贸易壁垒维护自身经贸利益的动机需求。除了在产品进口环节中实施的各种环保技术标准外,环境贸易壁垒在当代的最新发展形式主要有"碳关税"、"动物福利壁垒"等。

碳关税概念的提出始于 2006 年联合国气候变化大会,法国提出针对未遵守《京都协定书》的国家课征额外的商品进口税,用意在于避免欧盟内部碳排放交易机制运行后,欧盟商品将遭受来自那些未设立相关制度的国家的产品的不公平竞争。2009 年,美国众议院通过关于征收进口产品"边界调节税"的《清洁能源安全法案》,目标也是着眼于在美国 2012 年实

---

① 参见边永民:《含贸易措施的多边环境协议与 WTO 之间的关系》,载《当代法学》2010 年第 1 期。

施碳排放总额限制与交易机制后,避免本国产业将面临的外部不公平竞争。"碳关税"就此成为大众化热词。但有必要指出,"碳关税"并非一个严谨的法律概念,极易引起法律上的理解混乱。第一,"碳关税"不是关税,因为它关注在本国国内已经确立碳排放限制与交易机制或征收碳税作为一种能源消费税的前提下,对没有采取相应做法的国家的产品征收额外税费,以达到国内外产品税负公平的目的,从而在本质上是不同于关税的国内税。[1] 第二,关税概念只适用于货物贸易,而近年来为媒体大量报道的欧盟宣布对经停境内的外国飞机航班征收"碳关税"的行为,显然是针对航空服务贸易的,服务贸易并不存在关税一说,所谓的"航空碳关税"也依然是一种国内税。目前,"碳关税"将对中国外贸出口造成严重影响已成共识。西方学者往往运用WTO的边境税收调整制度以及GATT1994第20条"一般例外"等条款为"碳关税"寻找合法依据。[2] 但国内多数学者倾向于认为"碳关税"与WTO上述纪律规范的一致性存在很大疑问。[3]

"动物福利壁垒"的出现基于国际社会尤其是西方国家对动物福利的日趋关注,可被归为广义的环境保护范畴。各国国内立法措施与国际法发生挂钩,首先是WTO成立后不久,1997—1998年印度、巴基斯坦、马来西亚、泰国诉美国的"虾案"(又称海龟案、虾龟案),此案中美国以国内法规定渔民捕虾必须采用防止误捕海龟装置的要求为由,禁止进口未采用上述装置捕捞的海虾,遭到上述四国反对。2009—2014年WTO争端解决机构又受理了"欧盟海豹产品进口和销售禁令案"。此案中欧盟基于自身动物福利保护立法,于2009年通过了全面禁止海豹产品在欧盟国家销售的禁令,引起加拿大、挪威在WTO中的起诉。两起案件存在以下共同点:(1)案件均由有关WTO成员方与保护动物福利有关的国内贸易壁垒措施引起;(2)被诉方在应诉中均引用了GATT1994第20条"一般例外"条款作为辩护依据;(3)最终裁决结果在形式上都要求被诉方修改原先措施;(4)保护动物福利的目标依然在保护自然资源或维护公共道德的意义上得到WTO争端解决机构的肯定。可见,动物福利保护在一定程度上已成为国际社会的观念趋势,对国际贸易也将产生明显影响。

2014年,中国、美国、欧盟等14个WTO成员宣布启动WTO框架下《环境产品协定》(EGA)谈判,旨在推进环境友好产品的自由贸易,对于有关产品的关税与非关税壁垒均有影响。

总体而言,国际贸易与环境保护的关系由各国国内贸易限制措施而起,进而与国际法(WTO法、国际环境法等)发生紧密关联,体现了各国经济价值与社会价值之间的持续互动,以及经贸利益的复杂博弈。如何实现国际贸易与环境保护的协调发展,有关国内与国际规则尚未定型,仍有待实践观察。

第三节　世界贸易组织货物贸易法律制度

当代,世界贸易组织(WTO)代表了全球范围内影响力最大、成员最广泛的国际贸易多

---

① 参见曹建明、贺小勇著:《世界贸易组织(第三版)》,法律出版社2011年版,第216页。
② 参见陈红彦:《碳关税的合法性分析——以边境税收调整的适格性为视角》,载《法商研究》2013年第4期。
③ 典型论述参见曹建明、贺小勇著:《世界贸易组织(第三版)》,法律出版社2011年版,第216～220页。

边管理法律制度,其调整范围大大超越了其前身 1947 年关税与贸易总协定(GATT1947),涉及货物贸易、服务贸易、知识产权、与贸易有关的投资措施等各个方面。本部分主要介绍其关于货物贸易的法律制度。

一、世界贸易组织货物贸易法律制度的基本原则及其例外

根据《马拉喀什建立世界贸易组织协定》(以下简称《WTO 协定》)中所阐明的宗旨,WTO 致力于扩大商品和服务的生产与贸易,注重可持续发展,关注发展中成员经济与贸易的发展,建立一个完整的、永久性的多边贸易体制。[①] 由此,WTO 拥有若干贯穿于其旗下一揽子多边协定的基本原则,这些原则不但是货物贸易领域的基本原则,同时也是关涉到服务贸易、知识产权保护等其他各个领域的基本原则。本部分仅围绕其货物贸易领域展开相关论述。

(一)互惠原则

1. 互惠原则的概念与运用

《WTO 协定》的序言声称,"本协定各参加方……期望通过互惠互利安排,实质性削减关税和其他贸易壁垒,消除国际贸易关系中的歧视待遇,从而为实现这些目标作出贡献"。这是对 GATT1947 序言条文的重复,从而道出了 WTO 的两大支柱性原则:互惠与非歧视。尽管从自由贸易理论的角度出发,一国单方面主动进行对外贸易自由化(如单边关税削减等措施),也能增加本国的经济福利,但实践表明,一国对外单边贸易自由化常常受到国内相关产品的竞争性利益集团的阻挠,而单边贸易自由化虽然使本国消费者福利增加,但这些消费者及其他受益群体较为分散,无法抗衡强大的利益集团的阻力。只有要求贸易伙伴提供互惠减让,才能在国内争取到来自出口集团的更多政治支持;而且,在本国实行贸易最惠国待遇的背景下,它有义务将给予一个贸易伙伴的好处同样平等给予其他贸易伙伴,则单边贸易自由化容易带来其他国家"免费搭车"(free-riding)的问题。[②] 因此,强调互惠具有很强的政治效应。此外经济学家贝格威尔与思泰格尔还指出,多边贸易体制的实质功能在于帮助成员方避免在单方面改善贸易条件过程中极易出现的"囚徒困境"[③],而互惠和非歧视原则相辅相成能够在技术层面上很好地达到这个目的,从而构成多边贸易体制的核心原则。[④]

从关贸总协定时期开始,互惠原则便构成多边贸易体制的基石之一。[⑤] 除了前述 GATT1947 的序言条款之外,GATT1947 关于关税谈判的第 28 条还规定:"各缔约方认识到,……在互惠互利基础上进行谈判,以实质性削减关税和其他进出口费用的总体水平,

---

① 参见《马拉喀什建立世界贸易组织协定》的序言。

② 参见[美]伯纳德8 霍克曼A迈克尔8 考斯泰基著3《世界贸易体制的政治经济学:从关贸总协定到世界贸易组织》,刘平等译,法律出版社 1999 年版,第 20~23 页。

③ "囚徒困境"是博弈论中的一个著名例子,描述了博弈双方在缺乏信息沟通与互相信任的情况下,很难做出理论上的互利选择。

④ 详见[美]贝格威尔、思泰格尔著:《世界贸易体系经济学》,雷达、詹宏毅等译,中国人民大学出版社 2005 年版,前言、第四章、第五章。

⑤ 有学者也将互惠原则称为对等原则,参见曹建明、贺小勇著:《世界贸易组织》,法律出版社 2004 年版,第 58 页。但在传统国际法上,对等原则的含义与互惠并不能完全等同,有时也指两国互相实行对对方不利的相似措施。

……并在谈判中适当注意本协定的目标和各缔约方的不同需要,对于扩大国际贸易非常重要。"其中,"实质性削减关税和其他进出口费用"的措辞表明,互惠既涵盖了关税措施又涵盖非关税措施。如何在非关税措施的谈判中落实互惠观念,技术上存在一定困难,主要在于非关税措施的贸易效应和相应关税价值较为模糊。[1] 然而实践表明,互惠观念在非关税措施领域依然得到重视。在关贸总协定时期第一次大规模讨论非关税壁垒问题的东京回合中,互惠原则同样应用于海关估价、政府补贴、进口许可证程序、产品标准等议题。

不同于过去关贸总协定历次多边回合的是,乌拉圭回合议题众多,且实行一揽子协议模式,因此互惠原则得到了全新的跨部门交叉运用,为不同成员、不同集团之间的利益交换提供了广阔空间。比较典型的例子是,发达成员要求发展中成员在服务贸易、知识产权、与贸易有关的投资措施等新议题领域进行妥协,而发展中成员要求发达成员在纺织品和服装、农产品等领域作出让步,体现了鲜明的南北利益分野。此外,关于非关税措施的众多制度改革也涉及跨议题的利益交换,这种互惠原则下跨议题利益交换活动,才使得规模空前的乌拉圭回合的成功成为可能。

2. 互惠原则的例外

传统的互惠原则虽然为推进国际贸易自由化进程作出了显著贡献,但也招来发展中国家的不少批评。这主要是由于大多数发展中国家经济起点较低,国民经济力量薄弱,与实力雄厚的发达国家进行表面上对等的关税减让和市场开放,其实存在极大的不公平,例如同等价值的关税减让对发展中国家的本土产业的冲击远大于发达国家。为此,众多发展中国家进行了不懈的努力。在多边贸易体制内部,这方面比较显著的成果是肯尼迪回合增加的GATT 第四部分"贸易与发展",其初步规定:在削减或取消针对欠发达成员方的关税和其他贸易壁垒的谈判中,发达缔约方不期望因其作出的承诺而获得互惠。此后,东京回合通过《关于发展中国家差别与更优惠待遇、互惠和更全面参与的决定》,通常简称为"授权条款"(enabling clause)。该决定明确授权发达成员可单方面将关税和其他贸易壁垒的削减优惠授予发展中成员的出口产品,而不得要求来自发展中成员的互惠减让,不能期望发展中成员在贸易谈判过程中作出与它们的发展、财政和贸易水平不相称的让步。关税领域的这种单方面优惠便是普遍优惠制(简称普惠制)。"普惠制"是发展中国家在争取国际经济新秩序方面的重大进展,值得肯定。但在普惠制的具体方案制定时,给惠国事实上可以单方面自由决定受惠国的名单、受惠产品范围、关税减免幅度等,此外还常常针对具体受惠国的经济成长情况设定关税优惠的"毕业机制",而受惠国对此几乎只能被动消极地接受。因此,普惠制仍然带有一定的历史局限性。

(二)非歧视原则

除互惠原则之外,非歧视原则是 WTO 的另一大支柱,它包括国民待遇原则和最惠国待遇原则。

1. 最惠国待遇

(1)最惠国待遇的含义

最惠国待遇(most-favored-nation treatment,MFN)是国际法中的重要概念,通常是指

---

① 参见[美]约翰8.H.杰克逊著:《世界贸易体制——国际经济关系的法律与政策》,张乃根译,复旦大学出版社 2001 年版,第 168 页。

一国在同等条件下给予另一国国民的待遇,不得低于其给予任何其他第三国国民的待遇,注重的是不同外国的国民在东道国境内的待遇平等。最惠国待遇在国际交往实践中已有较长的历史,可以追溯到欧洲 12 世纪初,在世界商业活动中的较广泛应用始于 16 世纪,其中与国际贸易相关的最惠国待遇主要涉及外国国民在内国的通商、航海、关税等方面的待遇。[①]尽管最惠国待遇在当今国际社会已经十分流行,但它尚未成为一种公认的习惯国际法规则。例如,按照联合国国际法委员会《最惠国待遇条款草案》第七条的规定,除非在承担某个国际义务的基础上,否则一国无义务给予另一国最惠国待遇。也就是说,最惠国待遇只是国家之间在特定领域的一种约定义务。二战之前,国际社会众多关于商业和贸易活动的双边协定早已包含了最惠国待遇条款,但双边最惠国待遇具有显而易见的局限性。二战后在美国主导下,GATT 首次突破了双边约定的局限,将最惠国待遇作为多边贸易体制的根本原则之一,从而有助于创建一个稳定持久的多边贸易秩序。

经过乌拉圭回合,WTO 的最惠国待遇已经覆盖至货物贸易、服务贸易、知识产权等各个方面。就传统的货物贸易而言,GATT1994 第 1 条第 1 款规定:"在对进口或出口、有关进口或出口或对进口或出口产品的国际支付转移所征收的关税和费用方面,在征收此类关税和费用的方法方面,在有关进口和出口的全部规章手续方面,以及在第 3 条第 2 款和第 4 款所指的所有事项方面,任何缔约方给予来自或运往任何其他国家任何产品的利益、优惠、特权或豁免应立即无条件地给予来自或运往所有其他缔约方领土的同类产品。"该条构成了WTO 最惠国待遇的基本框架,表明货物贸易的最惠国待遇适用的对象是"同类产品"(like products),适用的范围包括:(1)与进出口有关的关税和费用;(2)征收与进出口有关的关税和费用的方法;(3)与进出口有关的规章手续;(4)与进口产品有关的国内税或其他国内费用;(5)影响进口产品的国内销售、许诺销售、购买、运输、分销或使用的所有法律、法规和规定。根据上述规定,可以看出 WTO 货物贸易的最惠国待遇原则具有以下特点:(1)多边性;(2)自动性(或无条件性);(3)对象同一性(即必须针对同类产品);(4)互惠性。

(2)最惠国待遇原则的主要例外

尽管最惠国待遇原则对于稳定多边贸易体制十分重要,但迫于历史和现实的需要,GATT/WTO 也不得不规定了一些妥协性的例外情形,包括:

①历史上的若干贸易特惠安排。这些特惠安排主要规定在 GATT 第 1 条第 2 款、第 3 款中,例如英联邦内部、法兰西联邦所属领土之间、比卢荷关税同盟及所属领土之间、美国(及其附属领土)与菲律宾、古巴之间、原奥斯曼土耳其帝国体系内的分离国家之间等,但随着时代发展,这些特惠安排大部分已经成为历史遗迹。

②区域一体化例外。由于在 GATT 问世之初,国际社会已经存在不少区域性贸易特惠安排,且这种安排还可能继续大量出现,GATT 不得不承认区域一体化例外的合法性。在货物贸易领域,该例外体现在 GATT 第 24 条关于关税同盟和自由贸易区地位的规定。根据该条,GATT 成员只要遵循若干限定条件,就可以建立关税同盟或自由贸易区关系,其内部彼此给予的贸易优惠待遇(主要是关税优惠)可以不给予集团外国家。实践表明,这已经成为 GATT 最惠国待遇原则的最显著例外。

③给予发展中成员的特殊待遇。由于发展中成员经济力量薄弱,难以与发达成员在同

① 参见王贵国著:《世界贸易组织法》,法律出版社 2003 年版,第 39～40 页。

等条件下完全按照最惠国原则彼此开放市场,于是 GATT 在战后几十年中逐渐形成了一些给予发展中成员特殊待遇的条款。这方面比较典型的例子是东京回合"授权条款",其一方面允许发达成员方单方面授予发展中成员方更为有利的优惠待遇,而不必将这种优惠待遇给予其他缔约方,即"普惠制",另一方面又允许发展中成员方之间彼此实行贸易优惠安排,尤其在关税与非关税措施的实施、贸易部门自由化覆盖度等方面可以灵活处理,而不必严格遵循 GATT 第 24 条的区域一体化纪律要求或提交 GATT 第 25 条项下的缔约方全体同意义务豁免的程序。

④WTO 的"诸边贸易协定"。"诸边贸易协定"(plurilateral trade agreements),又译为"复边贸易协定",在多边贸易体制中指成员方可自由选择是否加入的贸易协定。这一实践始于东京回合时期。东京回合对众多非关税壁垒议题进行了集中讨论,并达成了一系列协定,典型者如反倾销、反补贴、海关估价、进口许可程序、技术性贸易壁垒、政府采购、民用航空器、牛肉和奶制品等领域。但这些协定首次以"诸边"的形式出现,从而打破了 GATT 体制的最惠国待遇原则。乌拉圭回合采用了"一揽子协议"模式,即除了协议允许保留之外,WTO 章程文件——《WTO 协定》及其附件原则上必须由成员方全部接受,但在政府采购、民用航空器、牛肉和奶制品这四个局部领域,继续采用"诸边协定"的模式,由成员自由决定是否加入。这四个诸边协定构成了乌拉圭回合协议的附件 4,其中国际奶制品协定和国际牛肉协定已经失效。WTO 最惠国待遇原则对于诸边协定成员仍然适用,但对于非成员则不适用。

除以上较典型的例外情形之外,WTO 若干协定的具体条款也涉及最惠国待遇的例外,例如 GATT1994 中关于国际收支平衡的例外规定,以及反倾销协定、补贴与反补贴协定的相关条款等。

2. 国民待遇原则

(1)国民待遇的含义

国民待遇(national treatment)在各国国内立法与国际条约实践中也十分常见,通常是指东道国在同等条件下给予另一国国民的待遇,不得低于其给予本国国民的待遇,注重的是外国国民与本国国民在本国境内的待遇平等,范围通常仅限于民商事方面。由于将外国人在内国的待遇拔高至与本国人平等的程度,可以说国民待遇是一种比最惠国待遇更严格、更高级的待遇。在多边贸易体制中,国民待遇与最惠国待遇一样都属于非歧视原则的范畴。除服务贸易领域外,国民待遇也构成 WTO 法的基本精神。

在货物贸易领域,国民待遇原则体现在 GATT1994 第 3 条。该条第 1 款是关于国民待遇的原则性条款;第 2 款以及关于第 2 款的注释是关于国内税费的国民待遇条款;第 4 款是关于国内法律规章的国民待遇条款;第 5 款、第 7 款是关于产品加工方面的国民待遇条款。以上若干条款表明:(1)货物贸易的国民待遇针对的对象与最惠国待遇一样都是"同类产品"。(2)当国产品与进口产品存在直接竞争或替代关系时,进口方不得以保护国内生产的目的对两者实行不同的国内税费待遇。(3)适用的环节包括与进口产品在国内销售相关的各个环节,包括国内税费、国内法律法规、产品加工及相关投资管理措施等各方面。(4)国民待遇的核心在于进口产品所享受待遇不低于国产品,若进口国自愿给予进口产品高于国产品的待遇,并不违反国民待遇原则。

(2)国民待遇原则的主要例外

在货物贸易领域,国民待遇原则主要有以下例外:

①政府采购领域。由于各种原因,各国采购政府公用物品往往存在偏向本土企业的传统。多边贸易体制原则上认可这种做法,GATT 第 3 条第 8 款(a)项规定:"本条的规定不得适用于政府机构购买供政府使用、不以商业转售为目的或不以用以生产供商业销售为目的的产品采购的法律、法规或规定。"因此,政府采购领域一般不适用国民待遇原则。需注意,GATT 东京回合曾达成供成员方选择加入的《政府采购协定》,该协定成员方须在政府采购中实行最惠国待遇与国民待遇。乌拉圭回合之后,WTO 在该领域继续采取这一"诸边协定"的做法。因此,《政府采购协定》的非成员方仍然不受国民待遇原则的约束。

②对国内生产者的补贴支付。国民待遇仅适用于贸易措施,而不适用于所有国内政策。① GATT 第 3 条第 8 款(b)项规定:"本条的规定不阻止仅给予国内生产者的补贴的支付,包括自以与本条规定相一致的方式实施的国内税费所得收入中产生的对国内生产者的支付和政府购买国产品所实行的补贴。"成员方这种补贴行为客观上显然对其他成员方出口企业不利,尽管不受国民待遇原则的限制,但也并非不受任何约束,其合法性取决于是否符合 WTO《补贴与反补贴协定》的相关纪律。

(三)市场准入原则

市场准入原则(market access),又称为贸易自由化原则,规定于 GATT1947 与《WTO 协定》的序言中:多边贸易体制致力于实质性削减关税和其他贸易壁垒,以推进全球贸易自由化,促进各国经济福利的增长。由此可见,市场准入也是 WTO 的基本原则之一。仅仅只有贸易的最惠国待遇和国民待遇是不够的,如果一个国家对外维持着较高的关税和其他贸易壁垒,拒绝向外国产品充分开放本国市场,那么显然不能实现贸易自由化的目标。但如何开放本国市场,则应由东道国根据本国国情制定法律法规,进行自由掌握和控制,因此"准入"一词体现了对东道国主权的强调和尊重。多边贸易体制要求成员方既然加入进来,就必须奉行市场准入原则。市场准入原则要求各成员方应不断致力于降低关税,减少或取消各种限制性的非关税措施(典型者如数量限制),不断放宽市场开放领域,加深市场开放程度,从而改善外国产品的市场进入条件,为各成员产品提供自由公平的市场竞争环境。

二战后,GATT 历次多边回合取得了显著的关税壁垒削减效果。但进入上世纪 60 年代与 70 年代之交,世界主要工业国家开始进入经济衰退期,对外贸易保护主义势头加强。而由于 GATT 实行关税减让约束,成员不得再随意提高关税,于是便纷纷巧立名目,转而采取各种新的限制性非关税措施,以达到贸易保护的目标。这些名目繁多的非关税措施严重干扰了国际贸易秩序,影响了原先 GATT 关税多边减让的实际效果。东京回合开始大规模地集中讨论非关税壁垒的削减问题,并达成了反倾销、补贴与反补贴、海关估价、进口许可程序、技术性贸易壁垒等一系列诸边协定。乌拉圭回合继续关注以上关于非关税措施的议题,并将达成的若干协定纳入一揽子协议谈判结果中,从而大大加强了非关税措施领域的约束力。

总体上讲,从 GATT 到 WTO,多边贸易体制在市场准入工作方面具有若干操作性特征:首先,在关税减让方面,各成员的关税减让采用"约束税率"的形式来表现,载于它们的关

---

① 单文华主编:《国际贸易法学》,北京大学出版社 2000 年版,第 160 页。

税减让表上,成员不能对已经约束了关税的产品征收高于约束税率的关税,即实际税率不得高于约束税率。[①] 如果成员需要改变或撤销原来作出的约束性关税减让,那么就应当根据GATT 第 28 条的相关规定与其他成员进行补偿性谈判。其次,由于实行了上述"约束关税"制度,各成员就不可能对有关产品重新提高关税,而只能在现有基础上进行关税的再削减,这就形成了多边贸易体制通过历次多边回合不断呈现的"维持现状、逐步回退"的趋势。再次,在削减非关税壁垒方面,多边贸易体制强调对配额、许可证等数量限制手段的一般禁止,这主要体现在 GATT 第 11 条的原则性规定(但也有不少例外,例如 GATT 第 12 条规定为保持国际收支平衡可以恢复数量限制);对待其他各种非关税壁垒,则采取量化评估进行互惠的削减;乌拉圭回合在非关税措施方面达成了《技术性贸易壁垒协定》、《卫生与动植物检疫措施协定》、《海关估价协定》、《进口许可证程序协定》、《原产地规则协定》、《装运前检验协定》、《与贸易有关的投资措施协定》等一揽子协议,使之具有普遍的法律约束力。

乌拉圭回合在市场准入谈判方面成就巨大。发达成员承诺总体关税削减幅度在 37%左右,对工业品的关税削减幅度达 40%,加权平均税率从 6.3%降至 3.8%。从关税约束范围看,发达成员承诺关税约束的税号占其全部税号的比例,从 78%提升到 99%,涉及的贸易额从 94%增加到 99%。发展中成员承诺总体关税削减幅度在 24%左右,工业品的关税削减水平低于发达成员,加权平均税率从 20.5%降至 14.4%。约束关税税号比例由 21%上升为 73%,涉及的贸易额由 13%提高到 61%。[②] 乌拉圭回合在市场准入方面取得的另一重要进展是,通过制定《农业协定》和《纺织品与服装协定》,使农产品和纺织品贸易逐渐回归多边贸易体制。长期以来,发达成员在这两个部门极力实行贸易保护政策,例如在农业方面实行巨额的国内支持、出口补贴并拒绝向发展中国家开放本国农产品市场,以及对外维持纺织品的高关税,并通过《多种纤维协定》对发展中成员的纺织品实行歧视性进口配额限制,使得农产品和纺织品贸易长期游离于多边贸易纪律之外。《农业协定》区分发达成员与发展中成员,要求各成员应逐步减少国内支持和出口补贴,并依照各自的农业改革计划作出有约束力的关于市场准入的具体承诺。《纺织品与服装协定》则要求各成员在 1995 年 1 月 1 日到 2005 年 1 月 1 日的 10 年时间中逐步取消《多种纤维协定》建立的进口配额,并承诺逐步提高纺织品的市场准入程度。[③] 但必须看到,从多哈回合迄今的进展以及发展中国家的国际贸易境遇来看,农产品的贸易自由化仍然任重道远。

今天,WTO 市场准入原则的基本要点可以概括为:(1)以多边谈判为手段,各成员的具体开放承诺通过最惠国待遇原则推而广之;(2)以贸易救济措施为"安全阀",成员方可通过援引各种例外条款或使用反倾销、反补贴、保障措施等手段,消除或缓解贸易自由化给本国带来的负面影响;(3)以过渡期方式体现差别待遇,WTO 承认成员之间经济水平的差异,对发达成员与发展中成员规定不同的义务履行的过渡期;(4)以争端解决机制为保障,WTO 争端解决机制具有强制性,对乌拉圭回合一揽子谈判结果具有统一的适用性,若成员有关措

---

① 参见[美]伯纳德8 霍克曼A迈克尔8 考斯泰基著3《世界贸易体制的政治经济学:从关贸总协定到世界贸易组织》,刘平等译,法律出版社 1999 年版,第 83 页。

② 石广生主编:《中国加入世界贸易组织知识读本(一):世界贸易组织基本知识》,人民出版社 2002 年版,第 11 页。

③ 参见曹建明、贺小勇著:《世界贸易组织》,法律出版社 2004 年版,第 75 页。

施损害了其他成员的市场准入利益,则将面临 WTO 争端解决机制的制裁可能性。[①]

(四)透明度原则

1. 透明度原则的含义

尽管存在以上互惠、非歧视以及市场准入等实体性要求,但如果没有透明度(transparency)这一程序性原则,WTO 仍然不能很好地实现推进全球贸易自由化的目标。透明度原则的基本含义是指各成员方与贸易有关的法律、法规、规章、政策、对外协定及其废、改、立的变化情况,都应当及时公布,并向 WTO 履行通知义务并接受其审议,从而使本国的贸易法律和政策具备公开性、可预见性的特征,其内容为其他成员方以及广大商界广泛了解和知晓,最终促进 WTO 建立稳定永久的多边贸易秩序的目标。

实践表明,要让 WTO 各成员的贸易法律与政策真正与 WTO 的目标相一致,就必须发挥透明度原则的监督作用。GATT 的经验表明,如果不作出一些安排以保证政府能够履行某项特定承诺,这项承诺就有可能越来越被忽视,最终变得形同虚设。[②] 由于 WTO 实行互惠原则,一成员在 WTO 协议中享受的贸易利益之实现有赖于其他成员制定和实施与 WTO 相符的贸易法律与政策,反之亦然。唯有实行透明度原则,才能使成员建立彼此信任感并切实履行 WTO 义务。唯有实行透明度原则,才能使商界企业有预见性地做出经贸安排,提高生产和投资活动的效率。尤其在各国海关隐蔽性的非关税管理措施层出不穷的当代,强调透明度更具有重要意义。此外,奉行透明度原则也有助于增进 WTO 这一国际组织的合法性,对减少成员方的政策不确定性及避免腐败也极有裨益。[③]

2. 透明度原则在 WTO 体系中的主要机制

(1)贸易法规、政策与措施的公布

GATT1994 关于贸易法规的公布的规定集中于第 10 条。该条第 1 款、第 2 款、第 3 款(a)项与(b)项表明,WTO 在货物贸易领域要求成员方应迅速公布其与贸易有关的法律、法规、司法判决、行政裁定以及对外协定,影响外国产品进口的相关措施非经公布不得采取。对以上法律、法规、判决、裁定应以公正、一致的方式进行管理,并对海关的不法行政行为提供快捷的司法或行政审查的救济途径。这些都是普遍性、确定性、可预见性的法治原则在国际贸易管理领域的体现,是 WTO 透明度原则的显著标志。

除 GATT1994 外,WTO 其他货物贸易协定也有不少体现透明度要求的条款。有的协定要求成员对实施本协定的法律法规、司法决定和行政裁决应以符合 GATT1994 第 10 条的方式予以公布,例如《海关估价协定》的第 12 条。有的协定要求成员设立咨询点,此类咨询点负责答复其他成员提出的合理问题,并有义务提供相关法规、标准、程序、政策以及对外协定的文本。例如《技术性贸易壁垒协定》的第 10 条,《卫生与动植物检疫措施协定》的附件B 的咨询点条款。有的协定要求成员对其他成员提出的提供信息的要求给予积极考虑,并提供充分磋商机会,例如《与贸易有关的投资措施协定》第 6 条第 3 款。此外,《技术性贸易壁垒协定》和《卫生与动植物检疫措施协定》还有相似的条款规定:如果成员方起草制定的技

---

① 参见薛荣久主编:《世界贸易组织(WTO)教程》,对外经济贸易大学出版社 2003 年版,第 143 页。

② 世界贸易组织秘书处编:《乌拉圭回合协议导读》,索必成、胡盈之译,法律出版社 2000 年版,第52 页。

③ 参见曹建明、贺小勇著:《世界贸易组织》,法律出版社 2004 年版,第 77 页。

术法规和合格评定程序或采取的有关措施与现行国际标准不一致,或缺乏相应的国际标准,且这些法规、程序或措施对其他成员的国际贸易有重大影响,则成员方有义务及时提供相关信息,或给予其他成员合理时间以提出书面意见,并对此予以考虑。①

(2)贸易法规、政策与措施的通知

除了公布义务之外,WTO 还要求成员方需将有关贸易法规、政策和措施及时通知 WTO,以便其他成员能及时获得这些信息,WTO 亦能对此进行审议。

GATT 时期,成员方的通知义务便确立起来。东京回合 1979 年通过的《关于通知、磋商、争端解决和监督的谅解书》(L/4907)要求成员尽最大可能将其所采取的影响 GATT 执行的贸易措施通知缔约方全体。GATT 还成立了专门委员会进行监督,要求东京回合各守则的签署方定期向 GATT 通知有关措施的制定、实施和变化情况。②

乌拉圭回合以部长级决定的形式通过了《关于通知程序的决定》。该决定重申了上述 1979 年谅解书关于通知义务的基本精神,并决定设立一个由 WTO 秘书处负责的通知登记中心。该中心应记录成员所提供的信息中其所采取措施的目的、贸易范围和作出通知所依据的要求等内容,并按照成员通知及其义务相互对照其记录。中心应每年通知每一成员其在下一年中承担的定期通知义务,提请成员注意未履行的定期通知要求。中心应任何有资格收到有关通知的成员的请求,应使该成员可获得中心有关各项通知的信息。在货物贸易方面,该决定的附件给出了一个关于应通知的贸易措施的指示性清单,各成员同意酌情遵循该清单的指导。但原则上讲,WTO 没有明确要求成员通知的信息,成员也没有义务通知WTO。

WTO 各项货物贸易协定也有各自的通知义务和程序条款。在通知频率和期限方面,有的协定要求定期通知,定期通知又可分为一次性通知与多次通知(后者包括每年通知一次或半年通知一次等),有的则要求不定期通知(多用于成员的贸易法规、政策、措施有更新时)。因此成员对各种具体贸易措施应视其所属协定履行通知义务。值得注意的是,部分货物贸易协定规定了"反向通知"条款,指在原本有义务进行通知的成员未作通知时,其他成员有权将该情况通知 WTO 相关机构,例如《农业协定》第 18 条第 7 款、《补贴与反补贴协定》第 25 条第 10 款、《保障措施协定》第 12 条第 8 款等。显然这种"反向通知"机制是对透明度义务的一种强化。

为方便成员履行通知义务,也为了促进通知工作的标准化,WTO 还相继制定了 100 多项有关通知的具体程序和规则,包括通知的项目、内容、期限和格式等。③

(3)贸易政策评审机制

WTO 在透明度义务方面的一个重要特色是贸易政策评审机制(trade policy review mechanism,TPRM),作为《WTO 协定》的附件 3 而成为乌拉圭回合一揽子协议的组成部分。但事实上,这一机制却先于 WTO 而建立。1988 年乌拉圭回合中期评审会议上,该机制经各成员部长级官员临时批准建立,于 1989 年开始运行,在乌拉圭回合结束时成为常设性的,审议的责任从 GATT 理事会交给了 WTO 总理事会,审议的范围也从货物贸易扩大

---

① 例见《卫生与动植物检疫措施协定》第 5 条第 8 款、《技术性贸易壁垒协定》第 2.9 条、第 5.6 条。
② 曹建明、贺小勇著:《世界贸易组织》,法律出版社 2004 年版,第 79 页。
③ 参见曹建明、贺小勇著:《世界贸易组织》,法律出版社 2004 年版,第 79 页。

到服务贸易和知识产权。TPRM 主要审议 WTO 各成员的贸易政策,但也要求对世界贸易环境的发展情况进行更广泛的年度审议。①

根据该机制的规定,TPRM 的目标是:"……通过提高各成员贸易政策和做法的透明度并使之得到更好的理解,有助于所有成员更好地遵守多边贸易协定和适用的诸边贸易协定的规则、纪律和在各协定项下所作的承诺,从而有助于多边贸易体制更加平稳地运行。"但TPRM 不同于 WTO 各个具体协议项下机构,并不负责监督具体协议的执行情况,而是对成员各方面贸易政策进行集体的综合审议,考察其对多边贸易体制的影响;它也不同于WTO 争端解决程序,其审议结果仅仅在成员中进行流通,产生一种舆论道义上的效果,并不具备法律上的强制约束力,也不能被 WTO 争端解决程序在司法过程中引用为证据,更不能向成员强加新的政策承诺。审议工作应以有关成员更广泛的经济和发展需要、政策和目标及其外部环境为背景进行。

根据 TPRM 设定的审议程序,所有成员的贸易政策都应接受定期审议。但定期审议的频率则取决于成员在多边贸易体制中的影响力,此种影响按成员在近期世界货物中所占份额来确定,份额越大则审议频率越高。全球货物贸易总量排名前 4 个贸易实体每 2 年审议一次,紧随其后的 16 个实体每 4 年审议一次,其他成员每 6 年审议一次,最不发达成员的审议间隔可以更长。作为例外,如果一成员的贸易政策或做法的变更可能对其贸易伙伴产生重大影响,则贸易政策评审机构在进行磋商后,可要求该成员提前进行下一次审议。

总之,TPRM 是 WTO 体系中一个非常有价值的组成部分。接受审议的成员可以借此增进关于贸易政策的讨论与合作,发展中成员更可从中获取技术援助,更好地推行贸易政策改革。其他成员则可以及时地获取信息并发表评论,促进意见和立场交流,有助于增进理解并减少国际贸易摩擦。通过增强政策透明度并不断强调未得到成员重视的义务,多边贸易体制整体上也可以在这一过程中获益。

(五)公平贸易原则

1. 公平贸易原则的含义

根据 GATT/WTO 的基础文件,多边贸易体制是建立在市场经济基础上。公平竞争原则指 WTO 法是一套致力于开放、公平、无扭曲竞争的规则,WTO 成员政府及其企业应避免采取扭曲市场竞争的措施,纠正不公平贸易行为,努力创造和维护公平、公正、公开、中性的市场竞争环境。在整个 WTO 体系中,公平竞争原则适用于货物贸易、服务贸易、与贸易有关的知识产权领域,要求成员维护货物、服务及服务提供者在本国市场的公平竞争,而不论其来自何方。事实上 WTO 的若干其他原则本身就蕴含了公平贸易的理念,例如非歧视原则就旨在"整平游戏场地",为各方提供公平的市场竞争条件。

2. 公平贸易原则在货物贸易领域的体现

补贴和倾销一直被认为是货物贸易领域最典型的不公平竞争行为。GATT 第 6 条初步规定了反倾销税和反补贴税的内容。肯尼迪回合曾出台了第一个反倾销守则,而东京回合则在反倾销和反补贴方面达成了诸边协议。乌拉圭回合最终达成了《关于实施 1994 年关税与贸易总协定第 6 条的协定》(即"反倾销协定")和《补贴与反补贴协定》,这两方面的纪律

---

① 世界贸易组织秘书处编:《乌拉圭回合协议导读》,索必成、胡盈之译,法律出版社 2000 年版,第47 页。

得到了进一步强化。前者对倾销与损害的确定、反倾销调查程序、证据规则、临时措施与价格承诺、反倾销税的征收与复审、司法审查、反倾销委员会的职能等内容作了详细的规定,后者则规定了补贴的定义、补贴的专向性概念、补贴的三种类型、反补贴措施的调查和证据规则、补贴金额的计算和损害的确定、临时措施与承诺、反补贴税的征收与复审、司法审查、补贴与反补贴措施委员会的职能等内容。总体上讲,这两个协定一方面既要制止补贴和倾销这两种不公平贸易行为,另一方面又设定了较严格的条件和程序以避免各成员出于贸易保护目的对反倾销和反补贴措施的滥用。

与反倾销、反补贴领域不同,保障措施并非针对不公平贸易行为,而是针对进口产品激增给本国产业造成的冲击采取的一种防卫措施,为贸易自由化提供一种"安全阀"。但保障措施的实施过程仍然有可能对进口产品在国内市场的公平竞争造成过度的限制。乌拉圭回合《保障措施协定》对成员实施保障措施的条件和程序作了一系列规定,后续的 WTO 司法实践对这些条件和程序的解释作了进一步的发展。《保障措施协定》尤其值得肯定的是,它正式禁止了 GATT 时期流行一时的、旨在设置不合理贸易限制的"灰色区域措施",例如"自愿出口限制"、"有序销售安排"等。

乌拉圭回合协议成果对公平竞争原则的贡献在其他领域也有很多体现。例如,通过设定削减补贴、取消配额的自由化进程,使农产品和纺织品贸易逐渐回归多边贸易体制;《与贸易有关的知识产权协定》将知识产权国际保护提高到前所未有的水平;《政府采购协定》约束政府采购金额,保证公平和非歧视的竞争条件;GATT 第 17 条与《关于解释 1994 年关税与贸易总协定第 17 条的谅解书》要求国营贸易企业应依照非歧视原则和商业机制进行采购和销售,其他成员的企业也应得到充分参与采购与销售的竞争机会。此外,"贸易与竞争政策"在 WTO 中作为新兴议题之一,在乌拉圭回合之后也一度为发达成员大力倡导,但终因对众多发展中成员利益较为不利,遭遇发展中成员的集体抵制而被搁置。

(六)WTO 法律原则的普遍性例外

多边贸易体制的一大特色是原则与例外相结合。GATT 时期,大量例外的存在使得 GATT 成为一种事实上的弱法。WTO 全面加强了多边贸易纪律,对 GATT 原有例外进行了大量修改、补充或取消,从而使以上若干重要法律原则得到了显著强化,贯穿于整个 WTO 体系。但 WTO 各个协定仍然存在大量的例外条款。其中有的是基于成员维护自身根本利益的正当考虑,有的则是为了适应成员各种复杂的现实需要,有的则是协定谈判过程中的妥协结果。其中有的例外属于各协定局部性的例外,而 WTO 法律原则的普遍性例外主要有以下几类:

1.GATT 义务的普遍性例外

这方面主要是 GATT 第 20 条的"一般例外"和第 21 条的"安全例外"。

GATT 第 20 条允许成员方出于一些特殊目标或原因,采取表面上背离 GATT 义务的措施。这些特殊目标或原因大多属于国际社会公认的通融情形,体现了成员对自身根本利益的维护。

按照 GATT 第 20 条的规定,GATT 任何规定不得解释为阻止任何缔约方采取或实施以下措施:

(a)为保护公共道德所必需的措施;(b)为保护人类、动植物的生命或健康所必需的措施;(c)与黄金或白银进出口有关的措施;(d)为保证与 GATT 规定不相抵触的法律法规得到遵守所必需的措施;(e)与监狱囚犯产品有关的措施;(f)为保护具有艺术、历史或考古价值的国宝所采取的措施;(g)与保护可用竭的自然资源有关的措施,如此类措施与限制国内生产或消费一同实施;(h)为履行任何政府间商品协定项下义务而实施的措施;(i)在作为政府稳定计划的一部分将国内原料价格压至低于国际价格水平的时期内,为保证此类原料给予国内加工产业所必需的数量而涉及限制此种原料出口的措施;(j)在普遍或局部供应短缺的情况下,为获取或分配产品所必需的措施。

总体上,以上众多例外措施可以分别归纳为几种类型:(1)有关环境保护与卫生检疫方面的贸易措施,例如(b)、(g)项;(2)有关社会道德、文化方面的措施,例如(a)、(e)、(f)项;(3)有关义务解除的措施,例如(d)(h)项;(4)有关满足国内需要的措施,例如(i)、(j)项;(5)有关金银贵金属限制的措施,即(c)项。①

须注意,GATT 第 20 条允许这些例外措施的存在是有前提的,即"不在情形相同的国家之间构成任意或不合理歧视的手段或构成对国际贸易的变相限制"。例如,在该条的(i)项中就规定:"但此类限制不得用于增加该国内产业的出口或增加对其提供的保护,也不得偏离 GATT 有关非歧视的规定。"在(j)项中规定:"但是任何此类措施应符合以下原则:即所有缔约方在此类产品的国际供应中有权获得公平的份额,且任何此类与本协定其他规定不一致的措施,应在导致其实施的条件不复存在时即行停止。"这一前提性要求在多边贸易体制若干判例中多次得到关注和强调。

GATT 第 21 条允许成员基于国家安全方面的利益而采取表面上背离 GATT 义务的措施。该条规定,GATT 任何规定不得解释为:(a)要求任何缔约方提供其认为如披露则会违背其基本安全利益的任何信息;或(b)阻止任何缔约方采取其认为对保护其基本国家安全利益所必需的任何行动:(i)与裂变和聚变物质或衍生这些物质的物质有关的行动;(ii)与武器、弹药和作战物资的贸易有关的行动,及与此类贸易所运输的直接或间接供应军事机关的其他货物或物资有关的行动;(iii)在战时或国际关系中的其他紧急情况下采取的行动;或(c)阻止任何缔约方为履行其在《联合国宪章》项下的维护国际和平与安全的义务而采取的任何行动。

2. WTO 体系的整体性例外

WTO 一方面继承了前述 GATT 第 20 条、第 21 条的例外,另一方面又在其基本文件《WTO 协定》中规定了若干条款,构成 WTO 的体系性例外,这主要体现在第 9、13 条。

《WTO 协定》第 9 条是关于成员义务豁免的程序。早前 GATT 第 25 条第 5 款中已经对此作了规定:缔约方全体可豁免 GATT 对一缔约方规定的义务;但是任何此种决定应以所投票数的三分之二多数批准,且此多数应包含全体缔约方的半数以上。由于三分之二多数的代表性还不够充分,WTO 在这方面加强了纪律,取代了原先 GATT 的规定。《WTO 协定》第 9 条第 3 款规定:部长级会议可以决定豁免某成员方根据本协议和其他多边贸易协议所承担的某项义务。这种决定原则上应经四分之三成员的批准。但根据豁免义务的具体类型,有关程序又有不同。根据第 9 条的其他规定,如果是关于《WTO 协定》本身义务的豁免,应由欲寻求豁免的成员向部长级会议提出申请,再由部长级会议在提出申请后的 90 天内协商一致通过,如果没有达成协商一致则通过投票解决,投票需要全体成员四分之三多

---

① 参见曹建明、贺小勇著:《世界贸易组织》,法律出版社 2004 年版,第 182～183 页。

数;如果是关于货物贸易、服务贸易、与贸易有关的知识产权等各种多边贸易协定义务的豁免,则应由欲寻求豁免的成员先向货物贸易理事会、服务贸易理事会、与贸易有关的知识产权理事会提出申请,有关理事会应在提出申请后的90天内进行考虑,90天届满应向部长级会议报告讨论结果,部长级会议再按照上述四分之三特定多数规则进行投票表决。

此外根据第9条第4款,部长级会议给予某项义务豁免的决定应当对可证明该决定合理的特殊情况、实施豁免的条件以及豁免终止的日期作出陈述。任何豁免的期限超过1年者,应在给予豁免不晚于1年的时间内由部长级会议审议,并在豁免期满前每年审议一次。审议中,部长级会议应审查证明豁免合理性的特殊情况是否仍然存在,以及豁免所附条件是否得以满足。部长会议在年度审议的基础上可以决定延长、修改和终止这项豁免。

《WTO协定》第13条是关于特定成员间义务互不适用的条款。"互不适用"条款在GATT时期已经存在,WTO继承了这一机制。《WTO协定》第13条第1款规定,任何成员在自己成为WTO成员或另一成员成为WTO成员时,如果不同意《WTO协定》及其附件一(指多边贸易协议,包括13个货物贸易协定、服务贸易总协定、与贸易有关的知识产权协定)、附件二(争端解决程序谅解书)在彼此之间实施,则《WTO协定》及其附件一、附件二在这两个特定成员间互不适用。由于按照《WTO协定》第12条第2款的规定,新成员加入WTO应在部长级会议上获得全体成员三分之二多数的同意,第13条的"互不适用"条款主要是为了维护那些不同意新成员加入WTO的三分之二以外成员的利益,以此寻求协定的参加普遍性和灵活性之间的平衡。"互不适用"的要求必须在其中一方正式成为WTO成员之前由申请互不适用的一方向部长级会议提出。此外,根据第13条第2款,过去GATT1947的成员方如果引用过关于"互不适用"的第35条,且在《WTO协定》生效时仍然实施第35条,则当其成为WTO创始成员方时,这种"互不适用"仍然有效。根据第13条第5款,诸边贸易协定的互不适用问题从其协定本身的规定。

二、世界贸易组织关于货物贸易的多边协定

本部分围绕WTO关于货物贸易的多边协定进行阐述。《WTO协定》附件一A包括了13个货物贸易多边协定。其中,GATT1994作为一般性贸易规则继续存在;《反倾销协定》、《补贴与反补贴协定》、《保障措施协定》规定了WTO成员可采用的贸易救济措施;《农业协定》和《纺织品与服装协定》标志着农产品、纺织品这两个发展中成员极为关注的议题回归多边贸易体制的纪律约束;《技术性贸易壁垒协定》、《卫生与动植物检疫措施协定》、《海关估价协定》、《装运前检验协定》、《原产地规则协定》、《进口许可证程序协定》则是关于海关监管中非关税措施的各种单项协定,确立了各个具体领域的技术性纪律;《与贸易有关的投资措施协定》则是涉及投资问题的特殊贸易协定,属于乌拉圭回合的新成果之一。在WTO成立后,又出现了《信息技术产品协定》,以及作为多哈回合早期收获的《贸易便利化协定》,其中前者在法律性质上有别于WTO项下一般的货物贸易多边协定。

其中,《反倾销协定》等关于贸易救济措施的协定在国际贸易实践中地位举足轻重,是本部分介绍的重点。

(一)1994年关税与贸易总协定

尽管WTO取代了GATT,但在乌拉圭回合一揽子协议中,GATT1947并未消亡,而是发展为GATT1994。作为《WTO协定》的附件1A中13个货物贸易多边协定之一,

GATT1994 在 GATT1947 的基础上,包括了四个部分:(1)GATT1947 的各项规定及其后续修正(但不包括过去的 GATT 临时适用议定书,特别是其中规定成员国内立法优先于 GATT1947 第二部分的"祖父条款");(2)《WTO 协定》生效之日前在 GATT1947 项下已实施的以下所列法律文件的条款:各项关税减让议定书或核准书、成员加入议定书(不包括临时适用条款及"祖父条款")、义务豁免决定、缔约方全体的其他决定;(3)关于 GATT1994 若干具体条文的 6 项谅解书;(4)GATT1994 马拉喀什议定书。其中,第二个部分主要涉及各成员具体的各项义务,第一、三、四部分则具有普适性。本章在这里仅介绍第一部分,即 GATT1947 的基本内容。

1947 年关税与贸易总协定共分为四个部分,共 38 条。

第一部分系从第 1 条到第 2 条,主要是关于最惠国待遇原则。第 1 条规定了关贸总协定的普遍最惠国待遇原则及其例外。第 2 条涉及关于关税减让表的众多条款,规定每一缔约方对其他缔约方的贸易所给予的待遇不得低于本协定所附有关减让表中有关部分所规定的待遇,并规定了关税征收的其他注意事项,以及减让表也是本协定第一部分的组成部分。

第二部分系从第 3 条到第 23 条,主要是关于国民待遇原则和各项具体的贸易实体规则。第 3 条规定了国民待遇原则的基本含义;第 4 条规定了关于电影胶片进口的国民待遇例外;第 5 条规定了过境自由及无歧视原则;第 6 条是关于反倾销税和反补贴税的基本规定,该条奠定了乌拉圭回合的《反倾销协定》和《补贴与反补贴协定》的基础;第 7 条规定了海关估价问题,第 8 条规定了进出口规费与手续,第 9 条规定了原产地标记问题,这三条都是关于海关非关税措施的典型条款;第 10 条"贸易法规的公布和实施"是关于透明度义务的条款;第 11 条到第 14 条都是关于数量限制的内容,其中第 11 条规定了数量限制的一般禁止,第 12 条规定为保障国际收支平衡可以例外实施数量限制,第 13 条规定例外实施数量限制也必须遵循非歧视原则,第 14 条规定了非歧视实施数量限制的例外情形;第 15 条规定了关贸总协定与国际货币基金组织之间在外汇管制这一权限交叉事项上的合作关系,防止成员通过外汇管制实施变相的数量限制;第 16 条规定了补贴问题,包括一般补贴与出口补贴问题;第 17 条是关于"国营贸易企业"的特殊法律条款,主要要求被政府授予特许权利的国营企业在国际贸易中应遵循非歧视原则和一般商业惯例;第 18 条标题为"政府对经济发展的援助",主要是照顾那些经济只能维持低生活水平并处于发展初期阶段的发展中成员方,规定其出于发展国民经济的需要,可以为国内幼稚产业实行关税保护,或为国际收支目的而实施数量限制,从而暂时偏离本协定有关条款,并规定了成员获得这种权利的相关程序规则;第 19 条初步规定了保障措施机制,为日后乌拉圭回合通过《保障措施协定》打下了基础;第 20 条是著名的"一般例外"条款,第 21 条是"安全例外"条款,规定成员可出于社会公共利益或国家安全利益需要而偏离本协定规定的各项义务;第 22 条"磋商"与第 23 条"利益的丧失或减损"是关贸总协定下的争端解决条款,对后来乌拉圭回合达成的争端解决程序谅解书产生了影响。

第三部分系从第 24 条到第 35 条,主要是关于区域一体化纪律和协定的程序性问题。其中比较重要的条款有:第 24 条规定关贸总协定的适用对象是"单独关税领土",成员之间边境贸易给予的优惠可以偏离最惠国待遇原则,成员之间可以在一定条件下组建关税同盟、自由贸易区等区域贸易集团;第 25 条"缔约方的联合行动"规定了关贸总协定的主要决策程序以及协定义务豁免程序;第 33 条是关于协定的加入条件和程序;第 35 条是关于关贸总定在特定成员间"互不适用"的条款,这一机制后来被《WTO协定》继续沿用并加以发展。

第四部分系从第36条到第38条,标题为"贸易与发展",是肯尼迪回合的产物。该部分基于发展中成员的需要,确立了促进欠发达成员的国民经济和对外贸易发展的基本指导思想,规定了关于欠发达成员的一些特殊安排,特别是初步确立了"非互惠"概念,即发达成员在与欠发达成员的关税减让和其他壁垒削减的谈判中,不应期望获得互惠。

(二)《反倾销协定》

1.反倾销国际立法简史

倾销是国际贸易中的一种常见现象,通常指一国出口商以低于正常价值的价格,将商品出口到进口国市场的行为。由于出口商在本国国内市场和进口国市场上分别实行不同的价格,故倾销是一种价格歧视行为。客观而论,有些倾销行为具有企业经济理性的特征。但如果出口商为了恶意排挤竞争对手,谋求占领进口国市场较大份额,这样的低价销售行为通常被认为是一种不正当竞争,扰乱国际贸易的公平秩序。对此,各国多采取反倾销措施加以制止。

早期,反倾销作为一种政府管理行为,由各国国内立法加以规定。世界上第一个反倾销国内法案是1904年加拿大反倾销法,并迅速得到众多欧美国家的仿效。反倾销措施固然具有制止不公平竞争的作用,但如果滥用就会严重抑制外国商品的正当进口,蜕变成事实上的贸易保护工具。二战刚刚结束之际,各国贸易保护主义还很盛行。为避免反倾销的滥用,谋求各国反倾销纪律的规范化和统一化,关贸总协定开始致力于将反倾销事务提高到国际层面加以调整。GATT1947第6条"反倾销税与反补贴税"第一次概括性规定了倾销与反倾销税的概念、倾销的构成条件等,这为后来关贸总协定对反倾销纪律的后续发展奠定了基础。但该条款仍然只是一个粗糙笼统的原则性规定,对于确定正常价值的具体方法、构成国内产业损害的标准、倾销和损害之间的因果关系标准以及反倾销调查程序各个环节、反倾销税的具体征收等都没有具体的规定。实践中,各国国内关于反倾销的立法与司法实践存在大量不一致,在贸易保护主义操控下对国际贸易正常秩序构成了较大干扰,这就使得多边贸易体制反倾销纪律的加强势在必行。

关贸总协定肯尼迪回合出台了世界上第一个反倾销专门协议,即《1967年执行总协定第6条的协定》,重点对倾销的概念、倾销实质损害的标准以及反倾销的发起程序等内容加以充实和发展,由成员方选择加入。[①] 由于70年代以后世界范围内贸易保护主义势头大大加强,东京回合开始集中讨论非关税措施问题,并达成了《1979年反倾销守则》这一成果,对前述《1967年执行总协定第6条的协定》作了进一步发展,但性质仍然是诸边协定。由于上述两个协定的约束范围有限,且相关纪律仍然不够完善,乌拉圭回合继续致力于反倾销规则的谈判,并最终达成了《关于实施1994年关税与贸易总协定第6条的协定》(以下简称《反倾销协定》)。由于该协定属于乌拉圭回合一揽子协议的组成部分,因此在约束范围上真正实现了普遍化。

2.WTO《反倾销协定》的主要内容

《反倾销协定》共包括18条,分为三个部分,此外还有两个附件。第一部分是该协定的主干部分,包括反倾销的主要实体性条款和程序性条款;第二部分规定了反倾销措施委员会

---

① 参见曹建明、贺小勇著:《世界贸易组织》,法律出版社2004年版,第122~123页。

的机构职能、权限以及成员间关于本协定的争端解决的内容;第三部分是最后条款,规定了若干杂项内容。附件 1 是关于现场调查程序的规定,附件 2 是关于有关利害方不予配合时按最佳资料进行反倾销调查的程序。

(1)实施反倾销措施的实体要件

根据《反倾销协定》的规定,进口方成员政府欲实施反倾销措施,必须证明三个基本条件的存在:倾销的存在、国内产业的损害、倾销与损害之间的因果关系。

①倾销的确定

关于倾销的概念,《反倾销协定》第 2 条规定:如一产品自一国出口至另一国的出口价格低于在正常贸易过程中出口国供消费的同类产品的可比价格,即以低于正常价值的价格进入另一国的商业,则该产品被视为倾销。根据此定义,欲确定倾销的存在,就必须首先确定货物的正常价值与出口价格,然后再根据一定规则对两者进行比较。

确定"正常价值"是反倾销行动的核心工作之一。如倾销定义所述,正常价值通常是指同类产品在出口国国内市场上在正常贸易过程中以通常的商业数量销售的市场价格。在这里有几个措辞首先需要澄清:"同类产品"(like products),根据《反倾销协定》第 2 条第 6 款的规定,本协定所用"同类产品"一词应解释为指相同的(identical)产品,即与被考虑中的产品在各方面都相同的产品,或如果无此种产品,则为尽管并非在各方面都相同,但具有与被考虑中的产品极为相似特点的另一种产品。"正常贸易过程",《反倾销协定》规定:同类产品以低于单位生产成本加管理、销售和一般费用的价格在出口国国内市场的销售或对一个第三国的销售,只有在进口国主管机关确定此类销售属在一持续时间内以实质数量、且以不能在一段合理时间内收回成本的价格进行时,方可以价格原因将其视为未在正常贸易过程中进行的销售,且可在确定正常价值时不予考虑。实践中对此多理解为主要针对关联企业之间的非正常定价行为而言。①

但是,同类产品可能根本不在出口国的国内市场上销售,或者销售的条件不能反映出成本,或者是数量很小而不可能进行公平的比较。② 如果是这样,《反倾销协定》规定了两种替代办法:一是"第三国出口价格",指同类产品出口至一个适当的第三国的可比价格,且该价格具有代表性;二是"结构价格",指在出口国的生产成本基础上,加上合理金额的管理、销售和一般费用以及利润来确定有关产品的正常价值。管理、销售和一般费用以及利润的金额原则上应依据被调查的出口商或生产者在正常贸易过程中生产和销售同类产品的实际数据。

"出口价格"通常指进口商在正常贸易过程中为购买有关产品而向出口商支付的价格。如特殊情况下不存在出口价格或由于出口商与进口商或第三者之间的联合或补偿性安排而使出口价格不可靠,则出口价格可在进口产品首次转售给一独立购买者的价格基础上推定,或如果该产品未转售给一独立购买者或未按进口时的状态转售,则可在进口国主管机关确定的合理基础上推定。

《反倾销协定》规定,对出口价格和正常价值应进行公平比较。正常价值与出口价格之

---

① 参见曹建明、贺小勇著:《世界贸易组织》,法律出版社 2004 年版,第 124~125 页。
② 世界贸易组织秘书处编:《乌拉圭回合协议导读》,索必成、胡盈之译,法律出版社 2000 年版,第123 页。

间的差额称为倾销幅度,是衡量倾销程度的基本指标,也是反倾销税征收额度的直接依据。在计算上,倾销幅度通常体现为正常价值与出口价格之差除以出口价格的百分比。出口价格和正常价值的比较应在"相同贸易水平"上进行,通常在出厂前的水平上进行,且应尽可能针对在相同时间进行的销售,还应根据每一案件的具体情况,适当考虑其他影响价格可比性的差异。在遵守上述关于公平比较规定的前提下,通常应在对加权平均正常价值与全部可比出口交易的加权平均价格进行比较的基础上确定倾销幅度的存在,或在"具体交易对具体交易"的基础上对正常价值与出口价格进行比较而确定。只有在特殊情况下,在加权平均基础上确定的正常价值才可以与单笔出口交易的价格进行比较。

这里值得注意的是,《反倾销协定》第 2 条第 7 款规定,GATT1994 附件 I 中对第 6 条第 1 款的第 2 项补充规定仍然有效。该特殊规定的基本精神是:对正常价值与出口价格进行比较的上述方法对于"非市场经济国家"并不必然适用。尽管这一条款并未界定何为"市场经济国家",也没有给出如何确定"非市场经济国家"产品的正常价值的具体方法,但事实上已经允许进口国政府采用其他方法来确定"非市场经济国家"产品的正常价值。实践中,欧美国家常常采用所谓的"替代国价格",即寻找一个经济发展水平与非市场经济的出口国相类似的市场经济国家,以这个国家生产的同类产品的国内销售价格或生产成本为基础来确定正常价值,但在选择"替代国"的时候又表现出相当大的随意性或不可预测性,往往导致"正常价值"偏高从而人为提高倾销幅度,达到多征收反倾销税以实现贸易保护的目的。根据中国入世议定书第 15 条,中国自 2001 年 12 月成为 WTO 正式成员时起 15 年内被有条件认定为"非市场经济国家",在各国针对中国产品的反倾销措施中深受"替代国价格"的困扰。但值得鼓舞的是,目前已有一些自由贸易协定(FTA)伙伴国积极承认中国市场经济地位。尽管根据入世议定书的上述约定,中国所谓的"非市场经济地位"应当于 2016 年 12 月 11 日到期。但由于美国、欧盟、日本的强烈反对,中国并未自动获得市场经济地位。对于美国、欧盟拒绝承认中国的市场经济地位而依然对中国采取反倾销调查"替代国"的做法,中国已于 2016 年 12 月 12 日向 WTO 提出申诉,此次申诉预计需要耗上 2～3 年的时间。

②损害的确定

在这里,"损害"指对进口国国内产业的损害。根据《反倾销协定》,"国内产业"通常是指同类产品的国内生产者全体,或指总产量构成同类产品国内总产量主要部分的国内生产者。损害包括三种不同的可能后果,一是对国内产业构成实质损害,二是对国内产业构成实质损害威胁,三是对进口方建立国内生产同类产品的产业构成实质阻碍。

在"实质损害"的确定方面,根据《反倾销协定》,对损害的确定应依据肯定性证据,并应包括对下述内容的客观审查:(a)倾销进口产品的数量和倾销进口产品对国内市场同类产品价格的影响,以及(b)这些进口产品随之对此类产品国内生产者产生的影响。关于倾销进口产品的数量,调查主管机关应考虑倾销进口产品的绝对数量或相对数量是否大幅增加;关于倾销产品进口对价格的影响,调查主管机关应考虑与进口成员同类产品的价格相比,倾销进口产品是否大幅削低价格,或是否在很大程度上抑制价格提高。关于倾销进口产品对国内产业影响的审查,应包括对影响产业状况的所有相关经济因素和指标的评估,包括销售、利润、产量、市场份额、生产力、投资收益或设备利用率实际和潜在的下降;影响国内价格的因素;倾销幅度大小;对现金流动、库存、就业、工资、增长、筹措资金或投资能力的实际和潜在的消极影响。《反倾销协定》还规定了关于损害的"累积评估"的条件。累积评估是指,当进口国国内市场存在来自一个以上的出口国的某一进口产品时,进口国主管当局可以在一定条件下对这些进口产品对本国产业的影响进行综合评估,以确定对该产品是否启动反倾销措施。

在"实质损害威胁"的确定方面,根据《反倾销协定》,对实质损害威胁的确定应依据事实,而不是仅依据指控、推测或极小的可能性。倾销将造成损害发生的可能性必须是能够明显预见且迫近的。在做出有关存在实质损害威胁的确定时,主管机关应特别对下列因素进行整体考虑:倾销进口产品进入国内市场的大幅增长率,表明进口实质增加的可能性;出口商对进口国市场拥有的出口能力;进口产品是否以将对国内价格大幅度抑制或压低的价格进入,是否会增加对更多进口产品的需求;被调查产品的库存情况。但无论如何,对于倾销进口产品造成损害威胁的情况,实施反倾销措施的考虑和决定应特别慎重。

在"实质阻碍"的确定方面,《反倾销协定》没有给出具体的界定。

③倾销与损害之间的因果关系

根据《反倾销协定》,证明倾销进口产品与对国内产业损害之间存在因果关系,应以进口国主管机关得到的所有相关证据为依据。主管机关还应审查除倾销进口产品之外的、同时正在损害国内产业的任何已知因素,这些其他因素造成的损害不得归因于倾销进口产品。在这方面可能有关的因素特别包括:未以倾销价格销售的进口产品的数量和价格、需求的减少或消费模式的变化、外国与国内生产者的限制贸易的做法及它们之间的竞争、技术发展以及国内产业的出口实绩和生产率。

(2)反倾销的主要程序性条款

《反倾销协定》的程序性条款数量众多,内容丰富。限于篇幅,这里仅择其要说明。

①申请人资格

根据《反倾销协定》,反倾销调查通常应在收到由国内产业或代表国内产业提出的书面申请后发起;但在特殊情况下,如进口国主管机关具有关于倾销、损害和因果关系的充分证据,也可主动发起调查。

申请人须具备一定的法定条件,否则主管机关不得发起调查。如支持反倾销申请的国内生产者的总产量构成表示支持或反对申请的(即作出表态的)国内同类产品生产者生产的同类产品总产量的50%以上,则该申请应被视为"由国内产业或代表国内产业提出"。但是,如表示支持申请的国内生产者的总产量不足国内产业生产的同类产品总产量的25%,则不得发起调查。

②反倾销调查

主管机关应审查申请中提供的证据的准确性和充分性,以确定发起调查的正当性。主管机关如确信不存在有关倾销或损害的足够证据,即应拒绝申请,且调查应迅速终止。

反倾销调查存在"微量不计"规则。根据《反倾销协定》,如主管机关确定倾销幅度属微量,或倾销进口产品的实际或潜在的数量或损害可忽略不计,则应立即终止调查。具体而言,如倾销幅度按出口价格的百分比小于2%,则该幅度应被视为属微量。如来自一特定国家的倾销进口产品的数量被查明占进口成员中同类产品进口的不足3%,则该倾销进口产品的数量通常应被视为可忽略不计,除非占进口成员中同类产品进口不足3%的若干国家的进口量合计超过该进口成员中同类产品进口的7%。

反倾销程序不得妨碍进口货物的通关程序。反倾销调查原则上应在发起后1年内结束,特殊情况下也不能超过 18 个月。

③裁决与审查

经过反倾销调查之后,进口国主管当局便须作出裁定。裁定分为初步裁定与最终裁定。初步裁定是指主管当局在一定的调查基础上作出的关于进口产品是否构成倾销或损害的初步结论,其法律意义在于如果作出肯定性结论,那么主管当局可以视情况决定对进口产品采取反倾销临时措施,或要求出口商实行价格承诺。最终裁定是指主管当局最终作出进口产品构成倾销或损害的肯定性结论并作出对其征收反倾销税的最终决定。

对于主管当局决定采取的反倾销措施,《反倾销协定》设置了行政复审与司法审查机制。行政复审是指:反倾销税应仅在抵消造成损害的倾销所必需的时间和限度内实施。对于继续征收反倾销税的必要性,主管机关在有正当理由的情况下可自行复审,或在最终反倾销税的征收已经过一段合理时间后,应任何利害关系方请求进行复审。如作为复审的结果,主管机关确定反倾销税已无正当理由,则反倾销税应立即终止。行政复审应迅速进行,且通常应在自开始之日起 12 个月内结束。以上规定原则上也同样适用于主管当局要求出口商采取的价格承诺措施。

司法审查是指:根据《反倾销协定》第 13 条,具有国内反倾销立法的每一成员均应设有司法、仲裁或行政的裁判庭或程序,对反倾销主管当局的最终裁定及其行政复审决定进行司法性质的迅速审查。此类法庭或程序应独立于作出反倾销最终裁定及其行政复审决定的主管机关。进口国主管当局关于反倾销措施的决定是一种行政行为,为避免主管当局行政权的专横或滥用,设立司法审查机制十分必要,这也是《反倾销协定》在国际贸易法治化方面做出的重要贡献。

④临时措施与价格承诺

在已发起调查、发出公告且已给予利害关系方提交信息和提出意见的充分机会的前提下,如果进口国主管机关已经作出关于倾销和损害的肯定性的初步裁定,则为了防止进口产品在调查期间造成损害,可以采取临时反倾销措施。临时措施可采取征收临时税、现金保证金或保函等形式,其金额等于临时估算的反倾销税的金额,但不高于临时估算的倾销幅度。临时措施不得在发起调查之日起 60 天内实施。临时措施的实施应限制在尽可能短的时间内,通常不超过 4 个月。

另外,如果进口国主管机关已经作出关于倾销和损害的肯定性的初步裁定,还可以采取要求出口商作价格承诺的办法。价格承诺可由进口国主管机关提议,但不得强迫出口商做出此类承诺。如收到出口商关于修改其价格或停止以倾销价格出口的令人满意的自愿承诺,从而使主管机关确信倾销的损害性影响已经消除,则调查程序可以中止或终止,而不采取临时措施或征收反倾销税。根据此类承诺的提价不得超过抵消倾销幅度所必需的限度。如提价幅度小于倾销幅度即足以消除对国内产业的损害,则该提价幅度是可取的。如价格承诺被接受,如果出口商希望或主管机关决定,关于倾销和损害的调查仍应完成。在此种情况下,如做出关于倾销或损害的否定性裁定,则价格承诺即自动失效。

价格承诺被接受后,进口国主管机关可要求有关出口商定期提供有关履行该承诺的信息,并允许核实有关数据。如出口商违反承诺,则主管机关可根据本协定的相应规定采取迅速行动,包括使用可获得的最佳信息立即实施临时措施。在此类情况下,可依照本协定对在实施此类临时措施前 90 天内进口的产品征收最终税,但此追溯课征不得适用于在违反价承诺之前已入境的进口产品。

⑤反倾销税的征收

在所有征收反倾销税的要求均已满足的情况下,由进口国主管机关做出是否征税以及征税金额的决定。如最终裁定为否定性的,则在实施临时措施期间所交纳的现金保证金应迅速予以退还,任何保函应迅速予以解除。如决定对进口产品征收反倾销税,则应对已被认定倾销和造成损害的所有来源的进口产品在非歧视基础上收取适当金额的反倾销税。反倾销税的纳税义务人是进口商而非出口商。

反倾销税应仅在抵消造成损害的倾销所必需的时间和限度内实施。因此,反倾销税的金额不得超过倾销幅度,如反倾销税小于倾销幅度即足以消除对国内产业的损害,则该反倾销税是可取的;反倾销税的征收期限为自决定征收之日起最多5年,除非主管当局的行政复审决定有必要维持反倾销税。初裁后的临时反倾销税与终裁后的最终反倾销税之间的关系按照"多退少不补"的方式处理,即如果前者税率高于后者则多交税额应予退还,如果前者税率低于后者则少交税额不必再补。

最后,《反倾销协定》还规定了反倾销税的追溯征收问题。原则上,反倾销税仅对在作出的决定生效之后进口的产品适用,但是特殊情况下可以追溯征收。在作出进口产品构成损害或损害威胁(但如无临时措施将会导致对倾销进口产品的影响作出损害裁定)的最终裁定的情况下,如果主管当局先前已经采取了临时反倾销措施,则反倾销税可对已经实施临时措施的期间追溯征收。此外,如主管机关根据协定有关条款确定有必要,则最终反倾销税还可对在实施临时措施之日前90天内进口供消费的产品追溯征收。这显然是针对出口商在进口国主管当局发起调查之后、作出临时措施之前抢先大量出口倾销产品的可能性。但无论如何,不得对调查发起之日前进口供消费的产品根据上述规定进行追溯征税。

(三)补贴与反补贴措施协定

同样都是针对不公平竞争行为,WTO《补贴与反补贴措施协定》(以下简称《反补贴协定》)与《反倾销协定》旨趣相通,特别是《反补贴协定》第五部分关于反补贴措施与调查程序的众多条款与《反倾销协定》有关规则十分相似。因为这两种措施都适用于同一条款——GATT第6条,需要解决的问题在很大程度上是一样的。[①]两个协定差异比较明显的部分在于各自关于倾销和补贴的实体条款。因此,本部分主要介绍《反补贴协定》关于补贴的实体性规定。

1. 补贴的定义

《反补贴协定》第一部分是《总则》,规定了补贴的定义和"专向性"(specificity)问题。

根据《反补贴协定》,补贴具有以下三个特征:(1)该行为由政府或公共机构作出;(2)该行为是一种财政性资助;(3)该行为授予了本方企业一项利益。

协定对"财政资助"的具体形式作了列举:(i)涉及资金的直接转移(如赠款、贷款和投股)、潜在的资金或债务的直接转移(如贷款担保)的政府措施;(ii)放弃或未征收在其他情况下应征收的政府税收(如税收抵免之类的财政鼓励);(iii)政府提供除一般基础设施外的货物或服务,或购买货物;(iv)政府向一筹资机构付款,或委托或指示一私营机构履行以上

[①]　详见世界贸易组织秘书处编:《乌拉圭回合协议导读》,索必成、胡盈之译,法律出版社2000年版,第145~148页。

(i)至(iii)列举的一种或多种通常应属于政府的职能,且此种做法与政府通常采用的做法并无实质差别;或者,存在 GATT1994 第 16 条意义上的任何形式的收入或价格支持。

2. 补贴的"专向性"

然而,并非所有补贴行为均属《反补贴协定》规制的对象。按照《反补贴协定》,通常只有针对具备"专向性"特征的补贴才受制于本协定纪律的约束,WTO 成员才能对此采取一定的反对行动。所谓"专向性",指成员方政府有选择有差别地给予本方特定企业或产业以补贴。之所以如此设定规则,是因为多边规则只管理在一国经济中造成资源分配扭曲的补贴,而非专向性补贴是普遍采用的,被认为不会造成此类扭曲。[①]

对专向性的确定应依据肯定性证据明确证明。对《反补贴协定》有关条款进行归纳,以下特征的补贴被视为具备"专向性":

(1)授予机关或有关立法明确地只允许将补贴给予某些企业;

(2)授予机关或有关立法制定了关于获得补贴资格和补贴数量的客观标准或条件,但事实上企业即便满足了这些标准或条件也不能自动获得补贴资格;

(3)根据上述两项要求,表面上似乎表现为非专向性补贴,但是有理由认为可能事实上属专向性补贴,例如只有有限数量的某些企业使用补贴计划、给予某些企业不成比例的大量补贴,以及授予机关在作出补贴决定时拥有较大自由裁量权;

(4)仅限于针对指定地理区域的某些企业的补贴;

(5)属于本协定第 3 条规定范围内的"禁止性补贴",包括与出口实绩或使用国产投入物相联系的补贴。

根据上述规定,专向性可被划分为三种类型:企业或产业专向性、地区专向性、禁止性补贴。

3. 三种类型补贴及各自的合法性

如上所述,非专向性补贴不属于本协定纪律的约束范围,禁止性补贴肯定属于专向性补贴,但专向性补贴却未必都是禁止性补贴。除了禁止性补贴之外,还有其他类型的专向性补贴受制于本协定纪律,其合法性须视相关条款而定。在这个问题上,《反补贴协定》采用了类似于交通信号灯系统的做法,将某些不大可能对贸易造成损害的补贴称为"绿灯"(green)补贴,又称为"不可诉补贴";将一些有明显损害作用因而不能使用的补贴称为"红灯"(red)补贴,又称为"禁止性补贴";其余补贴就被称为"黄灯"(amber)补贴,只有在被认为造成了不利影响时才受到质疑,又称为"可诉性补贴"。

(1)禁止性补贴

按照《反补贴协定》第二部分,除《农业协定》的规定外,下列补贴应予禁止:一是"出口补贴",指法律或事实上视出口实绩为唯一条件或多种其他条件之一而给予的补贴,包括附件 1 例示清单中列举的各种补贴;二是"进口替代补贴",指视使用国产货物而非进口货物的情况为唯一条件或多种其他条件之一而给予的补贴。这两种补贴事实上都是为了鼓励本方企业多对外出口或多使用国产货物,显然对其他成员的贸易利益有直接的不利影响,因而被禁止。

---

① 参见世界贸易组织秘书处编:《乌拉圭回合协议导读》,索必成、胡盈之译,法律出版社 2000 年版,第 140 页。

（2）可诉性补贴

按照《反补贴协定》第三部分,除了按《农业协定》第13条规定的对农产品维持的补贴之外,可诉性补贴指那些既不被禁止、又不能自动免于质疑的补贴,其存在被诉或被征收反补贴税的潜在可能性,但这样做必须满足必要的条件。任何成员不得通过使用任何专向性补贴而对其他成员的利益造成不利影响,这些不利影响包括:(a)损害另一成员的国内产业;(b)使其他成员在 GATT1994 项下直接或间接获得的利益丧失或减损,特别是在 GATT1994 第2条下约束减让的利益;(c)严重侵害另一成员的利益。

第6条进一步界定了何为"严重侵害"。在下列情况下,应视为存在严重侵害:(a)对一产品从价补贴的总额超过5％;(b)用以弥补一产业的经营亏损的补贴;(c)用以弥补一企业的经营亏损的补贴,但如果补贴是一次性措施,且目标着眼于长远的结构性改革以避免尖锐社会问题的除外;(d)直接免除政府持有的债务,以及用以偿债的赠款。

在这方面,《反补贴协定》的一个重要特征是实行举证责任转移。GATT 过去的经验表明,要证明补贴产生某一特定后果是很困难的,但是现在如果能够证明补贴是以上述四种严重形式之一出现的,那么这就成立一个"可反驳的推定",可以初步认为存在严重侵害,下一步要由提供补贴的成员证明其补贴并没有造成严重侵害。[①] 按照协定的规定,如提供补贴的成员证明所涉补贴并未造成下列任何影响,则不得视为存在严重侵害:(a)补贴的影响在于取代或阻碍另一成员同类产品进入提供补贴成员的市场;(b)补贴的影响在于在第三国市场中取代或阻碍另一成员同类产品的出口;(c)补贴的影响在于与同一市场中另一成员同类产品的价格相比,补贴产品造成大幅价格削低、价格抑制或销售损失;(d)补贴的影响在于与以往3年期间的平均市场份额相比,提供补贴的成员的某一受补贴初级产品的世界市场份额增加,且此增加在给予补贴期间呈一贯的趋势。

最后需注意,第6条关于"严重侵害"的上述界定,不适用于按《农业协定》第13条规定对农产品维持的补贴。

（3）不可诉补贴

按照《反补贴协定》,非专向性补贴肯定属于不可诉补贴。但不可诉补贴还包括以下三种类型:(a)研发补贴。对公司进行研究活动的援助,或对高等教育机构或研究机构与公司签约进行研究活动的援助,如果援助涵盖不超过工业研究成本的75％或竞争前开发活动成本的50％;(b)地区发展补贴。按照地区发展总体框架对一成员领土内落后地区的援助,且在符合条件的地区内属非专向性;(c)环保补贴。为促进企业现有设施适应法律法规实行的新的环境要求而提供的援助,原则上只要此种援助是一次性的临时措施,且限于适应所需费用的20％,且能够适应新设备、新生产工艺的企业均可获得。

不过,尽管不可诉补贴不能在 WTO 中被诉或被其他成员采取反补贴措施,但《反补贴协定》仍然规定,如果一成员有理由认为有关补贴计划已导致对其国内产业的严重不利影响,例如造成难以补救的损害,则该成员可请求与授予该补贴的成员进行磋商。授予补贴的成员应尽快进行此类磋商。如在提出磋商请求后60天内,磋商未能达成双方接受的解决办法,则提出磋商请求的成员可将此事项提交补贴与反补贴措施委员会。委员会应立即审议

---

① 参见世界贸易组织秘书处编:《乌拉圭回合协议导读》,索必成、胡盈之译,法律出版社 2000 年版,第 143～144 页。

有关事实和证据。如委员会确定存在此类影响,则可建议提供补贴的成员修改该计划,以消除这些影响。委员会应在 120 天内作出结论。如建议在 6 个月内未得到遵守,则委员会应授权提出请求的成员采取与有关不利影响的程度和性质相当的反措施。

由于不可诉补贴事实上仍然或多或少会对其他成员的贸易利益发生影响,乌拉圭回合《反补贴协定》的原文第 31 条规定,关于不可诉补贴的规定自 1995 年 1 月 1 日起临时适用五年,在即将到期之前由委员会讨论是否加以修改。但五年期限届满之际,各方未能达成共识,因此从 2000 年 1 月 1 日起,不可诉补贴已经不复存在。

4. 其他事项

《反补贴协定》的内容极为丰富。除了上述关于补贴的实体条款之外,还有若干方面需要注意。

对于补贴行为,成员既可以在国内发起反补贴调查、采取反补贴措施,也可以提交WTO 进行争端解决。在 WTO 争端解决程序方面,禁止性补贴、可诉性补贴和不可诉补贴的相关条款有一定区别。不可诉补贴的相关条款已如前述。禁止性补贴与可诉性补贴相关条款的差异主要在于:前者不要求证明损害,而后者要求申诉方须初步证明有关补贴形式构成"严重侵害"。此外,基于禁止性补贴的消极后果,在关于禁止性补贴的 WTO 争端处理程序中,各种规定时限比其他一般案件明显要短,而关于可诉性补贴的各种时限则相对较长。

《反补贴协定》的调查程序条款与《反倾销协定》极为相似,但也有一些差别,例如"微量不计"的标准有所不同,反补贴措施中的价格承诺有出口方政府承诺的形式,等等。

最后,鉴于财政补贴在发展中成员的国民经济发展中发挥着重要作用,《反补贴协定》还为发展中成员方规定了不少特殊与差别待遇的条款,这集中体现在协定的第八部分"发展中国家成员"和第九部分"过渡性安排"。

(四)保障措施协定

1. 保障措施国际立法简史

在 WTO 法中,保障措施与反倾销、反补贴一起构成关于贸易救济措施的法律体系。但与反倾销、反补贴针对不公平贸易行为不同的是,保障措施通常是有条件地针对正常贸易行为,旨在为成员方政府为保障本国产业利益而设置一种贸易"安全阀",赋予其在特殊情形下可免除原先承担的贸易自由化义务的权利。这种"保障条款"在各国国内法以及国际贸易协定中由来已久,美国在这方面的实践最为突出。GATT1947 的第 19 条表明保障条款在多边层面上正式亮相,其基本沿袭了美国对外贸易协定的相关内容。贸易自由化总是有风险的,由于这种"安全阀"机制的存在,各国才能在千变万化、错综复杂的国内外经济形势中放手进行贸易自由化的谈判。

但是,GATT1947 第 19 条只是一个框架性的规定,若干措辞和用语存在模糊性,导致实践中存在一些漏洞。另外,GATT 原则上禁止成员使用数量限制,而援引第 19 条的保障措施机制又需要满足相关条件且有义务进行补偿性谈判,于是实践中所谓的"灰色区域措施"例如"自愿出口限制"、"有序销售安排"等大量出现,这成为 GATT 时期多边贸易体制软弱性的一大重要标志。鉴此,乌拉圭回合对保障措施规则进行了重新谈判,并最终达成了《保障措施协定》,作为一揽子协议成果的一部分,其澄清和加强了 GATT 第 19 条的纪律,同时正式废止了各种"灰色区域措施"。

2.《保障措施协定》的主要内容

（1）保障措施的实施条件

根据《保障措施协定》第2条第1款，成员方政府对进口产品采取保障措施须满足下列条件：（a）正在进口至其领土的一产品的数量与国内生产相比绝对或相对增加；（b）上述进口增加对生产同类或直接竞争产品的国内产业造成严重损害或严重损害威胁。我们可以将上述条件概括为"进口增加"、"对国内产业的损害"以及"因果关系"。

首先，这里的"进口增加"并非指进口产品的正常平稳增加，而是指一种短期内急剧的突发性增加，从而产生冲击进口方国内产业的可能性。增加包括绝对增加和相对增加，绝对增加指进口产品的进口数量在绝对值上发生增长，相对增加指进口产品的进口数量虽未发生绝对值上的显著增长，但在进口方国内的市场份额显著上升，而进口方国内相同产品的市场份额显著下降。

其次，"对国内产业的损害"也存在具体界定。根据《保障措施协定》，这里的"国内产业"应理解为指一成员领土内进行经营的同类产品或直接竞争产品的生产者全体，或指同类产品或直接竞争产品的总产量占这些产品全部国内产量主要部分的生产者。"严重损害"应理解为指对一国内产业状况的重大全面减损。"严重损害威胁"应理解为指明显迫近的严重损害。对存在严重损害威胁的确定应根据事实，而非仅凭指控、推测或极小的可能性。在根据本协定确定增加的进口是否对一国内产业已经或正在威胁造成严重损害的调查中，主管机关应评估影响该产业状况的所有相关的客观和可量化的因素，特别是有关产品按绝对值和相对值计算的进口增加的比率和数量，增加的进口所占国内市场的份额，以及销售水平、产量、生产率、设备利用率、利润和亏损及就业的变化等。

最后，在"进口增加"与"对国内产业的损害"之间的因果关系上，根据《保障措施协定》，调查须根据客观证据证明：有关产品增加的进口与严重损害或严重损害威胁之间存在因果关系。如增加的进口之外的因素正在同时对国内产业造成损害，则此类损害不得归因于增加的进口。

这里需要特别指出的是，作为《保障措施协定》的基础，GATT第19条第1款（a）项规定："如因未预见的情况和一缔约方在本协定项下负担包括关税减让在内义务的影响，进口至该缔约方领土的产品数量增加如此之大且情况如此严重，以致对该领土内同类产品或直接竞争产品的国内生产者造成严重损害或严重损害威胁，则该缔约方有权在防止或补救此种损害所必需的限度和时间内，对该产品全部或部分中止义务或撤销或修改减让。"在GATT这一条款中，指明成员方采取保障措施应满足两个前提条件：（a）未预见的情况；（b）一缔约方在GATT项下负担包括关税减让在内义务所导致。但是，GATT第19条第1款（a）项关于"未预见情况"和"承担本协定项下义务"的要求在《保障措施协定》第2条第1款中并未再次出现。那么这两个要求是否仍然适用，学界颇有不同看法。[1] 但WTO争端解决机构在有关司法实践中坚持认为上述两个要求仍然有效。[2]

---

[1]　See for examples，Felix Mueller，Is the General Agreement on Tariffs and Trade Article XIX "unforeseen developments clause" still effective under the Agreement on Safeguards? Journal of World Trade，Vol.37，No.6，2003，pp.1119～1151；Yong-Shik Lee，Continuing Controversy on "Unforeseen developments"-Reviwer's Note，Journal of World Trade，Vol.37，No.6，2003，pp.1153～1157.

[2]　参见程红星著：《WTO司法哲学的能动主义之维》，北京大学出版社2006年版，第83～98页。

（2）保障措施的实施方式

保障措施可采用数量限制、提高关税、关税配额等具体手段。但无论采取何种手段，一成员应仅在防止或补救严重损害并便利调整所必需的限度内实施保障措施。就数量限制而言，其不得使进口量减少至低于最近一段时间的水平，该水平应为可获得统计数字的、最近3个代表年份的平均进口，除非提出明确的正当理由表明为防止或补救严重损害而有必要采用不同的水平。就配额而言，拟采取保障措施的成员可寻求与具有实质利益的所有其他供应成员达成配额分配的协议。如果该方法并非合理可行，进口成员应根据具有实质利益的供应成员在以往一代表期内的供应量占该产品进口总量或进口总值的比例，将配额分配给此类成员，同时适当考虑其他相关特殊因素。

此外，《保障措施协定》还规定了特殊情况下的临时保障措施机制。在迟延会造成难以弥补的损害的紧急情况下，一成员可根据存在明确证据表明增加的进口已经或正在威胁造成严重损害的初步裁定，采取临时保障措施。临时措施的期限不得超过200天，在此期间应满足第2条至第7条和第12条适用于正式保障措施的有关要求，且该期限应计为正式保障措施的期限的一部分。此类临时措施应采取提高关税的形式，如随后进行的调查未能确定增加的进口对一国内产业已经造成或威胁造成严重损害，则提高的关税应予迅速退还。

最后，保障措施的实施应遵行非歧视原则。协定第2条第2款规定："保障措施应针对一正在进口的产品实施，而不考虑其来源。"也就是说，保障措施应对所有出口成员方的产品一视同仁地采取，而不得只针对其中个别出口成员方的产品。但《保障措施协定》第5条第2款（b）项允许进口成员在特殊情况下可以歧视性地分配配额，只是不允许在仅有"严重损害威胁"的情况下使用。

（3）保障措施的实施期限

保障措施作为一种紧急状况下的贸易救济措施，应以国内产业结构调整和加强国际竞争力为最终目标，而不是限制正常的国际贸易。为此，《保障措施协定》第7条设置了实施期限和逐步放宽限制的机制。

首先，进口成员原则上仅应在防止或补救严重损害和便利调整所必需的期限内实施保障措施。一般情况下实施期限不得超过4年，除非进口成员主管机关确定保障措施对于防止或补救严重损害仍然有必要，且有证据表明国内相关产业正在进行调整，且关于协定第8条关于补偿性谈判与第12条关于通知和磋商的规定得到遵守，则可以延长期限。但无论如何，一保障措施的全部实施期，包括任何临时措施的实施期及任何延长，总计不得超过8年。延长的保障措施不得比在最初期限结束时的保障措施更加严格。

其次，保障措施在实施期内应逐步放宽。在一项保障措施的预计期限超过1年的情况下，为便利国内产业调整以适应日后国际竞争，实施该措施的成员应在实施期内按固定时间间隔逐渐放宽该措施。如措施的实施期限超过3年，则实施该措施的成员应在不迟于该措施实施期的中期进行审议，视情况应撤销该措施或加快放宽速度。

再次，同一产品的前后保障措施之间应有间隔期。成员对于在《WTO协定》生效之日后已经受过保障措施约束的某一进口产品，在与先前实施保障措施的期限相等的期限内，不得对其再次实施保障措施，但无论如何，此种不适用期至少为2年。尽管有上述规定，但如果针对某一进口产品的保障措施的实施期限等于或少于180天，且自采用该保障措施之日前的 5 年内,该措施未对同一产品实施 2 次以上,则自对该进口产品采用保障措施之日起 1 年之后,仍可对该产品再次实施保障措施,但期限仍不得超过 180 天。

(4)保障措施的补偿性谈判

尽管出于维护进口国国内产业的根本利益需要,但保障措施终究针对的是外国产品的正常贸易行为,对于具有比较优势的出口国而言毕竟是一种带有不公平色彩的抑制。为此,《保障措施协定》设置了补偿性谈判机制。拟实施保障措施或延长保障措施的成员应向具有实质利益的有关产品的出口方成员提供事先磋商的充分机会。前者应努力在它与可能受该措施影响的出口成员之间,维持彼此在 GATT1994 项下原本存在的权利和义务的平衡。为实现此目标,有关成员可就该措施对其贸易的不利影响议定任何适当的贸易补偿方式。如有关磋商未能在 30 天内达成协议,则受影响的出口成员有权在不迟于该保障措施实施后 90 天,并在货物贸易理事会收到书面通知之日起 30 天期满后,对实施保障措施成员的贸易中止实施 GATT1994 项下实质相等的减让或其他义务,只要货物贸易理事会对此中止不持异议。上述中止权利不得在保障措施有效的前 3 年内行使,只要该保障措施是由于进口的绝对增长而采取的,且该措施符合本协定的规定。

(5)其他问题

与 WTO 其他协定一样,《保障措施协定》也为发展中成员规定了一些特殊与差别优惠待遇的条款,这主要体现在协定第 9 条。第 11 条明确废止了过去盛行的"灰色区域措施",这被认为是对多边贸易体制纪律的重要强化。总之,乌拉圭回合《保障措施协定》是对国际贸易法治化的重要贡献。

但也应看到,与"两反"措施主要针对不公平贸易相比,保障措施实施的条件更为苛刻从而使进口成员方不易在 WTO 胜诉。[①]《保障措施协定》本身条文在实践中又暴露出不少漏洞。有学者指出,从保障措施的先决条件、"进口增加"的基准线、进口与损害的因果关系确定等多个环节来看,WTO 的整个保障措施制度存在较多模糊之处。[②] 针对这些弊端,WTO 全体成员方应当在贸易规则谈判方面作出及时反应。

(五)乌拉圭回合一揽子协议其他若干货物贸易协定

除《1994 年关税与贸易总协定》、《反倾销协定》、《补贴与反补贴措施协定》、《保障措施协定》以外,列于《WTO 协定》附件一 A 的多边货物贸易协定还有其他若干。兹简要分述如下:

1.《农业协定》

农业问题一直是多边贸易体制最敏感、最困难的议题。长期以来,欧美等发达成员在农业领域实行各种国内支持措施以维持国内农产品价格,保证农业利益群体的收入,同时通过巨额补贴为本方农产品出口人为制造竞争优势,并在农产品进口方面设置大量关税与非关税贸易壁垒,从而使比较优势理论在这一领域失去意义,造成世界农产品贸易的限制和扭曲。在乌拉圭回合上,农业问题成为关系到回合成败的重大议题。

---

① See generally, Chad P. Bown, Why are safeguards under the WTO so unpopular? World Trade Review, Vol.1, Iss.1, 2002, pp.47~62.

② See Alan O. Sykes, the Safeguards Mess: A Critique of WTO Jurisprudence, World Trade Review, Vol.2, Iss.3, 2003, pp.261~295.

乌拉圭回合《农业协定》着眼于农产品的国内支持、出口补贴、市场准入三大问题设置了大量纪律条款。在国内支持方面,协定区分了"绿箱"、"蓝箱"、"黄箱"三种国内支持措施,分别规定了不同纪律。"绿箱"措施是指那些免除削减承诺的国内支持措施,其特点是由政府提供,有关费用不会转嫁给消费者,且不得具有对生产者提供价格支持的作用,例如支持农业科研、农业基础设施建设、对自然灾害提供救济等。"蓝箱"措施是指为限制产量而给予的直接支付,如满足下列条件之一,也属于免除削减承诺之列:(i)此类支付按固定面积和产量给予;(ii)此类支付按基期生产水平的85%或85%以下给予;(iii)此类支付按固定牲畜头数给予。"黄箱"措施是指除上述"绿箱"和"蓝箱"措施以外政府提供的各种国内支持措施,对农产品贸易具有限制和扭曲影响,以"综合支持量"衡量,应接受约束和削减。

在出口补贴方面,协定列出了农产品出口补贴的主要类型、须予以削减的出口补贴以及禁止性出口补贴的范围;在市场准入方面,协定规定了非关税措施关税化、关税减让进度、最低市场准入量以及特别保障措施等机制。

但必须看到,《农业协定》仍然只是一个框架性协定,仍然存在许多具体的自由化任务有赖于各成员在后续谈判中继续推进。实践表明农业问题在各国国内社会带有非常浓厚的政治色彩,当前已成为 WTO 多哈回合推进的最大障碍。甚至有学者认为,农产品这样特殊种类的产品具有非常强烈的社会性,对社会目标的关注必然内化为贸易限制,从而自始就不适用 WTO 关于贸易自由化的一般规则。换言之,农业议题并不适合由 WTO 这一单纯的贸易组织进行专断处理。①

2.《纺织品与服装协定》

《纺织品与服装协定》是发展中成员集团在多边贸易体制中长期努力的结果,对纺织品与服装贸易实行逐步自由化安排,包括禁止实施新的数量限制、规定逐步取消配额限制的产品以及逐步增加尚未取消配额限制的产品的配额数量等,同时也为进口方设置了过渡性保障措施机制。

但纺织品与服装贸易的自由化并非如理论上的一帆风顺。实践表明欧美以及部分发展中成员对中国纺织品与服装进口戒心深重。尽管《纺织品与服装协定》规定,至 2005 年 1 月 1 日各项纺织品应取消所有配额限制,协定本身也自行终止,但事实上中国纺织品出口贸易仍然受到欧美等进口成员的若干阻碍。《中国加入世界贸易组织工作组报告书》中第 242 段和《中国加入世界贸易组织议定书》第 16 条所规定的特别保障措施条款分别在 2008 年年底和 2013 年年底到期,因此中国出口纺织品在经历了 2005 年以前的配额管理之后,仍然受到特别保障措施条款的困扰,直至 2013 年年底。这种现象彰显出纺织品议题的敏感性。

3.《技术性贸易壁垒协定》

技术性贸易壁垒,是指各国在国际货物贸易中对各种产品实行的技术法规、技术标准,以及确认产品是否符合这些法规与标准的合格评定程序。技术性贸易壁垒一方面具有监控货物质量和标准、维护环境、保护人类和动植物生命健康的正当作用,另一方面又由于自身的技术复杂性和差异性,极易对国际贸易造成不必要的阻碍。

乌拉圭回合通过了《技术性贸易壁垒协定》(*Agreement on Technical Barriers to*

---

① 详见徐崇利:《WTO 贸易议题与社会政策连结的内在途径:以农业"多功能性"为例的分析》,载《法律科学》2008 年第 3 期。

Trade,简称 TBT 协定)。TBT 协定的内容包括序言、15 个条款和 3 个附件。该协定原则上适用于所有工业品和农产品,但不适用于政府采购协定、卫生与动植物检疫措施协定中的相关措施。协定围绕技术法规、技术标准与合格评定程序这三大要素制定了若干纪律。在具有强制性的技术法规的拟订、采用与实施方面,各成员应奉行国民待遇原则与最惠国待遇原则,其技术法规不应对国际贸易造成不必要的限制,中央政府与地方政府应对技术法规进行合理的通知和公布,尽量采用国际标准。在非强制性的技术标准的拟订、采用与实施方面,各成员的中央政府标准化机构、地方政府与非政府标准化机构以及区域性标准化组织应尽可能遵循协定附件三的《关于拟订、采用和实施标准的良好行为规范》,该《良好行为规范》的实质要求与协定对技术法规的拟订、采用与实施的上述要求十分相似。在合格评定程序方面,有关纪律也大同小异。此外,协定规定各成员在一定条件下应尽量接受其他成员合格评定程序的认证和认可结果,即"相互承认"。

TBT 协定还规定了技术信息通报与技术援助、发展中成员的特殊与差别待遇,以及监督机构与争端解决等事项。

4.《卫生与动植物检疫措施协定》

卫生与动植物检疫措施和技术性贸易措施有重叠,但也有较明显的区别。重叠之处在于:两者都涉及保护成员境内人类和动植物生命健康;区别在于:技术性贸易措施还涉及货物的质量、性能等方面的技术标准,在范围上更广一些。卫生与动植物检疫措施的实施主体通常是国家检疫机关,其工作目标是为了防范境外病虫害、污染物、带病或致病有机体、化学添加剂等对本国境内的人类和动植物生命健康造成损害。

乌拉圭回合通过了《卫生与动植物检疫措施协定》(*Agreement on the Application of Sanitary and Phytosanitary Measures*,简称 SPS 协定)。SPS 协定适用于所有直接或间接影响国际贸易的卫生与动植物检疫措施;属于 SPS 协定范围内的贸易措施不适用 TBT 协定。各成员实施的卫生与动植物检疫措施应具有科学依据,并基于风险评估的结果,其保护水平为维护境内人类和动植物生命健康所必需,并尽量将其对国际贸易的影响降低到最低程度,特别是不应对国际贸易构成武断或不合理的歧视或变相限制。符合国际标准、指南或建议的卫生与动植物检疫措施应被视作为保护人类与动植物的生命健康所必需的措施,并被视为与本协定和 GATT1994 有关规定相一致。但如存在科学理由,或依照协定第 5 条的有关条件,各成员可以采用和维持比现行国际标准、指南或建议的保护水平更高的卫生与动植物检疫措施,这在实践中为一些成员以检疫为由行贸易保护之实提供了一定空间。

值得注意的是,协定并不强求成员在卫生与动植物检疫措施方面遵循最惠国待遇原则,因为不同国家、同一国家的不同地区的地理环境和气候条件等因素各不相同,病虫害滋生情况也会有很大差别,因此简单地要求对来自不同成员的产品执行相同的卫生与动植物检疫措施未必适当。为此,协定附件 A 规定了两个重要概念:病虫害非疫区、病虫害低度流行区。前者表明该地区内未发生有关病虫害,后者表明该地区虽有病虫害但已被采取有效监测、控制或根除措施,被控制在较低水平上。声明其领土内地区属病虫害非疫区或低度流行区的出口成员,应向进口成员提供必要的证据。

此外,协定还规定了成员方相互对等承认卫生检疫结果、卫生与动植物检疫措施的控制、检验和批准程序、卫生与动植物检疫措施的透明度、临时措施、发展中成员方的特殊与差别待遇、监督机构和争端解决等事项。

5. 关于非关税措施的四个单项协定

除了 TBT 与 SPS 协定之外,《WTO 协定》附件一 A 还包括了关于非关税措施的四个单项协定:《海关估价协定》、《装运前检验协定》、《原产地规则协定》、《进口许可证程序协定》。

《海关估价协定》调整进口成员海关对进口货物确定完税价格的行为,此种估价行为是海关征收从价关税的基础。该协定建立在过去 GATT1947 的第 7 条基础上,并有进一步的细化,旨在消除或减少海关估价行为对国际贸易可能产生的阻碍作用。协定的第一部分是其主要内容,规定了海关估价的 6 种方法,且原则上应按顺序依次使用。协定其余部分规定了监督机构与争端解决、发展中成员的特殊与差别待遇等事项。

《装运前检验协定》调整进口成员方政府委托的检验机构在出口成员方境内先行对出口产品进行的质量、数量、价格以及海关税则分类等方面的检验与核实活动,其中价格审核(包括汇率与融资条件)是核心内容。这种装运前检验活动旨在防止商业欺诈、打击逃汇套汇活动,从而维护进口国外汇与税收利益,也有助于防范恐怖袭击和保障国家安全。协定规定了进口成员方的非歧视、透明度、保护商业秘密、避免利益冲突、避免检验迟延、遵循价格核实准则、设置申诉程序等义务,也规定了出口成员方的非歧视、透明度和技术协助的义务。检验活动中如发生争议,可由代表装运前检验机构的组织和代表出口商的组织联合组成独立审查机构加以解决。协定还规定了成员的通知义务以及成员间争端解决的内容。

《原产地规则协定》调整进口成员在非优惠性贸易中确定货物原产地的行为,建立在过去 GATT1947 第 9 条的基础上。现代商品制造往往存在复杂的国际分工,进口方无论采取关税措施还是非关税措施,或进行国别贸易统计,都需要先行确定货物的原产地。实践中原产地规则还可以发挥事实上的产业导向作用,但如果过于复杂则可以构成一种非关税壁垒,对国际贸易产生限制或扭曲影响。协定并未为各成员制定统一的原产地规则,而是提供了一个协调的框架,规定由世界海关组织原产地规则技术委员会对非优惠性原产地规则进行协调。协定将技术委员会最终完成协调工作之前的时间定为过渡期,为成员方规定了过渡期义务与后过渡期义务。过渡期内各成员应遵行非歧视原则、透明度原则,基于肯定性标准制定原产地规则,对"税目改变"、"价值含量百分比"、"特定加工工序"等标准要清晰列明,保证规则的中性、一致性、公平合理性和非滥用,尽快作出原产地确认决定,保护商业秘密,建立司法审查制度,等等;后过渡期,各成员除继续履行过渡期内义务外,还应基于"完全获得"和"实质性改变"两个标准分别确定货物原产地。目前由于原产地工作的复杂性,技术委员会仍未完成协调工作。

《进口许可证程序协定》调整进口成员政府向进口商发放进口许可证的行为。该协定建立在过去 GATT1947 第 8 条等条款基础上,并有进一步发展。协定确立了进口许可证程序的公平合理、透明度、程序简便与保证时限、允许微小误差、外汇使用与许可证申请脱钩等原则,规定了自动许可证与非自动许可证的定义及其各自规则。特别在对国际贸易限制作用较大的非自动许可证程序方面,协定要求成员遵守透明度义务,合理分配许可证分布,及时处理申请,如果拒绝则应告知理由,并为申请者设置行政复查和司法审查机制,等等。

(六)WTO 成立后达成的新协定

在 WTO 于 1995 年 1 月 1 日成立后,经过成员间积极谈判,又达成了一些新协定。

1.《信息技术产品协定》

WTO 成立后,成员方继续就乌拉圭回合尚未达成协议的议题进行后续谈判。1997 年有三个专门领域的协定得以达成,分别是《全球基础电信协定》《全球金融服务贸易协定》和《信息技术协定》。其中,《全球基础电信协定》《全球金融服务贸易协定》属于乌拉圭回合服务贸易谈判的后续产物,不属于本章所涉的货物贸易范畴。

《信息技术协定》最初在 1997 年由 40 个国家和地区达成,但今天已经发展到 82 个成员,覆盖了全球大约 97％的信息技术产品贸易量。[①] 中国已于 2003 年加入该协定。该协定最初是在美国等高技术国家的极力倡导下达成的,其特点主要如下:(1)协定成员须将纳入协定范围的信息技术产品的关税最终降到零,可以分阶段削减;(2)非 WTO 成员也可以参加该协定;(3)欲加入该协定的国家或地区需要经过谈判,提交产品范围覆盖表与关税削减时间表;(4)协定成员方如果是 WTO 成员方,须在最惠国待遇基础上将其关税削减承诺向所有其他 WTO 成员开放。因此,关于《信息技术产品协定》是 WTO 项下一个诸边协定的说法是错误的,原因有二:一是该协定的成员资格并不局限于 WTO 成员;二是在 WTO 项下《政府采购协定》《民用航空器协定》等诸边协定中,最惠国待遇原则仅在协定成员方之间才适用,并不扩展至非协定成员的其他 WTO 成员方。

近年来,《信息技术产品协定》的产品扩围议题成为国际经贸谈判的热点之一。中国自2012 年以来一直积极参与其中。2015 年 12 月 16 日,在 WTO 内罗毕第十届部长级会议上,扩围谈判全部结束,在 1996 年产品范围基础上新增 201 项免税产品。中国作为当今全球信息技术产品的最大生产国和消费国,大部分入围产品将在 3—5 年内实现零关税。[②]

2.《贸易便利化协定》

2013 年 9 月 1 日,阿泽维多接任 WTO 总干事后,积极推进多哈回合谈判,争取在贸易便利化、农业和发展三个议题上达成共识,即"早期收获"。2013 年 12 月,在印度尼西亚巴厘岛举行的 WTO 第九次部长级会议就早期收获达成一致,通过了《巴厘一揽子协议》。

《巴厘一揽子协议》在四个方面达成协议:贸易便利化、农业、棉花、发展中国家与最不发达国家。后三个议题的成果都是以若干部长决议和宣言的方式体现,而贸易便利化议题除了部长决议之外,还通过了专门的《贸易便利化协定》。《贸易便利化协定》由序言、第一部分、第二部分以及最终条款构成。序言重申《多哈部长级会议宣言》第 27 段的任务和原则,认识到最不发达成员的特殊需要,以及成员方有必要在贸易便利化和海关合规性方面进行有效合作。第一部分包含 13 个条文,规定了信息(信息的公开、可利用性以及形成过程)、程序(预裁定、行政复议或司法审查程序)、边境机构业务和各成员边境机构之间合作等方面的问题。第二部分主要是关于对发展中成员乃至最不发达成员的特殊和差别待遇的规定。2017 年 2 月 22 日,卢旺达、阿曼、乍得和约旦等 4 个 WTO 成员向 WTO 递交了《贸易便利化协定》的批准文件。至此,批准《贸易便利化协定》的成员已达 112 个,超过协定生效所需达到的世贸成员总数三分之二的法定门槛,协定正式生效并对已批准协定的成员正式实施。中国已于 2015 年正式批准该协定。

在本章开头的引例中,甲国以某种化学物质对人体健康不利为理由,决定禁止从乙国进口含有该种化学物质的猪肉,如情况属实,这原本是符合 GATT1994 第 20 条(b)项关于保

---

① See https://www.wto.org/english/tratop_e/inftec_e/inftec_e.htm, last visited on Sept. 30, 2018.

② 参见中国工业和信息化部网站:《ITA 扩围谈判全部结束》,at http://www.miit.gov.cn/newweb/n1146285/n1146352/n3054355/n3057278/n3057284/c4561551/content.html,访问日期:2016 年 3 月 16 日。

护人类、动植物的生命或健康的规定的。但是,甲国境内并不禁止此类猪肉的销售,另外甲国仍从丙国进口含有该种化学物质的猪肉,这表明甲国其实并不真正认为此类猪肉会对人体健康造成损害,对乙国实行进口限制是一种在情形相同的国家之间构成不合理歧视的手段,构成对国际贸易的变相限制,从而不能满足援引 GATT1994 第 20 条的要求,违背了 WTO 的国民待遇原则与最惠国待遇原则。

❀ 思考题

1. GATT1994 第 20 条"一般例外"条款中有哪几项理由可能在实践中被引用最多?引用条件又是什么?

2. WTO《反倾销协定》中,确定"正常价值"有哪些主要方法?

3. WTO《补贴与反补贴措施协定》中,补贴的构成要件有哪些?有哪些主要类型和表现形式?请结合以上知识,初步了解中国近年来在国际贸易摩擦中面临的有关挑战。

4. 案例讨论:美欧等贸易伙伴对中国限制重要矿物资源出口的做法表示不满,在磋商未果后于 2009 年将争端提交到 WTO 争端解决机构。中国提出以 GATT1994 第 20 条作为抗辩理由之一。2011 年 7 月,WTO 专家组裁定中国关于铝矾土、焦炭、镁、锰等九种原材料的出口措施违规。2012 年,上诉机构维持了专家组的结论。请访问 WTO 官方网站并下载有关诉讼文件,结合所学知识对中国"原材料出口案"进行分析。

❀ 司法考试真题链接

1. 关于世界贸易组织(WTO)的最惠国待遇制度,下列哪种说法是正确的?(2006 年司法考试真题)

A. 由于在 WTO 不同的协议中,最惠国待遇的含义不完全相同,所以,最惠国待遇的获得是有条件的

B. 在 WTO 中,最惠国待遇是各成员相互给予的,每个成员既是施惠者,也是受惠者

C. 对最惠国待遇原则的修改需经全体成员 4/5 同意才有效

D. 区域经济安排是最惠国待遇义务的例外,但边境贸易优惠则不是

2. 在进口倾销对国内产业造成实质损害的情况下,反倾销税可以追溯征收。该反倾销税可适用于下列哪些产品?(2008 年司法考试真题)

A. 采取临时反倾销措施期间进口的产品

B. 发起反倾销调查前 90 天内进口的产品

C. 提起反倾销调查前 90 天进口的产品

D. 实施临时反倾销措施之日前 90 天内进口的产品

3. 根据《中华人民共和国反补贴条例》的规定,下列有关补贴认定的说法中,何者为正确?(2005 年司法考试真题)

A. 补贴不必具有专向性

B. 补贴必须由政府直接提供

C. 接收者必须获得利益

D. 必须采取支付货币的形式

4. 中国某化工产品的国内生产商向中国商务部提起对从甲国进口的该类化工产品的反补贴调查申请。依我国相关法律规定,下列哪一选项是正确的?(2009 年司法考试真题)

A. 商务部认为必要时可以强制出口经营者作出价格承诺

B. 商务部认为有必要出境调查时,必须通过司法协助途径

C. 反补贴税税额不得超过终裁决定确定的补贴金额

D. 甲国该类化工产品的出口商是反补贴税的纳税人

第六章 国际技术贸易法

❦

【引例】 2010 年,中国甲公司和日本乙公司签订了一份转让日本乙公司某产品专有技术的国际技术许可协议,甲公司应用日本乙公司的专有技术所生产的产品深受消费者喜欢。2011 年年初,日本乙公司发现甲公司的工程师张某私自将该专有技术以 10 万元的价格转让给了丙公司。乙公司随即向甲公司提出,因为张某的行为损害了乙公司的利益,根据合同保密条款的有关规定,甲公司对该公司员工的泄密行为应承担违约责任,并赔偿乙公司的损失。请问:保密条款的保密主体范围应当如何确定?

第一节 国际技术贸易法概述

一、国际技术贸易的基本概念

(一)技术

目前国际上较为公认的关于"技术"的定义,是由世界知识产权组织于 1977 年在《发展中国家许可证贸易指南》中提出的:"技术是制造某种产品、应用某种工艺或提供某项服务的系统知识,不论这种知识是否反映在一项发明、外观设计、实用新型或者植物新品种中,或是技术信息或技能中,或是反映在专家为某个工厂设计、安装、运营、维护或某个工商企业的管理而提供的服务或协助之中。"

技术的特点大致体现在三个方面:首先,技术是与生产相关的系统知识,与生产相关,是一个内部相互关联的整体;其次,技术是无形财产,凝结了人类的一般劳动,具有价值;第三,技术具有商品属性,可以通过商品交换在市场上流通。

在国际技术贸易实践中,常见的技术主要包括专利、商标、商业秘密和专有技术等类型。版权(著作权)通常不被认为属于国际技术贸易的标的,但计算机软件是一个例外。[①]

(二)技术贸易

技术贸易,也称为商业性的技术转让,是指拥有技术的一方通过某种方式将其技术转移给另一方所有或使用的法律行为。技术贸易的方式包括技术的买断、许可,提供技术咨询或服务,特许经营,成套设备或关键设备的买卖,以及国际直接投资,工程承包等。

联合国《国际技术转让行为守则(草案)》(*International Code of Conduct on the Trans-*

---

① 陈安主编:《国际经济法学》,北京大学出版社 2007 年版,第 252 页。

fer of Technology，以下简称"草案"）第1.2款规定：本守则下的技术转让系指制造某件产品、应用某种制作方法或提供某项服务的系统知识的转让。第1.3款规定：技术转让贸易如以1.2款所述，系指当事人之间有关转让技术的安排，特别是指下列安排之一：（1）一切形式的工业产权的让与、出售和许可，商标、服务标记和商号当其非技术转让之一部分时，不在此列；（2）提供可行性报告、计划书、设计图、模型、说明书、指南、配方、基本的或具体的工程设计、技术规范和培训设备，以及提供技术咨询和技术管理人员的服务及员工培训等技术知识和专家知识；（3）提供工厂设备的安装、操作或运行所必需的技术知识和交钥匙工程；（4）提供获取、安装及使用已经以购买、租赁或其他方式取得的机器、设备、中间产品（半成品）和/或原材料所必需的技术知识；（5）提供工业与技术合作协议的技术内容。根据上述规定，"技术"并不包括商标、服务标记和商号，但当商标、服务标记和商号是技术转让的一部分时，商标、服务标记和商号则构成"技术"的一部分。

技术转让包括技术所有权的转让和技术使用权的转让。但是在国际贸易实践中，技术受让方通常所取得的只是技术的使用权，而非所有权。其原因主要体现为以下几个方面：首先，由于技术具有无形性，技术受让方往往是通过获得图纸资料的方式来获得技术的所有权，但转让方仍实际掌握该技术，因此技术受让方很难通过管理有形物的方式去管理和控制所有的技术及其权利；其次，对技术受让方来说，受让技术使用权即可达到其制造、生产、销售的经济目的，同时转让费也比转让技术所有权要少；第三，受让人使用该转让技术不会给技术本身带来自然损耗，且技术的转让方也不会因为该转让失去对该技术的所有状态，因而一项技术可以同时完整地转让给多个受让方，以获取更多利润，除非技术许可合同另有约定。所以，绝大多数技术转让都不是转让技术的所有权，而是转让技术的使用权。

（三）国际技术贸易

国际技术贸易又称国际技术转让，是指跨越国境的有偿转让技术的国际贸易行为。联合国"草案"规定，"国际技术转让"是指技术转让方与受让方之间跨越不同国境的技术贸易，或者居住在或在不同国家的当事人之间的技术转让。国际技术贸易非常强调其具有"国际性"。

我国《技术进出口管理条例》第2条规定，技术进出口是指"从中华人民共和国境外向中华人民共和国境内，或者从中华人民共和国境内向中华人民共和国境外，通过贸易、投资或者经济技术合作的方式转移技术的行为"。由此表明，我国立法中对于国际技术贸易的"国际性"以是否跨越国境作为判断的标准。

二、国际技术贸易法

国际技术贸易法是调整跨越国境的技术贸易关系的法律规范总和。其调整的法律关系，表现为横向的平等当事人之间的关系和纵向的管理者与被管理者之间的关系，其渊源为国内立法、法院判例、国际条约和国际惯例等。

（一）国内法

国家对国际技术贸易的法律调整主要表现为对技术进出口进行管理与管制。由于各国科学技术发展阶段和水平存在差异，先进技术归属分布也不平衡，各国对国际技术贸易的法律调整原则和侧重点也有所不同。对于主要作为技术进口方的发展中国家而言，主要侧重于对技术引进的管理与管制，表现为对技术引进项目的管理和审批与对技术转让合同的管理。而对于主要作为技术出口方的发达国家而言,则主要侧重于对技术出口的管理与管制,表现为对技术出口实行类别管理和国别管理。

1. 涉外技术转让法。多数发达国家没有专门的技术转让立法,发展中国家也只有如中国、印度、菲律宾、尼日利亚等制定了这种法律,如中国 2001 年国务院发布的《技术进出口管理条例》(2011 年修订),对外贸易经济合作部颁布的与该条例配套且同时实施的《技术进出口合同登记管理办法》(2009 年修订)、《禁止出口限制出口技术管理办法》(2009 年修订)、《禁止进口限制进口技术管理办法》(2009 年修订)等。

2. 反垄断法。发达国家特别是美国、欧盟等都制定了反垄断法,但不是专为技术贸易制定的,只是对技术贸易有一定的影响。

3. 工业产权法。这是与涉外技术贸易关系最为密切的国内立法之一,包括专利法、商标法、专有技术与计算机软件方面的立法。

4. 其他国内法。主要是指对外贸易法,如中国 2004 年修订的《对外贸易法》,它不仅规定了适用于各类贸易活动的基本原则与规则,还将技术进出口与货物进出口相并立,做出了专门规定。这为我国的涉外技术贸易具体立法与实践明确了方向。

(二)国际条约

这方面包括专门规范国际技术贸易的国际条约和与国际技术贸易有关的国际条约。

目前国际社会并没有全面的、专门调整国际技术贸易的世界性专门条约,其他关于国际技术贸易的专门条约也只有 1970 年拉丁美洲安第斯条约组织《卡塔赫纳协定》、欧洲经济共同体协定等几个区域性的协定。从 20 世纪 70 年代初开始,联合国贸易与发展会议(UNCTAD)开始着手拟定国际技术转让方面的国际公约,1978 年 10 月完成了"草案"的起草工作,提交与会的成员讨论。由于各国政治、经济利益的根本分歧和科技水平的重大差异,"草案"未获通过。此后,该"草案"虽经多次修改,也就部分条文达成一致,但发展中国家与发达国家在一些重要问题上仍存在严重分歧,因此"草案"至今仍未通过。

虽然"草案"至今未获通过和生效,但"草案"的制定本身就意味着国际技术转让的法律问题已经引起了各国的普遍重视,而且"草案"是以制定全球性技术转让法律规范为目标的,并且在谈判过程中已就部分问题达成一致,因此,"草案"为各国制定本国的技术转让法律以及进一步开展双边或多边国际性合作提供了借鉴。

"草案"包括序言和九章内容。这九章内容分别包括了定义和适用范围、目标和原则、国家对技术转让交易的管制、限制性惯例、各方当事人的责任和义务、对发展中国家的特殊待遇、国际协作、国际性体制机构和适用的法律以及争议解决。

国际社会关于知识产权保护的国际公约,如涉及国际技术贸易问题,也是国际技术贸易法的法律渊源。例如,1884 年《保护工业产权巴黎公约》、1970 年《专利合作条约》及其实施细则、1961 年《保护植物新品种国际公约》、1977 年《国际承认用于专利程序的微生物保存布达佩斯条约》、1971 年《专利分类斯特拉斯堡协定》、1925 年《工业品外观设计国际保护海牙协定》、1968 年《建立工业品外观设计国际分类洛迦诺协定》、1891 年《商标国际注册马德里协定》及 1989 年《商标国际注册马德里协定有关议定书》、1957 年《商标注册用商品和服务国际分类尼斯协定》、1958 年《保护原产地名称及其国际注册里斯本协定》、1973 年《商标注册条约》和《建立商标图形国际分类维也纳协定》、1886 年《保护文学和艺术作品伯尔尼公约》、1952 年《世界版权公约》、1993 年《与贸易有关的知识产权协议》、1994 年《商标法条约》

及《商标法条约实施细则》、1989 年《关于集成电路知识产权条约》、2000 年《专利法条约》及《专利法条约实施细则》等。

此外,国际条约渊源还包括国与国之间签订的双边贸易协定或其他协定中有关技术贸易的部分。

（三）国际惯例

国际技术贸易方面的国际惯例不多见。在国际技术许可合同中不得订立限制性商业条款,是多数国家普遍接受的重要国际惯例。（具体内容参见本章第三节之四）

第二节 国际技术贸易的主要形式

一、技术许可

技术许可,也称为许可证贸易,是指许可方(技术所有人),以技术许可协定的方式,将其有权处置的技术授予被许可方依照许可协议约定的条件使用该项技术,并以此获得一定数额的技术使用费的技术转让行为。国际技术许可,指的是跨越国境的技术许可行为。许可是国际技术贸易最常用、最广泛的方式。

国际许可贸易按其许可标的,可分为专利许可贸易、专有技术许可贸易、商标许可贸易与混合许可贸易等;按许可方授权程度的大小,可分为独占许可贸易、排他许可贸易、普通许可贸易、互换许可贸易以及分许可贸易等类型。本章将在后面进行介绍。

二、含有技术转让内容的设备买卖

一般而言,进口关键设备往往含有较多的技术内容,交易的标的包括设备本身(硬件)和设备中附带包含的或与设备有关的安装、操作、维修手册、技术数据等技术知识(软件)。含有技术转让内容的设备买卖是技术转让的一种常见形式,而不含技术转让内容的设备买卖则属于普通的货物贸易范畴。

三、特许经营

特许经营是指特许人将其特定商业制度、商标、商号名称、服务标志、专利、专有技术以及经营管理的模式或经验根据合同规定的条件转让给被特许人使用,被特许方向特许方支付一定金额的特许费的一种经营制度。

（一）特许经营的特点

1. 特许经营具有长期性。特许经营的时间都比较长,主要适用于商业和服务行业,其目的是为了维持经营的稳定性和持续性。

2. 特许经营的核心是制度许可。特许人先开发出一套特定、有效的商业制度,然后根据许可协议,许可被特许方有偿使用该制度。特许对象包括特许方的知识产权、商标、商号、商业和技术方法、经营管理经验、产品包装、店面陈设等无形资产。

3. 特许经营的双方当事人具有独立性。特许方与被特许方在法律上均是独立经营、自负盈亏、自担风险的实体,是一种合同关系。特许人并不保证被特许人经营的特许业务能够盈利。另外,被特许人对外签订合同时,不能以特许人的名义,也不能使用特许人的代理人、雇员或合伙人的身份进行。

4. 被特许人与特许人对外具有一致的经营形象。虽然被特许人不是特许人的代理人、雇佣人员或合伙人,但被特许人必须遵循特许人统一的经营制度要求,在产品、服务、商标、商号、经营场所的装饰或设计、用具、工作服等方面必须与许可方完全一致。

5. 特许经营的双方当事人之间存在密切的控制、管理、依赖关系。特许方有权控制被特许方经营管理,规定经营方式、监督知识产权、管理经营以及指定实施特许制度的根本方法,这是特许方的权利,也是特许方的义务。

(二)特许经营的类型

1. 产品和商标特许经营

这是最早出现的一种特许经营方式,是特许者和被特许者之间一种独立的销售关系。被特许方从特许方处获得某一特定品牌产品的制造权和经销权,被特许方能使用与特许方相同的技术、专利、生产线、商标或商号,但基本不涉及管理经营。在这种最简单的特许经营方式中,特许方只是将商标的使用权而非所有权出售给被特许者。被特许人是独立的分销商,定期向特许人支付特许费用。这种形式的特许经营竞争激烈,并已趋于饱和。

2. 经营模式特许经营

这种特许经营涉及整套经营程式而非单个产品或商标,具有很强的控制力,被特许方在经营特许人的产品和服务时,不仅有权使用特许方的技术和商标,同时特许方还会提供持续的培训、营销策略或方案、广告、研究开发和后续支持等。

四、技术咨询服务

技术咨询服务,是指受托方以自己的技术和劳务,为委托方提供建议,完成一定的咨询服务工作,并以此获取一定报酬的活动。其中,提供技术、劳务或者派遣专家,完成服务任务或提供咨询意见的一方当事人称为受托方,接受工作成果并支付报酬的一方当事人称为委托方。

国际技术咨询服务主要适用于大中型工程项目的新建、扩建或者技术改造,其范围主要包括项目可行性研究、市场预测调研、发展规划、技术方案的设计和审核、技术改造、产品设计的改进、派遣专家现场监督指导、培训技术人员等,受托方提供咨询意见供委托方参考,一般对结果不负责任。

在国际技术咨询服务合同关系中,受托方的基本权利和义务为按照合同约定的期限为委托方完成咨询报告、解答问题、解决技术问题或其他约定的服务工作,保证工作质量并获取报酬。委托方的基本权利和义务为按照合同约定向受托方提供工作条件,阐明咨询的问题,提供必要的技术背景材料及有关技术资料、数据,接受工作成果,并支付约定的报酬。

由于国际技术咨询服务中是以技术性劳务为交易对象,因此国际技术咨询服务也是技术转让的重要组成部分。

五、国际工程承包

国际工程承包,是指一个国家的工程承包人以承包方式,按照规定条件为国外的项目所有人完成某项工程任务的行为。其中,"交钥匙"(turn-key)工程承包指项目所有人委托工程承包人,按照规定条件总包完成负责工程勘探设计、可行性研究、土建施工、设备采购、施工安装调试、提供技术、人员培训、投产试车、质量管理等项目建设全过程。工程承包人完成工程项目的设计与建造后,将该项目及其运作方法按合同约定完整地移交给项目所有人,由所有人开始经营,因此这种方式也形象地称之为"交钥匙"工程承包。

国际工程承包是发展中国家引进发达国家先进技术的一种重要方式,主要适用于大型的新建项目,如矿山开采、石油勘探、机场建设以及大型水利或发电设施建设等。在项目的建设过程中,承包人必须按照约定的条件完成工程项目的设计施工、设备采购、安装调试,提供技术培训、质量管理服务等,其所承担的责任很大。

由于国际工程承包项目的建设过程中,设计、建设、培训和运营都包含大量的技术转让或服务,因此国际工程承包作为综合性的国际经济合作方式,也是国际技术贸易的一种方式。

六、国际技术投资

国际技术投资,是指一国的自然人、法人或其他经济组织以技术作为出资而进行跨国直接投资。

近年来,随着世界经济的发展,各国国际直接投资的规模和比重不断增加。各国法律通常规定,投资者的投资可以是货币、实物以及知识产权。因此,投资者在一些高科技项目中也常以技术作为出资,使得国际技术投资也成为一种常见的国际技术贸易形式。与货币出资和实物出资相比,以技术出资存在着特殊的风险,因此当投资人以技术出资时,必须保证对出资的技术拥有合法的权利,并且其出资的技术在一定的期间内具有先进性、实用性和经济性。

七、补偿贸易

补偿贸易,是指进口方在出口方提供信用的基础上,购买机器设备或技术等,约定一定期限内,以使用该设备或技术而生产的产品或其他商品或劳务偿还设备价款或技术使用费及利息的一种贸易方式。

补偿贸易方式产生于20世纪60年代末,主要用于大型的工业项目。早期的补偿贸易主要是为了解决资金短缺,但又急需进行设备更新和技术改造的情况,是货物贸易、技术贸易及信贷业务相结合的产物。在这种贸易方式中,设备或技术的进口方不需要担心资金不足的问题,因为进口方不需要货到付款,而只需要将通过进口设备或技术生产的产品返销给出口方,用以抵偿进口的设备或技术价款;而设备或技术的出口方可以通过补偿贸易的方式扩大设备或技术的出口,并从返销产品中牟取利润。

(一)国际补偿贸易的特点

1. 贸易与信贷结合。信贷是进行补偿贸易必不可少的前提条件,进口方在出口方提供信贷或由银行介入提供信贷的基础上进口设备或技术。同时补偿贸易具有易货贸易的属性,双方当事人权益是通过交换设备或技术与该设备或技术生产的产品或所得收益来实现。

2. 具有延期支付的性质。进口方并不需要在获得设备或技术的同时支付对价,而是需要经过一个较长的一段时间,以产品或收益偿还。因此在补偿贸易中,设备或技术的进口方不仅需要偿还设备价款或技术使用费,往往还需要按照约定支付一定的利息。

（二）国际补偿贸易的方式

实践中，国际补偿贸易常用的四种方式：

1. 回购方式：全部设备或技术的价款以进口方引进的设备或技术生产出的等额产品偿还，也称为直接返销。

2. 互购方式：当事人双方以约定的其他产品或利益偿还设备或技术的全部价款，也称为间接返销。

3. 部分补偿方式：由设备进口方支付部分现汇作为设备或技术的部分价款，其余部分价款以产品或劳务补偿。

4. 劳务补偿方式：常见于同来料加工或来件装配相结合的补偿贸易，即引进设备技术后，接受对方的来料加工或来件装配业务，以工缴费抵偿设备或技术的价款。

第三节　国际技术许可协议

一、国际技术许可协议的概念和特征

国际技术许可协议指位于一国境内的当事方将其技术使用权让渡给位于另一国境内的另一当事方，由另一方支付使用费的合同。许可他人使用其技术的一方称为许可方，获得许可使用他人技术的一方称为被许可方。

国际技术许可协议通常具有以下特征：

1. 国际技术许可协议的主体是分处不同国家的许可方和被许可方

他们可以是自然人，也可以是法人或非法人实体，法人是最常见的主体。我国《技术进出口管理条例》第 2 条规定："本条例所称的技术进出口，是指从中华人民共和国境外向中华人民共和国境内，或者从中华人民共和国境内向中华人民共和国境外，通过贸易、投资或者经济技术合作的方式转移技术的行为。"

2. 国际技术许可协议的客体是技术使用权而非技术的所有权

虽然国际技术许可协议也会涉及图纸、文件等相关技术资料的移交，但交易的标的实质是这些资料中所包含的技术内容，而非资料本身。

3. 国际技术许可协议的内容复杂

很多国际许可协议属于混合性协议，通常包含机器设备买卖、工程承包、合资经营、补偿贸易、合作生产、咨询服务等，因此不仅合同正文内容复杂、条款众多，而且往往会带有大量的附件。

4. 国际技术许可协议属于有偿合同

政府与政府间，或者企业与企业间出于某种特定目的，与被许可方签署的无偿让渡其技术使用权的协议，不属于国际技术许可协议的范围。

二、国际技术许可协议的种类

国际技术许可协议根据不同的分类标准，可以分为不同的类型：

（一）根据许可协议标的划分

1. 专利许可协议：许可方将其专利使用权许可给被许可方的协议。

2. 专有技术许可协议：许可方将其专有技术使用权许可给被许可方的协议。

3. 商标许可证协议：许可方将其商标使用权以及商标项下的相关技术使用权许可给被许可方的协议。

4. 混合许可协议：许可方同时将其专利、专有技术和商标的使用权许可给被许可方的协议。

（二）根据技术使用权的内容和范围划分

根据许可方授予被许可方的技术使用权的内容和范围，可以将国际技术许可协议分为：

1. 独占许可协议：在协议规定的期限和地域范围内，被许可方对受让的技术享有独占的使用权，许可方和任何第三方均不得在该时间和地域范围内使用该项技术。这是被许可方享有最大使用权的一种许可方式。这种许可合同的被许可方需要向许可方提供相当高的技术使用费，因为被许可方接受许可方所转让的在某地域范围内的使用该技术的权利，实际上是获得了这一地域范围的销售市场。

2. 排他许可协议：在协议规定的期限和地域范围内，被许可方对受让的技术享有排他的使用权，许可方不得将该技术转让给任何第三方使用，但许可方自己仍保留在该期限和地域范围内的使用权。

3. 普通许可协议：在协议规定的期限和地域范围内，被许可方对受让的技术享有使用权，许可方自己有权继续使用该项技术，同时许可方还有权将该技术许可给任何第三人使用。这种许可合同的许可方、被许可方和任何有权的第三方都可使用该项技术，因此也叫非独占性许可合同。如果许可协议未明确性质，就应当视为普通许可协议。普通许可协议的许可方保留了较多的权利，因此技术使用费要比独占许可协议和排他许可协议都要低。

4. 分许可协议：协议中的被许可方除了自己可以使用受让的技术外，还有权将其受让的全部或部分技术使用权再转让给第三方。被许可方与第三方签订的许可合同称为国际再许可协议。第三方与技术所有人没有直接合同关系，技术使用权的获得是由被许可方许可的。由于这类许可协议赋予被许可方较大的权利，所以技术使用费也较高。

5. 交叉许可协议：也称为互换许可，指技术许可方和被许可方在协议中规定，相互许可对方使用自己的技术。交叉许可通常适用于双方当事人之间存在合作生产或开发研究关系，并且任何一方使用对方某项技术以对方使用自己的技术为前提，并且双方都有对技术进行改进的情况。

三、国际技术许可协议的主要条款

（一）鉴于条款

国际技术许可协议中须有条款阐明双方当事人订立国际技术许可协议的目的、背景和愿望、许可方对转让技术所有权的合法性、该项技术是否具有实际生产经验，以及履行合同所应当遵循的基本原则等。此类条款具有叙述性的特点，常表示为"鉴于……"，因此称为"鉴于条款"。

鉴于条款的作用，实质上是要求双方当事人在国际技术许可合同中明确其订约的根本目的，以便双方当事人因合同条款理解或合同履行发生争议时，为解释协议条款提供指导性原则,法院或仲裁机构可以根据鉴于条款来解释合同中的具体条款,分清责任。

(二)定义条款

双方当事人将其认为合同中具有关键性的,在履行过程中容易产生歧义的词语进行解释和界定的条款。

因为许可方和被许可方分处不同国家或地区,彼此之间存在不同的文化传统、法律理念和制度,所表现出来的具体的法律规定和惯例也不尽相同,因此双方当事人对同一词语可能在理解上或在法律解释上会出现差异。为了使许可方和被许可方准确地理解许可协议的内容,避免在履行合同过程中因歧义而导致纠纷,则将与合同标的有关的关键性词语,如"合同产品"、"专利技术"、"基本技术"、"净销售额"、"净销售价"、"销售地区"、"合同工厂"、"专利技术资料"等词语进行明确的界定和解释,作为双方当事人履行合同和解决合同争议的依据。如果关键词语过多,还可以专列一个附件加以规定,以简化合同的正文。

(三)合同标的条款

此类条款载明许可方许可被许可方使用的技术对象和提供技术的方式,以及许可方授权被许可方的权利范围和合同区域等。

这实际上是许可方授权被许可方的技术范围和内容,也是双方当事人权利和义务的基本依据,所以也叫授权条款,许可正是通过授权条款将技术实施的相关权利转让给被许可方。因此,这是协议的核心部分,是在履行合同过程中最容易发生争议的部分,必须作非常明确而详尽的规定。

合同标的条款包括合同的对象范围条款和授权范围条款两大部分:

1. 对象范围

(1)明确许可使用的技术的名称、性能和技术指标、生产规模、产品品种范围、具体系列、型号、规格和质量等。合同通常将上述技术细节以附件的形式予以明确。

(2)确定应用技术工艺达到一定的技术性能指标,如生产能力、材料利用率、废品率、能源消耗定额等,或规定某一特定目标的技术要求。

(3)如果许可的是专利技术,则要列明该专利的批准时间、批准机关、专利编号、专利权的保护范围、保护的国家或地区和专利有效期限等。如果转让的是专有技术,应写明专有技术的名称。如果是转让商标使用权,则应写明商标名称、注册机关、注册时间、保护的国家或地区和商标有效期限等。

(4)许可方提供实施该项技术所必需的各种技术资料,并将所需的技术资料开列清单,作为合同的组成部分,明确提供期限。技术资料包括实施技术所需的知识、经验、数据、设计、生产工艺、图纸、计算、检验标准和操作维修、产品包装和运输等。

(5)若转让技术需要许可方提供技术服务、技术指导、人员培训才能实现时,同样要在合同中明确规定具体项目和内容。

2. 授权范围

(1)授权的具体权利种类,包括制造、使用、销售、许诺销售、进口等权利。

(2)授权的性质,即被许可方取得的是独占许可、排他许可,还是普通许可,以及被许可方能否再许可。

(3)授权的范围,即被许可方被允许使用有关技术、生产产品及销售产品的时间和区域范围,通常其使用区域为被许可方所在的国家或地区。双方当事人必须在合同中对范围予以明确规定,因为在实践中,许可方为了让自己所拥有的技术能够多次转让来获取更多的技术使用费、减少竞争,通常限制被许可方向允许区域之外的范围销售通过许可技术所生产的产品,这与被许可方希望扩大其使用和销售范围的目的正好相反,因此容易存在较大分歧,必须在订立合同时就予以明确。

（四）合同价格条款

合同价格条款即被许可方为取得技术使用权所支付的使用费。合同价格是整个国际技术许可协议的核心,是双方当事人必须反复磋商的重要问题。在国际技术许可协议中有三种计价的方式,包括固定价格、提成价格、固定与提成相结合的价格。

1. 固定价格

也叫总付价格或统包价格,即在签订国际技术许可协议时,一次性事先计算出各项技术项目所应付的固定的使用费数额。这笔金额可以由被许可方一次付清全款,也可以分若干期付清全款,通常是采用一次算妥,分期付款的办法。

固定价格的特点是技术价格一次性确定,并不会随被许可方在受让技术后经济效益的大小而发生增减,也不与技术的运行效果发生联系,因此要求转让的技术具有整体性,可以一次性全部转移,一次性全部吸收掌握。许可方获得技术使用费,不需要对被许可方的生产、销售、财务等情况进行跟踪。另一方面,由于固定价格中的技术使用费通常包含了被许可方所期望的使用受让技术后可获得的利润,容易估价过高,一旦引进的技术不可靠、不适应或者使用过程中不能生产出合格产品,那么被许可方则需要承担全部的风险和损失。因此,这种计价支付方式一般适用于非尖端的技术转让,而且通常在不需要许可方继续提供有关技术改进情报和技术援助的情况下才会采用。这种方式虽然总价格是固定的,但支付价款的时间可以是灵活的,可以约定在许可方交付技术资料时一次总算一次支付,也可约定一次总算分期支付。如果是一次性支付,通常在许可方交付技术资料并经被许可方核查验收后,被许可方一次性支付全部技术使用费;如果是分期支付,则一般按照合同的执行进度分若干期付清全部技术使用费。

2. 提成价格

也叫滑动价格,即在项目建成投产后,在规定时间内按照合同产品的产量、净销售额或利润提取一定百分比的费用作为技术使用费。这种百分比叫提成率。

（1）按照使用合同项下技术所产生的利润的一定比例进行提成。由于多数企业将利润情况作为商业秘密,所以许可方还应在合同中规定可以核查被许可方有关账目的条款。

（2）按照净销售额进行提成。为了避免分歧,各方应当将净销售额的计算予以明确。净销售额指的是合同产品的销售发票价格扣除包装、运输、保险、关税等费用后的余额。

（3）按照产品的生产数量进行提成。

3. 固定与提成相结合价格

即将合同价格分为固定和提成两个部分,当合同生效以后,被许可方立即支付固定价格部分,因此固定部分也称为入门费或初付费;浮动部分是指项目投产后按规定在一定年限内再按照约定的比例支付提成费。所以这种计价方式也叫入门费加提成费方式。

入门费一般占技术使用费总价的 $10\% \sim 20\%$,可以立即用于补偿许可方前期研发技术的部分投入,提成费约占转让总价的 $80\% \sim 90\%$,并且提成比例往往逐年下调。这种计价方式较为公平,它综合了固定价格和提成价格两种方式的优势,许可方可以立即收回部分前期成本,减少风险,也可以利用这笔资金进一步改进和发展技术;而被许可方因首次支付的费用相对较少,不需要承担较重的经济负担,不致影响自身的资金周转。所以这种计价方式在国际上使用较广。

国际技术许可协议还应对计价支付使用的币种进行规定。计价和支付通常使用同一种货币,如果需要使用多种货币时,就必须要对货币之间的兑换率或兑换依据进行详细规定。

（五）技术资料交付和产品考核验收条款

交付技术资料是被许可方得以实现引进技术项目目标的依据。如果供方不交付技术资料,也就无法实现技术转让。因此,关于交付技术资料的内容、方式、质量、责任承担及处理办法等问题在国际技术许可协议中必须予以明确规定。

交付技术资料条款包括以下内容:

1. 技术资料清单、份数等

技术资料通常包括用于制造与组装的图纸、蓝图和设计、技术规格、原材料表、检验和试验的程序与数据和质量管理程序、制造与装配程序、操作维护手册、计算机软件、流程与计算方法以及其他文件等。

2. 技术资料交付时间及交付方式

技术资料的交付时间一般按照被许可方的工程进度和计划进行,既可以一次交付或分批交付,也可以在许可协议签订后就交付。如果不能按时交付技术资料,被许可方可以要求许可方按照延期长短承担交付罚金的违约责任。

3. 技术资料的验收

被许可方收到技术资料后,必须在规定的时间内对资料进行清点,检查清晰程度以及是否齐全。如果发现收到的资料与合同规定不符,则被许可方应在规定的期限内通知许可方补寄、重寄或更换。如果许可方提供给被许可方的文件有丢失、损毁或不完整现象,则许可方应在收到被许可方的书面通知后一定的时间内,免费将技术文件重寄或补发给被许可方。

另外,产品考核验收是指被许可方对按许可方提供的技术资料制造的产品是否符合技术许可协议规定的产品技术性能指标的考核检验。考核验收的目的就是要确保被许可方能够掌握所受让的技术。若考核通过,双方应签署产品合格证书;考核不通过,双方应分析原因,再派遣技术人员进行下次考核;如果经多次考核仍不能通过,则要区分责任,赔偿损失,并采取相应措施使产品达到规定要求。这在国际技术许可协议中对于保护被许可方的利益起到重要的作用。

另外,国际技术许可协议所要达到的主要目的并不仅仅是转移技术本身,而是通过转移并使用技术,传递和传授技术知识、经验和技能,生产出合格产品,从而获得经济利益。因此,对利用受让技术生产的产品进行考核检验,是考察许可方所交付的技术资料是否合格的一个重要方面。

考核验收的主要内容包括:考核产品的型号、规格、数量;考核的次数;考核验收的内容、方法和标准;考核验收的单位、地点、时间、人员和设备;结果的评定和处理、考核测试费用的负担和考核不合格的责任归属及补救方法等。

（六）技术服务条款

在国际技术许可协议中,技术服务是不可缺少的重要步骤。被许可方只靠技术资料并不能真正实现技术转让,让被许可方的技术人员掌握受让技术并用于实际操作,这样的技术许可才能达到真正的效果。因此,由许可方派技术人员对被许可方的人员进行实际操作培训,传授受让技术,是国际技术许可合同履行过程中的重要程序。

人员培训主要通过被许可方将自己的人员派驻到许可方处进行实习培训,或许可方派遣相关技术人员到被许可方处进行现场培训、指导实际操作这两种方式进行。

技术服务条款主要载明:提供技术服务的项目内容、承担的任务及工作量、检验标准、技术人员的级别及人数、服务时间、工作与生活条件、费用的支付等。如果许可方派遣的技术服务人员不能胜任工作的,被许可方有权要求其更换合适的人员。如果需要对人员进行培训的,还应写明培训的目的、范围、内容、方法、工种、期限、地点、费用及培训人数等。

(七)关于技术改进成果的归属和分享条款

国际技术许可协议是一种长期的协定,在合同有效期内,许可方和被许可方都有可能对受让技术进行改进或发展。因此,在国际技术许可合同中应对合同项下的技术改进或发展后的成果归属哪一方所有,双方是否有义务交换技术改进成果及相关交换条件,以及向第三方许可的利益共享、方式和数额等作出明确规定。

该条款主要规定国际技术许可协议的双方当事人在改进和发展了原有技术后所面临的问题。大多数合同规定,许可方和被许可方均有权对合同项下的技术进行改进和发展,改进或发展成果的所有权归属改进和发展的一方所有,如需申请专利,也由其申请,另一方不得将这些资料转让给第三方;双方当事人应按照互惠或对等的原则承担相互交换改进和发展的技术成果的义务,一般采用互相许可的办法,即规定在合同的有效期内,任何一方应无偿或有偿将自己所取得技术改进资料提供给对方使用。我国《技术进出口管理条例》第27条规定"在技术进口合同有效期内,改进技术的成果属于改进方",第28条规定"技术进口合同期满后,技术让与人和受让人可以依照公平合理的原则,就技术的继续使用进行协商"。

(八)担保条款

在国际技术许可协议中,为了维护被许可方的利益,防止许可方在履约过程中以次充好,以假乱真,因此须要求许可方在合同中对所提供的技术及其所拥有的权利作出一定程度的保证。担保条款就是为了加强许可方的责任而设立的,包括技术担保和权利担保两个方面的内容。

1. 技术担保

在技术担保方面,许可方首先应保证在合同规定的期限内以约定的方式交付技术资料,并保证所提供的技术或者技术资料完整、准确、清晰、有效,能够达到合同规定的技术目标。如果许可方提供的技术及资料不完整或内容有误,其有义务在约定的期限内免费补齐、修改或更换。技术资料应当按照被许可方工程的计划进度要求的时间交付。

其次,许可方还应对合同产品性能作出保证,即保证许可方所提供的技术具有安全性和实用性,符合被许可方的法律要求,被许可方正确使用受让技术后能生产出符合合同规定的产品。如合同产品不合格,达不到合同规定的性能指标,被许可方有权拒绝继续支付使用费,并要求许可方支付赔偿金。我国《技术进出口管理条例》第25条规定:"技术进口合同的让与人应当保证所提供的技术完整、无误、有效,能够达到约定的技术目标。"

2. 权利担保

在权利担保方面,首先,合同必须明确规定,许可方保证本方是许可协议所提供的技术和技术资料的合法拥有者,或者保证自己有权处分该项技术的使用权,并在合同规定的地域内没有侵犯任何第三方的权利。如果在合同履行过程中被第三方指控为侵权,应由许可方负责交涉,承担由此引发的一切法律责任,并负责赔偿被许可方所遭受的损失。我国《技术进出口管理条例》第24条规定:"技术进口合同的让与人应当保证自己是所提供技术的合法拥有者或者有权转让、许可者。技术进口合同的受让人按照合同约定使用让与人提供的技术,被第三方指控侵权的,受让人应当立即通知让与人;让与人接到通知后,应当协助受让人排除妨碍。技术进口合同的受让人按照合同约定使用让与人提供的技术,侵害他人合法权益的,由让与人承担责任。"

其次,如果受让技术为专利技术,则许可方应保证该专利技术在合同期间是合法有效的,并应按规定缴纳专利维持费。如果由于许可方原因导致专利提前失效,许可方应偿还被许可方已支付的专利使用费,并支付相应的利息。

此外,若被许可方所在国对技术的进出口有限制,技术转让协议须进行审批方可有效,则被许可方还应保证许可协议可以获得政府批准及必要的其他批准。如果这些担保条款得不到履行或得不到完全履行,即构成违约,受损一方有权提出索赔。

(九)保密条款

当国际技术许可协议涉及专有技术使用权的转让时,保密条款是合同中不可缺少的条款。因为专有技术之所以具有经济价值,最重要的原因就在于它的不公开性。许可方为了维护自身的利益,通常都会要求被许可方承担保密的义务,这种责任即使合同中没有明确规定也应承担。但为了引起被许可方对保密责任的重视,大多数专有技术许可协议仍专门订立保密条款。保密责任是专有技术被许可方区别于其他技术被许可方最大的特征。

为充分保证专有技术的秘密性,保密条款主要包括保密范围、保密标准、保密人员、保密期限和泄密责任等。保密范围是专有技术及其资料,既包括许可方对被许可方提供的技术中尚未向社会公开的秘密部分,也包括许可方对被许可方提供的合同工厂的厂址、地质、水文、生产能力、产品种类等有关情况。承担保密责任的人员除了被许可方外,还包括被许可方的雇佣人员以及分包人。专有技术被许可方的雇员或分包人违反保密义务的,视为被许可方违反保密义务。被许可方的雇员在退休后的一定期限内同样需要承担保密责任。保密期限通常不超过合同期限,在合同有效期内,被许可方对专有技术承担保密责任。在被许可方承担保密义务期间,非因被许可方的原因致使专有技术被公开,被许可方承担的保密义务即行终止。此外,在许可协议达成前的谈判阶段,许可方需要向被许可方公开其专有技术的内容,保密义务同样至关重要,因此,为了保护专有技术的秘密性,许可方通常要求与被许可方签订初期保密协议。无论谈判是否成功,被许可方都应承担保密责任。如果被许可方违反了该义务,则应承担缔约前过失责任。如果在履约过程中出现了违约泄密的情况,许可方有权收回有关技术资料,受损害一方有权终止合同或要求违约方赔偿损失等。

我国《技术进出口管理条例》第26条规定:"技术进口合同的受让人、让与人应当在合同约定的保密范围和保密期限内,对让与人提供的技术中尚未公开的秘密部分承担保密义务。在保密期限内,承担保密义务的一方在保密技术非因自己的原因被公开后,其承担的保密义务即予终止。"

(十)不可抗力条款

不可抗力条款主要陈述不可抗力的范围、发生不可抗力应采取的措施、不可抗力的通知及证明、确定不可抗力所引起的法律责任及后果等。根据国际惯例,遭受不可抗力影响的一方当事人可以请求免责,另一方当事人无权要求其履行合同或赔偿损失。

（十一）争议解决与法律适用条款

在履行国际技术许可协议过程中难免会出现争议,因此,在合同条款中应当规定争议解决条款。国际技术许可协议的争议属于一般商事争议,许可方和被许可方解决纠纷,可以通过和解或者调解方式,也可以采用仲裁或诉讼方式进行。具体采取哪种方式,由双方当事人自行协商,在合同中载明。如果采用仲裁方式解决争议,必须以许可协议中有仲裁条款或在许可协议之外签订仲裁协议书为前提。

对于国际技术转让合同的法律适用,既可以依照许可方住所地法,也可以依被许可方住所地法,或者根据意思自治原则确定。但实践表明,被许可方在国际技术转让中常常处于弱势地位,合同如适用被许可方住所地法,则更有利于保护被许可方利益。

四、国际技术许可合同中的限制性商业条款

（一）限制性商业条款的含义及后果

限制性商业惯例,也叫限制性商业行为、限制性贸易做法。根据联合国制定的《多边协定的控制限制性商业惯例的公平原则和规则》规定,限制性商业惯例是指企业的下述行动或行为:通过滥用或谋取市场力量的支配地位,限制进入市场或以其他方式不适当地限制竞争,对国际贸易,特别是发展中国家的国际贸易及其经济发展造成或可能造成不利影响;或通过企业之间的正式或非正式、书面或非书面的协定或其他安排造成了同样影响的一切行动或行为。

限制性商业惯例是具有普遍性的国际问题,存在的范围十分广泛,国际技术许可协议中的限制性商业条款是国际贸易中各种限制性商业条款的一种。由于技术许可自身的特点,国际技术许可协议中的限制性商业条款比其他贸易中的限制性商业条款更加复杂和难以识别。国际技术许可协议所转让的技术与普通商品相比交易周期更长,需要耗费大量的开发资金以及人力物力。许可方希望通过转让技术使用权,收回研发成本并获取利润,而且许可方的担保义务要求许可方在技术许可中必须保证技术能生产出合格的合同产品,这才能维护许可方信誉和竞争地位。同时,如果允许被许可方自由销售产品,可能影响其他被许可方的权益,造成许可方的违约。在这种情况下,许可方往往就会采取相应措施限制可能导致这种结果的做法。但是,许可方除了希望能收回成本并获得利润外,更希望在转让技术使用权后,继续维持自己在技术上的优势和垄断地位以获取长期利益。为了防止被许可方在获得技术使用权后取得竞争优势,对许可方构成威胁,许可方往往利用自己拥有的合法的技术专有的垄断地位,利用交易双方地位、实力的不平等,在国际技术许可协议中规定一些不合理的条款,不合理地限制被许可方的相关经营活动,降低被许可方的竞争力,最大限度地减少可能造成的威胁或带动其他商业销售或过时技术的出口。但在合同中规定不合理条款的做法谋取的是不正当的高额利润,限制了自由贸易,严重妨碍了国际技术贸易的公平竞争原则,成为国际技术贸易发展的严重障碍,对技术引进国家的经济发展,特别是发展中国家,将会造成不利的影响,所以各国大多通过国内立法或双边、多边国际条约,限制或禁止国际技术许可协议中的某些限制性商业条款。

(二)限制性商业条款的管制

许多国家对技术许可协议中的限制性商业条款进行管理,其目标是平衡利益,既要保护权利人的权利,又要阻止对竞争的限制。由于各国管理的侧重点不同,立法表现形式也不尽一致。

联合国"草案"第四章列举了应当禁止列入技术许可协议的限制性商业条款,包括:(1)单方面的回授条款;(2)对有效性的异议;(3)独家经营;(4)对研究的限制;(5)对使用人员的限制;(6)限制价格;(7)对技术修改的限制;(8)包销和独家代理;(9)搭买搭卖;(10)出口限制;(11)共享专利或交换许可证协定;(12)对宣传的限制;(13)有效期届满后的付款和其他义务;(14)有效期届满后的限制。

我国的《反不正当竞争法》和《技术进出口管理条例》都涉及相关内容。《反垄断法》在肯定了知识产权具有合法的垄断性的前提下,对技术转让中的经营者滥用知识产权、排除与限制竞争的限制性行为作出了原则性规定。《技术进出口管理条例》列举了7种限制性商业惯例。条例规定,在技术进出口合同中,不得含有以下条款:(1)要求受让人接受并非技术进口必不可少的附带条件,包括购买非必需的技术、原材料、产品、设备或者服务;(2)要求受让人为专利权有效期限届满或专利权被宣布无效的技术支付使用费或承担相关义务;(3)限制受让人改进让与人提供的技术或者限制受让人使用所改进的技术;(4)限制受让人从其他来源获得与让与人提供的技术类似的技术或与其竞争的技术;(5)不合理地限制受让人购买原材料、零部件、产品或设备的渠道或者来源;(6)不合理地限制受让人产品的生产数量、品种或销售价格;(7)不合理地限制受让人利用进口的技术生产产品的出口渠道。该条例采取了灵活的态度,并非一律禁止,需视具体情况而定。

第四节　国际技术贸易管理

一、技术贸易管制的原因

随着全球经济一体化程度的不断加深,各国在对外贸易过程中对货物贸易的管制呈现出逐步放松的趋势,然而在技术贸易领域,这种趋势并没有出现。因为技术代表先进生产力,和一般货物相比,具有一般货物所无法比拟的影响力。国际技术贸易既对合同双方当事人的具体利益产生影响,同时也对技术输出国和输入国的国家利益产生影响。因此世界各国为了保证本国国家安全和国家经济安全,都会对国际技术贸易实施比货物贸易更为严格的管理和管制。此外,随着知识产权作为一种权利被广泛认可,为了防止权利的滥用、防止国际技术贸易出现限制竞争的情形,各国也会对国际技术贸易实施管制。

对技术贸易实行政府管制的主要是发展中国家,因为:(1)国际上先进技术的分布极不平衡,绝大多数集中于发达国家。(2)国际技术市场已在很大程度上被少数发达国家垄断和商品化。(3)发展中国家缺乏具有一定水平的工程技术人员和管理人员,缺乏吸收和消化外国先进技术的必要物质设施和水平条件。(4)发展中国家一般都面临着严重的外汇短缺和国际收支不平衡问题。这些原因导致发展中国家的企业在技术贸易中处于不利地位,发达国家的技术转让方往往会利用自己的优势地位在技术转让中强加进一些限制性商业条款,从而妨碍竞争,对发展中国家的经济造成严重不利影响。为了确保技术贸易工作与本国发展目标的一致性,提高本国企业在谈判中的地位,减少技术贸易中不合理、不必要的外汇支出,防止技术转让方在合同中施加各种不合理的限制性条款,以及能够真正引进和掌握本国所急需的外国先进技术,发展中国家普遍对本国的技术引进工作实行政府管制。

为了本国的国家安全和其他重大利益,发达国家主要对技术出口进行法律管制,不仅从国内立法来加以管制,还曾经通过集体的管制即通过巴黎统筹委员会(Coordinating Committee,COCOM。以下简称"巴统")来进行管制。

二、外国技术进出口管理

由于不同的国家在技术水平上存在差异,因此各国对技术贸易的管制也有不同。发达国家对技术贸易的管制主要集中在管理技术出口方面,而发展中国家对技术贸易的管制主要集中在管理技术进口方面。

(一)发展中国家对技术贸易的管理

发展中国家对技术引进的管理主要有两种方式:一种是制定管理技术引进工作的专门立法,另一种是将管理技术引进工作的内容作为外国投资法或工业产权法的一部分。在实践中,第一种形式较为多见。根据各国实践和立法,政府对技术引进的管理主要包括:

1. 技术引进的管理机构

目前许多发展中国家都建立了专门负责审查、批准和监督技术引进的机构,有效地实施政府对技术引进的管理。例如:印度财政部下设的外国投资署是印度政府中负责审批技术引进合同的专门机构;菲律宾工业部下设的技术转让署是菲律宾政府中专门负责制定技术引进政策、评估和审批各种技术贸易合同的机构;此外,还有墨西哥工商部下设的国家技术转让注册局、巴西工商部下设的国家工业产权局、阿根廷工业发展部下设的国家许可合同和技术转让注册局、哥伦比亚经济发展部下设的提成费委员会及泰国的技术转让中心和技术转让局等,都是上述国家中负责技术引进管理的政府机构。

技术引进是一项涉及领域十分广泛的复杂工作。技术引进工作同国家的整个工业、技术和经济发展政策有密切联系,直接受到各方面因素的影响。技术贸易的复杂性决定了政府管理和审批工作的多面性。例如,菲律宾的技术转让署由国家经济发展部、中央银行、国家科学发展局、技术资源中心、投资局和专利局等各机构的代表组成。除了吸收各有关政府部门的代表参加技术引进的管理和审批机构外,各国的技术引进管理机构一般还包括专业法律工作者或律师、经济学家和工程技术人员。法律人员负责对技术引进合同进行法律审查;经济学家主要审查该引进项目对引进国的工业和经济可能产生的影响、对引进国国际收支的影响、对本国资源的利用,以及合同的价格、成本和项目的经济效益等各方面内容;工程技术人员主要对拟引进的技术本身进行审查,如根据本国现有的技术水平和条件判断,该技术是否先进和适用等。

2. 技术引进的审批

建立审批制度的主要是发展中国家,其法律通常都规定技术转让合同只有经过批准,才具有法律效力。审批主要包括审批程序和审查内容两方面。从有关国家的实践来看,审批一般包括申请、审查和注册三个阶段。首先是申请,由双方当事人共同申请或其中的任一方申请,并提交供审批的文件。对是否提交已签字协议,各国规定不一样,多数国家要求提交已签字的协议,如委内瑞拉、阿根廷等国。同时,申请文件的内容也有相应的规定,包括双方当事人的一般情况;有关协议的一般情况;技术转让的说明,所需资金、劳动力的情况,协议的履行期限等。很多国家还要求同时准备和提交引进项目的可行性研究报告。其次是审查,由政府主管机关根据本国的政策、法律和条例对申报的项目和合同进行经济、技术和法律各方面的审批。最后,由政府主管部门对经审查的交易颁发许可或有关通知批准的文件,准予注册,合同正式生效。

审查的内容包括经济、技术、法律三个方面。经济方面的审查包括:对当事人和输入国经济发展的影响;经济承受能力;劳动就业;自然资源的开发和利用;对输入国环境所造成的影响及输入国当事人自身的支付能力等。审查最终集中在有关价格和支付方式的条款上。技术方面的审查包括:是否先进技术;输入国是否已有同样的技术;与输入国的吸收能力是否符合;专有技术是否公开;审查最终集中在技术条款及有关技术资料、数据、图表及其他一些附件上。法律方面的审查包括:协议是否符合法律规定;协议中是否有违法或显失公平条款;是否有限制性商业行为;有关争议解决及法律适用条款等;审查重点是看有无限制性商业行为。关于审查的期限,各国规定不一样:有的规定为 90 天,如墨西哥;有的为 60 天,如菲律宾;有的为 30 天,如日本。巴西和委内瑞拉则没有规定。

3. 技术引进项目的监管

这方面主要是对技术引进合同的履行进行监督和检查。

(二)发达国家对技术贸易的管理

西方发达国家对出口的管制分为两个层次,即各国管制和集体管制。

在各国对技术出口的立法管制方面,其一是对技术出口实行类别管制,即禁止或限制某些种类的技术出口,如美国通过商品管制列单列出须获得商务部出口管理署出口许可证的所有商品以及软件和技术的名称;其二是对技术出口实行国别管制,即禁止或限制技术向某些特定的国家出口。为了便于进行出口控制,美国商务部将世界上其他国家(加拿大除外)根据宽严程度的不同分成 Z、S、Y、W、Q、T、V 七个不同的国家类别,分别采取不同的出口政策。这种组别的区分会依据现实需要发生变化。对技术出口实行管制的法律规定主要包括在各国的专利法、出口管制法和其他有关法律中。

集体管制即通过"巴统"来进行管制。巴统是对社会主义国家实行禁运和贸易限制的国际组织,于 1949 年 11 月在美国的提议下秘密成立,因其总部设在巴黎,通常被称为"巴黎统筹委员会"。巴统有 17 个成员国:美国、英国、法国、德国、意大利、丹麦、挪威、荷兰、比利时、卢森堡、葡萄牙、西班牙、加拿大、希腊、土耳其、日本和澳大利亚。

巴统是冷战的产物,是第二次世界大战后西方发达工业国家在国际贸易领域中纠集起来的一个非官方的国际机构,其宗旨是限制成员国向社会主义国家出口战略物资和高技术。列入禁运清单的有军事武器装备、尖端技术产品和稀有物资等三大类上万种产品。被巴统列为禁运对象的不仅有社会主义国家,还包括一些民族主义国家,总数共约 30 个。随着国际政治经济形势的变化和科技水平的提高,西方国家为了自身的经济利益,不断突破巴统的禁运限制,巴统不得不缩小其管制范围。1990 年,巴统大幅度放宽对苏联和东欧国家的高技术产品出口限制,禁运项目由成立初期的 400 个减少到 120 个,1991 年中又减少三分之二。受其禁运的国家也越来越少。

冷战结束后,西方国家认为,世界安全的主要威胁不再来自军事集团和东方社会主义国家,该委员会的宗旨和目的也与现实国际形势不相适应。特别是冷战结束后,世界格局发生重大变化,加上巴统的禁运措施与世界经济科技领域的激烈竞争形势也不相适应,一些西方国家又把巴统作为相互进行贸易战的工具。巴统会员国的高级官员 1993 年 11 月在荷兰举行会议,一致认为巴统"已经失去继续存在的理由"。1994 年 4 月 1 日,巴统正式宣告解散。

三、我国技术进出口管理

我国十分重视技术进出口的工作。改革开放以来,全国人大常委会、国务院以及有关部委颁布了一系列相关的法律、法规或规章,包括《中华人民共和国对外贸易法》、《中华人民共和国技术进出口管理条例》、《技术进出口合同登记管理办法》、《禁止出口限制出口技术管理办法》、《禁止进口限制进口技术管理办法》、《中华人民共和国生物两用品及相关设备和技术出口管制条例》、《中华人民共和国核两用品及相关技术出口管制条例》、《中华人民共和国核出口管制条例》、《中华人民共和国军品出口管理条例》和《有关化学品及相关设备和技术出口管制办法》等。

(一)我国技术进出口管理的基本原则

1. 国家统一管理原则。为维护公平自由的技术进出口秩序,国家实行统一的管理原则。依照法律法规的规定,国务院对外经济贸易主管部门负责全国技术进出口管理工作。省、自治区、直辖市政府对外经贸主管部门根据国务院外经贸主管部门的授权,负责本行政区域内的技术进出口管理工作。

2. 符合国家政策原则。技术进出口应当符合国家的产业、科技和社会发展政策,有利于促进我国技术提升和国际技术合作的发展,有利于维护我国经济技术权益。

3. 有管理的自由进出口原则。国家原则上允许技术的自由进出口,鼓励先进、适用的技术进口,鼓励成熟的产业化技术出口,但法律、行政法规另有规定除外。

(二)我国进出口技术的分类

我国将进出口技术区分为禁止进出口的技术、限制进出口的技术和自由进出口的技术。

根据《对外贸易法》的规定,不属于禁止进出口或者限制进出口技术的则为自由进出口的技术,国家准许技术自由进出口。

国务院对外经济贸易主管部门通过制定、调整并公布禁止进出口的技术目录,对于禁止进出口的技术,不得进出口。危害国家安全或者社会公共利益和公共道德、危害人民的生命或健康、破坏生态环境或根据我国所缔结或参与的国际条约、协定的规定,需要禁止进出口的技术,国家禁止进出口。

国务院对外经济贸易主管部门制定、调整并公布限制进出口的技术目录,属于限制进出口的技术,实行许可证管理,未经国家许可,不得进出口。限制进口的技术主要包括:为维护国家安全或者社会公共利益、建立或者加快建立国内特定产业、对任何形式的农业、牧业、渔业产品、保障国家国际金融地位和国际收支平衡或根据我国所缔结或者参与的国际条约、协定的规定,需要限制进口的技术。限制出口的技术主要包括:为维护国家安全或者社会公共利益、国内供应短缺或者为有效保护可能用竭的国内资源、出口经营秩序出现严重混乱、输往国家或地区的市场容量有限或根据我国所缔结或参与的国际条约、协定的规定,需要限制出口的技术。

（三）技术进出口合同登记管理

《中华人民共和国技术进出口管理条例》规定我国对自由进出口的技术实行登记管理。为了规范技术合同的管理，建立健全技术进出口信息管理制度，原对外贸易经济合作部发布了《技术进出口合同登记管理办法》，对技术进出口合同的登记机构、内容和程序进行了统一规定。

属于自由进出口的技术合同，均应当向外经贸主管部门办理合同登记。申请人凭外经贸主管部门签发的技术进出口合同登记证办理有关进出境手续。登记作为政府对技术进出口活动进行管理的一项措施，并不是自由进出口的技术合同的生效条件，合同自依法成立时生效。

自由进出口技术合同登记主要内容为：（1）合同号；（2）合同名称；（3）技术供方；（4）技术受方；（5）技术使用方；（6）合同概况；（7）合同金额；（8）支付方式；（9）信贷方式；（10）合同有效期。

已登记的自由进出口技术合同若需变更合同登记内容，应当重新办理登记手续。已登记的自由进出口技术合同在执行过程中若因故中止或解除，应当及时向外经贸主管部门备案。

值得注意的是，根据《技术进出口管理条例》第2条规定："本条例所称技术进出口，是指中华人民共和国境外向中华人民共和国境内，或者从中华人民共和国境内向中华人民共和国境外，通过贸易、投资或者经济技术合作的方式转移技术的行为。前款规定的行为包括专利权转让、专利申请权转让、专利实施许可、技术秘密转让、技术服务或其他方式的技术转移。"从该条的规定可以看出，《技术进出口管理条例》所调整的仅仅是专利技术、专有技术以及普通技术的进出口，其调整对象不包括商标、著作权、计算机软件、集成电路布图设计等的进出口。因此，当进出口标的是商标、著作权、计算机软件等对象时，是无须依据《技术进出口管理条例》履行合同登记或审批程序的，而只需依据《商标法》、《著作权法》以及计算机软件等方面的相关法律法规办理相应的手续即可。

第五节　知识产权的国际保护

一、概述

知识产权法是伴随着各国的科学技术发展而产生的新的法律部门，主要调整因智力成果而产生的各种社会关系。国际知识产权法则是知识产权保护上升到国际层面的产物，其法律渊源包括有关知识产权的国际公约、国际惯例和各国有关知识产权保护的国内立法。

1474年威尼斯共和国诞生了世界上第一部专利法，1710年英国诞生了第一部保护作者作品权利的法律，1803年法国诞生了第一部商标法。到目前为止，大多数的国家都已经建立了本国的知识产权保护法律体系。但是基于国家主权，知识产权具有严格的地域性，在一国取得的知识产权只能在该国境内受到法律保护，其他国家并没有保护的义务。知识产权人只有向相关国家提出申请并获得批准之后，才能使其知识产权在这些国家同样得到法律保护。各国知识产权法律制度差异较大，尤其是在外国人的知识产权申请的要求方面比较明显,这使得知识产权的域外保护十分复杂,不利于科学技术的发展。为解决这一问题,从19世纪开始,各国开始致力于起草和签订知识产权保护方面的双边或多边协定或公约。目前,大多数国家主要通过参加知识产权国际公约来实现知识产权的国际保护。这些条约对于统一各国知识产权法律以及提高知识产权保护水平起到了重要的推动作用,本节将对比较重要的国际知识产权保护条约予以介绍。

二、《保护工业产权巴黎公约》

为解决工业产权保护的地域性问题,1883 年 3 月 20 日,比利时、西班牙、法国、巴西等11 个国家在法国巴黎缔结《保护工业产权巴黎公约》(*Paris Convention on the Protection of Industrial Property*),简称《巴黎公约》。该公约于 1884 年 7 月 7 日生效,并于 1900 年、1911 年、1925 年、1934 年、1958 年和 1967 年和 1979 年进行过七次修改。适用该公约的国家组成"国际保护工业产权联盟",简称"巴黎联盟"。我国于 1985 年 3 月 19 日正式成为该公约成员国,并声明对公约的第 28 条,即将有关争议提交国际法院的争端解决条款予以保留。

《巴黎公约》是知识产权保护领域第一个世界性的多边公约,也是知识产权领域的基本公约,因为如《专利国际分类斯特拉斯堡协定》、《商标国际注册马德里协定》等很多工业产权公约都要求只有《巴黎公约》的成员国才能加入。此外,《与贸易有关的知识产权协议》也要求必须遵守《巴黎公约》的实体规定,即使其成员不是《巴黎公约》的成员。《巴黎公约》虽然未能提供一个统一的知识产权保护的实体法,但作为知识产权领域成员国最为广泛、影响最大的公约,其基本原则和内容对其他公约具有重要指导意义。

公约将"工业产权"的适用范围作最广义的解释,不仅适用于一般意义上的工业本身,也适用于农业、采掘工业、商业以及一切制成品或天然产品。该公约定义的工业产权的保护对象有专利、实用新型、工业品外观设计、商标、服务标记、厂商名称、货源标记或原产地名称以及制止不正当竞争。

《巴黎公约》共有 30 条,第 1 条至第 12 条是公约的核心,规定了各成员国在工业产权保护方面应遵循的共同规则和各成员国进行国内立法的最低要求,即各成员国在本国的工业产权保护法律的制定过程中,其保护标准不得低于公约规定的保护标准。公约规定以下共同遵循的原则和规则:

(一)国民待遇原则

国民待遇原则是《巴黎公约》的首要原则,其目的是明确联盟的一个国家应给予联盟的其他国家的国民在本国的法律地位,以及在工业产权保护方面的法律待遇问题。

该原则要求,《巴黎公约》成员国的国民,在保护工业产权方面,在联盟其他国家内应享有该国法律现在或将来可能授予本国国民的各种利益。在遵守各成员国对本国国民规定的条件和前提下,《巴黎公约》成员国的国民应当享有与各国本国国民同样的保护,并且当其权利被侵犯时,所享有的法律救济权利也是同样的。这种保护不以在提供保护的联盟国家内有住所或营业所为条件。

进一步讲,国民待遇原则的具体要求如下:

1. 公约保证联盟国家国民在联盟其他国家享有与其本国国民同等的保护水平,但只是在某些具体方面(如保护期限等)给出最低要求,而并未从整体上规定该国给予的保护水平的高低。因此,只要遵守公约的最低要求,公约各成员国有权根据本国法、本国经济和技术发展水平确定各自的工业产权保护水平,不以互惠为条件。

2. 公约中所指"成员国国民"资格,不仅包括联盟国家的国民,也包括在联盟国家有住所或营业地的非联盟国家的国民,即《巴黎公约》以国籍或住所确定是否给予国民待遇。"国民"包括自然人,也包括法人。具备联盟成员国国籍的国民可以享有国民待遇;而非联盟成员国的国民,只要在联盟成员国领土内有住所或有真实、有效的工商业营业所,也与具有联盟成员国国籍的国民同样享有国民待遇。

3. 国民待遇的例外。各联盟成员国在关于司法和行政程序、管辖权以及制定送达地址或指定代理人的法律规定等方面,可以予以保留。

(二)优先权原则

优先权原则指凡在联盟的一个国家正式提出专利、实用新型注册、外观设计注册或商标注册申请的任何人或其权利继受人,在规定的优先权期限内向联盟其他成员国提出同样申请时,其后来申请的日期可视同首次申请的日期,优先授予其工业产权。也就是说,当优先权人已经向某一成员国提出工业产权正式申请后,可以在特定优先权期限内就同一发明或商标向其他成员国提出申请,向其他成员国提出的申请视为在第一个申请日提出,并不会丧失新颖性。其他人的同样申请不能给予工业产权保护,该工业产权只能授予优先权人。优先权原则保护首次申请人,避免了多次申请和重复申请,也避免由于两次申请日期的差异而被第三者钻空子抢先申请注册,为需要在多个国家提出工业产权注册的权利人在联盟其他国家保护其工业产权提供了方便。

1. 优先权原则的适用范围。《巴黎公约》中的优先权原则只适用于发明专利、实用新型、外观设计和商品商标,并不适用于一切工业产权。商号、商誉、产地名称等的保护不适用优先权原则。公约第6条规定,各成员国应保护服务标记,但不应要求各成员国规定对这种标记进行注册。这表明,公约没有把服务商标的注册作为对成员国国内法的硬性要求。

2. 优先权申请人已在某一成员国内正式提出专利、实用新型、外观设计或商标注册申请的申请人或权利合法继承人,在规定期限内在其他成员国内提出申请,享有优先权。

3. 优先权的前提主张优先权的前提是已在一个成员国内正式提出申请,而且第一次申请的内容与日后向其他成员国所提出的专利申请的内容必须完全相同。只要已经在联盟任一成员国完成正式申请,都应认为产生优先权,而不问该申请结果如何。第一个申请的撤回、放弃或驳回,都不会导致优先权的丧失。联盟国家可以要求作出优先权声明的申请人提交以前提出的申请的副本。

4. 申请优先权的期限。专利和实用新型的优先权期限为12个月,外观设计和商标的优先权期限为6个月,从第一次申请的申请日次日开始计算。申请人只有在享有优先权的期限内提出请求,才能享有优先权。

(三)独立原则

专利权独立原则指联盟成员国的国民向某一成员国申请的专利权,与其在其他成员国或非成员国对同一发明所取得的专利权是相互独立的,各不相关,即在专利权的无效原因、被剥夺权利的理由和正常有效期等方面,相互之间没有任何关系。

商标权独立原则是指对成员国国民在任何成员国中提出的商标注册申请,不能以申请人未在本国申请、注册或续展为由而加以拒绝或使其注册失败。即同一商标在不同国家所受的保护是相互独立的,申请和注册商标的条件由联盟各成员国的本国法确定。商标在一成员国取得注册之后,即使原注册国撤销该商标,或因未办理续展手续而无效,都不影响该商标在其他成员国所受到的保护。

（四）对专利权的特别规定

1. 强制许可

《巴黎公约》为防止行使专利所赋予的专有权可能产生的滥用,当专利权人不实施或不充分实施其权利时,规定联盟各国有权制定强制许可措施,通过法律强制实施该专利。为防止强制许可制度的滥用,公约特别规定自颁发第一个强制许可之日起2年届满之前,不得进行吊销或撤销专利的程序。自申请专利之日起4年内或自授予专利权之日起3年内,取其中期限较长者,不得以不实施或未充分实施为由申请颁发强制许可证;当专利权人有正当理由不作为时,则不能采取强制许可措施。强制许可具有非独占性,只有在与使用该许可的企业或商誉一起转让时才能转让。实用新型也适用强制许可的规定。

2. 在联盟国家内,不构成侵犯专利权的情况

当其他成员国的船舶暂时或偶然进入领水时,该船的船身、机器、船具、装备及其他附件上所用的器械构成专利对象的,但以专为该船需要而使用为限;当其他成员国的飞机或陆上车辆暂时或偶然进入领域时,该飞机或陆上车辆的构造、操作或其附件上使用的器械构成专利对象的。

3. 制造方法的专利保护

如果一种产品进口所到的国家对该产品的制造方法给予专利保护,专利权人对该进口产品所享有的权利,应与按照进口国法律在该国根据专利方法制造的产品所享有的一切权利相同。

4. 联盟所有国家有义务保护工业品外观设计

在任何情况下,联盟国家都不得以不实施或以进口物品与受保护的外观设计相同为由而取消工业品外观设计的权利。

（五）对商标权的特别规定

1. 驰名商标

联盟国家应依职权或依利害关系人的请求,对于被商标注册国或使用国主管机关认定为驰名并已归享有公约利益的人所有,并且在相同或类似商品上构成商标复制、仿制或翻译,且容易产生混淆的商标,有权拒绝或取消注册,并禁止使用。驰名商标保护的认定依据包括注册和使用,而不仅仅局限于注册。是否是成员国的驰名商标,这个问题应由成员国的行政主管机关或司法当局来判断。如果商标在某成员国已为人知,也可能是驰名商标,即使其未在该国使用。取消注册的请求应自注册之日起至少5年内提出,联盟各成员国可以规定允许提出禁止使用的期限。对恶意取得注册或使用的商标提出取消注册或禁止使用的请求,不应规定时间限制。

2. 服务标记

各成员国应保护服务标记,但不应要求各成员国有义务对这种标志的注册作出规定。

3. 集体商标

只要社团的成立和存在不违反所属国法律,成员国应受理并保护属于该社团的集体商标,即使该社团没有工商业营业所。关于保护集体商标和当其违反公众利益而拒绝保护的具体条件,每个国家有权自行审定。即使社团在要求保护的国家没有营业所或不是根据该

国法律组成的,只要社团的成立和存在不违反原属国法律,也不能拒绝保护该社团的商标。

4. 商标转让

当根据联盟国家的法律,只有同时转移所属企业或商誉时商标转让才有效的情况下,则只需要将该企业或商誉位于该国的部分连同被转让商标所标记的商品在该国制造或销售的独占权一起转让,就可以认定该转让有效。如果受让人使用受让的商标制造或销售商品,在事实上可能导致公众对商品的原产地、性质或基本品质的误解,那么该转让无效。

（六）工业产权维持费的缴纳

缴纳规定的工业产权维持费,应给予不少于 6 个月的宽限期。如本国法律有规定,还应缴纳附加费。

（七）对不正当竞争的规定

联盟国家有义务制止不正当竞争。所谓不正当竞争,指的是在工商业活动中违反诚实经营的竞争行为。对于下列不正当竞争行为,应当特别予以禁止:采用任何手段对竞争者的营业所、商品或工商业活动产生混淆的一切行为;在经营活动中,利用虚伪说法损害竞争者的营业所、商品或工业活动的信誉;在商业经营中,使用容易导致公众对商品性质、制造方法、特点、用途或数量产生混淆的表示或说法。

（八）临时性保护的规定

在联盟国家内举办的官方承认的国际展览会上展出的商品,如果符合申请取得专利的发明、实用新型、工业品外观设计和申请注册的商标,则联盟各成员国家应按本国法律给予临时保护。发明、实用新型临时保护期通常为 12 个月,商标、外观设计的临时保护期通常是 6 个月。在此期间内,展品所有人以外的第三方无权以展品申请工业产权。该项临时保护不应延展优先权期间。如果在临时保护期内要求优先权的,则优先权的起算日期为展品公开展出之日,不再是第一次提交申请之日。如果各成员国认为有必要,也可以要求展品所有人提交举办国际展览会的成员国有关当局证明公开展出的日期以及展品的种类、名称的书面证明。

三、《保护文学艺术作品伯尔尼公约》

1878 年成立的国际文学作家协会一直致力于保护文学和艺术作品的国际公约的签订。在协会的努力下,1886 年 9 月 9 日,比利时、法国、德国、英国、意大利、海地、西班牙、利比里亚、瑞士和突尼斯 10 个国家在瑞士首都伯尔尼签署了《保护文学和艺术作品伯尔尼公约》(*The Berne Convention for the Protection of Literary and Artistic Works*),简称《伯尔尼公约》。《伯尔尼公约》自签订后曾先后于 1896 年、1908 年、1914 年、1928 年、1948 年、1967 年和 1971 年和 1979 年进行了补充或修改。适用《伯尔尼公约》的国家组成"伯尔尼联盟"。我国于 1992 年 10 月 15 日正式成为公约的成员国。

《伯尔尼公约》是世界上第一个版权方面的全球性多边国际公约,也是至今影响最大的版权公约。《伯尔尼公约》确立了国民待遇原则、自动保护原则和独立保护原则三项文学艺术作品保护的基本原则,成为许多知识产权国际公约订立的基础。《伯尔尼公约》对成员国提出最低版权保护要求,各成员国在公约规定的基础上可以提供更高水平的保护,在这一点上《伯尔尼公约》和《巴黎公约》坚持相同的原则。

公约共有 38 条,规定主要有以下内容:

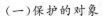

（一）保护的对象

"文学和艺术作品"包括文学、科学和艺术领域内的一切成果，不论其表现形式或方式如何，诸如书籍、小册子和其他文学作品；讲课、演讲、讲道和其他同类性质作品；戏剧或音乐戏剧作品；舞蹈作品和哑剧作品；配词、未配词的乐曲；电影作品以及用类似摄制电影的方法表现的作品；实用艺术作品；图画、油画、建筑、雕塑、雕刻和版画作品；摄影作品及使用与摄影相类似的方法创作的作品，文字或插图说明，与地理、地形、建筑或科学有关的示意图、地图、设计图、草图和立体作品。

（二）公约的保护范围

1. 公约要求对文学艺术作品、演绎作品、实用艺术作品和工业品外观设计等作品应当予以保护。对实用艺术作品和工业品平面和立体设计，公约规定各成员国可以通过国内立法确定此类作品和设计的保护程度以及保护条件，但不要求必须以版权法予以保护。

2. 政治演说和诉讼过程中发表的言论、官方文件以及这些文件的正式译本、公开发表的讲课、演讲或其他同类性质的作品，成员国可以通过本国法确定是否享受保护，但作者享有将上述作品汇编的专有权利。

3. 公约的保护不适用于日常新闻或纯属报刊消息性质的社会新闻。

（三）国民待遇原则

国民待遇原则是指作者在作品起源国以外的成员国享有该国法律现在给予或将来可能给予其本国国民的权利以及公约特别授予的权利。

根据《伯尔尼公约》规定，对起源国的界定根据"双国籍国民待遇"原则来确定，可以分为作者国籍标准或作品国籍标准。第一，作者国籍标准，又称为人身标准，即公约成员国的国民，以及在成员国境内有惯常居所的非成员国的国民，该成员国即为起源国，无论其作品是否出版，在各成员国都享有国民待遇。第二，作品国籍标准，又称为地理标准，即在成员国境内没有惯常居所的非公约成员国国民，只要其作品首先在某个成员国出版，或同时在一个成员国和非成员国出版，该成员国也为起源国，也应在一切成员国中享有国民待遇。

（四）自动保护原则

公约要求同盟成员国对文学艺术作品的保护实行自动保护原则，即不需要履行任何手续，即可自动享有和行使成员国法律和公约规定的权利，不论作品在起源国是否存在保护，在作品完成时自动享有版权。这是《伯尔尼公约》不同于《世界版权公约》的非常重要的方面，《世界版权公约》采用的是非自动保护原则，要求获得版权保护的条件是必须履行法定手续。

公约自动保护的权利主体为文学和艺术作品的作者，包括：

1. 属于公约成员国国民的作者无须登记或发表等任何手续，作品创作完成时即受到自动保护，享有著作权。非公约成员国国民如果在成员国有惯常居所，也被视为享有成员国国民的待遇。

2. 属于非公约成员国国民又在成员国无惯常居所的作者，保护以作品出版为条件，作品首次在任何一个公约成员国出版时享有著作权，或在一个公约成员国和非公约成员国同时出版时享有著作权。一个作品在首次出版后30天内如果在两个或两个以上国家内出版，则该作品应视为同时在几个国家内出版。

另外，制片人的总部或惯常住所在同盟成员国内的电影作品的作者和建造在同盟成员国内的建筑作品或构成同盟成员国内建筑物一部分的平面和立体艺术作品的作者，即使不具备上述条件,也适用公约的保护。

(五)独立保护原则

作品在起源国的保护与在其他成员国的版权保护是相互独立、互不干涉的。作者在其他成员国享有和行使文学艺术作品的权利,并不以作品起源国给予保护为前提条件。独立保护原则是与版权的地域性保护一致的。

除该公约规定外,被要求给予保护的国家通常会通过国内法对作者作品的保护范围以及为保护作者权利而提供的补救方法作出规定。独立保护原则也存在某些例外,如保护期限一般不超过起源国规定的保护期限等。

(六)作者权利及其保护期

1. 作者的经济权利和精神权利

公约第 8 条至第 14 条赋予作者经济权利,包括复制权、翻译权、公开表演权、广播权、朗诵权、改编权、录制权、电影权、追续权。

公约规定作者对其作品享有精神权利,也称为人身权利,包括署名权和保护作品完整权。公约第 6 条之 2 规定作者享有要求其作品作者身份的权利,并有权反对对其作品的任何有损其声誉的歪曲、割裂或其他更改或其他损害行为。作者的精神权利不受作者经济权利的影响,即使作者的经济权利发生转让,也不会影响其精神权利。

除规定上述权利以外,公约还允许各国版权法作出不同程度的权利限制。在引用方面,只要符合合理使用要求,在为达到目的的正常需要范围内从作品中摘出引文,属合法行为。同样,以出版物、无线电广播或录音录像等方式为教学解说使用文学艺术作品的,只要是在为达到目的的正当需要范围内使用,并符合合理使用要求,也属合法行为。

2. 对作品的最低保护期限

公约对保护期限的规定是对成员国的最低要求,同盟成员国有权通过国内法给予更长的保护期。公约对不同作品作出不同规定:

(1)一般文学艺术作品的保护期限为作者有生之年及其死后 50 年。

(2)电影作品的保护期限是在作者同意下自作品公之于众后 50 年。若作品完成后 50 年仍未公之于众,则自作品完成后 50 年。

(3)不具名作品和假名作品的保护期限是自作品合法公之于众之日起 50 年。若在作品公之于众后 50 年内作者身份能够确定或公开的,其保护期限为作者有生之年及其死后 50 年。若不具名作品或假名作品有充分理由推定作品作者已经死去 50 年的,公约成员国没有保护义务。

(4)摄影作品和作为艺术作品保护的实用艺术作品的保护期限由公约成员国本国法律规定,但这一期限不应少于自该作品完成之后算起的 25 年。

作者死后的精神权利的保护期限应该不少于作者经济权利的保护期限。上述保护期限也适用于合作作者共有的作品,但按最后死亡的作者的死亡时间起算。

(七)限制性原则

限制性原则也称为有限的国民待遇或有限互惠。公约第 6 条规定,任何非公约成员国如未能充分保护同盟成员国国民作者的作品,成员国可对在成员国内没有惯常住所地的非同盟成员国国民作者的在成员国首次发表作品的保护加以限制。当首次出版国利用这种权利,那么公约其他成员国对由此受到特殊待遇的作品,也无须给予比首次出版国所给予的更广泛的保护。但是,在这种限制实施之前,作者在同盟任一成员国出版的作品已获得的权利不受影响。

四、《保护表演者、录音制品制作者和广播组织国际公约》

在国际广播组织的推动下,世界知识产权组织、国际劳工组织和联合国教科文组织共同发起,于 1961 年 10 月 26 日在罗马签订了《保护表演者、录音制品制作者和广播组织罗马公约》(*International Convention for the Protection of Performers, Producers of Phono-grams and Broadcasting Organization*),简称《罗马公约》。公约于 1964 年 5 月 18 日正式生效。这是世界上第一个对邻接权实施保护的国际公约。《罗马公约》被称为封闭性公约,因为其要求加入该公约的成员必须加入《伯尔尼公约》或《世界版权公约》。截至 2009 年 3 月 18 日,共有 88 个国家加入该公约,中国未加入该公约。

各国依其本国国内法对本国表演者、录音制品制作者和广播组织所给予的国民待遇基本上构成了《罗马公约》所给予的保护。国民待遇指被要求给予保护的缔约国的国内法律给予:其节目在该国境内表演、广播或首次录制的、属于该国国民的表演者的待遇;其录音制品在该国境内首次录制或首次发行的、属于该国国民的录音制品制作者的待遇;其广播节目从设在该国领土上的发射台发射的、总部设在该国境内的广播组织的待遇。但该公约对保护的明确规定是各国给予国民待遇的最低限度,该公约允许的明确例外或保留除外。对表演者可以按照表演标准、录制标准或播放标准,给予国民待遇。对录音制品制作者可以依据缔约国国民标准、录制标准或出版标准,给予国民待遇。对广播组织可以依据总部所在地标准或发射地播放标准,给予国民待遇。

《罗马公约》没有明确规定表演者最低限度的权利。公约关于表演者权利保护的条文规定:未经表演者许可,禁止广播或向公众传播其表演;禁止录制尚未录制的表演;在原始录制品为非法录制,或复制的目的与该公约规定的例外或表演者许可的录制目的相悖,禁止复制其表演的录制品。但如果表演者已经许可将其表演包含进录像或视听固定物,则不适用上述规定。

录音制品制作者有权许可或禁止直接或间接复制其录音制品。若为商业目的发行录音制品或其复制品,或直接用于广播或向公众传播,则使用者应当向表演者或录制者或同时向两者支付合理报酬。

广播组织有权许可或禁止:转播其广播节目;录制其广播节目;复制其未经许可复制其广播节目的录制品;在收费的公共场所向公众传播电视节目。上述权利行使的条件由被要求保护的缔约国的国内法律规定。

公约规定的保护期限至少为 20 年,自录制作成、表演举行或广播播出之年年底起计算。

五、《建立世界知识产权组织公约》

1967 年 7 月 14 日《巴黎公约》和《伯尔尼公约》的同盟成员共 51 个国家在斯德哥尔摩签署《建立世界知识产权组织公约》(*Convention Establishing the World Intellectual Prop-erty Organization*),1970 年生效。我国于 1980 年 6 月 3 日成为该公约的成员国。这是我国参加的第一个知识产权国际公约。

公约确立了知识产权的范围。根据公约规定,知识产权包括下列权利:与文学、艺术及科学作品有关的权利;与表演艺术家的表演活动、与录音制品及广播有关的权利;与人类创造性活动的一切领域内的发明有关的权利;与科学发现有关的权利;与工业品外观设计有关的权利;与商品商标、服务商标、商号及其商业标记有关的权利;与防止不正当竞争有关的权利;一切其他来自工业、科学、文学及艺术领域的智力活动所产生的权利。世界上大多数国家都采纳了上述知识产权的范围。

公约还成立了世界知识产权组织(WIPO)。世界知识产权组织自成立以来始终履行通过国家与国家之间的合作以及与其他国际组织的协作,促进对知识产权的国际保护的宗旨。

六、《与贸易有关的知识产权协议》

(一)《与贸易有关的知识产权协议》的意义

20世纪80年代以来,随着世界经济、科技的飞速发展,市场竞争的日益加剧,国际贸易已从单一的有形货物贸易向多元的有形货物贸易、服务贸易和技术贸易发生转化,知识产权的作用和价值得到越来越多的体现和提高,促使国际贸易问题与知识产权保护问题之间的关系日益密切。传统知识产权国际保护体制是以传统知识产权国际公约的内容为基础,以世界知识产权组织的工作为中心的。这种模式到20世纪末开始面临挑战,发生动摇。因为首先,国际贸易领域中的知识产权保护问题无法直接适用传统知识产权国际保护体系;其次,很多知识产权公约缔结时间较早,难以满足当今社会对知识产权进行高水平保护的需求;再加上各国对知识产权保护的国内立法规定差异较大,这都使得各国改变传统知识产权国际保护体制的呼声愈来愈高。于是,1986年9月《关税与贸易总协定》乌拉圭回合谈判的埃斯特角宣言将与贸易有关的知识产权问题(包括冒牌货贸易问题)确定为这次谈判的三大新议题之一。经过各国之间多次反复的谈判和磋商,1993年12月乌拉圭回合闭幕时达成了《与贸易有关的知识产权协议》(*Agreement on Trade-Related Aspects of Intellectual Property Rights*,TRIPs),简称《TRIPs协议》。

《TRIPs协议》的签订和生效,第一次将国际贸易规则引入到知识产权国际保护中,建立了一个新的知识产权保护规则。这一规则与原有的知识产权国际保护体系既有联系又有区别,成为目前解决国际贸易领域内的知识产权保护问题的国际法律规范。《TRIPs协议》在原有的知识产权国际公约的基础上进一步扩大了知识产权的保护范围,将著作权及其相关权、专利权、商标权、地理标记、集成电路布图设计、未公开信息等重要的知识产权保护融为一体,增强了保护力度,同时也考虑发展中国家和最不发达国家的实际情况,给予必要的最大程度灵活性的差别待遇,表明知识产权的国际保护进入了一个高标准保护的历史发展时期。《TRIPs协议》作为乌拉圭回合的一揽子协定之一,使知识产权保护制度能在更大的范围内得到更加有效的实施,将有利于推动技术革新、技术传播和技术转让,有利于全面解决现存国际贸易领域内的知识产权保护问题,从而有助于全球性国际贸易的健康发展。但同样,《TRIPs协议》只规定各成员最基本的义务和知识产权保护的最低标准,并不排除成员间就更高水平的知识产权保护签订协议。

(二)《TRIPs协议》的基本原则

1. 最低保护原则

《TRIPs协议》在吸收原有的国际知识产权公约内容的基础上提出了保护范围更广、标准更高、要求更严的要求,各成员应履行该协议确定的义务。各成员可以在其本国法律中实施比该协定要求更广泛的保护,但该协议中并未对各成员有此义务要求。各成员有权在其各自的法律制度中自由确定实施协定的方法,并应将协议中的规定适用于其他成员方的国民。

由于《TRIPs 协议》包含《巴黎公约》的核心内容,因此成员在制定本国知识产权法的最低标准是必须遵守《巴黎公约》。另外,协议的有关规定并不取代或抵消成员依据《巴黎公约》、《伯尔尼公约》、《罗马公约》、《华盛顿条约》所承担的义务。

2. 国民待遇

有关知识产权的保护方面,每一成员给予其他成员国民的保护,不得低于对其本国国民所提供的保护,但《巴黎公约》、《伯尔尼公约》、《罗马公约》或《华盛顿条约》已规定的例外除外。所谓国民,是指世界贸易组织独立关境成员中的人,包括在此独立关境中有居所,或有实际的、有效的工商营业所的自然人或法人。

3. 最惠国待遇

在知识产权保护方面,任何成员对另一成员国民所给予的利益、优惠、特权及豁免,应立即无条件地给予其他成员的国民。这是《TRIPs 协议》中对保护知识产权方面突出的"与贸易有关"特点的一个表现形式,因为最惠国待遇原则作为多边贸易体制中的一项重要原则,第一次出现在知识产权国际条约中。但该原则也存在例外。一成员给予的属于下列情况的任何利益、优惠、特权及豁免,免除此义务:第一,由一般性司法协助及法律实施的国际协定所引申出的并非专为保护知识产权的;第二,1971 年《伯尔尼公约》和《罗马公约》所允许的按互惠原则而不按国民待遇提供的;第三,《TRIPs 协议》中未加规定的表演者权、录音制品制作者权及广播组织权;第四,建立世界贸易组织协定生效之前业已生效的关于知识产权保护的国际协议中所产生的。

(三)《TRIPs 协议》确立的知识产权保护标准

《TRIPs 协议》所保护的知识产权具有特定的含义,专指版权及其相关权利;商标权;地理标志;工业品外观设计;专利权;集成电路的布图设计;未公开的信息等七个类别的知识产权。

1. 版权及其相关权利保护

《TRIPs 协议》规定,各成员应遵守《伯尔尼公约》1971 年文本第 1 条至第 21 条和附录的规定,即《TRIPs 协议》已将《伯尔尼公约》的实体内容都纳入其中,但《伯尔尼公约》规定的作者的精神权利或由此派生的权利除外。并且协议明确规定,版权的保护应延及表达方式,但不涉及思想、工艺、操作方法或数学概念等。

计算机程序视为文学作品,无论是原始资料还是实物代码,都纳入版权保护范围。数据或其他资料汇编,只要其内容的汇编绘制构成智力创作,也应以版权法加以保护。该保护不延及数据或资料本身,不得损害数据或资料本身已有的版权。

2. 商标权保护

《TRIPs 协议》规定,任何标记或标记组合,只要能够将一企业的商品或服务与其他企业的商品和服务区分开来,即可构成商标。此类标记,既包括文字、字母、数字、图案和色彩组合,也包括上述内容的组合。商标应具有识别性和视觉可辨认性。

成员应遵守《巴黎公约》的有关规定对商标进行注册。商标注册不受该商品或服务的性质限制。成员方可以将使用作为注册条件,但商标的实际使用并非是接受申请的一项条件。

注册商标的所有人对所注册的商标享有独占权,有权禁止他人未经其同意在商业中在其已获商标注册的相同或者类似商品或服务上使用可能导致混淆的相同或者近似的标记。

但这种独占权的享有不应损害任何已经在先存在的权利。商标首次注册和每次续展注册的保护期限均不少于 7 年，允许无限续展。各成员可以决定商标许可和转让的条件。

《TRIPs 协议》规定《巴黎公约》中对驰名商标的保护原则上延及服务商标。认定驰名商标时，应考虑相关公众对该商标的知晓程度，包括在该成员中因对该商标的宣传而形成的知名度。对于驰名商标的特殊保护的规定应当也适用于与已注册商标的商品或服务不类似的其他商品或服务。

3. 地理标记保护

《TRIPs 协议》在《巴黎公约》的基础上对地理标志作了进一步的规定。所谓地理标记，是表明某一产品来源于某一成员的境内或者该境内的某一地区或地点的标记，而该产品的特定品质、声誉或者其他特征在本质上与该地理来源相关联。

为防止不正当竞争和公众对原产地的误解，协定要求成员应该对地理标志提供法律保护手段。在成员境内使用包含不表明货物真实产地的地理标志的商标，导致公众对真实原产地产生误解，成员有权根据本国法律或当事人的请求，拒绝注册或使该注册商标无效。《TRIPs 协议》对地理标记保护措施规定了例外情况，如在先善意使用、通常用语、行使名称权、善意注册、原产国不予保护或已经停止保护。

4. 工业品外观设计保护

《TRIPs 协议》规定，各成员应对具有新颖性或原创性的独立创作的工业品外观设计提供保护，并规定了认定新颖性或原创性的标准和工业品外观设计的保护范围。在成员履行工业品外观设计保护义务时，《TRIPs 协议》规定既可以通过工业品外观设计法来保护，也可以通过专利法或版权法来履行义务。受保护的工业品外观设计的所有人，有权禁止他人未经其许可为商业目的而制造、销售或进口拥有设计权的标的物。成员对工业品外观设计的保护期限至少为 10 年。

5. 专利权保护

《TRIPs 协议》扩大了专利的保护范围，并明确规定专利权授予的普遍性和非歧视性。协议规定，专利权保护应适用于所有技术领域中具有新颖性、创造性和工业实用性的任何发明，包括产品发明或方法发明，并且专利权的获得与行使不得因发明地点、技术领域以及产品是否为进口产品而受到歧视。

为保护公共利益或社会公德，包括保护人类、动植物的生命和健康，或为避免造成严重的环境污染，成员方有权拒绝对某些发明授予专利权，对其商业利用予以阻止，包括对人或动物的医学诊断、治疗方法及外科手术方法，任何植物和动物（微生物除外），以及生产植物或动物的生物方法（非生物方法及微生物方法除外）。但是，成员方应对植物新品种提供保护，如果不允许以专利形式，则必须通过其他方式给予有效的保护。

协定规定，专利权应当包括：第一，若为产品专利，专利权人有权禁止第三方未经权利人同意从事制造、使用、许诺销售、销售或为这些目的而进口被授予专利的产品的行为；第二，若为方法专利，专利权人有权禁止第三方未经权利人同意使用该方法，以及使用、许诺销售、销售或为这些目的而进口依该方法而直接获得的产品。

协定规定专利权人有权转让专利，或通过继承转移专利，并有权与他人签订许可合同。协议还对关于专利撤销与无效的司法复审、方法专利的举证责任和强制许可作了详细规定。专利权的保护期限自申请之日起不得少于 20 年。

6. 集成电路布图设计保护

《TRIPs 协议》要求各成员应按《关于集成电路知识产权条约》(即《华盛顿协定》)的相关条款保护集成电路的布图设计。《TRIPs 协议》规定,成员有权认为,在未经权利人许可的情况下,为商业目的或以其他方式进口、销售受保护的布图设计,或含有受保护的布图设计的集成电路,或含有继续非法复制这种集成电路布图设计的产品的行为为非法行为。

《TRIPs 协议》对《华盛顿协定》的保护期限作了延长。若成员以注册为保护条件,集成电路布图设计的保护期限为不少于自注册申请之日起或第一次在世界上任何地方进行商业性使用之日起 10 年;若成员不要求以注册作为保护条件,则集成电路布图设计的保护期限为不少于自该布图设计的设计完成之日起 15 年。

善于获得不属违法,但在收到布图设计为非法复制的充分通知后,只能就现有存货或订单继续实施其行为,并有责任向权利所有人支付数额相当于根据自由达成的许可使用该布图设计应支付的合理使用费。

7. 未公开信息保护

《TRIPs 协议》要求对未公开信息进行保护。受保护的未公开信息必须符合下述条件:(1)秘密性,即该信息作为一个整体或其组成部分的精确排列和组合不为通常涉及该信息有关范围的人普遍所知或者容易获得,这也是商业秘密最本质的特征;(2)价值性,该信息因为秘密性而具有商业价值,能够为权利人带来经济利益;(3)合法控制该信息的人采取了合理的保密措施。

协定规定成员应禁止他人未经权利人同意,对合法处于权利人控制之下的未公开信息以违约、泄密、违约诱导等非诚实商业行为的方式披露、获得或使用,以及第三人已知或有重大过失未知其取得未公开信息涉及上述不诚实商业行为。该协定只要求合法控制人能阻止上述行为,但并没有要求将未公开信息视为财产。

8. 对反竞争行为的控制

《TRIPs 协议》承认限制竞争的与知识产权相关的许可做法可能导致对技术转让和传播的障碍,进而对国际技术贸易产生不利影响。《TRIPs 协议》规定,成员可通过国内立法具体规定在特定情况下可能构成滥用知识产权并对相关市场竞争产生不利效应的许可行为或条件。

(四)《TRIPs 协议》的实施

1. 一般义务

协定规定了以下原则作为成员应当履行的一般义务:(1)以国内法实施本协定知识产权保护义务,且应避免对合法贸易造成障碍,并防止程序被滥用;(2)实施程序公平公正,不应造成无理迟延;(3)案件裁决应说明理由,并提供充分的听证机会;(4)对最终行政裁定进行司法审查。

2. 民事和行政程序及救济

在知识产权权利实施方面,各成员应向权利持有人提供公平、公正的民事司法程序,包括通知律师作为代理人,提供证据的权利,陈述的机会等。司法当局有权通过颁发禁令,责令侵权人停止侵权行为,特别是应立即阻止涉及侵权行为的进口商品进入商业渠道。如当事人事先不知道或无合理理由知道该行为将侵害知识产权,成员就不应责成司法当局采取以上行动。但对于已知或有理由知道自己从事侵权活动的当事人,司法当局有权责令侵权人支付足额补偿以弥补权利所有人因其知识产权被侵害所受的损害。司法当局还有权以不给予任何补偿的方式,通过责令将侵权产品清除出商业渠道或下令销毁等方法为受害人提供救济。

3. 临时措施

为制止知识产权侵权的发生或保存相关证据,协定要求成员的司法当局有权采取及时、有效的临时措施,包括临时禁令、证据保全等。特别是当任何延迟可能会给权利人带来不可弥补的损害时,或证据极有毁灭危险时,司法当局有权采取临时措施,而不需要事先通知。但为防止滥用临时措施损害被申请人的合法权益,司法当局有权要求申请人应当提供合理获得的证据,证明其权利受到了侵害或可能被侵害,并提供足以保护被申请人合法权益和防止权利人滥用权利的保证金或相当的担保。协议同时还规定了对采取临时措施的请求的审查和临时措施的撤销。

4. 与边境措施相关的特殊要求

为充分保护知识产权,协议规定成员可以通过海关监管通过边境的商品流通。协议规定了海关停止放行的条件和程序。权利所有人如怀疑假冒商标的货物或盗版货物可能进口,为避免商品进入自由流通,可以向主管行政部门或司法当局提出书面申请和提供有效的证据,由海关当局中止此类商品的放行。主管行政部门或司法当局有权要求申请人提供保证金或类似担保,以保护被申请人并防止滥用此权。如系错误扣押货物,申请人应对进口方的损失承担赔偿责任。成员也可以要求有关当局依职权主动采取措施。

5. 刑事程序

《TRIPs 协议》要求成员应制定相应的程序,对具有商业规模的、故意的商标仿冒和盗版案件予以刑事处罚。处罚措施包括监禁、罚金以及扣押、没收、销毁侵权产品和主要用于犯罪的材料和工具等。

(五)知识产权的取得与维持程序及知识产权纠纷的预防与解决

1. 知识产权的取得与维持程序

协定规定,成员可以要求取得和维持协定所规定的知识产权应符合合理的程序和手续,但此类程序和手续应与协议的规定保持一致。如果知识产权的取得以授予或注册为条件,成员应保证授予或注册的程序在遵守取得知识产权的实质性要件的前提下,允许在合理期限内授予或注册,以避免保护期被不适当地缩短。

2. 知识产权纠纷的预防与解决

为预防侵犯知识产权行为的发生,协定规定成员应建立公开的知识产权保护制度,包括有关法律、条例、司法判决和行政裁决,以保持其透明度。关于知识产权纠纷解决的方式,《TRIPs 协议》规定本协议项下纠纷的解决适用《争端解决规则和程序的谅解书》,即适用世界贸易组织争端解决机制,其方法包括协商、中止履行、交叉报复等。

(六)过渡协议与机构安排

《TRIPs 协议》规定,成员方无义务在世界贸易组织协定生效后 1 年期满内适用该协议。发展中成员方在适用该协议方面有权再延迟 4 年。任何成员,若其所处的阶段是由中央计划经济向市场经济转化的过程,而且该成员正着手改革知识产权制度体系,并在实施知识产权法律法规的过程中遇到特殊困难,适用协议也可以再延迟 4 年。同时,考虑到最不发达成员的特殊需要和要求,它们可以有 10 年的期限不适用协议。

机构安排方面,与贸易有关的知识产权理事会(TRIPs 理事会)监督本协定的实施,并为各成员提供磋商机会,在争端解决程序方面为各成员提供帮助。

七、其他条约

除了上述国际条约外,还有《专利合作条约》、《商标国际注册马德里协定》、《世界版权公约》等。

《专利合作条约》(*Patent Cooperation Treaty*,PCT)是于 1970 年 6 月 19 日在美国华盛顿缔结的有关专利申请的国际性公约。条约遵循《巴黎公约》基本原则,并且只有《巴黎公约》的成员才能加入,因此《专利合作条约》是封闭性条约。该条约于 1978 年 6 月 1 日正式生效。加入条约的国家组成"国际专利合作联盟"。我国于 1994 年 1 月 1 日正式成为《专利合作条约》成员国。

《专利合作条约》共有 68 条,确立了国际申请、国际检索和国际公布的制度,解决了传统的分国别申请专利的问题。申请人根据国际检索和国际初步审查结果,可以决定进入国家阶段,由向其提出申请的国家决定是否授予专利。该条约完全是关于专利申请的受理及审查程序方面的统一程序性规定,不涉及专利批准的实体问题,因此各成员国应调整国内程序立法使之与条约相适应,而对成员国的国内专利立法无实体影响。该条约规定,各成员应遵守《巴黎公约》中有关专利的规定,该条约的任何内容均不得减损各成员相互之间依照《巴黎公约》承担的义务。

《专利合作条约》自生效以来,将成员国国民在其他成员国范围内申请专利的手续大大简化,减轻了各成员国专利局的工作量,并对申请人依据《巴黎公约》享有的优先权期限作了延长,使得原本缺乏审查能力的国家能够实现实质审查。

《马德里协定》是为解决《巴黎公约》未作规定的商标权取得的程序问题,于 1891 年 4 月 14 日在西班牙马德里签订的关于商标国际注册的国际性协定,简称《马德里协定》。我国于 1989 年 10 月 4 日成为该协定的成员国。

《马德里协定》共有 18 条,规定任何成员国国民或在成员国国内有真实、有效的工商营业所或永久住所的非成员国国民,都可以向世界知识产权组织国际局提出商标国际注册的申请。每一个国际注册申请必须使用规定的格式,向国际局提出商标国际申请必须要求商标已在原属国注册,并由原属国商标局向国际局提出。商标办理国际注册后,不必再履行有关手续,即可享有《巴黎公约》规定的优先权。商标经国际注册之日起,其效力自动延及原属国以外的其他成员国。在国际局注册的商标有效期为 20 年,可续展,续展还可给予 6 个月的宽限期。国际注册具有独立性,自国际注册之日起满 5 年时,国际注册完全独立于原属国的国家注册。但在 5 年的期限内,两者存在依附关系,商标如在原属国因撤回、放弃、驳回、撤销、宣告无效等全部或部分不再享受法律保护时,国际注册的保护也相应地不再产生权利。《马德里协定》简化了国际注册手续,但由于该公约的有限独立性及其审查规定过于简单,该公约的参加国并不广泛。

1989 年的《商标国际注册马德里协定有关议定书》在《马德里协定》的基础上进行了一定的修改,放宽了申请商标国际注册的条件,在原属国递交申请但尚未获得国家注册的,可以提出国际注册;同时,缩短了国际注册的有效期限,在国际局注册的商标有效期缩短为 10 年。

《世界版权公约》(*Universal Copyright Convention*,UCC)于 1952 年 9 月 6 日,在联合

国教科文组织的主持下，在瑞士日内瓦签订。《世界版权公约》于 1955 年 9 月 16 日生效，我国于 1992 年 10 月 30 日成为公约的成员国。

《世界版权公约》为鼓励知识产权保护水平较低的国家加入公约，因此在保护的客体上较之《伯尔尼公约》有所减少。公约规定对文学、科学、艺术作品，包括文字、音乐、戏剧和电影作品，以及绘画、雕刻和雕塑作品的作者及其他版权所有者的权利提供充分有效的保护。该公约实行国民待遇原则和非自动保护原则，允许各成员对版权保护设定程序性条件。公约规定的作品保护期限为不少于作者有生之年及其死后的 25 年，少于《伯尔尼公约》规定的作者有生之年及其死后的 50 年，并且对作者的精神权利没有规定。虽然《世界版权公约》对版权的保护水平明显低于《伯尔尼公约》，但这种较低的保护水平更适合发展中国家和最不发达国家现有的保护能力，因此《世界版权公约》为版权保护尚达不到或不愿达到高水平的国家提供了选择。

澳大利亚、加拿大、日本、韩国、摩洛哥、新西兰、新加坡和美国的代表于 2011 年签署了《反假冒贸易协议》（Anti－Counterfeiting Trade Agreement）（ACTA）。该协议需得到六个谈判国国内立法机关的批准才生效。《反假冒贸易协议》旨在确立全面的国际框架，制定知识产权执法的最低标准，减少版权和商标盗用行为，有效打击知识产权侵权，尤其是假冒盗版行为。该协议包括 6 个部分，即初始条款和定义、法律框架、执法实践、国际合作、机构安排、最后条款，在法律框架中重点阐述一般义务、民事、刑事、边境和数字环境的执法措施。根据相关条款，缔约国将对假冒盗版产品的出口加强检查，对受害企业损失赔偿手续予以简化，并加强网络交易管制，各国有义务为此强化海关检查以切断相关流通渠道。ACTA 谈判过程故意回避了发展中国家，其正当性和公平性并未获得国际社会的普遍认可，但我们必须正视其可能产生的影响。ACTA 在保护的重点上做出了转移，将原有的知识产权国际保护的重心实体权利向执法实践方向转移。与《TRIPS 协定》相比，ACTA 对知识产权执法提出了更高的要求，这既反映了发达国家对知识产权国际保护的新要求，也预示着知识产权国际保护体制的新趋势。此外，从缔约方看到，ACTA 几乎囊括了所有的知识产权强国，这些国家的贸易量占全球贸易的一半，因此，即使 ACTA 是地区多边谈判的结果，但其一旦生效，将会对国际贸易产生巨大影响，也会对发展中国家的国际贸易产生巨大的冲击，甚至可能会给竞争对手提供了阻碍合法贸易的借口，据此形成新的贸易壁垒。

2012 年 6 月，世界知识产权组织在北京通过了《视听表演北京条约》，该条约主要就录制在"视听录制品"中的表演为表演者规定了广泛的权利。条约由序言和 30 条正文组成，详细规定了"定义""保护的受益人""国民待遇""精神权利""复制权""发行权""权利的转让"等问题。该条约的任何内容均不得减损缔约方互相之间依据《世界知识产权组织表演和录音制品条约》或《保护表演者、录音制品制作者和广播组织国际公约》已承担的现有义务。依该条约给予的保护不得触动或以任何方式影响对文学和艺术作品版权的保护。除《世界知识产权组织表演和录音制品条约》之外，该条约不得与任何其他条约有任何关联，亦不得损害任何其他条约所规定的任何权利和义务。《视听表演北京条约》的签署填补了视听表演领域全面版权保护国际条约的空白，对国际表演者版权保护体系的完善，推动世界各国文化产业健康繁荣具有里程碑意义。

最后值得一提的是，2015 年 10 月 5 日，跨太平洋伙伴关系协定（Trans－Pacific Part-nership Agreement，简称 TPP 协定）12 个谈判国在美国亚特兰大举行的部长会议上达成基本协议。知识产权是TPP重要内容之一，TPP设有知识产权的专门一章，主要涉及一般条款、合作、商标、地理标志、专利权/未公开的实验或其他数据/传统知识、工业设计、版权和相关权利、执法、网络服务提供商等，其目的是希望在世界知识产权组织和世界贸易组织《与贸易有关的知识产权协定》之外建立更高水平的知识产权保护体系。与以往的知识产权国际条约相比，TPP知识产权内容范围和类别基本上涵盖了知识产权国际保护所有可能的问题，并将知识产权保护水平大幅度提高，部分内容超出了目前国际通行的准则水平。虽然我国没有加入TPP，其规则不会对我国产生强制力，但由于TPP缔约方几乎都是我国的重要贸易伙伴，我国的对外贸易将会受到消极影响，甚至于不公平待遇。2017年1月，美国总统特朗普宣布正式退出TPP。2018年3月由日本主导、其他10国参与的《跨太平洋伙伴全面进展协定》将正式成为现实。11国代表同年3月8日在南美洲国家智利首都圣地亚哥举行签字仪式，新协定预计最快在2018年底或2019年上半年全面生效。

在本章的引例中，保密条款中承担保密义务的主体范围应包括被许可方，以及被许可方的雇佣人员以及分包人。专有技术被许可方的雇员或分包人违反保密义务的，视为受让人违反保密义务，需承担违约责任。被许可方的雇员即使在退休后的一定期限内同样需要承担保密责任。甲公司的工程师张某作为技术被许可方的雇佣人员，也需要承担保密义务。保密期限通常不超过合同期限，在合同有效期内，被许可方对专有技术承担保密责任。但是，若在被许可方承担保密义务期间，非因被许可方的原因使得专有技术被公开，被许可方承担的保密义务即行终止。

思考题

1. 简述国际技术贸易的主要方式及其主要特点。
2. 简述国际技术许可协议的主要条款。
3. 简述国际技术许可协议中限制性商业条款的主要内容。
4. 简述《与贸易有关的知识产权协议》在知识产权保护标准上的新内容。
5. 简述《保护工业产权巴黎公约》的主要内容。
6. 简述《保护文学和艺术作品伯尔尼公约》的主要内容。
7. 案例讨论：

英国A公司是一家生产皮包的公司，2010年其和中国B公司签订一份技术转让合同，合同规定A公司允许B公司使用其商标和商号，但B公司必须向A公司购买一定数量的染料、金属配件的原材料等，且价格均高于同类商品的一般市场价格。合同履行后不久，B公司向法院提起诉讼，指控A公司存在搭售行为。

问：A是否存在限制性商业惯例，如何确定？

司法考试真题链接

1. 关于版权保护，下列哪一选项体现了《与贸易有关的知识产权协议》对《伯尔尼公约》

的补充？（2010 年）

　　A. 明确了摄影作品的最低保护期限

　　B. 将计算机程序和有独创性的数据汇编列为版权保护的对象

　　C. 增加了对作者精神权利方面的保护

　　D. 无例外地实行国民待遇原则

2. 根据《保护工业产权的巴黎公约》，关于优先权，下列哪一选项是正确的？（2009 年）

　　A. 优先权的获得需要申请人于"在后申请"中提出优先权申请并提供有关证明文件

　　B. 所有的工业产权均享有相同期间的优先权

　　C. "在先申请"撤回，"在后申请"的优先权地位随之丧失

　　D. "在先申请"被驳回，"在后申请"的优先权地位随之丧失

3. 根据《与贸易有关的知识产权协议》，关于商标所有人转让商标，下列哪一选项是正确的？（2008 年）

　　A. 必须将该商标与所属业务同时转让

　　B. 可以将该商标与所属业务同时转让

　　C. 不能将该商标与所属业务同时转让

　　D. 可以通过强制许可形式转让

4. 根据《保护工业产权巴黎公约》的国民待遇原则，若该公约某成员国国民的发明在其本国获得了专利保护，关于该发明在其他成员国的待遇，下列哪一选项是正确的？（2008 年）

　　A. 该发明在其他成员国也获得专利保护

　　B. 该发明在其他成员国也获得版权保护

　　C. 该发明应按其他成员国的法律规定来确定是否获得专利保护

　　D. 其他成员国对该发明应给予发明者本国所给予的相同水平的保护

5. 中美两国都是世界贸易组织成员。《保护工业产权巴黎公约》、《保护文学艺术作品伯尔尼公约》和《与贸易有关的知识产权协议》对中美两国均适用。据此，下列哪一选项是正确的？（2007 年）

　　A. 中国人在中国首次发表的作品，在美国受美国法律保护

　　B. 美国人在美国注册但未在中国注册的非驰名商标，受中国法律保护

　　C. 美国人仅在美国取得的专利权，受中国法律的保护

　　D. 中美两国均应向对方国家的权利人提供司法救济，但以民事程序为限

6. 中国甲公司发现有假冒"麒麟"商标的货物通过海关进口。依我国相关法律规定，甲公司可以采取下列哪些措施？（2009 年）

　　A. 甲公司可向海关提出采取知识产权保护措施的备案申请

　　B. 甲公司可要求海关将涉嫌侵犯"麒麟"商标权的标记移除后再进口

　　C. 甲公司可向货物进出境地海关提出扣留涉嫌侵权货物的申请

　　D. 甲公司在向海关提出采取保护措施的申请后，可在起诉前就被扣留的涉嫌侵权货物向法院申请采取责令停止侵权行为的措施

第七章　国际服务贸易法

【引例】2010 年新学期伊始,小张作为一名本科新生,来到上海交通大学交大密西根联合学院报到,开始他的四年大学生涯。据教育部资料公布,上海交通大学交大密西根联合学院系上海交通大学与美国密西根大学联合举办的中外合作办学机构,性质属于非法人机构,有法定代表人,办学层次包括本科和研究生教育,招生起止年份为 2001—2011 年,每年 1 期。请问:美国密西根大学为何能与上海交通大学在中国境内举办中外合作办学机构,其法律依据是什么?

第一节　国际服务贸易法概述

一、国际服务贸易

(一)服务贸易的概念

服务贸易的概念是随着第二次世界大战后第三产业的迅速发展而得以普遍使用的。一般认为,"服务贸易"一词最早出现于 1972 年 9 月经济合作与发展组织(OECD)提出的《高级专家与贸易和有关问题》中。[①] 美国 1974 年《贸易法》第 301 节也使用了"世界服务贸易"的概念。随着国际服务贸易规模的不断扩大,影响力不断增强,服务贸易成为乌拉圭回合三大新议题之一。经过几年的不懈努力,在乌拉圭回合多边贸易谈判结束时,各国终于签署了《服务贸易总协定》(*General Agreement on Trade in Services*,简称 GATS)。但 GATS 并未给服务贸易下一个准确的定义,只在第 1 条对服务贸易从交易的角度在四个方面进行了界定。

1. 跨境交付(cross-border supply)

跨境交付指服务提供者自一成员境内向另一成员境内的消费者提供服务。这种服务方式,往往借助于远程通信手段,服务提供者和消费者并不需要跨越国境,而只是服务本身跨越国境,比如国际电信服务等。

2. 境外消费(consumption abroad)

境外消费指在一成员境内向来自另一成员的服务消费者提供服务。这种服务方式下,消费者必须跨过国境进入服务提供者提供服务的国家或者地区接受服务。比如国际旅游服

---

① 沈大勇等主编:《国际服务贸易:研究文献综述》,人民出版社 2010 年版,第 6 页。

务等。

3. 商业存在(commercial presence)

按照 GATS 的规定,"商业存在"指任何类型的商业或专业机构,包括为了提供服务的目的而在另一成员方境内组建或维持的法人,或创办或维持的分支机构或代表处。比如外资银行通过在国外设立分支机构提供金融服务。

4. 自然人流动(presence of natural persons)

自然人流动也被称为自然人存在,指一成员的服务提供者通过在任何其他成员领土内的自然人存在提供服务。这种形式涉及服务提供的自然人的跨国流动,其与商业存在的区别在于不涉及投资行为,不涉及机构的设立。比如一家律师事务所向国外派出一名律师进行业务指导,就是一种自然人流动。但若是在国外建立一家分支结构提供服务,就属于商业存在了。

(二)服务贸易的分类

随着世界经济的发展,国际服务贸易也呈现出内容多样化和复杂化的特点,不同的学者和国际机构根据不同的分类标准对其进行了分类,但迄今为止也没有形成一个统一的分类标准。

1. 服务贸易的学术分类

(1)以"移动"为标准的分类。美国人斯恩特在 1987 年所著的《国际贸易》一书中,将国际服务贸易按照是否在提供者与使用者之间移动为标准分为 4 类。即分离式服务,是指服务提供者与使用者在国与国之间不需要移动而实现的服务;需要者所在地服务,是指服务的提供者在转移后产生的服务;提供者所在地服务,是指服务的提供者在本国国内为外籍居民和法人提供的服务,一般要求服务的消费者跨国界接受服务;流动的服务,是指服务的消费者和生产者相互移动所接受和提供的服务,服务的提供者进行对外直接投资,并利用分支机构向第三国的居民或企业提供服务。

(2)以"行业"为标准的分类。很多经济学家以行业为标准将服务贸易分为 7 类,即:银行和金融服务、保险服务、国际旅游和旅行服务、空运和港口允许服务、建筑和工程服务、专业(职业)服务、信息计算机和通信服务。

(3)以"要素密集度"为标准的分类。这一标准按照服务贸易中对资本、技术和劳动力投入要求的密集程度,将服务贸易分为:资本密集型服务、技术与知识密集型服务、劳动密集型服务。[①]

2. 国际组织对服务贸易的分类

(1)国际货币基金组织(International Monetary Fund,IMF)。国际货币基金组织在《国际收支手册》(修订第五版)(*Revision of the Balance of Payments Manual,Fifth Edition*)中按照服务贸易统计的分类方法把服务贸易分为:货物修理、运输服务、旅游服务、信息技术服务、建筑服务、保险服务、金融服务、其他商业服务、特许费和为使用专有权而进行的支付、个人文化娱乐服务、别处未包括的政府服务。[②]

---

① 严云鸿主编:《国际贸易理论与实务》,清华大学出版社 2007 年第 2 版,第 269~270 页。

② *Revision of the Fifth Edition of the IMF's Balance of Payments Manual,Annotated Outline,Statistics* Department International Monetary Fund,2004,pp.130~131. http://www.imf.org/external/np/sta/bop/bopman5.htm.

(2)世贸组织。《关税与贸易总协定》(GATT)秘书处在对以商品为中心的服务贸易分类基础上,结合服务贸易统计和服务贸易部门开放的要求,同时在征求各谈判成员方的提案和意见的基础上,将服务贸易分为 12 大类。该分类方法得到了世界贸易组织服务贸易理事会认可,并由世界贸易组织统计和信息局于 1995 年 7 月 17 日公布。具体内容如下:①

商业性服务。指在商业活动中涉及的服务交换活动,服务贸易谈判小组列出了包括个人消费服务、企业和政府消费服务在内的 6 类服务。这 6 类服务是指:①专业性(包括咨询)服务。专业性服务包括法律服务、会计、审计和簿记服务、税收服务、工程设计服务、旅游机构提供的服务、城市规划和环保服务、公共关系服务等,专业性服务中还包括涉及上述服务项目的有关咨询服务活动、安装及装配工程服务(不包括建筑工程服务),设备维修服务。②计算机及相关服务。这类服务包括计算机硬件安装相关的咨询服务、软件执行服务、数据处理服务、数据库服务及其他服务。③研究及开发服务。这类服务包括自然科学、社会科学及人类学中的研究与开发服务、跨学科研究与开发服务。④不动产服务。指不动产范围内的服务交换,但不包括土地的租赁服务。⑤设备租赁服务。主要包括交通运输设备(如汽车、卡车、飞机和船舶等)和非交通运输设备(如计算机、娱乐设备等)的租赁服务。但是不包括其中有可能涉及的操作人员的雇佣或所需人员的培训服务。⑥其他服务。指生物工艺学服务;翻译服务;展览管理服务;广告服务;市场研究及公众观点调查服务;管理咨询服务;与人类相关的咨询服务;人员的安置与提供服务;调查与保安服务;与科技相关的服务;建筑物清洁服务;摄影服务;包装服务;印刷、出版服务;会议服务;其他服务等。

通信服务。通信服务由公共通信部门、信息服务部门、关系密切的企业集团和私人企业间进行信息转接和服务提供,主要包括:邮电服务、信使服务、电信服务、视听服务和其他电信服务。

建筑服务。建筑服务指工程建筑从设计、选址到施工的整个服务过程。

分销服务。指产品销售过程中的服务交换,主要包括批发业务、零售业务、与销售有关的代理服务、特许经营服务及其他销售服务。

教育服务。教育服务指各国间在高等教育、中等教育、初等教育、学前教育、继续教育、特殊教育和其他教育中的服务交换。如互派留学生、访问学者等。

环境服务。这类服务包括污水处理服务、废物处理服务、卫生及类似服务等。

金融服务。金融服务主要指银行和保险业及相关的金融服务活动,包括:①银行及相关服务:银行存款服务、与金融市场运行管理有关的服务、贷款服务、其他贷款服务、与债券市场有关的服务(主要涉及经纪业、股票发行和注册管理、有价证券管理等)、附属于金融中介的其他服务(包括贷款经纪、金融咨询和外汇兑换服务等)。②保险服务:货物运输保险(包含海运、航空运输及陆路运输中的货物运输保险等)、非货物运输保险(包括人寿保险、养老金或年金保险、伤残及医疗费用保险、财产保险服务、债权保险服务)、附属于保险的服务(例如保险经纪业、保险类别咨询及保险统计和数据服务)、再保险服务。

健康及社会服务。这类服务主要指医疗服务、其他与人类健康相关的服务、社会服务等。

---

① *Services sectoral classification List*, MTN. GNS/w/120. World Trade Organization, 10th July 1991.

旅游及相关服务。这类服务指旅馆、饭店提供的住宿、餐饮服务、膳食服务及相关服务、旅行社及导游服务。

文化、娱乐及体育服务。这类服务指不包括广播、电影和电视在内的一切文化、娱乐、新闻、图书馆和体育服务,如文化交流、文艺演出等。

交通运输服务。交通运输服务主要包括:货物运输服务(如航空运输、海洋运输、铁路运输、管道运输、内河和沿海运输、公路运输服务,也包括航天发射以及运输服务,如卫星发射等)、客运服务、船舶服务(包括船员雇用)、附属于交通运输的服务(主要指保管通行、货物装卸、仓储、港口服务和起航前查验服务等)。

其他服务。指没有划分到上述11种服务范围的其他服务门类。

（三）国际服务贸易的特点

对于国际服务贸易的特点,学者们从不同的角度提出了自己的见解。陶林认为,国际服务贸易具有服务生产和消费的同时性、服务的不可存储性和服务的无形性;交易标的的特殊性、以设置商业存在和进行跨境提供为主要形式、其管理所涉法律的复杂性。[①] 李良波认为,服务贸易具有服务商品的不可感知性或贸易标的的无形性、不可分离性、贸易主体地位的重要性、服务贸易的差异性、不可储存性等特点。[②] 王绍媛认为,国际服务贸易具有服务标的的无形性、交易过程与生产消费过程的同步性、贸易主体地位的多重性、服务贸易市场的高度垄断性、服务贸易涉及法律的复杂性、贸易保护方式的刚性和隐蔽性等特点。[③] 不同的著作中对国际服务贸易的特点都有介绍,并不完全相同,这里不一一列举。综合看来,与国际货物贸易相比,国际服务贸易具有以下特点:

1. 国际服务贸易交易标的的特殊性

（1）标的无形性（intangibility）。服务是属于非实物形态的经济物品,没有独立的有形的存在形式。只有在特定的时间和地点生产和消费,其表现是活劳动的物化产品与货币交换。

（2）标的的使用权和所有权具有可分离性。一般的国际货物贸易,商品的所有权与使用权往往是随着商品的转移而转移的。而国际服务贸易中,服务接收方只能消费服务,但不能获得服务的所有权。

（3）标的的不可存储性。在国际货物贸易中,商品生产出来后,往往会暂时处在一种存储状态等待买主,买主买走后一般也不会立即消费。而国际服务贸易中,服务一般不能离开劳动过程独立存在,生产出来就会立即被消费,或者即刻进入消费领域。不但无法存储,也没有存储的必要。

2. 国际服务贸易实现形式的多样性

国际货物贸易的达成必须采用货物跨境转移的方式达成,而国际服务贸易中,因为其标的是无形的,服务实现方式具有多样性,技术、劳务、资本的流动都可以实现国际服务贸易。

3. 国际服务贸易的管理具有复杂性

国际服务贸易中因为其标的的无形性,其无法像国际货物贸易一样,通过海关对商品数

---

① 陶林:《国际服务贸易紧急保障措施法律制度研究》,人民出版社2009年版,第5～10页。

② 李良波主编:《国际贸易概论》,电子科技大学出版社2007年版,第232～233页。

③ 王绍媛:《国际服务贸易自由化理论与规则》,大连理工大学出版社2008年版,第30～32页。

量和质量的控制来达到监管的目的,并通过关税和其他非关税措施对其进行管理。因此国际服务贸易中,服务的质量、金额、数量很难精确统计,各国主要通过国内的法律、行政措施等规定来对不同的国际服务贸易类型进行规制,这造成了国际服务贸易管理的复杂性。

二、国际服务贸易法

国际服务贸易法是国际经济法的一个重要分支,是调整国际服务贸易关系的法律规范的总和。国际经济法的基本原理同样适用于国际服务贸易法。

(一)国际服务贸易法律关系

国际服务贸易法律关系是国际服务贸易法在调整平等的国际商事主体之间的服务贸易关系及国家对服务贸易的管理关系过程中发生的权利义务关系。

国际服务贸易的法律关系的主体既包括参加服务贸易的国家和国际组织,也包括不同国家的公司、企业和个人。

国际服务贸易法律关系的客体,是服务,不但包括特定的行为,如医生对病人的诊断行为,银行为客户提供的储蓄服务等。有时也包括作为服务载体的有形物,如餐饮企业向客户提供的宴席等,但这种有形物不能独立存在,只能在国际服务贸易法律关系中,作为某种服务行为的载体而出现。

国际服务贸易法律关系的内容是权利义务关系。具体的讲是国际服务贸易法在调整银行服务、证券服务、期货服务、保险服务、运输服务、通信服务、销售服务、医疗服务、会计审计服务、工程咨询服务、法律服务、娱乐服务、旅游服务、餐饮服务以及国家在管理国际服务贸易过程中发生的权利义务关系。

(二)国际服务贸易法的特点

1. 国际服务贸易法的调整对象具有复杂性

由于对国际服务贸易的定义没有明确的界定,国际服务贸易的分类多种多样,国际服务贸易的表现形式也具有多样性,这些都导致了国际服务贸易法的调整对象具有复杂性,并且也常与其他法律部门的调整对象交叉。

2. 国际服务贸易法的法律规定比较零散,不具有系统性

首先,由于国际服务贸易发展较晚,国际服务贸易的法律研究还处于探索阶段;其次,国际服务贸易表现形式多样的特点决定了难以统一立法,各国往往根据服务贸易的不同类型单独立法;再次,国际服务贸易发展极其不平衡,造成了有些方面的立法比较完善,有些方面的立法相对比较薄弱,甚至空白。

3. 国际服务贸易法的法律渊源以国内法为主,并且受一国政府政策影响较大

国际服务贸易是二战后逐渐繁荣发展起来的,国际服务贸易的立法起步更晚,直到《服务贸易总协定》(GATS)的达成,国际上才有了统一的规范性文件。之前虽然也存在着一些多边或者双边的与国际服务贸易相关的协议,但规定都比较简单和模糊。事实上,由于当时各国国际服务贸易的发展状况相去甚远,也无法确立国际统一的国际贸易规则。所以,国际服务贸易大多通过国内立法来调整,规定诸如人员、资本、技术、信息等要素的市场准入和流动规则。由于与军事、国防、教育、通讯、交通、金融等相关的服务业往往对一个国家的国家安全有重要影响,所以一国政府往往对其国际服务贸易限定比较严格,设置一些服务贸易壁垒来防止外国人进入这些领域。这些贸易壁垒的设置多少、类型又与一国的对外

政策息息相关。

三、国际服务贸易法的法律渊源

国际服务贸易法的法律渊源包括国际条约、国际惯例和国内立法。

（一）国际法渊源

1. 国际条约

国际条约既包括全球性的条约，又包括区域性条约和双边条约，既有综合性的条约，又有只针对某一类国际服务贸易的条约。这些条约往往规定了成员国之间给予对方服务贸易领域的待遇问题，以及各国在双边或多边国际服务贸易中的利益平衡与协调问题。全球性的条约如WTO《服务贸易总协定》。区域性的条约如欧盟内部关于服务贸易自由化的框架文件及各项指令，北美自由贸易协定中的服务贸易规定。双边条约如澳大利亚和新西兰签订的《澳新紧密经济关系协议》。针对某一类服务贸易的条约如WTO《金融服务协定》、《信息技术产品协议》、《国际民用航空公约》、《国际电信联盟公约》等。

2. 国际惯例

国际服务贸易上的国际惯例不多，并且多与货物贸易相关。如伦敦保险条款、国际商会编纂的一系列贸易惯例：《跟单信用证统一管理》、《托收统一规则》、《国际商事代理合同范本》等，这些文件涉及国际货物贸易中的支付及其他类型的服务。

此外，对世界贸易组织等国际组织作出的判例各国也是非常关注的。通过WTO的争端解决机制解决成员国间的争端，包括服务贸易争端，并服从和执行、遵行这些案例的裁决，是WTO成员应尽的义务。虽然世界贸易组织的判例效力在WTO本身的相关规定中没有作出明确规定，各国国内法也并非当然地承认WTO争端解决机构的判例为其法律根据，但这些判例作为事实上的渊源是不应有任何怀疑的。[①]

（二）国内法渊源

国际服务贸易多由国内法规范，国内法是其主要渊源。主要是指国家的立法机关对国际服务贸易的立法。如1974年美国国会通过的《贸易法》首次提出，国际贸易既包括商品贸易，也包括服务贸易。其著名的301条款授权总统对阻碍美国商务扩张的外国进行报复。1994年乌拉圭回合谈判后不久，美国政府制定了《乌拉圭回合协定法》，对外国政府的"不公平"、"不合理"贸易措施作了扩大解释。我国的《对外贸易法》中很多条款都涉及服务贸易。

国际服务贸易法涉及的法律相当广泛和复杂，一项国际服务贸易往往要受多个法律规制。比如说，技术服务贸易合同可能涉及的法律，除了适用国内外货物买卖法、合同法外，还要受各国及国际上有关知识产权保护的有关法律管辖，还要受反托拉斯法、公平贸易法等法律规范约束。

---

① 杨斐主编：《WTO服务贸易法》，中国对外贸易出版社2003年版，第44页。

第二节 服务贸易总协定

在乌拉圭回合谈判中,服务贸易被列为三大新议题之一,经过多年的讨价还价和相互妥协之后,终于达成了世界范围内规范服务贸易的第一套多边原则和规则——《服务贸易总协定》(GATS)。GATS是第二次世界大战以来多边贸易规则体系发展过程中最重要的成果,首次把国际协定和贸易承诺统一纳入国际贸易规则体系中,并适用于所有服务贸易领域与贸易形式,为世界服务贸易的发展起了很好的促进作用,也为国内的服务贸易立法提供了强大的动力和统一的参照标准。

一、服务贸易总协定的谈判过程

随着服务贸易的发展,服务贸易在一些国家,尤其是以美国为代表的西方资本主义国家取得了显著进步,服务贸易在国家经济中的地位日益提高,它们迫切需要利用其优势,在国际竞争中抢占先机。早在20世纪80年代中期,就有国家主张将服务贸易列入多边贸易体系的谈判中,但很多国家(主要是发展中国家)表示怀疑甚至反对,它们主要担心服务贸易协定的达成可能阻碍其实现国内政策目标、削弱其贸易规制能力。[1] 乌拉圭回合谈判伊始,发达国家和发展中国家在是否将服务贸易纳入新一轮多边贸易谈判问题上便发生了激烈冲突,以美国为首的发达国家基于本身贸易利益的考虑,采取强硬立场,甚至以拒绝参加新一轮谈判为要挟,力主将服务贸易列入乌拉圭回合的议题范围。发展中国家基于自身利益考虑,作出了一些让步,同意将服务贸易纳入乌拉圭回合多边贸易谈判,但必须置于GATT之外,以防止发达国家因为发展中国家在服务贸易方面采取限制措施而遭到在货物贸易领域的报复。[2] 1986年9月,埃斯特角部长级会议宣言中,将服务贸易作为三项新议题之一列入乌拉圭回合多边贸易谈判程序,在宣言第二部分写道:"在这一领域进行谈判的目的是就服务贸易问题建立一个多边贸易框架,包括就一些具体的部门达成协议,本着在透明度和逐步自由化的条件下扩展贸易的目的,促进所有贸易伙伴的经济增长和发展中国家的发展。此框架协议将尊重各种有关服务业的国内法和规定的政策宗旨,并将考虑到有关国际组织的规则。"部长会议宣言对发达国家主张将服务业纳入乌拉圭回合谈判的诉求和发展中国家"双轨制"的主张进行了巧妙的平衡,从而拉开了服务贸易多边谈判的序幕。

整个服务贸易谈判过程大体可以分为三个阶段:

第一阶段(1986年10月27日至1988年12月9日),从谈判开始到蒙特利尔中期评审会议为止。

这一阶段主要围绕以下问题展开谈判:服务贸易定义和统计;适用服务贸易的一般原则、规则,包括某些具体部门的原则;国际服务贸易多边框架的范围;现行的国际规则、协定的规定;对服务贸易的发展有促进或限制作用的措施和做法,包括各种服务贸易壁垒的确定

---

① Services:rules for growth and investment,见 http://www.wto.org/english/thewto_e/whatis_e/tif_e/agrm6_e.htm 下载日期:2011年9月25日。

② 沈大勇等主编:《国际服务贸易:研究文献综述》,人民出版社2010年版,第11页。

等来展开谈判。这一阶段各方分歧很大,美国等发达国家主张较为广泛的服务贸易定义,主张将所有涉及不同国民或国土的服务活动均纳入国际服务贸易的范畴。发展中国家则要求对国际服务贸易作比较狭窄的定义,即"服务贸易是指居民与非居民进行跨国境的服务购销活动"。欧共体最后提出一个折中方案,即不预先确定服务贸易的谈判范围,而是根据谈判需要对国际服务贸易采取不同的定义。这一方案基本上被后来的多边谈判所采纳。在1988年12月加拿大蒙特利尔举行的中期评审会谈中,各国基本上对将服务贸易纳入有关多边国际原则和规则的问题有了初步共识,并就今后服务贸易谈判的框架达成了谅解,为下一步谈判打下了基础。[1]

第二阶段(1988年12月9日至1991年12月),从蒙特利尔中期评审会议结束到布鲁塞尔部长级会议为止。这一阶段的谈判分为三个部分:

(1)关于服务贸易的验证性谈判。1989年4月服务贸易谈判组会议决定选择电信、建筑、运输、旅游、金融和专业服务等六个部门进行验证性谈判,以检验中期评审会议确定的服务贸易原则和规则在具体服务部门的适用性。1989年6月至10月的验证性谈判虽不深入,但表明,虽然服务部门之间具有不同的特点,但基本上可以适用服务贸易框架协议的原则。

(2)关于服务贸易框架协议本身的谈判。在验证性谈判的基础上,根据中期评审会议的决议,从1989年后期开始,特别是1990年以后,一些国家和地区陆续提交了有关框架协议草案的提案。其中包括美国、巴西、瑞士、欧共体、日本提交的国别提案;巴西、智利、哥伦比亚、古巴、洪都拉斯、牙买加、尼加拉瓜、墨西哥、秘鲁、特立尼达和多哥、乌拉圭11个拉美国家的联合提案;中国、印度、喀麦隆、埃及、肯尼亚、尼日利亚、坦桑尼亚7个亚非国家的联合提案[2]。这些提案大致可以分为两类:一类以美国提案为代表,主张先确定一系列严格的多边原则以确保"过境承诺",其中包括国民待遇等。允许对某些部门有所保留,而对没有否定开放的部门则极少保留,即所谓的"否定清单模式"。这种提案一般被认为是"OECD模式"与"GATT模式"的结合以促进国际服务贸易的自由化;另一类以发展中国家提案为代表,主张在确定多边原则和一般义务的前提下,就各具体部门进行谈判,以部门协议的形式推进本部门的服务贸易自由化进程。没有达成一致的部门,暂不实行贸易自由化,即所谓"肯定清单"模式。最终GATS草案文本结构采纳了"亚非提案"的主张,并承认成员发展水平的差异,对发展中国家作出了很多保留和例外,这在相当程度上反映了发展中国家的利益和诉求。

(3)关于服务贸易框架协议附件的谈判。1990年5月后,服务贸易谈判组建立了电信、金融、劳动力跨境流动、建筑与工程、运输、专业服务、视听、旅游八个部门工作组。1990年10月,部门工作组联席会议总结了各工作组的讨论,决定旅游和专业服务部门不设协议附件,其余六个部门没有作出最后决定。[3] 到1991年12月下旬,经过各方的紧张谈判,服务

① 石静霞、陈卫东著:《WTO国际服务贸易成案研究(1996—2005)》,北京大学出版社2005年版,第4~5页。

② 该提案名为"服务贸易多边框架原则与规则",对最惠国待遇、透明度、发展中国家的更多参与等一般义务与市场准入、国民待遇等特定义务作了区分。

③ 王绍媛著:《国际服务贸易自由化理论与规划》,大连理工大学出版社2008年版,第161~162页。

贸易谈判组终于将反复修改的"GATS草案"提交多边贸易谈判委员会,列入谈判委员会主席(当时关贸总协定干事邓克尔)的一揽子方案中,即《邓克尔方案》。

第三阶段(1991年12月至1993年12月15日),从布鲁塞尔部长级会议上GATS草案正式提出到1993年12月15日乌拉圭回合结束GATS正式文本诞生阶段。布鲁塞尔会议上,服务贸易谈判进展不大。许多国家在会上相继提出了初步承诺清单,无条件最惠国待遇条款写入了服务贸易框架协议中。从布鲁塞尔会议到1992年4月乌拉圭回合进入僵局,服务贸易谈判也搁浅。后乌拉圭回合多边贸易谈判重新启动后,服务贸易谈判才得以恢复。1992年5月27举行首次正式会议,决定进一步修改和完善服务贸易框架协议。1993年1月13日,乌拉圭回合多边贸易谈判委员会召开会议,决定以《邓克尔方案》为基础进行谈判,服务贸易谈判的主要工作是组织初步承诺的双边谈判。从1990年开始,各国就开始陆续提交承诺开价单。1992年1月开始,服务贸易谈判组进行了六轮初步承诺双边谈判,但最后由于各国在具体服务部门承诺问题上的分歧,使得各方被迫同意做技术性处理,将金融、基础电信服务、海运服务及自然人移动等四个服务部门的问题留在GATS签订后继续谈判。由于美欧在农产品分歧上的谈判取得进展,使包括GATS在内的其他乌拉圭回合多边贸易谈判取得了决定性进展。GATS的最终文件于1993年12月达成,并于1994年4月在摩洛哥签署。[①]

二、服务贸易总协定的主要内容

GATS由三大部分组成,包括主体规范29条、8个附件和各WTO成员的具体承诺表。由于各WTO成员的承诺表包含的内容十分庞杂,具体承诺的服务部门及条件并不相同,并且GATS是一个动态的过程,是通过谈判达成的有直接约束力的实体规范,这种谈判仍在进行中,因此本书主要介绍GATS的主体规范和附件的部分内容。

(一)GATS的结构框架

GATS主体规范由序言、正文6个部分29条和8个附件组成。

"序言"确定了各成员参加及缔结《服务贸易总协定》的目标、宗旨及原则。建立包括服务贸易各项原则和规则的多边贸易框架,保障权利和义务的总体平衡,逐步实现服务贸易自由化,促进所有成员,特别是发展中国家参与世界服务贸易,适当考虑国内政策目标,增强国内服务业的提供能力、效率和竞争力,通过服务贸易自由化获取经济增长和提升世界福利。

正文包括6个部分:

第一部分,即第一条,为"范围和定义",主要内容是就协定中的服务贸易的范围予以界定。GATS把服务贸易定义为四种形式:跨境交付、境外消费、商业存在和自然人流动。

第二部分,即第2条至第15条,为"一般义务与纪律",确定了服务贸易应遵循的几项基本原则,这些原则具有一般的指导意义,是各成员在服务贸易中各项权利和义务的基础。

第三部分,即第16条至第18条,为"具体承诺",是该协定的中心内容,包括"市场准入"和"国民待遇"两个方面,规定了各成员应承担的特定义务。

第四部分,即第19条至第21条,为"逐步自由化",主要确定服务贸易自由化的进程安

---

① GATS谈判进程的更详细介绍,参见杨斐主编:《WTO服务贸易法》,中国对外经济贸易出版社2003年版,第71～81页。

排和具体承诺表制定的标准,规定各成员尤其是发展中国家服务贸易自由化的原则及权利。

第五部分,即第 22 条至第 26 条,为"组织条款",主要内容有协商机制、争端解决与执行、服务贸易理事会、技术合作及与其他国际组织的关系等。

第六部分,即第 27 条至第 29 条,为"最后条款",主要就该协定中的重要概念作出定义,并规定了各成员可拒绝给予该协定各种利益的情形。

附件部分。包括以下 8 个附件:《关于第 2 条豁免的附件》、《关于本协定下提供服务的自然人流动的附件》、《关于空运服务的附件》、《关于金融服务的附件》、《关于金融服务的第二附件》、《关于海运服务谈判的附件》、《关于电信服务的附件》和《关于基础电信谈判的附件》。

(二)GATS 的基本原则

1. 最惠国待遇原则

GATS 第 2 条规定,在 GATS 项下的任何措施方面,各成员应立即和无条件地给予任何其他成员的服务和服务提供者以不低于其给予任何其他国家相同的服务和服务提供者的待遇。这一原则与 GATT 中的最惠国待遇原则在字面上并无实质性差异,是服务贸易的基本原则之一,是发达国家与发展中国家经过多轮谈判妥协的结果。但 GATS 规定了最惠国待遇义务的豁免和一些例外。这些豁免和例外包括:

(1)GATS 第 2 条第 2 款允许各成员把暂时不能给予最惠国待遇的特定措施列入《关于第 2 条豁免的附件》,以豁免成员方的最惠国待遇义务,同时对这些豁免规定了复审和时间限制(在 5 年后复审,并且最长不超过 10 年)。另外还规定了获得新的豁免应具备的条件和程序,即在 GATS 生效或在新成员加入之后仍然希望得到新的豁免,必须根据《建立世界贸易组织的协议》第 9 条的程序,获得 3/4 的成员的同意。

(2)GATS 第 2 条第 3 款规定,本协定的规定不得解释为阻止任何成员对相邻国家授予或给予优惠,以便利仅限于毗连边境地区当地生产和消费的服务的交换。

(3)在一定条件下的经济一体化或劳动市场一体化的原因。GATS 第 5 条允许 WTO 成员达成协议促进服务贸易自由化,消除歧视其他成员的服务提供者的措施,并且禁止任何新的或歧视性措施。但第 11 条、第 12 条、第 14 条以及第 14 条之二下允许的措施除外。

(4)保障国际收支平衡的限制(第 12 条)。

(5)政府采购(第 13 条)。

(6)一般例外和安全例外。

2. 透明度原则

GATS 第 3 条规定的透明度原则,可以概括为三个方面,即公布、报告和提供咨询便利。具体表现为:

(1)每一成员应迅速公布有关或影响本协定运用的所有普遍适用措施,最晚应该自此措施生效之时。一成员为签署方的有关或影响服务贸易的国际协定也应予以公布。若上述公布不可行,则应以其他方式使此类信息可以公开获得。

(2)每一成员应迅速至少每年向服务贸易理事会通知对本协定项下具体承诺所涵盖的服务贸易有重大影响的任何新的法律、法规、行政准则或现有法律、法规、行政准则的任何改变。

(3)每一成员在其他成员方要求其提供前述信息时,应迅速予以答复。还应设立一个或多个咨询点,以便回应上述要求。

另外,GATS的其他一些条款规定了透明度原则的具体化要求,如第4条要求发达成员建立联系点,方便发展中成员的服务提供者获取有关市场准入的材料。第5条要求经济一体化组织成员立即将有关一体化的协议及其任何补充或重大修改通知服务贸易理事会。

GATS对透明度也有例外规定,允许成员在"紧急状态下"的豁免。GATS并不要求各成员提供一经披露则有悖法律实施、公共利益或有关合法商业利益的机密信息(confidential information)。

3. 促进发展中国家更多参与原则

GATS序言明确规定,希望有助于发展中国家在服务贸易中更多地参与和扩大服务贸易出口,提高其国内服务能力、效率和竞争力。GATS明确包含了尊重、保护和鼓励发展中国家实现服务贸易利益的条款和内容,赋予了发展中国家特别的促进措施和特殊待遇。这一原则在GATS第4条作了明确规定,即不同成员国应按照本协定第三部分和第四部分的规定,通过谈判达成具体承诺,以便利发展中国家成员更多地参与世界贸易。承诺采取的具体措施包括:

(1)增强其国内服务能力、效率和竞争力,特别是通过在商业基础上获得技术。

(2)改善其进入分销渠道和利用信息网络的机会。

(3)对于发展中国家具有出口利益的各部门和供给方式给予市场准入的自由化。第4条第2款要求发达成员方和在可能限度内的其他成员,应在《WTO协定》生效后2年内即1996年年底前建立向发展中成员方的服务提供者提供信息的联络点,以便利发展中国家成员的服务提供者获得与其各自市场有关的、关于服务提供的商业和技术方面的内容、专业资格的登记、认可和获得以及服务技术的可获得性等方面的信息。第3款则专门为最不发达的成员方参与服务贸易规定了特别的优惠条件和特殊待遇。

4. 鼓励经济一体化原则

GATS第5条允许成员方可以参加双边或多边服务贸易自由化协议,但规定所参加的协议必须符合两个条件:

(1)这类协定必须涵盖众多服务部门。

(2)在市场准入与国民待遇方面实质性地取消歧视,包括现行的任何歧视措施,并禁止采用新的歧视措施。但如果这类措施是根据GATS第11条"支付和转让"、第12条"对保障收支平衡的限制"和第14条"一般例外"及附则"安全例外"作出的,则可以允许。同时,GATS规定了经济一体化组织成员负有的义务,包括对于一体化组织之外的WTO成员方的义务和对于服务贸易理事会的义务。

此外,根据第5条之二的规定,成员方之间也可以在GATS之外缔结劳务市场一体化协定,这种协定必须对协定参加方的公民免除有关居留和工作许可的要求,并要通知服务贸易理事会。

5. 允许一般例外和安全例外原则

GATS规定的一般例外和安全例外条款的基本内容类似于GATT。一般例外有一个前提,此类措施的实施不在情形类似的国家之间构成任意或不合理歧视的手段或构成对服务贸易的变相限制。GATS第14条和第14条之二规定了这些措施:GATS允许成员方在下列情况下对服务贸易采取必要的限制措施:

（1）为维护公共道德或维持公共秩序。

（2）为保护人类、动植物的生命和健康。

（3）为防止欺诈与假冒行为或处理合同的违约事情。

（4）保护个人隐私和有关个人资料的处理与扩散，以及保护个人记录和账户的秘密及安全问题，不得要求任何成员方提供公开后会使其基本安全利益遭受不利的资料。

（5）不得阻止任何成员为保护其基本安全利益而有必要采取的行动，如直接或间接地为军事设施供应而提供的服务。

（6）有关裂变或聚变材料或提炼这些材料的服务。

（7）在战时或国际关系中其他紧急情况期间采取的行为。

（8）不阻止任何成员为履行联合国宪章下的维护国际和平与安全的义务而采取的行动。

（9）为确保公正、有效地对其他成员方的服务和服务提供者征收直接税（包括所得税和资本税等）而实施的差别待遇。

（10）一成员方因避免双重征税而对其他成员方的服务和服务提供者实施差别待遇。

6．有限的国民待遇原则

GATS 把国民待遇归入第三部分具体承诺中，根据 GATS 第 17 条规定，国民待遇原则是指，对于列入减让表的部门，在遵守其中所列任何条件和资格的前提下，每一成员在影响服务提供的所有措施方面给予任何其他成员的服务和服务提供者的待遇，不得低于其给予本国同类服务和服务提供者的待遇。由此可以看出 GATS 国民待遇不是自动地获得，而是要通过服务贸易谈判由各成员方具体确定其适用的服务部门，并决定在其承诺表中列入哪些服务部门及维持哪些条件和限制。同时，根据 GATS 第 17 条第 2 款和第 3 款规定，一成员可给予任何其他成员的服务或服务提供者给予与其本国同类服务或服务提供者的待遇形式上相同或不同的待遇。关键是这种待遇是否在实质上促进竞争或者创造了内外平等的竞争条件。可见，GATS 国民待遇是有限的国民待遇，是一项特定的义务，WTO 各成员方只可能在自己承诺开放的服务部门中给予外国服务和服务提供者以国民待遇。

7．逐步自由化原则

服务贸易自由化是 GATS 确立的目标，也是服务贸易总协定的主旨所在。GATS 第四部分规定了协定生效后要继续举行服务贸易谈判，逐步实现服务贸易的自由化，并在第 19 条、第 20 条和第 21 条规则对逐步自由化作了具体规定，即分别规定了具体承诺的谈判、具体承诺减让表和减让表的修改等方面的规则。

根据 GATS 第 19 条的规定，WTO 各成员应在不迟于 2000 年启动新一轮服务贸易谈判，服务贸易自由化的进程应尊重各成员的国家政策目标和总体及各部门的发展水平，并给予个别发展中成员适当的灵活性，并要求制定每一回合的谈判标准与程序。

GATS 第 20 条则主要规定了各成员开放服务贸易部门的承诺表的具体内容。据此，承诺表应具体包括以下内容：

（1）有关市场准入的内容限制和条件。

（2）有关国民待遇的条件和要求。

（3）有关其他具体承诺的履行。

（4）各项承诺实施的时间框架。

（5）各项承诺生效的日期。同时，不符合市场准入和国民待遇的各项措施应在专门栏目中注明,各成员方的具体承诺表应作为 GATS 的附件并成为 GATS 的组成部分。

GATS 第 21 条为具体承诺表的修改作出了规定。一成员方在具体承诺生效 3 年后的任何时候可修改或撤销其承诺表中的任何承诺,但应至少在实施修改或撤销前 3 个月将此项意向通知服务贸易理事会,受此修改或撤销影响的成员方可请求修改成员方给予必要的补偿调整,而修改成员方应就此举行谈判。在此谈判过程中,有关成员方应努力维持互利义务的总体水平不低于谈判前具体承诺表中所规定的标准。各项具体的补偿调整措施应以最惠国待遇为基础。如果修改成员方和受影响的成员方在谈判规定的期限结束之前未能达成协议,受影响的成员方可将此事提交仲裁。除非修改成员方作出与仲裁裁决相符的补偿性调整,否则,不得修改或撤销其具体的承诺。如果未提交仲裁,修改成员方可自主实施其修改和撤销措施。如果修改成员方实施其修改或撤销措施与仲裁裁决不一致,任何参与仲裁的受影响的成员方可修改或撤销相应程度的义务,而且此修改或撤销可单独只对修改成员方,而不必顾及第 2 条的最惠国待遇义务。

(三)GATS 的基本规则

由于 WTO 各成员国之间存在着贸易利益的冲突,贸易发展水平也不平衡,导致服务贸易谈判从一开始就步履维艰,成员国之间的矛盾与冲突贯穿于谈判的始终。GATS 的达成也是多方利益协调的结果,在内容上也一定程度上反映了这种矛盾与冲突,并试图制定出一些规则去协调这些矛盾。这些规则包括:

1. 国内法规制定的一般规则

国内法是国际服务贸易法的主要法律渊源,一般而言,各国都会根据本国国情和政策制定本国的服务贸易法律法规,促进本国服务贸易的发展,同时确保服务贸易总协定的目标得以实现。GATS 第 6 条规定了成员国国内法规制定的一般规则,即:

(1)在已作出具体承诺的部门中,每一成员应保证所有影响服务贸易适用的措施以合理、客观和公正的方式实施。

(2)对每一成员应维持或尽快设立司法、仲裁或行政法庭或程序以便及时审查影响服务贸易的行政决定,并为服务提供者提供公正、适当的补偿。如果这种程序并不独立于有关行政决定的主管机构,该成员方应保证此程序实际上是客观和公正的。但这些规定并不得解释为要求一成员方建立与其宪法结构或法制体制的性质不一致的法院体系或法庭程序。

(3)对已经作出具体承诺中的服务供应需经授权时,成员方应在合理的期间内,如认为服务提供者的申请符合国内法律或规章,将其决定通知申请者。在申请人请求下,该成员的主管机关应提供有关申请情况的信息,不得有不当延误。

(4)在已就专业服务作出具体承诺的部门,每一成员应规定适用程序,以核验任何其他成员专业人员的能力。

2. 承认

GATS 第 7 条规定,为使服务提供者获得授权、许可或证明的标准或准则得以全部或部分实施,在遵守第 3 款要求的前提下,一成员可承认在特定国家已获得的教育或经历、已满足的要求,或已给予的许可或证明。一成员给予承认的方式不得构成在适用服务提供者获得授权、许可或证明的标准或准则时在各国之间进行歧视的手段,或构成对服务贸易的变相限制。只要适当,承认应以多边协定的准则为依据,在适当情况下,各成员应与有关政府间组织或非政府组织合作,以制定和采用关于承认的共同国际标准和准则,以及有关服务行业和职业实务的共同国际标准。

3. 对垄断和专营服务者及商业惯例的限制

GATS 第 8 条和第 9 条规定了一些具体的规范,要求有关成员的垄断和专营服务者不得滥用其垄断地位,阻碍公平竞争及本成员所作的承诺。同时要取消抑制竞争,限制服务贸易的商业惯例。

4. 紧急保障措施

GATS 第 10 条对紧急保障措施谈判原则和时间作了规定。1994 年 GATT 第 19 条规定:"如果因意外情况的出现或因承担本协定义务而产生的影响,致使一成员特定产品的进口数量大幅度增加,并对该成员境内的同类产品或其直接竞争产品的生产者造成严重损害或产生损害威胁时,该成员在防止或纠正这种损害所必需的程度和时间内,可以对上述产品全部或部分地暂停实施其所承担的义务,或撤销或修改减让。"根据 GATS 第 10 条的规定,对于基于非歧视原则的服务贸易紧急保障措施的多边谈判应当于 1998 年结束,后又推迟到 2000 年 12 月。由于紧急保障措施牵涉的利益重大,各成员方之间的分歧明显,服务贸易理事会又不得不一再作出决定,延长谈判期限。2004 年 3 月 15 日,WTO 服务贸易理事会通过了延长服务贸易中紧急保障措施谈判期限的决定,并决定紧急保障措施谈判期限将不再具体确定,而采取不限定日期的方式。[①] 随着 2006 年 7 月 24 日 WTO 总干事拉米宣布多哈回合的"中止",紧急保障措施谈判继续陷入僵局。

5. 支付与转移

GATS 第 11 条和第 12 条规定:考虑到处于经济发展中或经济转型期过程中的成员的具体经济发展水平,GATS 允许这些成员在发生严重国际收支和对外财政困难或威胁,对已经承诺的经常项目的国际转移和支付实施限制。但同时,有关成员必须履行《国际货币基金组织协定》项下的义务,保证不至于造成成员之间的歧视,避免对任何其他成员的商业、经济和财政利益造成不必要的损害,并承担相应的通知和磋商义务。

6. 政府采购

GATS 第 13 条规定:GATS 有关最惠国待遇、国民待遇和市场准入的各项规则不适用于成员方政府机构为政府目的而购买服务的法律、法规或要求,此种购买不是为进行商业转售或为供商业销售而在提供服务过程中使用。协定还要求成员在《WTO 协定》生效之日起两年内就服务贸易协定中的政府采购问题进行多边谈判。

7. 补贴

根据 GATS 第 15 条,各成员应就服务贸易的补贴进行谈判,以期制定必要的多边纪律,防止补贴对服务贸易的扭曲,但没有规定具体的谈判时间。这类谈判还应处理反补贴程序适当性的问题,应认识到补贴对发展中成员方在其发展计划中的作用,并考虑到各成员、特别是发展中国家成员在该领域需要灵活性。为使谈判顺利进行,成员方应交换有关各自为其国内服务提供者提供补贴情况的信息,但没有规定如何交换信息。当某一成员方认为它受到另一成员方所采取的补贴的不利影响时,可请求后者就此事项进行协商,此项请求应予以积极考虑。

8. 市场准入

---

① Fifth Decision on Negotiations on Emergency Safeguards Measures, S/L/159, 17th, March, 2004.

GATS第16条规定,在服务贸易中的市场准入方面,每个成员给予其他任何成员的服务和服务的提供者的待遇,不得低于其承诺表中所同意和明确规定的条款、限制和条件。同时,当一成员根据这一规定承担市场准入义务时,除非承诺表中有明确规定,它不能维持或采取下列6种措施:

(1)以数量配额、垄断和专营服务提供者的方式,或者以要求经济需求调查的方式,限制服务业提供者的数量。

(2)以数量配额或要求经济需求调查的方式,限制服务交易或资产的总值。

(3)以数量配额或要求经济调查的方式,限制服务业的总量或以指定的数量单位表示的服务提供的总产出量。

(4)以数量配额或要求经济需求调查要求的方式,限制某一特定服务部门或服务提供者可雇用的、提供具体服务所必需且直接有关的自然人总数。

(5)限制或要求服务提供者通过特定类型法律实体或合营企业提供服务的措施。

(6)以限制外国股权最高百分比或限制单个或总体外国投资总额的方式限制外国资本的参与。

（四）争端的解决

不同成员国之间在服务贸易领域发生争端的解决适用WTO统一争端解决机制,同时GATS在第五部分机构条款中对服务贸易领域的争端解决做了专门规定。具体内容如下:

1. 磋商

磋商可以是成员国之间的,也可以是服务贸易理事会或争端解决机构(Dispute Settlement Body,DSB)与任何一个或多个成员之间的。根据GATS第22条规定,每一成员应对任何其他成员可能提出的、关于就影响本协定运用的任何事项的交涉所进行的磋商给予积极考虑,并提供充分机会,《关于争端解决规则与程序的谅解》(*Understanding on Rules and Procedures Governing the Settlement of Disputes*,DSU)应适用于此类磋商。在某一成员请求下,服务贸易理事会或争端解决机构可以就以上没有找到满意解决途径的任何事项于任何一个或多个成员进行磋商。

2. 仲裁

当成员国之间就达成的与避免双重征税有关的国际协定范围的措施发生分歧时,任意一成员可将该事项提交服务贸易理事会,理事会应将该事项提交仲裁。仲裁裁决应为最终的,并对各成员具有约束力。

3. 申诉

GATS第23条"争端解决和执行"中规定了服务贸易争端的申诉程序。第一种为"违约之诉",其规定在GATS第23条第一款。如一成员认为其他成员未能履行本协定项下的义务或具体承诺,则该成员为就该事项达成双方满意的解决方法可援用DSU。如DSB认为情况足够严重有理由采取此类行动,则可授权一个或多个成员中止义务和具体承诺的实施。第二种为"非违约之诉",其规定在GATS第23条第3款。若一成员实施与本协定规定并无抵触的任何措施,导致其根据另一成员的具体承诺可合理预期可获得的任何利益受到损害,则可以向DSB申诉。一旦申诉成立,受损方可要求作出补偿性调整,其中可包括修改或撤销该措施。如在有关成员间不能达成协议,则应适用DSU第22条关于补偿和中止减让的规定。

（五）对 GATS 的评价

1. GATS 的意义

GATS 的签署和实施是乌拉圭回合多边贸易谈判的重大成果之一,是第一套世界服务贸易协议,它为服务贸易的逐步自由化提供了推动力和体制上的安排与保障。[①] GATS 的达成,标志着世界多边贸易体制正步步臻于完善,将推动国际服务贸易不断增长,促进国际贸易的全面发展,为发展中国家的服务贸易发展创造条件,同时对建立新的国际经济法律秩序起了极大的促进作用。[②]

2. GATS 存在的不足

GATS 仅是一个全球性的多边服务贸易的框架协议,是多方相互妥协的产物,其议题还在不断的谈判中,这使它必然存在一些难以克服的缺陷,体现在:

（1）GATS 在定义和适用范围上存在着局限。GATS 并未给服务贸易下一个内涵式的定义,而是通过外延式的定义限定了四种服务贸易的形式,这给对服务贸易的判定以及实践中某些贸易是否适用 GATS 留下了可供商榷的余地。同时,GATS 在适用范围上将"为政府行使职权而提供的服务"限定在 GATS 的规范范围之外,排除了自然人寻求永久居住权、就业权和公民权。并且 GATS 的规则只适用于承诺表中的具体承诺,这使得 GATS 的涵盖面大大缩小。

（2）与 GATT 相比,GATS 中的很多原则规定不够彻底。GATS 规定了很多例外原则,比如 GATS 的国民待遇原则是有条件的,属于特定义务。而在 GATT 中,国民待遇是一般义务。即便是在 GATS 中作为一般义务的最惠国待遇原则,也并非是绝对的。

（3）GATS 的很多条款仅作了原则性规定,给后来的谈判预留了很多空间。比如 GATS 第 10 条中有关紧急措施在非歧视原则上进行谈判的规定;第 13 条应就政府采购问题进行多边谈判的规定。

（4）GATS 在具体实施中,承诺表整体上缺乏透明度,发达国家与发展中国家权利义务不平衡,服务贸易承诺并未通过谈判取得实质性进展等问题也一直存在。

三、服务贸易总协定与中国

（一）中国加入服务贸易总协定时的承诺

我国加入 WTO 时作出的服务贸易承诺的具体内容载于《服务具体承诺表》中。我国承诺开放了 GATS 项下 12 大类服务部门中的 9 个部门,包括商业服务、通信服务、分销服务、教育服务、环境服务、建筑与相关工程服务、金融服务、旅游服务和运输服务,对文化服务、健康与社会服务、其他服务没有承诺。从市场准入角度看,我国的服务承诺水平高于发展中国家,低于发达国家,这使服务业的开放程度明显提高,有利于我国服务业产出水平和质量的提高,增强了最初改革的可信度和可预见性,同时维护了作为发展中成员身份的权益。但另一方面,由于 GATS 本身的缺陷（如菜单式的减让方式和保留相当多的非歧视例外）以及服

---

① 李国安主编:《WTO 服务贸易多边规则》,北京大学出版社 2006 年版,第 6～12 页。

② 屈广清主编:《国际商法学》,法律出版社 2010 年版,第 194～196 页。

务业在经济安全、竞争力和就业上的敏感性,我国的服务贸易壁垒仍然很高。① 我国现在尚不具备全面开放市场的条件,如何利用 GATS 规则,使我国服务贸易在逐步开放并健康发展的同时又不受到过度冲击,是我们面临的亟须解决的问题。

(二)中国加入 WTO 后的服务贸易方面的立法

与发达国家相比,由于我国服务贸易并不发达,相关立法也比较落后。加入 WTO 服务贸易协定后,我国加快立法步伐,制定了大量的服务贸易方面的法律法规,如《商业银行法》、《保险法》、《海商法》、《广告法》、《律师法》、《会计师法》、《民用航空法》、《外资金融机构管理条例》等,并根据 GATS 的内容修改了《对外贸易法》,颁布了新的审批外资进入中国的法规和条例,如《外国律师事务所驻华代表机构管理条例》、《外商投资电信企业管理规定》、《中华人民共和国外资金融机构管理条例》、《外资保险公司管理条例》、《中外合作音像制品分销企业管理办法》等。但总体上看,我国服务贸易方面的立法仍存在着立法数量少,体系不完善,法律法规之间衔接性较差等不足。因此,我国在完善和统一我国国际服务贸易法律、法规和立法内容方面,仍任重道远。

首先,要注重国际服务贸易法律的体系化建设。加强对 GATT、GATS 等有关条款的研究,结合我国国际服务贸易发展的现状,建立一套既符合国际法律准则又符合我国国情,有利于我国国际服务贸易健康发展的法律体系。

其次,应根据我国《服务具体承诺表》中的内容,制定出各个服务行业的基本及配套的法律法规。一方面要充分利用 GATS 中规定的市场准入、国民待遇、透明度等规则加快我国服务贸易的自由化进程。另一方面,可利用 GATS 中的一些规则,进行保护性立法,最大限度的缓和和减少因开放给我国服务贸易带来的冲击。

最后,要注重不符合 GATS 规则及相互有冲突的法律法规的清理工作,提高法律、法规的可操作性和透明度。

第三节 WTO 服务贸易议题的进展

一、WTO 服务贸易谈判进展概述

根据 GATS 第 19 条,为推行 GATS 的目标,各成员应不迟于《WTO 协定》生效之日起5 年开始并在此后定期进行连续回合的谈判,以逐步实现更高的自由化水平。WTO 总理事会在 2000 年 2 月 7 日决议,GATS 谈判以特别会议方式进行,在 2 月的第四周举行第一次谈判。2000 年 2 月 25 日 WTO 服务贸易理事会召开特别会议,开启了新回合服务贸易领域谈判。

部长级会议是 WTO 最高级别的决策机构,根据《WTO 协定》的要求,部长级会议每两

---

① 这表现在:(1)对自然人流动的严格限制是市场准入的核心壁垒。(2)补贴提供仅限于本国企业和资格要求是主要的国民待遇限制。(2)承诺的广度和深度依然有限,没有限制的部门承诺较低,所保留的对市场准入限制的商业约束性较为严厉。参见盛斌:《中国加入 WTO 服务贸易自由化的评估与分析》,载《世界经济》2002 年第 8 期。

年至少举行一次。2001年11月,世界贸易组织第四次部长级会议发布《多哈部长宣言》。《多哈部长宣言》将服务业议题的目标定为:促进全体贸易伙伴经济增长及发展中国家和最不发达国家的发展;以服务贸易理事会2001年3月28日通过的谈判指导方针及程序为日后谈判的基础,以达到GATS前言、第4条、第19条的目标;参与谈判者应于2002年6月30日之前提出对特定承诺的初步要价,并于2003年3月31日前提出初步出价清单,所有谈判应在不迟于2005年1月1日前结束。《多哈部长宣言》共有19个议题,与服务贸易相关的议题还包括与贸易有关的知识产权、贸易与投资、贸易便利化、贸易与环境等。

2003年9月10—14日,为期5天的世贸组织部长级会议在墨西哥海滨城市坎昆举行,会议未达成任何协议,这使得服务贸易谈判在坎昆会议后陷入僵局。

2004年8月1日,世贸组织147个成员达成《总理事会关于多哈议程工作计划的决议》(即所谓《七月套案》),给服务贸易谈判注入了新的活力,《七月套案》包含了重要承诺,主要成就体现在农业、非农业市场准入、发展问题以及贸易便利化方面,这将有效推动多哈回合谈判最终完成。就服务贸易谈判而言,要求WTO各成员在2005年5月提交经过修改的出价,通过了服务贸易委员会早前提出的建议,包括:尚未提交出价的成员应尽快提交初始出价,确保关系到发展中国家特别是最不发达国家出口利益的服务部门和提供模式的出价质量,努力促成结束根据第6条第4款、第10条、第13条和第15条及其要求和期限进行制定规则的谈判,并为促使发展中国家有效参与提供技术协助。不过《七月套案》仅是一个框架性协议,很多关键性的细节问题还需要进一步谈判来明确。

2005年12月13—18日,世界贸易组织第六次部长级会议在香港举行,会议通过了《香港部长宣言》,香港会议是2001年启动的全球新一轮贸易谈判——多哈回合的重要组成部分。此次会议议题包括开放服务业和改进贸易规则等,并确认服务贸易谈判应进入结束阶段。部长们在宣言中重申,决心在2006年全面完成多哈谈判,要求尚未提交最初出价的国家应尽快提交,向其他成员提出复边要价的成员组应在2006年2月28日前或此后尽快提交此类要价;第二轮改善出价应在2006年7月1日前提交。最终承诺减让表草案应该在2006年10月31日前提交。以期敦促这些国家积极参与谈判,逐步提高服务贸易自由化水平,促进所有贸易伙伴的经济增长及发展中国家和最不发达国家的发展。但之后的谈判进行得并不顺利。

2006年7月1日的日内瓦部长会议没有在农业与非农两个领域的减让模式取得任何进展。在各国就国内农业支持、农产品市场准入以及非农产品市场准入这三大议题的争论中,多哈谈判又一次无奈地度过了最后期限。至此,多哈谈判已比原定达成协议的日期延后了18个月。随着农业补贴议题谈判破裂,2006年7月24日,WTO秘书长拉米宣告终止谈判。

2008年7月21日,多哈谈判在日内瓦重新启动谈判进程,在服务贸易谈判方面,举行了服务业信号会议(services signaling conference),并提出服务业文字草案(text)进行讨论,但最后因为主要成员国在"特殊保障机制"(special safeguard mechanism)问题上陷入僵局,在这轮谈判中服务贸易谈判也没有取得结果。

2009年3月30日至4月8日的WTO服务贸易会议周中,既有GATS工作组会议(含金融服务工作组、国内规制工作组,规则与减让表工作组等),也有成员之间双边、诸边市场准入会谈。不少代表团都有意了解各成员于2009年7月在"信号大会"上作出的市场开放的临时出价是否存在变数——当时不少与会成员方均表示愿意改善此前的出价,但日益恶化的全球经济有可能会使各代表团对进一步开放持审慎态度。[1]

2010 年 3 月 22 日,WTO 贸易谈判委员会公布了服务贸易谈判的最新动态,服务贸易的谈判主要围绕市场准入、国内法规、GATS 规则及最不发达国家模式的实施四个领域开展。

2011 年 4 月 21 日,WTO 总干事在谈判小组主席于当日发表的文件序言中表示:自多哈谈判于 2001 年开启以来,成员将首次有机会对多哈谈判的整体内容进行思考。在目前已取得的重要进展中,局面是"给人留下深刻印象的",但同时"现实主义"在余下的分歧中有所体现。他要求成员郑重思考"将十年来坚实的多边工作弃之不顾的后果",并希望成员"利用接下来的谈判周进行协商并建立沟通"。同时,大量的谈判文件降低了多哈进程的价值。[2]在谈判中,在降低货物关税方面的分歧使服务贸易谈判停滞不前,并使 2011 年结束谈判存在很大风险。不过在市场准入方面,截至 2011 年 4 月底,WTO 成员共提交了 71 项原始出价、31 项修改过的出价。

2011 年 12 月举行的世贸组织第八届部长级会议上,各国贸易部长发表了一项豁免声明,这项豁免声明将允许成员国中的发展中国家和发达国家向最不发达国家在服务贸易中提供优惠政策。即:免除发展中国家和发达国家在服务贸易中必须对所有成员实行无差别待遇的义务。这项豁免将持续 15 年之久,当时 153 个成员国中的 31 个最不发达国家将受益。在这次会议上,部长们还指示谈判人员先行推动可能取得进展的领域,这就是所谓的"早期收获"。

2013 年 12 月 3—6 日举行的世贸组织第九届部长级会议上,虽然达成了"早期收获"的一系列协议,但在国际服务贸易上并未取得实质进展,会议于 12 月 7 日发表的《巴厘岛部长宣言》1.11 部分提到,成员国将在 2014 年底前准备一份结束多哈回合谈判的工作计划(work programme)。依据《巴厘岛部长宣言》的规定,成员方在 2014 年 4 月 1 日召开会议,会上成员方重申了服务贸易谈判在多哈谈判中的重要性,并表示已经做好了参与制定后巴厘岛(post-Bail)工作计划的准备。

2015 年 2 月 5 日 WTO 服务贸易理事会高级别会议上,成员方讨论了通过给予不发达国家的服务出口以特惠待遇来支持其服务贸易增长的措施。这步对于执行支持不发达国家的巴厘岛决定至关重要,旨在提升不发达国家在世界服务贸易中的参与。此后,在 2015 年 6 月 3 日的 WTO 服务理事会的会议上,澳大利亚通告其打算通过给予不发达国家服务出口以特惠待遇以支持其服务贸易的增长。截至 2015 年 7 月 31 日,共有 11 个 WTO 成员通告服务贸易理事会特惠措施以促进不发达国家参与到世界服务贸易中。不发达国家在 11 月 2 日表示欢迎,赞许 WTO 成员的切实努力执行为不发达国家的服务和服务供应商进入本国市场提供更好的准入的承诺。

2015 年 12 月 15 日至 19 日,世贸组织第十届部长级会议在肯尼亚内罗毕举行。会议通过了《内罗毕部长宣言》及 9 项部长决定,承诺继续推动多哈议题,就一系列贸易举措达成历史性了决议。一是世贸组织成员首次承诺全面取消农产品出口补贴,并就出口融资支持、

---

[1]　张蔚蔚:《WTO 最新服务贸易谈判简讯》,载《世界贸易组织动态与研究》2009 年第 5 期。

[2]　参见 WTO 网站,http://www.wto.org/english/tratop_e/serv_e/s_negs_e.htm。下载日期:2011年 10 月 30 日。

棉花、国际粮食援助等方面达成了新的多边纪律;二是达成了近 18 年来世贸组织首个关税减让协议——《信息技术协定》扩围协议,涉及 1.3 万亿美元国际贸易;三是在优惠原产地规则、服务豁免等方面切实给予最不发达国家优惠待遇。① 最新的动态是,2016 年 7 月 4 日,WTO 召开了服务贸易理事会非正式会议,各成员讨论了"恢复"谈判的可能,并考虑在市场准入承诺、服务贸易国内法规、电子商务形式的服务贸易等三个方面继续开展工作。但服务贸易谈判的进程和整个多哈回合一样,艰难而曲折。

二、WTO 服务贸易谈判进展缓慢的原因分析

（一）WTO 决策机制导致在成员众多的情况下某些议题久拖不决

截至 2018 年 9 月 30 日,WTO 的正式成员已达 164 个。各成员之间的政治、经济、文化等方面发展极不平衡,利益关注点也大不相同。而根据《马拉喀什建立世界贸易组织协定》(Marrakesh Agreement Establishing the World Trade Organization)第九条规定:"世贸组织应当继续遵循《1947 年关贸总协定》奉行的由一致投票作出决定的实践,除另有规定外,若某一决定无法取得一致意见时,则由投票决定。在部长会议和总理事会上,世贸组织的每一成员有一票投票权。欧洲共同体投票时,其票数应与参加欧共体成员国数量相等。除本协议和多边贸易协议另有规定外,部长会议和总理事会的决定应以多数表决通过。"这表明 WTO 体制内的决策方式是全体一致为原则,投票表决为例外。但在实践中,全体一致原则主导着表决,并在实际运作中排除了投票表决的使用。尤其是在规则制定过程中,通常全体一致的方式为通过草案的唯一选择。②

服务贸易涉及的议题非常多,并且非常敏感,这使得如此多的国家在这种表决规则下进行如此敏感而又众多议题的表决,效率可想而知。另外,WTO 相关决议实际上是在小范围内征询意见,再通知给大家讨论的方式。其中绿屋会议③是小范围内形成意见最主要的方式,一般由少数几个对于特定议题有兴趣的成员参加。一般情况下绿屋会议讨论的议题非常狭窄,参与方的数目也受到严格限制。④ 这也给少数国家对议程进行政治干预提供了空间和便利,但也大大降低了其他国家尤其是发言权受到限制的发展中国家对决议的认同度。

---

① 参见 WTO 网站,https://www.wto.org/english/news_e/archive_e/snegs_arc_e.htm 访问日期:2016 年 3 月 20 日。

② Peter Sutherland."The Future of the WTO-addressing institutional challenges in the new millennium",2004,*Report by the Consultative Board to the Director-General Supachai Panitchpakdi*,p.63.

③ 绿屋的正式名称是主席顾问团 CCG。"绿屋"最初得名是由于在 GATT 总部里曾有一间专门用于非正式磋商的房间,该房间铺设的地毯恰好是绿色(一说该房间的天花板为绿色)。尽管这种非正式磋商现在不一定仍在铺有绿色地毯的房间中进行,但绿屋会议的名称却一直沿用下来。WTO 的决策过程奉行协商一致的原则,任何提议只要遭到一个成员的反对就无法通过。因此从 GATT 时期,一直到 WTO,决策程序的习惯做法是,一遇到可能引起争议的问题,一般首先在主要的利益关系方小范围内达成妥协,然后再扩大到全体成员。这一过程就是通常所说的"绿屋"。需要特别指出的是,英文中的"Green Room"近年来似乎越来越成为一个不好(corrupted)的词汇。在 WTO,绿屋也经常因缺乏透明度和包容性而被排除在绿屋之外的成员广为诟病。

④ 林灵、陈彬:《试析 WTO 决策机制及其对多哈回合的影响》,载《世界贸易组织动态与研究》2008 年第 2 期。

（二）区域贸易协定的蓬勃发展一定程度上阻碍了服务贸易协定谈判的进程

根据 WTO 统计，截至 2018 年 9 月 30 日，已经有 465 个区域贸易协定生效。[①] 区域贸易协定的发展造成了全球贸易规则的重叠与混乱，最终导致所有成员不得不处理和应付种类繁多的贸易规则，[②] 从而分散了进行 GATS 谈判的精力和热情。另外，区域贸易协定的大量存在实质上损害了 GATS 所倡导的全球贸易自由化的发展。首先，区域贸易协定只是对协定的成员方开放，把非成员排除在外，使他们无法享受到优惠政策和制度安排。这完全不同于在 GATS 下，各成员方平等和开放的贸易条件。其次，这种对区域贸易协定成员与非成员的区别对待，会使成员国获得较低的贸易壁垒，形成竞争优势，从而影响资源在全球内的最优配置。

（三）金融危机的影响

2008 下半年金融危机爆发以来，为了刺激本国低迷的经济，各国贸易保护主义再度抬头。美国奥巴马刺激方案中"购买美国货"条款；英国首相布朗宣称"把英国的工作留给英国劳工"；俄罗斯调高汽车、猪肉等关税；印尼对多项产品实施进口关税，等等。[③] 这种贸易保护主义的倾向和举措给服务贸易谈判蒙上了一层阴影。另外，金融危机爆发后，各国忙于"救市"，稳定社会秩序，无暇过多关注服务贸易谈判的议题。

（四）主要国家的政治因素的影响

WTO 成员方政局的变化也会影响服务贸易谈判，比如作为谈判主要成员方的美国，大选在即，政府一方面无法花费过多精力关注谈判，另一方面，在一些有关市场准入等议题的立场上，基于政治的考虑也无法作出妥协，这使得服务贸易谈判停滞不前。

在本章开头的引例中，美国密西根大学之所以能进入中国与上海交通大学举办中外合作办学机构，是因为中国在 WTO 服务贸易谈判中已经作出了关于高等教育服务市场准入的承诺。但中国目前的承诺仅限于境外资本以中外合作办学形式进入中国高等教育市场，且已经根据承诺制定了国务院《中外合作办学条例》。根据《中外合作办学条例》，申请设立中外合作办学机构的教育机构（本例中即上海交通大学与美国密西根大学）应当具有法人资格，外国教育机构同中国实施学历教育的高等学校设立的实施高等教育的中外合作办学机构（本例中即交大密西根联合学院），可以不具有法人资格。以上便是上海交通大学交大密西根联合学院得以举办的国际法与国内法依据。

✳ 思考题

1. 什么是服务贸易？服务贸易有哪些类型？
2.《服务贸易总协定》的基本原则有哪些？
3. 多哈回合中服务贸易谈判进展缓慢的原因有哪些？

---

① 参见 WTO 网站，https://www.wto.org/english/tratop_e/region_e/region_e.htm，访问时间：2018 年 9 月 30 日。

② 郝洁：《全球区域贸易协定的发展及多边贸易体制关系》，载《中国经贸导刊》2010 年第 5 期。

③《WTO 多哈回合：各方分歧、受阻原因及前景展望》，载《国际商务研究》2011 年第 3 期。

4. 案例讨论:美国博彩案①

本案申诉方为安提瓜,被诉方为美国。安提瓜在发展经济过程中,通过发展基础设施、简化审批手续等方式吸引了一批提供网络赌博服务的公司在安提瓜注册经营。对于网络赌博,美国至少有9个州已制定了禁止网络赌博的法律或宣布网络赌博违法,有41个州对网络赌博的合法性存在争议。美国司法部认为,根据1961年《有线通讯法》,通过互联网对体育事件或比赛下注的赌博商业活动为非法。因此,网络赌博公司在美国由于受到严格管制而经营困难。然而,一些网络赌博公司转移到扶持网络赌博的国家(如安提瓜)重新开张。美国虽然在国内封杀了网络赌博,但不能阻止网络赌博公司在其他国家注册并架设服务器,源源不断地向网上赌博网民提供赌博服务。近年来,美国政府一方面敦促有关国家强化对赌博产业的管理力度,另一方面加大了对境外网络赌博公司的打击力度。2003年,众议院通过一项《禁止非法网络赌博交易法》,规定对网络赌博活动加以限制,特别是限制美国网民使用信用卡和通过银行账户向国外赌博网站支付赌金。该做法使安提瓜一度繁荣的网络赌博服务产业日渐衰落,政府收入也锐减。

关于美国在GATS框架内所作的具体承诺减让表,在编号为10.D的行业下,美国载明了"其他消遣性服务(不包括体育)"并列入了GATS第1条所界定的"跨境提供"、"境外消费"、"商业存在"、和"自然人存在"等四种服务贸易提供方式;其中,对于"跨境提供"方式的"市场准入限制"一栏,美国政府承诺"没有限制"。安提瓜主张,美国对网络赌博的打击违反了其在GATS下的具体承诺,违反了GATS第16条市场准入,且不符合GATS第14条的例外规定。

请问:(1)美国是否在GATS框架内对赌博服务作出了具体承诺?(2)美国是否违反了GATS第16条市场准入义务?

司法考试真题链接

根据世界贸易组织《服务贸易总协定》,下列哪一选项是正确的?(2013年司法考试真题)
A. 协定适用于成员方的政府服务采购
B. 中国公民接受国外某银行在中国分支机构的服务属于协定中的境外消费
C. 协定中的最惠国待遇只适用于服务产品而不适用于服务提供者
D. 协定中的国民待遇义务,仅限于列入承诺表的部门

---

① 韩立余主编:《国际贸易法案例分析》,中国人民大学出版社2009年版,第314页。原案例 WT/DS285/R,WT/DS285/AB/R.

第八章 国际投资法

第一节 国际投资法概述

【引例】甲国国民 A 在乙国投资设立企业 B,并向甲国海外投资保险机构办理了政治风险投保。B 企业经营过程中业务兴旺,但乙国政府突然宣布出于公共利益需要,对 B 企业进行征收。A 对征收决定与补偿金额十分不满,但在乙国当地提起行政复议和行政诉讼均告失利。甲乙两国之间签订有双边投资保护协定。请问:A 可通过何种途径寻求自身权益的维护?

一、国际投资概说

（一）国际投资的概念

国际投资是指一国的投资者基于收益目的,在其完全或者部分控制下将其所有的有形或者无形资产移转至另一个国家经营。① 其中,输入资本或者接受投资的国家称为投资东道国,输出资本或者对外投资的国家称为投资母国。国际投资是国际间资金流动的一种重要形式。

（二）国际投资的种类

1. 公共投资和私人投资

从投资主体来看,国际投资可分为公共投资和私人投资。

公共投资（Public Investment）是指由国家或地方政府以及国际组织为一定的社会公共事业所作的国际投资,投资对象往往是一些援建工程项目,单纯以盈利为目的的投资不多。该类投资主要服务、满足于一国的外交政策和国际经济政策的需要。

私人投资（Private Investment）是指自然人、法人或非法人团体基于赢利目的所作的国际投资。私人尤其是其中的跨国公司是国际投资的主力军,私人投资是现代国际投资的主要形式。

2. 直接投资和间接投资

从投资者与投资对象之间的经济联系来看,国际投资可分为国际直接投资和国际间接

---

① M.sornarajah,*The international law on foreign investment*,Cambridge University Press,2004,p.7.

投资。

国际直接投资(Foreign Direct Investment,FDI)是指投资者将资本直接投放到所投资的企业中,并给投资企业以直接、长期、有效的影响。按照经济合作与发展组织"关于资本移动自由化规约"所下的定义,直接投资是"以与某个企业建立持久性经济关系为目的而进行的投资,且特别对该企业具有实质性影响"。

国际直接投资的具体形式有多种,比如:(1)以参与外国企业的经营为目的而取得其股份,或并购当地企业;(2)在外国新设全资子公司,或与当地投资者合营;(3)在外国新设或者扩大分公司、营业所、支店等;(4)单独或联合投资参与东道国资源开发项目,等等。但无论采取何种形式,投资者必须对投资对象的经营管理有一定的控制权。

国际间接投资(Foreign Indirect Investment)是指投资者通过其资本的影响间接作用于投资对象的投资。亦即投资者本意在于资本增值,并不在于控制投资对象。其具体形式也有多种,如在证券市场上购买上市公司的股票或公司债券、一个国家的银行向处于另一个国家的企业提供贷款等。间接投资具有两方面的特征:(1)投资者仅对投资拥有所有权,一般不参与经营;(2)仅发生货币资金的流动,而不伴随生产资料和劳动力的流动。

一项投资是否构成直接投资,关键看它的投资者能否有效控制或参与管理作为投资对象的公司或者企业。何为有效控制并进而构成直接投资,各国法律规定的标准不一。如美国《1976 年国际投资调查法》规定,直接投资是指个人直接或间接拥有或控制一定工商公司 10% 有表决权并能代表公司资本的股份(证券)。英国规定为 20% 以上。随着国际投资形式的多样化,国际直接投资与国际间接投资不易区分,因此,各国逐渐开始趋向以实际控制为标准来划分直接投资和间接投资。

3. 长期投资和短期投资

从投资期限来看,国际投资可分为长期投资和短期投资。凡投资期限在 5 年以上的投资(以一个财政年度为限)为长期投资,凡投资期限在 5 年以下的投资为短期投资。

(三)国际直接投资的主要形式

传统上,国际直接投资的形式主要有:在境外新设企业,即绿地投资(Greenfield Investment),包括设立合资经营企业、合作经营企业和独资经营企业;在境外设立分支机构;经东道国特许合作开发自然资源等。

20 世纪 80 年代后期以来,跨国并购(International Mergers and Acquisitions,M&A)成为跨国公司对外直接投资的主要手段。目前全球国际直接投资的一半以上以跨国公司并购形式进行。跨国并购的衰退是 2009 年国际直接投资下滑的主要原因,而 2010 年前 5 个月,跨国并购比去年同期增长了 36%,使国际直接投资重新焕发出活力。跨国并购交易的三分之二以上仍涉及发达国家,但发展中和转型期经济体作为跨国并购交易东道国的份额已从 2007 年的 26% 升至 2009 年的 31%。[1] 据中国商务部介绍,由于近年来中国自然成本及劳动力成本不断上升,外资在中国的并购开始活跃起来,将逐步成为中国利用外资的主要形式之一。2011 年 1—8 月,中国利用外资中并购项目达到了 34 亿美元,相比往年有较大的增长。[2]

---

[1] 联合国贸易与发展会议:《2010 年世界投资报告》。

[2] 商务部:《外资并购将成中国利用外资主要形式之一》,载《羊城晚报》2011 年 9 月 21 日第 17 版。

一般认为,与绿地投资相比,跨国并购具有以下优势:(1)迅速进入东道国市场并占有相当的市场份额;(2)有效利用被并购企业的相关资源;(3)充分享有对外直接投资的融资便利;(4)廉价购买资产。①

20 世纪 80 年代以来各国经济的迅速发展导致对基础设施的需求不断增长,为解决建设资金问题,国际上兴起一种新的投资合作方式 BOT。BOT 合作方式主要是投资者基于东道国政府许可取得通常由政府部门承担的建设和经营特定基础设施的专营权。所谓基础设施通常包括港口、机场、铁路、公路、桥梁、隧道、电力等社会公用设施。

二、国际投资法的概念及渊源

(一)国际投资法的概念

国际投资法是调整跨国(国际间)私人直接投资关系的各种国内法和国际法规范的总称。它是国际经济法的重要组成部分。

跨国私人直接投资是指由一国的自然人、法人或非法人团体以营利为目的在外国进行的直接投资。政府进行的直接投资不属于国际投资法的调整范围。

国际投资法所调整的跨国私人直接投资关系分为外国投资者与东道国投资者基于投资所产生的投资合作关系,外国投资者与东道国基于投资所产生的投资管理关系,外国投资者与其母国基于对外投资所产生的投资保护关系,政府之间以及政府与国际组织之间基于缔结双边或多边条约而产生的国际投资协调关系。

(二)国际投资法的渊源

国际投资法律规范从制定者的角度分为国内法律规范和国际法律规范。国际投资法主要由这两部分规范综合构成,主要表现形式有:

1. 国内立法

(1)资本输入国的外国投资法。外国投资法是资本输入国调整外国私人直接投资活动的各种法律规范的总称。发达国家除日本、加拿大、澳大利亚有统一规范的外国投资法外,其余大都以一般国内法来调整外国私人直接投资活动,给予外商投资国民待遇,只是在某些特定领域出于国家安全、产业保护等需要而以法律、法令等对外资作出限制或禁止。由于国情不同,经济发展水平不同,发达国家对外资的态度也不尽相同。而多数发展中国家有专门调整外资活动的外国投资法,就外资准入、待遇、保护及争端解决等作出具体规定,而且称谓繁多、位阶不一。如中国专门颁布了中外合资经营企业法、中外合作经营企业法、外资企业法三部单行法及其细则,一些省市也结合本地实际出台了各类地方性规范,如《上海市鼓励跨国公司设立地区总部的规定》、《广东省实施〈中华人民共和国台湾同胞投资保护法〉办法》等。此外,有关外资活动的规范还散见于税收、进出口关税、外汇管理、劳动雇佣、融资、资源和土地使用等涉外经济立法中。因此,从广义上说,外资法是指东道国制定的关于调整外国投资活动的法律、法令、条例、细则、规定、管理办法等规范的总和,其中不仅包含关于外资待遇和保护的规范、对外资审批和管理的规范,还包含解决争端的规范以及其他性质的规范。②

---

① 漆彤:《跨国并购的法律规制》,武汉大学出版社 2006 年版,第 16 页。
② 吴志忠主编:《国际经济法》,北京大学出版社 2008 年版,第 220 页。

(2)资本输出国的海外投资法。海外投资法是资本输出国调整本国私人海外直接投资活动的各种法律规范的总称。鉴于海外投资对本国经济有利,如巨额海外利润汇回有助于增加国家的财政收入、有利于开拓国外市场、向境外转移产能并利用本国经济和技术上的优势来加强国际竞争力等,同时又存在巨大的投资风险(包括政治风险及经营风险等),因此,一些国家为促进本国私人资本向海外输出,趋利避害,政府往往采取诸如财政资助、税收优惠、投资保险以及信息、技术服务等鼓励和保护措施。但是,与投资东道国有关外资的体系化、专门性立法不同,投资母国有关海外投资的规范较为分散,缺乏系统性、长期性和稳定性,法律位阶不高。如中国目前指引、规范和管理海外投资的只有国家发改委、商务部颁发的几部位阶较低的部委规章,如商务部 2009 年颁布的《境外投资管理办法》。

2. 国际条约

(1)双边投资条约。双边投资条约(Bilateral Investment Treaty,BIT)是资本输出国与资本输入国之间签订的,旨在鼓励、保护与促进两国间私人海外投资活动的协定。在国际实践中,保护与促进国际投资的双边条约大抵分为两大类型:一是美国型的"友好通商航海条约",二是双边投资协定。而双边投资协定又可分为美国式的"投资保证协议"和联邦德国式的"促进与保护投资协定"。[1] 其中,联邦德国式的"促进与保护投资协定"在国际上最为常见、应用最为广泛,它吸收了友好通商航海条约和投资保证协议的优点:既有实体性规定,如关于投资待遇标准等,又包含程序性规定,如代位求偿权等。[2] 中国对外签订的双边投资条约主要属于这种类型。

在国际投资法律体系中,双边投资条约占据重要地位。虽然自由主义的国际投资制度很难从中孕生,其在潜在投资者的投资决策中也不具有决定性,与国际资本的供给方向和数量的经济关联亦无法检验,但仍然是国际投资法中颇为重要的一类法律渊源,是目前为止最为行之有效的保护与促进国际私人直接投资的国际法制。

(2)多边投资条约。多边投资条约(Multilateral Investment Treaty)是指包括资本输出国与资本输入国在内的三个或三个以上国家签订的,旨在鼓励、保护及促进彼此间私人海外投资活动的协定。它有区域性多边条约和全球性多边公约之分。前者如美国、加拿大、墨西哥签订的《北美自由贸易协定》、欧洲联盟的《马斯特里赫特条约》和《能源宪章条约》、东盟的《投资区域框架协定》等;后者主要是世界银行发起缔结的《解决国家与他国国民间投资争端公约》、《多边投资担保机构公约》以及关贸总协定乌拉圭回合谈判达成的《与贸易有关的投资措施协定》等。

3. 其他渊源

主要包括联合国大会通过的与国际投资有关的规范性文件、国际投资惯例等。

1962 年 12 月,联合国大会第十七届会议通过第 1803 号决议,即《关于自然资源永久主权宣言》正式确立了各国对本国境内的自然资源享有永久主权的基本原则。1974 年,联合国大会又相继通过《宣言》、《行动纲领》和《宪章》,再次确认和强调各国对本国境内的全部自然资源享有完整和永久主权,各国对本国境内的一切经济活动也享有完整和永久主权。实践证明,联合国大会的规范性决议是指引全球国际经济关系的"根本大法",在国际投资领域

---

① 姚梅镇主编:《国际投资法》,武汉大学出版社 1987 年版,第 282 页。

② 余劲松主编:《国际投资法》,法律出版社 2007 年版,第 213 页。

发挥重要作用。

与国际贸易相比，国际投资领域中的惯例较少。成文化惯例主要是世界银行发展委员会于 1992 年公布的《外国直接投资待遇指南》(*Guidelines in the Treatment of Foreign Direct Investment*)。但由于该指南基本反映了发达国家的立场，其内容的普适性尚存疑问。

综上所述，国际投资法的渊源极为广泛，一项跨国私人直接投资活动往往受到多类别、多层次的法律规制。

三、国际投资法的基本原则

国际投资法的基本原则是指被国际社会普遍接受的、体现了各国的共同意志、具有普遍约束力并贯穿于整个国际投资法领域、构成国际投资法基础的根本原则与指导思想。国际投资法是国际经济法的一个重要分支，因此国际经济法的一些原则，如经济主权原则、公平互利原则等同样适用于国际投资法。

1. 经济主权原则

经济主权是指每个主权国家对其全部财富、自然资源和经济活动享有永久主权，包括占有权、使用权和处分权，并得自由行使此项权利。经济主权原则在国际投资领域具体体现为：(1)各国对其境内的一切自然资源享有永久主权；(2)各国对其境内的外国投资以及跨国公司的活动享有管理监督权；(3)各国对其境内的外国资产有权收归国有或征用。

2. 公平互利原则

公平互利原则是联合国在《宪章》中提出的作为处理各国之间经济关系的指导原则。它在国际投资领域具体体现为：(1)所有国家在法律上一律平等，并作为国际社会的平等成员，有权充分和有效地参与国际投资领域的决策和立法活动；(2)所有国家应公平分享合作发展所产生的利益，发达国家应给以发展中国家适当照顾，以体现实质公平；(3)兼顾投资各方利益，给予投资者公平公正待遇。

3. 合作发展原则

合作发展原则是发展权与国际合作义务结合而成的法律原则，在 20 世纪 60 年代以来联合国大会关于建立新的国际经济秩序一系列决议中不断得到重申。其中发展是权利、目标，合作是责任、手段。它在国际投资领域具体体现为：(1)各国应进行合作，以促进建立公平互利的国际经济关系，并进行符合所有国家，特别是发展中国家需要和利益的国际经济结构改革；(2)所有国家有责任在经济、社会、科技等领域内进行合作，以促进全世界尤其是发展中国家的经济发展和社会进步。[①]

四、国际投资法的功能

国际投资法作为调整国际间投资活动的法律手段，对鼓励、保护和管理国际投资有着极为重要的作用。

1. 鼓励功能

无论是资本输入国还是资本输出国，对于国际投资多采取鼓励的态度，国家给予投资者的各项优惠措施包括税收优惠、财政资助、行政服务等，往往在国内立法中甚至国家间缔结

---

① 曾华群：《WTO 与中国外资法的发展》，厦门大学出版社 2006 年版，第 67～68 页。

的避免双重征税的条约中加以明确呈现。特别是发展中国家,为招商引资发展本国经济,对外资都给予不同程度的优惠待遇,包括对外国投资企业给予减免所得税优惠,对外国投资企业生产所需进口的机器、设备和原材料减免关税,允许外国投资企业加速折旧,允许合营企业中的外国投资者一方先行回收投资,对投资者给予投资补助金或低息贷款,简化外国人出入境和货物进出口手续,以及简化投资审批程序,等等。上述以税收优惠为重心的法律措施无疑极大地鼓励、促进了国际间的私人直接投资。

2. 保护功能

由于国际投资对于相关国家和地区的经济发展乃至世界经济的发展具有积极的促进作用,同时考虑到国际投资总会面临危及投资安全的政治风险,所以,无论资本输入国还是资本输出国均力图借助法律手段,对国际投资予以保护,以营造、维持安全稳定的投资环境。这些法律保护措施一般是由资本输入国、资本输出国单独或共同采取的,属于国家保证的性质。比如,中国宪法第18条规定:"中华人民共和国允许外国的企业和其他经济组织或者个人依照中华人民共和国法律的规定在中国投资,同中国的企业或者其他经济组织进行各种形式的经济合作。……在中国境内的外国企业和其他外国经济组织以及中外合资经营的企业,都必须遵守中华人民共和国的法律。它们的合法的权利和利益受中华人民共和国法律的保护。"此外,《中外合资经营企业法》、《中外合作经营企业法》、《外资企业法》等三部单行法也对合法经营的外资作出了保护承诺。

国际投资法对国际投资的安全与权益的保护通常表现在:(1)保证给予外国投资以公平公正待遇;(2)保证不实行国有化和征收,即便特殊情况下基于社会公共利益需要对外资实施征收,也应依据法律程序进行,并给予相应的补偿;(3)为投资争端的解决提供便利。

3. 管理功能

对于东道国来说,外资既有积极的一面,也有消极的一面,如果疏于管理或者完全市场化,就会对本国经济的发展乃至国际经济的发展带来不利影响,如经济畸形发展,民族工业受损,经济命脉受到控制,环境受到污染,资源遭到破坏,等等,所以国际投资法的功能之一就是管理外国投资。无论是发达国家还是发展中国家,都通过法律手段实施对外资的管理。这也是经济主权原则的重要体现。

东道国政府对外国投资实施的管理主要表现在:(1)准入许可,以便引导外资流入本国优先发展的项目,禁止或限制外资进入某些产业部门,避免重复引进及可能造成的经济畸形及环境污染等;(2)通过设定上下限控制外国投资的比例,以保证外资投入的数量及东道国投资者对合营企业的有效控制;(3)要求外国投资企业优先雇用当地管理人员、技术人员和职工,以培训当地国民并解决就业问题;(4)限定外资原本和利润汇出的额度,以防止国际收支失衡;(5)要求外国企业优先采购当地物资,以带动当地工业的发展;(6)规定外国投资企业必须接受政府及其所属部门的监督。①

五、晚近国际投资法的发展

晚近国际投资法的发展主要表现在以下几个方面:

---

① 余劲松、吴志攀主编:《国际经济法》,北京大学出版社2005年版,第228页。

1. 总体来看,国际投资政策正呈现出二元化趋势。一方面,各国力求进一步实行投资自由化和投资促进,继续放宽对外国投资的限制;另一方面,则力求加强投资管制,争取实现公共政策目标。具体表现在:一些发展中国家调整了外商投资的国内政策和立法,放宽准入条件,简化审批程序,减少限制,强化保护,并且开始在征收和国有化问题上作出退让;一些发达国家以国家安全为由,通过或修订了关于外资审查的规定。

2. 国际投资协定体系正在迅速扩大。据联合国贸易与发展会议《2010 年世界投资报告》介绍,目前国际投资领域有 5900 多项条约(仅 2009 年,平均每周签订 4 项条约)。而 BIT 作为规制国际投资关系的主要法律形式之一,其发展尤其引人瞩目。仅 2008 年就缔结了 59 个双边投资条约,从而使全球 BIT 的总数达到 2676 个。以投资自由化为重要目标的所谓"美式"BIT 较之以往得到更多国家的接受。[1]

3. 全球性的多边投资立法进展缓慢,但区域性国际投资法制促进了区域集团内部乃至全球国际投资的发展,成为当代国际投资法律体系的重要组成部分。经济合作与发展组织(OECD)草拟的《多边投资协定》(MAI)因发达国家内部矛盾、发展中国家及市民社会的强烈反对而夭折,但它对日后国际投资协议的缔结产生了较大影响。区域性国际投资法制成效显著,主要体现在美国、加拿大和墨西哥之间的《北美自由贸易协定》(*North American Free Trade Agreement*,NAFTA)、欧洲联盟《马斯特里赫特条约》、《能源宪章条约》(*Energy Charter Treaty*,ECT)、亚太经合组织(Asia-Pacific Economic Cooperation,APEC)《非约束性投资原则》、东盟《投资区域框架协定》、《南锥体共同市场议定书》、《伊斯兰大会投资协定》、《阿拉伯国家投资统一协定》等多个条约中,这些封闭性的条约在各自管辖区域内起到了促进资本流动和投资自由化的关键作用,也为统一的多边投资规则的制定提供了技术基础和经验积累。[2] 区域性的投资规则主要有两类:一类是政府间专门就国际直接投资中的某些特定问题而签署的协议,如经济合作与发展组织《资本移动与流动性无形交易运营自由化条约》和亚太经合组织《非约束性投资原则》;另一类是国际直接投资仅作为经济合作和一体化综合性协议的一部分,如《罗马条约》、《北美自由贸易协定》等。与双边投资协议旨在保护投资不同,区域性多边投资条约旨在促进区域内国际直接投资的自由化。

4. 国际贸易体制对投资自由化产生了巨大的推动作用。伴随经济全球化的进程,WTO 已介入到与贸易有关的国际投资领域,突出表现在《服务贸易总协定》(GATS)和《与贸易有关的投资措施协定》(《TRIMs 协定》)中对投资自由化的规定,尤其是《TRIMs 协定》,取消了投资中的当地成分、贸易平衡、出口实绩等方面的履行要求,进一步促进了投资自由化。目前,包括多边投资框架谈判在内的投资问题已成为 WTO 的议题之一。国内外学者也就 WTO 体制下多边投资立法的可行性与前景进行了探讨和分析。[3]

① 陈安、蔡从燕主编:《国际投资法的新发展与中国双边投资条约的新实践》,复旦大学出版社 2007 年版,第 2 页。

② 吴志忠主编:《国际经济法》,北京大学出版社 2008 年版,第 273 页。

③ 张庆麟:《国际投资法问题专论》,武汉大学出版社 2007 版,第 53～68,169～171 页。

第二节　资本输入国外国投资法

一、外国投资法的概念与立法体例

（一）外国投资法的概念

外国投资法简称外资法，是指资本输入国制定的关于调整外国私人直接投资关系的法律规范的总称。主要包括有关外资准入的条件、外资的审批和管理、外资待遇和保护以及争端解决等方面的法律规范。

（二）外国投资法的立法体例

目前，各国外资立法尽管称谓不尽相同，大致可分为三种体例或者模式。

1. 专门制定统一规范的外国投资法或投资法典，作为调整外国投资的基本法律，并辅之以其他有关的可适用于外国投资的法律。如加拿大于 1985 年制定并实施的《加拿大外国投资法》，取代原先于 1973 年颁布的《外国投资审查法》。阿根廷 1976 年制定的《外国投资法》亦属此类，该法对外国投资的有关问题作了系统的规定，成为调整外国投资的基本法。采用这一立法模式的国家还有印度尼西亚、智利、沙特阿拉伯、埃及、叙利亚以及许多非洲国家。

2. 制定一部或数部调整外国投资的专门法律或法规，由此构成关于外国投资的基本法或法群，辅之适用其他相关法律。例如，中国颁布了《中外合资经营企业法》、《中外合作经营企业法》、《外资企业法》三部专门法及其细则，并辅之适用《合同法》、《指导外商投资方向规定》等来调整外资活动。有的国家比如菲律宾，起初分别颁布了若干关于外资的专门法规，后来整合成为一部统一的投资法典。而中国商务部在 2015 年 1 月 19 日公布了《外国投资法（草案征求意见稿）》，该草案在诸如外资并购、国家安全审查和外资准入前国民待遇等制度上有所创新，未来该法颁布后将进一步实现外资三法合一的目标，规范外资监管制度。

3. 既没有统一的外国投资法，也未制定单行的有关外国投资的专门法律、法规，而是用一般性的国内法律法规来调整外资活动。这主要是一些发达国家的做法。在联合国跨国公司中心 1978 年选择调查的 12 个主要发达国家中，除日本、澳大利亚、加拿大有专门调整外国投资的法律外，其余大部分发达国家都是通过一般国内法来调整外国投资活动的。[①]

如美国迄今未制定外国投资法，外资在美国基本享受国民待遇，外国投资活动通过一般国内法来调整。但基于国家安全及经济利益考虑，美国对某些关键部门中的外资予以一定限制。如原子能、水力发电业、通信业，只能由美国公民、社团或公司经营。美国 1988 年《综合贸易及竞争法》第 5021 节授权总统，如果有确切证据认为外国人对美国企业合并，取得或接管所形成的控制显然有害于美国安全者，有权直接禁止该交易。1990 年 2 月布什总统根据商务部外国投资委员会的调查结果，以对美国安全构成威胁为由，裁决中国航空技术进出口公司在 3 个月内放弃对美国曼可公司的所有权。近年来美国制定实施了外国投资与国家安全法，强化了外资的安全审查。

---

① 这 12 个发达国家包括：澳大利亚、奥地利、比利时、加拿大、法国、德国、意大利、日本、荷兰、瑞士、英国和美国。

二、外国投资法的主要内容

(一)外资准入

1. 外资准入的概念

外资准入有广义和狭义之分,狭义上的投资准入是指"准入权",即是否允许外资进入,包括外国投资者投资的范围与比例;广义上的投资准入不仅包括"准入权",还包括"设业权",即允许外国投资者进入东道国从事商业活动并确立永久性商业存在。

各国外资法对于外资准入的管制主要体现在以下几方面:在某些活动或行业中禁止外国直接投资;对某些活动或行业中的外资比例进行限制;根据特定的经济和社会标准对外资进行审查。随着全球经济一体化影响的逐步扩大,20世纪80年代以来尤其是进入新千年,不少原来采取限制性外资政策和实行严格准入控制制度的国家逐步进行外资法的重大改革,其中放松外资准入是改革的重点,呈现出投资领域扩大化、投资形式多样化、审批程序便利化的自由化发展趋势。

2. 投资范围与投资比例

为确保外国投资有利于本国经济的发展,引导外资投向本国亟待发展的行业和部门,使外国投资与本国的经济发展目标保持一致,资本输入国外资法一般都明确规定外国投资的范围,并以出资比例的规定明确外资的参与程度。外国投资者必须在这些限定的条件和范围内进行投资。

(1)投资范围

各国法律关于投资范围的规定,主要表现在以下几方面:

① 允许或鼓励类。许多国家外资法明确规定了允许和鼓励外商投资的部门,即确定外国投资的重点领域,引导外资流向有利于本国经济发展的行业。

从发展中国家的实践看,其做法主要有两种:一是确定重点或目标,划定一个大致的范围,而不具体列举行业,凡符合法定重点或目标的,均属允许或鼓励的行业。发展中国家引进外资的主要目标有:为超出国内能力的大规模复杂项目引进资金、引进先进技术、替代进口、增加出口创汇、增加就业机会和培训国民,等等。符合这些目标的,均可投资。二是根据本国经济发展目标,明确规定允许和鼓励外国投资的部门。这些部门主要是新兴产业部门、面向出口和进口替代的工业部门等。[①]

② 限制类。主要是指限制外资在某些部门的股权比例,有时还涉及对董事会成员的国籍和住所地的限制。凡属限制外国投资的部门,外资一般只允许占有少数股权,而且须经严格审查。

③ 禁止类。无论是发达国家还是发展中国家,都有一些部门不对外开放。这些部门通常是关系到国家安全,或涉及公共利益的关键部门。

对外资投向作出一些限制或禁止,对于外资来说是一种差别待遇,但这种差别待遇符合国际投资法的经济主权原则。而且随着各国在国际投资领域的不断开放,越来越多的国家在不断减少限制类和禁止类外商投资领域,进而扩大外商投资范围。例如,中国于2015年4月10日起实施新的《外商投资产业指导目录(2015年修订)》,与2011年目录相比,限制类

---

① 余劲松、吴志攀主编:《国际经济法》,北京大学出版社2005年版,第256页。

由 79 条减少到 38 条,禁止类由 38 条减少到 36 条,2017 年国家再次修订《外商投资产业指导目录》,并于 2018 年 1 月 1 日起实施。2017 年版《目录》进一步缩小了外商投资企业设立及变更审批的范围,除"境内公司、企业或自然人以其在境外合法设立或控制的公司并购与其有关联关系的境内公司"以外,将不涉及准入特别管理措施的外资并购设立企业及变更,包括上市公司引入外国投资者战略投资,均纳入备案管理。进一步放宽了服务业、制造业、采矿业的外资准入限制,限制性措施仅保留 63 条,比 2015 年版《目录》93 条限制性措施减少了 30 条。扩大了鼓励类政策范围。《目录》鼓励类条目共 348 条,与 2015 年版《目录》相比,新增 6 条,修改 35 条,新增了虚拟现实(VR)、增强现实(AR)设备研发与制造,3D 打印设备关键零部件研发与制造,城市停车设施建设等项目。新增和修改的鼓励类条目将更好促进引资引技引智相结合,继续鼓励外商投资符合我国产业转型升级方向的领域,支持外资广泛参与"中国制造 2025"战略和创新驱动发展战略。

(2)投资比例

从微观上看,外国投资者与东道国当地合资者之间的投资比例只涉及合营企业利益的分享及管理权的分配。但从宏观上看,东道国在立法中对外国投资的比例加以规定,可以有效控制其境内外国投资的投资方向。这种控制并不是在某一行业或者部门完全排斥外国投资者,只是在外商投资企业中维持或者保有当地资本的参与。不仅发展中国家及转型经济体国家采取这种做法,许多发达国家如美国也是如此。

关于投资比例,立法上有两种做法。① 规定适用于全行业的比例。如土耳其外资法规定外国投资比例为 10%～49%;中国规定外商投资比例一般不得低于 25%。② 规定不同行业采取不同的比例。如澳大利亚外资法规定,外国人单独或联合持有澳大利亚的银行业股份不得超过 10%,无线电、电视转播业不得超过 20%,农林牧渔林业不得超过 50%。

(二)外资的审查批准与管理

外国投资的审查批准,是指资本输入国政府依据一定的程序、标准,对进入本国的外国投资进行鉴定、甄别、评价,并决定是否给予许可的一种制度。审批制度是资本输入国管制外国投资进入的重要手段。

1. 审批管理机构

综观各国外资法,关于审批管理机构的设置一般有如下几种情况:(1)设立专门的中央机构。许多国家专门设立审查和管理外资的机构,如澳大利亚的"外国投资审查委员会"、加拿大的"外资局"等。(2)由现存的有关政府部门行使审批管理职能。(3)设立中央与地方的分级审批机构。如中国《中外合作经营企业法》第 5 条规定,申请设立合作企业,应当将中外合作者签订的协议、合同、章程等文件报国务院对外经济贸易主管部门或者国务院授权的部门和地方政府审查批准。

2. 审批范围

审批程序的建立,并不一定意味着所有外国投资都需要审批。但从发展中国家的相关规定来看,大多数国家适用的是严格的许可主义,即所有的外国投资都需要进行强制性审批和登记。也有一些国家像巴西、新加坡等,规定只有申请取得优惠待遇的外国投资项目才需要经过政府批准。

3. 审批程序及条件

一般而言,审批包括程序审查和实质审查两个环节。所谓程序审查是指审批机关接到投资申请后,对投资项目、计划,投资者资信、身份,投资协议、合同,投资企业章程、可行性报告,工业产权证明文件等,审查其完备性、合法性,是否符合法定程序。实质审查是指审批机关审查该投资项目的经济效益,以及对本国经济利益的影响,以决定是否批准。根据各国外资法的规定,审批的条件大体分为积极条件和消极条件两个方面。积极条件是审批机构批准外资的条件,外国投资若满足积极条件之一项或几项,就可能获得批准。一般考虑:对国际收支的影响;所产生的就业机会;先进技术的引进;对当地市场的影响;对经济不发达地区发展的贡献;出口多样化、促进出口和进口替代;对当地雇员培训计划的影响;本地物资和零部件的利用;产品价格水平和质量的影响;所投入的经济部门的资本构成状况,等等。消极条件是不予批准外国投资的条件,如中国《中外合资经营企业法实施条例》第5条规定,申请设立合营企业有下列情况之一的不予批准:有损中国主权的;违反中国法律的;不符合中国国民经济发展要求的;造成环境污染的;签订的合营协议、合同、章程显属不公平,损害合营一方权益的。

近年来各国因应经济全球化对于国际直接投资自由化的要求,对外资审批制度进行了改革:(1)简化审批手段,提高审批效率。目前,很多国家建立了"一站式"的外资审批机构。(2)缩小审批范围。由逐一审批向部分审批转变,由强制性审批向自愿审批过渡,由所有项目的无条件审批向部分项目的有条件审批转化。[①] (3)放宽审批标准。很多国家规定,大部分产业项目可以直接进入,只有列入消极清单中的项目才需要审查进入。(4)提高审批透明度。(5)有的国家近年来开始引进拒绝批准进入的申诉程序,对投资者说明拒绝批准进入的理由并允许申诉。

4. 外资管理

由于政治经济体制和经济发展水平不同,各国对外国投资者在其境内的投资经营活动的管制也不尽相同。发达的市场经济国家,一般倾向于采取国民待遇,即给予外资企业与当地企业同等的待遇,使其在市场导向下开展公平竞争。而发展中国家一般对外资活动有着某些限制,如要求当地成分、产品出口创汇或者要求雇用当地人员等。但随着《TRIMs 协定》的实施以及投资自由化的纵深推进,近年来发展中国家对外资的限制也在不断递减,管理也越来越简便、规范、公平。

(三)优惠待遇与保护

为吸引、利用外资发展本国经济,各国外资法通常赋予外国投资各种优惠待遇,如对重点引资的部门、产业给予税收优惠和其他优惠甚至建立经济特区等。

1. 税收优惠

税收优惠是一国依法给予外国投资者的税收减免和从低税率征税,主要包括减免所得税、进出口关税及其他税收。税收优惠可以提高投资者的投资收益,是推动投资者尤其是中小规模投资者作出投资决策的重要激励因素或者手段。发展中国家通常都采用这一激励措施,而发达国家一般较少对外资予以税收优惠,它们主要通过财政、信贷方面的优惠来鼓励资本输入。

税收优惠在引导外资投入东道国拟优先发展的行业、部门或地区方面确有重要作用,但其实质效果往往受制于资本输出国的税收饶让制度。如果投资母国不将东道国减免的税款

① 史晓丽主编:《国际投资法》,中国政法大学出版社 2005 年版,第 66 页。

视同已纳税款给予抵免,则外国投资者就不能从东道国的税收优惠中得到实惠,实际上只是东道国将自己应征的税款让渡给了投资母国,形成国家间财政收入的转移,从而起不到真正鼓励外资的实际效果。因此,东道国的税收优惠政策或者措施尚需通过国家间的安排(投资东道国与投资母国签订避免双重征税协定)才能实现其目的。

2. 财政补贴、资金援助

一些国家对特定的外国投资给予财政补助。例如加拿大规定,凡在特定地区从事投资,有利于促进该地区经济健康发展者,对其设立资金可给予 17.5%~30% 的补助。其他发达国家如英国、日本、德国、法国等针对某些开发地区及技术先进型企业投资,均有不同形式的资金补助。此外,降低外国投资企业的费用,实际上也是财政补贴的另一种形式。有些国家也给予外国投资企业以各种费用的优惠。

3. 信贷融资优惠

信贷融资优惠,一般是对外国投资企业提供长期低息贷款、无担保贷款、发放利息津贴等。例如,新加坡政府对促进产业发展作出贡献的投资项目,给予长期低息贷款;凡政府认定为基础工业的企业贷款,可申请获得 4.5% 的利息补贴。[1]

4. 其他优惠措施

如以优惠价格提供土地有偿使用,优先提供生产经营所需的水、电、运输条件和通信设施等。

各国外资法赋予外国投资各种优惠待遇的同时,更注重保护外国投资的安全与利益,积极营造良好的投资环境。所采取的保护措施主要有:关于国有化、征收及其补偿方面的保证,关于外国投资本金、利润及外籍职工工资汇出的保证等。

(1)关于国有化、征收及其补偿方面的保证

国际投资中的外资国有化或征收的合法性及其补偿标准问题,向来是国际投资领域最具争议的问题之一,也是外国投资保护的核心问题。许多国家为了改善本国投资环境,往往通过立法手段为外国投资者作出有关国有化、征收及其补偿方面的保证。

大多数发展中国家通常在其外资法中对外国投资者作出国有化或征收方面的保证。如印度尼西亚1970年修订的《外国投资法》规定:"除非国家利益确实需要并且合乎法律规定,政府不得全面地取消外资企业的所有权,不得采取国有化和限制该企业经营管理权的措施。"在采取上述措施时,"政府有义务进行补偿,补偿金额、种类以及支付的方法,按国际法原则,在当事者之间协商解决"。中国的宪法以及外资法对国有化、征收及其补偿也作出了相关规定:对外商投资企业,国家不实行国有化和征收,在特殊情况下,根据社会公共利益的需要,可以依照法律程序实行征收,并给予相应的补偿。少数发达国家的外资法也有关于征收的规定,如日本原外资法规定,征用或收购外国投资合法财产的全部或一部时,应按等价报酬付给适当金额。

尽管资本输入国国内法的保证较为明确、具体、稳定,是一种有效而可靠的保证,但从国际法的角度看,这种保证属于东道国单方面承诺,而不是一种国际条约关系。当一国基于公共利益必须实行国有化或征收,从而不能兑现自己的保证承诺时,仅仅产生国内法上的补救

---

① 吴志忠主编:《国际经济法》,北京大学出版社 2008 年版,第 236 页。

义务,并不产生国际义务。因此,更为有效的保证通常还得借助于国际条约。①

(2)关于投资本金、利润及外籍职工工资汇出的保证

资本的本质在于逐利。投资本金以及产生的利润、其他收益能否自由兑换成国际通用货币或其本国货币并汇回本国,关乎投资者的根本利益。发展中国家及转型经济体基于国际收支平衡的需要,往往建立了较严格的外汇管理制度,限制外资的自由出入和自由兑换,从而给外资带来了所谓的汇兑风险。为吸引外资,投资东道国就必须在实施外汇管制的同时,对外国投资者的本金及收益的汇出等作出法律保证。

① 投资本金的汇出。国际投资通常本金数额较大,其自由汇出会影响东道国的国际收支平衡。实行外汇管制的国家有关投资本金汇出的保证是有附加条件的,主要有以下几种情形:第一种,外资原本须经一定期限后汇出。如埃及 1974 年第 43 号法令规定,外资原本必须在投资登记 5 年后才能汇出,特别情况例外。第二种,外资原本汇出兼有期限、额度的限制。如阿富汗《鼓励私人和外国投资法》规定,原本可在批准投资 5 年后汇出,但每年汇出额不得超过投入资本的 25%。第三种,原本汇出与创汇挂钩。如菲律宾规定,为出口服务的公司,外资每年收回的资本不得超过该公司的纯外汇收入。埃及、智利也有类似的规定。第四种,外资原本汇出须经批准。如马来西亚规定,除非这种资本转移事先获得批准,否则并不事先给予资本回收的保证。

② 投资利润的汇出。各国对外国投资利润汇出的规定,大体分为两种情况。一是原则上不作限制,允许税后利润自由汇出。二是允许自由汇出,但附加某种限制条件,主要有以下几种情形:第一种,批准。如土耳其规定,外资本金自然增值的净利润,经财政部批准,可按官方汇率,用外资本金来源国的货币汇往国外。有的国家规定汇出额达到一定限度要经批准。第二种,时间或金额限制。如韩国法律规定,在韩国设立的分公司,经营头 3 年的利润不得汇出,后 5 年经批准可按经营资本的 20% 汇出。第三种,对不同的资本形式规定不同的汇出比例。如希腊规定,股份资本的利润及其他收益的汇出,不得超过股份资本总额的 12%;贷款资本的利润汇出,不得超过该贷款投资总额 10%。第四种,按投资的行业部门规定汇出比例。如巴西法律规定,奢侈品部门的外国投资,其收益和利润的汇出额,每年只能相当于注册资本的 8%;非奢侈品部门的外国投资,其利润和收益的汇出则无限制,但如 3 年中每年平均利润汇出额超过注册资本的 12%,须补缴所得税。意大利分生产部门和非生产部门,生产部门的利润和收益的汇出,每年最高不超过资本总额的 8%。第五种,出口创汇。有的国家把利润的汇出与出口创汇联系起来。例如埃及 1974 年外资法规定,外汇实现自给的项目,允许在出口限度内将每年的纯利转移国外;但对国民经济有重大意义而又无法实现出口的基础工程,允许将投资的纯利全部转移国外。

③外籍职工工资的汇出。许多国家均允许外籍职工的工资在纳税后汇出国外,但有些国家也附加了须经批准或限额汇出的条件。如土耳其法律规定,经财政部批准,外籍雇员在缴纳所得税、社会保险费及扣除生活费后,其报酬可按官方汇率,用各自国家的货币自由汇出国外。尼日利亚法律规定,外籍雇员可将月收入的 25% 汇往国外;埃及允许工资的 50%

---

① 征收概念在晚近国际法的实践中已有新的发展,发达国家为扩大本国海外投资的保护范围,在其 BIT 范本中规定了所谓的间接征收(indirect expropriation)及其认定标准。陈安、蔡从燕主编:《国际投资法的新发展与中国双边投资条约的新实践》,复旦大学出版社 2007 年版,第 75 页。

汇出;阿富汗允许工资的 70%汇往国外。①

第三节　资本输出国海外投资法

一、海外投资法的概念与立法体例

（一）海外投资法的概念

海外投资法是指资本输出国为维护本国经济和社会利益而制定的有关管制、保护和鼓励本国私人海外投资的各种法律规范的总称。主要包括有关审批管理、鼓励和保护等方面的法律规范。

（二）海外投资法的立法体例

目前,各国尚未专门制定统一的海外投资法或投资法典。一些国家出于对外投资的需要,在不同时期颁布实施了一部或数部涉及海外投资的法律或法规,或以双边和多边形式缔结相关条约,鼓励和保护本国国民的海外投资。如韩国先后制定了《海外资源开发促进法》、《审查批准海外投资标准》、《海外投资制度改善方案》、《扩大对外投资自由化法案》等有关法律。美国于 1948 年实施《对外援助法》(*Foreign Assistance Act*),1970 年颁布《税入法》(*Revenue Law*),其后通过《国内税收法典》(*Internal Revenue Code*),1977 年又制定《反海外贿赂行为法》(*Foreign Corrupt Practice Act*)。自 1982 年与巴拿马签订第一个促进与保护投资双边协定以来,截至 2000 年 1 月 1 日,美国已与 43 个国家缔结了双边投资保护协定。② 此外,美国还签署加入了《解决国家与他国国民间投资争端公约》、《多边投资担保机构公约》以及《北美自由贸易协定》,从而形成美国有关海外投资的法律群。

二、海外投资法的主要内容

（一）对海外投资的管理

鉴于私人海外投资利益与母国利益并不能完全保持一致,资本输出国为确保本国私人海外投资有利于本国的国际收支平衡和经济社会发展,往往对其实施一些管制性措施。

1. 事前审批和事后监管

美国、德国、英国等发达国家,一贯奉行海外投资的自由主义政策,并未作出事前审批的规定。而法国、日本等发达国家以及大多数发展中国家,尽管也采取积极措施鼓励、促进本国国民的海外投资,但出于国内经济考虑,起初都规定了一套较为严格的海外投资管理审批制度。伴随市场经济的发展以及经济全球化的深入,不少资本输出国的相关制度日渐式微,审批标准不断降低,审批程序和手续也进一步简化。比如,20 世纪 90 年代后法国规定,财政部和经济部可以免去海外投资中投资金额在 300 万法郎以下的投资项目的事前审核和批准手续。1979 年日本对《外汇法》和《外资法》全面修订,形成《新外汇法》。根据该法规定,日本不再采用对外投资审批制,一般项目的海外投资只需备案通产省即可。目前,日本企业

---

① 余劲松、吴志攀主编:《国际经济法》,北京大学出版社 2005 年版,第 265～266 页。
② 余劲松主编:《国际投资法》,法律出版社 2003 年版,第 214 页。

对外投资除极个别涉及军事、安全等敏感领域的项目外,对外投资额在 1 亿日元以上的需要到银行备案,1 亿日元以下投资项目已经完全自由。①

各国因应经济全球化和投资自由化的需要,在削减海外投资事前审批的同时,也加强了海外投资的事后监管,比如要求海外投资企业公开情报,以便母国政府及时了解企业的财务状况和经营状况,对其经营进行监督,防范逃避税。私人投资者进行海外投资,若不将海外获取的利润及时汇回母国,不仅会影响母国的国际收支,而且还会影响母国的财政收入,因此,如何防范海外投资企业逃避税,是资本输出国涉外税法管制海外投资的一项重要内容。

2. 外汇管制

政府的外汇管理或金融政策对海外投资具有重要影响。虽然取消外汇管制是国际货币基金组织追求的最终目标,但迄今为止仍有不少国家(主要是发展中国家及转型经济体)实施外汇管制。一些发达国家虽然目前允许外汇自由兑换和资本自由移动,但也不能完全排除有关国家出现国际收支失衡时再度实施外汇管制的可能。

3. 其他管制措施

一些国家颁布实施的反托拉斯法或反垄断法对海外投资产生一定的管制作用。跨国企业在海外的垄断或其他反竞争行为,可能阻碍资本输出国国内其他企业进军国外市场,直接或间接地妨碍资本输出国国内市场的竞争,资本输出国对此不会漠然置之。美国反托拉斯法就适用于州际和对外贸易,根据所谓的效果原则,其对发生在美国境外但影响到美国国内商业或贸易的行为具有管辖权。如果海外投资企业的生产与销售排除或限制了其他美国企业在美国市场的竞争,或者,海外投资企业间各种协议和安排,如果限制了美国国内或对外贸易,就会违反反托拉斯法而遭到追究。②

此外,一些国家基于国家安全考虑及本国未来的国际竞争需要,对某些商品尤其是某些高科技产品或技术实施进出口管制,也影响、制约着本国国民的海外投资。

(二)对海外投资的鼓励和促进

综观各国法律与实践,资本输出国鼓励和促进本国私人海外投资的措施主要有税收鼓励、政府资助以及经济情报信息服务等。

1. 税收鼓励

海外投资者在异国他乡投资经营,其终极目标是为了获取经济利益并实现利益最大化,而这一目标的实现以及实现的程度将严重影响其海外投资的积极性。税收作为重要的经济杠杆与这一目标的实现密切相关,它直接影响投资收益,因而是投资者非常关注的问题。由于绝大多数国家目前都同时行使来源地税收管辖权和居民税收管辖权,从而造成双重征税现象,使投资者面临双重税负压力。双重征税削减了海外投资者的投资收益,违背了税赋公平原则,挫伤了投资者海外投资的积极性,进而阻碍了国际资本的自由流动,成为资本输出国推动海外投资必须解决的问题。

目前国际社会主要依靠单边与双边途径解决双重征税问题。

① 刘日红:《日本三个时期对外投资的特征》,http://www.china.com.cn/aboutchina/data/txt/2006-11/07/content_7326716.htm,下载日期:2011 年 9 月 22 日。
② 刘颖、邓瑞平主编:《国际经济法》,中信出版社 2003 年版,第 421 页。

单边途径,即由资本输出国在国内法中解决本国国民的双重税负问题。资本输出国采取的消除或缓解双重征税的国内法方法因国家不同而有所不同,其中以抵免法和免税法最为普遍。欧洲大陆法系国家的税法较多采用"免税"方法,即只要本国国民之境外所得已向东道国纳税,则允许从其应税所得中扣除,免予征税。英、美、日等国的税法则采用"抵免"方法,即允许纳税人将其在收入来源地实际缴纳的所得税税款,按照全额或者一定限额从本国应纳税款中予以扣除或抵免。[①] 此外,一些国家还有一项税收饶让制度(或称税收饶让抵免制)安排,即居住国政府对其居民(海外投资者)因享受来源地的税收减免而未实际缴纳的税款,视同已纳税款给予抵免,从而使其居民能从东道国的税收减免优惠中得到实惠。

国家间缔结税收协定是最有效、最方便的避免双重征税的方法。资本输出国和资本输入国通过缔结避免双重征税的双边协定,划分税收管辖权并确定应当采取的避免双重征税的方法等,从而豁免纳税人双重纳税的义务。在实践中,未达成双边税收协定的国家之间,或双边税收协定未规定的问题,还可以由两国政府或税务机关临时协商解决双重征税问题。

2. 政府资助

政府资助包括资金扶持和技术援助两个方面:

(1)资金扶持。资本输出国政府对其海外投资者的资金扶持包括投资前的调查资助和投资后的项目资助。政府所资助的调查资金,通常为调查费的50%,投资者在投资项目实现后,应予以偿还。不少发达国家,如美国、英国、荷兰、挪威、新西兰等,还对该项资金予以财政保证,列入国家预算。一些国家还设立特别金融机构,如美国的海外私人投资公司、日本的海外经济合作基金等,对本国私人投资者的海外投资以出资或贷款的方式予以资助。发展中国家近年来也开始建立起海外投资援助制度。以印度为例,政府除加大投入,与银行和企业联合设立软件和信息技术工业国家风险基金外,还进一步拓宽融资渠道,为信息技术的发展创造良好的金融环境。通过吸引跨国风险投资、为软件企业提供信贷支持、放宽国际融资机构收购国内软件企业的有关限制等资本市场工具,实现资源配置和产业提升。[②]

(2)技术援助。资本输出国政府对海外投资企业的技术援助主要表现在:①为海外投资企业培训专业技术人员,接受从东道国派来的实习人员,负担其居留期间的费用,对本国培训机构提供政府津贴。②设立、协助本国民间非营利性社团,为发展中国家培训经营技术人员,培训在发展中国家执业的高级管理人员等。

3. 经济情报信息服务。为促进海外投资,不少国家还十分重视提供投资目的国的经济情报信息服务。此项服务主要通过政府职能部门、驻外使领馆、行会组织以及专门设立的经济、商业情报中心进行。

美国提供信息情报及咨询服务的主要机构是海外私人投资公司。海外私人投资公司提供了一系列的投资前服务,包括设立投资交流项目,组织美国投资者代表团到发展中国家进行调研、沟通交流;定期发布专题报告介绍海外投资动向和经验以及100多个国家、地区的

---

① 陈安主编:《国际经济法学》,北京大学出版社2001年版,第251~252页。

② 吴志忠主编:《国际经济法》,北京大学出版社2008年版,第250页.

基本商业、政治及经济情况、投资环境和投资机会；建立投资机会数据库等。^①　日本在经产省下专门设立商务情报政策局和日本海外投资研究所。投资者可以通过海外投资研究所设立的网站查阅到日本驻各国使领馆收集和更新的投资信息；海外投资研究所还定期举办研讨会，并把研究报告发布在网上；除了提供信息，海外投资研究所还充当一些投资项目的中介。

三、海外投资保险制度

（一）海外投资保险制度的概念

海外投资保险制度（Overseas Investment Insurance Scheme），又称海外投资保证制度，是指资本输出国的政府机构或公营公司对本国海外投资者在海外可能遇到的各种政治风险提供保证或保险，若发生承保范围内的政治风险致使投资者遭受损失，由保险机构予以补偿的制度。它是资本输出国保护和促进本国私人海外投资的基本法律制度。严格来说，投资保证与投资保险属于两个不同范畴，投资保证应对所遭受的损失予以全部补偿，而投资保险只需按一定比例予以补偿，而且须符合一定条件，但学说上、国际文件之中及多数国家用语都相沿成习，将投资保险通称为投资保证。^②

（二）海外投资保险制度的特征

海外投资保险不同于一般的商业保险，它具有以下几方面特征：

1. 海外投资保险性质上属于"政府保证"或"国家保证"，保险人为政府机构或政府设立的公营公司，不以营利为目的。

2. 海外投资保险的对象限于海外私人直接投资，且须符合特定条件。

3. 海外投资保险的范围，限于非商业性风险即政治风险，如征用险、外汇险、违约险、战争和内乱险。

4. 海外投资保险的任务，不单在于事后补偿，更重要的是防患于未然，抑制源于国家权力的东道国政府行为。该任务通常要结合投资东道国与投资母国间的投资保证协定来完成。

（三）海外投资保险制度的产生

海外投资保险制度由美国首创，继而为其他发达国家效仿，成为其保护海外投资的重要法律工具。

二战后美国推出"重建欧洲"的"马歇尔计划"，为此，美国国会于1948年通过《经济合作法案》，该法案奠定了美国海外投资保险制度的雏形，其中包括：（1）由美国经济合作署充当海外投资的保险人；（2）保险范围限于欧洲当地货币不能自由兑换为美元的风险，即外汇险；（3）保险人美国经济合作署有权收取保险费，并在支付赔偿金后取得代位求偿权。

20世纪50年代，随着美国私人海外投资的重点由欧洲地区渐次转向发展中国家，美国海外投资保险的重心也因此转向政治风险极高的发展中国家。1959年后，美国规定只有在发展中国家进行的投资，才适用投资保险制度。在承保的险种上，也由最初的外汇险逐步扩

① Maura B.Perry, A Model for Efficient Foreign Aid: The Case for the Political Risk Insurance Activities of the Overseas Private Investment Corporation, *Virginia Journal of International Law*, Vol.36, 1996, p.521.

② 姚梅镇主编：《国际投资法》，武汉大学出版社1989年版，第237页。

展到征用险、战乱险等。1969 年,美国国会再次修订《对外援助法》,设立"海外私人投资公司",承担美国私人海外投资的保证和保险业务。该公司兼有公私两重性,一方面,它是国务院政策指导下的一个机构,法定资本由国库拨付;另一方面,作为公司,可以吸纳私人信贷并参股。海外私人投资公司"可以充当外国政府与美国商行之间的桥梁,使政治性问题,取得商业性解决",避免投资母国基于传统的外交保护原则而引发政府间的对抗,导致经济纠纷政治化。① 截至 1995 年底,海外私人投资公司共向在 140 个发展中国家的美资提供了保险服务。

1956 年日本颁布《出口信贷保险法》,首次规定了"海外投资原本保险"制度。次年又建立了"海外投资利润保险"制度,提供利润汇出方面的保险服务。1970 年日本将两种保险合并,建立起统一的海外投资保险制度。1987 年日本将《出口信贷保险法》更名为《贸易保险法》。德国于 1959 年,法国于 1960 年,丹麦、澳大利亚于 1966 年,荷兰、加拿大于 1969 年,英国于 1972 年分别建立了海外投资保险制度。目前,世界上主要的公营出口信贷和海外投资保险机构组成了"信贷和投资保险机构国际联盟"(简称"伯尔尼联盟")(The International Union of Credit and Investment Insurers,The Berne Union),其组成机构来自经合组织开发援助委员会的所有成员国以及韩国、印度和中国等,其中主要骨干是美、日、德三国的有关机构。从 1987 年 1 月至 1989 年 1 月,"伯尔尼联盟"的成员机构为进入发展中国家的海外投资提供保险的承保总额达 170 亿美元,其中日本机构的承保数额居首位,约为 78 亿美元,占总数的 46%;其次是美国机构,承保额为 43 亿美元,占 25%;德国机构居第三,承保额为 20 亿美元,占 12%。② 从 1982 年到 2003 年,该联盟成员已向投资者支付赔偿款总额达到 1840 亿美元。③

进入 20 世纪 90 年代,伴随全球经济一体化进程加速,跨国直接投资增长迅猛,国际资本流动加快,导致新兴市场风险日益显现,客观上形成了对投资保险的巨大需求,由此推动了投资保险业务的快速发展。时至今日,投资保险已被各主要资本输出国在支持跨境投资方面广泛应用,被公认为是当今促进跨境投资和保护国际投资的通行做法和有效制度,并在国际投资活动中扮演着越来越重要的角色。

(四)海外投资保险制度的主要内容

1. 保险人

综观各国海外投资保险制度与实践,保险人的设置大抵有两种模式。

(1)一元制

美国和日本均采用一元制,保险人既是保险业务经营机构,又是保险业务审批机构。美国海外投资保险的一切业务,包括保险受理、审批、保费收取、理赔等均由美国海外私人投资公司负责。日本由通商产业省贸易局独立负责海外投资保险业务的审批与经营。

(2)二元制

德国、法国则采用二元制。根据 1959 年《联邦预算法》规定,德国信托监察公司和黑姆斯信用保险公司具体经营海外投资保险业务,由联邦经济事务部、财政部和外交部代表组成

① 陈安:《美国对海外投资的法律保护及典型案例分析》,鹭江出版社 1985 年版,第 19 页。
② 吴志忠主编:《国际经济法》,北京大学出版社 2008 年版,第 254 页。
③ 刘亚军:《论中国海外投资保险的制度模式选择》,载《宁夏社会科学》2006 年第 5 期。

的部际委员会及会计审核院和联邦银行组成的咨询委员会负责海外投资保险的审批。部际委员会、咨询委员会主要审查该投资项目是否值得支持,以及对加强联邦德国同发展中国家经济关系有无积极贡献。法国主管投资担保审查与批准的机关是经济部和财政部;业务执行机构是法兰西外贸银行和法兰西对外贸易保险公司,分别负责海外工业投资与海外商业投资的保险业务。

美、日的一元制有助于提高海外投资保险业务的效率,而德、法的二元制有利于部门间的监督制约,避免"官商一体",对防止腐败具有一定意义。无论保险人采用何种组织形式,它都是政府代理人。但从有关国际实践来看,由具有相对独立性的公司经营保险业务是推行海外投资保险制度的较好工具,可以在投资者的私权与投资东道国的公权之间起到较好的缓冲作用。

2. 保险范围

海外投资保险的范围主要限于政治风险,即由于东道国政府或其他政治势力的政治行为或措施导致外资损失的风险,而不包括商业风险。政治风险的范围根据各国经济利益、对外关系以及对外政策的发展而变化,通常包括征收险、外汇险、战争与内乱险等。

(1)征收险(Expropriation Risk)

征收险是指由于东道国政府实施征收、国有化或类似措施,致使投保人的保险财产受到部分或全部损失的风险。

何为征收,各国规定不一。根据美国《对外援助法》关于征收行为的规定,征收具有以下特征:① 征收是东道国政府采取的行为,包括政府采取、授权、批准或纵容的行为,且不论是否给予补偿;② 征收包括直接征收和间接征收,直接征收一般指直接剥夺财产所有权,而间接征收一般指对财产所有人使用、占有和处置财产采取干涉、阻碍的措施或行为,从而使其在合理期限内不能使用、占有和处置财产;③ 征收的对象包括投资者的投资和贷款,以及投资的利润和贷款的利息,不仅包括财产权以及由此产生的其他债权,而且包括契约权;④ 一般持续一年以上。但下列情形不构成征收行为:① 东道国政府正当合理地依据本国宪法所认可的政府方针,颁行某种法律、法令、条例或行政措施,且并非有意实行国有化、没收或征收,并非专横无理,而且按照企业的合理分类加以适用,并非违反公认的国际法原则;② 投资者或海外投资企业未能在其可控制的范围内采取一切正当合理的措施,包括在东道国依当时可以采用的行政程序和司法程序提起诉讼,以制止或抗议上述行为;③ 根据投资者或海外投资企业自愿达成的协议而采取的行为;④ 征收行为是由于投资者或海外投资企业进行挑衅或煽动而采取的;⑤ 东道国政府善意的外汇管制行为;⑥ 东道国政府作为海外投资企业的股东、董事或经理在其职责范围内行使其权力的任何行为;⑦东道国政府废弃或违反其作为产权投资者向海外投资企业出资的义务。①

(2)外汇险(Foreign Exchange Risk)

外汇险是指由于东道国政府实行外汇管制,妨碍、迟延资本和收益兑换成自由货币并移转出境而导致投保人的保险利益受损的风险,包括禁兑险和转移险。美国只承保禁兑险,而日本等国家则予以全部承保。日本法律规定,若有下列情况之一,致使日本海外投资者原本和利润两个月以上不能兑换为外币汇回日本的,均属外汇险:① 东道国政府实行外汇管制

---

① 刘颖、邓瑞平主编:《国际经济法》,中信出版社2003年版,第427页。

或禁止外汇交易;②因东道国发生战争、革命和内乱,无法实行外汇交易;③东道国政府对日本投资者各项应得金额实行管制;④东道国政府取消对各项应得金额汇回日本的许可;⑤东道国政府对各项所得金额予以没收等。

禁兑风险发生的原因有多种,如东道国实行外汇管制、停止或限制外汇,或由于其他突发事件,如革命、战争、内乱等,致使投资者无法在一定期间内进行外汇业务。美国海外私人投资公司在批准这种政治风险保证前,必须从东道国获得关于原本与利润等自由汇出的保证,投保者则须确切证明东道国政府原已同意并允许自由汇出的事实。

(3)战争与内乱险(War,Insurrection Risk)

战争与内乱险是指由于东道国爆发战争、内乱致使投资者在东道国的保险财产受到损害的风险。因劳资纠纷、经济矛盾、学生运动或者一般恐怖活动引发的骚乱、冲突不在承保范围内。战乱造成的损害,包括由于战争、内乱造成的投保财产被毁坏、被丢失、被夺走并扣留,或者战乱中一方为了对付紧急的或预期的敌对行动所采取阻止、抗击或防御行动的直接结果所造成的投保财产的毁坏、丧失、被夺走并扣留,均在赔偿之列。由于战争与内乱险一般都在东道国政府的控制之外,即非东道国政府对外资没有尽到"适当"的保护义务,所以保险人理赔后,通常不能向东道国代位求偿。

除征收险、外汇险以及战争与内乱险三种主要的险别外,还有一些保险机构开设了其他险种,如营业中断险、迟延支付险、政府违约险和信用险等。

美国在《1985年海外私人投资公司修订法案》中新设营业中断险,规定因东道国发生禁兑、征收或战乱事故,致使投保人的某项营业暂时中断,从而遭受损失的,由保险人给予赔偿。此项业务旨在给予美国海外私人投资更多的安全保证。

迟延支付险是德、法等国承保机构设立的险种,包括禁止支付和迟延支付。凡投资者产权投资所产生的到期债权,与产权投资密切相关的贷款所产生的债权,应得利润所产生的到期债权的全部或部分,因停止支付或迟延支付的结果,致使完全不能受到保证或完全不能受益者,均属此险承保的范围。

政府违约险是指因东道国政府违反投资契约造成投资者投保财产损失的风险。设立政府违约险的国家不多,日本于1989年开设独立的违约险业务,对因东道国政府违反对投资者承担的契约义务而造成下述后果之一者,予以承保:①有关日资企业继续营业成为不可能;②有关日资企业破产或类似情形发生;③银行停止其交易或其他同类情形;④有关日资企业停止业务活动达6个月以上。[①] 与多边投资担保机构的规定一样,投资者因政府违约险向保险人索赔,须先穷尽当地救济。此外日本还设有信用险,用于承保由于接受投资的企业破产或其债务迟延履行(达6个月以上)而产生的信用风险,以不可归责于日本海外投资者为前提条件。[②]

3.投保条件

(1)合格的投资

合格的投资是指海外投资须符合法律或保险合同设定的条件或标准。保险人承保的合格投资既包括股权投资,也包括非股权直接投资和股权持有人在有关企业中发放或担保的

---

① 陈安主编:《国际经济法学》,北京大学出版社2001年版,第255页。

② 曾华群主编:《国际投资法概论》,厦门大学出版社1995年版,第89页。

中长期贷款。

衡量合格投资的条件或标准有：

① 属于海外私人直接投资，而且一般是新的投资。从各国海外投资保险的法律与实践来看，保险人一般要求承保新的投资，即主要是新设企业的投资。此项条件或标准便于保险人事先判断海外投资的合格性并加以引导，防范日后发生过多的投资纠纷。

② 符合资本输出国利益。如果一项海外投资一方面给投资者带来收益，另一方面却造成资本输出国国内就业减少、国际收支失衡、重要高新技术外流从而不利于资本输出国的国际竞争或国家安全等任何一种消极后果，该项投资就不会获得承保，甚至可能被禁止。美国海外私人投资公司拒绝承保的海外投资就包括：投资者拟以海外投资所生产出来的产品，取代原在美国生产的同类产品，并且销往原属美国同类产品的同一市场，导致该投资者在美国雇佣人数减少；投资会大量削减美国其他企业雇工人数；投资用于海外制造业、加工业后，会影响美国的经济利益，不利于美国的国际收支平衡。

③ 符合东道国利益。海外投资保险制度的主要目的和功效在于防范和消除东道国发生的政治风险，而政治风险往往由东道国政府的行为引起，因此，一项投资是否符合东道国利益与政治风险会否发生有着极为紧密的联系。凡有利于东道国经济发展的投资通常会受到东道国欢迎并获得保护，从而减少乃至消除政治风险的发生；而不符合东道国利益的投资，发生政治风险的可能性非常大。因此，有的资本输出国如美国规定，海外投资须经东道国事先批准同意。

（2）合格的投资者

合格的投资者是指投保人要适格，只有具备一定身份、符合法定条件的投资者才可以申请海外投资保险。合格的投资者包括：①本国自然人；②本国公司、合伙或其他社团组织；③一定条件下的外国公司、合伙或其他社团组织。

有的国家规定了较宽松的合格投资者标准，如澳大利亚、加拿大规定，凡在本国经营的企业去海外投资，均可视为合格的投资者，而对外国公司、合伙及社团组织能否作为合格投资者未作规定。有的国家如美国，为投保人附加了资本控制要求：在美国设立的公司、合伙或其他社团组织只有资产为美国人所有（或至少控制51％以上的股权或资产）者才是适格的投保人；在外国设立的公司、合伙或其他社团组织只有资产全部或至少95％以上为美国人所有者才是适格的投保人。

（3）合格的东道国

合格的东道国是指海外投资目的国必须符合一定条件和标准。在此问题上各国规定不一，主要有两种做法。

第一种是对合格东道国未作出明确、具体的要求，如日本、澳大利亚、挪威等国；第二种是对投资目的国作出具体的要求，如美国。美国规定，合格东道国必须是国民收入较低且与美国已经签订了双边投资保证协定的发展中国家。德国的海外投资保险虽不以投资目的国与德国签订双边投资保证协定为要件，但在实践中一般鼓励投资者到已经与德国缔结双边投资保证协定的国家去投资。

（五）海外投资保险制度的运作

1. 投保

（1）申请。投资者申请投资保险或保证时，首先应按规定提交投资保险申请书及必要的资料,如东道国政府有关部门颁发的投资许可证、海外投资计划说明书等。

(2)审查。保险人收到投保申请后,要对投资者及其投资是否合格进行审查。如审查拟投保的投资是否有利于本国的经济发展,是否已经东道国批准或对东道国经济发展有利,投资的形式及投资东道国是否合格,等等。如经审查符合条件或标准,即签订投资保险合同。

2. 保险费

投保人须按保险合同约定缴纳保险费。有的国家规定,保险费支付之日起,保险合同才生效;保险费逾期不付则导致保险合同失效。

保险费率各国规定不一,一般来说,保险费率依承保行业、险别及范围不同而有所不同,有的国家还依投资东道国类别以及投资的规模而定。以综合保险为例,美国为承保投资额的 1.5％,英国为 1％,日本为 0.55％,法国为 0.8％,加拿大为 0.3％,澳大利亚、比利时为 0.75％。

3. 保险期限

保险合同的期限依保险险别不同而不同,一般来说,股权投资保险期限最长不超过 20 年,最短为 5 年,可根据行业和情况予以调整。

4. 理赔

当约定的保险事故发生后,保险人即支付保险金。保险人赔付后,取得被保险人基于保险事故对东道国政府所享有的索赔权及其他权益,代位向东道国政府索赔。

(1)投保人的义务。第一,保险事故一旦发生,投保人应在规定的期限内尽快向保险人报告风险与损失的发生,提供有关证据,以便保险人及时查证;应积极采取措施避免损失的发生和扩大,并应在东道国境内采取一切行政和司法救济措施,要求制止风险或取得赔偿。第二,保管好有关的一切资产和资料,以便检查和审计。第三,向保险人转交有关承保投资的资产和权益,如资产、现金、所有权和索赔权等。第四,与保险人通力合作,协助其代位求偿。

(2)保险金的支付。保险金是指保险事故发生时,保险人依约应向投保人实际支付的赔偿金额。保险金的数额一般依据损失额与赔偿率确定。

(3)代位求偿。保险人向投保人支付保险金后获得代位求偿权,可以向东道国政府索赔。但保险人行使代位求偿权的法律依据有所不同。

一些资本输出国如美国、德国,由于与投资东道国签订了双边投资保证协定,从而使其保险人向东道国索赔有了国际法依据,并在国际法层面上受到保护;而日本等国采用单边保证制,其国内投资保险制度未与双边投资保证协定挂钩,当保险人取得代位求偿权后,只能依据东道国国内法索赔,母国政府只有在投保人或代位人用尽东道国当地救济手段后,才能依据外交保护原则向东道国索赔。随着私人海外投资的发展,日本近年来也重视签订双边投资保证协定,使国内投资保险制度与双边投资协定结合起来。[①]

四、实施"走出去"战略与中国海外投资的管理、鼓励与保护

随着改革开放的深入以及国际经济形势的变化,我国适时提出了"引进来"与"走出去"并举的战略。"走出去"战略又称国际化经营战略,是指通过我国企业对外直接投资、对外工

---

① 余劲松、吴志攀主编:《国际经济法》,北京大学出版社 2005 年版,第 280 页。

程承包、对外劳务合作等形式积极参与国际竞争与合作,充分利用国内外"两个市场、两种资源",实现我国经济的可持续发展。自 2000 年 3 月全国人大九届三次会议正式提出"走出去"战略以来,中央政府及一些省市纷纷出台政策鼓励和支持有条件的各类企业对外投资和跨国经营,主动参与各种形式的国际经济技术合作。十年来,可谓成绩斐然,但也存在不少问题,面临诸多挑战。

商务部、统计局、外汇管理局联合发布的《2008 年度中国对外直接投资统计公报》显示,截至 2008 年年底,我国 8500 多家境内投资者在全球 174 个国家或地区直接投资设立了 12000 家企业,投资累计净额 1839.7 亿美元,境外企业资产总额超过 1 万亿美元;《2010 年度中国对外直接投资统计公报》显示,2010 年我国对外直接投资净额(流量)为 688.1 亿美元,同比增长 21.7%,连续九年保持强劲增长势头,年均增速为 49.9%。根据联合国贸易与发展会议《2011 年世界投资报告》,2010 年我国对外直接投资占全球当年流量的 5.2%,位居全球第五位,首次超过日本、英国等传统对外投资大国。① 值得关注的是,在对外直接投资方式中,跨国并购所占的比重越来越大。以前,我国企业对外投资主要是"绿地投资",现在,随着全球跨国并购大趋势的兴起,跨国并购已经成为我国企业对外投资的主要方式。1999 年,我国的跨国并购金额只有 6000 万美元;2005 年已达 53 亿美元;2008 年增加到 302 亿美元,占对外投资总额的 54%。从投资区域来看,2009 年我国近八成的对外直接投资集中在亚洲和拉丁美洲,由于拉美地区的投资大幅增加,近年来我国已跃升为拉美地区第三大投资来源国,仅次于美国和荷兰;从投资领域来看,我国企业对外投资的初期主要集中在进出口贸易、简单加工和餐饮等行业,近年来已拓展到设计研发、生产制造、资源开发、航运物流和农业合作等众多领域,尤其商务服务业、采矿业所占比重较大,其中商务服务业约占 50%,采矿业约占 25%。

与"引进来"的体系化、专门性立法不同,迄今我国指引、规范"走出去"的只有国务院及其所属部委颁发的几部行政法规、规章,主要包括:国务院 1996 年颁布 2008 年修订的《外汇管理条例》以及 2004 年颁布的《关于投资体制改革的决定》、《政府核准的投资项目目录》;原国家计划委员会 1991 年颁布的《关于加强境外投资项目管理的意见》;发展和改革委员会 2004 年、2005 年发出的《关于对国家鼓励的境外投资重点项目给予信贷支持政策的通知》、《关于建立境外投资重点项目风险保障机制有关问题的通知》;财政部 1996 年印发的《境外投资财务管理暂行办法》;财政部等部门 1999 年联合发布的《境外国有资产管理暂行办法》;商务部 2008 年和 2009 年颁布的《对外承包工程管理条例》、《境外投资管理办法》;国有资产监督管理委员会 2011 年颁布的《中央企业境外国有资产监督管理暂行办法》、《中央企业境外国有产权管理暂行办法》。据悉,目前国家发改委和商务部正在共同起草《海外投资条例》,这将是我国首部国家层面的境外投资条例。

(一)境外投资的审批②

依据商务部颁布的《境外投资管理办法》,企业的境外投资由商务部和省级商务主管部门负责核准,采取分级审批制。与以往规定相比,《境外投资管理办法》仅保留了商务部对重大境外投资的核准权限。

---

① 新华社:《中国对外直接投资跃居全球第五》,载《羊城晚报》2011 年 9 月 7 日第 10 版。

② 中国官方文本中的"境外投资"与本章所指的海外投资系同一概念。

企业开展以下情形的境外投资应当报商务部核准：(1)在与我国未建交国家的境外投资；(2)特定国家或地区的境外投资(具体名单由商务部会同外交部等有关部门确定)；(3)中方投资额1亿美元及以上的境外投资；(4)涉及多国(地区)利益的境外投资；(5)设立境外特殊目的公司。地方企业开展以下情形的境外投资应当报省级商务主管部门核准：(1)中方投资额1000万美元及以上、1亿美元以下的境外投资；(2)能源、矿产类境外投资；(3)需在国内招商的境外投资。企业境外投资有以下情形之一的，商务部和省级商务主管部门不予核准：(1)危害我国国家主权、安全和社会公共利益，或违反我国法律法规；(2)损害我国与有关国家(地区)关系；(3)可能违反我国对外缔结的国际条约；(4)涉及我国禁止出口的技术和货物。

申请审批的境外投资项目必须符合以下条件之一：(1)能通过境外投资企业引进一般渠道难以得到的先进技术和设备；(2)能为国家长期稳定地提供质量符合要求、价格合理、国内需要较长时期进口的原材料和产品；(3)能为国家增加外汇收入；(4)能扩大对外承包工程和劳务合作，并带动设备材料出口；(5)能为当地提供市场需要的产品，并且双方都可获得较好经济效益。

企业申请境外投资须提交以下材料：(1)申请书，主要内容包括境外企业的名称、注册资本、投资金额、经营范围、经营期限、投资资金来源情况的说明、投资的具体内容、股权结构、投资环境分析评价等；(2)企业营业执照复印件；(3)境外企业章程及相关协议或者合同；(4)国家有关部门的核准或备案文件；(5)并购类境外投资须提交《境外并购事项前期报告表》；(6)主管部门要求的其他文件。

境外投资项目的审批程序。企业申请进行境外投资，须按其投资总额的大小，分级报经省级发改委、商务主管部门和国家发改委、商务部以及外汇管理局审批。其中，项目建议书和可行性报告由发改委会同有关部门审批；合同、章程由商务主管部门审批。对予以核准的境外投资，商务部和省级商务主管部门应当出具书面核准决定并颁发《企业境外投资证书》。企业获得核准后，应持批准证书及时办理外汇、银行、海关、外事等相关手续；不予核准的，商务部和省级商务主管部门应当书面通知申请企业并说明理由，告知其享有依法申请行政复议或者提起行政诉讼的权利。

从2011年3月起，国家发改委大幅放宽对中国企业境外投资的限制，资源类境外投资重大项目需要审批的金额起点从3000万美元提升到3亿美元，非资源类境外投资重大项目需要审批的金额起点从1000万美元提升到1亿美元，中央企业境外投资直接适用备案制，不需要经过审批。[①] 但依照国资委《中央企业境外国有资产监督管理暂行办法》第7条的规定，中央企业及其重要子企业收购、兼并境外上市公司以及重大境外出行为应当依照法定程序报国资委备案或者核准。审批权的下放，将加快企业"走出去"步伐，越来越多的企业尤其是中央企业开始在全球范围内配置资源。

(二)境外投资的外汇管理

境外投资引起资本项目的外汇转移。所谓资本项目是指国际收支中引起对外资产和负债水平发生变化的交易项目，包括资本转移、直接投资、证券投资、衍生产品及贷款等。

依据国务院《外汇管理条例》规定，国务院外汇管理部门及其分支机构是境外投资有关

---

① 徐芸茜：《央企海外投资惊心亏损日甚 国资委率先出手整治》，载《华夏时报》2011年7月1日。http://www.chinatimes.cc/yaowen/hongguan/2011-07-01/24621.shtml，下载日期：2011年10月13日。

外汇事宜的管理机关。境内机构与个人向境外直接投资或者从事境外有价证券、衍生产品发行、交易,应当按照国务院外汇管理部门的规定办理登记。外汇管理部门负责境外投资的外汇资金来源审查。资本项目外汇收入保留或者卖给经营结汇、售汇业务的金融机构,应当经外汇管理部门批准(国家规定无须批准的除外)。资本项目外汇及结汇资金应当按照有关主管部门及外汇管理部门批准的用途使用,外汇管理部门有权对资本项目外汇及结汇资金使用和账户变动情况进行监督检查。投资者在最后获准汇出投资外汇资金时,应按其汇出外汇资金总额的5%向外汇管理部门指定的银行专用账户缴存汇回利润的保证金。有违反规定将境内外汇转移境外,或者以欺骗手段将境内资本转移境外等逃汇行为的,由外汇管理部门责令限期调回外汇,处逃汇金额30%以下的罚款;情节严重的,处逃汇金额30%以上等值以下的罚款;构成犯罪的,依法追究刑事责任。

(三)境外国有资产的管理

目前,国有企业特别是中央企业是我国境外投资的主力军,境外投资中国有资产占有相当大的比重。很长一段时期内,我国一直缺乏相对系统的境外投资管理办法,没有形成完善的监控体系,不能有效地监控境外投资风险尤其是金融领域的投资风险,造成国有企业海外投资巨额亏损。为规范和加强境外国有资产的管理、监督,维护我国境外国有资产的合法权益,保障境外国有资产的安全完整和保值增值,国资委于2011年6月颁布《中央企业境外国有资产监督管理暂行办法》和《中央企业境外国有产权管理暂行办法》,就中央企业的境外国有产权登记、境外出资管理、境外企业管理、境外企业重大事项管理、境外国有资产监督、法律责任等作出专门规定,并要求地方国有资产监督管理部门参照制定所出资企业境外国有产权的管理制度。

1. 产权登记

产权登记即从法律上确认境外国有资产的所有权是保障境外国有资产安全完整和保值增值的基础和前提。依据《中央企业境外国有产权管理暂行办法》,境外国有产权应当由国有企业或者其各级子企业持有。境外企业注册地相关法律规定须以个人名义持有的,应当统一由国有企业依据有关规定决定或者批准,依法办理委托出资、代持等保全国有产权的法律手续,并以书面形式报告国有资产监督管理部门。中央企业及其各级子企业发生以下事项时,应当由中央企业统一向国资委申办产权登记:(1)以投资、分立、合并等方式新设境外企业,或者以收购、投资入股等方式首次取得境外企业产权的;(2)境外企业名称、注册地、注册资本、主营业务范围等企业基本信息发生改变,或者因企业出资人、出资额、出资比例等变化导致境外企业产权状况发生改变的;(3)境外企业解散、破产,或者因产权转让、减资等原因不再保留国有产权的;(4)其他需要办理产权登记的情形。

2. 产权转让或交易

国有企业以其拥有的境内国有产权向境外企业注资或者转让,或者以其拥有的境外国有产权向境内企业注资或者转让,应当依照《企业国有资产评估管理暂行办法》等相关规定,聘请具有相应资质的境内评估机构对标的物进行评估,并办理评估备案或者核准。在境外发生转让或者受让产权,以非货币资产出资,非上市公司国有股东股权比例变动、合并分立、解散清算等经济行为时,应当聘请具有相应资质、专业经验和良好信誉的专业机构对标的物进行评估或者估值,评估项目或者估值情况应当由中央企业或者地方备案;涉及国有独资转为绝对控股、绝对控股转为相对控股或者失去控股地位等经济行为的,评估项目或者估值情况应当报国有资产监督管理部门备案或者核准,其交易对价应当以经备案的评估或者估值结果为基准。

国有企业转让境外国有产权,应当公开征集意向受让方并竞价转让,或者进入企业国有产权转让交易试点机构挂牌交易。转让价款应当按照产权转让合同约定支付,原则上应当一次付清。确需采取分期付款的,受让方须提供合法的担保。

3. 责任主体

国有企业是境外国有产权管理的责任主体,依法对所属境外企业国有资产履行下列监督管理职责:依法审核决定境外企业重大事项,组织开展境外企业国有资产基础管理工作;建立健全境外企业监管的规章制度及内部控制和风险防范机制;建立健全境外国有资产经营责任体系,对境外企业经营行为进行评价和监督,落实国有资产保值增值责任;负责或者配合国有资产监督管理部门开展所属境外企业重大资产损失责任追究工作;协调处理所属境外企业突发事件等。

国资委及各级国有资产监督管理部门应当履行出资人职责,对国有企业境外国有资产履行监督管理职责,纠正以往"只生不管"的现象。

(四)海外投资的鼓励与保护

1. 信贷和外汇优惠

为鼓励境外投资事业,国家发改委与中国进出口银行共同建立了境外投资信贷支持机制,允许境外投资主体向国家银行申请优惠贷款。根据国家境外投资发展规划,中国进出口银行在每年的出口信贷计划中,专门安排一定规模的信贷资金用于支持国家鼓励的境外投资重点项目,境外投资专项贷款享受出口信贷优惠利率。中国进出口银行对境外投资专项贷款依照有关规定加快贷款审查速度,并视具体情况提供以下便利:(1)根据贷款企业信用等级和境外投资项目的经济效益情况授予一定的信用放款额度;(2)对风险小、投资收益稳定且效益较好的项目,可考虑直接对境外项目公司提供贷款,由项目的境内投资主体提供担保或以项目形成的资产或其他权益作为抵押;(3)对一些投资期较长的战略性项目,可视情况适当延长贷款期限。

投资者从境外投资企业所分得的外汇利润或其他外汇收益,在其按期调回境内并办理结汇手续后,对其外汇额度自该境外企业设立之日起,5年以内全额保留自用,不必分成上缴;5年后,20%上缴国家,80%保留自用。

2. 税收优惠

我国规定,我国投资者境外投资资源开发项目的产品,凡纳入国家进口计划的,享受同等关税待遇和补贴;以国产设备、材料作为境外合营企业投资的,免征出口税。

目前我国对境外投资所得主要通过税收抵免的方法给以税收优惠,即投资者之境外投资所得如已在东道国纳税,已纳税额可以在对其征收的中国税收中抵免。为解决双重征税问题,自1981年1月我国与日本首开避免双重征税协定的谈判,截至2006年11月,我国共对外正式签署89个税收协定(其中82个协定生效),与香港、澳门地区也作出了避免双重征税的安排。

3. 海外投资保险

我国企业"走出去"的诸多风险中,最突出的是政治风险、政策风险和经济风险。政治风险主要表现在东道国的政局变化、战争、武装冲突、恐怖袭击或绑架、社会动乱、民族宗教冲突、治安犯罪等;政策风险则是指东道国政府的财政、货币、外汇、税收、环保、劳工、资源政策的调整和国有化征收等;经济风险主要表现在经济危机、金融市场动荡、主权债务危机、通货膨胀、利率汇率变动等宏观经济形势变化。其中,政治与政策风险已导致我国企业境外投资巨大经济损失,成为我国企业走出去的瓶颈。

虽然国家发改委和中国出口信用保险公司已共同建立境外投资重点项目风险保障机制,但与企业快速扩大的海外投资规模相比,我国海外投资保险的覆盖面仍然较低。截至2010年,我国对外直接投资累计净额约3047.5亿美元,而海外投资保险的承保责任余额为173亿美元,承保占比仅为5.68%。因此这方面工作尚存较大潜力可挖,亟待引起重视。

目前,中国出口信用保险公司及其业务概况主要如下:

(1)保险人。中国出口信用保险公司(简称中国信保)于2001年12月18日正式揭牌运营,是我国唯一承办出口信用保险业务的政策性保险公司,主要为国家鼓励的境外投资重点项目提供投资保险等境外投资风险保障服务,同时定期发布190个主权国家的《国家风险分析报告》,为政府部门和投资者提供国别风险分析、项目风险评估及控制等方面的服务。中国信保注册资本40亿元人民币,由国家财政拨付,是伯尔尼联盟的正式成员,现有15个职能部门,营业机构包括总公司营业部、12个分公司和7个营业管理部,已形成覆盖全国的服务网络,并在英国伦敦设有代表处。

(2)保险范围。中国信保主要承保境内投资主体因东道国征收、战争、汇兑限制和政府违约等政治风险而遭受的损失。

(3)投保条件。中国信保对投保人未作出严格规定,凡在我国境内注册的企业法人以及为境外投资项目提供融资的境内(外)金融机构均可向其申请境外投资项目风险保障服务。但拟申请投保的项目,须按国务院《关于投资体制改革的决定》和《境外投资项目核准暂行管理办法》的规定获得核准或履行备案手续,由中国信保独立审查。

第四节 保护国际投资的国际条约

为创造良好的投资环境,促进资本的跨国流动,资本输入国和资本输出国因应国内经济的发展及国际经济形势的变化尤其是经济全球化的进程,不断制定、完善国内法制,同时在国际层面上展开合作,签订了有关促进和保护国际投资的双边、区域性和世界性多边公约。联合国贸易和发展会议2009年2月10日发布的一份报告指出:国际投资协议的全球性体系正在迅速扩大,全球几乎每个国家均已签订、加入至少一项国际投资协议,绝大多数国家已经签订、加入多项国际投资协议。截至2007年底,已知国际投资协议的数目超过5500项,形成了一个多层次、多方位的国际投资法制体系。

近年来国际投资协定的发展呈现出以下几个方面的特征:双边投资保护协定和避免双重征税协定的数量继续增长;各类国际协定,如自由贸易区协定、区域一体化协定及经济合作协定也越来越多地包涵了国际投资规则;新一代协定中投资条款日趋严谨,亦越来越复杂,详细界定了某些标准条款的含义;由于早先的协定或已到期,或协定产生的环境发生了变化,越来越多的国家开始谈判或修订原有协定;国际投资框架下的南南合作正逐步得到加强；随着国际投资协定的不断增加，投资者与东道国之间的投资争端也呈现出上升趋势。①

一、双边投资条约

双边投资条约（Bilateral Investment Treaty，BIT）是资本输出国与资本输入国之间签订的，旨在鼓励、保护与促进两国间私人海外投资活动的协定。双边投资条约作为规制国际投资关系的主要法律形式，其发展令人瞩目。截至 2010 年，全球共签订了 2500 多个双边投资协定，是迄今为止保护与促进私人直接投资活动最为有效的国际法律制度。

当代国际投资条约的发展按照投资者跨境投资首先关注投资安全、进而关注投资自由化与便利化的逻辑延展，大抵分为两个阶段：20 世纪 80 年代之前，以强化投资保护为目标的所谓"欧式"投资保护协定成为双边投资条约的主流模式；20 世纪 80 年代尤其是 90 年代后，以投资自由化为重要目标的所谓"美式"投资保护协定得到更多国家的接受。②

"美式"投资保护协定的产生，主观上是由于美国政府一贯倡导国际投资的"自由取向"，并考虑到欧式投资保护协定的利弊，以及自身单纯依靠友好通商航海条约和投资保证协定相结合保护海外投资的不足；客观上是由于广大的发展中国家面临外债不断增加、经济停滞不前的困境，迫于发展的需要也不得不在某些方面对发达国家妥协、让步，逐渐放松对外资的管制。美国贸易代表办公室于 1982 年 1 月公布了一份双边投资条约范本。以该范本为基础，美国先后与埃及、巴拿马签订多边投资保护协定，并以该两国谈判的经验为基础，对 1982 年的范本草案加以修改。2004 年，美国总结以往的双边投资条约、自由贸易协定中的投资制度以及经合组织拟定的多边投资协定草案（Multilateral Agreement on Investment，MAI），对其 1994 年的条约范本进行修订，形成了 2004 年的 BIT 范本（以下简称美国范本），并于 2004 年 10 月 25 日与乌拉圭缔结了第一个以新范本为基础的双边投资条约。同时，经过长达三年的审议，在 2012 年 4 月 20 日公布了最新的美国范本。该范本在诸如技术转让的履行要求，透明度和环境和劳工保护等方面作出了新的规定，从而促进了美国国际投资制度的新发展。

与"欧式"投资保护协定相比，"美式"投资保护协定自始致力于实现三大目标：（1）为美国投资者提供更强有力的保护；（2）重申海外投资是美国外交政策的重要组成部分；（3）通过"美式"投资保护协定的广泛实践，巩固和推广美国倡导的关于国际投资保护的国际法标准。为此，美国范本提出了更高的投资保护要求和待遇标准。例如，投资者有权要求在设业阶段前后享受最惠国待遇和国民待遇以及某些绝对的待遇标准；禁止缔约国实施某些形式的履行要求；在征收与国有化的补偿上应遵循充分、及时、有效的标准，等等。

本部分兹以美国范本为例简要介绍双边投资条约的主要内容。

（一）投资与投资者

"投资"与"投资者"是双边投资条约中两个最重要的概念，其内涵和外延的界定不仅决定了投资东道国对外国投资者给予保护的程度和范围，而且还关系到东道国对外来投资的

---

① 卢进勇、余劲松、齐春生主编：《国际投资条约与协定新论》，人民出版社 2007 年版，第 31 页。
② 陈安、蔡从燕主编：《国际投资法的新发展与中国双边投资条约的新实践》，复旦大学出版社 2007 年版，第 1～2 页。

管辖权。① "投资"的定义决定了双边投资条约对物的管辖,其宽严直接影响到双边投资条约的适用范围;"投资者"的定义决定了双边投资条约对人的管辖,其广狭也直接影响到双边投资条约的保护范围。发达国家基于市场经济理念和自由的价值取向,传统上倾向于采用宽泛的定义,以求最大限度地保护其跨国投资者的利益,而发展中国家则力图采用较严格的定义,以求限定其保护外资的责任。②

考察各国业已缔结的双边投资条约,有关投资的定义大体分为以资产为基础、以企业为基础和以交易为基础三种类型。③

根据美国范本第 1 条的定义,所谓"投资"是指投资者直接或间接拥有或控制的各项财产,该财产具有投资性质,包括资本或其他财力保证、收入或利润预期或风险承担。构成一项投资可认为包括:(1)企业;(2)股份,股票,以及其他企业参股形式;(3)公债,债券,其他债务证券,以及贷款;(4)期货,选择权,以及其他派生形式;(5)交钥匙、建设、经营、特许、分享收益合同,以及其他类似合同;(6)知识产权;(7)根据适用的国内法授予的执照、授权、许可,与类似权利;(8)其他有形或无形、移动或固定的财产,以及相关财产权利,例如租赁、抵押、留置与保证。可见,美国采用了以资产为基础的"混合式"投资定义。④ 这也体现了美国一直以来倡导的国际投资保护的"自由取向"。

所谓"投资者"是指试图进行、正在进行或已经进行投资的缔约一方或其国营企业,或缔约一方的国民(自然人)或企业。通常来说,自然人国籍的确定较为简单,而法人或非法人实体国籍的确定较为复杂。考虑到各国在法人或非法人实体的法律管制上存在较大差异,因此在其国籍的确定上,需要衡量多重标准,如住所地标准、成立地标准、资本控制标准以及复合标准。鉴于此,近年签订的双边投资条约出现了结合成立地标准和"控制利益"标准的趋向,一些双边投资条约还试图确立符合其保护外资宗旨的有关公司国籍的其他鉴定方式。如规定,在缔约一方设立的公司,如果其控制住所位于缔约另一方,或者其控制权或重要股权是由缔约另一方国民所拥有,可受到缔约另一方的保护。⑤

(二)投资准入与待遇

1. 投资准入

投资准入是指东道国允许外资进入本国境内的条件或要求。在外资准入问题上,"欧式"投资保护协定与"美式"投资保护协定存在较大差异:前者往往只是简单地肯定东道国国内立法对外资准入的管理权,而后者通常要求东道国承担对外国投资开放的条约义务。⑥ "美式"投资保护协定出台伊始,即致力于促使资本输入国尤其是发展中国家实现外资准入的自由化。一方面,它要求资本输入国对外资准入实行国民待遇和最惠国待遇;另一方面,

---

① 王贵国主编:《国际投资法》,法律出版社 2008 年版,第 159 页。

② 曾华群:《论南北问题与双边投资条约实践的发展趋向》,载曾华群主编:《国际经济新秩序与国际经济法新发展》,法律出版社 2009 年版,第 9 页。

③ 詹晓宁、葛顺奇:《国际投资条约:投资和投资者的范围与定义》,载《国际经济合作》2003 年第 1 期。

④ 陈安、蔡从燕主编:《国际投资法的新发展与中国双边投资条约的新实践》,复旦大学出版社 2007 年版,第 35、38 页。

⑤ 曾华群:《论南北问题与双边投资条约实践的发展趋向》,载曾华群主编:《国际经济新秩序与国际经济法新发展》,法律出版社 2009 年版,第 11 页。

⑥ 陈安、曾华群主编:《国际投资法学》,北京大学出版社 1999 年版,第 417 页。

它还要求废除种种阻碍外资进入的履行要求,如当地成分要求、贸易平衡要求以及外汇平衡要求等。

2. 投资待遇

确定投资待遇、保护投资者权益是双边投资条约的基本内容和诉求。国际投资待遇标准一般分为相对待遇标准和绝对待遇标准两类。[1]

(1)相对待遇标准

相对待遇标准是指缔约一方给予另一方的投资者与其本国国民和第三国国民同等的待遇,包括国民待遇与最惠国待遇。

① 国民待遇

国民待遇是指东道国给予外国投资者与本国国民同等的待遇。据联合国贸易与发展会议研究,国民待遇分为准入后(post-establishment)国民待遇和准入前(pre-establishment)国民待遇两大类。

准入后国民待遇有两种类型:A. 有限的准入后国民待遇。即在外资入境后东道国给予外国投资者国民待遇的同时,保留较大的自由裁量权。如中日在 1988 年签订的双边投资协定议定书中规定,若因"公共秩序、国家安全或国民经济的健康发展"所必需,可以采取差别待遇。B. 全面的准入后国民待遇。它包括以下某些特点:对国家经济至关重要的特定产业或幼稚产业予以例外保护;实体标准采用"类似情况"或"不低于"这样的表述;没有地方政府措施的例外;适用法律上和事实上的国民待遇;国民待遇条款与其他待遇条款并存。近年来德、英、法、瑞士等国签订的双边投资条约大都采取这种类型。

准入前国民待遇是在全面的准入后国民待遇的基础上产生的。它也分为有限的准入前国民待遇和全面的准入前国民待遇两种类型。将国民待遇扩展到准入前阶段在一定程度上限制了东道国关于外资准入的自由裁量权,因此实行有限的准入前国民待遇,东道国仍然保留某种对于自由化进程以及准入条件的控制权,对那些希望以渐进方式对外资准入实行自由化的国家比较合适。[2]

美国是最早采取全面的准入前国民待遇的国家。从 20 世纪 80 年代起,美国与发展中国家谈判和缔结促进与保护投资的双边条约就要求在投资准入阶段实行国民待遇。美国范本第 3 条规定:缔约一方对缔约另一方的投资者及所涉投资,在关于设立、收购、扩大、管理、实施、经营、出售以及其他处置投资方面所给予的待遇,不低于其在相同情况下对在本国领土内的本国投资者及所涉投资所给予的待遇。目前,为进一步扩大对外开放,吸引更为优质的外国资源,将准入后国民待遇拓展到准入前已被越来越多的国家特别是发展中国家所接受。

② 最惠国待遇

最惠国待遇属于条约法上的专有制度,是指东道国给予外国投资者不低于任何第三方

---

① 相对待遇标准及绝对待遇标准仅在学术研讨中使用,具体的双边投资条约并无相关用语。通常认为:相对待遇标准的重点是确保一缔约国在非歧视的基础上对待另一缔约国国民和公司的投资,而绝对待遇标准的重点在于确保一缔约国为另一缔约国提供的待遇的公平公正性和遵守国际法要求。王贵国主编:《国际投资法》,法律出版社 2008 年版,第 174 页。

② 余劲松著:《跨国公司法律问题专论》,法律出版社 2008 年版,第 361～362 页。

所享受的待遇。美国范本第 4 条规定：缔约一方对缔约另一方的投资者及所涉投资,在关于设立、收购、扩大、管理、实施、经营、出售以及其他处置投资方面所给予的待遇,不低于其在相同情况下对在本国领土内的任何非成员投资者及所涉投资所给予的待遇。

国民待遇与最惠国待遇是国际投资领域两项最重要的外资待遇,是外国投资者所追求的主要目标,它们都建立在非歧视性原则基础上,往往结合起来使用,以便为外国投资者提供更多更好的优惠。其中最惠国待遇保障"外外平等",即保证各外国投资者具有平等的竞争机会和条件;国民待遇保障"内外平等",使外资与内资具有平等的竞争机会和条件。需要指出的是,国民待遇与最惠国待遇并非是绝对的,往往相关规定附加了一些例外情形,如国家联盟、公共安全和秩序、幼稚产业保护、避免双重征税,等等。但美国范本没有规定上述例外情形,这与美国一贯奉行的要求对外资无条件开放的自由主义立场相一致。

(2)绝对待遇标准

绝对待遇标准专为外资设立,是指缔约一方应依据(习惯)国际法要求,给予缔约另一方的投资者与投资最低待遇,并予以公平公正对待,包括国际法待遇及公平与公正待遇。

① 国际法待遇

国际法待遇标准,又称为"国际最低标准"、"国际标准"或"国际文明标准"等。这种提法产生于 19 世纪,后由西方学者概念化于 20 世纪。投资保护协定中通常表述为"外国投资所获的待遇,在任何情况下均不得低于国际法的要求",但"要求"如何、标准怎样,国际社会却未形成一个较为统一、相对具体的共识。①

② 公平与公正待遇(fair and equitable treatment)

公平与公正待遇是双边投资条约中的常用语,现已被各国公认为"典型的国际习惯法标准",但无论是理论还是实践,目前国际上尚未就其含义达成一致意见。② 近年来的外国投资者基于公平与公正待遇提起的索赔以及有关仲裁庭对公平与公正待遇的解释表明,它是个颇为容易引起争议的问题。③ 其概念过于抽象,也极易导致东道国遭受讼累。④

有关公平与公正待遇性质与范围的解释,归纳起来主要有三种意见。第一种意见认为公平与公正待遇是习惯国际法最低待遇标准的一部分。这主要得到美国、加拿大的条约实践、NAFTA 的有关案例、某些国际组织文件以及某些学者意见的支持。美国范本第 5 条规定了"最低待遇标准",其中第 1 款规定:缔约方得根据国际习惯法给予所涉投资待遇,包括公平与公正待遇以及完全保护与安全。可见,美国这一新 BIT 范本的规定与 NAFTA 第 1105 条的规定相吻合,将公平与公正待遇与国际习惯法挂钩,视其为国际习惯法最低待遇标准的一部分。第二种意见认为公平与公正待遇是包括所有渊源在内的国际法的一部分,即公平与公正待遇的含义不限于习惯国际法,还应考虑一般法律原则、现代条约及公约的义务。1984 年经济合作与发展组织的一项研究和 NAFTA 的两个案例表述了这方面的观点。

---

① 吴志忠主编:《国际经济法》,北京大学出版社 2008 年版,第 267 页。
② 王贵国主编:《国际投资法》,法律出版社 2008 年版,第 160 页。
③ 余劲松:《跨国公司法律问题专论》,法律出版社 2008 年版,第 343 页。
④ 余劲松:《外资的公平与公正待遇问题研究——由 NAFTA 的实践产生的几点思考》,载《法商研究》2005 年第 6 期。

第三种意见认为公平与公正待遇是一个独立的条约标准。[①] 有关公平与公正待遇内容的归纳,国外一些学者通过总结相关的国际仲裁案件,归纳出东道国违反公平与公正待遇的各种情形,包括违反正当程序、专断或歧视性行为、损害合法期待、缺乏透明度、非善意等。而我国有学者认为,构成公平与公正待遇内容的只有东道国不能违反正当程序和不应采取专断性措施两个方面。[②]

鉴于晚近各国纷纷进行自由化性质的外资法改革,各类双边和多边性的国际投资规则不断涌现,各国整体投资环境已大为改观,有关投资待遇的"国际法标准"和"国内法标准"之间已经没有多大实质差异,有学者认为,对资本输入国法制健全性提出苛刻质疑的传统做法似乎已经失去其合理性,双边投资条约中的所谓"公平与公正待遇"、"国际法待遇"等条款也失去了继续存在的理由。[③]

（三）征收及补偿

防范政治风险、保护投资者私权是双边投资条约的另一项诉求。美国范本第6条就征收和补偿作出如下规定:

"1. 任何缔约方不得直接或间接通过等同于征收或国有化的措施,对所涉投资进行征收或国有化,除非:(1)为了公共目的;(2)采取非歧视方式;(3)给予及时、足额和有效的补偿,以及(4)依据正当法律程序和最低待遇标准的规定进行。

"2. 第1款提及的补偿得:(1)不得迟疑地支付;(2)等同于被征收投资在征收日的公平市场价值;(3)不得因征收已为公众事先知晓而反映出任何价值的变化;以及(4)充分实现与自由兑换。

"3. 如果公平市场价值是以可自由使用货币标价,第1款提及的补偿应不低于征收日的公平市场价值加上从征收日到支付日期间对该货币以商业上合理的利率确定的利息。

"4. 如果公平市场价值是以不可自由使用货币标价,第1款提及的补偿——按支付日通行的市场兑换率转换的支付货币——须不低于:(1)可按征收当日市场汇率转换为可自由使用货币的公平市价,加上(2)从征收日到支付日期间对该货币以商业上合理的利率确定的利息。"

对比美国范本第6条与德国2008年BIT范本第4条,在针对可能发生的征收与国有化措施上,两者设置的前提条件基本相同,即基于公共目标、采取非歧视的方式以及按照法定程序进行。在补偿标准方面,两者也基本趋同,即都要求补偿是及时、充分、有效的。差别在于:美国要求以等同于被征收投资在征收日的"公平市场价值"补偿,而德国仅要求以等同于被征收投资在征收日前的"价值"补偿。[④]

① 王贵国主编:《国际投资法》,法律出版社2008年版,第354页。

② 徐崇利:《公平与公正待遇标准:何去何从?》,载曾华群主编:《国际经济新秩序与国际经济法新发展》,法律出版社2009年版,第328～346页。

③ 刘笋:《双边投资条约中的绝对待遇标准评析》,载《武汉大学学报》(社会科学版)2003年第2期。

④ 德国BIT范本第4条:"Such compensation must be equivalent to the value of the expropriated investment immediately before the date on which the actual or threatened expropriation,nationalization or other measure became publicly known.The compensation must be paid without delay and shall carry the usual bank interest until the time of payment;it must be effectively realizable and freely transferable."

（四）争端解决

双边投资条约中的争端包括两种：一是缔约双方在协定的解释与适用上发生的争端，一是缔约方与另一方投资者之间因违反条约义务、投资授权或投资协议引发的投资争端。

美国范本 B 节就投资争端的解决方式、法律适用等作出了详尽规定。按其规定，投资争端应首先通过磋商、谈判方式解决，如果在 6 个月内无法解决，则可提交申请寻求国际救济，如提交"解决投资争端国际中心"进行调解、仲裁。

（五）晚近中国双边投资条约实践评述

联合国贸易和发展会议 2009 年 2 月 10 日发布的一份报告指出，近年来在国际投资规则制定方面的一个重要趋势是发展中国家发挥的作用继续扩大，一些发展中国家如中国和埃及，已经跻身世界上签订双边投资条约最多的国家行列。

自 1982 年 3 月 29 日我国与瑞典签订第一个双边投资条约以来，截止至 2016 年 12 月 12 日，我国一共签订了 150 多个双边投资协定，其中 104 个协定已生效（有 14 个重新签订），1 个失效，27 个已签字但未生效。① 目前，最值得关注和期待的就是中美双边投资协定。中美 BIT 谈判于 2008 年重启，双方在外资准入前国民待遇、"负面清单"管理模式、透明度和知识产权保护等方面不断进行博弈和让步。截止到 2016 年 10 月，中美 BIT 谈判已经进行了 28 轮，完成了多轮负面清单的交换。目前，特朗普政府专注于加大对中国出口，而非美国在中国这一世界第二大经济体的投资，这种侧重打击了美国商界人士对很快达成双边投资协定的希望。但特朗普政府有重启双边投资协定谈判的计划，如果谈判成功，未来中美 BIT 的签署，势必会推动我国在国际投资领域制度的新发展，进而优化外商投资环境，为中美经贸投资合作创造新的机遇。

晚近我国双边投资条约实践有了一些新进展和新突破，表现在：

1. 投资与投资者

与之前的双边投资条约相比，我国晚近双边投资条约"对物"的适用范围进一步扩大，以资产为基础的"投资"定义更为宽泛。

1982 年 3 月我国与瑞典签订的《关于相互保护投资的协定》第 1 条第 1 款规定："投资"应包括缔约一方投资者在缔约另一方境内、依照其法律和规章用于投资的各种形式的资产，尤其是：(1)动产、不动产及其他物权，如：抵押权、留置权、质权、用益权及类似权利；(2)公司的股份或其他形式的权益；(3)金钱的请求权或具有经济价值的任何行为的请求权；(4)版权、工业产权、工艺流程、商名和商誉；(5)根据公法或合同给予特许权持有者一段时间的合法地位的商业特许权，包括勘探或采掘和提炼自然资源的特许权。2003 年 12 月我国和德国重新签订的《关于促进和相互保护投资的协定》第 1 条第 1 款则规定："投资"一词系指缔约一方投资者在缔约另一方境内直接或间接投入的各种财产，包括但不限于：(1)动产、不动产及抵押、质押等其他财产权利；(2)公司的股份、债券、股票或其他形式的参股；(3)金钱请求权或其他具有经济价值的行为请求权；(4)知识产权，特别是著作权、专利和工业设计、商标、商名、工艺流程、商业秘密、专有技术和商誉；(5)法律或法律允许依合同授予的商业特许权，包括勘探、耕作、提炼或开发自然资源的特许权；作为投资的财产发生任何形式上的变

---

① 商务部条约法律司：我国对外签订双边投资协定一览表，http://tfs.mofcom.gov.cn/column/2010.shtml，下载日期：2018 年 9 月 30 日。

化,不影响其作为投资的性质。两相比较,中德协定采用了"包括但不限于"的开放式定义,明显扩大了"投资"范围。

在"投资者"的界定上,晚近签订的双边投资条约除中德、中葡等少数协定外,都采用了复合标准定义的方式,"对人"的适用范围也得到扩展。如我国与法国签订的《关于相互鼓励和保护投资的协定》第1条第3款规定:"投资者",系指(1)具有缔约任何一方国籍的自然人;(2)依据缔约任何一方法律成立并在其领土内设立公司总部的各种经济实体或法人,以及由缔约任何一方国民或依据该一方法律设立并在其领土内设立公司总部的各种经济实体或法人所直接或间接控制的各种经济实体或法人。可见,中法协定关于各种经济实体或法人国籍的确认采取了成立地加住所地的复合标准,同时规定了"控制"标准,令保护范围进一步扩大。

2. 投资待遇标准

近年来,我国给予外国投资者的待遇标准同时包括相对待遇标准(国民待遇和最惠国待遇)和绝对待遇标准(公平公正待遇)。上个世纪我国签订的近百个双边投资协定均规定了最惠国待遇和公平公正待遇,但很少规定国民待遇。[1] "入世"后我国签订的双边投资条约开始明确规定国民待遇。如2004年11月我国与芬兰重新签订的投资协定就明确规定:"对已作出投资的运营、管理、维持、使用、享有、扩张、出售或处分方面,缔约一方给予缔约另一方投资的待遇应不低于其给予本国投资者投资的待遇。"但上述国民待遇仅是外资进入后的国民待遇,而不包括准入阶段。目前,我国正在积极探索将国民待遇提前到外资准入阶段,通过结合"负面清单"外资管理模式和优化政府外资监管职能,从而在部分投资领域实现完全的国民待遇。

3. 争端解决

我国双边投资条约同样将国际投资争端分为两种,即缔约双方之间的争端和东道国与外国投资者之间的争端。我国早期签订的协定一般只规定前者,但近年来签署的协定大多对后者作出了规定。如我国与巴巴多斯1998年7月签订的《关于鼓励和相互保护投资协定》第9条第1款、第2款就"投资争议的解决"作出如下规定:(1)缔约一方的投资者与缔约另一方之间任何投资争议,应尽可能由投资者与缔约另一方友好协商解决。(2)如争议在争议一方自另一方收到有关争议的书面通知之日后六个月内不能协商解决,投资者有权选择将争议提交下述两个仲裁庭中的任意一个,通过国际仲裁的方式解决:A. 依据1965年3月18日在华盛顿签署的《关于解决国家与他国国民间投资争端公约》设立的"解决投资争端国际中心";B. 根据《联合国国际贸易法委员会仲裁规则》设立的仲裁庭。上述条款表明:(1)我国业已直接接受"解决投资争端国际中心"对投资争端的管辖;(2)在提交仲裁的事项上,改变了以往仅是同意将"就征收补偿的数额发生的争端"提交仲裁的做法,扩展为"任何投资争议";(3)在同意的时间点及方式上,改变了以往只对征收补偿事先单方同意,而对其他事项需事后双方书面同意的做法,而是事先同意将"任何投资争议"提交仲裁解决。这种从早先的"逐案同意"、"有限同意"到晚近"全面同意"的显著转变,加上限制措施的缺失,其中蕴含的风险是不言而喻的。[2]

---

① 只有8个协定作出了规定。参见王贵国主编:《国际投资法》,法律出版社2008年版,第161页。

② 陈安、蔡从燕:《国际投资法的新发展与中国双边投资条约的新实践》,复旦大学出版社2007年版,第35页、第408～411页。

二、多边投资公约

(一)区域性多边投资公约

20世纪90年代以来,伴随区域经济一体化的迅猛发展,区域性的国际投资法制也取得重大进展和突破。主要成果有:欧洲联盟《马斯特里赫特条约》、美国与加拿大、墨西哥之间的《北美自由贸易协定》、东盟《投资区域框架协定》等。这些封闭性的区域多边条约在各自管辖范围内起到了促进资本流动和投资自由化的关键作用,也为全球性多边投资规则的制定积累了实践经验。兹简要介绍如下:

1.《马斯特里赫特条约》

1991年12月11日,欧共体12个国家在荷兰的马斯特里赫特举行首脑会议,通过了以建立欧洲经济货币联盟和欧洲政治联盟为目标的《欧洲联盟条约》,即《马斯特里赫特条约》(简称"马约")。1993年11月1日,"马约"生效,欧洲联盟成立。这标志着欧共体从经济实体向经济政治实体过渡,奠定了欧元为欧盟统一货币的基础,使得欧洲一体化进入了一个实质性阶段。"马约"对于欧洲联盟内部投资规则的设立,主要见于"资本"一章。

《马斯特里赫特条约》的"资本"一章从原则上禁止对欧洲联盟成员国之间以及成员国和第三国之间的资本跨国流动和支付施加限制,从而将资本跨国流动自由化的原则扩大适用于非成员国和欧洲联盟之间的资本流动。在这一原则前提下,允许各成员国有以下例外:(1)可以基于投资者居住地和投资地不同而在税收方面采取区别待遇;(2)可以基于公共政策或安全方面的理由采取合理的限制措施;(3)可以出于行政管理或统计的需要设置资本流动申报程序,并可采取措施防止投资者违反法律和法规,尤其是违反有关税收和金融监管方面的法规。

2.《北美自由贸易协定》(*North American Free Trade Agreement*,NAFTA)和《美墨加三国协议》(The United States-MexicoCanada Agreement,USMCA)

NAFTA是20世纪90年代一个极为重要的区域性多边自由贸易协定。该协定于1992年8月签订,于1994年1月1日生效。尽管协定主要是为美国、加拿大及墨西哥三国建立自由贸易规则,但它安排专章(第11章)就投资的范围、投资准入、投资待遇、征收及争端解决等问题予以了详尽规定,因而也是一个非常重要的区域性投资条约。

首先,NAFTA关于投资者和投资的定义非常宽泛。投资者包括缔约方的国民与企业,其中国民是指缔约方的公民以及合法永久居民,企业则是指依据缔约方法律建立或组成的一切形式的商业实体;除纯粹基于贸易合同而产生的金钱请求权外,其他涉及资本跨国流动的直接或间接经济行为,包括股权认购、对动产或不动产、无形财产以及企业收入利润或清算财产中所占的利息等收入都被纳入投资的范畴。

其次,除在附件中列明的例外之外,NAFTA要求缔约方在投资准入与准入后的设业等多方面给予外国投资者国民待遇和最惠国待遇,禁止各种业绩要求;同时应允许与投资有关的支付以及利润转移自由进行。

再次,NAFTA禁止征收及国有化行为,除非基于公共利益、在非歧视的基础上、给予充分、及时、有效的补偿并依据正当法律程序进行,并毫不延迟地给予相当于公平市场价值的补偿,此种补偿应可自由汇出东道国。

最后,NAFTA给予投资者将其与东道国政府之间的投资争端直接提交给"解决投资争端国际中心"或按《联合国国际贸易法委员会仲裁规则》进行仲裁解决的权利,而且该种权利是事先一揽子给予的,日后无须东道国另行逐项书面同意。NAFTA 还规定争议事实相似的各投资者可要求将有关争议合并起来进行审理解决,以节省费用、提高效率。在争端解决的法律适用方面,NAFTA 排除了国内法的适用,要求适用国际法规则。

不难看出,NAFTA 中有关跨国投资的规则,基本上是"美式"投资保护协定的翻版和改进,体现了美国投资政策一贯的自由化取向。

2017 年就任总统的特朗普对这个北美自由贸易协定提出了巨大的质疑,他上台后,三国为修订这个协定进行了谈判,修订谈判于 2017 年 8 月中启动,2018 年 10 月 1 日达成协议。

2017 年特朗普政府要求重谈 NAFTA 主要基于两个问题:一是美国与墨西哥、加拿大之间巨大的贸易逆差;二是 NAFTA 的原有条款不能满足今天三国的经贸需要。谈判伊始"以创纪录的速度"向前推进,三方的目标是在 2017 年年底完成谈判工作,以保证在 2018 年墨西哥总统大选和美国国会中期选举之前完成相关程序。然而伴随谈判深入,争议性议题的展开,比如汽车及零部件行业的原产地原则、争端解决机制改革、劳工工资、"落日条款"等,谈判陷入僵局举步维艰,未能如约在 2017 年内达成协定。2018 年 4 月,为打破谈判僵局,特朗普明确表示要以征收钢铁和铝关税为砝码迫使加墨在 NAFTA 谈判中让步,加拿大回应拒绝在关税压力下让步。随后美国改变策略,决定与加、墨两国分开谈判以推进谈判进程。8 月 27 日美国单方面与墨西哥就更新北美自由贸易协定达成初步原则性协议。28 日,在美国多重强压之下,加拿大重新回到三方谈判桌上。9 月 30 日,三方达成协定,历时 13 个月的谈判告一段落。

尽管特朗普总统自豪地表示,美国—墨西哥—加拿大三国协定并非北美自贸协定的翻版,而是一个全新的协定。很多学者却认为 USMCA 是 NAFTA2.0 版,保留了原协议的主要框架,只是在部分章节上做了补充和调整。USMCA 协定共计 35 章,涵盖关税、农业、原产地原则、纺织品、海关与贸易便利化、投资、电信、金融服务、数字贸易、知识产权、竞争政策、国有企业、劳工、环境、中小企业、反腐等诸多内容。其调整的内容主要集中在原产地原则、市场准入、知识产权、劳工等条款中。

3.《东盟投资区域框架协定》

继东南亚国家联盟(Association of Southeast Asian Nations,ASEAN)6 个国家签订《东盟促进和保护投资协定》之后,东盟 10 个国家又于 1998 年 10 月签订了《东盟投资区域框架协定》(以下简称协定)①。该协定旨在通过在东盟内创造一个更为开放、透明的投资环境,使东盟成为一个在吸引外资方面具有竞争力的区域,从而大量增加来自东盟国家或非东盟国家的外资。

协定主要设立了以下几个方面的投资规则:

在一般义务安排方面,协定规定所有国家在其投资法律的实施和解释上以及在实践中应当遵循透明度和协调一致的原则,以便在东盟内创建一个具有可预见性的投资机制。各缔约国有义务采取适当的措施来增强投资区域投资环境的吸引力。

在市场开放与国民待遇方面,除协定规定的例外情形,到 2010 年应对东盟内的投资者

---

① 《东盟促进和保护投资协定》由原东南亚国家联盟成员国印度尼西亚、马来西亚、菲律宾、新加坡、泰国、文莱于 1987 年 12 月签订,1990 年 7 月 1 日生效,有效期为 10 年。

开放所有行业,到 2020 年则应对所有投资者开放所有行业。协定还要求各缔约国保证相互之间的资本、熟练劳动力和管理人员的自由流动。

区域性多边投资条约的普遍缔结是经济全球化和区域经济一体化的必然产物,同时表明,在高标准、高度自由化的国际投资规则尚难以在全球范围内缔结的情势下,以区域为基础逐步推进自由化的国际投资法制是现实可行的。① 但需注意的是,这种区域性投资法制对东道国外资管辖权的挑战是全方位和深层次的。这也表明,发达国家进一步削弱发展中国家外资管辖权的方法和策略,已经发生了较大的变化。它们不仅已经走出被动防御的困窘境地,而且已经开始主动进攻;它们不再满足于维护投资领域的"文明国家国际法",而是要求普遍推广"文明国家国际法"。② 这一点应当引起发展中国家的高度重视。

(二)世界性多边投资公约

1.《解决国家与他国国民间投资争端公约》

1965 年 3 月 18 日,在世界银行的主持下,《解决国家与他国国民间投资争端公约》在世界银行总部所在地美国华盛顿开放签署(又称《华盛顿公约》),并于 1966 年 10 月 14 日达到最低批准国家数量生效。随即依照《华盛顿公约》第 1 条规定成立"解决投资争端国际中心"(International Center for Settlement of Investment Disputes,ICSID),作为处理缔约国与他国国民间投资争端的常设机构。截至 2018 年 9 月 30 日,共有 162 个国家签署公约,其中154 个国家正式批准加入《华盛顿公约》。③ 我国于 1992 年 7 月 1 日批准加入《华盛顿公约》,1993 年 2 月 6 日《华盛顿公约》对我国生效。

(1)ICSID 的目标、法律地位与组织机构

根据《华盛顿公约》序言,ICSID 的目标在于在东道国国内法律程序之外,为东道国与外国私人投资者之间的投资争端提供国际解决方式,即国际调解或仲裁的便利。

《华盛顿公约》第 18 条规定,ICSID 具有完全的国际法律人格,包括:① 缔结契约的能力;② 取得和处置动产和不动产的能力;③ 起诉的能力。此外,ICSID 及其职员享有与履行职责相关的特权与豁免,其财产和资产也享有诉讼豁免权。

ICSID 设有行政理事会与秘书处。行政理事会是 ICSID 的权力机构,由每个缔约国各派一名代表组成,在首席代表未能出席会议或不能执行任务时,可以由副代表担任代表。世界银行行长为行政理事会的当然主席,但无表决权。秘书处由秘书长一人、副秘书长一人或数人以及若干工作人员组成。秘书长和副秘书长由主席提名,经行政理事会根据其成员的三分之二多数票选举产生。秘书长是 ICSID 的法定代表和主管官员,并依照《华盛顿公约》的规定和行政理事会通过的规则负责行政事务,包括任命工作人员。同时,秘书长还应履行"书记官"的职务,对争端当事方提交 ICSID 的案件进行预先审查,认为符合 ICSID 受理条件的,即应登记受理,并着手执行有关调解委员会或仲裁庭的组建工作,还有权认证根据《华盛顿公约》作出的仲裁裁决和核证其副本。

---

① 由于南北经济差距以及对于国际投资中的一些重大问题仍存较大分歧,因此目前欲在全球范围内缔结高标准、高度自由化的超越各国经济发展和社会需求现状的综合性国际投资多边公约是不现实的,经合组织主导的多边投资协定(MAI)谈判失败就是例证。

② 刘笋:《跨国投资国际法制的晚近发展》,载《法学研究》2001 年第 5 期。

③ http://icsid.worldbank.org/ICSID/Index.jsp,访问日期:2018 年 9 月 30 日。

(2)ICSID 的管辖权机制

根据《华盛顿公约》第 25 条的规定,ICSID 的管辖适用于缔约国(或缔约国向 ICSID 指定的该国任何组成部分或机构)和另一缔约国国民之间直接因投资而产生并经双方书面同意提交给中心的任何法律争端。"另一缔约国国民"系指 ①在双方同意将争端交付调解或仲裁之日以及案件得到秘书长登记受理之日,具有作为争端一方的国家以外的某一缔约国国籍的任何自然人,但不包括在上述任一日期也具有作为争端一方的缔约国国籍的任何人(此系针对双重或多重国籍人而言),总之必须不是东道国国民;②在争端双方同意将争端交付调解或仲裁之日,具有作为争端一方的国家以外的某一缔约国国籍的任何法人;以及 ③在上述日期具有作为争端一方缔约国国籍的任何法人,而该法人受外国投资者控制,若双方同意为了本公约的目标,亦应视为"另一缔约国国民"。

《华盛顿公约》对于何为"与投资有关的法律争端"未作出界定。出于对当代投资形式的复杂性和多样性的考虑,《华盛顿公约》未给"投资"下定义,而是由"中心"秘书处要求当事双方在提交的申请文件中说明有关交易的性质,至于确认该交易是否属于"投资"范畴,其认定权力则在于秘书长及具体的调解委员会或仲裁庭。[①]

任何缔约国可以在批准、接受或核准《华盛顿公约》时,或在此后任何时候,把它将考虑或不考虑提交给 ICSID 管辖的特定种类的争端通知"中心"。这是 ICSID 受理缔约国与私人投资者合意提交案件的前提,不得逾越。但必须特别注意的是,此项通知并不构成 ICSID 受理具体案件所要求的具体"同意"。详言之,即便存在一缔约国事前同意特定类型争端可提交 ICSID 解决的通知,ICSID 在事后欲受理关于该缔约国的具体案件,仍然必须获得该缔约国对该案件交由 ICSID 解决的具体书面同意。投资东道国的这种"逐案书面同意权"是国家主权的体现,对发展中国家意义尤其重要。

当双方书面表示同意将案件提交 ICSID 后,任何一方不得单方面撤销其同意。除非另有声明,双方如同意根据《华盛顿公约》交付仲裁,应视为同意排除任何其他救济方法。但缔约国可以要求以用尽该国当地行政或司法救济作为其同意根据《华盛顿公约》交付仲裁的条件,这在各国缔结的双边投资保护协定中时有所见。此外,属于缔约国的投资母国对于其国民与另一缔约国根据《华盛顿公约》同意交付或已交付 ICSID 仲裁的争端,不得再给予外交保护或提出其他国际要求,除非作为投资东道国的该另一缔约国未能遵守和履行对此项争端所作出的裁决。

(3)ICSID 的调解与仲裁程序

ICSID 的调解程序与仲裁程序存在一定相似之处,但也有明显区别。

①调解程序

《华盛顿公约》第 28 条规定,希望交付调解程序的任何缔约国或缔约国的任何国民应向秘书长提出书面请求,由秘书长将该项请求的副本送交另一方。秘书长将对此进行预先审查,如果认为符合条件即应登记此项请求,除非他根据请求的内容认为此项争端显然在"中心"的管辖范围之外。无论登记或拒绝登记,秘书长均应立即通知双方。

调解委员会应在依照第 28 条提出的请求予以登记之后尽速组成。委员会应由双方同意任命的独任调解员或任何奇数的调解员组成。如双方对调解员的人数和任命的方法不能达成协议,则委员会应由三名调解员组成,由每一方各任命调解员一名,第三名由双方协议

---

① 陈安主编:《国际经济法学》,北京大学出版社 2007 年版,第 405 页。

任命,并担任委员会主席。如果在秘书长发出关于请求已予以登记的通知后九十天内,或在双方可能同意的其他期限内未能组成委员会,行政理事会主席经任何一方请求,并尽可能同双方磋商后,可任命尚未任命的一名或数名调解员。

对于争端当事方可能提出的 ICSID 是否对案件有管辖权的争议,由调解委员会自行决定。在调解过程中,委员会有责任澄清双方发生争端的问题,并努力使双方就共同可接受的条件达成协议。如果双方达成协议,委员会应起草一份报告,指出发生争端的问题,并载明双方已达成协议。如果在程序进行的任何阶段,委员会认为双方已不可能达成协议,则应结束此项程序,并起草一份报告,指出已将争端提交调解,并载明双方未能达成协议。无论如何,除非争端双方另有协议,调解过程中各方表达的意见、作出的声明、承认或提议的解决方案和办法,以及委员会作出的调解报告或建议,均不具有其他程序上(仲裁或法院诉讼)的证据效力,这体现了调解活动的非约束性与宽松自由的特征。

②仲裁程序

仲裁程序是《华盛顿公约》的核心内容,也是 ICSID 机制运行中最为重要的环节之一。《华盛顿公约》第四章对此作出了规定。其主要内容包括:仲裁请求的审查、仲裁员的选定、仲裁适用的法律、裁决的承认与执行。

仲裁请求的提出程序与调解几乎相同。《华盛顿公约》第 36 条规定,希望采取仲裁程序的任何缔约国或缔约国的任何国民应向秘书长提出书面请求,由秘书长将该项请求的副本送交另一方。秘书长应与处理调解请求一样对仲裁请求进行预先审查。如果认为符合条件即应登记此项请求,除非他根据请求的内容认为此项争端显然在 ICSID 的管辖范围之外。无论登记或拒绝登记,秘书长均应立即通知双方。

与调解程序相似,仲裁庭应在依照第 36 条提出的请求登记之后尽速组成。仲裁庭应由双方同意任命的独任仲裁员或任何奇数的仲裁员组成。如双方对仲裁员的人数和任命方法不能达成协议,仲裁庭应由三名仲裁员组成,由每一方各任命仲裁员一名,第三人由双方协议任命,并担任首席仲裁员。如果在秘书长发出关于请求已予以登记的通知后九十天内,或在双方可能同意的其他期限内未能组成仲裁庭,行政理事会主席经任何一方请求,并尽可能同双方磋商后,可任命尚未任命的仲裁员或数名仲裁员。但是,主席任命的仲裁员不得为以下国家的国民:作为争端一方的缔约国,或其国民是争端一方的缔约国。此外,原则上仲裁员的多数不得为争端一方的缔约国国民以及其国民是争端一方的缔约国的国民;但如独任仲裁员或仲裁庭的每一成员系经双方协议任命,上述规定则不适用。

对于争端当事方可能提出的 ICSID 是否对案件有管辖权的争议,由仲裁庭自行决定。在仲裁过程中,除非双方另有协议,仲裁庭如果认为情况需要,得建议采取临时措施以维护任何一方的权利。仲裁庭应依照双方合意的法律规则对争端作出裁决。如无此种协议,仲裁庭应适用作为争端一方的缔约国的法律(包括其冲突法规则)以及可能适用的国际法规则。在双方同意时,仲裁庭还可以按照"公允及善良原则"作出裁决。但仲裁庭不得借口法律无明文规定或含义不清而暂不作出裁决。仲裁庭应以其全体成员的多数票以书面形式作出裁决,裁决应处理提交仲裁庭的所有问题,并说明其所依据的理由。投赞成票的仲裁员应在裁决书上签字,但任何仲裁员都可以在裁决书中附上其表示赞成或反对的个人意见。

ICSID 未经双方同意,不得公布裁决书。秘书长应迅速将核证无误的裁决书副本送交双方,裁决应视为在发出上述副本之日作出。如果双方对裁决的意义或范围发生争议,任何一方可以向秘书长提出书面申请,要求对裁决作出解释。任何一方都可以根据所发现的某项对裁决有决定性影响的新的事实,向秘书长提出书面申请要求修改裁决。

与各国国内仲裁法的规定相似,争端任何一方可以根据下列理由向 ICSID 秘书长提出书面申请,要求撤销裁决:A. 仲裁庭的组成不适当;B. 仲裁庭显然超越其权力;C. 仲裁庭的成员有受贿行为;D. 有严重的背离基本程序规则的情况;E. 裁决未陈述其所依据的理由。行政理事会主席在接到要求时,应立即从仲裁员名册中任命一个三人委员会。委员会成员不得为作出裁决的仲裁庭成员,不得有相同的国籍,不得为争端一方国家的国民或其国民是争端一方的国家的国民,不得为上述任一国指派列入仲裁员名册的成员,也不得在同一争端中担任调解员。三人委员会根据上面列举的五种任何理由,有权撤销裁决或裁决中的任何部分。如果裁决被撤销,则经任何一方请求,应将争端提交给依照《华盛顿公约》第 37 条至第 40 条规定(关于仲裁庭的组成规则)组成的新仲裁庭。

在裁决的承认与执行方面,裁决对双方具有约束力,不得进行任何上诉或采取除《华盛顿公约》规定外的任何其他补救办法。[①] 除依照《华盛顿公约》有关规定予以停止执行的情况外,各方应遵守和履行裁决。缔约国均应承认依照《华盛顿公约》作出的裁决具有法律约束力,将裁决视同为本国法院的终局判决,并在各自领土内履行裁决所施加的金钱义务。当然,裁决的具体执行仍应服从被要求在其领土内执行的国家关于执行判决的现行法律。

(4)附加便利规则

附加便利规则源于 1978 年 ICSID 行政理事会通过的一项决议,该决议授权 ICSID 秘书长管理某些公约规定范围之外的国家与他国国民之间投资争议解决的程序性问题。这些争议解决程序包括争议一方当事人为非公约缔约国国民或非缔约国,而与公约缔约国或缔约国国民之间产生的投资争议的调解或仲裁程序。附加便利规则的出现,实际上是 ICSID 管辖权的一种扩张。到目前为止,已经有 7 项投资争议被提交 ICSID 附加便利规则解决。[②]

(5)总评

ICSID 的产生,标志着国际投资争议解决方法的一次重大突破。它不仅在一定程度上消除了资本输出国及其投资者对于投资东道国当地救济的疑虑,也极大地遏制了资本输出国惯用的外交保护手段,有助于国际投资争议的非政治化解决。ICSID 体制的运作实践颇有建树,各国国内投资立法以及不断涌现的双边投资条约与多边投资条约,将 ICSID 体制的适用反映到投资争端解决部分,极大地推动了国际投资争端解决制度的发展。

ICSID 体制关于"事前声明提交范围"、"逐案书面同意权"等条款的设置考虑到了发展中成员国的主权利益。但另一方面,ICSID 仲裁机制在实践中也存在偏帮发达国家的明显倾向,表现在:仲裁案件多为发达国家的私人投资者以发展中东道国政府为对象主动提起;仲裁员主要由来自西方发达国家、接受西方法律教育的专家担任;通过对投资定义的扩张性解释,仲裁庭的管辖权呈现不断扩大的趋势;为维护投资者的私权,仲裁的法律适用常常倾

---

① 但实践中,ICSID 仲裁裁决的撤销制度被认为事实上具有上诉制度的色彩,并招致了一些批评,参见曾华群主编:《国际投资法学》,北京大学出版社 1999 年版,第 614~617 页。近年来主要在美国的推动下,ICSID 秘书处提出了关于设立 ICSID 仲裁上诉机制的构想,但有关讨论尚未取得一致,参见陈安、蔡从燕主编:《国际投资法的新发展与中国双边投资条约的新实践》,复旦大学出版社 2007 年版,第 171~174 页。
② 刘笋:《国际投资保护的国际法制——若干重要法律问题研究》,法律出版社 2002 年版,第 265 页。

向于"国际法规范",否定东道国国内法效力,例如"公平与公正待遇"等原则的运用呈现泛滥趋势。① 这些都表明,ICSID 仲裁机制存在值得注意的正当性问题,亟待实践中进一步发展与纠正。此外,ICSID 体制也存在诸如低效率、高费用,以及在具体裁决过程中泛西方化等方面的不足。

2.《多边投资担保机构公约》

经过各国尤其是南北双方数年的艰苦谈判,1985 年 10 月在世界银行汉城年会上通过了《多边投资担保机构公约》(又称《汉城公约》),《汉城公约》于 1988 年生效。1988 年 4 月依《汉城公约》组建了一个专门性的国际组织——多边投资担保机构(Multilateral Investment Guarantee Agency,MIGA)。MIGA 是世界银行集团的成员机构之一,截止到 2018 年 9 月 30 日,MIGA 共有 181 个成员方,其中,发展中国家成员方 156 个,发达国家成员方 25 个。② 中国于 1988 年 4 月签署并批准该公约,成为 MIGA 的创始成员国之一。

(1)MIGA 的目标、法律地位及组织机构

根据《汉城公约》,MIGA 的主要目标包括但不限于:① 在一成员国从其他成员国得到投资时,对投资的非商业性风险予以担保,包括再保和分保;② 开展合适的辅助性活动,以促进向发展中国家成员国和在发展中国家成员国间的投资流动;③ 为推进其目标,行使其他必要和适宜的附带权力。

《汉城公约》第 1 条规定,MIGA 具有国际经济组织完全的法人地位,特别是有权签订合同、取得并处理不动产和动产以及进行法律诉讼。为便于 MIGA 开展工作,《汉城公约》第七章还规定了 MIGA 及其职员的特权与豁免。

MIGA 的组织机构由理事会、董事会、总裁和职员 3 个层级构成。理事会是 MIGA 的权力机构,特别在会员资格、资本增减、公约修改、董事任命与报酬等方面拥有专属权力。董事会负责 MIGA 的一般业务,也可受委托行使理事会的非专属权力。世界银行行长为董事会的当然主席,但除在双方票数相等时得投一决定票外,无投票权。总裁由董事会主席提名,由董事会任命,理事会决定总裁的薪金和任期条件。总裁在董事会监督下处理 MIGA 的日常事务,负责职员的组织、任命和辞退。

MIGA 内部实行基本投票制与加权投票制相结合的表决体制,从而使发展中成员集团与发达成员集团的投票权大体平衡。

(2)MIGA 的晚近发展

鉴于 20 世纪 90 年代后跨国投资数量急剧增长,私人投资保险机构在国际投资保险市场上所占份额不断扩大,MIGA 于 2000 年提出了拓展"多边领地"的发展新战略,即发挥作为一个多边投资保险机构的独特优势,着力开辟其他各类国际投资保险机构无法或难以涉足的担保业务。MIGA 追求的不仅仅是市场占有率,而是更加注重自身发展宗旨的实现以及对其他各类国际投资保险机构的补缺和带动作用,共同促进外国投资流向发展中国家。③具体而言,这种新战略主要体现在以下两个方面:① 加强与私人保险机构、各国海外投资保

---

① 徐崇利:《公平与公正待遇标准:国际投资法中的"帝王条款"?》,载《现代法学》2008 年第 5 期。

② http://www.miga.org/whoweare/index.cfm? stid=1789,访问日期:2018 年 9 月 30 日。

③ 徐崇利:《多边投资担保机构的比较优势及新世纪的发展战略》,载《华东政法学院学报》2002 年第 3 期。

险机构以及世界银行集团的合作,通过赞助担保、共保以及合作担保以实现其宗旨与目标;②不断开发新的产品,为投资者提供新的满意的服务,并逐步开展资本市场战略,如为国际资本市场提供担保等。①

2010 年,MIGA 理事会对《汉城公约》进行了修订。② MIGA 官方还制定了一个评注文件(以下简称"评注")对《汉城公约》各个条款作了进一步阐释说明,但"评注"尚未涉及《汉城公约》2010 年的修改。MIGA 原《业务细则》(*Operational Regulations*,以下简称"业务细则")于 2011 年进行了修改,以适应 2010 年的新版《汉城公约》。

(3)MIGA 的投资担保业务

①合格的投资

合格的投资指满足向 MIGA 投保条件的投资。《汉城公约》第 12 条规定:A. 合格的投资应包括股权投资,其中包括股权持有者为有关企业发放或担保的中长期贷款,以及董事会确定的其他形式的直接投资;B. 除上述股权持有者为有关企业发放或担保的中长期贷款外,如果其他贷款符合以下条件,也属于合格的投资:用以资助某个其中存在若干其他形式直接投资的特定投资或项目,或与此投资或项目相关,则不论这些其他形式的直接投资是否为 MIGA 所担保,也不论是在何时作出;或在其他情形下由董事会经特别多数批准;C. 董事会经特别多数票通过,可将合格的投资扩大到其他任何中长期形式的投资。

2010 年修改后的《汉城公约》条款与旧版有显著不同,特别是上述第二种情形。③ 从该条规定来看,《汉城公约》并未对合格的投资形式作出具体限定,而是很大程度上交由 MIGA 董事会来决定投资的合格与否。各种形式的契约性直接投资,诸如产品分享合同、利润分享合同、特许权协议、许可证协议、"交钥匙"合同、经营性租赁协议等在发展中国家颇为流行的投资形式也属于 MIGA 优先考虑的对象。④

尽管 MIGA 对投资的形式要求宽松,但对投资的实质要求相当高。《汉城公约》第 12 条第 5 款规定,投资须具备经济合理性及其对东道国发展所作的贡献;投资须符合东道国的法律法规;投资与东道国宣布的发展目标和重点相一致等。MIGA 在决定签订担保合同之前将对以上条件加以审查、确认。

在投资时间要求方面,《汉城公约》第 12 条第 4 款规定,担保通常限于要求 MIGA 给予担保的申请得到登记之后,或 MIGA 接收到关于投资者意图获得 MIGA 担保的其他令人满意的证据之后,才开始执行的那些投资,包括:A. 为更新、扩大或发展现有投资所汇入的外汇;B. 现有投资产生的本可汇出东道国的收益;C. 新的合格投资者对现存投资的收购;D. 合格投资者正为现行的与新的投资寻求合保的现行投资;E.为合格投资者所拥有的现行投资,其中基础项目得到改善或提升,或投资者以其他方式表明对项目的中长期投入,且 MIGA 满意于该项目继续对东道国的发展产生高度影响力;F. 董事会可能以特别多数批准的其他投资。但在投资开始执行之前,为评估、规划或勘察等活动付出的费用,也与以后

---

① 吴志忠主编:《国际经济法》,北京大学出版社 2008 年版,第 280~281 页。

② 下文如无特别说明,所列举的《汉城公约》条文均引自 2010 年修订版。

③ 旧版规定为:其他贷款只有当它们同 MIGA 担保或将担保的具体投资有关时,才算合格。

④ 陈安主编:《国际经济法学》,北京大学出版社 2007 年版,第 413 页。

投入的投资一起被视为是合格的投资。[1]

②合格的投资者

《汉城公约》第 13 条第 1 款规定,在下列条件下,任何自然人和法人都有资格取得机构的担保:A. 该自然人是东道国以外一会员国的国民;B. 该法人在一会员国注册并在该会员国设有主要营业点,或其多数资本为会员国或几个会员国或这些会员国国民所有,在上述任何情况下,该会员国必须不是东道国;C. 该法人无论是否由私人拥有,均应在商业基础上经营。从上述规定来看,对自然人投资者的要求是基于国籍标准,对法人投资者的要求综合了登记注册地说、主要营业场所说和资本控制说等关于法人国籍的主要界定标准。第 13 条第 2 款规定,如果投资者有一个以上的国籍,就上述第 1 款而言,会员国国籍应优先于非会员国国籍,东道国国籍应优先于任何其他会员国国籍。尽管《汉城公约》原则上要求合格的投资者应当来自东道国以外,但为了促进发展中国家境外资金的回流,《汉城公约》第 13 条第 3 款又规定,根据投资者和东道国的联合申请,董事会经特别多数票通过,可将合格的投资者扩大到东道国的国民,或在东道国注册的法人,或其多数资本为东道国国民所有的法人。但是,其所投资产应来自东道国境外。

③合格的投资东道国

依照《汉城公约》第 14 条的规定,一项投资欲获得 MIGA 承保,其投资东道国必须是一个发展中成员国。《汉城公约》第 15 条规定,在东道国政府同意 MIGA 就指定的承保风险予以担保之前,MIGA 不得缔结任何担保合同。此外,第 12 条第 5 款规定,东道国应当具备良好的投资条件,包括能够为投资提供公平与公正待遇及法律保护。《汉城公约》并未明确规定 MIGA 应如何判断东道国的投资条件,实践中 MIGA 通常根据投资母国与投资东道国之间是否存在双边投资保护协定,来判断东道国能否为外国私人投资提供公平与公正待遇及法律保护。[2]

④承保险别

《汉城公约》旨在为私人投资者向发展中成员国的投资项目提供关于非商业风险的承保。根据《汉城公约》第 11 条第 1 款的规定,这些非商业风险主要包括以下几项:

A. 货币汇兑险。这是指东道国政府采取新的措施,限制其货币兑换成可自由使用货币或被保险人可接受的另一种货币,及汇出东道国境外,包括东道国政府未能在合理期间内对该被保险人提出的此类汇兑申请作出行动。根据"评注"的说明,东道国的限制措施是广义上限制相关货币转移的各种类型的新措施,可归因于东道国政府及其公共机关、机构,包括直接或间接的、法律上和事实上的,以及作为与不作为。对于何为"合理期间","评注"指出主要取决于担保合同的具体规定,MIGA 在决定何为"合理期间"时,应综合考虑到投资者迅速转移资金的需要与东道国有关部门在处理申请时的必要迟延。[3]

B. 征收与类似措施险。这是指东道国政府采取立法或行政措施,或懈怠行为,实际上剥夺了被保险人对其投资的所有权或控制权,或其应从该投资中得到的实质收益。但东道

① 王传丽主编:《国际经济法》,法律出版社 2005 年版,第 256 页。

② 廖益新主编:《国际经济法》,厦门大学出版社 2007 年版,第 311 页。

③ See MIGA,Commentary on the Convention Establishing the Multilateral Investment Guarantee Agency, Art.13,p.8.

国政府为管理其境内的经济活动而通常采取的普遍适用的非歧视性措施不在此列。这里所谓的"类似措施",指的是"间接征收",即没有直接转移或剥夺投资者的财产权但其效果等同于直接征收的类似措施。① 根据"评注"的说明,征收措施包括可归因于东道国政府对投资财产的国有化、征用、没收、查封、扣押与冻结;而在间接征收方面,"评注"指出,东道国政府的税收、环境与劳工立法以及维持公共安全等正常措施,只要不对投资者构成歧视,都不属于这里的间接征收措施。②

C. 违约险。这是指东道国政府不履行或违反与外国私人投资者签订的契约,并且投资者无法求助于司法或仲裁机关对其提出的有关诉讼作出裁决,或该司法或仲裁机关未能在担保合同根据 MIGA 条例规定的合理期限内作出裁决,或虽有这样的裁决但不能执行。相对于各国国内的海外投资保险机构而言,这是 MIGA 相对独特的一个承保险别,旨在保证东道国政府对投资者所作承诺的稳定性。但从《汉城公约》条款来看,也强调了投资者首先须用尽当地救济的义务。

D. 战争与内乱险。这是指东道国境内任何地区的任何军事行动或内乱给外国投资者造成的损失。根据"评注"说明,这里的"战争与内乱"特别包括了革命、叛乱、军人政变等东道国政府无法有效控制的情形。而专门针对投资者本身的恐怖主义行为及其他类似行为不属于这里的"战争与内乱"情形,而是归属于《汉城公约》第 11 条第 2 款的"其他非商业风险"。③ 还有学者指出,MIGA 所指的战争和内乱并不以发生在东道国境内或以东道国政府参加为前提,如果行为发生在东道国境外,但其影响或后果及于东道国国境之内,就被视为发生在东道国境内。且由于战争是非东道国所能控制的,东道国政府对此一般不负责任,所以 MIGA 在向投资者支付保险赔偿金之后,一般不能向东道国索赔。④

E.其他非商业性风险。《汉城公约》第 11 条第 2 款特别规定,董事会经特别多数票通过,可将本公约的担保范围扩大到上述第 1 款中提及的风险以外的其他非商业性风险,但在任何情况下都不包括货币的贬值。

此外,《汉城公约》第 11 条第 3 款还规定,下列原因造成的损失不在担保范围之列:A. 投资者认可或负有责任的东道国政府的任何行为或不行为;B. 发生在担保合同缔结之前的东道国政府的任何行为、不行为或其他任何事件。

⑤代位求偿权

代位求偿权是保险法上的重要制度,直接关系到保险人的切身利益。《汉城公约》引进了这一核心机制,第 18 条规定:在对被保险人支付或同意支付赔偿后,MIGA 应代位取得被保险人对东道国和其他债务人所拥有的有关承保投资的权利或索赔权。担保合同应包括关于代位的条款。全体会员国应承认 MIGA 的这一权利。东道国对于 MIGA 作为代位人所获得的东道国货币,在其使用和兑换方面给予 MIGA 的待遇应与原被保险人取得这种资金

① 陈安主编:《国际投资法的新发展与中国双边投资条约的新实践》,复旦大学出版社 2007 年版,第 126~127 页。

② See MIGA, Commentary on the Convention Establishing the Multilateral Investment Guarantee Agency, Art.14, pp.8~9.

③ See MIGA, Commentary on the Convention Establishing the Multilateral Investment Guarantee Agency, Art.16, p.9.

④ 王传丽主编:《国际经济法》,法律出版社 2005 年版,第 256 页。

时可得到的待遇相同。

⑥《汉城公约》的解释与施行、争端解决

在《汉城公约》的解释与施行方面，《汉城公约》第 56 条规定，任何会员国和 MIGA 之间，或会员国之间有关本公约解释或施行的任何问题，均应提交董事会解决。即使董事会已作出裁决，任何会员国仍可要求将争端提交理事会作最终裁决。

在争端解决方面，《汉城公约》第 57 条规定：

A. MIGA 与会员国或与该会员国机构之间、MIGA 与已停止为会员国的国家（或该国机构）之间的任何争端，均应根据本公约附件二所规定的磋商、调解、仲裁等程序解决。附件二中的仲裁程序以及仲裁员报酬与费用原则上按照 ICSID 规则来确定。

B. 有关 MIGA 作为投资者代位人拥有对东道国债权的争端，也应按本公约附件二规定的程序解决，或者按 MIGA 与有关会员国达成的协议采用其他方法解决。在后一种情况下，此类协议应以公约附件二为范文，并须先以董事会特别多数票通过，此后 MIGA 方可在有关会员国领土内开展担保业务。

C. 涉及被保险人（即投资者）或分保人的争端，担保各方之间有关担保或分保合同的任何争端应提交仲裁，根据担保或分保合同规定或提及的规则进行最终裁决。

⑦担保合同其他事项

作为 MIGA 与私人投资者之间关于投资风险担保的契约性文件，担保合同在董事会指导下由 MIGA 总裁批准。出于促使投资者增强风险规避与管理的考虑，《汉城公约》规定 MIGA 不得担保承保投资损失的全额。根据"业务细则"，MIGA 赔付金额应由 MIGA 与投资者自由约定，但通常不超过投资损失的 90％。[①] 担保期限须区分不同的投资类型而定，对于股权投资或非股权直接投资，担保期限为 3 年到 15 年之间；对于贷款（包括股东贷款）及其他债权，担保期限为 1 年到 15 年之间；其他中长期形式的投资，担保期限亦为 1 年到 15 年之间。在特殊情况下，MIGA 与投资者约定的担保期限最多可延长至 20 年。[②]

在索赔的支付方面，《汉城公约》第 17 条规定，总裁在董事会指导下根据担保合同和董事会制定的政策，决定对被保险人索赔的支付。担保合同应要求被保险人在 MIGA 支付索赔之前，寻求在当时条件下合适的、按东道国法律可随时利用的行政补救办法，即"当地救济"。担保合同可要求在引起索赔的事件发生与索赔的支付之间要有一段合理的间隔期限。

此外，MIGA 还设置了分保与"倡议担保"机制。《汉城公约》第 20 条规定，MIGA 对会员国或会员国机构或多数资本为会员国所有的区域性投资担保机构已就非商业性风险给予保险的具体投资，可以提供分保。《汉城公约》第 24 条与附件一规定，任何一个或几个会员国均可自行筹款在 MIGA 内另设基金，倡议给任何国籍的投资者在发展中国家进行的投资提供担保。MIGA 关于普通担保业务的各项规定对"倡议担保"同样适用，但有关投资者不再受"东道国以外"的国籍限制，从而为发展中国家吸引更多资金提供了便利。

（4）MIGA 的投资促进业务

从事投资担保业务是 MIGA 的主要职能，但 MIGA 还通过其他辅助性活动积极促进资本的跨国流动。《汉城公约》第 23 条规定，MIGA 应为促进投资流动进行研究和开展活动，

---

① See MIGA Operational Regulations，amended in 2011，Art.2.09，p.38

② See MIGA Operational Regulations，amended in 2011，Art.2.04，p.36.

传播有关发展中会员国的投资机会信息,帮助其改善投资环境,促进外资流向这些发展中国家。MIGA应会员国请求,可提供技术咨询和援助以改善该会员国的投资条件。在进行这些活动时,MIGA应以会员国间有关投资协定为指导,努力消除在发达会员国和发展中会员国中存在的影响投资流向发展中会员国的障碍,并与其他促进外国投资的有关机构尤其是与国际金融公司进行协调。此外,MIGA还应促成投资者和东道国之间争端的和解,推动和促进会员国之间缔结有关促进和保护投资的协定。

(5)总评

与ICSID一样,MIGA也是发展中国家与发达国家两大集团相互妥协的产物。一方面,MIGA设置的担保合同与代位求偿权制度、以国际仲裁为主的争端解决方式是对东道国主权的明显限制;另一方面,MIGA不少制度设计都充分考虑到了发展中东道国的利益,例如有关投资项目须符合东道国法律法规并对东道国经济和社会发展具有良好作用,担保合同须取得东道国政府同意,等等。实践中,MIGA相对于各国官方海外投资保险机构而言,在承保能力、承保对象、承保险别、承保方式等方面具有更强大的制度优势,且MIGA还致力于形式多样的投资促进活动,在"发展性"方面的优势更加明显和突出。正因为此,MIGA才能得到众多发展中国家的认可与欢迎。此外,MIGA在改善东道国投资环境、防范政治风险的发生上也发挥着较大作用。一方面,MIGA在承保之前,要对投资项目进行初步风险评估,如果评估结果不满意,往往建议东道国政府采取措施改善投资环境、抑制和消除相关风险,而东道国也往往会采纳这些权威性建议,采取措施以作应对;另一方面,MIGA使其成员国在其体制下具有"双重身份",它既是外资所在的东道国,又是MIGA的股东,从而部分承担了外资风险保证人的责任。因此,任何一个作为东道国的成员任意采取可能导致政治风险发生的举措,都可能导致MIGA的赔偿负担增加,引起其他成员国的国际性责备和集体性压力。

3.《TRIMs协定》

(1)概论

与贸易有关的投资措施(trade-related investment measures,TRIMs)是乌拉圭回合的三大新议题之一,通常指投资东道国对国际贸易产生限制或扭曲作用的投资措施。这些投资措施系由投资东道国政府施加给本国境内的外商投资企业,要求其在投资过程中须服从若干特定的管理要求,而这些要求常常与国际货物贸易相关。对于外商投资企业而言,这些管理要求或者是强制性的,或者是为获得某项优惠利益而必须遵守的。现实中,对外商投资企业实行各种投资措施要求的东道国多为发展中国家,发达国家认为这些投资措施破坏了自由中性的市场环境,干扰了国际贸易的正常进行,要求多边贸易体制对此加以规制。实际上,有的投资措施也会涉及服务贸易、技术贸易领域。但乌拉圭回合是一个发达成员集团与发展中成员集团博弈并最终妥协的过程,因此最终达成的协议成果体现为《TRIMs协定》,其仅仅涉及货物贸易领域,作为货物贸易多边协定之一列于《WTO协定》附件一中。

(2)主要内容

《TRIMs协定》第1条界定了该协定的适用范围:"本协定仅适用于与货物贸易有关的投资措施。"第2条规定:"在不损害GATT 1994项下其他权利和义务的情况下,各成员不得实施任何与GATT 1994第3条或第11条规定不一致的TRIMs。"其中,GATT 1994第3条主要是关于国民待遇的条款,第11条主要是关于一般禁止数量限制的条款。

按照协定附件列出的例示清单，与 GATT 1994 第 3 条第 4 款规定的国民待遇义务不一致的 TRIMs 包括：

①要求企业购买或使用国产品或自任何国内来源的产品，无论按照特定产品、产品数量或价值规定，还是按照其当地生产在数量或价值上所占比例规定（"当地成分要求"）。这种投资措施要求外商投资企业在生产中必须使用东道国当地产品达到一定数量、金额或比例，实际上是为了带动东道国当地其他产业的发展，但客观上对外商投资企业的采购自由构成了限制。

②要求企业购买或使用的进口产品限制在与其出口的当地产品的数量或价值相关的水平（"贸易平衡要求"）。这种投资措施将外商投资企业的进口与其出口相挂钩，例如要求企业每年的进口额不得超过其出口额的百分之八十。

与 GATT 1994 第 11 条第 1 款规定的普遍取消数量限制义务不一致的 TRIMs 包括：

①普遍限制企业对用于当地生产或与当地生产相关的产品的进口，或将进口限制在与其出口的当地产品的数量或价值相关的水平。这种要求与上述的"贸易平衡要求"存在一定重叠，但更注重对进口的限制。

②通过将企业可使用的外汇限制在与可归因于该企业外汇流入相关的水平，从而限制该企业对用于当地生产或与当地生产相关的产品的进口（"外汇平衡要求"）。这种要求有利于维护东道国的外汇收支平衡。

③限制企业产品出口或供出口产品的销售，无论是按照特定产品、产品数量或价值规定，还是按照当地产品在数量或价值上所占比例规定（"当地销售要求"）。这种投资措施旨在限制外商投资企业的出口，要求其产品应尽可能在东道国当地销售，从而促进东道国国民经济与社会的发展。

（3）《TRIMs 协定》关于发展中成员的安排

《TRIMs 协定》第 4 条规定：发展中成员有权援引 GATT 1994 第 18 条（"政府对经济发展的援助"）、《关于 1994 年关税与贸易总协定国际收支条款的谅解》和 1979 年 11 月 28 日通过的《关于为国际收支目的而采取贸易措施的宣言》的相关规定，暂时偏离本协定第 2 条有关投资措施方面的国民待遇和一般禁止数量限制的义务。

此外，每一成员均应取消其有义务向 WTO 货物贸易理事会进行通知的所有与本协定不一致的 TRIMs。发达成员应在《WTO 协定》生效之日起 2 年内取消，发展中成员应在 5 年内取消，最不发达国家成员应在 7 年内取消。如一发展中成员（包括最不发达成员）可证明其在实施本协定规定方面存在特殊困难，则货物贸易理事会可应其请求，延长其取消有关 TRIMs 的过渡期。在考虑该请求时，货物贸易理事会应考虑所涉成员特殊的发展、财政和贸易需要。

在本章引例中，甲国国民 A 在乙国投资设立的企业 B 遭到东道国乙国政府的征收，A 对征收决定和补偿金额感到不满。这属于投资东道国与外国投资者之间的投资争端。根据习惯国际法及国际投资条约的通常规定，原则上 A 应首先寻求东道国乙国的当地救济。但 A 在乙国当地提起行政复议和行政诉讼均告失利，说明当地救济已经用尽。征收属于国际投资活动中的政治风险，A 如事前在甲国海外投资保险机构办理了政治风险投保，则可以获得保险理赔。甲乙两国之间签订有双边投资保护协定，当代双边投资保护协定通常都规定投资者母国的海外投资保险机构在赔付本国投资者之后，有权取得向投资东道国政府的代位求偿权。另一方面,如果甲乙两国为《华盛顿公约》的缔约国,则此类争端还有可能依据两国双边投资保护协定中的争端解决条款以及东道国乙国政府的同意,提交 ICSID 进行调解或仲裁。

❈ 思考题

1. 简述国际投资法的基本原则。
2. 简述国际投资法的基本渊源。
3. 简述海外投资保险制度的特征。
4. 简述 ICSID 管辖案件的条件。
5. 简述 MIGA 承保投资的条件。
6. 简述我国对境外国有资产的管理。
7. 简论投资自由化与国民待遇。
8. 简述晚近国际投资法的发展。
9. 案例讨论:

西卡丝绸有限公司是一家中外合营企业,它由来自美国、意大利、韩国和中国的六家公司共同举办,位于四川省成都市郊区。美国帕普公司在西卡丝绸有限公司拥有 21% 的股权,意大利瑞梯公司和韩国星化公司则各自拥有 15% 的股权,这两个公司都是世界著名的丝绸生产和加工企业,它们将为该合营企业提供工程、技术、营销和管理方面的专家。此外,瑞梯公司还提供了意大利制造的机器设备,并引进了现代的技术标准,这些技术标准已为四川的其他丝绸加工厂所使用。当地的一家国有企业在合营企业中拥有 49% 的股权,负责提供生丝。MIGA 向这个合营者的股权投资提供了 200 万美元的担保,承保货币汇兑险、征收险和战乱险。

请问:(1)西卡丝绸有限公司的投资是否具备合格投资的条件?(2)来中国的外国投资者应如何办理与 MIGA 担保有关的审批手续?中国政府可能批准何种投资向 MIGA 投保?①

❀ 司法考试真题链接

1. 根据《多边投资担保机构公约》,关于多边投资担保机构(MIGA)的下列哪一说法是正确的?(2011 年)

A. MIGA 承保的险别包括征收和类似措施险、战争和内乱险、货币汇兑险和投资方违约险

B. 作为 MIGA 合格投资者(投保人)的法人,只能是具有东道国以外任何一个缔约国国籍的法人

C. 不管是发展中国家的投资者,还是发达国家的投资者,都可向 MIGA 申请投保

---

① 张丽英主编:《国际经济法教学案例》,法律出版社 2004 年版,第 213 页。

D. MIGA 承保的前提条件是投资者母国和东道国之间有双边投资保护协定

2. 根据《关于解决国家和他国国民之间投资争端公约》，甲缔约国与乙缔约国的桑德公司通过书面约定一致同意：双方之间因直接投资而产生的争端，应直接提交解决投资争端国际中心仲裁。据此事实，下列哪一选项是正确的？（2007 年）

A. 任何一方可单方面撤销对提交该中心仲裁的同意

B. 在中心仲裁期间，乙国无权对桑德公司行使外交保护

C. 在该案中，任何一方均有权要求用尽当地救济解决争端

D. 对该中心裁决不服的一方有权向有管辖权的法院提起撤销裁决的诉讼

3. 海外投资保证制度是资本输出国对本国的私人海外投资依据国内法所实施的一种对该投资所可能产生的政治风险进行保险的制度。下列关于海外投资保证制度的哪一项表述不正确？（2005 年）

A. 海外投资保证只承保政治风险

B. 任何保险公司均可参与海外投资保险业务

C. 海外投资保证机构具有国家特设机构的性质

D. 海外投资保证机构在向投资者支付赔偿后将取得代位求偿权

4. 依据《关于解决国家和他国国民之间投资争端公约》建立的"解决投资争端的国际中心"，对下列哪一争端事项具有管辖权？（2000 年）

A. 缔约国和另一缔约国因直接投资而产生的法律争端，并经双方书面同意提交中心

B. 缔约国和另一缔约国国民因直接投资而产生的法律争端，并经双方口头同意提交中心

C. 缔约国和另一缔约国国民因直接投资而产生的法律争端，并经双方书面同意提交中心

D. 缔约国和另一缔约国国民因间接投资而产生的法律争端，并经双方书面同意提交中心

5. 甲乙两国均为《多边投资担保机构公约》和《解决国家与他国国民之间投资争端公约》的缔约国。A 公司是甲国投资者在乙国依乙国法设立的一家外商独资企业。乙国政府对 A 公司采取了征收措施。根据前述两公约，下列说法哪些是正确的？（2004 年）

A. 遵循一定的程序，A 公司有资格事先向多边投资担保机构申请投保征收或类似措施险

B. 如甲国投资者、A 公司和乙国政府同意，A 公司可以请求"解决投资争端的国际中心"解决该争端

C. 甲国投资者本人不可以请求"解决投资争端的国际中心"解决该争端

D. 多边投资担保机构在向投保人赔付后，可以向甲国政府代位求偿

第九章　国际货币金融法

第一节　国际货币金融法概述

一、国际货币金融法的概念

国际货币金融法是调整国际交往中货币关系、金融关系的各种法律规范的总称,是国际经济法的一个重要分支。

国际货币关系与国际金融关系是密切联系的统一整体。最早的国际金融活动始于因国际贸易的需要而产生的货币兑换,基于货币兑换而产生的一系列国际货币法律制度如外汇汇率与外汇市场制度、金融交易法律制度、汇率风险及法律规范措施、国际货币公约等,构成了国际货币金融法的基础。

从国内教材对国际货币金融法律规范所采用的名称来看,有国际货币金融法、国际金融法、国际货币法等。采用"国际金融法"的学者,对其范围有两种不同的理解:一是采用广义说,认为"国际金融法"等同于"国际货币金融法",将国际货币关系作为国际金融关系中的基础关系加以研究,如王传丽认为"国际金融法是调整国际间货币金融交易关系的法律规范的总和,是国际经济法的重要组成部分";①另一种采用狭义说,认为"国际金融法"侧重于调整在民间发生的私法主体之间的金融关系,而"国际货币法"主要调整国家间、国家与国际货币金融组织之间发生的公法性质的货币关系,二者是两种不同的法律关系,如赵秀文认为"国际货币法和国际金融法是两个性质不同但又密切联系的法律部门,国际货币法具有典型的公法性质,而国际金融法则具有私法性质"。②本书采用"国际货币金融法",等同于广义的"国际金融法",较"国际金融法"的表达更加直接、客观、全面。

国际货币金融法调整的国际货币金融关系可根据主体、内容的不同分为三类:

一是国际货币金融交易关系,主要是指地位平等的私法主体之间因跨国货币、金融活动所形成的横向关系,如国际支付结算、国际证券融资;其关系主体可以是自然人、法人、非法人组织,也可以是国家和政府间国际货币金融组织。

二是国际货币金融管理关系,是指国家、政府间国际货币金融组织与私人(包括自然人、法人、非法人组织等)之间因国际货币金融监管活动而发生的纵向关系,如一国政府就其国内法人在境外融资与该法人之间形成的监督和管理关系。

三是国际货币金融协调关系,即国家之间、国家与政府间国际货币金融组织之间就国际

---

① 王传丽主编:《国际经济法》,中国人民大学出版社 2004 年版,第 272 页。
② 赵秀文主编:《国际经济法教学参考书》,中国人民大学出版社 2004 年版,第 140 页。

货币金融活动进行管理所形成的协调合作关系,如有关国家就维持货币兑换汇率的稳定而结成的协作关系。

综上所述,可以看出国际货币金融法律关系是调整货币、金融资产跨境流转而产生的各种法律关系的总和。国际货币金融法是调整货币、金融资产跨境流转的各种法律规范的总称。

二、国际货币金融法的特征

(一)国际货币金融法主体的广泛性

国际货币金融法的主体是指在国际货币金融法中享有权利和承担义务的当事人。国际货币金融关系如作细分,包括货币的发行与回笼、吸存与放贷,有价证券的发行与交易,金银与外汇买卖,保险、票据、信托、融资租赁等各种与货币流通、银行信用有关的经济关系,因而主体较为广泛。国家及国家机构、政府间国际货币金融组织、自然人、法人、非法人组织均可以成为国际货币金融法的主体。

政府间国际货币金融组织是国际货币金融法的重要主体,这类国际组织的主体地位来源于成员国的授权,因而其法律地位也在某种程度上受到作为授权方的各主权国家的制约。政府间国际货币金融组织通常基于两种货币金融关系而成为国际货币金融法的主体:(1)其与各成员国之间发生的金融管理监督关系、协作关系;(2)其与其他国际组织、各成员国及成员国内的自然人、法人、非法人组织发生的货币金融交易关系。

从国际金融的实践看,在一些特定的场合,某些地区也可成为国际货币金融法的主体。至于哪些地区能成为国际货币金融法的主体,应视其是否具有相对独立的货币金融体系而定。如我国的香港特别行政区、澳门特别行政区,因其具有自身独立的货币金融制度,加上历史原因,其与中国其他地区及其他国家、地区、国际金融机构、自然人、法人、非法人机构的货币金融往来,应视为国际货币金融往来。即使香港于1997年回归中国,其独立的国际货币金融主体资格亦不受影响。[①]

(二)国际货币金融法客体的复杂性

国际货币金融法的客体是指国际货币金融法律关系权利义务所指向的标的。上文提到,国际货币金融活动涉及与货币流通、银行信用相关的各种经济活动,因而也决定了其客体的复杂性。国际货币金融法的客体包括货币、外汇,也包括跨国流通中的货币资金。[②] 国际货币基金组织对外汇的解释为:"外汇是货币行政当局(中央银行、货币机构、外汇平准基金和财政部)以银行存款、财政部库券、长短期政府证券等形式所保有的在国际收支逆差时可以使用的债权。包括:外国货币、外币存款、外币有价证券(政府公债、国库券、公司债券、股票等)、外币支付凭证(票据、银行存款凭证、邮政储蓄凭证等)。"货币资金是以货币形式表现的各种财产及财产权益,如信用证保证金存款、信用卡存款、存出投资款等。以本国货币为表现形式的货币资金须跨国流动才能成为国际货币金融法律关系的客体。

(三)国际货币金融法渊源的内外统一、纵横统一的多重性

在国际货币金融实践中,国际货币金融关系涉及多个方面的法律,既包含调整一国国境

---

① 张桂红、邹立刚主编:《国际货币金融法》,中国政法大学出版社2001年版,第2页。

② 王传丽主编:《国际经济法》,高等教育出版社2005年版,第388页。

内跨国金融活动的内国民商法及调整一国国内货币金融监管的内国公法,也包含国际条约及国际惯例。[①]

其中,国际金融协定是现代国际货币金融法的主要渊源。国际金融协定包括双边协定和多边协定,二者在重要性和影响力方面有较大差别。双边金融协定一般属于契约性条约,仅在签约双方之间具有约束力而不能普遍适用,影响力有限。而多边协定则为多主体参与的、全球性或者区域性协定,往往构成国际或区域货币金融关系的普遍性规范。[②] 二战后期布雷顿森林体系确立的《国际货币基金协定》与《国际复兴开发银行协定》作为确立有关国际收支、汇率和信贷方面的基本规范,构成了二战后现代国际货币金融法的基石,也是国际货币金融法国际条约渊源中的重要规范。

(四)国际货币金融法与相关部门法的较强融合性

1. 国际货币金融法与国际贸易法的融合

早期的国际货币金融活动始于国际贸易,并随着国际贸易的繁荣一步步发展。国际货币金融活动的许多创新从根本上说是贸易方式的创新,比如证券交易作为一种商品交易引发了货币金融交易方式的创新;网络商品交易的发展催生了网络支付、电子结算。可以说,货币金融活动通常作为商品、服务贸易活动的一个方面与商品、服务贸易相伴而生。因而,许多货币金融法也是作为对国际贸易关系进行法律调整的一个方面的措施而出台的,如联合国国际贸易法委员会主持制定的《联合国国际汇票和国际本票公约》,国际统一私法协会起草并由成员国外交大会通过的《国际保付代理公约》,国际商会编撰、为交易当事人广为采用的《跟单信用证统一惯例》(UCP600)、《托收统一规则》(URC522)等。这些国际条约和惯例旨在调整国际贸易支付手段,却同时构成了国际货币金融法的重要内容。[③]

现代国际金融法与国际贸易法的互相渗透更加剧烈,并随着各国间合作的深化由私法领域转移到了公法领域,集中体现于世界贸易组织(WTO)的《金融服务协定》(*Financial Service Agreement*)(1997)。金融服务贸易是服务贸易领域最为重要的一个部门,WTO的金融服务法律则是WTO《服务贸易总协定》(GATS)的核心内容。《金融服务协定》又作为WTO金融服务贸易法律中的核心部分,与《服务贸易总协定》、《金融服务附件》、《金融服务承诺的谅解协议》等三个文件共同构成了WTO的金融服务贸易法律。

2. 国际货币金融法与国际投资法的融合

国际货币金融法作为国际经济法的一个重要组成部分,是调整国际资金融通关系的法律规范的总称,而国际投资法是调整私人跨国直接投资关系的国内法律规范和国际法律规范的总称,主要内容包括资本输出输入法律制度,投资保护方面的法律制度,如海外投资保证制度、多边投资担保机构、投资争端解决制度等。二者之间存在不可割裂的联系。

国际货币金融法与国际投资法相互交融表现在两个方面:一方面国际投资活动往往引发货币、金融资产的跨国流动而带来国际货币金融方面的问题;另一方面,在各种跨国投资方式中,外国金融服务提供者通过跨国设立金融服务企业或机构以提供金融服务的跨国金融服务投资已经成为国际投资的一个重要组成部分,并且占据着越来越重要的地位。

① 李仁真主编:《国际金融法学》,复旦大学出版社2004年版,第4页。
② 黄东黎主编:《国际经济法》,社会科学文献出版社2006年版,第420页。
③ 黄东黎主编:《国际经济法》,社会科学文献出版社2006年版,第422页。

三、国际货币金融法的形成和发展

（一）国际货币金融法的形成

国际货币金融法的产生源于国际贸易。商品的跨国交易引发了货币资金的跨国流通，从而催生了以跨国货币兑换为基本内容的早期国际货币金融关系。随着货币兑换关系逐渐发展到国际借贷关系与国际结算关系，产生了早期的国际货币金融法。此时的国际货币金融法尚处于萌芽阶段，主要表现形式为各国调整在其境内发生的货币金融活动的民商事法律规范，如古罗马万民法中关于跨国借贷与担保的规定。

15世纪以后，地中海一带国际贸易繁荣，出现了跨国信用业务，欧洲一些大城市中主营货币兑换、汇兑业务的货币经营机构开始经营信用业务，最终转变为办理存款、放款、汇兑业务的银行。银行信用业务随着新大陆、新航道的发现及欧洲列强的扩张延伸到了其他大陆。国际银行业的跨境扩展促进了涉外金融法律规范的产生与发展。

17世纪到19世纪，资本主义在世界范围内的扩张使得国际货币金融关系迅速发展，一些国际货币金融习惯法在国际货币金融实践中得以确立，与此同时，一些主要的资本主义国家，如英、法、美、德等国也先后颁布了自己的货币金融法规以规范本国的银行业活动及涉外货币金融活动，如法国1807年的《法国民法典》、英国1844年的《英格兰银行法》、美国1803年的《国际银行法》等，均对相关的涉外货币金融活动作出了规制。较为突出的是当时作为国际金融中心的英国颁布的一系列金融立法和判例规则，因较为先进和全面，对当时国际货币金融制度的形成与发展起了很大的促进作用。[①]

资本主义的迅猛发展使得国际货币金融交易活动日趋频繁与多样，带动国际货币金融法取得了长足的发展。至20世纪30年代，国际货币金融惯例已逐渐系统化与成文化，例如国际商会编纂的《跟单信用证统一惯例》(1933)正式公布，支付结算方面也在整理国际惯例的基础上通过了《统一支票与本票法公约》和《统一支票法公约》。其次，随着自由资本主义向垄断资本主义的过渡，西方资本主义国家加强了金融监管的力度，颁布了大量货币金融法规，如美国1933年《紧急银行法》、《证券法》、1934年《证券交易法》、1935年《公用事业控股公司法》、1939年《信托契约法》等，开创了金融立法和监管的新局面。再次，国际间的金融监管合作也得到加强，签订了大量的双边专项协定。据统计，仅1931—1937年6年间，就有170多个双边支付协定产生。最后，各国在国际金融方面的合作开始制度化，由瑞士、比利时、英国、德国等多个主权国家协议，于1930年建立了国际结算银行(BIS)。

虽然在20世纪二三十年代，一些主要的金融发达国家已建立了较为完备的国内货币金融法律制度，但在国际层面并未形成统一有序的法律秩序，因此，国际货币金融法的最终形成应始于二战后期。1942—1944年，以英美为首的同盟国开始筹划建立战后国际货币金融制度及统一的国际货币金融机构。美国与英国分别提出了自己的方案，即"怀特方案"和"凯恩斯方案"。1944年7月，在美国新罕布什尔州的布雷顿森林召开了联合国国际货币金融会议，45个同盟国经磋商，最终在英美方案折中的基础上签订了《国际货币基金协定》和《国际复兴开发银行协定》，由此确立了战后的国际货币金融体系。布雷顿森林会议确立的货币

---

① 李仁真、何焰：《国际金融法界说》，载《武汉大学学报（哲学社会科学版）》1999年第3期。

金融体系即布雷顿森林体系,构建了全新的国际货币金融格局,标志着作为一个法律体系——国际货币金融法的最终形成。

(二)二战后国际货币金融法的发展

二战之后,国际格局发生了巨大变化。许多殖民地、半殖民地国家和民族进行了民族解放运动,独立成为新兴的发展中国家,导致了南北关系、东西关系等的交织,形成了国际政治、经济的复杂格局。从布雷顿森林体系到 20 世纪 80 年代初,国际货币金融法主要表现出以下特征:

1. 第三世界的崛起,拓展并改变了国际货币金融法的范围与内容

广大新独立的发展中国家相继制定了各种涉外货币金融法规,如外汇管制法等;同时也对外缔结、参加了大量国际货币金融条约,显著增加了国际条约的数量。另外,第三世界国家运用集体的力量对抗旧的国际经济秩序,努力建设新的国际经济秩序,促使联合国先后通过了一系列有利于发展中国家的宣言和决议,如 1974 年通过的《关于建立新的国际经济秩序宣言》、《建立新的国际经济秩序行动纲领》、《宪章》等,为国际货币金融法的发展指明了新的方向。[①]

2. 布雷顿森林体系崩溃,新的国际货币金融法架构正在逐渐形成

由于以美元为中心的布雷顿森林体系建立在美国强大的经济实力和巨额的黄金储备的基础上,随着 20 世纪 60 年代末 70 年代初美国出现贸易逆差和国内黄金的大量外流,美元开始连续爆发危机。1972 年美国单方面宣布美元与黄金脱钩,随后欧共体、日本、加拿大等许多国家为避免遭受美元危机的影响,纷纷宣布其本国货币对美元取消固定汇率而采用浮动汇率。美元与黄金的脱钩以及各资本主义国家取消对美元的固定汇率,标志着布雷顿森林体系的彻底解体。

美元危机影响了国际货币金融体系的稳定,为维持货币体制的正常运转,国际货币基金组织在 1969 年和 1976 年对布雷顿森林会议确立的《国际货币基金协定》作了两次修改,创设了"特别提款权"制度,承认浮动汇率制的合法性,从而削弱了黄金在国际货币金融活动中的地位。

各主权国家在积极发展本国金融业务的同时,也在实践中摸索着继布雷顿森林体系之后能够稳定全局的新的国际货币金融体制。其中,根据 1976 年《牙买加协定》形成的牙买加体系较为灵活,但其存在种种缺陷,仍不能满足国际货币金融发展的需要,新的国际货币金融秩序正在构建中。

3. 国际货币金融合作进一步扩展深化,促进了国际货币金融统一法的发展

各国间的国际货币金融合作使得国际货币金融法在统一性方面取得了长足的进步。一方面,布雷顿森林体系确立之后,国际货币金融惯例得益于国际货币金融活动的稳定发展而更加系统化、统一化;另一方面,新的国际惯例、国际条约应国际货币金融活动的需要也相继问世。国际惯例、国际条约的发展是国际货币金融统一法发展的集中表现。

4. 国际货币金融组织纷纷出现,国际货币金融合作更加制度化、规范化

国际货币基金组织诞生之后,国际金融公司、各类开发银行及其他货币金融组织纷纷成立,促使国际货币金融合作更加统一化、规范化。一些专业性的国际金融组织,如巴塞尔银

---

① 李仁真主编:《国际金融法学》,复旦大学出版社 2004 年版,第 13 页。

行监管委员会、国际证券监管者组织制定的行业标准,对于国际货币金融机构的统一、有序发展及成员国间货币金融活动的协调起到了有力的促进作用。

（三）现代国际货币金融法的新发展

20世纪80年代中后期以来,随着经济全球化、信息化的发展,货币金融资源在世界范围内的流动范围更大、速度更快、层次更深,国家间的经济关系越来越集中和深入地表现为国际货币金融关系。与此同时,金融资源在全球范围内的快速流转导致金融风险的可能性更大、更容易扩散。加之各国金融政策与立法的差别,导致国际货币金融关系更加复杂多样。晚近国际货币金融活动的新特点、新趋势也推动着原有的国际货币金融法律秩序的变革,国际货币金融法呈现出新的特征:

1. 国际货币金融法的内容不断创新,国际金融法律规则日益丰富完善

首先,金融创新使得国际金融法的内容和范围进一步扩大,调整手段日益丰富。现代金融创新表现为如货币互换、外汇期货、期权等金融工具的创新以及如电子交易、电子支付等金融交易方式和金融监管方式的创新等。

货币金融实践活动的创新必然引起货币金融法制的丰富、完善。随着期货、期权、远期等金融衍生品的大量应用,巴塞尔委员会与国际证券委员会组织联合出台了《衍生产品风险管理指南》、《关于银行与证券公司的衍生产品与交易活动的公开披露建议》等;随着电子交易、电子支付的发展,出现了规范电子支付划拨关系的一系列法律规则,诸如联合国国际贸易法委员会制定的《电子资金划拨法律指南》、《国际贷记划拨示范法》和巴塞尔委员会通过的《电子银行与电子货币的风险管理》。[①] 此外,在国际保理及国际金融混业经营方面,也出现了相应的国际货币金融法律规范。

2. 区域范围内货币金融活动及货币金融法律制度的统一

区域货币金融一体化基于区域经济的一体化产生,区域经济一体化与全球经济一体化相互影响与促进。区域经济一体化类同于全球经济一体化,是指在某一个区域内,地理位置相邻的主权实体通过协商,约定互相开放市场或给予优惠条件,促使各国内经济要素如资本、劳动、技术、信息、物品资源等在该区域内自由、优化配置以取得最大化的共同利益。

20世纪80年代后,区域性国际组织迅速发展,至20世纪90年代已经出现了当今世界最大的区域经济组织欧洲联盟、北美自由贸易区、东盟自由贸易区、亚太经合组织等。区域经济一体化组织是区域实现跨国性统一的表现,带动了区域金融的交流与合作,促进了区域货币金融统一法的产生。欧洲联盟、北美自由贸易区等众多区域经济一体化组织均颁布了区域货币金融法律规范以协调区域内的货币金融活动,如欧盟银行法、北美金融服务贸易规则等。一些区域货币金融统一法因效果显著、特色鲜明而被国际社会所借鉴,如WTO《服务贸易总协定》(GATS)及《金融服务附件二》就参照了欧共体银行指令所规定的区域金融活动协调方式。[②]

3. 金融自由化带动了国际货币金融法朝自由化方向发展

布雷顿森林体系解体之后,随着国际贸易自由化的迅速发展,以汇率自由化和利率自由

---

① 陈宏业、曹胜亮主编:《国际金融法》,华中科技大学出版社2008年版,第10页。

② 陈宏业、曹胜亮主编:《国际金融法》,华中科技大学出版社2008年版,第13页。

化为基础的自由金融政策在西方国家得以广泛推广,进而掀起了全球金融自由化的浪潮。金融自由化也推动了国际货币金融法的发展,上述提到的 WTO《金融服务协定》正是顺应国际金融自由化的需要而产生的重要协定。

WTO《金融服务协定》是南北两大阵营间互相妥协的产物,其核心制度是西方发达国家金融高度自由化政策与发展中国家对外汇金融的严格管制政策以承诺的方式巧妙结合与过渡,最终逐步实现全球金融自由化。具体操作方式为 WTO 成员方根据其本国金融服务业的实际发展情况对其金融业务的市场准入和国民待遇作出承诺,承诺在一定的期间内履行该承诺,再通过进一步的自由化谈判逐步扩大各成员国国内金融业务的开放程度、缩小其金融业务的限制范围,最终形成宽松自由、高度竞争的国际货币金融法制体系。[1]

4. 国际金融监管组织地位日益凸显,成为国际货币金融法制的重要方面

金融创新的不断涌现、国际金融活动的频繁与深化使得金融犯罪及金融风险概率增加,也使得金融监管机构的任务更加艰巨。各主权国家及国际货币金融组织就国际货币金融活动的监管作出了不懈的努力,其中巴塞尔委员会自 1975 年成立以来先后制定了《银行国外机构的监管原则》(1983)、《统一资本衡量和资本标准的国际协议》(1988)、《对国际银行集团及其跨国机构的最低监管标准》(1992)以及《有效银行监管的核心原则》(1997)等一系列核心文件,对指导各国银行监管工作、协调国际银行监管合作起到了非常重要的作用。

第二节　国际货币制度

【引例】许多东西都充当过货币的材料,从贝壳等实物到金银等贵金属,到纸币,以至目前流动的电子货币都被当作普遍接受的交换媒介。

历史上,直到 18 世纪,贝壳作为货币在非洲的奴隶贸易中仍有很大的需求。同时,枪支、巴西烟草、亚麻布、法国白兰地和火药也被用于黑人奴隶交易。当时,购买一个奴隶的价格分别是 100 磅贝壳、12 支枪、5 包巴西烟草、25 匹亚麻布、1 桶(约 40 升)法国白兰地或 15 磅火药。现在,在南太平洋的雅普岛上人们仍然把石头作为货币,二战中的集中营和战后的德国及 20 世纪 80 年代的俄罗斯都曾把万宝路香烟作为货币。

在国际货币关系中,黄金在相当长的时间内都充当着国际货币的角色,可直接用于国与国之间的贸易支付、债权债务结算。各国货币根据含金量的大小来确定自身的币值以及不同货币之间兑换的比价。请问:(1)有人说,黄金不是货币,而是货币的材料。你同意这种观点吗,为什么? (2)货币的本质是什么? 国际货币在本质上与一般货币是否存在差别?

---

① 陈安主编:《国际经济法学新论》,高等教育出版社 2007 年版,第 345 页。

一、国际货币制度概述

国际贸易往来、资本流动、债务清算等活动均涉及各国货币间兑换、汇率的确定、国际收支平衡及储备资产的问题。各国及国际间为维持货币稳定、发挥货币积极职能,就上述方面所作出的法律安排,如规定的原则、规范、采取的措施和做法的总称,被称为国际货币制度。

一国对内的法律制度主要包括确定本币的种类、名称、货币单位、发行量、铸造程序、发行程序、准备金制度等;一国对外的法律制度则通常涉及以下几项基本内容:

(一)本币的可兑换性问题

货币的可兑换性包括本国货币与外国货币能否进行兑换以及兑换的条件、范围等。一国的货币是否可自由与外币进行兑换,通常与该国的经济历史和货币政策有关。

货币可兑换包括经常项目下的可兑换和资本项目下的可兑换。经常项目指本国与外国进行经济交易而经常发生的项目,是国际收支统计中最主要的项目,主要有对外贸易收支、非贸易往来和无偿转让三个项目;资本项目是指资本的输出输入,反映的是本国和外国之间以货币表示的债权债务的变动。在国际收支统计中,资本项目亦称资本账户,包括各国间股票、债券、证券等的交易,以及一国政府、居民或企业在国外的存款。经常项目下的可兑换是指一国对经常项目下的国际收支和转移不予限制,并不得实行歧视性货币安排和多重货币制度;资本项目下的可兑换是指除经常项目下的兑换外,在资本项目下也可自由兑换。通常所说的货币完全可兑换指同时实现经常项目下的可兑换与资本项目下的可兑换。国际货币基金组织要求的可兑换主要指经常项目下的可兑换。

可兑换分为对内可兑换和对外可兑换。对内可兑换是指居民在国内可以自由将本币资产兑换成外币资产,并可以自由持有外币资产。对内可兑换有利于杜绝黑市,促进外汇市场活跃发展;对外可兑换指一国居民可在境外自由持有外币资产及对外支付,对外可兑换的目的在于消除一国的外汇管制。通常所说的货币兑换为对外可兑换。

(二)本币与外币的汇率问题

汇率亦称"外汇行市或汇价",是一国货币兑换另一国货币的比率,实质是以一种货币的价值表示另一种货币的价值。由于世界各国货币的名称不同,币值不一,所以一国货币对其他国家的货币要规定一个兑换率,即汇率。在本币可与外币进行兑换的条件下,各国通常要确立本币与外币汇率的依据、汇率的调整、汇率波动的幅度、调整汇率的措施等。

本币汇率的升降直接影响一国的进出口、物价水平与资本流动。一般来说,本币汇率降低,同等本币将兑换较之前更少的外币,能够促进出口、抑制进口;进口商品在国内的价格将上涨,进而在某种程度上带动国内总体物价水平;本国投资者因本币贬值而不愿投资国内资产,资本纷纷外流,导致本币兑换外币增多,外币供不应求,本币汇率将进一步下跌。反之,如一国本币汇率提高,能够促进进口、抑制出口,进口商品在国内的价格下跌,带动国内总体物价水平下跌;本币升值而导致外国资本大量涌入,因外币兑换本币的增多,本币需求增多而导致汇率的进一步上升。

(三)国际收支的调节方式

一国国际收支的状况主要取决于该国进出口贸易和资本流入流出状况。当一国国际收入等于国际支出时,称为国际收支平衡。

当一国国际收支处于不平衡状态时,一方面市场机制在自动进行某种程度的调节,另一方面,作为宏观经济管理者的政府也通常会实施不同的宏观经济政策以平衡本国的国际收支。在实行浮动汇率制情况下,一国的汇率变动为市场机制和国家经济政策尤其是货币政策相互作用的结果;在实行固定汇率制情况下,市场机制调节的力度非常有限,汇率的变动则主要依靠国家经济政策、货币政策的调整。一国进行国际收支调节、促进国际收支平衡的主要措施包括:

1. 外汇缓冲政策

国际收支处于逆差状态时,一国政府动用自身外汇储备或者向外借款来减缓收支不平衡。

2. 财政政策

通过调整国内税收政策以及调节国内各方面的开支调节国际收支。

3. 货币政策

通过调整再贴现率、法定准备金率和公开市场业务来调整货币供给量,进而调节本国国际收支。

4. 汇率政策

通过汇率的提高与降低、本币的升值与贬值来影响进出口调节国际收支。

5. 直接管制

政府通过汇率管制或者贸易管制来实现进口替代或者增加出口以调节国际收支。

通过何种方式调节国际收支平衡是国际货币制度的一个重要方面。一个稳定、有活力的国际货币体制需要高效的国际收支平衡调节机制。

(四)国际储备资产问题

国际储备资产指一国官方持有的用于国际支付和维持本国货币汇率稳定的流动性资产,包含黄金、外汇、特别提款权三种。基于国际支付、国际结算以及稳定本币币值的需要,一国需要保有一定数量的储备资产,并确定保有何种储备资产及保有多少储备资产。

国际储备与国际收支密切联系,国际储备的主要作用之一是弥补国际收支逆差。因此,一国的国际收支状况对该国的储备需求具有决定性的影响。一般来说,一国国际储备需求与其国际收支逆差呈正关联性变化,逆差出现的概率越高,数额越大,对国际储备的需求量也就越大;相应地,一国若经常或持续性地处于顺差,对国际储备的需求相对来说就较小。多数发展中国家因受经济结构不平衡、经济政策失当以及不合理的国际经济秩序的影响,国际收支出现逆差的频率较高,往往需要具备较高的国际储备水平。

国际货币制度是在国际经贸、金融支付、金融结算中各国对于货币重大问题所作出的包括原则、规范、措施在内的法律安排的总称。该种法律安排可以通过国内市场经济需要及法律、判例的发展而形成,也可以通过国际条约、协定在较短的时间内确立。前者如早期的国际金本位制;后者如二战时期形成的布雷顿森林体系。但不管通过何种方式形成,国际货币制度都是在一定历史时期、一定历史环境下形成的产物,在特定的历史条件下发挥自己的功效。随着国际贸易、国际货币金融活动实践的发展,原有的国际货币体制也会不断地调整和完善,从而推动新的国际货币制度的形成。

二、国际货币制度的演变

(一)国际金本位制

国际金本位制是以黄金作为本位货币进行流通的货币制度。金本位制度始于英国,随后以德国为首的一系列西方国家相继推行金本位制度。随着金本位制推行范围的逐渐扩大，至 19 世纪末金本位制已普遍适用于各大资本主义国家，开始由英国国内货币制度转向国际货币制度。

金本位制具有以下特点：

1. 黄金在国际经济交往中充当世界货币

含特定黄金量的金币是无限清偿的货币，具备无限支付的特征。

2. 黄金可以自由铸造

任何持有黄金的个人都可以持黄金到国家铸币厂要求按照法定黄金含量制造成金币；也可以持金币到国家铸币厂要求换回含同等价值的金块。

3. 货币的价值以黄金含量确定

一国金币含有特定价值的黄金，不同货币间的比价（即汇率）按照含黄金价值的比率确定；且一国货币与他国货币的汇率围绕货币含金价值上下波动。

4. 各国的货币储备以黄金为主

黄金作为直接的、根本的支付手段不受限制地输入、输出一国国境，有利于汇率的稳定。国际金本位制是以黄金为铸币基础的国际货币制度，具有自由铸造、自由兑换、自由流通以及汇率围绕货币含金价值上下波动的特征。金本位制度稳定运行的前提是黄金存量丰富、分布均匀、流通自由。因国家间经济发展、政策的不平衡，至第一次世界大战前夕，英、美、法、德、俄 5 大资本主义国家已经占据了世界黄金存量的三分之二。其他国家不再具备充足的黄金存量以铸造金币，金本位制度的基础不复存在。第一次世界大战之后，各国因黄金存量的匮乏纷纷出台政策限制黄金的出口，导致金本位制度的全面解体。①

（二）国际金汇兑本位制

第一次世界大战结束之后，金本位制度解体，各国均在寻求新的国际货币制度以维持国际货币交往的正常有序发展。1922 年 4 月 10 日，英、法、日、苏等二十多个国家于意大利热那亚举行了"热那亚世界经济与金融会议"，该会议采用"节约黄金"原则，确立了金汇兑本位制度（虚金本位制），金汇兑本位制具有如下特点：

1. 一国国内不能直接流通金币而只能流通具有黄金价值的纸币；纸币不能直接兑换黄金，而只能通过兑换外汇间接购买黄金，与黄金挂钩。

2. 一国国内的货币需求与实行金本位制国家的货币保持固定的比价，并在后者国内存放外汇和黄金作为准备金，以随时出售外汇来稳定外汇行市；该国的货币金融实际在某种程度上受到其"钉住"的金本位制国家货币政策的控制。

3. 一国的货币储备除了持有大量黄金之外，通常还需要持有大量外汇以方便国际支付、结算，提高抗击风险的能力。

金汇兑本位制下，黄金不能直接用于流通，不能发挥自动调节货币流通与稳定汇率的作用；金汇兑本位制是不健全、不稳定的国际货币制度。实行金汇兑本位制的国家通常把本币与美元或者英镑挂钩，在平衡国际收支逆差时通常先动用自身的美元、英镑外汇储备而把黄金作为国际支付及结算的最后手段。1929 年至 1933 年的金融危机时期，美国及英国遭受金融危机的影响经济下滑，加之各国对美元、英镑的汇兑，导致美元、英镑汇率不稳，金汇兑

---

① 赵威主编：《最新国际货币金融法》，人民法院出版社 2002 年版，第 4 页。

本位制最终于 1933 年金融危机末期崩溃。

金汇兑本位制是在世界各国对黄金需求增加而黄金总存量不足、分配不均的情况下采取的国际货币制度,在某种程度上可以说是国际货币制度突破黄金存量约束的新尝试,为二战后国际货币制度的形成提供了有益的借鉴。

(三)布雷顿森林货币制度

1. 布雷顿森林制度的建立

1929—1933 年的经济危机促使了金汇兑本位制度的解体。二战期间及二战之后,各国货币制度严重不统一,国际收支危机非常严重,各国都采取了较为严苛的外汇管制政策,不利于国际经济交往的发展。为了消除混乱的国际货币关系给各国经济发展造成的消极影响,各国都在探索能够统一国际货币关系的新制度。其中,英国和美国的学者和经济学专家提出了较为知名的"凯恩斯方案"和"怀特方案"。

(1)凯恩斯计划

"凯恩斯计划"也叫"国际清算同盟计划",是由英国著名经济学家凯恩斯提出的。"凯恩斯计划"的核心内容为:①建立一个起着世界中央银行账户作用的国际清算同盟(以下简称"同盟");各成员国中央银行在同盟开设往来账户,各国官方对外债权债务通过该账户进行清算;②当一国的国际收支发生顺差时,将其盈余存入账户;发生逆差时,各国可按规定的份额向同盟申请透支或者提存;③各国在同盟账户的记账单位称作"班科尔"(Bancor),班科尔以黄金计算价值,各成员国可以用黄金换取班科尔,但不可以用班科尔换取黄金;各国货币以班科尔计价,且不经同盟的同意不得随意变更;④各成员国在同盟的份额按照二战前 3 年进出口贸易平均额的 75% 来计算;⑤同盟的总部分设于伦敦、纽约两地;同盟设理事会,理事会会议在英美两国轮流举行。[①]

"凯恩斯计划"实际代表了英国的利益。英国黄金存量趋于枯竭,为主要逆差国,负有巨额外债,国际收支危机较为严重。"凯恩斯计划"的原理类似西方国家银行融通短期资金的原理,借方和贷方必然相等,贷方对借方予以支持以使得国际收支趋于平衡。设立同盟的目的是以班科尔代替黄金进行国际间结算,如此一来,国际货币的数量可以突破黄金存量的限制,而根据各国经济、国际贸易发展的需求来调整。"凯恩斯计划"是针对金本位制度和金汇兑本位制度的弊端加以改进而提出的,使国际货币关系突破黄金存量的限制,因而获得了诸多国家及各国经济学家的赞许。

(2)怀特计划

"怀特计划"是由美国财政部工作人员怀特提出的。"怀特计划"的核心内容为:①设立一个国际基金,基金的数额应不少于 50 亿美元,基金由各成员国依照一定方法确定的份额缴纳;②美元充当国际货币,美元可按照固定价格(35 美元＝1 盎司黄金)购买黄金;其他成员国的货币则与美元保持固定的汇率,汇率在成员国国际收支发生轻度不平衡时可经基金的批准进行适当调整,倾向于固定汇率制;③除了对汇率进行调整之外,当成员国的国际收支发生严重不平衡时还可以通过向基金贷款来弥补差额,向基金的贷款源自各国向基金缴纳的份额,贷款的多少与该成员国缴纳基金份额的比例有关;④各成员国应尽量取消外汇管制、双边结算以及复汇率等货币歧视措施。

---

① 陈业宏、曹胜亮主编:《国际金融法》,华中科技大学出版社 2008 年版,第 53～54 页。

"凯恩斯计划"与"怀特计划"均主张建立一个国际货币机构,在汇兑自由的基础上实现汇率的稳定,但二者在原理上几乎针锋相对:"凯恩斯计划"考虑到英国黄金存量匮乏的现实,强调透支原则,反对以黄金作为主要的储备资产,希望能够防止美国在国际货币金融领域独霸领导权;而"怀特计划"坚持存款原则以避免美国承担过重的责任,强调货币体系应以黄金为基础,将黄金作为主要的储备资产。"怀特计划"指出基金应设在缴纳份额最多的国家,因此体现了美国掌控国际货币体系、统治国际货币金融领域的意图。

1944 年 5 月,筹建联合国的 44 国代表于美国新罕布什尔州的布雷顿森林举行了国际货币金融会议,会议围绕"凯恩斯计划"与"怀特计划"进行了激烈的讨论。但由于英美两国经济实力存在的差距,加之英国战后重建在很多方面都要凭借美国的帮助,因而会议确立了以美国"怀特计划"为基础,以英国"凯恩斯计划"为补充的国际货币制度,从而建立了以美元为支柱的世界货币制度。

2. 布雷顿森林制度的核心内容

布雷顿森林会议于 1944 年 7 月通过了以美国"怀特计划"为基础,以英国"凯恩斯计划"为补充的《国际货币基金协定》(以下简称《基金协定》)和《国际复兴开发银行协定》,确立了布雷顿森林货币制度。布雷顿森林制度汲取了英美两项计划的优点,确定了以下宗旨:建立一个永久性的国际货币机构,促进国际货币金融合作;发展世界贸易,开发各国的生产资源;促进汇率的稳定,防止竞争性的外汇贬值;建立多边支付制度,取消外汇管制;对成员国融通资金,减轻成员国国际收支不平衡的程度,缩短成员国国际收支不平衡的时间。

布雷顿森林制度的核心内容包括以下几个方面:

(1)建立一个统一的国际金融机构。布雷顿森林制度决议在华盛顿成立一个新的国际金融机构——国际货币基金组织(下称"基金组织")。基金组织的作用是借钱给任何一个处于外汇紧张、国际收支不平衡状态下的成员国。基金组织是二战后国际货币制度的中心,具有相当的任务和权力,它对帮助成员国融通资金、稳定国际外汇市场、扩大国际贸易、促进国际货币金融合作等方面发挥了巨大作用。基金组织的各项规定在一定程度上维护着国际货币金融、外汇市场的秩序,实质上已经构成了国际货币金融领域的法律。

(2)建立"双挂钩"制度。布雷顿森林体制的实质为国际金汇兑本位制,以黄金作为国际储备的基础,以美元作为主要国际储备货币,即"黄金—美元本位制"。该体制的原理为:首先,美元与黄金直接挂钩,确定了 35 美元=1 盎司黄金的官价;各国政府有义务承认该美元黄金比价并随时有权以该官价持美元向美国政府购买黄金,美国也可以该官价从外国金融机构买入或卖出黄金作为国际金融业务的结算;其他国家的货币并不直接与黄金挂钩,而是与美元直接挂钩,把美元的含金量作为各国确定货币价值的基准;各国货币与美元确立法定金平价,也可以不规定含金量而只规定本币与美元的比价。这样,其他国家的货币就钉住美元,美元等同于黄金,成了全世界金融活动所必须围绕的中心。[①]

(3)确立了可调整的固定汇率制度。布雷顿森林制度规定各国货币对美元的比价应保持固定,只能在比价上下各 1‰的范围内浮动;各成员国有义务采取各种措施来干预外汇市场,保持本国货币与美元比价的稳定;除非发生了国际收支的严重不平衡,否则成员国不得借货币政策对本国货币实行升值或贬值。

---

① 李仁真主编:《国际金融法学》,复旦大学出版社 2004 年版,第 112 页。

(4)力图取消经常项目下的外汇管制。外汇管制是国家采取立法、政策措施对外汇的买卖、收支、存兑等使用行为及出入境状况进行严格监管,主要目的是防止本币流出和外币流入,以维持本国货币对外币汇率的稳定。前面提到,经常项目指本国与外国进行经济交易而经常发生的项目,是国际收支统计中最主要的项目,包括对外贸易收支、非贸易往来和无偿转让三个项目。除了《基金协定》规定的例外情况,各成员国不得限制经常项目的支付,不得采取歧视性的货币措施,应实行多边支付制度,普遍做到自由的多边结算。基金组织同时要求成员国在条件具备之时,取消限制,实行货币自由兑换。

(5)建立了现代国际货币管理所必需的各项制度。根据《基金协定》,确立了包括国际汇率制度、国际收支调节制度、国际信贷监督制度、国际金融统计制度、国际储备制度、国际清算制度等在内的各项货币制度。

3. 布雷顿森林体系的崩溃

战后欧洲和日本经济的迅速恢复和增长对美国的国际经济交往状况产生了巨大影响,20世纪50年代以后,美国贸易优势降低,实际已从贸易顺差国变为贸易逆差国,美元大量外流,导致美元实际上的贬值。但因继续维持布雷顿森林体系的美元黄金挂钩制度,美元价值被高估,抑制了美国出口的增长,加剧了自身国际收支的不平衡。美元作为世界中心货币被高估导致美国战后通货膨胀的输出,损害了其他会员国的利益。美国自身国际收支的严重不平衡导致美国难以维持美元对黄金的官价,美元被高估也使得其他会员国不愿再以先前的固定比率兑换美元。1971年,美国宣布不再承担以美元兑换黄金的义务,各国也纷纷取消对美元的固定汇率。至此布雷顿森林制度已经崩溃。至1978年,在修改原《基金协定》基础上生成的《牙买加协定》生效,宣告布雷顿森林体系的彻底解体。

4. 布雷顿森林制度的评价

布雷顿森林制度虽实质上是一种金汇兑制度,但是较之先前的金本位制度及金汇兑本位制度,具有很大的不同。布雷顿森林制度通过国际协定确立,对货币的基本问题如货币兑换、汇率、外汇收支调节、成员国资金支持等作出了法律安排。而金本位、金汇兑本位制是通过铸币平价、黄金流通、市场交易等对汇率、外汇等进行的自发调节。[1]

布雷顿森林制度在稳定汇率、调节各国国际收支平衡、促进多边支付体系的建立等方面起了巨大的作用,促使二战后的二十多年内世界经济迅速增长,甚至可以说出现了经济繁荣景象。但由于金汇兑本位制自身存在的问题以及实行的固定汇率制不能按照实际市场情况的变更调整汇率,加之基金组织对成员国的借款政策并未发挥卓越的功效,最终还是崩溃了。布雷顿森林体系的崩溃也开启了国际社会探索货币制度的新篇章。

(四)牙买加货币制度

1976年1月,基金组织在牙买加首都金斯敦举行国际货币制度讨论会议,讨论对《基金协定》的修正条款,经过激烈的讨论,最后签订了《牙买加协议》。因签订《牙买加协议》而形成的新的国际货币体系成为"牙买加货币制度"。

牙买加货币制度相比于布雷顿森林制度的修改主要在于以下几个方面:

1. 汇率制度

取消了布雷顿森林制度下的固定汇率制度,允许各成员国自主选择汇率安排。基金组

---

[1] 赵威主编:《最新国际货币金融法》,人民法院出版社2002年版,第13页。

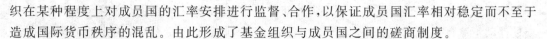

织在某种程度上对成员国的汇率安排进行监督、合作，以保证成员国汇率相对稳定而不至于造成国际货币秩序的混乱。由此形成了基金组织与成员国之间的磋商制度。

2. 黄金不再作为货币定值标准

《牙买加协议》决议取消黄金官价，国际市场上黄金作为一种单纯的商品进行交易，黄金与货币脱钩。基金组织不再干预金价，成员国之间以及成员国与基金组织之间也不再以黄金清算债权债务。

3. 储备资产方面创设特别提款权（SDRs）

基金组织创设特别提款权，并使特别提款权逐步取代黄金与美元成为国际货币制度中的主要储备资产，也即改黄金—美元本位为特别提款权本位。特别提款权是基金组织在普通提款权之外无偿分配给各成员国的一种虚拟资产。各成员国可以自由以特别提款权结算，基金组织与成员国之间的交易也以特别提款权代替黄金，基金组织一般账户的资产一律以特别提款权来表示。从 1987 年 1 月 1 日起，特别提款权根据美元、马克、法国法郎、日元、英镑等世界五大贸易国家的一揽子货币定值。由于欧元的推出，自 2001 年 1 月 1 日起，该篮子中的货币以欧元、美元、日元、英镑组成。2015 年 11 月 30 日，国际货币基金组织执董会批准人民币加入特别提款权货币篮子，自 2016 年 10 月 1 日起，人民币被认定为可自由使用货币，并将作为第五种货币，与美元、欧元、日元和英镑一道构成 SDR 货币篮子。

4. 增加成员国的基金份额

会议决定基金总额由原来的 292 亿 SDRs 增加到 390 亿 SDRs，基金增加额对于各成员国并不参照之前比例同比摊缴，而主要由石油输出国摊缴。

实际上，基金组织的总额及成员国所占份额一直处于改革之中，1998 年，基金组织进行了其成立后的最大一次份额调整，成员国的份额等比例增加 45％。21 世纪以来，更是变更不断，至 2010 年，中国在基金中的份额已升至 6.41％，超越了德、法、英，成为第三大基金份额持有国，位列美国和日本之后。

5. 扩大对成员国的资金融通

布雷顿森林体制下的基金组织虽对国际收支不平衡的成员国进行借款，但其功用、效果并不显著。牙买加制度下的基金组织扩大了一些项目下贷款的额度、比例，更以十分优惠的条件向发展中国家提供贷款及援助，以促进国际经济的和谐、稳定。

牙买加货币制度相比于布雷顿森林制度作了相应完善，但因多元化的国际储备缺乏统一稳定的货币标准，且自由汇率大起大落变动不定，加之国际收支调节机制各种渠道均有各自的局限，牙买加货币制度并未消除全球性货币体系存在的金融风险及发展障碍。但国际货币金融实践在持续发展过程中取得的一次次进步，如区域性货币的统一，为探索完善的国际货币制度迈出了重要的一步，一个新的国际货币制度必将逐渐形成。

三、区域性货币制度与欧洲货币一体化

（一）区域性货币制度概说

区域性的货币制度在国际货币制度演变的过程中产生。20 世纪 60 年代初，西方经济学家蒙代尔提出了"最适度货币区"（"最优货币区"）理论。蒙代尔教授敏锐地观察到，世界经济发展中的一个显著特点就是随着世界经济一体化与全球化的发展，产品、服务，尤其是资本可以通过贸易和投资大规模地跨国界流动。在这样一个更为开放的经济体系中，一国

的货币主权和财政政策效果更多地受到外部世界的制约,宏观调控能力下降。因而他主张,要使浮动汇率制更好地发挥作用,就要在商品、劳动力、资本等要素可以自由流动,经济发展水平和通货膨胀率相近的一定区域内实行区域高度统一的货币制度,以稳定区域内物价,促进区域经济发展并提高抗外来货币金融风险的能力。最适度货币区的确定因素有:要素流动性、经济开放性、国际金融一体化程度、政策一体化程度、通货膨胀相似性。

区域性货币制度的发展通常为两个阶段:首先是初始阶段。区域成员国之间兑换自由,采用固定汇率制;国际储备由区域统一保管;但各国的国际收支和财政政策独立。其次是成熟阶段。区域内实行单一的货币;设立区域中央银行,在区域所属各成员国内发行统一货币,实行统一的货币金融政策;成员国之间国际收支不再独立,是新资本市场和货币政策的统一。①

区域性货币制度一般发生在地理位置临近,经济发展状况、经济政策较为一致的区域。目前主要存在西非货币联盟、中非货币联盟、东加勒比海货币制度、欧洲货币制度等区域货币制度。其中,欧洲货币制度发展最为引人瞩目。

(二)欧洲货币一体化

1. 欧洲货币一体化的进程

欧洲货币一体化是从欧洲货币联盟开始的,其起源可以追溯至欧洲经济合作组织于1950年7月1日建立的"欧洲支付同盟"以及1958年取代了该同盟的"欧洲货币协定"。但"欧洲支付同盟"和"欧洲货币协定"并未对欧洲货币一体化提出具体设想,真正把欧洲货币统一提上日程则是在欧共体建立之后。1957年,德国、法国、比利时、荷兰、卢森堡、意大利6国签署《罗马条约》,欧洲经济共同体宪章出台。1991年12月,欧共体12个成员国在荷兰马斯特里赫特签署了《政治联盟条约》和《经济与货币联盟条约》。其中《经济与货币联盟条约》规定最迟在1999年1月1日之前建立经济货币联盟(Economic and Monetary Union),届时在该联盟内实现统一的货币、统一的中央银行以及统一的货币政策。《马斯特里赫特条约》经各成员国议会分别批准后,1993年11月1日正式生效,与此同时,欧共体更名为欧盟。随后欧盟于1994年成立了欧洲货币局,1995年12月正式确定了欧洲统一货币的名称——欧元(Euro)。1998年7月1日欧洲中央银行正式成立,1999年1月1日欧元正式启动,并确立了1999年至2001年3年过渡期。

2. 欧洲货币一体化的核心内容

欧洲货币一体化是指欧盟各国在货币金融领域进行合作,协调货币金融关系,最终建立一个统一的货币体系,实质是一个区域性的货币联盟。该货币联盟具有以下三个核心特征:(1)货币统一。欧盟内部成员国之间发行统一的货币——欧元;(2)汇率统一、利率统一。欧盟内部成员国之间实行单一的货币制度,因而内部不存在汇率问题;对外则实行浮动汇率制,灵活掌握对外汇率;欧盟内部实行统一利率,增加了欧元的稳定性。(3)建立中央货币机关。建立欧洲中央银行,由欧洲中央银行统一发行欧元,制定统一的货币政策,集中保管欧盟各成员国的国际储备。

3. 欧元的扩张

2002年1月1日起,欧元已经成为欧盟12个成员国的唯一合法货币。至2007年,又有15个国家先后加入欧盟。截至目前,欧盟成员国总数为27个。但实际上,欧元的影响已

---

① 陈业宏、曹胜亮主编:《国际金融法》,华中科技大学出版社2008年版,第60页。

经远远超出了欧盟 27 个成员国的范围,在世界范围内产生了深远的影响,表现在:(1)欧盟是目前世界上最大的区域性经济和贸易集团,且范围在不断扩大。强大的经济实力决定了欧元在世界范围内的巨大影响。(2)除了 27 个成员国以外,一些国家和地区已经单方面宣布欧元为本国法定货币,相当多的非洲国家因同法国之间的货币合作关系而转与欧元挂钩。此外,还有一部分国家单方面宣布本国货币与欧元直接挂钩。(3)在国际贸易结算方面,欧元将向美元发起强有力的冲击,并将很快成为最主要的国际计价货币之一。世界各国也将保有相当的欧元资产,作为外汇储备的一部分。这样一来,欧元势必在国际外汇储备方面成为美元强有力的竞争对手。据欧洲学者预测,全球未来的外汇储备结构很可能为欧元美元双头制,欧元和美元各占 40%,其余为日元、瑞士法郎等。

欧元汇率的定价采用加权平均制,相对于其他币种具有稳定性。欧元的诞生和广泛应用,对于稳定欧洲和全球金融、证券市场起到了不可忽视的作用。

在本节引例中,关于第一个问题,黄金不是货币而是货币的材料这种观点是不正确的。任何一种从商品中分离出来固定地充当一般等价物的商品都可被看作是货币。黄金在相当长的时间内都充当着一般等价物的角色,可直接用于一国国内、国与国之间的贸易支付、债权债务结算,已构成货币而非货币的材料。关于第二个问题,货币的本质是一般等价物,具有价值尺度、流通手段、支付手段、贮藏手段等职能。国际货币是指在国际经济交易中被普遍接受并广泛使用的可自由兑换货币、欧洲货币、复合货币、区域货币等,是在国际市场上执行一般等价物职能的货币,与一般货币的本质并无区别。

第三节　国际融资及担保法律制度

【引例】1985 年 11 月 23 日申诉人某国际金融机构属下国际金融部与第一被诉人签订了编号为(85)C 字第 087 号贷款协议书,第二被诉人以担保人的身份在该贷款协议书上签字、盖章。贷款协议规定,申诉人属下国际金融部向第一被诉人贷款 550 万港元,用于第一被诉人和第二被诉人合作经营的某饭店第二期工程的投资;该贷款期限为一年;利率按香港银行同业拆息率加 1‰ 计算,每 6 个月浮动一次;每期贷款的汇款日即为起息日,每半年结付利息一次;第二被诉人为该贷款的担保人,在第一被诉人不能按期归还贷款本息时,由第二被诉人负责偿还。当贷款期限届满后,因第一被诉人和第二被诉人未归还贷款的本金和利息,申诉人遂向中国国际经济贸易仲裁委员会深圳分会提请仲裁。请问:(1)根据该贷款的期限及利率计算方法,该贷款应属于国际金融组织贷款还是国际商业贷款?(2)第二被诉人的担保行为属于信用担保还是物权担保?属于从属性担保还是独立性担保?

融资,通常是指货币资金的持有者和需求者之间直接或间接地进行资金融通的活动。广义的融资是指资金在持有者之间流动以予补缺的一种经济行为,是资金双向互动的过程,包括资金的融入(资金的筹措)和融出(资金的借出)。狭义的融资只指资金的融入。

国际融资是指在国际金融市场上,国际货币金融主体运用各种金融手段,通过多种金融机构、非金融机构而进行的资金融通。目前,国际融资已经成为一国货币金融主体融资的重要手段之一,尤其是在大宗融资的场合。国际融资的主要手段包括国际贷款融资、国际证券融资、国际融资租赁等。在资本流动频率越来越高的今天,这些融资手段与融资担保制度一起,已经成为国际货币金融法的重要内容。

一、国际贷款融资

国际贷款是一国借款人通过与其他国家和地区的贷款人签订贷款协议取得国际贷款的行为,其实质是一种贷款合同。不同国家和地区的当事人通过贷款协议形成特定债权债务关系,借款人为债务人,贷款人为债权人。

国际贷款存在不同的分类标准。按贷款人的身份区分,可以分为外国政府贷款、国际金融机构贷款、国际商业银行贷款;依据贷款期限长短区分,可以分为短期贷款、中期贷款、长期贷款;从贷款主体的单一程度区分,可以分为独家银行贷款、联合贷款及国际银团贷款。国际融资实践中,外国政府贷款、国际金融机构贷款因限制较多,不如商业银行贷款应用广泛。而在国际商业银行贷款中,银团贷款是一种非常典型的贷款形式,体现了国际融资活动发展的趋势。

下面介绍几种主要的国际贷款形式:

(一)外国政府贷款

外国政府贷款是指一国政府以自身财政资金向另一国政府提供的,具有一定友好性、优惠性的贷款。它具有政府间开发援助的性质,在国际统计上又叫双边贷款,与多边贷款共同组成官方信贷。

外国政府贷款一般根据借款国的经济实力、经济政策和具有优势的行业,确定贷款投向范围和项目。经济发达的国家,如法国、英国、德国等,贷款一般投向能源、交通、通信、原材料及其他工业项目。某些行业比较先进的发达国家则侧重于该行业的项目贷款。

外国政府贷款具备以下特点:

1. 属主权外债,贷款必须偿还。外国政府提供的贷款在利率上通常具有一定的优惠性,但仍属于一般的债权债务关系,作为债务人的借款人有义务偿还贷款人的借款本金以及因借款而生成的利息。

2. 贷款期限长、条件优惠。外国政府贷款的期限一般属于长期贷款,常见的为 20 年～40 年,并且还有一定年限的宽限期。外国政府贷款的利率一般较低,一般为 0.2％～3％,个别贷款零利率。有的情况下还有一定比例的赠予成分,赠予成分一般在 35％以上,最高达80％。

3. 投向限制。政府贷款一般对贷款的使用目的都有较为明确的限制,如规定贷款只能用于双方约定好的特定行业、特定项目。

4. 限制性采购。政府贷款中,贷款国通常会设立一定的采购条款,要求贷款的全部或者部分只能用于购买贷款国的商品、劳务、技术等生产要素,以增加贷款国的出口贸易额。

5. 程序较为复杂。借款国先提出本次贷款的计划建议书,由贷款国相关专家予以考评、评估。评估通过之后开始谈判并签订贷款协议书。从谈判、签订协议到能够实际使用贷款也通常要经历较长时间。

（二）国际金融组织贷款

国际金融组织贷款是指国际金融机构向其成员国政府、政府机构或者公私企业投放的贷款。国际金融组织贷款旨在帮助成员国开发资源、发展经济和平衡国际收支。其贷款主要发放在以下几个方面：对发展中国家提供以发展基础产业为主的中长期贷款，对低收入的贫困国家提供开发项目以及文教建设方面的长期贷款，对发展中国家的私人企业提供小额中长期贷款。

国际金融机构贷款可分为全球性金融机构贷款和区域性金融机构贷款。全球性金融机构主要有国际货币基金组织、世界银行集团（包括国际复兴开发银行、国际开发协会、国际金融公司）、联合国农业发展基金会等；区域性金融机构主要有亚洲开发银行、非洲开发银行、泛美开发银行、欧洲投资银行等。各种国际金融组织虽同为国际金融组织，但它们发放贷款的条件和投向并不相同，而是本着促进会员国尤其是发展中会员国经济发展的目的各有侧重。如世界银行集团中的国际复兴开发银行主要是为发展中国家提供有息的中长期贷款，利率采用浮动制，利率水平与国际金融市场利率水平比较接近，贷款期限通常为20年，一般称为"硬贷款"。同为世界银行集团成员的国际开发协会主要是向最贫穷的低收入会员国提供无息的长期开发信贷，贷款期限在35～50年，一般称为"软贷款"。从2000年起，世界银行集团停止向中国发放软贷款。

国际金融组织贷款与外国政府贷款有诸多共同点：（1）优惠性贷款，利率通常较低；（2）贷款期限较长；（3）项目性贷款，专款专用；（4）审查严格，手续繁多。

但较之外国政府贷款，国际金融组织贷款的一个显著特点是其贷款一般面向成员国中较为贫困或者处于国际收支严重不平衡的国家，通过发放贷款及提供技术支持来帮助成员国发展经济、渡过难关。

（三）国际商业银行贷款

1. 一国银行贷款

一国商业银行贷款是指分属于不同国家的商业银行贷款人与借款人之间的借贷关系。商业银行的贷款人往往是一国实力雄厚的大型商业银行或者跨国银行；借款人则为他国的政府机构、金融机构、公私企业。

国际商业银行贷款特点如下：（1）贷款利率按国际金融市场利率计算，利率水平较高，借用期限也通常较短。（2）贷款可以自由使用，一般不受贷款银行的限制。政府贷款有时对采购的商品加以限制；国际金融机构贷款有专款专用的限制；而国际银行贷款通常不受银行的任何限制，可由借款人根据自己的需要自由使用。（3）贷款方式灵活，手续简便。政府贷款与国际金融机构的贷款，由于贷款多与工程项目相联系，借款手续相当繁琐；相比之下，国际银行贷款比较灵活，借款手续相对简便。（4）资金供应充沛，允许借款人选用各种货币。只要借款人资信可靠，就可以从国际商业银行筹措到自己所需要的大量资金。而政府贷款及国际金融机构贷款通常只是提供工程项目的部分资金。

各国对国际商业银行贷款的限制程度、限制条件各不相同。我国国内项目要借用国际商业银行贷款，需要经历以下程序：首先，根据项目的规模取得国家或地方的计划管理部门的批准，确定部分资金来源可为国际商业银行贷款；其次，报国家发展计划委员会审批，取得一定数额的国际商业银行贷款指标；再次，委托中国银行、交通银行、投资银行、建行、工行等经国家批准的对外融资金融机构对外筹措资金；最后，在国家主管部门正式批准贷款条件后,与国际商业银行签订借款协议。

2. 国际银团贷款

国际银团贷款又称国际辛迪加贷款,是指牵头行在借款人的请求下,组织不同国家的数家银行联合组成银行团,按照贷款协议所规定的条件,共同向借款人提供巨额中长期贷款的国际贷款模式,是国际商业银行贷款中较为典型、常用的贷款模式。银团的大小是根据项目的筹资规模决定的。银团成员少则几家,多则几十家。

国际银团贷款具有以下特点:(1)贷款金额较大。国际银团提供的贷款多为数额非常巨大的国际贷款,多在几千万美元至几亿美元之间。甚者可达数十亿美元。(2)贷款期限较长。国际银团贷款多是为某一国内大型项目进行融资,因项目利润收回期较长,贷款期限也较长。(3)贷款风险因分散而变小。贷款风险由多家银行分摊,因而风险得以分散,相对较小。

国际银团贷款协议的订立要经过以下程序:

(1)借款人取得授权。该授权包括借款人内部决策机构的授权也包括相关政府机构对以银团贷款方式从境外获取资金的批准。

(2)委托牵头行组织银团。借款人取得授权之后,可出具委托书委托金融机构作为牵头行为其筹措贷款。牵头行接到委托书之后,可以依据自身对借款人资信、项目情况及金融市场状况的评估作出是否接受委托的决定。牵头行可与借款人约定自身尽力承销而不对是否能够组成银团、筹措到足够资金作任何保证,也可以约定如组织银团不成则由自身按约定条件向借款人提供全部贷款。

(3)银团成员的确定。牵头行接受借款人的委托之后可以确定一个欲发出邀请的金融机构范围,然后制订一份详细说明借款人及项目情况的资料备忘录发送给范围内的金融机构,由各金融机构据以参考是否加入银团。如金融机构经评估愿意加入银团,则可在备忘录确定的截止日期之前回复承诺参加函,表明参加意图及参加的份额。

(4)贷款协议的谈判与签署。确定银团的具体成员之后,由借款人与银团签订银团贷款协议。协议应确定如下内容:①对于此次贷款的法律释义(以避免理解错误);当事人主体的确定;贷款的总额与份额;贷款先决条件;提款事项;利息事项;还款及提前还款;法律和情势变更;税收事项;费用事项;付款及债务证明;准据法和司法管辖等等。

从债权债务关系角度区分,银团贷款可以分为直接参与型银团贷款与间接参与型银团贷款。直接参与型的国际银团贷款是在牵头行的组织下,各参与行直接与借款人签订贷款协议,按照一份共同的协议所规定的统一条件贷款给借款人,各参与行与借款人之间均为直接的债权债务关系;而间接参与型的国际银团贷款则是先由牵头行向借款人提供或承诺提供贷款,然后由牵头行把已提供的或将要提供的贷款以一定的方式转让给参与行,参与行与借款人之间一般不存在直接的债权债务关系,某些情况下借款人甚至不知道参与行的存在。前者由银团内各成员行委托代理行向借款人发放、回收和统一管理;后者牵头行为借款人的唯一债权人,牵头行负责全部的贷款管理工作。实践中多为直接参与型银团贷款。

(4)项目融资贷款

境外项目融资指一国债务人因境内项目建设融资并仅以项目的名义从境外筹集资金并仅以项目资产和预期收益对外偿还债务承担责任的国际融资方式。项目融资主要应用于发电、高速公路建设、桥梁、隧道、供水厂等拥有长期稳定收入的基础设施行业。

项目融资贷款并不是与前述介绍的外国政府贷款、国际金融机构贷款、国际商业银行贷

款相并列的融资方式,而是因其显著特点单独加以介绍。项目融资贷款的特点如下:

①并不以借款人的资信为主要借款依据,不以建设项目以外的资产、权益和收入进行抵押、质押,而仅以项目资产和项目预期收益作为承担责任的方式。

②债权人对于建设项目及建设项目收益以外的债务人财产不具有追索权;在建设项目及建设项目收益的债务偿还方面的追索权也可能有一定的限制。

③不存在任何形式的融资担保。传统贷款项目中,银行或者政府提供的信用担保较多。而项目融资贷款中,除了主办项目的资产和收益可用以抵偿债务外,不存在担保。

④贷款对象为项目公司而非项目主办人。项目融资贷款中,项目主办人通常为该项目新建一个项目公司,由贷款人将资金贷款给项目公司,偿还贷款的义务由项目公司承担,而非由项目主办人直接承担。

项目贷款可由一家银行单独承担也可以由多家银行组成银团以银团贷款形式贷款。在国际项目融资贷款实务中,因融资项目大多规模大、风险大、期限长,多以银团贷款形式进行。

本节开头引例部分第一个问题"该贷款应属于国际金融组织贷款还是国际商业贷款",根据其贷款期限及利率计算方法"该贷款期限为一年;利率按香港银行同业拆息率加1%计算,每 6 个月浮动一次;每期贷款的汇款日即为起息日,每半年结付利息一次;"可以看出其应为国际商业贷款。

二、国际证券融资

(一)国际证券融资概述

随着现代国内市场证券业务的发展,20 世纪 80 年代以来,国际金融市场上的融资逐渐证券化,融资自贷款融资逐渐转向流动性强的证券融资,通过发行债权、股票及其他商业票据等方式直接在国际证券市场上筹集资金。国际证券融资实质是国际证券活动的一个方面,证券活动从证券发行人角度来说即是一种融资手段。

我们所说的证券,可以从广义、狭义两个方面来理解。广义的证券即证明权利的书面凭证,包括车船票、购物票、提货单、存款凭证、股票等,偏向于民法意义;狭义的证券专指资金需求者为了广泛筹集资金而面向他人及社会发行的、表明投资者直接或者间接财产权益的凭证,属于证券法意义上的证券,主要包括股票和债券两大类。

证券具有如下法律特征:(1)是财产权的书面凭证,反映具有特定物质内容的财产关系;(2)是证券发行人和投资人权利义务关系的凭证;(3)是一种风险投资工具;(4)除记名证券外一般可自由转让;(5)证券内容具有明确性,通常明确记载了财产权益的内容及相关事项。

国际证券是指某国政府、金融机构、公司企业或国际经济机构等在国际金融市场上发行的,以发行地所在国或其他可兑换货币为面值的证券,主要包括国际债券和在国际证券市场上发行的公司和金融机构的股票。国际证券较之国内证券的不同点表现在以下几个方面:(1)证券的发行人和投资者分别属于不同的国家。(2)证券的发行地为证券发行人所在国之外的国家、地区。(3)证券不以发行国国家货币计算面值,而采用发行地国家货币或其他可兑换货币计值。

(二)国际证券融资的种类

国际证券融资主要分为国际股票融资和国际债券融资两大类:

1. 国际股票融资

国际股票是指大公司尤其是跨国公司在国外发行和流通的股票。这些股票的发行人多为各国经济实力雄厚、业务规模巨大、在外国各地设有分支机构或子公司的跨国公司或者国际托拉斯,如美国的通用汽车公司、艾克森石油公司。国际股票交易中心多集中在国际金融中心,如纽约、伦敦、香港、东京等城市。国际股票可以分为普通股和优先股两种:普通股的股东按其所持股票的份额,参加公司的管理,分享公司的利润,或分担公司的亏损,但其所承担的责任仅限于所持股份的份额;而持有优先股的股东一般都按固定的股息率较之普通股股东优先取得股息,不以公司利润有无或利润多少为转移。在通常情况下,优先股股东无权参与公司的经营管理。国际股票属于证券,具有证券的风险投资属性,股票发行地的公民、公司企业、政府机构以及发行人、发行地之外国家的投资人通过购买国际股票来进行投资,从而使得发行人筹集到自己需要的资金。

现阶段,股票的跨国发行、交易仍主要受各国国内法,尤其是股票发行地和股票交易地国内法律的调整。除了依照国内法律管理国际股票的发行、交易之外,许多国家都设有专门的证券管理机构来保证股票和其他证券发行、交易相关的法律法规的实施。国际证券在发行地、交易地国家的发行和交易,服从该国证券管理机构的管制。

2. 国际债券融资

国际债券是一国在他国发行,并以发行地国家货币或第三国货币计价的债券。按照债券计算面值依据的货币种类,国际债券可以分为外国债券和欧洲债券两种。

关于国际债券的发行、交易,目前并没有统一的国际立法,同国际股票一样仍主要适用一国国内法。但在适用法律方面,外国债券与欧洲债券存在一些差别。

(1)外国债券

外国债券指的是一国在另一国市场上发行的、以发行地国家货币为面值的债券。外国债券的特点是发行人属于一个国家,而债券计值货币与发行市场属于另外一个国家。我国在美国发行的、以美元为面值的债券即属于外国债券。

外国债券因以发行地国家货币计值,因而要严格遵守债券发行地国家的证券法,须向有关主管机构提交发行所要求的各项法律文件并依照法定程序进行。如在美国发行的外国债券,除了遵守联邦法律之外还要遵守发行地所在州的法律。对于外国债券的发行程序,各个国家的法律规定不尽相同。

(2)欧洲债券

欧洲债券因既不以发行人所在国家货币计值,也不以发行地所在国家的货币计值,可以视为无国籍债券,在法律监管上不同于外国债券,比较灵活。欧洲债券发行、交易适用的法律,不一定是发行人所在地法律,也不一定是发行地所在国法律。发行欧洲债券之前,发行人就应当与经理人、承购人以及预期投资人协商确定债券发行及交易、债券关系当事人权利义务应适用何国法律。国际债券交易实践中,债券关系当事人通常选择证券业务比较发达的国家的法律,因为证券市场发达国家的证券法更为成熟,发行交易程序、当事人权利义务的设置较为合理,法律风险较小。但也有一些当事人选择依据发行人或发行地所在国的法律进行调整。①

国际债券交易的具体程序同一般债券的交易程序,具体为:债券的买主或卖主委托证券

---

① 王传丽主编:《国际经济法》,高等教育出版社 2005 年版,第 408～409 页。

商为其买入或者卖出某种债券;证券商依照受托顺序以最快的方式转告场内的代表人、代理人;场内代表人按受托条件成交后通知证券商;证券商与委托人办理交割手续,将委托买进之债权或卖出之债券所得的价款交付给委托人。债券发行人也正是由于债券投资人(买主、卖主)的投资活动筹集到自己需要的资金。

（3）国际证券融资法律

国际证券融资法律是国际证券的活动规范,包括关于国际证券的国际统一立法和各国国内法。国际法方面,1997 年 12 月 12 日,在世界贸易组织的主持下 100 多个国家共同缔结的《金融服务协定》,对全球证券市场的活跃发展有较为深远的影响。然而,因国际统一法制成果并不显著,在国际证券的发行、交易方面,起主要作用的仍为各国的国内证券立法。一些国家因证券市场发展较早,已比较成熟,关于国际证券的国内立法也先人一步。如美国的《加强国际证券合作法》、日本的《证券交易及外国证券机构活动法》等,为外国人在本国境内的证券活动和本国人在外国境内的证券活动提供了适用的规则。

三、融资租赁制度

（一）国际融资租赁的概念

租赁指的是由出租人将出租财产交由承租人使用,由承租人支付租金并在租赁合同终止时把租赁物交还出租人的交易方式。传统的租赁合同通常只有两方当事人,出租人将物品租赁给承租人主要是基于租金收益。而随着科技的发展和进步,许多行业,尤其是高科技行业产品更新换代较快,生产企业需要的大件产品往往需要耗费十分巨大的购买费用,资金不足使得它们不得不考虑除银行资金外的其他融资渠道。这种情况下,融资租赁便成为资本市场上一种新的资金来源。

融资租赁的具体操作如下:首先由需要货品、设备的承租人直接与供货商进行谈判,就货品的数量、质量、规格、型号、价格、交货日期等进行协商,协商达成一致之后,由承租人与出租人(租赁公司)提交租赁申请,请求出租人购买指定货品;出租人审核通过之后,与承租人签订租赁合同,随后以承租人与供货商之前的协商为基础对于交易条件进行进一步磋商,最终与供货商签订购货合同。购货合同通常约定由供货商直接将货品交给承租人,由承租人对货品进行检验,检验合格后租期即开始,承租人开始支付租金。租赁期届满之后,由承租人根据之前与出租人约定的权利范围,选择续租、留购或者将租赁物退还出租人。融资租赁的特色在于承租人可以在选择自己需要的货品具体规格型号的同时类似分期付款进行使用消费,减轻了资金的压力。

可见,融资租赁是以承租人向出租人租赁自身指定的产品、设备,分期交纳租金而实现资金融通的融资活动。国际融资租赁即跨国的融资租赁活动。在许多发展中国家,国际融资租赁往往被作为一种利用外资的手段广泛采用。

国际融资租赁作为特色鲜明的融资活动,兼具融资服务与贸易服务两种功能。国际融资租赁公司作为租赁资产的购置、投资和管理机构,可以是金融机构,也可以是非金融机构。

（二）国际融资租赁的法律问题

国际融资租赁包括三方当事人签订的两个合同。一是承租人与出租人签订的租赁合同,一是出租人与供货人签订的买卖合同。由此形成了两重法律关系:租赁法律关系和买卖法律关系。三方当事人之间的两个合同虽相互独立,却具有密切的联系:首先,租赁合同与买卖合同互为前提。没有承租人与出租人之间的租赁合意,买卖合同就不会发生,或者买卖合同的目的将会落空;没有买卖合同,租赁合同就无法进行。其次,租赁合同和买卖合同相互影响。买卖合同的无效或解除使得租赁合同无法进行,因而承租人可提出解除租赁合同的要求;租赁合同的无效或解除使买卖合同目的落空而失去意义,因而应当允许买卖合同的解除。但在买卖合同双方当事人另有约定或者供货方已经履行了实质性义务的情况下,出租人不享有当然解除合同的权利。再次,两个合同的三方当事人可以通过约定实现相互之间权利义务的转让:出租人作为租赁合同的当事人,理应承担向承租人提供货品的义务,但通过三方之间的合意,可将该义务转由供货方承担,约定由供货方直接向承租人提交货品;与此同时免除买卖合同下供货人对出租人的交货义务及租赁合同下出租人对承租人的交付租赁物的义务。在租赁物瑕疵的追索权方面,三方也经常约定由承租人直接向供货方索赔。这种权利义务的转移,只要三方当事人之间达成合意,都是有效的。

国际融资租赁区别于传统租赁的几个显著特点:

1. 租赁物的所有权与使用权

虽然在租赁物的所有权与使用权方面与传统租赁本质上一致,为出租人保有所有权而由承租人享有使用权,但是二者并不完全相同。传统租赁通常为非完全回收租赁,承租人使用期限仅为货品寿命的一部分,租金总额通常小于货品总价值;而融资租赁为完全回收租赁,出租人在租赁合同期间能够收回购买本金及相应的利息。在租赁合同到期之后,承租人依约定有权选择续租、留购,且在续租、留购的场合,通常只是缴纳较少的、象征性的费用即可获得续租权、所有权。

融资租赁期间出租人的所有权仅限于法律意义上的所有权,租赁合同常约定出租人不负责租赁物使用期间的维修、保养,出租人亦不关心租赁物的使用效率。其对租赁物所有权的保留仅仅是为了保障收取租金的权利,以及防止租赁期间承租人对租赁物进行出卖、抵押、质押、实质改造等。

2. 交付租赁物、瑕疵追索权等权利义务的转移

上文已经提到,两个合同的三方当事人可以通过约定实现相互之间权利义务的转让,如约定由供货商直接向承租人提供货品、由承租人直接向供货商追索货品瑕疵赔偿等。只要三方当事人之间达成合意,这些权利义务的转让都应视为是有效的。

(1)解约权

租赁合同、购买合同的双方通常都对解约权进行一定的限制。买卖合同是租赁合同得以落实的前提,在危害承租方权利的情况下,即使买卖合同双方当事人协商一致,也不能轻易解除。租赁合同更是如此。租赁合同往往约定了具体的产品规格、型号,不一定适用于除承租人之外的其他租客。而且,承租人通常租赁价值较高的设备,与其厂房、其他生产条件等相配套。一旦解约,也会给承租人带来巨大损失。因此,在融资租赁中对当事人的解约权进行限制,有利于保护当事人的权利,保护交易的正常进行。

然而,承租人的破产可以成为解约的理由。如因承租人破产而导致不能交纳租金,出租人可以以此为由解除租约,并基于租金损失要求一定数额的损害赔偿金。

在融资租赁市场发达的国家,实践中也存在"还旧租新"的做法。即承租人将租赁期内已不符合使用条件的原有租赁物归还出租人并租进更新型、合用的租赁物。但这种情况通常要由承租人提供一笔赔偿金或者提供其他优厚条件以弥补出租人因变更而受到的利益损

失,实际上相当于就租赁合同的提前解除与新租赁合同的产生。①

(2)租赁物的瑕疵担保责任

租赁物的瑕疵担保责任依照法律原理,通常由买卖合同的供货方承担。基于合同的相对性,货品瑕疵的追索权属于出租人。因融资租赁法律关系的特殊性,许多融资租赁发达国家的法律都有关于转让追索权和免除出租人瑕疵担保责任的法律规定。

(3)租赁物的风险承担

传统租赁中,租赁物因不可归责于各方当事人的原因而损毁、灭失,风险由作为所有权人的出租人承担。而因融资租赁主要体现为资金融通关系,租赁物的占有、使用、维修、管理均由承租人进行,出租人仅作为法律意义上的所有人,因而租赁物的风险不应由出租人承担,而应由从融资租赁中获得了切实资金便利的承租人承担。承租人除承担风险之外,还应给付一笔赔偿金给出租人作为租金损失的补偿。

为转移风险,租赁合同双方当事人通常在租赁合同中设定保险条款,对租赁物进行投保以弥补风险带来的损失。

(4)租赁物致第三方损害的责任承担

租赁物致第三方损害一般基于两种情况,一是货品本身瑕疵致人的损害,一是因设置、操作不当而产生的损害。第一种情况下,各国产品责任法都规定责任由产品的生产商、销售商等承担无过错责任;第二种情况下关于产品致人损害的责任,租赁合同常规定由承租人负责赔偿。原因有二:其一,货品的选择,包括种类、材质、规格、型号等均基于承租人的意思,其理应担责;其二,出租人在融资租赁中实为提供资金以获取利息的资金提供人的角色,而非租赁物的实际占有、使用、管理人,不应承担与己不相干的责任。

(三)融资租赁的国际立法

国际融资租赁的发展和各国关于融资租赁立法的不同规定阻碍了国际融资租赁活动的发展。为促进国际融资法制的统一,国际统一私法协会于 1988 年 5 月通过了《国际融资租赁公约》。《国际融资租赁公约》包括序言及 3 章内容,共 25 条。应当注意的是,《国际融资租赁公约》是在许多国家国内法都不存在融资租赁法律制度的情况下制定的,对于各国国内融资租赁活动的发展起到了巨大的促进作用。

1. 公约对融资租赁的定义

公约规定的融资租赁交易是指:出租人根据承租人的规格要求及其所同意的条件同供货人缔结一项买卖合同,据此,出租人取得工厂、货物或其他设备;并同承租人缔结一项租赁合同,授予承租人使用该设备的权利,以补偿其所付的租金。

2. 公约的适用范围

公约仅适用国际性的融资租赁交易。只有当融资租赁交易的范围跨出一国国界成为国际融资租赁交易,才适用《国际融资租赁公约》。具体来说,适用《国际融资租赁公约》的条件为:

(1)出租人和承租人的营业地要位于不同国家。这些国家和供货商营业地的所在国均应为《国际融资租赁公约》缔约国,或者买卖合同和租赁合同均受缔约国法律的管辖。"受缔约国法律的管辖"表明《国际融资租赁公约》可因国际私法冲突规范的指向而被适用。对当事人营业地的确认,如买卖合同或租赁合同的一方当事人有一个以上的营业地时,应将与该

① 李仁真主编:《国际金融法学》,复旦大学出版社 2004 年版,第 279 页。

合同履行关系最密切的那个营业地作为营业地,并应照顾当事人各方在订立合同前所了解或设想的情况。

(2)公约适用一次或多次转租交易。转租赁是指承租人将租赁物转租他人而形成新的融资租赁关系。《国际融资租赁公约》规定,不管当事人对于租赁物进行几次转租赁,只要该交易符合《国际融资租赁公约》对于融资租赁的交易规定,就适用《国际融资租赁公约》。

(3)公约不适用于个人或以家庭为目的的交易。

如租赁物是供个人或家庭使用而非商业用途的,不适用于公约。买卖合同与租赁合同的三方当事人,经共同合意可排除该公约的适用。仅涉及买卖合同或租赁合同双方当事人的条款,经该双方当事人协议一致可排除。

3. 公约对于当事人权利义务的核心规定

公约中的第二章主要规定国际融资租赁中各方的权利、义务,是整个公约的核心部分。其内容包括:

(1)出租人对货品享有所有权,可对抗承租人的破产财产管理人和债权人,包括已取得扣押令状或执行令状的债权人。但出租人应承担保障承租人合法占有货品的责任。

(2)承租人应妥善保管、合理使用设备,除正常使用出现的合理磨损和损耗之外使之保持交付时的状态;如租赁协议终止,承租人与出租人可按照双方约定进行续租、留购;未约定的可以补充进行约定。承租人不行使留购权或续租权时设备应归还出租人。

(3)除该公约或当事人签订的租赁协议另有规定外,出租人不对承租人承担货物的瑕疵担保责任;但如出租人在承租人选择货品时对货品种类、规格、型号等方面进行了干预,承租期间货品出现问题的,出租人不能免于瑕疵担保责任。

(4)由于设备的原因而造成的第三人人身伤害或财产损害,由出租人向第三方承担侵权责任。

(5)如果供货协议是由承租人和供货人直接签订,并把设备直接供给了承租人时,供货人只向承租人承担义务而免除对于出租人的交货义务,相应地出租人免除其与承租人租赁合同中的供货义务;但未经出租人同意,承租人和供货人不能私下终止或废除供货协议。

(6)由出租人与出卖人签订的买卖合同可由双方协商修改,但涉及承租人权利的条款必须经过承租人同意;承租人的权利不应由于变更买卖合同而受到侵害。

(7)如果设备未能按租赁合同的规定交付、推迟交付,或是交付的设备不合格,此时,承租人有权拒收设备或终止租赁合同。但出租人也有改正其错误、重新按租赁合同的规定提供设备的权利。如果出租人既不按原租赁合同供货,而承租人又未丧失拒收设备权时,承租人有权拒交租金,出租人则无权按租赁合同规定催收租金。

(8)承租人有解除租赁合同的权利,并可收回预付的租金以及其他事先已经缴纳的款项,但要扣除他运用设备,已经获得的合理利益部分。如果不是由于出租人的过错所造成,承租人不得因不供货、误期供货或供不合格设备而对出租人提出其他请求权。

(9)如承租人违约,出租人应通知承租人,给予宽限期,如承租人在能力范围内拒绝补救,出租人有权要求承租人交付应付租金、利息和违约金,甚至终止租赁合同。出租人未采取合理措施阻止损失时,不能取得违约金。

(10)出租人有转让设备的权利,但转让时不应解除其在租赁合同下应尽的义务,也不能改变租赁合同的性质和该公约中所规定的法律待遇;承租人享有转让使用设备的权利或租赁合同下的其他权利,但是必须经过出租人同意,而且还不能妨碍第三方的权利。

四、国际融资担保

(一)国际融资担保的概念及分类

国际融资担保指的是在国际融资活动中,借款人或者第三人(担保人)以自己的资信或资产向贷款方所作的还款承诺,当借款人不偿还或者不能偿还借款时以担保标的偿还债务。在跨国融资活动中,借款往往数额大,周期长,追索程序复杂,提供融资担保能够更好地保障贷款人的权利,促使国际融资的顺利进行。

根据不同的标准可将国际融资担保划分为不同的种类。以下介绍几种主要分类:

1. 信用担保与物权担保

信用担保指人的担保,由借款人或第三人以自身的资信作为偿还债务的保证。物的担保指的是借款人或第三人以自身享有所有权的特定财产或财产权益作为偿还债务的保证,当债务人不能够偿还债务时以该财产或财产权益偿还。信用担保包括保证、见索即付担保、备用信用证等;物权担保包括动产担保、不动产担保、浮动担保等。

2. 从属性担保与独立性担保

从属性担保指的是一种从属于基础交易的担保,担保人得以基于基础合同产生的多种原因提出抗辩,如基础合同无效、贷款人违约、先诉抗辩权等。先诉抗辩权是从属性担保合同中担保人的一项基本权利,债权人应首先向债务人追偿,只有在用尽法律救济仍不能在债务人处实现债权时才能向担保人提出还款请求。如债权人未先向债务人求偿,则担保人得以"先诉抗辩权"拒绝还款。独立性担保是一种独立于基础合同的担保形式。在独立担保中,担保人独立地向债权人承担担保责任,一旦债权人以债务人违约为由向担保人提出付款请求,担保人将不能以基础合同的法律问题提出抗辩,包括不能以先诉抗辩权提出抗辩。

3. 限额担保和非限额担保

限额担保是指担保人仅对一定金额范围内的债务承担担保责任,超出约定担保金额则不对超出部分承担担保责任;非限额担保是指担保人为债务人对债权人的全部债务,包括基于债务人债务产生的其他债务,如违约金等,承担担保责任。

4. 限期担保与非限期担保

限期担保的情况下,担保人与债权人通常约定担保责任的有效期限,债权人必须在约定期限内向担保人提出还款请求,否则担保人有权拒绝还款。限期担保常用于特定类型的债务担保,如工程项目的完工担保。非限期担保则不存在担保责任限定期,除特殊情况如担保人破产之外,担保人的责任须在债权人的全部权利得以实现之后才能结束担保责任。[1]

(二)信用担保与物权担保

信用担保与物权担保作为最为重要的担保分类,此处将其单列以作重点介绍。

1. 信用担保

信用担保常见形式为保证、见索即付担保、备用信用证等。安慰信能否视为信用担保的方式之一,至今仍存在较大的争论。

---

① 张桂红、何焰主编:《国际货币金融法学》,中国法制出版社2001年版,第260页。

（1）保证

保证作为担保实践中最为传统也较常用的担保形式，指的是由担保人依债务人的请求，以自身资信作为担保标的保障还款的担保方式。保证的形式，可以是作为借款合同一部分的保证条款，也可以是担保人与债权人单独签订的一份保证协议。担保合同一经成立，即在担保人与债权人之间成立债务担保关系。

保证的核心特征在于保证的从属性。保证合同的产生基于债务人与债权人之间的贷款合同，以保障债权人权利实现为目的。贷款合同为主合同，是担保合同的基础与前提；担保合同为从合同，因贷款合同而产生，以贷款合同的范围为担保范围，随着贷款合同的消灭而消灭。保证人基于贷款合同的诸多抗辩权可视为保证从属性的集中体现。保证人享有的抗辩权有：基于主合同未成立、主合同变更、主合同无效、撤销的抗辩权；基于主合同履行的抗辩权，如同时履行抗辩权、不安抗辩权、先诉抗辩权。

基于保证合同的从属性延伸出了保证合同的次位性和或然性。保证人基于先诉抗辩权，成为债权人的次位债务人，仅在债务人不能偿还债务时承担还款义务；保证责任最终是否落实，具有或然性。如果债务人及时偿还债务，保证责任通常不能实现。

对于保证人的资格，理论上，具有完全民事行为能力的自然人、公司企业、政府及政府机构等均可作为保证人。但是基于国际融资数额通常十分巨大，个人作为保证人的情况比较少见，保证人多为金融机构及政府机构。

（2）见索即付担保

见索即付担保也叫凭要求即付担保，是 20 世纪 50 年代新兴起的一种独立担保制度。见索即付担保的形式为见索即付保函。见索即付保函是担保人基于债务人的请求向债权人出具的凭索赔书和其他承诺文书向贷款人付款的保函。国际商会 1992 年发布的《见索即付保函统一规则》第 2 条规定："本规则所谓的见索即付保函（以下简称保函）意指凡由银行、保险公司，或其他组织或个人（担保人）以书面开立的，对提示与保函条款相符的书面付款要求以及保函所规定的各种其他单据（例如，建筑师或工程师的证明，判决书或裁决书等）而付款的保函、担保书或其他付款保证，而不论其名称如何。该项付款保证开给第三者（受益人），它符合：①应某一当事人（委托人）的指示并由其承担责任而开立的。②应某一银行、保险公司，或其他任何组织或个人（指示方）因执行另一委托人的指示而作出要求或指示并由各该指示方承担责任而开立的。"

见索即付担保具有以下特点：

①独立性。见索即付担保是非从属性的独立性担保，担保人承担的担保责任独立于基础合同而不能以基础合同产生的抗辩事由对抗债权人。

②担保人与债务人同承担第一位的付款责任。在传统的保证担保形式下，担保人的担保责任是次位性责任，而在见索即付担保情况下，担保人对债权人不享有先诉抗辩权，承担无条件的第一位的付款责任。

③单据化。确定赔付责任时，保证人只需审查受益人所提交的单据是否符合合同和保函对于单据文件的规定，而不需要审查基础合同的履行状况。经审查只需单据文件表面相符之后即应依约付款。

担保义务的无条件性与不可撤销性。见索即付保函一经开出即生效，是不可撤销的，保函一经开出担保人即承担无条件、不可撤销的担保责任。当然，债权人存在明显的欺诈和滥用权利,担保人可拒绝付款。此外,在一些英美法系国家的立法实践中,如果债权人正式提出索赔时存在明显的不合法,债务人可向法院申请禁令,禁止担保人向债权人付款。

(3)备用信用证

备用信用证是开证人(主要是银行)根据债务人的请求向作为受益人的债权人开出的付款承诺凭证,承诺在受益人出示信用证所规定的违约证明和票据时即向受益人支付约定款项。备用信用证兴起于20世纪50年代的美国,主要是为了规避美国法律对于银行不得为客户出具保证或保函的限制,后被其他国家沿用。

备用信用证的操作方式为:

首先,债权人与债务人之间签订基础合同,并在基础合同之中嵌入备用信用证条款;

其次,债务人向开证行申请开立以债权人为收益人的备用信用证,开证行对于债务人的申请、债务人的资信和经营状况进行审核,审核通过则开立备用信用证,成立债务人与开证行之间的委托关系;

再次,开证行开立备用信用证,与债权人形成担保合同关系。

最后,债权人向开证人提交符合备用信用证规定的违约证明及载明付款请求金额的汇票等单据,开证人进行表面相符审查通过之后支付相应金额。

备用信用证是独立担保的典型形式之一,具有与其他独立担保形式相同或相近的特征,即:根据基础合同而开立;一经生效独立于基础合同而存在;开证人承担第一性的付款责任;索偿时仅凭信用证规定的单据进行表面相符审查,不承担证实该单据真伪及基础合同实际履行情况的责任。备用信用证主要适用于英美法系国家,而见索即付担保则主要适用于大陆法系国家。[①]

(4)安慰信

一些国际融资担保人为了在某些情况下避免接受明确的保证义务而采用安慰信的担保方式。安慰信通常是指政府机关或企业集团母公司分别为政府下属机构的借款或子公司(可能仅是空壳公司)的借款向贷款方出具的函件,表示一种模糊的、愿意帮助借款方还款的书面支持文件,令贷款人得到某种程度的安慰,相信债务人有能力依期偿还债务。目前,安慰信作为获取资金的一种手段,在国际融资领域使用广泛。

西方国家多通过判例来确定安慰信的法律效力。安慰信的法律效力,应视安慰信的内容、措辞、出具环境以及出具人可能具有的心态而定。如果安慰信内容及其措辞比较肯定,具有与保函相同的实质性条款,则它的法律效力几乎等同于保函;但如果安慰信中没有实质性的保证条款,只是声明知道贷款人准备给其子公司贷款并表示愿意给予相应的支持以保持子公司的良好运营,这种安慰信相当于一封介绍信,在法律上没有任何拘束力,其可用于防止母公司日后否认它知道子公司借款的事实。但归根结底,安慰信的法律效力最终是由判案法官来决定的。

2. 物权担保

物权担保主要包括动产担保、不动产担保及浮动担保。

(1)动产担保

动产担保,即在动产上设置的担保物权,是由借款人或者第三人(担保人)以自己的动产

---

① 张桂红、何焰主编:《国际货币金融法学》,中国法制出版社2001年版,第273页。

向贷款人所作的履行债务的担保。因动产易于控制和转移,动产担保在国际融资担保中的应用较不动产担保而言较为广泛。动产担保可分为动产质押担保和动产抵押担保。

动产质押担保,是指债务人或第三人将其动产的占有转移给债权人作为履行债务的担保,如债务人不清偿其债务则债权人得将该特定动产予以变卖而获得清偿。债权人在考虑动产质押担保时不仅要考虑该特定动产的价值,还要考虑该动产在所属地是否易于出售和变卖,因而只有较少的动产适合作为质押的标的,如公司股票、债券、黄金等。债权人在占有质押物期间不得任意损害债务人之于质押物上的权利,如不得损坏质押物,不得干涉债务人行使基于证券类质押物而产生的身份权,如股东表决权。动产质押,大多不需要登记,质押合同成立、质押物转移占有即可生效。但某些动产质押合同除外,如股票、工业产权、著作权中的财产权利的质押往往需要经过登记才能生效。

动产抵押担保,是指债务人或者第三人不转移动产占有而将其作为履行债务的担保。当债务人不履行债务时,债权人得同动产质押的债权人一样,将动产折价变卖、拍卖以受偿。动产抵押相对于动产质押,能够在不影响债务人对抵押物实现经济效益的同时保障债权人债权的实现,兼具安全与效益双重功效。

(2)不动产担保

不动产担保是债务人或者第三人在其不动产如房屋及地上定着物、土地使用权等之上设置的担保。不动产担保也包括不动产抵押和不动产质押。因不动产不便转移的特点,不动产质押较为少见,不动产担保实际上仅限于不动产抵押。

虽然各国对于物权担保的法律规定差异较大,但对于不动产的抵押,各国均进行了较为严格的限制,限制条件通常有二:须以书面形式签订抵押合同;须向有关机构登记。一些国家还有其他的限制,如对抵押合同进行蜡封、公证等。

不动产抵押设立之后,如债权到期而债权人因债务人原因不能从债务人处得到清偿,便可向法院申请拍卖抵押物实现其债权;也可以由债权人与债务人签订一个转移所有权的合同使债权人(抵押权人)直接取得抵押物的所有权。

(3)浮动担保

浮动担保指的是担保人以其全部财产或者全部的某种财产为债务人对债权人的债务作担保,直到约定时间发生时担保标的物的价值才得以确定的担保形式。浮动担保为融资担保中较为特殊的形式。

浮动担保起源于英国,在英国,浮动担保分为有限浮动担保和总括浮动担保。有限浮动担保指的是以担保人的某特定种类财产的全部设定担保,而总括浮动担保指的是就担保人的全部财产设定担保。浮动担保自英国出现之后,也逐渐扩展至其他国家。但各国对于浮动担保的态度并不相同。英美国家对于浮动担保多持肯定的态度,而其他大多数国家对于浮动担保并没有明确法律条文予以承认、规制。如我国《担保法》第34条第2款规定"抵押人可以将前款所列财产一并抵押",但因该条文措辞比较模糊,对于其是否构成我国设定浮动抵押的依据,不同学者看法不一。

浮动担保具有如下特点:担保物的范围是债务人的全部财产或某特定种类的全部财产;担保物的价值和形态处于不确定的状态,随时可能发生变化;不转移担保标的物的占有;于约定事件(如债务人违约、破产、清算等)发生时,转化为固定担保。[①]

国际融资担保实践中,浮动担保的担保人往往因无法提供与贷款额等值的固定担保物而将其项目的全部资产及未来收益作为融资的担保。同时,实践中也出现了固定担保与浮动担保相结合的担保形式,即先由担保人就其重要的固定资产作固定担保,再就其他资产作浮动担保。这样能够保证一定数额的固定担保价值,有利于保障债权人的利益。

(三)国际融资担保的统一立法

担保制度虽历史较为悠久,但由于各国法律传统、法律体系的影响,各国关于担保物权的法律规定差异较大,不利于国际融资活动的发展。尤其是现代独立担保的出现和大范围应用,导致各国间担保物权的法律冲突较为频繁。因此,国际社会一直致力于开展国际融资担保法制的统一化运动,并在信用担保领域取得了一定的成果,先后通过了《合同担保统一规则》、《见索即付担保统一规则》、《合同保函统一规则》、《国际备用证信用惯例》、《独立担保和备用信用证公约》等。

其中,《独立担保和备用信用证公约》于 2000 年 1 与 1 日生效,主要内容包括独立担保、备用信用证操作的实体性规则和程序性规则。实体性规则主要涉及公约的适用范围、担保形式、担保内容、当事人权利义务等;程序性规则包括临时性法庭措施和冲突法规则。其通过具有重大的理论意义和现实意义:一方面,它是调和英美法系备用信用证担保与大陆法系银行保函担保的一次重大尝试;另一方面,它确立的独立担保及备用信用证操作的程序性规则和实体性规则,必将对各国融资担保的立法和实践产生重大的影响,因而能够促进国际融资活动的发展。

在本节引例中,第二个问题"第二被诉人的担保行为属于信用担保还是物权担保?属于从属性担保还是独立性担保"至此已可得出答案。第二被诉人的担保行为是以自身的资信而非特定财产进行担保,因而为信用担保;第二被诉人以第三人资信作为债务的担保,第二被诉人在被诉人不能偿还债务之时承担还款责任,属于传统的保证担保,因而为从属性担保。

第四节　国际证券法律制度

【引例】甲公司为美国一家大型重工企业,于 2000 年开始在深圳证券交易所上市交易。2002 年,甲公司面向中国境内发行了以人民币为面值、票面总额达 1000 万人民币的债券。请问:(1)该债券为一国国内债券还是国际债券?如果为国际债券,该债券理应属于外国债券还是欧洲债券?(2)该债券的发行和交易,应适用哪国法律?

---

① 李仁真主编:《国际金融法学》,复旦大学出版社 2004 年版,第 311 页。

一、国际证券概述

(一)国际证券的概念

证券,是商品经济发展的产物,是一种用以证明或创设财产权利的书面凭证。证券有广义与狭义之分。广义的证券是指各种财产所有权或者债权凭证,包括车船票、入场券、发货票、提货单、股票、债券等;狭义的证券仅指发行者为了广泛筹集资金而向社会公众发行的、证明投资人直接或间接性权利的凭证,包括股票、债券、新股认购书、证券存托凭证等。国际上并不存在统一的证券定义,各国证券法律规定的证券在内涵和外延上都存在一定的差别,如美国 1957 年《统一证券法》规定证券"是指任何票据、股票、债券、公司信用债券、债务凭证、任何利润分享协议、质物信托证书、预先开办证书或认股证书、可转让股票、投资契约、股权信托证、证券定期存单等等",证券的范围比较广泛;而我国《证券法》规定的证券范围较为狭窄,包括股票、债券及国务院依法规定的其他证券类型。一般证券法意义的证券指的是狭义的证券。

证券具有如下法律特征:(1)是财产权的书面凭证,反映具有特定物质内容的财产关系;(2)是证券发行人和投资人权利义务关系的凭证;(3)是一种风险投资工具;(4)除记名证券外一般可自由转让;(5)证券内容具有明确性,通常明确记载了财产权益的内容及相关事项。

国际证券是相对于国内证券而言的,指的是在跨国证券市场上发行并流通的、以某种国际货币为面值的能够证明或者创设某种财产权利的书面凭证,一般来说具有以下特征:(1)证券的发行人和投资人属于不同的国家;(2)证券的发行地非发行人所在地;(3)证券以发行地所在国货币或者其他某种可兑换货币为面值;(4)证券的法律适用具有多样性。[①]

国际证券对于发达国家来说更多的是可以扩展投资的对象和范围,有利于发展本国投资;对于发展中国家来说则主要是在扩充投资之外增加融资途径,有利于获得更多的国际资金。

(二)国际证券的种类

国际证券主要有以下几种:

1. 国际股票

国际股票是指跨国发行和交易的股票,即股票的发行者和交易者、发行地和交易地、发行币种和发行者所属国本币等三项中有至少一项的两个要素具有不同的国籍属性。这个概念揭示了国际股票的本质特征,即它的跨国性。

国际股票的分类大致与国内股票相同:(1)根据所代表的股东权的不同,可以分为普通股与优先股。普通股是公司股票最基本的形式,股东仅有一般股票带来的股东权利,优先股是指享有固定股息而在分配股息、红利、公司剩余资产分配方面都享有特别利益,并优先于普通股权利实现的股票。(2)根据票面是否标有权利人姓名,可以分为记名股票和不记名股票。记名股票的权利人姓名处在股票票面记载之外,还记载在公司的股东名册之中,非该权利人即使持有股票也不得享有股东权利;不记名股票则凭票行使股东权,不需证明其股东资格。(3)按照股票是否标明每股金额,可分为面额股票和无面额股票。(4)按照股票持有人表决权存在限制与否,可分为表决权股票、限制表决权股票和无表决权股票。除此之外还有其他分类方式,如按照股票是否可转换与偿还可分为偿还股和转换股等。国际市场上发

---

① 陈业宏、曹胜亮主编:《国际金融法》,华中科技大学出版社 2008 年版,第 149 页。

行的股票通常为无记名的普通股。

2. 国际债券

债券是一种用以证明债券发行人与持有人之间债权债务关系的书面凭证,相当于借款凭证。债券与股票属于两种性质不同的证券,股票主要体现所有权关系而债券主要体现债权债务关系。债券与股票相比的显著特点是风险小、收益固定。

国际债券是一国在他国发行,并以发行地国家货币或第三国货币计值的债券。国际债券的发行人主要是各国政府、政府所属机构、银行或其他金融机构、公司企业以及国际组织等;国际债券的投资人主要是银行或者其他金融机构、各种基金会、公私企业及自然人。国际债券通常具有资金来源广、发行规模大、存在汇率风险、以可兑换货币为计值货币等特征。

按照债券计算面值依据的货币种类,国际债券主要分为外国债券和欧洲债券两种。

(1)外国债券

外国债券指的是一国在另一国市场上发行的、以发行地国家货币为面值的债券。外国债券的特点是发行人属于一个国家,而债券计值货币与发行市场属于另外一个国家。我国在美国发行的、以美元为面值的债券即属于外国债券。

外国债券因以发行地国家货币计值,因而要严格遵守债券发行地国家的证券法,须向有关主管机构提交发行所要求的各项法律文件并依照法定程序进行。如在美国发行的外国债券,除了遵守联邦法律之外还要遵守发行地所在州的法律。对于外国债券的发行程序,各个国家的法律规定不尽相同。

(2)欧洲债券

欧洲债券即不以发行人所在国家货币计值,也不以发行地所在国家的货币计值的债券,可以视为无国籍债券,在法律监管上不同于外国债券,比较灵活。欧洲债券发行、交易适用的法律,不一定是发行人所在地法律,也不一定是发行地所在国法律。国际债券交易实践中,债券关系当事人通常选择证券业务比较发达的国家的法律,因为证券市场发达国家的证券法更为成熟,发行交易程序、当事人权利义务的设置较为合理,法律风险较小。但也有一些当事人选择依据发行人或发行地所在国的法律进行调整。[1]

国际市场上还存在一种在除日本以外的亚洲地区发行的、以非亚洲国家和地区货币标价的债券——龙债券,其本质上为欧洲债券。龙债券一般是一次到期还本、每年付息一次的长期固定利率债券,计值货币多为美元,也有一些以加拿大元、澳元和日元标价。[2]

3. 投资基金凭证

证券投资基金是指通过公开发售基金份额募集资金,由基金托管人托管,由基金管理人管理、运用资金,以资产组合的方式进行证券投资且投资利益共享、投资风险共担的一种投资机制。投资基金的显著特点在于:第一,集合投资。基金可以将公众手中持有的零散资金汇集起来交给专业的基金托管人以谋取资产增值。第二,分散风险。基金在广泛的投资范围内进行最科学的组合,分散投资于多种证券,通过多元化的投资组合降低投资风险。第三,专业托管。基金实行专业理财,由受过专门基金投资训练、经验丰富的专业投资人员搜集各种信息、运用各种手段作出最为科学、高效的投资组合方案以实现利润最大化。

---

① 王传丽主编:《国际经济法》,高等教育出版社 2005 年版,第 408～409 页。
② 中国证券业协会主编:《证券市场基础知识》,中国财政经济出版社 2010 年版,第 112 页。

根据投资资金的组织形式不同,投资基金凭证可以分为公司型投资基金凭证和契约型投资基金凭证。公司型投资基金凭证指的通过组建一个基金股份公司的形式募集投资者的资金而发行的基金收益凭证;契约性投资基金凭证指的是通过信托契约的形式募集投资者的资金而发行的基金收益凭证。美国多以公司型投资基金的形式募集资金发行基金受益凭证,我国目前多为契约型共同投资基金受益凭证。根据投资者的投资可否赎回为标准,投资基金凭证可分为开放型投资基金凭证和封闭型投资基金凭证。开放型的投资基金可连续发行,投资者可以随时购买、转让基金凭证。封闭性投资基金是指基金发行的总额是一定的,发行期满后,基金不再增减,并在交易所上市的投资基金①。

4. 存托凭证

存托凭证,又称存券收据或存股证,是指在一国证券市场流通的代表持有其他国家公司股票所有权的可转让凭证。1927年,美国人 J.P.摩根为了方便美国人投资英国的股票发明了存托凭证。存托凭证有时也可代表债券。

二、国际证券法律制度

证券法是调整证券发行、交易及证券监管过程中发生的各种关系的法律规范的总称。国际证券法律制度,即调整跨国证券发行、交易、监管活动的法律规范的总称,包括国际社会制定的统一规则、国际公约、国际惯例,也包括调整跨国证券法律关系的各国国内法。

然而在国际证券实践中,因各国证券法发展程度差别较大,加之法律传统、法律体系上的差别,国际证券法律尚未取得显著成果。国际上关于证券活动的统一立法,主要体现在证券监管及欧盟证券法制一体化方面。而调整证券发行、交易关系的国际证券法律主要是各国的国内法规范。随着证券实践的发展,许多国家的证券法律都有关于外国人投资本国国内证券及本国人投资外国证券的法律规定,也为各国国内法适用于国际证券活动提供了条件。下面分别介绍国际证券发行法律制度、国际证券交易法律制度、国际证券监管法律制度及欧盟证券法制的一体化。

(一)国际证券发行法律制度

1. 国际证券发行批准制度

证券发行是证券交易、证券监管的前提。各国证券法规一般都规定外国证券在本国证券市场上发行的限制条件。一些国家规定外国证券在本国的发行必须事先取得政府主管部门的批准,如比利时法律规定外国证券在其境内的发行要取得比利时财政部的批准;一些国家规定外国证券在本国的发行须事先通知某政府主管部门或特定机构,如荷兰法律规定外国证券在其境内发行须通知荷兰中央银行;还有一些国家对国际证券采取证券登记注册制度,凡在本国发行的外国证券必须向证券交易委员会登记注册。

各国纷纷对外国证券在本国的发行采取批准、登记等制度,目的有两个:其一,有利于掌控本国证券市场的整体情况,本国证券与外国证券的数量、价值比率,防止外国证券扰乱本国证券市场的平衡、破坏本国证券市场的稳定。其二,有利于加强对外国证券在其境内活动的管理。事先登记备案等可以较为全面地掌握该外国证券发行人各方面的情况,有利于对其进行监管;尤其是监督其是否忠实地履行了信息披露义务。

---

① 陈业宏、曹胜亮主编:《国际金融法》,华中科技大学出版社 2008 年版,第 149 页。

2. 国际证券发行的不同分类

依据不同的标准,可对证券发行作出不同的分类:

(1)据所发行证券的种类可分为股票发行、债券发行、基金券发行。其中股票发行依据发行方式可分为公募发行与私募发行,依据发行目的可以分为设立发行与增资发行。

(2)据发行方式是否涉及中介机构,可以分为直接发行与间接发行。直接发行不经证券经销商等中介机构,发行成本低但发行时间长、风险大;间接发行由承销机构代理发行。

(3)据发行同时是否设立担保可以分为有担保发行和无担保发行。有担保发行指证券发行单位为了增加证券的吸引力,以几种方式承诺到期支付证券收益的发行方式。无担保发行则不设担保。证券发行中,主要是债券发行采用此方式。

(4)依发行价格与票面金额的关系可以分为平价发行、溢价发行与折价发行。

3. 各国证券发行监管制度

各国对于在其境内发行的证券无一例外都实行发行监管制度,对于证券的发行采取一定程序进行审核。无论是本国证券还是外国证券在其境内的发行,都要遵循既定的发行监管程序。从 20 世纪 30 年代开始,国际上形成了两种基本的发行监管制度,即核准制与注册制,并在此基础上形成了融合二者特色的中间制。

(1)注册制

注册制是较为宽松的发行监管制度。注册制的核心在于信息公开,发行人须就法律规定应提交的一切材料提交给发行地证券管理机关,证券管理机关仅对其提交材料的真实性、完整性、准确性进行审核,在法定期间内不作否决即视为申请通过,发行人可向社会公开招股说明书及其他材料进行资金募集。注册制下的证券监管机关对于发行人的实质条件,如经济实力、经营状况好坏等不作审核,不得以发行人不符合某项实质条件而否决申请。

注册制对证券市场以及各方当事人的要求都比较高,实施应满足下列条件:效率较高的市场机制;法律较完备;承销商及其他中介机构具有较强的自律能力;投资者较为成熟。

(2)核准制

核准制是最为严格的发行监管制度。根据核准制,发行地的证券监管机关不仅对证券发行材料的真实性、完整性、准确性进行审核,还对发行人设定一定的实质条件,如资本结构是否合理、经营能力强弱等,只经过证券监管机关对于形式要件和实质要件的双重审核,才能发行证券。

(3)中间制

随着实践的发展,出现了融合注册制与核准制特色的中间制度,以德国的证券发行监管制为典型。德国对于股票的发行分为申请上市的股票与未申请上市的股票。对于未申请上市的股票,由联邦证券监管局采注册制进行形式审查;对于申请上市的股票采核准制,由证券交易所对于股票的发行和上市同时作实质审查。此外,英国公司法对于证券发行虽采用注册制,但伦敦交易所拥有上市证券审查权,可对上市交易的证券进行实质审查,也兼具核准制的特色。

目前,多数国家采取注册制,包括美、英、德、日、法、意、澳、加、荷、巴西、新加坡、菲等国。少数国家如新西兰、瑞典、瑞士等国采取核准制。德国为中间制典型国家。我国则实行较为严格的核准制。

4. 证券发行与信息公开制度

各国证券立法虽各不相同,但无一例外都规定了信息公开制度。信息公开制度也叫信息披露制度、公开披露制度、公示制度,是各国政府要求证券发行人为保障投资者利益、接受社会公众的监督而依照法律规定将其自身的财务变化、经营状况等信息和资料向证券管理部门和证券交易所报告,并向社会公开或公告,以便使投资者充分了解情况的制度。它既包括发行前的披露,也包括发行后的持续信息公开。信息公开制度主要由招股说明书制度、定期报告制度和临时报告制度组成。

信息公开制度的基本要求为真实性、完整性、准确性、及时性。信息公开制度的两种形式,发行信息公开和持续性信息公开都要严格遵循信息公开制度符合信息公开真实、完整、准确、及时性的要求。发行公开是指证券发行人依法定条件、程序、方式公开关于发行证券的各种法定信息,目的在于使投资人充分了解信息,作出正确的投资决定,主要表现为招股说明书等发行文件;持续性信息公开是指在证券发行之后或证券上市的情况下对已发行证券的交易情况、证券发行人相关的财务信息、经营信息、重大事件予以持续性、及时性披露的制度,目的在于使投资者全面了解自己投资证券的状况、合理判断投资风险。持续性公开制度主要包括季度报告、中期报告、年度报告等定期公开与重大事件的临时公开。

信息公开制度的历史较长,1720年英国制定和颁布的《白勃法案》中的相关内容是信息公开制度的雏形;现代意义上的信息公开制度最早规定于英国1844年的《公司法》,并在英国1900年的《公司法》中得到了进一步发展。美国得克萨斯州1911年通过的《蓝天法》进一步完善并最终确立了该制度。美国1933年的《证券法》和1934年的《证券交易法》更为详尽地规定了信息公开制度的各项内容,随后被其他国家广为借鉴。

(二)国际证券交易法律制度

1. 证券交易所制度

证券交易所是依据国家有关法律规定的条件和程序设立的集中进行证券交易的有形场所。世界上出现最早的证券交易所为荷兰阿姆斯特丹交易所。在有些国家,证券交易所为唯一合法的交易场所,不存在交易所之外的场外交易;而在大多数国家,证券交易所为证券交易场所的重要形式,除交易所之外允许依法进行场外交易。

(1)证券交易所的特征

证券交易所通常具有如下特征:固定的交易场所和交易时间;通过公开竞价的方式参与证券交易;实行公开、公平、公正原则,对证券交易所进行证券交易进行严格管理。

(2)证券交易所的职能

证券交易所通常具有如下职能:提供证券交易的场所和设施;指定证券交易所的业务规则;接受上市申请、安排证券上市;组织、监督证券交易;对会员以及各上市公司进行监督管理;公布市场信息。

(3)证券交易所的设立方式

对于证券交易所以何种条件何种程序得以设立,各国法律规定不同,主要存在以下三种:

承认制。采承认制的国家对于证券交易所的设立并未规定许多限制条件,而只是要求其设立经过行业协会承认即可,无须向政府部门申请、登记、核准。代表国家为证券业采用自律性管理体制的英国。

注册制。注册制指证券交易所须向政府证券主管部门进行注册登记,无须报经政府审核。注册制的代表是美国。

核准制。核准制对证券交易所成立的要求最为严格,其设立必须经证券主管机关的特许,因而也成为"特许制"。目前大多数国家,如日本、我国等,均采用核准制。

(4)证券交易所的组织结构形式

证券交易所通常由两种结构形式:公司制与会员制。公司制证券交易所以营利为目的,主要收入源自收取发行公司的上市费与证券交易的佣金,任何成员公司的股东、高级职员、雇员都不能担任证券交易所的高级职员。会员制证券交易所是由组成交易所的各会员自愿组成的、不以营利为目的的法人团体,对于参与证券买卖的交易者收取较低的佣金,经营交易所的会员可以参加股票交易,且新会员的加入一般需要经过原会员的一致同意。

(5)对证券交易所的监管

证券交易所本身即是一个具有一定监管职能的法人团体。正因为证券交易所具备的权力以及其在证券实践中的重要性,各国均未忽视对于证券交易所的监管。对于证券交易所的监管主要包括审查证券交易所的各项管理制度以及交易所向有关机构上报的材料是否真实、完整等。证券主管机关,如我国的证监会,有权责令证券交易所对于其不当行为予以改正,甚至暂停、关闭证券交易所。

2. 证券商制度

证券商主要指证券承销商、经纪商、自营商,是连接证券市场当事人之间的桥梁,对于证券的发行和交易都起着重大作用。各国和地区对证券商是否可兼营两种及以上的证券业务规定不同。英国、美国、日本以及我国大陆等许多国家均采兼营制度,允许证券商同时进行自营、经纪等业务;我国台湾地区则实行严格的分业制,证券商不能同时兼营多种业务。

对于证券商的设立,同证券交易所的设立,各国和地区规定了不同的条件和程序,主要是注册制和核准制。英美国家多为注册制,我国大陆、台湾地区、日本则采核准制。[①] 各国和地区对于证券商的设立条件的限制通常包括最低注册资本额限制、管理人员人数与技能条件限制以及场所设备条件的限制。

3. 股票上市制度

股票上市是指公开发行的证券经过法定程序在证券交易所挂牌交易的行为。股票上市将面临更大的投资者范围,各国对于证券上市都规定了较为严格的条件和程序。其中最为重要的就是上市条件,不符合上市条件则不存在上市行为。各国证券交易所对发行公司规定的上市条件一般来说包括发行公司资本总额及证券发行量要达到一定的要求、经营能力要达到一定的指标、发行证券分散于超过一定数量的投资者手中等等。对于国际证券在本国证券交易所的上市,各国往往规定了更为严格的标准,以加强对本国投资者和本国交易市场的保护。

根据是政府部门还是证券交易所掌握上市申请的审批权,上市审批制度可分为申报制和审核制。申报制指的是证券上市的审查权和决定权主要掌握在证券交易所手中,政府部门仅仅接受申请公司提供的书面材料予以审核,并不对实质审核及决定作出干预;审核制指的是对于上市申请的审核权力主要由政府部门掌握的审批制度。西方国家多采用申报制。我国采用的是审核制。在我国证券上市审批方面,证监会负责上市申请的实际审查,对上市

---

① 陈安主编:《国际经济法学新论》,高等教育出版社 2007 年版,第 364 页。

申请的资格、条件、规模、上市时间等进行实质审查并作出审批决定。在审核制情况下,证券交易所实际掌握的权力范围较小。

4. 对内幕交易的监管

内幕交易是指内幕人员和以不正当手段获取内幕信息的其他人员违反法律、法规的规定,根据其获得的内幕信息进行交易、建议他人进行交易或泄露内幕信息的行为。因而,内幕交易的行为人可以是内幕人员,也可以是以非法手段获得内幕信息的人。我国《证券法》第 74 条对内幕人员的范围作了如下规定:

"证券交易内幕信息的知情人包括:

"(一)发行人的董事、监事、高级管理人员;

"(二)持有公司百分之五以上股份的股东及其董事、监事、高级管理人员,公司的实际控制人及其董事、监事、高级管理人员;

"(三)发行人控股的公司及其董事、监事、高级管理人员;

"(四)由于所任公司职务可以获取公司有关内幕信息的人员;

"(五)证券监督管理机构工作人员以及由于法定职责对证券的发行、交易进行管理的其他人员;

"(六)保荐人、承销的证券公司、证券交易所、证券登记结算机构、证券服务机构的有关人员;

"(七)国务院证券监督管理机构规定的其他人。"

同时,我国《证券市场内幕交易行为认定指引(试行)》规定,非法获取内幕信息的人,包括通过骗取、套取、偷听、监听或私下交易等非法手段获取内幕信息的人,以及违反所在机构关于信息管理和使用的规定而获取内幕信息的人。

内幕交易行为人为达到获利或避损的目的,利用其特殊地位或机会获取内幕信息进行证券交易,违反了证券市场公开、公平、公正的原则,侵犯了投资公众的平等知情权和财产权益,损害了投资者的信赖利益,有可能引发证券市场的波动,从而给一国证券活动造成损害。因而各国对内幕交易监管均作出了相应的法律规定,其中美国是证券内幕交易立法管理最为完善的国家。美国 1934 年《证券交易法》第 16 节明确规定了内幕人员证券交易报告制度和内幕交易的法律责任,同时规定了任何内幕人士在 6 个月内买卖证券所得利润需归还证券发行公司。该法还规定内幕人士买卖证券的法定期限。1984 年《内幕交易制裁法》和1988 年《内幕交易和证券欺诈法》则进一步规定了对内幕交易和证券欺诈更为严厉的处罚制度。①

(三)国际证券监管法律制度

1. 国际证券监管法概述

国际证券监管,即对国际证券市场各种证券活动的监督和管理,是指政府及其他类型的证券监管机构如某些国家的证券交易所等,为保护投资者合法权益、维护证券市场有序发展,通过法律、经济、行政等手段对参与证券市场各类活动的各类主体的行为所进行的引导、干预和管制。证券监管的对象涵盖参与证券市场运行的所有主体,既包括证券经纪商和自营商等证券金融中介机构,也包括工商企业和个人。

———————————

① 陈业宏、曹胜亮主编:《国际金融法》,华中科技大学出版社 2008 年版,第 171 页。

证券监管法制总的来说即为监督、管理证券市场活动中发生的各种关系而制定的法律规范的总称,包括各国调整国际证券关系的国内法,也包括双边、多边的各种国际监管合作法制。一国证券法从本质上来说,不管是专门的证券法还是作为公司法、商法部分的证券法律条文,都是关于证券监督管理的法律规范。

2. 国际证券监管的目标和原则

1998 年 9 月,国际证券监管委员会(IOSCO)在内罗毕会议上通过了《证券监管的目标和原则》。该文件用 3 个目标、30 个原则概括了国际证券监管应达到的基本标准。3 个目标为:保护投资者;确保一个公平、公开、透明的国际证券市场;尽量减少系统性金融风险的发生。其 30 个原则又可以分为 8 大项,分别为:(1)监管机构应该具备的基本标准;(2)资本市场发行机制应该具备的条件;(3)发行之后的公司治理与公众持股公司的监管,包括持续性的信息披露;(4)二级市场的监管标准,包括结算制度、交易制度监管标准;(5)中介机构应该具备的条件和监管的标准;(6)法规执行的监管标准;(7)基金管理和集体投资的监管标准;(8)自律机构的监管标准。[①]

该文件仅仅为国际证券监管委员会发布的一项声明性、原则性、动员性的法律文书,而并非对各国具有法律约束力的国际法律文件。

3. 国际证券管理体制

前面提到,国际证券统一立法并不十分成熟,跨国的证券发行、交易活动主要仍受各国国内法的调整,而各国证券业发展程度、法律传统、法律体系上的差异导致各国对于证券活动的管理体制存在较大差别,主要存在以美国为代表的政府集中管理体制、以英国为代表的自律管理体制以及中间型管理体制。

美国式的集中型管理体制核心在于设立专门的全国性证券监管机构、制定专门统一的证券法律法规对证券活动进行监管;英国式的自律管理体制核心在于主要依靠证券交易所、证券商协会等自律组织对证券活动实行自律管理,政府除一些基本的证券立法之外不对证券市场作过多干预;中间型的管理体制介于集中型管理体制与自律型管理体制之间,结合了政府部门实质性管理与金融业自律管理的特色,但在现代发展过程中有向美国式的集中管理体制靠拢的趋势。

4. 国际证券监管的协调与合作

随着金融创新和金融交易的快速发展,各国各地区的金融相关度不断提高。证券市场国际化增加了国际性的金融风险发生的概率,加强国际证券市场的合作和协调已成为必然选择。证券市场活动方面监管合作的标志是 1984 年国际证券监管委员会的创设。国际证券监管委员会、巴塞尔委员会、各国中央银行及各国证券委员会、证券交易所等组织之间也正日渐加强监管合作力度,维护国际证券市场的稳定。中国证监会在 1995 年加入了国际证券监管委员会,并在 1998 年当选为该组织的执委会委员。

5. 证券监管的双边合作

国际证券监管合作中,最为常见的是双边监管合作。双边监管合作又以两种合作方式最为常见:一种是通过法律互助协定的形式,另一种是通过签订谅解备忘录的形式。前者并不一定是专门的证券监管互助协定,大多为涉及证券监管的互助协定。互助协定涉及证券的内容

---

① 陈业宏、曹胜亮主编:《国际金融法》,华中科技大学出版社 2008 年版,第 153 页。

通常为以下几个方面:证券协助的种类、协助的条件、协助的程序以及拒绝协助的情形。法律互助协定对于当事国双方具有法律约束力。后者是两国就某特定类型的案件(常见为内幕交易案件)所作的一种意愿及声明,多数是由各国负有监管责任的监管部门之间达成的,不具有法律约束力。国际上最早的双边法律互助协定及谅解备忘录均是由美国和瑞士签订的。

中国证监会自1992年10月成立以来,一直重视与境外监管机构的交流与合作,与多个国家间签订有法律互助协定及备忘录。截至2011年4月中卡(中国—卡塔尔)证券期货监管合作谅解备忘录的签订,我国证监会已相继同46个国家和地区的证券监管机构签署了50个监管合作谅解备忘录。通过双边法律互助协定、备忘录的达成,中国证监会等监管机构在信息分享、跨境执法协助和经验交流等方面进行了有效的合作,促进了各自市场的健康发展。

6. 国际证券监管的多边合作

国际证券监管合作中一个非常重要的组织,就是前述提到的国际证券监管委员会(以下简称"国际证监会")。国际证监会已通过的正式协议中,涉及证券监管各项制度的有:《金融合并监管》、《跨国证券与期货欺诈》、《现金和衍生产品市场间的协调》、《国际商业行为准则》、《国际审计标准》、《国际会计标准》、《清算和结算》等。[①] 虽然国际证监会的这些决议对其成员国不具有约束力,但对国际证券监管的合作、协调及证券监管国际统一法律制度的发展起到了借鉴作用。除国际证监会之外,国际证券管理者协会(ISSA)、国际证券市场协会(ISMA)、国际证券和互换交易委员会(ISDA)、国际会计准则委员会(ISAC)等国际性组织对于探讨国际证券问题、促进各国证券法律一致性起到了一定带动作用。

除国际证监会所通过的一系列与证券监管相关的决议、协议之外,世界各国也越来越多的通过签订多边合作协议来加强国家间证券监管合作。这些多边合作协议多以联合声明的形式出现,如1995年16个国家于英国温莎缔结的《温莎宣言》、1996年49个证券交易所、清算所及14个监管机构在期货产业年会上通过的《国际信息共享协议》和《国际期货交易所和清算组织合作与监管宣言》等。[②]

(四)欧盟证券法制的一体化

1. 欧盟证券法制概述

欧盟经济的一体化促进了欧盟内部法制的一体化。就具体操作方式来说,欧盟内部的基本法如《罗马条约》、《单一欧洲法令》、《欧洲联盟条约》等均未对欧盟内部证券监管方面作出规定,因而,为统一欧盟内部对于证券监管的法律制度,欧盟发布了一系列证券监管的指令,如《证券上市指令》、《上市说明书指令》、《招股说明书指令》、《中期报告指令》、《内幕交易指令》等,这些指令旨在在欧盟境内建立一套管理证券发行、交易、上市方面的统一原则和标准。根据《罗马条约》和《马斯特里赫特条约》,欧盟颁布的指令对于欧盟各成员国都具有法律约束力,并且效力优于欧盟各成员国国内法。

欧盟的指令多为一些原则性的标准和制度,意图在于为欧盟证券交易的一体化提出一些最低限度的统一法规,从而实现证券发行和交易的一体化。对于指令内容的具体实施方式,成员国可以在服从欧盟有关证券指令的前提下选择最适合自身的方式来进行,有一定的

---

① 王传丽主编:《国际经济法学》,高等教育出版社2005年版,第435页。

② 王传丽主编:《国际经济法学》,高等教育出版社2005年版,第435~436页。

适用灵活性。

2. 欧盟证券统一立法的三个阶段

欧盟内部关于证券统一立法的发展进程大体上可以分为三个阶段:

第一阶段是 1986 年《统一欧洲法案》颁布之前,欧共体在有关证券上市交易与信息披露等有限的领域内颁布了一些法令。《罗马条约》在规定建立共同体市场任务时,就已经包含了资本在内的生产要素在共同体内的流动和自由组合的内容。但是直到 1977 年 7 月 25 日,欧洲委员会才发布了《与可转让证券投资交易相关的欧洲行为准则建议》,这是欧共体对证券市场一体化的标准第一次发布建议。此后,又陆续出台了一系列指令和相关文件,主要包括《上市说明书指令》及两者的修正指令、《交易所上市指令》、《上市公司定期信息披露指令》和两个有关投资基金的指令。

第二个阶段是 1986—2000 年《金融服务行动计划》的实施。这一阶段欧盟证券法处于一个全面发展的时期,在跨境提供证券投资服务、证券发行与上市、证券交易、信息披露、交易结算以及投资者保护与成员国监管机关之间合作等各个方面都取得了重大的突破。这一时期的法令主要有 2007 年 10 月证券法律与监管《投资服务指令》《内幕交易指令》、《投资者赔偿安排令》、两个有关资本充足率的指令、四个有关说明书的指令、《上市公司主要股份变化披露指令》、《支付结算终结与证券结算系统指令》以及投资基金的修订指令以及一些对旧指令修订的指令。至此,欧洲证券市场初步消除了资本在各成员国之间自由流动的障碍,欧盟证券法律体系基本形成,但是在某些领域,欧盟证券法仍然尚未涉足其中。

第三阶段,随着欧元的统一实施与证券市场的飞速发展,欧盟证券法进入全新发展时期。这一时期主要目标是在修改、更新与完善以往法令的基础上,促进一个高度统一、透明、公平有序的证券市场的形成。最新欧盟证券立法依据其主要内容与目的划分,大体可以分为两大类,一类是一体化立法,以促进欧盟证券市场的一体化为其主要目标。这类立法主要有 2003 年颁布的《说明书指令》、2004 年颁布的《金融工具市场指令》(2006 年颁布了对其的修正案)、2004 年颁布的《要约收购指令》等;另一类是市场保护立法,侧重于解决市场统一所带来的问题,禁止市场滥用行为,确保投资者利益。其中这类法令当中以 2001 年颁布的有关投资基金的指令、《上市与信息披露指令》;2002 年颁布的《金融担保安排指令》、《消费者金融服务远程营销指令》、《适用国际会计准则条例》;2003 年颁布的《市场滥用(内幕交易与市场操纵)指令》;2004 年颁布的《透明度指令》;2006 年颁布的《会计审计指令》。[①]

欧盟各国证券法制的一体化是不可避免的选择,因为欧盟的一些独特优势,欧盟证券法制也是世界各区域统一法制中一体化程度最高的。其发展过程中的种种探索,取得的一项项成果都为全球范围内证券法制一体化提供了模板和借鉴。

在本节开头的引例中,甲公司为美国国籍的法人,其在中国境内发行的、以人民币为面值的债券应为国际债券,按种类则属于外国债券。外国债券的发行和交易,适用发行地所在国法律的调整。因而,甲公司发行的该批债券适用中国证券法关于发行、交易的相关规定。

---

① 陈彬、曾冠:《论欧盟证券法一体化的发展与困境》,载《证券市场导报》2007 年第 10 期。

第五节　国际金融监管

一、国际金融监管概述

（一）国际金融监管的概念及特征

金融监管有狭义和广义之分。狭义的金融监管是指一国中央银行或其他金融监管机构依法对金融机构和金融业务实施的监督管理；广义的金融监管除了狭义金融监管的内容之外，还包括行业自律性组织的监管、社会中介组织的监管以及金融机构自身的内部监管。

国际金融监管指国际社会对跨国金融活动的监管。国际金融监管具有如下特征：

1. 合规性监管与风险性监管相结合

合规性监管指的是监管机构对金融机构执行有关政策、法律法规等实行的监管；风险性监管是指监管机构根据对金融机构资本充足度、资产质量、资产流动性、经营管理水平、盈利能力等要素进行风险评估并采取相应措施建立的一个风险管理系统，以监测、衡量及控制金融风险的监管形式。

2. 由金融分业监管向统一监管发展

金融机构涉及银行业、证券业、保险业等业务领域，各国对于其管理通常采用分业管理体制，分别设立相关监管机构进行监管，如我国证监会、银监会与保监会分别负责证券业务、银行业务、保险业务的监管。但随着多元化金融集团的出现，大型的跨国金融机构往往涉足多项金融业务领域，单一的分业监管体制会导致监管范围的重合从而引发不必要的问题和资源浪费，因而已经不能满足国际金融监管的需要。近些年国际社会出现了综合金融监管体制，1998 年英国金融监管体制的改革和英国统一金融监管机构"金融服务局"的出现即是典型代表。

3. 国际金融监管法制趋同化，国际协调和合作的主体不断增加、功能不断完善

随着国际金融活动的深入发展及电子交易系统的普及，国际金融监管领域迫切需要国家间金融监管协作。各国也纷纷致力于寻求金融领域内的各种合作方式，双边协定、多边协定的发展及巴塞尔委员会通过的一系列决议、标准等在世界各国的推广和运用促进了国际金融监管法制的趋同。与此同时，国际上具备金融监管职能的国际组织之间、国际组织与各国金融监管机构间的合作也愈发频繁，巴塞尔委员会 1999 年 2 月公布的《多元化金融集团监管的最终文件》就是巴塞尔委员会、国际证监会与国际保险监管协会合作的成果。

（二）国际金融监管的目标和内容

要了解国际金融监管协作，有必要先了解国际金融监管所要达到的目标及国际金融监管合作的主要内容。

1. 国际金融监管的目标

国际金融监管的目标主要是：(1)创造国际金融业务稳健发展所需要的宏观环境和微观环境，最大限度地减少银行业的风险；(2)维护国际证券市场良好的秩序，保证市场活动公开、公平、公正；(3)维护投资者尤其是中小投资者的合法利益。

2. 国际金融监管的内容

国际金融监管的内容集中于以下几个方面：(1)金融机构业务种类的控制。各国通常对于本国金融机构能否经营非金融业务及能否同时经营多种金融业务作出了规定，在证券立法限制混业经营的情况下，各国金融监管机构都加强对于金融机构业务种类的监管以防范金融风险。(2)市场结构控制。市场结构控制指的是对固定区域内存在的金融机构的类型、数量等的调控，保持区域内金融业务的活力与竞争性。(3)谨慎性控制。谨慎性控制也可称作审慎监管，是风险监管的需要，指的是对于金融机构资本充足性、资本流动性、金融创新、贷款风险分散性控制等要素进行的监管，以防止金融领域的危机和混乱。(4)保护性控制。保护性控制指的是为维护金融机构、金融活动正常、持续进行所作的调控，如各商业银行在中央银行交纳准备金的准备金制度以及商业银行在存款保险机构投保的存款保险制度。①

二、国际金融监管体系

国际金融监管主要有国内、国际两个层面。

1. 国内层面的金融监管

国内层面的金融监管包括跨国金融机构母国金融监管机构与东道国金融监管机构的监管。母国与东道国金融监管机构的监管活动并不是割裂开来的，而是相互协调、相互促进的。母国金融监管机构的监管主要体现在对本国金融机构在国外设立分支机构的审批，对本国海外金融机构财务信息和经营信息的核查以及对其业务的管理；东道国的监管主要体现在外国金融机构在其境内的市场准入、法律待遇和经营活动等方面，如规定外资金融机构进入的存在形式、进入的条件和待遇、业务范围和风险控制等，以使外国金融机构的进入活动符合其本国的金融政策和目标。②

2. 国际层面的金融监管

国际层面的金融监管由不同层次不同渠道的监管机制组成，此处从国际金融监管组织与国际金融监管法律文件两个方面进行介绍：

(1)金融监管的国际组织

国际上存在许多或官方或非官方的金融组织，它们的性质、地位、作用范围、作用方式、措施方法等方面存在一些差异，因而各自所起的作用也不尽相同。但不能否认的是，它们对于国际金融法制一体化、国际金融监管合作都发挥着或大或小的影响。

世界贸易组织。世界贸易组织在金融监管领域的职能主要体现在促使各成员单位以《服务贸易总协定》(GATS)与《金融服务协定》为根据开展国际金融服务贸易的统一准则，使各成员国的金融监管政策符合GATS的全球金融自由化目标。

国际货币基金组织及世界银行。国际货币基金组织及世界银行主要负责各国金融政策的协调、对会员国金融困难的帮助及对国际金融危机的防范，在国际金融宏观领域内发挥着重要作用。

国际证监会。国际证监会是国际证券领域监管合作中一个重要的国际组织，其通过促进各国证券监管者之间的监管经验的交流和监管措施的协调，促进国际证券法制的统一。

---

① 赵威主编：《最新国际货币金融法》，人民法院出版社2002年版，第217页。
② 陈安主编：《国际经济法学新论》，高等教育出版社2007年版，第380页。

巴塞尔委员会。在国际金融监管协作尤其是跨国银行的国际监管协作方面,最为重要的国际组织应首推巴塞尔委员会。巴塞尔委员会是由美国、英国、法国、德国、意大利、日本、荷兰、加拿大、比利时、瑞典 10 大工业国的中央银行于 1974 年底共同成立的,其作为国际清算银行的一个正式机构,发布了关于跨国银行监管责任分配和监管标准的一系列较成熟的协议、原则、报告、建议等文件,对国际金融监管乃至一国国内的金融监管都产生了重要影响。近年来,巴塞尔委员会还与国际证监会、国际保险监管协会一起就多元化金融集团的监管作出了许多努力与尝试。①

(2)国际金融监管法律文件

国际金融监管的相关国际组织在国际金融监管方面颁布了一系列法律文件:巴塞尔委员会先后颁布了《关于统一国际银行资本衡量和资本标准的协议》(巴塞尔协议)(1988)和《银行业有效监管核心原则》(1997);国际证监会先后发表了《里约宣言》、《监管不力和司法不合作对证券和期货监管者所产生问题的报告》和《承诺国际证券委员会组织监管标准和相互合作与援助基本原则的决议》;保险监管国际协会制定和颁布了《新兴市场经济保险规则及监督指南》。与此同时,为推进金融服务贸易的自由化,WTO 对金融监管法律也进行了多次国际协调,并于 1993 年 12 月缔结了《服务贸易总协定》及其金融附件,于 1995 年达成了《金融服务承诺谅解》,于 1997 年达成了《全球金融服务协议》(FSA)(以下简称《金融服务协议》或《金融服务协定》)等文件。WTO 通过的该些文件旨在促使各成员国以《服务贸易总协定》(GATS)与《金融服务协定》为根据制定宏观层面的金融政策、法律,以达到 GATS 实现全球金融贸易自由化的目标。

此外,监管机构之间的双边或多边信息共享与合作也还是比较普遍的,主要表现为谅解备忘录和金融信息备忘录的形式,前者通常规定监管机构之间的合作条件,通常包括获取彼此所拥有的官方文件和其他信息的规定,而金融信息备忘录是一种特定类型的备忘录,规定了获取更一般信息的条款,或进一步规定了关于国际经营企业风险评估认定的常规报告要求。②

三、金融监管的国际合作

(一)WTO 与国际金融监管

WTO 在国际金融监管方面所起到的作用主要围绕国际金融自由化这一议题展开。作为乌拉圭回合的谈判成果之一,《服务贸易总协定》及其金融服务附录提出了成员方在服务贸易领域须遵守最惠国待遇、透明度、国民待遇、市场准入等原则;1997 年《金融服务协定》则是各国以承诺表和豁免清单的方式作出的金融服务具体承诺。白钦先主编的《金融监管的国际协调与合作》中提到:"《金融服务协定》涉及全球 95% 的金融服务贸易范围,要求参加成员统一对外开放银行、证券、保险和金融信息市场。该协定的主要内容包括:界定金融服务的范围;允许外国公司在国内建立金融服务公司并按平等竞争原则运行;外国公司享有与国内公司同等的进入国内市场的权利;取消跨边界服务的限制,允许外国资本在投资项目中所占比例达 50% 等。"

---

① 陈安主编:《国际经济法学新论》,高等教育出版社 2007 年版,第 381 页。

② 李近华:《国际金融监管立法的发展趋势》,载《贵州广播电视大学学报》2009 年第 2 期。

但 WTO《服务贸易总协定》及其附件、《金融服务协定》所努力实现的全球金融自由化并不意味着要求各国完全放弃对于金融业务的监管、给予外国金融服务者完全的国民待遇。相反，全球金融的自由化、一体化对各国金融监管方法、措施的协调提出了更高的要求，要求建立一套相对完善、统一的多边监管体制。鉴于此，《服务贸易总协定》及其附件、《金融服务协定》建立的多边金融贸易规则在倡导全球金融自由化的同时准许各国进行必要和适度的监管，强化对于金融领域的控制能力。

多边金融贸易规则对于各国金融监管的支持主要表现在以下几个方面：(1)《服务贸易总协定》序言对于各成员国境内的各项服务贸易作出了总体规定，允许成员国为实现国内政策目标对其境内的各项服务贸易制定和实施新的限制政策。(2)《服务贸易总协定》第 12 条进一步规定，成员国如果处于国际收支严重不平衡或者财政严重困难的状况或者在存在这些威胁的情况下，可以对该成员国已经承担的服务贸易特定义务，如市场准入和国民待遇义务等，采取各种限制措施。(3)《服务贸易总协定》的《金融服务附录》中明确规定《服务贸易总协定》中的任何规定都不能阻止成员国基于审慎监管而采取的各项监管措施，如为保护金融产品投资者、金融服务消费者而采取的风险控制措施等。[①]

(二) 国际货币基金组织与国际金融监管

对国际货币金融体系和成员国的经济及金融政策的监管是国际货币基金组织的一项基本责任与核心职能。基金组织对国际货币金融体系的监管主要体现在对汇率制度的监管与对外汇管制的监管两个方面，但其监管内容、监管范围并非一成不变，而是随着国际金融实践的发展而不断调整变化的。

1. 基金组织对汇率制度的监管

《基金协定》第 4 条的目标主要在于促使各会员国同基金及其他会员国合作，以促成国际间有秩序的外汇安排和稳定的汇率制度。第 4 条规定，当一国加入基金组织时，该成员国须奉行能够促进其经济有序增长和汇率稳定的经济、货币金融政策，而避免通过操纵汇率来妨碍国际收支的有效调整或借此取得贸易方面的不正当竞争优势。除此之外，各成员国应当及时、准确地向基金组织提供本国与该类政策、汇率制度等相关的经济数据。基金组织基于该条内容取得对各国的监督权，有权利亦有义务对各成员国的经济政策、汇率制度进行持续监督。基金组织主要通过两种方式对成员国的经济政策进行监督：一方面，基金组织总部工作人员与各国监管当局保持持续性的密切联系，随时就相关问题进行交流；另一方面，基金组织通常按年度委派代表团访问各成员国，收集成员国的经济金融数据，并就该国实行的货币政策、汇率制度、经济金融等结构性政策以及自上一轮磋商以来经济金融领域各方面的进展与该成员国的中央官员进行磋商。这种磋商通常也称作"第四条磋商"，代表团在成员国内外收集的经济金融数据以及磋商的成果将被制成报告上报基金组织，基金组织经该成员国官方同意可将磋商报告全文及基金组织执行董事会就该报告讨论情况的"公共信息通告"上传至网络供各方查阅，以更好地执行基金组织的信息透明政策。[②]

除了与各成员国之间的双边磋商之外，基金组织也经常性地与各地区性货币联盟如欧元区、西非经济与货币联盟、东加勒比货币联盟等进行磋商，对区域性的货币安全、经济金融

① 陈安主编：《国际经济法学新论》，高等教育出版社 2007 年版，第 382 页。
② 鲁茉莉：《国际货币基金组织监督职能的发展及其特点》，载《国际观察》2010 年第 3 期。

政策实施监督。同时,基金组织也通过编制出版每年两期的《世界经济展望》与《全球金融稳定报告》对全球经济发展前景及资本市场的动向、风险进行讨论。

2. 基金组织对外汇管制的监管

外汇管制通常指一国为维持自身的国际收支平衡及一定的汇率水平而实施的对外汇买卖、国际结算的限制措施,其实施阻碍了国际贸易的发展,不利于国际货币金融体系的统一。《基金协定》将"消除外汇管制"作为基金组织的一项宗旨加以确定。为促进各成员国更好地实施《基金协定》关于取消外汇管制的规定,协定第 8 条及第 14 条分别设立了两种外汇管制模式,由各成员国根据自身的情况及基金组织的建议选择采用。

第 8 条系一般性要求,集中规定了各成员国在外汇管理方面应遵循的基本义务:(1)禁止对经常性往来的支付施加限制条件。第 8 条规定"未经基金组织同意,任何成员国都不得对经常性往来的付款和资金转移施加限制",因而各成员国不得对本国居民与外国人进行的经常性交易施加限制,亦不得对本国居民基于该项交易所需及所获得的外国货币施加限制;(2)禁止实行歧视性的货币安排或实行多种汇率制。歧视性的货币安排指的是在外汇交易中对某国货币实行特殊限制,不给予一般性待遇;多种汇率制指的是对本国货币与同一种外币的汇兑在不同情况下实行不同的汇率,如在商品进口汇兑及商品出口汇兑时实行不同的汇率;(3)一成员国有义务兑换他国所持的基于经常性往来获得的、因经常性往来而需要兑换的本国货币。第 8 条规定:"任何会员国对其他会员国所持有的本国货币结存,如其他会员国提出申请,应于购回,但申请兑换国应说明:(a)此项货币结存系最近经常性往来中所获得;(b)此项兑换系为支付经常性往来所必需。购买国得自行选用特别提款权支付(须遵守第十九条第四节规定)或者用该申请兑换国的货币支付。"即,如他国所持有的本国货币系因进行经常性交易而获得并且系为进行经常性交易而兑换的,货币发行国有义务进行兑换。[①] (4)成员国应定期向基金组织提供本国与外汇管制相关的信息资料,如汇率水平、政府持有的外汇数量与外汇管理情况、黄金生产量与输入量、商品进出口情况及国际收支状况等。成员国一旦接受第 8 条内容的管制即意味着承担取消经常项目下外汇管制的义务,其本国货币将成为可兑换货币。

第 14 条则为补充性的过渡办法,适用于尚未准备好接受第 8 条内容的成员国。成员国在加入基金组织时,均有权选择是接受第 8 条的一般性义务还是第 14 条的过渡办法。第 14 条过渡办法规定了成员国可以继续实行加入基金组织前实行的外汇管制措施或者对原有的外汇管制措施进行一定修改,但不允许实行任何新的外汇管制措施。各成员国实行该过渡办法的期限为 5 年,5 年之后如需继续实行外汇管制则需要每年与基金组织进行磋商,经基金组织同意得继续实行外汇管制。如 5 年过渡期内成员国根据自己的情况决定转为接受第 8 条的一般性要求,可随时宣布脱离第 14 条的规制,成为第 8 条成员国,该国货币同时成为可兑换货币。我国已于 1996 年宣布自 1996 年 12 月 1 日起接受第 8 条义务的约束,实现了从第 14 条成员国到第 8 条成员国的过渡。

3. 基金组织监管职能的新发展

布雷顿森林体系崩溃之前,基于固定汇率制的国际货币体系与国际金融体系联系并不十分密切,基金组织的监管集中体现在对汇兑制度的监管。伴随着固定汇率制的解体及国

---

① 刘颖、吕国民主编:《国际经济资料选编》,中信出版社 2004 年版,第 317～319 页。

际资本市场的发展,国际资本流动规模和速度大大增加,汇率、贸易、资本流动的关系日益密切,对基金组织的监管工作提出了新的挑战。1998 年,在基金组织与世界银行的年会上,时任美国总统的克林顿提议建立"新的国际金融架构",改革金融架构的许多工作都纳入了基金组织的监督职能之中。基金组织自身亦通过加强监督框架、扩大监督内容等方式面对新的环境和新的挑战,主要表现在以下几个方面:

(1)重要领域国际通用准则和标准的制定及其实施评估

20 世纪 90 年代初期的欧洲金融危机、中期的墨西哥金融危机及末期的亚洲金融危机反映了监管机制信息匮乏及信息不透明的缺陷。许多国家意识到有效监管、透明监管需要良好的、健全的国际标准,因而纷纷建议在多个重要领域制定国际标准以更好地开展监督工作,而作为其监督职责的延伸,基金组织理所应当在这些标准的实施和监督方面起到领导作用。

1999 年,基金组织与世界银行联合发起了制定标准与准则倡议,呼吁制定和实施国际公认的最佳做法和准则,以增强国家间的金融合作及全球金融体系的稳定性。基金组织先后公布了关于统计标准的数据公布通用标准和数据公布特殊标准、《财政透明度良好行为准则》、《货币与金融政策透明度良好行为准则》等,并积极推进其他国际金融监管组织制定的一系列监管文件的实施,如巴塞尔委员会关于银行监管的《巴塞尔协议》、国际证监会《证券管理目标和原则》、保险监管机构国际协会《保险监管原则》以及清算系统委员会关于支付体系的《有体系性影响的重要支付体系核心原则》等。除对国际标准与准则的制定、推动实施之外,基金组织与世界银行还确定了 12 个对各成员国国内金融体系和国际金融体系具有重要影响的领域,并着重对这 12 个领域内各成员国的政策及有关国际标准与准则的实施情况进行评估,发表了《标准与准则遵守情况报告》(ROSCs),督促各成员国更好地执行国际标准与准则。

(2)多边磋商规则及外部稳定原则的引入

针对全球经济失衡问题愈发严重,2006 年 6 月,基金组织首次启动多边磋商,聚集了中国、欧元区、日本、沙特阿拉伯和美国 5 个参与方共同探讨如何在维持全球经济强劲增长的同时减少全球经济失衡现象。而在此之前,基金组织监管工作中的磋商措施限于双边磋商。多边磋商的启动,是基金组织监管形式转变的重要信号。

2007 年 6 月 5 日,基金组织执行董事会在修改 1977 年《关于汇率政策监督的决定》的基础上出台了《对成员国政策双边监督的决定》(以下简称《新决定》)。《新决定》的内容构成了基金组织 30 多年以来对国际汇率监督框架的首次重大修改,引起了成员国的共同关注。《新决定》最突出的部分,是引入了"外部稳定"的概念作为双边监督最重要的组织原则。基金组织在相应的解释文件中对"外部稳定"作了如下阐述:"国际收支状况不会引起汇率的破坏性变动,即达到了外部稳定;经常账户和资本账户之间应达到均衡,若经常账户长期处于非均衡状态,则可认为该国'根本性汇率失调而导致外部不稳定'"。[①] 该"外部稳定"原则要求各成员国应积极实施促进本国"外部稳定"的政策而避免实施导致外部不稳定的汇率政策,同时基金组织的监管重点也将变成对成员国所采取的、对目前或未来的外部稳定可能产生显著影响的政策。该原则含有"不影响外部其他国家"的意思,意味着成员国汇率政策的制定在某种程度上将不再是一国自己的事情,还应综合考虑对其他国家乃至整个金融系统

---

① 梁艳芬、李琳:《评国际货币基金组织汇率监督〈新决定〉》,载《国际贸易》2008 年第 7 期。

产生的影响。

（3）加强对金融部门的监督

鉴于20世纪90年代初以来金融系统危机的严重性，基金组织于1999年与世界银行联合启动了金融部门评估项目，旨在对成员国的金融体系进行全面评估，提醒各国监管当局其金融部门可能存在的风险并帮助成员国监管当局设计减轻金融部门脆弱性、防范风险的措施。该评估项目自1999年实施以来投入了巨大的人力物力，也取得了巨大的成就，使得金融部门的监督问题受到了更高的重视。与此同时，近些年来，基金组织无论在双边、多边还是地域性的监管措施中也都采取措施加强了对金融部门的监督，如在信息搜集方面更加重视对金融部门相关信息的采集分析，在第四条磋商中加强对金融部门相关问题的磋商深度等。

2008年10月，基金组织首次发表了《监督重点声明》，确定了2008年至2011年基金组织监督工作的四项经济重点和业务重点，以更好地促进多边协作并指导工作人员更有针对性地开展监管工作。四项经济重点分别为：解决金融市场危机、加强全球金融体系稳定性、根据初级商品价格的急剧变化进行政策调整和有序地减轻全球经济失衡；四项业务重点分别为：风险评估、金融部门监督、多边视角、分析汇率风险和外部稳定性风险。[①]《监督重点声明》亦凸显了金融部门监督在基金组织监督工作中日益增加的重要性。

（三）巴塞尔委员会与国际金融监管

巴塞尔委员会于1974年底成立，其活动宗旨是为了加强国际间跨国银行的监督管理，主要致力于三方面的提高：第一，改善国际银行监督技巧、机制，提高监督效能；第二，同其他国际组织、各个主权国家交换对于银行监管的经验及意见，促成国际银行统一监管机制；第三，及时发现、提出任何能够影响跨国银行业务的问题，并找出解决方法。

巴塞尔委员会自成立以来对于跨国银行的监管提出了一系列的原则、标准、决议。以下是其制定的几个重要法律文件：

（1）1975年《对外国银行机构监督的原则》。该文件即我们通常所说的"巴塞尔协议"。该协定的主要内容是确立了母国和东道国监管机构对跨国银行监管所负有的共同责任，并围绕银行流动性、清偿能力、外汇三个方面大致确立了母国及东道国的监管责任。

1983年5月修改后的《巴塞尔协议》提出"并表监督法"，要求把跨国银行的总行、国内外分行及子行作为一个整体进行监管，并更加细致地确定了母国和东道国在分行、子行和合资银行的清偿能力、流动性、外汇活动及其头寸方面的监管权限及监管责任。1983年修改后的《巴塞尔协议》实际上是1975年巴塞尔协议的具体化，因此两个巴塞尔协议并不存在实质性差异。

然而，二者虽确定了母国、东道国共同监管的原则及职责分配，却未能提出具体可行的监管标准，因而各国对国际银行业的监管仍自成体系，未能实现充分监管。

（2）1988年《关于统一国际银行资本衡量和资本标准的协议》。该文件又简称为"巴塞尔资本协议"或巴塞尔Ⅰ，其主要内容在于提出了统一的资本资产比率计算方法和最低资本充足率标准。该协议共分为四个部分：

①资本的组成。协议将银行资本（也称"规制资本"）分为核心资本与附属资本。核心资

---

① 鲁茉莉：《国际货币基金组织监督职能的发展及其特点》，载《国际观察》2010年第3期。

本包括实收资本(已发行并缴足的普通股、永久非积累性优先权)与公开储备;附属资本包括未公开的储备、资产重估储备、普通准备金或者普通呆账准备金、债务性资本工具及初级长期债券等。核心资本在各国银行的账目上公开发表,价值相对稳定,与银行的盈利率及核心竞争力密切相关,因而该协议规定在资本构成中银行核心资本的比例不得低于 50%。[1]

②银行各类资本的风险权重。协议根据银行不同种类资产存在的风险大小将银行资产项目划分为从"无风险"至"十足风险"的四个风险等级,并将资本与加权计算出的风险挂钩以评估银行资本应具有的适当规模。

③统一的资本充足率标准。所谓资本充足率指的是银行资本与风险资产间的比率,比率越高则银行资产安全性越高。协议将银行资本充足率定为 8%,其中核心资本至少为 4%,并要求各银行于 1992 年底达到该标准。

④过渡期与实施安排。为顺利实现新体制,协议规定了 1987—1992 年的五年过渡期,要求 1992 年底基本实现协议内容。

协议提出的资本充足率计算方法及最低资本充足率标准不仅在跨国银行的监管中应用广泛,并且被各个国家内部广泛采用,一方面确立了国际银行业计算银行资产风险程度的重要指标,另一方面,使所有跨国银行在同一资产比率标准下经营业务,促进了国际银行间的平等竞争。

(3)1992 年《关于监督国际银行及其跨国分支机构最低标准的建议》及 1997 年《有效银行监管核心原则》。这两个文件的作用在于树立了跨国银行监管的母国统一监管原则,该原则内容主要包括:所有的国际性银行及国际性银行集团都应接受母国监管机构的统一监管;东道国对外国银行在其境内设立分支机构进行批准、监督;母国与东道国监管机构之间应实现信息的充分交流,如果东道国对外国银行机构的监管不充分、不完善,母国当局应采取措施加强监管力度,如亲临东道国现场检查等,以补充东道国的监管不足。

除母国统一监管之外,《有效银行监管核心原则》首次把银行监管作为一项系统工程进行研究,强调对银行整个活动过程的全方位监管和对银行经营中各种风险的综合监管,突破了之前监管体制仅限于防范银行业务经营中的信用风险的局限性,使得监管范围几乎覆盖了从银行准入到退出的整个过程中的信用风险、国家风险、市场风险、利率风险、流动性风险等。

(4)1999 年《多元化金融集团监管的最终文件》。随着以跨国并购形式建立的涉及多项金融业务的金融集团的出现,原有的金融领域分业监管模式已经不能够满足对于跨国金融监管的需要,因而,巴塞尔委员会、国际证监会以及国际保险监管协会于 1999 年 2 月联合公布了《多元化金融集团监管的最终文件》。文件的主要内容是确立了衡量各类多元化金融集团资本充足率的原则与方法。

(5)2004 年《资本衡量和资本标准的国际协议:修订框架》,简称《新资本协议》或巴塞尔Ⅱ。该协议是对 1988 年《巴塞尔资本协议》的修订,旨在改进原有对于银行风险的监管方式,更好地应对金融创新带来的风险。相比于巴塞尔Ⅰ,巴塞尔Ⅱ除了更精细、更全面地评估银行信用风险、市场风险及操作风险等各种因素之外,还在以下几个方面有重大创新:

①提出了监管约束和市场约束两个方面的要求,与原有的资本充足率一起,构成了巴塞

---

[1] 王传丽主编:《国际经济法》,高等教育出版社 2005 年版,第 430 页。

尔Ⅱ的三大支柱。巴塞尔Ⅱ规定银行的资本充足率仍为8%,其中对于规制资本中核心资本与附属资本的各项规定保持不变。监管约束机制要求各国监管当局维持对银行风险状况和外部经营环境的考量,并根据考量结果使银行维持高于最低要求的资本充足率并对银行的内部评级机制、资本战略、资本重组情况等进行检查和评价,必要时要求银行对于不合标准的要素进行纠正。市场约束要求各国监管当局忠实贯彻信息披露义务,保持金融市场的透明度、公开性,使金融机构、投资者等金融市场主体主导金融业务的发展,实现银行的优胜劣汰。

②对于计算信用风险的标准,废除沿用的某个国际组织如经合组织成员确定风险权重的方法而采用评级机构公司的评级结果来确定风险权重。

③除原有的计算信用风险的标准之外,允许风险管理水平特别先进的银行使用自己的内部评级体系计算资本充足率而不是依据外部评级机构的评级结果。

④确定了衡量操作风险及利率风险的资本标准,鼓励银行采取各种措施以降低信用风险。但巴塞尔Ⅱ对于规定的衡量操作风险及利率风险的资本标准仅是操作方式,而并未对如何衡量进行具体的量化。

巴塞尔Ⅱ对银行风险管理的整体思路和方法作了新的总结,一经公布就引起了各国政府和国际金融界的密切关注,体现了国际金融监管领域内国际合作的与时俱进。巴塞尔Ⅱ对巴塞尔Ⅰ的修改主要反映在对风险资产、信用风险、操作风险以及利率风险等的计量方法上,并未修改巴塞尔Ⅰ对于资本充足率以及规制资本构成的规则,因而,在巴塞尔Ⅲ出台之前,巴塞尔Ⅰ和巴塞尔Ⅱ对于银行规制资本所确定的规则是一致的。

(6)《巴塞尔Ⅲ:提高银行和银行体系抗御能力的全球规制框架》(简称巴塞尔Ⅲ)。2007年始于美国的次贷危机暴露了国际银行业资本及风险管理中存在的漏洞,根据G20在加强国际金融监管合作方面达成的共识,巴塞尔委员会开始对巴塞尔Ⅰ和巴塞尔Ⅱ确立的原有银行业资本及监管规则进行修改,并历经30多次意见征集最终于2010年发布了巴塞尔Ⅲ。巴塞尔Ⅲ是针对新的金融危机所暴露出来的问题进行的修改,相比于巴塞尔Ⅰ和巴塞尔Ⅱ,其内容创新主要体现在以下几个方面:

①对资本框架的再定义和新要求。在原有的资本框架中,以普通股为主的、简单清晰的一级资本的比重由于银行及各国金融监管当局的诸多利益考虑而不断趋于下降,较为复杂的二级资本以及吸收损失能力较低的三级资本的比例却逐渐上升。为提高银行的吸收损失能力,巴塞尔Ⅲ对资本框架进行了重新定义并提出了新的要求,主要体现在以下几个方面:

第一,强化资本充足率监管标准。资本监管在巴赛尔委员会银行监管框架中一直处于核心地位,也是巴塞尔Ⅲ改革的核心。巴塞尔Ⅲ在原有一级资本与二级资本划分的基础上,将一级资本细分为普通股一级资本和附加一级资本两类,同时提高了二级资本的要求标准,取消了二级资本结构中的所有子类别,并废除了三级资本。因此,银行规制资本也受到普通股一级资本充足率、一级资本充足率以及总资本充足率三项指标的限制,其中,普通股一级资本充足率在任何时间都不得低于4.5%,一级资本充足率在任何时间都不得低于6%,总资本充足率在任何时间都不得低于8%。[①]

第二,强化资本充足率的同时,通过严格的剔除规则保证资本的质量,如将商誉等无形

[①] 韩龙、包勇恩:《巴塞尔Ⅲ对规制资本的修订与影响》,载《江西社会科学》2011年第1期。

资产及其他因素可能创造的未来不确定收益从普通股中剔除以保证一级核心资本的实际损失吸收能力与抗风险能力。

第三,巴塞尔Ⅲ规定银行须在满足最低资本要求的同时建立 2.5% 的普通股资本留存缓冲。普通股资本留存缓冲指为确保银行在金融和经济紧张时能抽出资本以吸收损失而设立的一个资金池,该资金池表现为一级资产中的普通股权益。这意味着银行普通股权益资本总体须达到 7%,最低资本与资本留存缓冲之和须不低于风险加权资产的 10.5%。

第四,为应对资本充足率监管的顺周期缺陷,设立 0～2.5% 的逆周期资本缓冲作为备选工具。逆周期资本缓冲主要针对的是一国信贷高速扩张的情况,当银行信贷过快增长而导致系统性风险时,银行将被要求提存一定量的逆周期资本缓冲,监管者可借此有效地控制系统风险,维护信贷系统的稳定。该种资本缓冲仅在"信贷过快增长并导致系统性风险"的情况下发生作用,带来留存缓冲范围的扩展。该种资本缓冲不同于普通股资本留存缓冲,各监管当局并非一经接受巴塞尔协议就须强制接受,而是根据巴塞尔委员会的建议以及对自身情况的判断选择性接受。

②引入杠杆比率监管标准。金融工具的创新及低利率的市场环境导致金融机构过度承担风险、杠杆化程度过高,被认为是全球性金融危机发生的重要原因之一。巴塞尔Ⅲ在最低资本要求的基础之上设立了一个基于风险中立的杠杆比率作为资本充足率的补充,用以限制金融机构为节约资本而不考虑风险权重盲目扩大杠杆倍数。2010 年 7 月,巴塞尔委员会就杠杆率规则进程及监管标准达成共识:这一规则将在 2013 年至 2017 年期间进入"平行测试阶段",银行应从 2015 年开始公布其杠杆水平,委员会将结合平行测试的结果于 2017 年上半年进行调整,最终于 2018 年确定杠杆比率上限并将其纳入巴塞尔Ⅲ第一支柱,也即资本要求部分。[1]

③建立流动性监管框架。2007 年次贷危机爆发之前,全球并不存在一个统一的流动性资本监管框架。巴塞尔Ⅲ针对金融危机中凸显的银行资本流动性问题于 2010 年在原有资本充足率监管框架的基础上引入了统一的流动性监管框架。该流动性监管框架的内容主要体现在两个方面,或称两个指标:一为流动性覆盖率,主要用以度量短期、特定压力情况下银行运用无变现障碍的、高质量的资本以应对资金流失的能力;二为净稳定融资比率,主要考核银行中长期(1 年以上)的资本流动能力,要求银行各项资产以及业务融资至少具有与它们流动性风险状况相匹配的、满足最低限额的稳定资金来源。巴塞尔委员会规定两个指标的最低值均为 100%,允许各监管当局根据自身实际情况增加额外的监管要求,如将指标提高至 120%。除了两个指标的设定之外,巴塞尔Ⅲ还提出了若干辅助性的检测工具以更多地获得银行资本流动性、银行资产负债结构等方面的信息,从而更好地监测系统风险。

④加强对系统重要性金融机构的监管。该方面主要表现在对具有系统性影响的大型银行的监管。在 2007 年次贷危机的蔓延和升级中,大型金融机构如雷曼兄弟的倒闭起到了一定的加速作用。大型金融机构享有的各种优势刺激各金融机构不断追求超大规模的扩张,在此过程中积累了巨大的系统性风险。加之大型银行在平时的政策性监管及危急情况下往往受到各国政府的照顾与特殊援助,因而,无论从系统性安全角度还是从公平角度均应对大型银行进行更高标准的规制。巴塞尔Ⅲ明确提出系统重要性银行应适用更高标准的最低资

---

[1] 钟伟、谢婷:《巴塞尔协议Ⅲ的新近进展及其影响初探》,载《国际金融研究》2011 年第 3 期。

本要求,并正在致力于开发一套专门针对系统重要性金融机构的综合监管方案,其中可能包括更高资本要求,或有资本以及债务保证等内容。

⑤过渡期安排。巴塞尔Ⅲ将一系列规则的过渡期实行分类安排,有利于各项规则更好地贯彻实施。其中对于巴塞尔Ⅲ总体规则的实施,所有成员国须最晚从2013年1月1日开始实施,并将其内容转化为国内法律规范。其他各项详细规则安排如下:最低普通股一级资本充足率须在2013年1月1日达到3.5%,于2014年1月1日达到4%,至2015年1月1日达到4.5%;一级资本充足率须自2013年1月1日实施时达到4.5%,于2014年1月1日达到5.5%,至2016年1月1日达到6%;资本留存缓冲须自2016年1月1日开始实施,实施时须达到0.625%,之后每年增加0.625%,并最终于2019年1月1日达到0.25%;逆周期缓冲资本的实施起始年限及实施进度同资本留存缓冲,自2016年1月1日开始实施并以每年0.625%的比例递增,最终于2019年1月1日达到0.25%。[①] 与此同时,巴塞尔Ⅲ也规定了资本框架调整范围内不符合普通股一级资本要求的普通股资本以及不符合一级资本、二级资本要求的各项资本工具的剔除年限,要求各监管当局在规定年限内每年按照固定比例将那些不符合新资本框架的资本及资本工具剔除完毕。

巴塞尔Ⅲ对资本框架的重新定义和更高要求将促使国际银行业大幅扩充普通股以改善资本结构,将在某种程度上影响其规模增长速度,同时非银行业金融机构的发展较之银行业相对增速,随着金融创新重点向非银行业金融机构的转移,非银行业金融机构在金融体系中的地位和作用将会进一步提高,如何加强对非银行金融机构的监管、抵御金融风险将显得更为迫切。然而现实中将非银行业金融机构纳入巴塞尔体制的监管范围仍有待时日,国际金融领域仍存在不少的并将日趋复杂的安全隐患。我国已于2009年加入巴塞尔委员会并与其他委员会成员国协商一致通过了巴塞尔Ⅲ,因而自然受到巴塞尔Ⅲ新规定的限制。我国应通过积极参与国际监管合作促进国内商业银行资本及业务的结构性调整,更好地应对巴塞尔Ⅲ带来的机遇与挑战。

巴塞尔委员会发布的上述监管文件大致分为两类,一是最低标准,二是最佳做法。在国际银行的重大监管问题上,巴塞尔委员会先是努力形成最低标准奠定国际金融法制统一化的基础,继而在各国监管方式各异的情况下总结成功的监管经验制订出具有指导意义的最佳方案供各国参考。这两种文件虽在合作范围、合作层次、合作约束力上都较为有限,但是其就跨国金融机构监管责任划分、资本框架与资本充足率、多方位监管体系的构建以及金融集团内部防范机制等诸多问题作出的安排形成了国际金融监管合作的重要基础和共同标准,并通过有关国家之间的协调、默契以及将相关指标、标准转化为国内立法的形式取得了重大效果。随着巴塞尔委员会成员国范围的扩大以及巴塞尔规则体系的逐步深化,巴塞尔委员会及其制定的一系列金融监管法律文件对于国际金融业的健康、持续发展必将发挥越来越重要的影响。

---

① 韩龙、包勇恩:《巴塞尔Ⅲ对规制资本的修订与影响》,载《江西社会科学》2011年第1期。

❋ 思考题

1. 试说明现行全球性的国际货币体制与二战时期确立的布雷顿森林体制有何不同。

2. 国际银团贷款有哪几种组织形式？当事人之间的法律关系各是怎样的？

3. 试述《国际融资租赁公约》的适用范围及对当事人权利义务的规定。

4. 什么是从属性担保？什么是独立性担保？二者的区别主要体现在哪些方面？

5. 简述国际证券的种类和发行方式。

6. 如何理解全球金融自由化与国际金融监管合作的关系？

7. 案例讨论：

某外国供货商（卖方）与某中国客户（买方）订立了一份补偿贸易合同，约定由卖方向买方提供并安装成套设备，买方以设备投产后所制造的产品偿付设备货款。买方为保证在卖方所提供的设备与合同所规定的技术指标不相符时提出损害赔偿的权利，要求卖方给予履约保证或保证买方从第三者如银行获得这种保证。卖方遂按照买方要求向某国商业银行办理了以买方为受益人的银行保函。合同项下的设备抵达买方之后，在该设备正在安装调试期间，因买方资金困难，便根据保函中"见索即付"条款的规定，以"设备存在严重质量问题"为由向某国商业银行索取赔偿，该银行在向买方偿付之后，从卖方在该银行的账户上将该笔款项划出而得偿。卖方遂以"买方利用保函，在设备质量问题尚无定论的情况下，恶意向银行索赔，造成卖方损失"为由，根据补偿贸易合同中的仲裁条款向有管辖权的中国国际经济贸易仲裁委员会（下称仲裁委员会）提出仲裁申请，请求买方向其偿还保函项下已索取的赔款金额。买方则向仲裁委员会提出抗辩，要求仲裁庭中止对本案的审理，理由是"银行保函是卖方与银行之间的独立合同，本案之争议产生于银行保函而非买方与卖方之间的合同，因而仲裁委员会对于基于未订有仲裁条款的银行保函发生的争议没有管辖权，买方与本案争议无关，不应作为该仲裁案件的被申请人，卖方应向商业银行起诉请求损害赔偿。"

仲裁庭认为，某国商业银行根据其开立的保函之规定，在接到买方的索赔通知后，经过形式上的审查，向买方付款并从卖方处得到偿付之后，其关于保函的权利和义务已完全实现，视为终止了银行担保合同的法律效力。仲裁申请人与被申请人之间的任何争议与银行之间不再存在任何牵连。仲裁申请人所称的"买方利用保函，在设备质量问题尚无定论的情况下，恶意向银行索赔，造成卖方损失"是基于申请人与被申请人之间的补偿贸易合同争议，根据该合同仲裁条款的规定，仲裁委员会享有管辖权。被申请人之异议被驳回。

问：(1)何为银行保函？何为见索即付银行保函？(2)见索即付保函和基础合同的关系应如何判定？①

---

① 靳起、田冰川主编：《典型涉外经济案例评析》，法律出版社 1999 年版，第 428～429 页，转引自肖伟：《国际经济法学案例教程》，知识产权出版社 2003 年版，第 354～355 页。

司法考试真题链接

1. 关于特别提款权,下列哪些选项是正确的?(2009 年)

A. 甲国可以用特别提款权偿还国际货币基金组织为其渡过金融危机提供的贷款

B. 甲乙两国的贸易公司可将特别提款权用于两公司间国际货物买卖的支付

C. 甲乙两国可将特别提款权用于两国政府间结算

D. 甲国可以将特别提款权用于国际储备

2. 实践中,国际融资担保存在多种不同的形式,如银行保函、备用信用证、浮动担保等,中国法律对其中一些担保形式未作相应的规定。根据国际惯例,关于各类融资担保,下列哪些选项是正确的?(2008 年)

A. 备用信用证下的付款义务只有在开证行对借款人的违约事实进行实质审查后才产生

B. 大公司出具的担保意愿书具有很强的法律效力

C. 见索即付保函独立于基础合同

D. 浮动担保中用于担保的财产的价值是变化的

第十章　国际税法

第一节　国际税法概述

【引例】甲国的 A 公司将其某项技术转让给乙国 B 公司，获得技术转让费 10 万美元。乙国依其本国税法和与甲国签订的税收协定之规定，征收 A 公司预提税 1 万美元，后甲国政府也就该技术转让收益征收 A 公司 1 万美元所得税。请问：本案涉及几个国际税收关系？具体是哪些关系？[①]

一、国际税法概述

（一）国际税法的概念

国际税法是调整国际税收关系的法律规范的总称，是国家主权意志或主权国家相互间意志协调的反映。对国际税收关系范围的不同理解，形成了广义国际税法说和狭义国际税法说两种不同的理解。

1. 狭义的国际税法说。狭义的国际税法说认为，国家税收关系仅包括国家间的税收权益分配关系，因此，国际税法是调整国家之间的税收权益分配关系的法律规范。其调整主体仅限于国际法主体上的国家；调整对象仅仅是国家之间的所得税分配关系；调整规范仅限于国际税收协定的国际条约、协定及惯例等国际法规范；调整方法仅限于间接调整方法。因此，国际税法从性质上归属于国际法，有人据此将国际税法称为"税收的国际法"。

2. 广义的国际税法说。广义的国际税法说认为，国际税收关系不仅包括国家间的税收权益分配关系，还包括国家与跨国纳税人之间的税收征纳关系。国际税法是调整国家之间税收权益分配关系和国家与跨国纳税人之间税收征纳关系的法律规范。其调整主体不仅包括传统国际法上的国家，还包括传统私法意义上的法人和自然人等跨国纳税人；调整对象不再限于国家之间的税收权益分配关系，而是囊括了国家与跨国纳税人之间的税收征纳关系；调整方法不仅包括间接调整方法，还包括直接调整方法；调整规范除了国际条约、国际协定、国际惯例等国际法规范之外，还包括各国的涉外所得税法等国内法规范。

广义的国际税法说舍弃了传统法学关于公法和私法、国际法和国内法的严格界限，更加符合国际经济活动的实际运作情形，因此我们通常接受广义的国际税法说。据此，国际税法

---

① 参见王传丽主编：《国际经济法案例教程》，知识产权出版社 2001 年版，第 271 页。

是调整国家之间的税收权益分配关系和国家与跨国纳税人之间的税收征纳关系的国际法规范和国内法规范的总称。

（二）国际税法的特征

国际税法旨在调整国际税收关系，在调整主体、客体、对象及规范性质方面都有显著的特征。

1. 国际税法的主体。国际税收法律关系的主体有两个：(1)征税主体，即国家。国家作为国际税收法律关系的主体具有双重属性：在国家与国家之间的税收分配法律关系中，国家既是权利主体也是义务主体；在国家与跨国纳税人之间的税收征纳关系中，国家仅享有权利而不承担任何义务。(2)纳税主体，即跨国纳税人，包括跨国法人和跨国自然人。跨国纳税人具备两个最基本的特点：第一，具有双重或多重纳税身份；第二，仅单方面承担纳税义务，而不享有权利。

2. 国际税法的客体。国际税法所调整的国际税收关系主要发生在所得税方面，因此国际税法的客体，是纳税人的跨国所得。跨国所得是跨国纳税人的应税所得，是国际税法存在的基础。作为国际税法客体的跨国所得主要包括以下两种：(1)本国居民来源于境外的所得；(2)非本国居民来源于本国境内的所得。

3. 国际税法的调整对象。国际税法的调整对象有两种：(1)国家与国家之间的税收权益分配关系。两个或两个以上的国家根据主权原则对同一纳税人的同一所得课税，由此形成的国际重复征税必须通过两个或两个以上的征税主体在对等互惠的基础上对税收利益予以分配来解决。因此，国际税法是国家主权意志或主权国家相互间意志协调的反映。(2)国家与跨国纳税人之间的税收征纳关系。税收征纳关系具有强制性、无偿性、固定性和公益性等特征。根据国家主权原则，国家不仅有权对本国境内的居民征税，而且有权对本国境外的居民征税。

4. 国际税法的调整规范。调整国家与国家之间的税收权益分配关系的法律规范，一般是国际税收条约和国际税收惯例；调整国家与跨国纳税人之间的税收征纳关系的法律规范，一般是各国的涉外税收法律。因此，国际税法的调整规范通常具有公法性质。此外，国际税法的调整规范既包括国际法规范，又包括国内法规范，既包括实体法规范又包括程序法规范，具有多样性。

二、国际税法的产生和发展

（一）国际税法产生的经济条件

国际税法产生的经济条件是纳税人收入的国际化。商品、资本、技术、劳动力等生产要素在国际间大规模转移形成了纳税人收入的国际化。纳税人收入的国际化使得各国税收分配矛盾不断加剧。因此，纳税人收入的国际化是国际税法产生的客观经济条件。

（二）国际税法产生的法律条件

各国所得税制的实施是国际税法产生的法律条件。人类社会的税收体系依次经历了3个发展阶段：(1)农业自然经济时期。这一时期主要以农业生产者的收获物为直接征税对象征收直接税；(2)资本主义时期。这一时期主要以商品流转额为征税对象征收间接税；(3)资本主义垄断时期。这一时期，跨国投资相继出现，各主要发达国的资本主义国家开始实行所得税制度。二战以后，在政治上独立的发展中国家引进所得税，而已实行所得税的国家则使其所得税制更为完善。各国所得税制的实施使得两个或两个以上的国家对同一纳税人的跨国所得行使征税权成为可能。因此,各国所得税制的实施是国际税法产生的法律条件。

(三)国际税法产生的政治条件

国家对跨国所得或财产行使税收管辖权是国际税法产生的政治条件。税收管辖权的本质是独立主权国家的主权在税收领域的运用或体现。各国都对跨国纳税人的跨国所得行使税收管辖权,由此引起的国际重复征税和重叠征税使得国际税法的产生成为必然。因此,国家对跨国所得或财产行使税收管辖权是国际税法产生的政治条件。

在本节引例中,涉及三个国际税收关系。分别是乙国政府基于来源地税收管辖权与跨国纳税人 A 公司之间的税收征纳关系,甲国政府基于居民税收管辖权与跨国纳税人 A 公司之间的税收征纳关系,以及甲国政府和乙国政府之间的税收权益分配关系。

第二节　国际税收管辖权

【引例】悉尼一家法律事务所的一位律师被派到新赫布里底群岛(现在的瓦努阿图共和国)管理该事务所在那里的分支机构。该律师卖掉了他在悉尼的公寓并偕同妻子一起来到了新赫布里底群岛。来到岛上后,他开始住在旅馆。不久租住了一所房子,租房合同规定租期 12 个月,而且今后还可再续租 12 个月。另外,他和妻子在当地取得了允许居住 2 年的居住许可证。这位律师到新赫布里底群岛工作 20 个月后生了一场病,并立即到悉尼医治,很快又返回到新赫布里底群岛工作。最后由于健康原因,他的律师事务所派人接替了他在新赫布里底群岛的工作,他同妻子又回到了悉尼。澳大利亚税务部门要求该律师就其从新赫布里底群岛取得的工资收入向澳大利亚纳税。该律师不服澳大利亚税务当局的征税决定,遂向法院提出上诉。

该律师认为,其在新赫布里底群岛工作期间不再是澳大利亚的居民,澳大利亚不应再向非居民的国外所得征税。法院认为,居所应当是纳税人固定的和习惯性居住地,居所是他的家,但不是他永久的家,纳税人在居所居住的性质介于永久性和临时性之间;另外,纳税人的居所是否具有固定性应当从相关的收入年度来考察。如果纳税人在有关年度在某地取得固定住所,那么他在这一年度就是这个地方的居民。根据以上观点,澳大利亚高等法院判定该律师在新赫布里底群岛工作期间并未拥有住所,因而不是澳大利亚居民。因此,他从新赫布里底群岛取得的工资收入可以不向澳大利亚政府纳税。① 请问:本案中澳大利亚高等法院的判决是否正确?

一、国际税收管辖权的概念

所谓税收管辖权,是指一国政府行使的征税权力,即一国政府可以自行决定对谁征税,征何种税、征多少税以及如何征税。由于国际税法中的矛盾和问题都与国家的税收管辖权

---

① 本案例案情选自李金龙主编:《税收案例评析》,山东大学出版社 2000 年版,第 125~126 页。

密切相关,因此税收管辖权就成为国际税法研究的首要问题。

一国的税收管辖权来源于国家主权,是国家主权在税收方面的体现,并具有主权的固有属性。因此,税收管辖权具有如下特征:(1)独立性和排他性。税收管辖权是一种完全独立自主的、不受任何外来干预和支配的权力;(2)平等性。各国的税收管辖权处于相互平等的地位。一国根据国家权力所及范围确定其税收管辖权,不得任意扩大其税收管辖权,并尊重既有国际法对其税收管辖权的限制。①

目前,主权国家通常按照属人原则和属地原则行使管辖权。在国际税收领域,按照属人原则可以将税收管辖权分为居民税收管辖权和国籍税收管辖权。居民税收管辖权是征税国依据纳税人与征税国之间存在税收居所联系而主张的征税权。国籍税收管辖权是征税国依据纳税人与征税国之间存在国籍的身份隶属关系事实所主张的征税权,因此也被称为公民税收管辖权。此外,按照属地原则,税收管辖权可被分为所得来源地税收管辖权和财产所在地税收管辖权。所得来源地税收管辖权是指征税国对跨国纳税人在其境内的所得行使的征税权。财产所在地税收管辖权是指是指征税国在财产税方面基于征税对象的财产或财产价值存在于本国境内的事实而主张行使的征税权。

在上述两大类共四种国家税收管辖权之中,居民税收管辖权和所得来源地税收管辖权是两种主要的表现形式。当今世界各国税法几乎同时实施这两种税收管辖权。居民税收管辖权作为居住国要求本国居民纳税人就其境内外所得承担无限纳税义务,而所得来源地税收管辖权作为来源地国要求那些从境内获得收入的非居民纳税人承担有限的纳税义务。

二、居民税收管辖权

居民税收管辖权是征税国对其居民纳税人来自该国境内外的全部财产及收入行使税收管辖权。居民税收管辖权的行使条件是纳税人与征税国之间存在某种属人性质的连接因素,因此,居民税收管辖权是属人原则在国际税收领域的体现。由于居民税收管辖权实施的前提条件是确定纳税人的居民身份,因此各国税法都将居民纳税人身份的确定列为重要内容。需要指出的是,虽然居民纳税人身份的确认直接影响国家主权权益,但各国关于居民和非居民划分的标准并没有统一规定,仅存在某些共同之处。目前,各国税法都将居民纳税人分为自然人和法人两种。

(一)自然人居民身份的确定

各国国内税法对自然人居民身份的确定,主要采用下列标准:

1. 住所标准。住所标准是指一国根据自然人在征税国境内是否有住所这一法律事实来确定自然人的居民或非居民身份。住所一般是指具有永久性和固定性的居住场所。由于住所具有永久性和固定性的特征,采用住所标准,较易确定纳税人的居民身份。但由于住所标准不一定反映个人的真实经济活动场所和实际经济联系,尤其是在国际经济交往日益频繁的当今社会,个人的经济活动范围日益扩大,个人实际从事经济活动的场所与住所不一致已成为一种普遍现象。因此,还需要辅之以其他标准。例如英国规定,凡在英国拥有住宅,且不在国外从事全日制工作者就可视为英国居民。在台湾,自然人在台湾拥有住所这一事实本身并不足以确定其居民身份,还需存在经常居住的行为。

---

① 如,一国不得拒绝给予国际组织及外国的外交代表机构和使领馆人员税收豁免。

2. 居所标准。居所一般是指经常性或习惯性的居住场所。相对于住所标准,居所标准更能反映个人与其实际经济活动之间的联系。但居所标准由于缺乏客观统一的判断标准,致使在实践中极易导致矛盾和冲突。为使该标准易于实施,不少国家另外附加了时间因素,即将居所与居住时间相结合。例如,卢森堡税法规定,在本国拥有永久住所或通常居所的个人为本国居民纳税人,而通常居所是指该人连续居住6个月以上的居所。

3. 居住时间标准。居住时间标准是以自然人在征税国境内居住或停留的一定时间期限为标准来划分居民与非居民而不考虑其在征税国境内是否拥有住宅或财产等因素。居住时间标准可以弥补居所标准的不足,但取得居民身份所规定的实际停留时间并不一致,甚至相差很多。比如英国、德国规定为6个月,而日本、韩国则以1年为限。即便在采用同一居住时间或期限的国家,在居住时间的计算上也有差别。目前,国际上将住所(或居所)与居住时间标准相结合,是确定自然人居民身份最通常的做法。我国也是同时采用住所与居住时间两项标准。

（二）法人居民身份的确定

各国国内税法对法人居民身份的确定,主要采用下列标准:

1. 注册登记地标准。即法人的居民身份依照法人在何国依法成立而定。法人注册登记地标准的优点在于法律地位明确,易于识别,但缺点是不易反映法人真实的所在地。采用这一标准的国家主要有美国、法国、丹麦和瑞典等国。

2. 实际管理和控制中心所在地标准。即法人的居民身份依照其实际管理机构和控制中心位于何国而定。实践中,多数国家一般采用董事会所在地或股东会经常开会的地点,比如墨西哥,新加坡和马来西亚等国。但不足在于,该方法因为需要考虑较多因素从而比较复杂和不易确定。

3. 总机构所在地标准。即法人的居民身份依照负责管理和控制企业的日常经营业务活动的中心机构位于何国而定。采用这一标准的国家主要有加拿大、比利时、澳大利亚和德国等国。该标准的优点在于比较明确,但易使得法人通过改变总机构所在地达到改变居民身份从而避税的目的。

目前,国际上许多国家在实践中往往综合采用几个标准来确定法人的居民身份。我国兼采法人注册地和实际管理机构所在地标准来确定法人的居民身份。

三、所得来源地税收管辖权

所得来源地税收管辖权,是指征税国对其非居民纳税人来自该国境内的全部财产和收入行使税收管辖权。由于所得来源地税收管辖权行使的前提条件是纳税人与征税国之间存在某种属地性质的连接因素,因此所得来源地税收管辖权是属地原则在国际税收领域的主要体现。基于所得来源地税收管辖权行使的前提条件是确定纳税人各类所得的"来源地",因此收入来源地的识别和判定,就成为各国关于收入来源地税收管辖权的重要内容。

目前,各国税法根据纳税人各项所得的性质将其划分为营业所得、劳务所得、投资所得和财产所得四类。

（一）营业所得来源地的确定

营业所得指纳税人从事交通运输业、建筑工程承包业、农林畜牧渔业、水利业、商业、服务贸易涉及的金融保险等行业的经济活动所取得的收入。在国际税法中,对非居民纳税人的跨国营业所得征税,一般采用营业活动发生地原则。为了比较明确地划分所得来源地,世界各国相继采用常设机构原则来判断营业所得来源地。常设机构指外国法人在收入来源国境内进行全部或部分经营活动而设立的固定营业场所。非居民纳税人设在某一国境内的常设机构来源于该国境内的营业所得,常设机构所在地国将认为该项所得来源于其境内,从而对该所得行使来源地税收管辖权并征税。将非居民纳税人的所得归于常设机构,一般遵循以下两项原则:第一,实际联系原则。即来源地国仅对非居民纳税人设在本国境内的常设机构有实际联系的所得征税,即与常设机构本身的经济活动有关的营业利润以及其在来源国的投资利润、贷款利息、特许权使用费等可以归属于常设机构的所得进行征税;第二,引力原则。即非居民公司在收入来源国虽设有常设机构,但未经过常设机构所进行的货物销售或其他经营活动,如果这类活动与常设机构所进行的货物销售或其他经营活动相同的或者类似,即使没能经过该常设机构,其所获得的营业所得也应归属于常设机构。

(二)劳务所得来源地的确定

劳务所得,又分为独立劳务所得和非独立劳务所得。独立劳务所得指自由职业者从事专业性劳务取得的所得,如律师、医生、建筑师、会计师等从事独立活动取得的所得。确定独立劳务所得来源地的方式主要有三种:第一,固定基地或常设机构(如律师事务所、诊疗所等)所在地;第二,停留期间所在地;第三,所得支付所在地。非独立劳务所得指雇员或职员取得的工资、薪金和其他报酬。确定非独立劳务所得的来源地的方式主要有两种:第一,停留期间所在地;第二,所得支付所在地。概言之,确定劳务所得来源地有两大基本原则,即劳务行为发生地原则和劳务费用支付地原则。

(三)投资所得来源地的确定

投资所得是纳税人从事各种间接投资活动而取得的收益,如股息、利息、特许权使用费等收益。对于此类投资所得,世界各国一般按其朱收入征收预提所得税。目前,投资所得来源地的确定标准主要有两种:

1. 投资权利发生地标准,即以这类权利的提供人的居住地为所得的来源地。纳税人的居住国一般认为应以权利的发生地为准。

2. 投资权利使用地标准,即以权利或资产的使用或实际负担投资所得的债务人居住地为所得来源地。收入来源国一般认为应以债务支付人所在地为准。

(四)财产所得来源地的确定

财产所得是指纳税人因转让其财产的所有权取得的所得。对转让不动产所得的来源地认定,各国税法一般都以不动产所在地为所得来源地。但在转让不动产以外的其他财产所得的来源地认定上,各国主张的标准不一。如对转让公司股份财产所得,有些国家以转让人居住地为其所得来源地,有些国家则以被转让股份财产的公司所在地为来源地,还有些国家主张转让行为发生地为其所得来源地。

在本节引例中,澳大利亚判定自然人居民身份的标准有两个:(1)在澳大利亚有长期居所;(2)在纳税年度内连续或累计在澳大利亚停留半年以上。本案中,该律师卖掉了其在悉尼的公寓,因而在澳大利亚也就没有了居所;他在新赫布里底群岛居住了 20 个月,仅在治病期间短期到澳大利亚停留,也没有达到停留半年的标准,所以该律师并非澳大利亚的居民,从而无需就其国外收入向澳大利亚政府纳税。因此,本案中澳大利亚高等法院的判决是正确的。

各国判定自然人居民身份标准的差异,极易导致国家间税收管辖权的冲突。为解决自然人居民身份认定中的此类冲突,签订双边税收协定的国家一般按照世界上两大国际税收协定范本中共同建议的序列,选择冲突性规范予以协调。两大范本都要求按照以下标准确认纳税人的最终居民身份:(1)永久性住所;(2)重要利益中心;(3)习惯性居所;(4)国籍。

第三节　国际重复征税及其避免

【引例】某甲在 A 国有自己的居所。1999 年,甲离开 A 国去 B 国从事经营活动,在 B 国居住了 150 天并取得一笔收入。甲回到 A 国,先后收到了 A 国和 B 国要求其缴纳个人收入所得税的通知。根据 A 国税法规定,A 国公民离开 A 国满 180 天的为 A 国的非居民;根据 B 国税法规定,凡在 B 国居住满 90 天的个人为 B 国居民。请问:国际重复征税产生的原因是什么? 国际重复征税有何危害?①

在国际税法理论上,对国际重复征税的概念的认识,仍存在一定的分歧,从而形成两种观点,即广义的国际重复征税和狭义的国际重复征税。广义的国际重复征税包括法律意义上的国际重复征税和经济意义上的国际重复征税(亦称国际重叠征税或国际双重征税)。狭义的国际重复征税仅指法律意义上的国际重复征税。本章所指国际重复征税既包括法律意义上的国际重复征税,也包括经济意义上的国际重复征税。为便于阐述,将法律意义上的国际重复征税称为国际重复征税,将经济意义上的国际重复征税称为国际重叠征税。

一、国际重复征税的概念、成因、危害及避免

(一)国际重复征税的概念

国际重复征税,亦称法律意义上的国际重复征税,是指两个或两个以上的国家(征税主体)各自依据自己的税收管辖权对同一跨国纳税人(纳税主体)的同一跨国所得(征税对象)在同一时限(征税期限)按照同一或类似税种同时征税。基于这一定义,国际重复征税包含五个构成要件:(1)征税主体为两个或两个以上的国家;(2)同一纳税人,即相同的纳税主体;(3)同一征税期间;(4)同一纳税客体,即相同的征税对象;(5)同一或类似税种。

根据国际重复征税的定义及构成要件,可知国际重复征税的基本特点有:(1)征税主体的双重性,即至少两个国家同时行使征税权;(2)纳税主体的同一性,即对同一跨国纳税人征税;(3)课税客体的同一性,即对纳税人的同一跨国所得同时征税;(4)课税税种的同类性,即对同一跨国所得按照相同或类似税种征税;(5)课税期间的同一性,即在相同的纳税年度对同一跨国纳税人的同一跨国所得征税。

---

① 本案例案情选自汤树梅主编:《国际经济法案例分析》,中国人民大学出版社 2000 年版,第 127～128 页。

（二）国际重复征税的成因

国际重复征税的实质是两个或两个以上的国家对同一跨国纳税人在同一时期的同一课税客体行使税收管辖权产生冲突的结果。国家间税收管辖权的冲突主要表现在以下几个方面：

（1）居民税收管辖权之间的冲突。由于各国税法确定税收居所的标准不一，极易导致一个纳税人在两个国家同时被视为居民纳税人情形的出现，从而在该两国都负有纳税义务。（2）来源地税收管辖权之间的冲突。由于各国对同一所得采用不同的确认来源地标准，从而造成一个纳税主体的同一笔所得被视为来源于两个或两个以上的国家，以致该纳税人不得不在该两国都承担有限纳税义务。（3）居民税收管辖权和来源地税收管辖权的冲突。当纳税人在其居住国以外的其他国家从事经济活动而取得收益时，其居住国根据居民税收管辖权对其跨国所得征税，而其所得来源地国根据来源地税收管辖权也对其跨国所得征税，因此就会出现该纳税人须就其同一跨国所得同时向居住国和非居住国同时纳税的情形。国际税收关系中的大量国际重复征税都是居民税收管辖权和来源地税收管辖权冲突的结果。

（三）国际重复征税的危害

1. 从法律角度而言，国际重复征税使得从事跨国投资和其他国际经济活动的纳税人较之于从事国内投资和经济活动的纳税人，背负了沉重的双重税收义务负担，从而违背了税收中立和税负公平等基本的税法原则。

2. 从经济角度而言，国际重复征税使得从事跨国投资和其他经济活动的主体处于不利的竞争地位，从而挫伤其从事跨国经济活动的积极性，不利于资金、技术和人员的国际流动。鉴于国际重复征税所带来的上述危害，解决国际重复征税就成为国际税法的主要问题之一。

（四）国际重复征税的解决方法

避免国际重复征税的方法也即避免国家之间税收管辖权冲突的方法。在相互承认对方税收管辖权的基础上，限制一国税收管辖权的行使是解决国际重复征收的基本方法。目前，解决国际重复征税的具体方法主要包括：

1. 运用冲突规范划分征税权。运用冲突规范将某一征税对象的征税权划归一方或在双方之间进行分配，从而在一定程度上避免国际重复征税。运用冲突规范解决国际重复征税，主要有以下两种情况：

（1）运用冲突规范将征税权完全划归一方。比如，经济合作与发展组织颁布的《关于对所得和财产避免双重征税协定范本》（以下简称"《经合组织范本》"）和联合国经社理事会颁布的《关于发达国家与发展中国家避免双重征税协定范本》（以下简称"《联合国范本》"）都对从事国际海运和航空运输企业的利润，规定应仅由企业实际管理机构所在国一方独占征税。

（2）运用冲突规范确定一方的税收管辖权优先行使。比如，中日税收协定第 10 条规定："缔约国一方居民公司支付给缔约国另一方居民的股息，可以在该缔约国另一方征税。然而，这些股息也可以根据支付股息的公司是其居民的缔约国的法律在该缔约国征税。"该条规定表明，股息可以在两个国家征税。但是，基于股息、利息和特许权使用费一般都由来源国采用预提税的方式征收，这必然赋予来源国优先征税权。在居住国和来源国均有征税权的情形下，《经合组织范本》和《联合国范本》都规定来源国税收管辖权优先。因此，在来源国已经优先征收过税收的所得，避免国际重复征税的义务，就不得不由居住国承担。

2. 免税法。免税法亦称豁免法，是指居住国政府对本国居民纳税人来源于境外的并已向来源国缴纳了税收的跨国所得和位于国外的财产免于征税。免税法的实质是承认收入来源国的独占征税权,意味着居住国对本国居民的境外所得和财产全部或有保留的放弃征税权。根据具体操作方式与结果的不同,免税法分为全额免税法和累进免税法。

(1)全额免税法。指居住国在确定纳税人的应税所得时,只按照其来源于本国境内的所得确定应税税率的方法。其计算公式为:

居住国应征所得税额=居民的国内所得×居住国所得税税率

(2)累进免税法,指居住国在确定纳税人的应税所得时,适用其免税所得额未被扣除前本应适用的税率征税的方法。其计算公式为:

居住国应征所得税额=居民的国内外总所得×居住国所得税累进税率×(国内所得/国内外总所得)

由于免税法避免国际重复征税是通过居住国放弃自己的税收管辖权为条件,并在一定程度上导致居住国税收利益的减损,特别是在居住国税率高于来源地国税率的条件下,容易成为本国居民逃税和避税的方法,所以采用免税法来避免国际重复征税的国家并不多。较之于全额免税法,累进免税法不仅可以增加税收收入,并可以避免因对国外所得免税而使国内所得适用较低税率的情形。因此实践中采用免税法的国家,一般倾向于使用累进免税法。

3. 抵免法。抵免法指居住国允许居民纳税人将已向来源国缴纳的税款在应当向居住国缴纳的所得税税额中予以扣除。其基本的计算公式为:

居住国应征所得税额=居民的跨国总所得×居住国所得税税率-已向来源国缴纳的所得税税款

抵免法既承认来源国税收管辖权的优先地位,又不放弃居民税收管辖权的行使,从而避免了国际重复征税。只有纳税人实际向来源国纳税,居住国才对纳税人的该笔税款实行抵免,否则居住国将按照本国税法依法征税。因此,抵免法被世界上多数国家所采用。根据抵免限额有无限制,可将抵免法分为:

(1)全额抵免。全额抵免是指居住国政府对本国居民纳税人已向来源国政府缴纳的所得税税额予以全部抵免。

(2)限额抵免。限额抵免是指居住国政府对本国居民纳税人已向来源国政府缴纳的所得税税额予以抵免时设置上限,即抵免的额度不得超过依据本国税法规定的税率所应缴纳的税额。其计算公式为:

抵免限额=国内外全部应税所得依据居住国税法计算的应纳税额×(国外应税所得/国内外全部应税所得)

目前,各国依据不同情况对限额抵免还有分国限额、综合限额和分项限额之分。

分国限额,即对本国居民从不同国家取得的所得分别计算抵免限额,计算公式为:

分国限额=国内外全部应税所得依据居住国税法计算的应纳税额×(某一外国的应税所得/国内外全部应税所得)

综合限额,即对本国居民在国外取得的全部所得视为一个整体计算抵免限额,各国共用一个限额。计算公式为:

综合限额=国内外全部应税所得依据居住国税法计算的应纳税额×(国外全部应税所得/国内外全部应税所得)

分项限额,即将纳税人的国外所得依据不同项目或类别分别计算抵免限额。计算公式为：

分项限额＝国内外该项全部应税所得依据居住国税法计算的应纳税额×（国外某一专项应税所得/国内外该项全部应税所得额）

4.扣除法

扣除法是指居住国对本国居民就其境外所得已向来源国缴纳的税款，从其境内外的应税所得中予以扣除，仅就扣除后的余额适用相应的税率计算应纳税额。其计算公式为：

居住国应税所得额＝（国内外全部应税所得－国外已纳税额）×居住国税率

扣除法不同于免税法。在免税法中，居住国在计算本国居民的应税所得时排除了其境外所得；但在扣除法中，本国居民的应税总所得中却包括其境外全部所得。扣除法也不同于抵免法。抵免法是居住国从本国居民的应纳税款中扣除了已向国外缴纳的税款，而扣除法则是从其应税总所得中扣除了已向国外缴纳的税款。由于扣除法并不能真正避免国际重复征税，因此，实践中采用这种方法的国家并不多。

5.税收饶让抵免。税收饶让抵免是一种特殊的抵免制度，是指居住国对其本国居民纳税人因享受来源国的税收减免等优惠待遇而未实际缴纳的税款视为已经缴纳而给予抵免的制度。税收饶让的目的并不是为了避免国际重复征税，而是为了来源国对外资的税收减免等优惠可以让国际投资者得到真正的实惠，从而吸引国际资本流向来源国。因此，税收饶让抵免的关键，在于居住国是否同意采取这种特殊的制度。实践中，作为资本输出国的发达国家一般都对本国的资本输出给予鼓励，从而愿意实行税收饶让，但须注意的是，并不是所有的发达国家都承认并实行该制度，比如，美国坚决拒绝实行税收饶让。而即使在承认税收饶让的国家中，对饶让的具体范围和程度仍有颇多分歧。

二、国际重叠征税的概念、危害及避免

（一）国际重叠征税的概念

国际重叠征税，亦称经济意义上的国际重复征税，是一国对其境内的公司、另一国对其境内的公司股东就同一来源所得分别征税。国际重叠征税主要发生在公司与股东之间，突出地表现在涉及股息的处理上。公司利润首先应依法缴纳公司所得税，税后利润以股息的形式被分配给股东后，股东应再次依法缴纳个人所得税或公司所得税。由于股东的股息源自公司的利润，从这个意义上说，同一所得在公司和股东手中分别被各征一次税，由此产生了重叠征税。但从法律的角度而言，公司与股东在法律上具有各自独立的法律人格，因此对公司利润征收公司所得税和对股东股息征收个人所得税或公司所得税并不违法。

（二）国际重叠征税和国际重复征税的区别

国际重叠征税和国际重复征税的区别主要在于：

1.纳税主体不同。国际重复征收是不同国家对同一纳税人的同一所得在同一时期征两次或多次税，而国际重叠征税是不同国家对不同纳税人的同一所得在同一时期征两次或多次税。

2.课税税种不同。国际重复征税是不同国家按照同一税种对同一纳税人的同一所得征税，而国际重叠征税是不同国家按照同一税种或不同税种对同一纳税人的同一所得征收。

3.产生原因不同。国际重复征税的产生是由于主权国家之间税收管辖权的冲突所致，而国际重叠征税是由于国家税制结构的差异所致。

4. 重叠征税有国内、国际之分，而重复征税仅有国际重复征税，并没有对应国内重复征税。

（三）国际重叠征税的危害

国际重叠征税的危害主要体现在以下三个方面：

1. 国际重叠征税使跨国投资承担多重税负，挫伤其跨国投资和从事其他经营活动的积极性。跨国投资者的同一笔所得被多次征税，必然使其谨慎对待国际投资，直接妨碍了国际间资本、技术和人员的自由流动。

2. 为避免国际重叠征税，公司将不分配股息或少分配股息，不仅影响公司自身的发展，也影响股东所在国的投资收益和国际收支平衡。

3. 国际重叠征税的存在，将使得公司采用资本弱化规则来谋求税收利益的最大化，不仅增加产品成本，还会影响资本结构，不利于国际经济的健康发展。

（四）避免国际重叠征税的方法

国际重叠征税概由股息收入国和股息付出国的征税权发生冲突所致。因此，避免国际重叠征税可从两个方面予以解决，一方面由股息收入国采取措施，另一方面可由股息付出国采取措施。

1. 股息收入国采取的措施

（1）对来自国外的股息减免所得税。即股息收入国对股东从国外获得的股息减税或免税。这种方法可在一定程度上避免国际重叠征税的不利影响。但是，很多国家在适用这一方法时，都要求附带条件。比如，收取股息的股东在付出股息的公司中持有一定数量的股份，或所收取股息必须予以再分配等。

（2）准许国内母公司与国外子公司合并报税。这实质上是对子公司付给母公司的股息免征所得税，借此避免国际重叠征税。但是，允许母子公司合并报税的国家一般都规定母公司在子公司持有较高比例的股份，因此，目前世界上准许母子公司合并报税的国家并不多。

（3）实行间接抵免。即母公司所在国对子公司已向东道国缴纳的公司所得税给予税收抵免。此类间接抵免是相对于避免国际重复征税的"抵免法"而言的。因为母公司的股息源自子公司的税后利润，如果计算出子公司所付股息部分应承担的向东道国缴纳的所得税，那么母公司所在国在对该所得税实行抵免后，再计算应向母公司收取的所得税，就可以避免国际重叠征税。其计算公式为：

间接抵免额＝母公司的股息/子公司的税后所得×子公司向东道国缴纳的所得税款

但股息收入国允许母公司实行间接抵免必须满足一定的条件，如母公司必须是直接投资者而非间接投资者，母公司须为法人股东而非自然人股东等。一些发达国家还允许母公司享有多层间接抵免，如对于三层公司，其计算公式为：

间接抵免额＝母公司的股息/子公司的税后所得×（子公司东道国所得税＋属于子公司承担的孙公司东道国所得税）

需要说明的是，即使计算出间接抵免额，也并非一定如额抵免。一般国家可能还会有限额规定，即抵免额度不得超过国外所得应向提供抵免国缴纳的税额。

2. 股息付出国所采取的措施

股息付出国所采取的措施主要有以下两种：

（1）双税率制。指股息付出国对本国子公司用于分配股息的利润和不分配股息的利润分别征税，对前者按较低税率征税，对后者适用较高税率征税，借此有效地减轻用于分配股息的利润所承担的税负,从而达到缓解国际重叠征税负担的目的。

(2)折算制。指公司的税后利润进行股息分配,国家按照股东收到股息额的一定比例退还母公司已交税款,然后以股息和退税之和为基数按照适用税率对外国股东征税,纳税余额便是净股息所得。

折算制不同于双税率制。前者是采用减轻股东税负的方式解决国际重叠征税,公司应缴所得税额并未减轻;后者是采用减轻公司税负的方式解决国际重叠征税,股东所收股息仍应依法纳税。虽然折算制解决国际重叠征税的效果较好,但一般须以双边税收协定加以预先规定,并有许多附带条件的限制,因此采用的国家并不多。

在本节引例中,国际重复征税产生的根本原因,是有关国家所主张的税收管辖权在纳税人的跨国所得或财产价值上发生冲突的结果。这种税收管辖权之间的冲突,主要有居民税收管辖权之间的冲突,来源地税收管辖权之间的冲突,居民税收管辖权和来源地税收管辖权之间的冲突。

国际重复征税对国际经济活动产生消极影响。从法律角度看,国际重复征税使得从事跨国投资和其他各种经济活动的纳税人相对于从事国内投资和其他各种经济活动的纳税人,背负了沉重的税收负担,违背了税收中立和税负公平的税法原则。从经济角度看,国际重复征税造成税负不公,使得跨国纳税人处于不利的竞争地位,会挫伤其从事跨国经济活动的积极性,从而阻碍国家间资本、技术和人员的正常流动和交往。

第四节　国际税收协定

【引例】一家荷兰股份有限公司通过其设置在荷兰和德国的地下管道向德国的两个地点供应石油与石油产品,所有油管归荷兰公司所有。对德国境内输送石油是通过设在荷兰境内的电子计算机遥控。荷兰公司不派人员驻德,所有技术、推销人员都在荷兰。在德国地段油管的维护与修理都由独立的承包商负责。

德国税务机关认为,荷兰公司利用德国境内油管输送石油,已构成常设机构,决定向荷兰公司征收财产净值税。荷兰公司上诉到德国税务法院,申辩不存在设置常设机构的问题,在德国也没有应税的经营资产。德国税法法院驳回。荷兰公司又上诉到最高税务法院。德国最高税务法院裁定,常设机构存在,应按财产净值税法征税。[①] 请问:根据《经合组织范本》和《联合国范本》,常设机构的构成要件是什么?本案中,地下输油管道是否构成常设机构?

---

① 本案例案情选自李金龙主编:《税收案例评析》,山东大学出版社 2000 年版,第 134 页。

一、国际税收协定概述

(一)国际税收协定的概念和发展

国际税收协定亦称国际税收条约,是主权国家为调整彼此间的税收权利和义务关系而达成的书面协议。国际税收协定的主要任务是避免国家重复征税,是调整国家间税收分配利益的最主要的法律表现形式,也是协调国家间税制差异和利益冲突并进行国际税务合作的有效形式。

法国、荷兰、比利时、卢森堡之间于 1843—1845 年间缔结了世界上第一个国际税收条约;瑞士和英国于 1972 年签订了世界上第一个避免国际重复征税的国际条约;奥地利和普鲁士于 1899 年签订了世界上第一个综合性的避免国际重复征税的国际条约。二战后,随着收入国际化和所得税制度的建立,国际税收条约的数量、参与国以及内容急剧增加并日趋丰富。

(二)《经合组织范本》和《联合国范本》

《经合组织范本》和《联合国范本》都在避免双重征税和国际逃避税等重大问题上,试图平衡来源地国和居住地国之间的所得分配。其中,经济合作与发展组织从 1958 年开始为其成员国起草双边税收协定范本。1963 年,经合组织首次公布了《经合组织范本》。1977 年,该组织对 1963 年范本进行了修订和注释,并先后于 1992 年、1994 年、1995 年、1997 年、2000 年、2003 年、2005 年、2010 年和 2014 年频频对该范本及注释做出较大修订。

由于《经合组织范本》强调居民税收管辖权,倾向于维护发达国家利益,没有反映发展中国家的利益诉求,联合国于 1968 年组织一个专家小组起草税收协定范本,并与 1979 年公布了《联合国范本》。该范本在实质上更强调保护收入来源国,也即发展中国家的税收权益,从而提高了发展中国家在税收协定中的谈判地位。1997 年联合国对其 1979 年版本进行修订,并分别于 2001 年和 2011 年予以再次修订。

两个范本的条款和机构基本相同,所涉问题也基本相同,都是对"所得和财产的征税";目的也相同,都旨在避免双重征税。从立法技术层面而言,《联合国范本》建立在《经合组织范本》基础之上;从发展趋势而言,《经合组织范本》主要通过减少收入来源国的税收收入来减缓双重征税,而《联合国范本》则基本上表现出与之相反的倾向。因此,两个范本在某些重要的实体条款,比如第 5 条关于常设机构、第 10 条关于股息和分红、第 11 条关于利息、第 12 条关于特许权使用费等问题上存在较大差异。此外,在一些程序条款上,比如,协商程序与仲裁、情报交换与相互援助等方面存在重大区别。[①]

需要强调的是,这两个范本虽然不具有法律效力,但对各国制定双边税收协定起到了很大的参考和借鉴作用。但发达国家之间相互签订税收协定较多参照《经合组织范本》,而发展中国家与发达国家之间签订税收协定则较多参照《联合国范本》。

(三)OECD 的《BEPS 行动计划》

税基侵蚀和利润转移(Base Erosion and Profit Shifting,简称 BEPS)是指利用不同税收管辖区的税制差异和规则错配进行税收筹划的策略,其目的是人为造成应税利润"消失"或将利润转移到没有或几乎没有实质经营活动的低税负国家(地区),从而达到不交或少交企业所得税的目的。BEPS 具有以下危害:一是扭曲竞争。跨境经营的企业可以从 BEPS 中

---

① 那力:《联合国范本与经合组织范本:区别与晚近发展》,载《江西社会科学》2012 年第 4 期。

获利,从而相较国内经营的企业更具竞争优势。二是导致资源配置的低效率。BEPS的收益可能扭曲投资决策,使资源流向税前回报率低而税后回报率高的经营活动。三是影响公平。包括普通自然人在内的纳税人,如果发现跨国企业都在避税,那么全体纳税人的税法遵从度都会降低。

BEPS是当前全球最热门的税务议题之一,在经济全球化的背景下,BEPS愈演愈烈,引起了全球政治领袖、媒体和社会公众的高度关注。为此,2012年6月,G20财长和央行行长会议同意通过国际合作应对BEPS问题,并委托OECD开展研究。2013年6月,OECD发布《BEPS行动计划》,并于当年9月在G20圣彼得堡峰会上得到各国领导人背书。该行动计划确定了15项具体行动计划,指在应对数字经济发展对税法的挑战,强化对跨国纳税人的税收情报的获取与交换,完善转移定价税制等反避税条款,提升税收争议解决机制的效率,以便确保税收在经济活动发生地和价值创造地征收。2015年10月,上述15项具体行动计划的最终成果发布。

近年来,中国在国际税收征管协作方面取得快速进展,2013年8月27日,中国签署《多边税收征管互助公约》(以下简称《公约》),成为该公约的第56个签约方,G20成员自此全部加入这一公约。

二、国际税收协定的主要内容

当今世界国家签订的双边税收协定已达数百个之多,其内容各不相同,但基本上包括以下共同部分。

(一)协定的适用范围

1. 协定适用的纳税人范围。由于国际税收协定的主要任务是解决国际重复征税,而只有在缔约一方负有无限纳税义务的居民,才能享受免除重复征税的待遇。因此,协定适用的纳税人范围为缔约国一方或者同时为缔约国双方居民的人,包括自然人和法人。

2. 协定适用的税种范围。由于仅有直接税才会引发对同一纳税人的同一跨国所得进行双重征税的问题,因此协定适用的税种限于所得税、一般财产税等直接税。

3. 协定适用的地域范围。协定适用的地域范围是缔约国主权覆盖的范围,即缔约国双方的全部领土,包括领土、领空、领海及其海床和底土。

4. 协定适用的时间范围。协定适用的时间范围一般为缔约国双方法律程序批准并经双方置换批准文件后生效,具体生效时间由双方协商确定并在协定上予以明确。

(二)协定的主要内容

1. 税收管辖权的划分。国际税收条约的主要内容是划分缔约国各方的税收管辖权界限,借此协调国家间的税收管辖关系来避免双重征税。税收管辖权的划分主要涉及营业所得、投资所得、劳务所得和财产所得。对于营业所得,国际税收协定一般规定应由居住国优先行使征税权,但来源于常设机构的营业所得,应由收入来源国优先行使征税权。关于投资所得,一般规定税收分享原则,即在承认来源国对非居民纳税人的投资所得享有优先征税权的基础上,又对来源国的征税权进行某些限制。对于劳务所得,国际税收协定一般规定仅由居住国或来源国单独行使征税权。对于财产所得中的不动产所得,一般规定应由不动产所在地的缔约国优先行使征税权,而动产交易则由居住国行使征税权。

2. 重复征税的消除方法。缔约国间消除重复征税的方法主要有两种:免税制和抵免制。对于税收饶让的问题,两个范本均未规定。但在实践中,发展中国家相互之间以及发展中国家与发达国家之间签订的双边税收协定中都纳入了税收饶让抵免条款。

3. 税收的国民待遇。即缔约国一方给予缔约国另一方的纳税居民的待遇,不低于给予本国居民的待遇。税收的国民待遇旨在其反对税收歧视,缔约国双方的居民在相同或类似条件下享有的税收待遇相同,以便双方居民能够公平竞争。具体包括国籍无差别待遇、常设机构无差别待遇、投资控制的子公司无差别待遇和特定应税所得额费用扣除无差别待遇。

4. 税务情报交换。税务情报交换是国际税收协定防止国际逃税和避税的重要手段。但对于情报交换的范围,一般都没有列出具体的项目,而仅做出一些原则性的规定,主要包括交换为实施税收协定的规定所需要的情报、交换与税收协定有关税种的国内法律的情报、交换防止税收欺诈和偷税漏税的情报等。

5. 相互协商程序。如果在税收协定执行过程中发生争议,应主要通过缔约国双方的主管机关协商处理,以此加强彼此间的税务合作。税收协定一般都规定了协商处理争议的方法和相关程序。

在本节引例中,《经合组织范本》和《联合国范本》关于常设机构构成要件的规定主要有:(1)构成常设机构的固定营业场所。《经合组织范本》和《联合国范本》将常设机构这一概念定义为:一个企业进行其全部或部分营业的固定场所。根据这一定义,缔约国一方企业在缔约国另一方从事营业活动,如果存在上述受该企业支配的固定场所,并且该企业通过这种固定场所实施其全部或部分营业性质的活动,即应认定设有常设机构。如果存在某种受该企业支配的固定场所,但该企业通过固定场所实施的并非营业性质的活动,而只是某种准备性或辅助性的活动,这种性质的固定场所或机构并不构成协定意义上的常设机构。(2)构成常设机构的营业代理人。即使缔约国一方企业在缔约国另一方境内并未通过某种固定的营业场所从事营业活动,但如果它在另一方境内授权特定的营业代理人开展业务,仍有可能构成常设机构存在。即,如果这种营业代理人是依附于企业的非独立地位代理人,并且企业授权这种非独立代理人代表委托企业与他人签订属于企业经营范围内的合同,就可认定常设机构存在。

德国采用常设机构标准判定非居民所得来源地,德国法律中关于常设机构的规定与《经合组织范本》和《联合国范本》的规定大致相同。德国商法典规定,构成常设机构一般有三个要件:经营性、固定性和时间连续性。本案中,荷兰公司设在德国境内的地下输油管道符合常设机构的这些标准。因此,根据德国法,地下输油管道构成常设机构,德国法院的裁决是正确的。

第五节 跨国所得和财产价值征税权冲突的协调

【引例】甲国 A 公司在乙国首都建立一家办事处,主要用于接收、发送货物及订立合同,提供售后服务。A 公司董事长在乙国参加地区性经济论坛会议期间,与 B 公司签订了销售 A 公司产品的合同。产品的运输和提供均由 B 公司负责。A 公司在乙国的办事处对此并不知情,但在纳税时,却被要求将 A 公司与 B 公司直接订立合同产生的利润纳入应税所得。A公司的办事处对此表示不同意,认为其总机构A公司的利润与该办事处没有联系,不应由其纳税。乙国的税务机关则认为,A公司与B公司订立合同的营业活动属于该办事处的经营范围,应该由该办事处纳税。双方因此发生争议。①请问:确定可归属于常设机构利润范围的原则有哪些?本案中争议当事人各方持哪些观点?该争议应如何处理?

一、跨国营业所得征税权冲突的协调

跨国营业所得和财产价值冲突的协调,是指针对不同性质的跨国所得和财产价值,运用相应的冲突规则,明确哪些所得项目应由来源地国一方独占征税,哪些所得项目应由居住国一方独占征税,哪些项目应由双方分享征税权,哪些项目应由一方优先行使征税权,从而在一定程度上避免或缓解来源国与居住国之间税收管辖权的冲突。

对于跨国营业所得征税权冲突的协调,国际上普遍采用的是常设机构原则。所谓常设机构原则,是指居住国一方居民取得的来源于境内外的全部营业所得原则上应由居住国独占征税。但是,如果该居民在另一国设有常设机构,那么该居民通过其境外的常设机构所取得的营业利润,应由该常设机构所在国行使来源地税收管辖权优先征税。常设机构原则的运用涉及常设机构的确定、常设机构的利润确定以及应税所得额的确定三个基本问题。

（一）常设机构的确定

常设机构的存在是收入来源地国向另一缔约国企业主张征税权的前提条件。因为,如果纳税人的营业活动并未构成缔约国一方的常设机构,则其营业所得就应由居住国独占征收;如果纳税人的营业活动构成在缔约国一方设立的常设机构,则来源地国就有权对纳税人的利润优先行使征税权。因此,判断常设机构是否存在,就成为运用常设机构原则的重要前置条件。目前,各国签订的双重征税协定一般认为,常设机构由某种物理因素和人员因素构成。

1. 构成常设机构的固定营业场所。常设机构是指一个企业在某一国境内进行全部或部分经营活动的场所。常设机构应具备三个基本特征:第一,存在一个经营场所;第二,该经营场所必须是固定的;第三,该固定的经营场所必须从事营业性质的活动。《经合组织范本》和《联合国范本》特别列举了6种可能构成常设机构的营业场所:管理场所;分支机构;办事处;工厂;车间;矿场、油井或气井、采石场或任何其他开采自然资源的场所。

对于缔约国一方企业在缔约国另一方境内从事承包建筑、安装工程的活动,可以认为是常设机构,这已为各国税收协定和两个范本所承认。但目前的分歧在于对这种常设机构所要求的延续时间不同。《经合组织范本》主张这类工程活动只有在延续12个月以上时,才构成常设机构;而《联合国范本》则主张这类工程只要延续6个月以上就构成常设机构。此外,各国在签订税收协定时,对这个问题规定的时限标准也不一样。例如中国在与大多数国家所签订的税收协定当中,都坚持采用6个月以上标准;但在与罗马尼亚、以色列、匈牙利、奥

---

① 本案例案情选自汤树梅主编:《国际经济法案例分析》,中国人民大学出版社2000年版,第123页。

地利等国签订的税收协定中,则规定了持续 12 个月以上的标准;在与俄罗斯、蒙古、白俄罗斯等国签订的协定中,采用的是 18 个月标准;在与阿拉伯联合酋长国签订的协定中,采用的是连续或累计 24 个月标准。

对于为工程项目提供劳务或咨询服务的活动是否构成常设机构的问题,两个范本规定也不一致。《经合组织范本》未明确规定,而《联合国范本》主张只要这种活动在任何 12 个月中连续或累计超过 6 个月,就应被认为构成了常设机构。

2. 构成常设机构的营业代理人。尽管缔约国一方企业在缔约国另一方境内并未通过某种固定场所从事营业活动,但如果该企业在另一方境内通过特定的营业代理人从事营业活动,仍有可能被认为在缔约国另一方设立了常设机构。

一般认为,企业通过营业代理人进行活动,如果同时符合以下两方面条件,即应被认定是常设机构:

(1)这种营业代理人是依附于企业的非独立地位代理人。所谓非独立地位代理人,一般指企业的雇员或虽非雇员但在法律上或经济上依附于委托人的代理人。所谓独立地位代理人,指在法律上或经济上独立于其所代理的企业的代理人,如经纪人、一般佣金代理人等等。企业通过独立地位代理人所进行的营业活动不被视为常设机构;

(2)企业授权这种非独立地位代理人经常代表企业与他人签订属于企业经营范围内的合同,包括有权修改现行合同。此外,独立地位代理人原则上不是常设机构,但如果这种代理人的活动全部或几乎全部是代表该企业,那么独立地位代理人可能因此而失去其独立地位,被认为是依附于企业的非独立代理人。

3. 电子商务中常设机构的认定

鉴于各国在跨国电子商务活动中如何认定常设机构的分歧,2000 年经合组织公布了题为《常设机构定义在电子商务中的适用说明》的报告,对经合组织税收协定范本第 5 条注释进行了修订。该报告的内容随后被纳入 2003 年公布的经合组织税收协定范本及其注释中。根据该报告,经合组织认为,在电子商务中,企业用于从事经营活动的网址本身不构成常设机构,只有那些用于从事经营活动的计算机设备在符合范本第 5 条所规定的其他条件下时,才能构成该企业的常设机构。

(二)可归属于常设机构的利润确定

确定常设机构的利润一般适用两种归属原则:实际联系原则和引力原则。

1. 实际联系原则。缔约国一方企业来源于缔约国另一方境内的各种所得中,只有那些通过常设机构的活动产生的利润收益,才能被并入常设机构的利润范围并由来源地国优先行使征税权。对于不是通过常设机构所实现的收益,来源地国不得优先课税。目前中国和世界上绝大多数国家使用的都是《经合组织范本》所建议的实际联系原则。

2. 引力原则。指在居住国一方企业在来源地国设有常设机构的情况下,该企业来源于来源地国的所得,尽管可能并非全部是通过常设机构获得的,但只要产生这些所得的营业活动属于常设机构的业务范围,来源地国都可以把它们并入常设机构的利润并行使征税权。引力原则由于对跨国纳税人征税不合理,目前已经很少有国家采用。

(三)常设机构应税所得额的确定

由于只有确定了常设机构的应税所得额,才能最终确定它的应纳税额。因此,在确定了可归属于常设机构的利润范围后,就必须确定常设机构的应税所得额。目前常设机构应税所得额的确定方法有两种：一种是直接利润确定法，另一种是间接利润确定法。

1. 直接利润确定法。直接利润确定法指征税国直接根据常设机构的会计报表来确定其应税所得额，《联合国范本》和《经合组织范本》都建议缔约国应优先采用直接利润确定法。在采用直接利润确定法核算常设机构的应税所得额时，各国普遍规定了两个应遵守的基本原则，即"独立企业原则"和"费用扣除与合理分摊原则"。

（1）独立企业原则。独立企业原则是指在核算常设机构的应税所得额时，应将常设机构视为一个相对独立于其总机构的纳税实体对待，按独立企业进行盈亏核算。常设机构与其总机构或其他关联企业间的营业往来，都应按照正常的市场竞争价格来计算利润。如果常设机构与其关联企业之间的交易往来价格不符合公平市场竞争原则，那么税务机关有权按公平市场价格对它们之间的交易进行调整，以便常设机构的利润与其实际经营状况相符合。

（2）费用扣除与合理分摊原则。在确定常设机构的利润时，应当允许扣除其进行营业所发生的各项费用，无论这些费用是发生于常设机构所在国，还是发生于其他任何地方。也就是说，常设机构可以合理地分担其总机构的部分管理费用，但前提是这些费用必须是总机构为常设机构的存在和运行所支付的。但《经合组织范本》对此又做出了另外一项限制，即在常设机构分摊总机构部分管理费用的情况下，总机构向常设机构提供的投资或服务就不再计算报酬。

2. 间接利润确定法。间接利润确定法是指征税国先将企业的总利润在各个分支机构之间按一定的比例进行重新分配，然后再根据分配后的利润计算应税所得额。间接利润确定法目前已经很少有国家采用。

二、跨国劳务所得征税权冲突的协调

跨国劳务所得指纳税人因从事跨国劳务活动所取得的来源于居住国境外的个人劳务所得。根据劳务提供者法律地位的不同，这种劳务所得可分为独立劳务所得和非独立劳务所得两类。独立劳务所得指个人以自己的名义独立从事某种专业性劳务而取得的收入；非独立劳务所得指个人因受雇于他人从事劳动工作而取得的工资薪金等。对于这两类跨国劳务所得，国际税收协定分别规定了不同的税收管辖权协调原则。

（一）关于跨国独立劳务所得征税权冲突协调的一般原则

对于跨国独立劳务所得征税权冲突的协调，国际上一般采取"固定基地原则"。即纳税人取得的独立劳务所得，仅应由其居住国一方征税；但如果居住国的居民在来源地国设有经常从事独立劳务活动的固定基地，如律师事务所，那么来源地国可对属于该固定基地的那部分所得征税。由于固定基地原则过多地考虑了居住国的利益，限制了来源国的征税权，因此遭到了发展中国家的反对。《联合国范本》对此做出了例外规定：即使非居民在来源地国没有设立固定基地，但如果符合以下两种情况之一，来源地国仍有权对另一国居民的跨国独立所得征税：第一，居住国纳税人在某一会计年度内在来源地国连续或累计停留了183天以上；第二，居住国纳税人的报酬是由来源国居民支付或者是由设在来源地国的常设机构或固定基地支付的，而且支付的金额在会计年度内超过了一定的限额（具体限额由缔约国谈判确定）。

（二）关于跨国非独立劳务所得征税权冲突协调的一般原则

对于跨国非独立劳务所得征税权冲突的协调，国际上一般规定跨国纳税人在来源地国

取得的工资等非独立劳务收入,由来源地国优先征税。但该原则存在两种例外:

1. 在同时具备以下三种情况时,由居住国一方独占征税:第一,跨国纳税人在来源地国累计停留不到 183 天;第二,跨国纳税人的劳务报酬并非由来源地国的居民支付;第三,劳务报酬不是由设在来源地国的常设机构或固定基地支付。

2. 对受雇于国际海运企业、国际航空运输企业或国际内河航运企业的人员所取得的劳务报酬,各国一般都规定仅由该企业的居住国独占征税。

三、跨国投资所得征税权冲突的协调

(一)双重征税协定中的投资所得主要包括股息、利息和特许权使用费三种。各国对纳税人的投资所得在征税方式上区分两种情况分别加以处理:

1. 对于本国居民和非本国居民设在本国常设机构所取得的各种投资所得,一般在扣除成本费用后,按照统一的所得税税率计征所得税。

2. 对于那些不在本国居住的外国个人或未在本国设立常设机构的外国法人从本国取得的投资所得,各国一般都采用从源预提所得税的方式,由支付投资所得的人作为扣缴义务人,在支付投资所得时就代为扣缴税款。

(二)对于跨国投资所得征税权冲突的协调,两个范本和各国间签订的税收协定,都采用了税收分享的协调原则。即对跨国股息、利息和特许权使用费所得,可以在受益人的居住国纳税,也可以在收入来源地国一方纳税。为了保证居住国一方能分享一定的税收利益,国际税收协定在确认收入来源地国对各项投资所得有权课税的同时,限定其源泉课税的税率不得超过一定比例。

四、跨国不动产所得和财产收益征税权冲突的协调

(一)跨国不动产所得征税权冲突的协调

跨国不动产所得是指纳税人在不转移不动产所有权的情况下,运用不动产所取得的收入。各国对不动产所得来源地的确认,一般均以不动产所在地为准,即不动产所在地就是不动产所得的来源地。《经合组织范本》和《联合国范本》都规定,一缔约国居民从另一缔约国所取得的不动产所得,可由不动产所在国优先征税,但不动产所在国取得的只是优先征税权,而不是独占征税权。

(二)跨国财产收益征税权冲突的协调

对于跨国财产收益征税权冲突的协调,一般遵循以下五个原则:

1. 不动产转让所得,由不动产所在国行使征税权(缔约国一方居民转让位于缔约国另一方的不动产取得的收益,由不动产所在国征税);

2. 转让设在另一国的常设机构的财产或固定基地的财产所取得的收益,由该常设机构或固定基地所在国行使征税权;

3. 转让从事国际运输的船舶或飞机,以及属于经营上述船舶或飞机的动产所取得的收益,由转让者的居住国独占征税;

4. 转让公司股份所取得的收益的征税权冲突协调,各国分歧较大。《经合组织范本》规定由转让者的居住国独占征税。而《联合国范本》则区分两种情况:如果被转让股份的公司的财产主要由不动产组成,则由不动产所在国征税;如果被转让的股份达到公司总股本的一

定比例(该比例由缔约双方谈判决定),则由该公司的居住国一方征税。

5. 对于税收协定未专门做出规定的其他财产的转让所得的征税权冲突协调,两个范本都规定由转让者的居住国一方独占征税。但中国一般主张来源地国也有权征税。

五、对跨国财产价值征税权冲突的协调

对于跨国财产价值征税权冲突的协调,可以分为以下三种情况:

1. 缔约国一方居民所拥有的位于另一国的不动产,以及缔约国一方居民所拥有的设在另一国的常设机构或固定基地的动产,可以由该不动产或动产所在国征税;

2. 从事国际运输的船舶、飞机以及附属于上述船舶和飞机的动产,仅由企业的居住国,也就是企业的实际管理机构所在地国独占征税;

3. 缔约国一方居民的其他财产,由财产所有人的居住国一方独占征税。

在本节引例中,确定可归属于常设机构利润范围的原则有:(1)引力原则。居住国一方企业在来源地国设有常设机构的情形下,该企业来源于该国境内的其他所得,尽管并非是通过该常设机构的活动取得,但只要产生这些所得的营业活动属于该常设机构的营业范围或与其相类似,则来源地国都可将它们纳入常设机构的利润范围内征税。(2)有实际联系原则。只有通过常设机构进行的营业活动所产生的利润收益和与常设机构有实际联系的各种所得,才应确定为可归属于该常设机构的利润范围并由来源地国征税。对于未通过常设机构实施的营业活动实现的收益和与常设机构并无实际联系的其他所得,应排除在常设机构的利润范围之外,适用国际税收协定其他有关条款处理。

本案中,A公司办事处所持的是"有实际联系原则"的观点,乙国税务机关所持的是"引力原则"的观点。

对该问题的争议,如果甲乙两国之间签订了国际税收协定,应按协定有关规定处理;如果甲乙两国之家没有签订国际税收协定,则应在平等互利的基础上协商解决。

第六节　国际逃税与避税及其管制

【引例】 税务机关在某年度所得税汇算清缴检查工作中发现,深黄合金制品有限公司的盈利水平与类似中资企业的盈利水平相差较大,也与合金制品紧缺、利润率较高的常规不符,怀疑该企业存在不正常交易,遂根据有关法律和工作规程对该企业展开调查。

调查发现:深黄合金制品有限公司自企业开业以来,生产所需原材料,均由香港黄记合金公司提供,产品全部返销香港,大部分返销香港黄记合金公司,遂认定该合资公司与香港黄记合金公司之间构成关联企业关系。

为了查明该合资企业与其关联企业业务往来中是否存在转移定价问题及少报应纳税所得和收入额的问题,税务机关检查了有关账簿凭证,发现该企业在上一年度销售给香港黄记合金公司的合金制品的定价为每吨815元港币,而销售给香港另一家非关联企业的同样产品,每吨平均定价为港币1755元。为此,税务机关认定,深黄合金制品有

限公司利用关联公司转移定价的行为,违背了正常交易原则。遂按销售给非关联企业的作价每吨港币 1755 元调整香港黄记合金公司的销售价格,并调增了销售收入。[①] 请问:(1)什么是跨国关联企业?(2)什么是转移定价?(3)防止跨国关联企业运用转移定价逃避税收的法律措施有哪些?(4)本案中我国税务机关采用的是什么方法?

一、国际逃税和避税概述

国际逃税和避税是国际税收协定试图解决的另一个主要问题,二者在概念、性质、常见方式及危害等方面均存在区别。

(一)国际逃税和避税的概念

国际逃税是指跨国纳税人违反征税国国内法或国际税收协定的相关规定,采用某种非法的手段或措施,以减少或逃避就其跨国所得本应承担的纳税义务的行为。因此,国际逃税是跨国纳税人利用国际税收管理和合作上困难与漏洞所致。国际避税则是指跨国纳税人利用各国税法规定的差异,采取变革经营地点和经营方式等各种合法手段,以求最大限度减轻就其跨国所得本应承担的纳税义务的行为。国际逃税和国际避税都是跨国纳税人为了减轻或消除自己的税收负担而实施的行为,但二者存在以下区别:

1. 就其性质而言,国际逃税是法律明确禁止的违法行为,而国际避税则仅被视为不道德的行为。

2. 就纳税人的主观形态而言,实施国际逃税的纳税人一般具有明显的故意或过失,而国际避税则很难认定具有违法或欺诈的故意或过失。

3. 就实施的手段而言,国际逃税的方法一般是隐蔽的、不正当或不合法的,而国际避税所实现的手段一般是公开的、不违法的。

4. 就其法律后果而言,国际逃税的纳税人一般需要承担民事、行政乃至刑事责任,而国际避税的纳税人一般无需承担任何法律责任,征税国只能通过对国内税法或税收协定中的不完善之处进行修改或做出相应的补充规定。

(二)国际逃税与避税的危害

虽然国际逃税与国际避税的法律性质、纳税人的主观形态、实施手段和法律后果等方面存在重要差别,但二者可能造成的危害却是相同的。

1. 损害有关国家的税收利益。跨国纳税人通过各种手段减少或躲避国家征税,谋求个人税收利益最大化的结果,严重损害了有关国家的税收利益。而且,此处有关国家的税收利益,不仅指资本输出国的税收利益,而且也指资本输入国的税收利益。

2. 引发国际资本的非正常转移。跨国纳税人一般利用转移定价和其他手段抽逃资金和转移利润,引发国际资本流动秩序混乱,妨碍相关国家的经济发展和国际收支平衡,从而影响国际经济活动的正常运转。

3. 违背税收公平原则。跨国纳税人通过逃税、避税等手段在国际市场上获得了较之于其他竞争者而言更为有利的竞争地位,破坏了国际经济贸易领域中正常的竞争秩序,严重违

---

① 本案例案情选自李金龙主编:《税收案例评析》,山东大学出版社 2000 年版,第 147 页~149 页。

背了税收公平原则,极大损害了税法的尊严。

由于国际逃税和国际避税对国际税收关系和国际经济关系的危害极大,如何有效防止国际逃税与避税就成为国际税法的重要任务之一。

二、国际逃税与避税的主要方式

(一)跨国纳税人从事国际逃税的主要方式

1. 匿报应税财产和所得。跨国纳税人通过不履行向税务机关的纳税申报义务隐匿应税财产和所得。常用的方式有进行无记名证券投资,对实物加以隐瞒,利用外国银行保密法拒绝国内税务当局的稽查等。

2. 谎报应税财产和所得。跨国纳税人通过将应税财产和所得以多报少或将一种所得谎报为另一种所得,以此达到少纳税的目的。

3. 虚构成本费用等扣除项目。跨国纳税人通过多摊折旧,虚列利息支出,虚构佣金、技术使用费等方式不合法地减少应税所得额,是纳税人经常采用的一种逃税方式。许多国家没有严格的费用开支标准和统一的收付款凭证,给跨国纳税人虚构成本费用等扣除项目提供了可乘之机。

4. 伪造账册和收付凭证。跨国纳税人通过设置两套会计账簿,一套用来应付东道国税务当局的检查,一套用来记录真实的经营状况。伪造收付凭证是指跨国纳税人在买入时多开发票,在卖出时少开发票,从而达到逃税的目的。

(二)跨国纳税人从事国际避税的主要方式

1. 通过纳税主体的跨国移动进行避税。即通过法人、自然人改变其住所、居所等税收连接点,即可实现避税。就自然人而言,其可以通过移居国外、流动性居留等方式避免在某一国承担居民纳税人的义务。就法人而言,可以通过在低税国注册,变更董事会会议地点等方式规避税收。

2. 跨国关联企业间利用转移定价进行避税。转移定价,是跨国联属企业之间通过人为地抬高或压低交易价格或费用标准的方式,使得设在高税率国的关联企业某一实体的利润转移到低税率国的企业账上,以此达到避税的目的。这是当前国际间最常见的避税方法。转让定价的具体做法有:

(1)商品交易中的转让定价。即关联企业之间供应原材料和销售产成品时实施的"高进低出"或"低进高出"。转出利润的公司一般为原材料支付较高的价格,然后低价出售产成品,而转入利润的公司则恰好相反。

(2)贷款业务中的转让定价。即母公司或本集团金融公司向子公司提供贷款时,通过利息的高低影响子公司的产品成本,从而实现转移利润的目的。

(3)提供劳务、转让专利和专有技术中的转让定价。关联企业间经常发生相互提供劳务和转让专利、专有技术等业务,根据何种标准收入劳务费、专利特许权使用费,并无一定之规。因此,关联企业间容易利用此类方式进行转移利润。

3. 总分公司间不合理分摊成本费用进行避税。不合理分摊成本费用主要发生在跨国关联企业位于一国的总公司和位于另一国的分公司之间。通过把应当扣除的成本费用人为地从设在低税国的总公司或分公司分摊给设在高税国的分公司或总公司,达到规避高税国税收和减轻跨国纳税人总税负的目的。

4. 利用避税港进行国际避税。所谓避税港,是指那些对财产和所得不征税或按较低税率征税的国家或地区,例如拉丁美洲的巴哈马,开曼群岛,哥斯达黎加以及我国的香港特别行政区等。跨国纳税人主要是通过在避税港设立基地公司,将在避税港外的财产和所得转移到基地公司的账户上达到避税目的。

5. 利用资本弱化进行国际避税。资本弱化是指跨国纳税人通过加大贷款(债权性筹资)而减少股份资本(权益性筹资)比例的方式增加税前扣除,以降低企业税负的一种行为。因为贷款支付的利息,作为财务费用一般应在税前扣除,而为股份资本支付的股息则一般不得在税前扣除,因此,跨国企业为了加大税前扣除而减少应纳税所得额,在筹资时多采用贷款投资的形式而不是募集股份的方式,以此来达到避税目的。

三、防止国际逃税与避税的救济措施

防止国际逃税与避税的救济措施通常有国内法措施和国际法措施两种,而国内法措施又可分为一般国内法措施和特别国内法措施。

（一）防止国际逃税与避税的国内法措施

1. 防止国际逃税与避税的一般国内法措施。各国防止国际逃税与避税的一般国内法措施主要是完善国家税收的征管制度,加强搜集税务情报并对跨国纳税人的经济活动予以监管。现今各国防止国际逃税与避税的一般国内法措施主要有:

（1）实行税务登记制度。所有国家的税法都明确规定纳税人在开业、歇业以及经营期间发生改组、合并等重大变动时,必须向税务机关办理书面登记或变更登记。

（2）加强国际税务申报制度。几乎所有国家在税法上特别对跨国纳税人规定了申报国外税务的义务,要求纳税人按期向税务机关申报有关税务事项的各类报表,包括资产负债表、损益表和财务状况变动表等,防止纳税人避税与逃税。

（3）强化税务调查和会计审查制度。通过税务部门经常性的税务调查和实行会计审查制度,能够加强对跨国纳税人经营活动的税务监督。目前,许多国家通过有关法律,规定公司企业,特别是股份有限公司所申报的税务报告一律要经注册会计师的审核。

（4）实行所得评估制度。许多国家对于那些不能提供准确的成本、费用凭证和不能正确计算应税所得的纳税人,以及那些每年所得额较小的纳税人,补充采用所得评估制度。从某种意义上讲,这种制度不失为一种控制纳税人避税的有效补救办法。

2. 防止国际逃税与避税的特别国内法措施。跨国纳税人采用的避税方法花样繁多以至难以尽陈。针对跨国纳税人某些特定的逃税与避税行为,各国通常会采纳特别的法律措施予以救济。

（1）防止跨国纳税人利用转移定价和不合理分摊成本费用逃避税收。转移定价和不合理分摊成本费用是跨国纳税人进行逃税和避税的主要方式之一。需要强调的是,转移定价和不合理分摊成本费用并非同一概念,二者的区别在于:转让定价限于具有资本控制关系的跨国联属企业之间,如母公司与子公司之间后者被同一母公司控制的两个子公司之间;而不合理分摊成本费用限于同一公司内部不同机构和部门之间。虽然存在区别,但跨国纳税人通常将这两种手段结合起来使用。

为了防止跨国公司为了逃避税收而滥用转移定价和不合理分摊成本费用,必须使关联企业在各个经济实体分配的利润尽可能符合各自的实际经营情况。目前,各国对付这种逃避税收行为的法律对策主要是实行正常交易原则。

正常交易原则,又称独立竞争原则,指将关联企业之间的关系当作彼此独立、相互竞争的无关联企业之间的关系加以处理。据此,关联企业之间的任何一项业务往来,都必须按照无关联企业之间经过讨价还价确定的公平市场价格计算。如有违反,有关国家税务当局将依据公平市场价格加以调整,重新分配收入和费用。

实践中,正常交易原则的实施主要采用以下两种方法:

第一,比较价格法。比较价格法是根据可比独立企业之间相同或类似交易的价格水平判断联属企业之间是否存在转移定价行为进而予以税务调整。

第二,比较利润法。比较利润法是根据可比独立企业之间独立交易的利润水平作为决定联属企业内部交易的应得利润。

比较价格法与比较利润法的主要区别在于可比对象,即价格或利润不同。比较价格法主要比较联属企业内部交易价格和独立企业的正常交易价格。比较利润法则避开寻找可比交易价格的困难,通过比较独立企业正常交易的利润水平来调整联属企业的应税所得,藉此反证转移定价价格调整是否具有合理性。

在具体的操作中,比较价格法主要有三种,分别是可比非受控价格法、再销售价格法和成本加价法。可比非受控价格法(Comparable uncontrolled price method)又称独立销售价格法,是在可比条件下将一项受控交易中转让的资产或劳务等的价格与一项非受控交易中转让的相同或类似资产或劳务等的价格进行比较,以后者来判断前者是否符合正常交易价格的方法。再销售价格法又称转售价格法,是指购自关联企业的产品转售给一个无关联企业的销售价格。具体而言,就是从关联企业卖方转售给无关联企业买方的价格减去合理利润,推算出关联企业卖方的正常交易价格。由此,再销售价格法是正常交易价格的延伸。成本加价法是以关联企业销售方的产品成本加上合理利润作为产品的正常交易价格,所以又称成本加利润法。

比较利润法主要有可比利润法、利润分割法和交易净利润法三种。可比利润法是以资产收益率、销售净利润或其他类似财务指标作为衡量关联企业内部交易营业利润与类似独立企业营业利润的指标。如果代表内部交易营业利润水平的财务指标偏离独立企业营业利润水平,则意味着关联企业在内部交易利用转让定价影响了营业利润的分配,从而有必要进行相应的调整。利润分割法指对若干关联企业共同参与的交易活动中产生的营业利润与亏损,根据其各自职责和贡献大小在有关各方之间进行分配的转让定价调整方法。交易净利润率法探究的是纳税人在某一受控交易中实现的净利润率是否正常合理。由于这种净利润率总是同某一基数相关,如成本、销售额或资产,所以交易净利润率法的操作同成本加价法和再销售价格法相似。[①]

正常交易原则目前已被世界大多数国家接受和采纳,成为税务当局处理国际关联企业间收入和费用分配的指导原则。正常交易原则把市场竞争价格作为解决国际收入和费用分配的依据,因为其分配依据的客观性,可实现最大程度的公平;理论根据比较充足,有说服力且切实可行。但是不足在于,跨国关联企业为数众多,其内部交易频繁,加之交易额巨大,致使寻找市场竞争价格比较困难,工作量大且不易执行。

---

① 赵晋琳:《关于转让定价调整方法的比较分析》,载《财经科学》2006 年第 9 期。

（2）防止跨国纳税人利用国际避税港逃避税收。跨国纳税人利用国际避税港从事国际逃避税的主要形式,是通过在避税港设立基地公司,虚构避税港营业以转移利润。因此,各国防止利用国际避税港逃避税收的法律措施主要是针对基地公司而采取的。比如,通过法律制裁阻止纳税人在避税港设立基地公司,通过禁止非正常的利润转移来禁止基地公司的设立,取消境内股东在基地公司的未分配股息所得的延期纳税待遇等方式打击纳税人在避税港设立基地公司的积极性。

（3）防止资本弱化逃避税收。为了管制纳税人弱化资本的行为,各国目前采用的方法主要有两类:第一类是以一般性的反避税法律原则进行管制。比如,禁止滥用法律行为原则、反规避税法原则、关联企业转移定价的正常交易原则和实质优先于形式原则等皆属之。运用这类一般性反避税原则管制资本弱化行为的共同特点,是税务机关或法院依据正常融资市场交易情况,结合交易双方当事人的事实情况和交易条件,对交易双方已也发生的具体融资交易安排进行事后审查。如果此项融资交易被认定为是以贷款形式掩盖的股权投资,则借款公司为此支付的利息不得作为费用扣除。第二类方法是固定比例法,即如果作为债务人的借款公司的总债务超过其资本的一定比例,则超过规定比例支付的利息就不容许在税前扣除,有些国家还进一步将超过规定比例部分的利息重新界定为股息。由于仅依靠正常交易原则来管制资本弱化存在着诸多困难和问题,防止资本弱化逃避税收应以固定比例法为主,以正常交易原则为辅来规制可能的资本弱化行为。[①]

（二）防止国际逃税与避税的国际法措施

国际法上防止国际逃税和避税是指各国通过缔结双边或多边国际税收协定,约定采取一些措施防止国际逃税和避税。这些措施由于是双方或多方国家约定,由各自的税收当局实施,又称为国际税务合作。主要包括以下内容:

1. 情报交换。税收情报交换主要是指税收协定缔约国双方税务主管当局交换的为实施税收协定和税收协定所涉及的税种相应的国内法律所必需的情报。情报仅涉及税收协定规定的具有所得税性质的税种。情报交换的类型包括专项情报交换、自动情报交换、自发情报交换、行业范围情报交换、同期税务检查和授权代表的访问等。但税收情报交换存在程序繁琐、时间跨度较长、征纳双方占有涉税信息不均衡以及缺乏具体操作办法等不足。

2. 跨国税务行政协助制度。缔约国在征税方面相互协助是指缔约国一方代表另一方税务当局执行某种征税行为。由于税收涉及国家主权,除了提供协助一方仅能按本国法律中规定的类似税收的课税手续给予协助外,还必须是在缔约国一方税务当局由于其纳税对象在缔约国另一方境内而无法对其征收税款的情况下,才可以请求缔约国另一方提供这方面的协助。

3 在税收协定中增设反滥用税收协定条款。滥用税收协定是指非税收协定缔约国居民通过在税收协定缔约国设立中介公司借此获取其本不应享有的税收协定中的税收优惠的一种行为。滥用税收协定现在已经成为一种普遍现象,其不仅打破了税收协定缔约国之间的对等互惠,使缔约国双方对税收协定的适用失去了预期,而且极易导致来源地收入国家税收流失,致使签订税收协定的目的完全落空。尤其是,滥用税收协定使得该种利益为本不欲给

---

① 廖益新、陈宏彦:《论中国规制资本弱化税法的完善》,载《厦门大学学报(哲学社会科学版)》2007年第1期。

予的第三国居民所获得,从而降低了第三国与来源地国家签订税收协定并给予来源地国家对等利益的意愿。

规制滥用税收协定的国内法措施一般有司法措施与立法措施两种。司法措施体现为引入"实质重于形式"原则来对税收协定的内容进行解释来避免税收协定被滥用。"实质重于形式"原则即透过公司合法交易的面纱来探究该公司成立的目的是否为了避税。立法措施即通过国内立法阻止税收协定滥用。比如,瑞典、德国、美国都在他们的国内法设有专门的反对税收协定被滥用的条款。

防范税收协定滥用的国际法措施主要在双边或多边税条约中通过界定受益人这一术语及其对所得利益的限制来进行。《经合组织范本》和《联合国范本》第10、11、12条均规定受益人,主要用来针对降低利息、股息、债券的预提税税率。但是,国际税法理论和实践对受益人这一概念存在诸多认识分歧。① 而对所得利益限制的具体措施虽然较多,比如透视法、排除等等,但每种方法都存在一些问题。② 因此,利用国际法措施防范税收协定滥用仍然任重而道远!

在本节引例中,跨国关联企业,是指统一企业集团内存在相互依存关系的公司,多指跨国公司集团中的母公司和子公司或那些处于共同控制下的公司。根据《经合组织范本》和《联合国范本》的定义,跨国关联企业包括下述两种情形:第一,缔约国一方的企业直接或间接参与缔约国另一方企业的管理、控制或资本;或者第二,同一人直接或间接参与缔约国一方企业和缔约国另一方企业的管理、控制或资本。

所谓转移定价,是指跨国关联企业根据全球战略目标,在母公司和子公司、子公司与子公司之间设定有关商品、资本、技术、劳务、信贷等的交易价格,这种内部交易价格也叫做转让价格或划拨价格。跨国关联企业之间基于共同股权或控制关系,从全球战略目标出发来确定有关交易价格,所以转移定价违背独立各方在公平市场上的正常交易定价原则,从而人为和不正常地提高或压低交易价格,使利润从高税国转移到低税国,从而达到减轻纳税义务的目的。

防止跨国关联企业运用转移定价逃避税收的法律措施有:按照正常交易原则进行事后调整;根据预约定价协议制度事先加以确认。

本案中,我国税务机关采用的是按照正常交易原则进行事后调整的方法。

❋ 思考题

1. 简述国际重复征税与国际重叠征税的区别和联系。

2. 简述避免国际重复征税与国际重叠征税的方法。

3. 简述常设机构的构成要件与常设机构的利润确定原则。

4. 简述国际逃税与避税及防止国际逃税与国际避税的方法。

---

① 廖益新:《国际税收协定中的收益所有人概念与认定问题》,载《现代法学》2014年第6期。

② 吴青伦:《反滥用协定的重要实践:新中荷税收协定的签订与蒙荷税收协定的废止》,载《国际税收》2013年第5期。

5. 案例讨论:

英国母公司 GlaxoUK(葛兰素史克)将其研制开发的包括 Zantac 商标在内的一系列药品以许可销售的方式转让给其在美国的子公司 GlaxoUS 在美国市场上销售。美国子公司的主要职责是为这些药品获得美国食物和药品管理局的批准提供协助,根据母公司制定的全球营销策略在美国进行上述药品的营销活动,包括向美国市场推介 Zantac 等药品,进行销售活动,组建销售团队向美国的医生详细介绍这些药品。

1994 年,美国母公司向美国税务当局提出预约定价申请,但未获批准。预约定价涉及母子公司之间利润的分割,也涉及英美两国税收利益的划分。1999 年 12 月,英美两国税务当局就 Glaxo 集团公司的税务问题进行双边磋商。

2004 年 1 月,英美双方税务当局谈判破裂。美国税务当局认为,美国子公司与其英国母公司之间存在转让定价问题,把大部分利润转移到了英国,因此,向英国母公司发出欠税追缴通知单,涉税调整年度为 1989—2005 年。最终,美国子公司向美国税务当局支付了 34 亿美元的税金,还放弃了 18 亿美元的应得退税款。作为回应,美国税务当局撤销了对该公司的逃税指控。

营销性无形资产的范围界定、营销性无形资产的所有权归属和营销性无形资产的价值回报的不确定性是此次 Glaxo 被双重征税的重要原因。双方关于营销性无形资产的上述认识上存在的分歧,妨碍了在该案处理过程中美国子公司和美国税务当局达成预约定价协议,成为导致美国和英国双方税务主管当局未能通过相互协商程序解决对 Glaxo 集团公司的国际重复征税问题的重要原因。由于案件涉及美英两国各自的税收利益巨大,双方主管当局协商不成的结果只能是牺牲纳税人的利益。你认为,Glaxo 案件对中国规制营销性无形资产转让定价的启示有哪些?[①]

司法考试真题链接

1. 目前各国对非居民营业所得的纳税普遍采用常设机构原则。关于该原则,下列哪些表述是正确的?(2010 年司法考试真题)

A. 仅对非居民纳税人通过在境内的常设机构获得的工商营业利润实行征税

B. 常设机构原则同样适用于有关居民的税收

C. 管理场所、分支机构、办事处、工厂、油井、采石场等属于常设机构

D. 常设机构必须满足公司实体的要求

2. 在国际税法中,对于法人居民身份的认定各国有不同标准。下列哪些属于判断法人纳税居民身份的标准?(2009 年司法考试真题)

A. 依法人的注册成立地判断

B. 依法人的股东在征税国境内停留的时间判断

C. 依法人的总机构所在地判断

---

① 该思考题的背景及设计主要参考廖益新:《从 Glaxo 案看营销性无形资产转让定价规制问题》,载《法学家》2010 年第 1 期。

D. 依法人的实际控制与管理中心所在地判断

3. 为避免或缓解国际重复征税,纳税人居住国可以采用的方法有哪些?(2005 年司法考试真题)

A. 免税制

B. 抵免制

C. 扣除制

D. 减税制

第十一章 国际经济组织法

【引例】 改革国际金融体系,尤其是增加发展中国家在国际货币基金组织等国际金融机构中的话语权与投票权被认为是 2009 年 9 月匹兹堡 G20 峰会的一大亮点。自全球金融危机爆发以来,各国认为 IMF 在风险预警、危机防范与救助上的表现都令人失望,而 IMF 的公正性、合法性和有效性更是饱受诟病,发展中国家要求改革 IMF 的呼声强烈。在匹兹堡 G20 峰会上,发展中国家的核心要求是增加其在 IMF 中的投票权,要求从目前总额的 43% 上升到 50%,中国则有望继续提高其投票权。由于欧洲是目前框架下最大利益既得者,因此其改革意愿不足;而美国为了寻求发展中大国在其他方面的帮助,则较为支持发展中国家的立场,希望削减部分欧洲的投票权给发展中国家。根据会议达成的意见,在 IMF 改革过程中,新兴市场和发展中国家所占的配额比例将至少提高 5 个百分点(由欧洲转让),由目前的 43% 提高到 48% 以上,以更好地反映当前的国际经济现实情况。2010 年 12 月,为体现新兴市场和发展中国家在全球经济中权重的上升,IMF 董事会通过了份额和治理改革方案。根据该方案,IMF 的份额将增加一倍,约 6% 的份额将向有活力的新兴市场和代表性不足的发展中国家转移。由此,中国将成为 IMF 仅次于美国、日本之后的第三大成员国,其份额升至 6.39%,投票权升至 6.07%,印度、俄罗斯和巴西的份额都将跻身前十,而美国的投票权有所下降,但依旧保持超过 15% 的重大决策否决权。2016 年 1 月,该改革方案正式生效。与此同时,发展中国家和经济转型国家在世界银行的投票权也将至少增加 3%。请问:该如何看待 IMF 这次关于份额和投票权的改革?

第一节 国际经济组织法概述

国际经济组织是随着世界经济的发展而逐步产生、发展的,萌芽状态的国际经济组织可以追溯到有国际经济交往之初,而现代意义的国际经济组织则出现在 19 世纪后半期,如 1865 年建立的国际电报联盟,1874 年建立的国际邮政总联盟,1875 年建立的国际度量衡组织,1883 年建立的保护工业产权联盟等。第二次世界大战结束后,各国开始努力恢复和重建国际经济秩序,国际经济组织得以蓬勃发展。

一、国际经济组织

（一）国际经济组织的概念与特征

国际经济组织是指主要执行经济职能的国际组织，它是国际组织的一个种类。

国际经济组织有广义、狭义之分。狭义上的国际经济组织是指政府间国际经济组织，指若干国家及其政府（或其他国际法主体）为实现一定的经济目的，依照它们所缔结的条约而建立的常设经济机构。这一类国际经济组织在世界上活动频繁、影响广泛，成为国际组织中较为重要的一支力量；广义的国际经济组织除指上述狭义的国际经济组织外，还包括非政府间的国际经济组织，如国际商会。因而广义的国际经济组织可以界定为两个或两个以上国家或其政府、民间团体等为了实现共同的经济目标，通过缔结或加入国际条约、签订协定而成立的组织。

国际经济组织作为国际经济活动的参加者之一，主要具有如下特征：

1. 国际经济组织大多以国家间的正式协议为基础，通过相互间缔结或加入国际条约或协议而成立；

2. 国际经济组织具有一个基础文件，如章程、宪章、守则、示范法、决议、宣言、协定、通则等，以规范成员之间的经济活动或为其活动提供指导；

3. 国际经济组织的主要参加者是国家，是国家间基于主权平等原则设立的机构，不是凌驾于国家之上的组织；

4. 国际经济组织有各自的常设组织机构，有明确的成立宗旨或目标。

（二）国际经济组织的种类

根据不同的标准，国际经济组织可以分为不同的类别。

1. 根据国际经济组织参加者类型的不同，可分为政府间国际经济组织和非政府间国际经济组织

政府间国际经济组织是指基于主权国家之间的经济条约或协定而成立的国际经济组织，它的参加者是各国政府。狭义的国际经济组织就是指政府间的国际经济组织，如国际货币基金组织、世界银行集团、世界贸易组织等。政府间国际经济组织是国际经济组织中数量最大、活动最为频繁、影响最为广泛的组织，它通过其成员国政府对其所作的建议或决定予以考虑和实施，从而对国际经济的发展产生重要影响。

非政府间国际经济组织又称民间国际经济组织，是非官方的、民间的国际组织，其参加者不是主权国家或政府，而是个人、民间团体、法人等，如国际商会。这类组织在国际经济关系的特定方面往往也有重要的影响力，在编纂商业活动惯例、贸易情报收集与交流等方面发挥着重要作用。

2. 根据国际经济组织地域范围不同，可分为世界性国际经济组织和区域性国际经济组织

世界性国际经济组织是对全球性的经济发展进行调节并产生影响的国际经济组织，其参加者包括世界各洲或多数洲的国家或民间团体。从目前的实际情况来看，这种组织大都属于联合国系统，是联合国的机构或专门机构，如作为联合国专门机构的国际货币基金组织、世界银行集团等。但也有例外，如世界贸易组织及其前身关贸总协定。一些非政府间全球性国际经济组织对世界经济也具有较大的影响力，如国际商会是联合国的甲级咨询机构，

和世界贸易组织、经济合作与发展组织、欧洲联盟等其他政府间或非政府间国际经济组织保持着密切关系。

区域性国际经济组织是在一定地域范围内对经济发展进行调节并产生影响的国际经济组织,其参加者局限于某一洲或某一地区的国家或民间团体,即它一般只对特定区域的国家开放,关注的问题也主要是本区域内的经济合作与发展,如欧洲联盟、北美自由贸易区、东南亚联盟、南方共同市场、亚太经合组织等。自20世纪80年代末以来,随着区域贸易协定浪潮的兴起,区域性国际经济组织对世界经济的影响在不断增强。

3. 根据国际经济组织的活动范围不同,可分为一般性国际经济组织和专业性国际经济组织

一般性国际经济组织是在所有或一系列重要的经济领域进行调节并产生影响的国际组织,它具有广泛的宗旨和职能,其活动涉及贸易、金融、投资等国际经济活动的多个方面,如欧洲联盟、经济合作与发展组织、亚太经合组织等。

专业性国际经济组织是主要在某一具体经济领域活动的国际组织。根据活动的构成又可分为国际贸易组织、国际金融组织、国际投资组织、国际税收组织,如世界贸易组织、国际货币基金组织、世界银行、解决国家与他国国民间投资争议国际中心等。

此外,专业性国际经济组织还指为某项特定商品的贸易而建立的国际组织,通常称为初级产品出口国组织或原料生产国和输出组织,此类国际组织的参加者大多是某项特定商品的生产国或出口国。其特点是以协调各成员的出口政策(包括出口数量和价格)、对商品的生产和销售作出统一安排为宗旨,维护成员在有关商品的国际贸易中的共同经济利益,具有较强的专业性。目前,几乎所有的原料和初级产品都有自己的国际经济组织,如石油输出国组织、国际小麦理事会、国际茶叶委员会、国际食糖组织、国际咖啡组织等。

(三)国际经济组织的主要职能

国际经济组织是世界经济秩序的重要组成部分,它在推动世界经济的发展中主要发挥着以下三大方面的职能。

1. 国际论坛的职能

国际经济组织是国家以及其他经济活动主体进行经济交流与合作的一种经常形式,其职能之一是为经济领域的国际合作收集、传播相关信息,提供一个供成员自由表达立场、观点的场所,以协调成员国的经济政策和行动,同时为执行这些决策提供行政机制。因此,每个国际组织都是特定区域范围或特定问题的国际论坛,是联结各成员国的纽带与沟通渠道。

国际经济组织这种多边外交的组织形式有利于双边、多边经贸关系的发展和紧张局势的缓和,也有助于国际经济组织就出现的问题作出决策。以1998年的"亚洲金融危机"为例,若没有世界银行、国际货币基金组织、亚太经合组织以及经济合作与发展组织等其他一系列国际性或区域性经济组织对世界及该地区的金融形势的预测,协调各国金融政策、援助危机最严重的国家和地区,很难想象这次金融危机会以什么样的速度波及整个世界。而对当前面临的世界经济危机,各国际经济组织也在发挥其作为国际论坛的作用,希望能为成员在经济政策的沟通、协调方面发挥作用。

2. 监督管理职能

国际经济组织在一定意义上充当着国际社会共同事务管理者的角色。国际经济组织从成员国的共同利益出发对其经济活动进行监督和管理,它往往通过制定各成员统一执行的

法律规范来执行这种职能。很多国际经济组织制定的原则、规则、规章、制度成为它所调整的领域普遍遵守的基本准则。全球性或区域性管理规则的制定、管理机构的建立与运作都由相关国际经济组织来完成。

在这方面具有突出影响的是世界贸易组织,通过多边贸易谈判制定了一系列贸易协定,确立了最惠国待遇原则、国民待遇原则、透明度原则等贸易规则,对国际贸易自由化起到了重要的指导和推动作用。还有国际商会编纂的《国际贸易术语解释通则》、《跟单信用证统一惯例》等将国际贸易中的惯例加以成文化,虽然不具有法律约束力,但在实践中得到普遍遵守,对国际经贸活动的顺利有序进行也起到了有力的促进作用。

3. 解决国际经济争端职能

国际经济交往增加的一个必然后果是国与国之间经济矛盾和纠纷的增加,因此,如何和平解决相关国际经济争端,在当今以和平与发展为主题的世界显得尤为重要,如果没有一套有效的争端解决机制作为其实施的后盾,成员之间的经济贸易纠纷往往无法得到及时有效的解决,其实体规则可能会逐步涣散而失去其存在的价值。然而争端的解决仅仅依赖当事人本身的力量已经远远不够,而国际经济组织在很大程度上已经成为和平解决国家间经济纠纷的有效工具。其主要表现在为争端当事方提供一个交流渠道和场所,使争端尽可能通过协商友好解决;它还往往提供一个专门的争端解决机构、设计一整套争端解决程序,以确保争端解决方案得到执行。

各类国际经济组织各自所特有的争端解决机制,如世界贸易组织的争端解决机构、欧盟的欧盟法院、世界银行的解决投资争端国际中心等,都从不同角度,依法定程序使争端能在合理和有利于大多数国家的基础上解决,从而为国际经济组织建立的经济体制提供了机制上的保障。

二、国际经济组织法

(一)国际经济组织法的概念

国际经济组织法是规范国际经济组织的创立、组织、运作、法律地位以及调整国际经济组织成员国相互之间,国际经济组织与成员国之间,以及国际经济组织与其他国际活动主体之间的权利义务关系的法律规范的总称。

这一定义可以从以下三方面理解:

1. 国际经济组织法规制的主体是国际经济组织

这里的国际经济组织是广义的国际经济组织,既包括政府间国际经济组织,也包括非政府间国际经济组织;既包括全球性国际经济组织,也包括区域性国际经济组织;既包括调整多种经济活动的一般性国际经济组织,也包括调整特定领域经济活动的专门性国际经济组织。由于政府间国际经济组织在对国际经济活动的调节中占据着特别重要的位置,国际经济组织法研究得最多的是政府间国际经济组织。不过,随着国际经济的逐步发展,一些非政府间国际经济组织在世界经济发展中所起的作用越来越大,因而有人提议将这类组织纳入国际经济组织法的研究范畴,使作为国际经济法分支的国际经济组织法的调整范围更为协调。

2. 国际经济组织法调整的对象是围绕国际经济组织所产生的各种法律关系

这种法律关系可分为外部关系和内部关系:外部关系是指国际经济组织与其他国际经济活动主体,包括其他国际经济组织、国家、法人、自然人相互之间的关系;国际经济组织的内部关系主要指国际经济组织的各成员之间在组织内部的关系,国际经济组织本身与其成员的关系,以及国际经济组织的组织机构、议事规则、表决制度,其产生的规则和决议对成员的约束力和影响力等。

3. 国际经济组织法的法律规范包括多种规范

国际经济组织法主要是通过规范国际经济组织本身进而达到对国际经济关系的调节,而后者又主要是通过各成员之间订立国际条约及组织成立后通过组织自身订立的各种规则来达到,这些规范既有实体性规范又有程序性规范。

以法律效力的层次为标准,可将国际经济组织法区分为各种组织性条约与各种行政性法规两部分。前者如建立政府间组织的各种组织章程,有关国际经济组织法律地位、特权与豁免的各种公约,组织与组织间工作关系的各种协定等,后者如国际经济组织中各机构根据基本文件所赋予的管理职能自行制定的各种形式的规则、规定、条例、命令、决定等。

(二)国际经济组织法的主要内容

国际经济组织法是关于组织的法,其主要内容涉及围绕国际经济组织产生的各方面问题,特别是其宗旨与原则,成立的方法与后果,法律地位,成员资格,组织机构,议事规则,活动范围和程序等。

1. 国际经济组织的成员资格

国际经济组织的成员资格是指一方作为特定国际经济组织中享有权利、承担义务的一员而隶属于该组织的一种法律地位。国际济组织法规范的内容包括组织成员资格的开放与否、成员的分类、成员资格取得与丧失的实质性条件和具体程序等。

国际经济组织的成员分为正式成员和非正式成员两大种,而非正式成员中又有准成员、联系成员、部分成员、观察员等多种名称和形式。通常只有主权国家才能成为政府间国际经济组织的正式成员,如国际民用航空组织等许多国际经济组织对此都有明确规定。准会员是指在某些国际经济组织中权利受到限制的非完全成员,设立这种成员的目的是为了便于一些非独立国家的非自治领土也能参与组织的活动,有些国际经济组织的章程允许非主权国家的地区或地区政府成为其准会员。联系会员只在少数专门性的国际经济组织设有,也称为附属会员,其目的在于吸收非主权领土或非政府组织参与组织的有关活动。部分会员是指国际经济组织允许非成员国成为其下属机构的正式成员,其权利义务只限于该下属机构之内。观察员不能认为是国际经济组织的成员,非成员国、民族解放运动组织、政府间国际组织、非政府间国际组织、甚至个人都可以成为国际经济组织的观察员。

取得国际经济组织成员资格的方式有两种:一是批准该组织发起条约或章程的最初签字国,即为创始成员;二是加入已存在的国际经济组织成为其纳入会员。在大多数情况下,两种会员国的法律地位没有明确区别,权利义务基本一致。凡发起条约中明确载有允许其他成员加入程序的条款者,一般要求经该组织的最高职能机关以特别多数予以通过。

有些国际经济组织鉴于相互间存在着十分密切的联系,特别规定以参加另一国际经济组织作为加入本组织的先决条件,如欲加入国际复兴开发银行必须先行成为国际货币基金组织的成员。还有一些国际经济组织规定申请加入必须与组织的既有成员进行必要的谈判和磋商,如加入世贸组织就必须与其既有成员就入世条件进行磋商、谈判,如果既有成员提出了此类要求。在结束加入谈判之后,还将按规定在申请加入的国际经济组织的最高权力机构付诸表决。

关于成员国的退出,各类国际经济组织并无统一的做法。国际经济组织是由各主权国家自愿结合而成,各成员拥有自由退出的权利。但为了避免因突然终止成员间的合作而造成意外损失,多数国际经济组织在其章程中规定应提前一定的期限递交退出意图的书面通知,不少国际经济组织规定这种期限至少为一年。对于成员国未履行章程或其他组织文件确定的义务而予以开除的情况十分罕见,大多的做法是仅仅中止该成员国的权利(包括投票权)等,直到其重新履行义务为止。

2. 国际经济组织的组织机构

现代国际经济组织的基本特征之一是它的制度化,这种制度化表现为它们具有完整的组织结构与职能。国际经济组织的活动需要建立在一定的组织机构上,虽然其设置的机构名称和数目各异,职能和组成不同,但在一些主要机构的设置上往往基本一致。

一般情况下,国际经济组织的组织机构和一国国内的国家机构设置相似,也可分为权力机构、执行机构和行政机构。权力机构是制定组织的总的方针政策,决策重大事项的机构;执行机构是负责实施权力机构的决策,以及行使权力机构授予的职权的机构;行政机构是负责日常行政事务,保证组织正常运转的机构。一些国际经济组织往往还设立有专门的争端解决机构。机构的组成人员可以由成员选派,也可以根据约定方法指定。有的组成人员选派他的成员代表的利益,依据该成员指示行事,有的则不代表任何成员,而是根据国际经济组织的整体利益行事。

全球性大型国际经济组织大多在上述三级机构之下,设立若干辅助性的附属机构。最常见的是在业务主管机关或执行机构之下的各种常设委员会。这些常设委员会大体上可分为两类:一类承担该组织的内务工作,数量较少,职责明确,如预算委员会;另一类是各种专门化问题委员会,其组成根据该组织章程,或由最高权力机构、业务主管机构酌情确定,其职能是对一些与该组织有关的专业问题进行系统的考察研究,并负责有关的协调工作,如经济合作与发展组织设立的各种委员会及其工作小组。

组织结构安排的特点往往反映出国际经济组织本身的性质和特点。如国际货币基金组织机构的职能划分明显体现了由大国控制的特征,而欧盟机构设置则体现了欧盟各国既团结又斗争的关系以及欧盟本身具有的一定的超国家性。以当前的发展趋势看,国际经济组织的机构设置越来越完整。

3. 国际经济组织的议事规则

国际经济组织的议事规则,通常是指组织的各机构在行使职能和维持正常运过程中所遵循的程序性规则,包括一般规则与制度、决策程序、表决制度等项内容,其中最重要的是其表决规则。

国际经济组织中的表决是指成员对组织决议草案表示赞同或反对的具体方式,是国际经济组织决策程序的核心。在投票权的分配上,基于主权平等原则,国际经济组织通常实行成员平等的投票制度即一成员一票制度,并强调重大问题必须由参与讨论的成员一致通过。但也有国际经济组织,特别是国际金融组织,按照特殊比例分配给各成员国以不等量的投票权,采取加权投票制。具体而言主要有以下几种表决方式:

(1)一个成员一票,即每一成员平等地享有一票投票权。根据所作决议与成员利害关系的程度,又分别采用简单多数通过、特定多数通过或一致通过的表决方式。

(2)集团表决制,即将表决权平均分配给各个按一定利益关系结成的集团,决议的通过要求获得各集团成员的多数赞成票,又称为"并行多数"。这种表决实际上分解为集团内部的表决。划分集团的标准可能是根据职能性质、政治观念或成员的贸易或发展状况等。集团表决制突出了相关集团总体上的利益平衡,使个别投票的重要性减低。

(3)加权表决制。这是根据国际经济组织成员的贡献、责任、利害关系、实力大小等标准赋予成员不同表决权的表决制度。这种表决制度中每一成员的表决权大小都不同,而这种不同主要是由加权票分配的不同标准和加权票在总投票权中所占的比重,即加权程度来决定的。加权的程度与成员平等的程度成反比,而与占优势成员的决定权成正比。加权表决制较少用于政治性国际组织而多用于国际经济组织,是一种很有特色的表决制度。

(4)协商一致的表决制度。协商一致原则是成员对案文的一般合意,这种合意是当事方尽各种努力不经投票达成的相互妥协及和解。实践中,该程序大致包括以下几个步骤:①在作出决定前,当事方先进行充分协商,以取得最广泛的同意;②各方在协商的基础上对议案基本点已表示同意,而在非基本点上纵有不同意见也不正式反对,即可认为已经达成协商一致,作出决定;③协商一致的事实须经直接参加协商的会议主席确定,而不经过投票;④案文或决议通过后,当事方可以发表解释性声明以表明有关国家在主要问题上的立场,但不构成对案文或决议的反对或保留。

4. 国际经济组织的争端解决

国际经济组织一般都由自己本身的适当机构来解决争端,把争端作为纯内部事务处理,避免诉诸国际法庭或提交仲裁,由此确立和发展起来的争端解决程序是国际经济组织法的重要组成部分。可以说,解决争端的制度是为国际经济组织提供保障和预见性的中心环节,它可用来保持成员各方在组织中的权利与义务,并用来按国际法解释的习惯规则来阐明现有规则。如无一套确实有效的争端解决办法,国际经济组织的宪章或其他条约可能会沦为一纸空文。

解决争端机构可能是国际经济组织的一般性机构,如在国际货币基金组织中,关于国际货币基金组织协定发生的任何异议,可立即提交执行董事会裁决,执行董事会作出裁决后,争端当事方还可将异议提交理事会作出最后裁决。也有的国际经济组织建有专门的争端解决机构,如世贸组织的争端解决机构,其成员间的贸易争端可交由专家组及上诉机构审理。

作为解决争端的手段,国际经济组织不仅运用国际法传统使用的外交手段,还采用"准司法手段"。国际经济组织中的争端解决程序相对于其他国际组织而言发展得更快,也更有特色。如世贸组织设立的由专家组、上诉机构断案形成的争端解决体制,大大抑制了国际贸易中靠"权力型外交"来运作的现状,而将它引入法律规范的轨道,使这个战后建立起来的第一个多边贸易体制和国际经济秩序,得以保持稳定性与可预见性,同时也为这个多边贸易体制向更高层次发展提供了基础和推动力。

(三)国际经济组织的法律人格

在传统国际法中,只有国家才被承认具有国际人格而成为国际法的主体。二次世界大战后,随着国际组织的不断增多,特别是联合国组织及其专门机构在国际政治、经济、社会、文化各个方面发挥着重要作用,国际组织在国际关系中的地位和作用受到越来越多的重视。

从理论上看,关于国际组织国际人格主要有两种学说。一种是"约章授权说",认为国际组织的法律人格只能来源于并限于组织章程的有关明文规定,是成员国授予的一种权力;一种是"暗含权力说",认为国际组织的国际人格不仅来源于基本文件的明示规定,而且可以来源于国际组织为实现其宗旨所必需的权能。

一般来说,一些重要的国际经济组织,为了实现其宗旨,均被赋予其法律人格,使其能在法定范围内行使权利并履行义务。与主权国家具有的法律人格不同,国际组织的法律人格取决于国家的授权,其权利能力和行为能力取决于特定的宗旨与职能,取决于基本文件的规定。

具有法律人格的国际经济组织,在其基本文件规定的范围内不受任何国家管辖,具有在国际法和国内法上的符合其宗旨和职能的法律能力:(1)缔约能力。国际经济组织为了执行其职能有权同有关国家缔结条约,同时也有权在成员国内同有关自然人和法人订立契约等。(2)取得和处置财产的能力。国际经济组织要执行其职能,从事相关活动,必然要具有和涉及相应的财产,因此,取得和处置财产(包括动产和不动产)是其法律能力的重要内容之一。(3)进行法律诉讼的能力。国际经济组织既有在国际法庭诉讼的能力,同时也有在成员国内进行诉讼的能力,以使其可以通过诉讼维护其权利。

必须注意的是,国际经济组织如果要在非成员国进行活动,其法律人格和法律能力必须得到非成员国的承认。因为国际组织赖以建立的基本文件的性质是一种多边条约,它只对成员国具有拘束力,成员国参加或批准该基本文件就表明它承认了该国际组织具有法律人格。但国际组织的基本文件对非成员国没有拘束力,"非经非成员国同意不能为其创设权利或者义务",非成员国无义务授予该国际组织以某种法律能力。

国际经济组织法律人格的另一个重要表征是它们享有必要的特权与豁免权。关于国际经济组织的特权和豁免权的法律文书主要有三类:第一类是国际经济组织基本文件中关于该问题的规定,如《布雷顿森林协定》中规定由其建立的两大国际经济组织在资产、收益、捐税、档案、人员等方面享有行政和司法程序的豁免;第二类是有关的多边条约,如1927年《联合国专门机构特权与豁免公约》;第三类是总部协定和东道国协定。总部协定是国际经济组织与其常驻国政府订立的协定,东道国协定是国际经济组织为了在一国国内举办某种活动而与该国政府专门订立的协定。

国际组织所享受的特权与豁免因其性质和职能而异。国际经济组织的特权与豁免通常限于执行职能所必要的范围,一般来说,其具体内容通常包括财产和资产免受搜查、征用、没收或其他形式的扣押,档案不受侵犯等。但由于各经济组织的职能不同,其特权与豁免的范围也有宽有窄。例如,世界银行集团与国际货币基金组织的特权与豁免就不完全相同。国际货币基金组织的财产或资产享受任何形式司法程序的豁免,只有当其作为原告表示放弃司法豁免时才能对它进行诉讼。而世界银行集团的资产,可以在诉讼一方经法院判决后予以扣押或执行。国际经济组织工作人员的特权与豁免则限于独立执行任务的范围。

第二节　全球性国际经济组织

全球性国际经济组织数量非常庞大,本章只选取对国际经济秩序具有重大影响的国际货币基金组织、世界银行集团和世界贸易组织作简单的介绍。

一、国际货币基金组织

国际货币基金组织(International Monetary Fund,简称 IMF)是政府间国际金融组织。它是根据 1944 年 7 月签订的《基金协定》,于 1945 年 12 月 27 日成立,1947 年 3 月 1 日开始运作,1947 年 11 月 15 日起成为联合国的一个专门机构,在经营上有其独立性。

（一）国际货币基金组织的宗旨与职能

根据《基金协定》第 1 条的规定,国际货币基金组织的宗旨是:(1)通过设置一个常设机构来促进国际货币合作,为国际货币问题的磋商与协作提供方法;(2)通过国际贸易的扩大和平衡发展,把促进和保持成员国的就业、生产资源的发展、实际收入的高水平,作为经济政策的首要目标;(3)稳定国际汇率,在成员国之间保持有秩序的汇价安排,避免竞争性的汇价贬值;(4)协助成员国建立经常性交易的多边支付制度,消除妨碍世界贸易的外汇管制;(5)在有适当保证的条件下,基金组织向成员国临时提供资金,使其有信心利用此机会纠正国际收支的失衡,而不采取危害本国或国际繁荣的措施;(6)按照以上目的,缩短成员国国际收支不平衡的时间,减轻不平衡的程度。

国际货币基金组织的主要职能可以归纳为三项:

1. 融通外汇资金

成员国在遭遇国际收支困难时,可以向基金申请贷给外汇资金,这些贷款具有下列特点:(1)贷款对象限为成员国政府,IMF 只同成员国的财政部、中央银行及类似的财政金融机构往来;(2)贷款用途只限于解决短期性的国际收支不平衡,用于贸易和非贸易的经常项目的支付;(3)贷款期限限于短期,属短期贷款;(4)贷款额度是按各成员国的份额及规定的各类贷款的最高可贷比例,确定其最高贷款总额;(5)贷款方式是根据经磋商同意的计划,由借款成员国使用本国货币向基金组织购买其他成员国的等值货币(或特别提款权),偿还时,用特别提款权或 IMF 指定的货币买回过去借用时使用的本国货币(一般称为购回)。

2. 监督汇率政策

为了保证有秩序的汇兑安排和汇率体系的稳定,取消不利于国际贸易的外汇管制,防止成员国操纵汇率或采取歧视性的汇率政策以谋求竞争利益,基金组织对成员国的汇率政策进行监督。这种监督有两种形式:第一,在多边基础上的监督。基金组织通过分析发达国家的国际收支和国内经济状况,评估这些国家的经济政策和汇率政策对维持世界经济稳定发展的总体影响;第二,在个别国家基础上的监督。主要是检查各成员国的汇率政策是否符合《基金协定》所规定的义务和指导原则。近年来,随着成员国经济往来中依赖性的增强、国际经济一体化和国际资本流动的加速以及国际金融市场的动荡,第一种形式显得越来越重要。根据基金组织协定第 4.3 条规定,监督汇率政策应遵循以下指导原则:成员国应避免为了调整本国的国际收支,或为了取得对其他成员国的不公平的竞争优势而操纵汇率或国际货币体系;成员国在必要时应干预外汇市场,以应付混乱局面,尤其是本国货币汇率出现的破坏性的短期波动;成员国在采取干预政策时,应考虑其他成员国的利益,包括其货币受到干预的国家的利益。

3. 为成员国进行磋商,协调彼此间的货币政策提供论坛

为了能够履行监督成员国汇率政策的责任,了解成员国的经济发展状况和政策措施,迅速处理成员国申请贷款的要求,基金组织按《基金协定》要求,每年原则上与成员国进行一次

磋商,对成员国的经济、金融形势和政策作出评价。这种磋商在基金组织专家小组与成员国政府官员之间进行。其过程是专家小组首先了解有关的统计资料,如贸易收支、物价水平、失业率、利率、货币供应量等,然后与政府高层官员讨论经济政策的效果及欲进行的调整措施,预测国内外经济发展的前景。讨论后,专家小组写出报告,供执行董事会磋商、讨论与分析成员国经济时使用,并发表在一年两期的《世界经济展望》和年度报告《国际资本市场》上。

(二)国际货币基金组织的成员国

1. 成员国资格的取得

根据《基金协定》第2条,凡参加1944年联合国国际货币金融会议(即布雷顿森林会议)的国家,其政府在1945年2月31日前接受成员席位的,皆为创始成员国。国际货币基金组织有30个创始成员国。其他国家的政府,依照国际货币基金组织理事会规定的日期和条件,申请加入基金组织的,为其他成员国。只有国家可以作为国际货币基金组织的成员,但国家的国内政治经济制度不影响其成员资格的取得。截至2018年9月,基金组织共有189个成员国。①

加入国际货币基金组织的程序一般是:首先由申请国提出申请,执行董事会对申请进行审议并进行讨论,制定接受新成员国的条件及解决其他问题,如配额、缴纳配额的本国通货比例等。执行董事会与申请国通过谈判达成协议后,即作成决议,提请理事会表决。表决如获通过,执行董事会的决议便在投票结束日开始生效。通常情况下,申请加入的国家一般有6个月的时间考虑是否接受国际货币基金组织提出的加入条件。在上述6个月期间内,申请国应向国际货币基金组织提交一份文件,证明其国内法允许其履行国际货币基金组织协定条款的义务。另外,申请国还应向国际货币基金组织递交一份加入书,在加入书申明里表示接受其协定条款的规定和理事会关于该国加入的条件。然后,经申请国政府的代表在协定条款上签字,申请国便成为国际货币基金组织的正式成员。

2. 成员国资格的丧失

国际货币基金组织成员国资格的丧失分自愿退出和强制退出两种情况。

根据《国际货币基金组织协定》第26条的规定,任何成员国可随时以书面通知国际货币基金组织退出基金组织,在国际货币基金组织接到该项通知之日起生效。

强制退出在成员国不履行协定义务时发生。《基金协定》加入国必须履行国际货币基金组织协定条款的义务,否则基金组织有权终止其成员资格。具体程序是,当成员国不履行协定任何义务时,国际货币基金组织得宣告该国丧失使用其普通资金的资格。如一段合理期限后,该成员国仍不履行协定义务,经理事会特别多数票表决通过,可要求该成员国退出。国际货币基金组织采取上述措施前,应将对该成员国的警告于一合理时间内通知该成员国,并给以充分的机会以便其得以口头和书面进行申诉。

3. 成员国的分类

根据不同国家承担国际货币基金组织协定义务的不同,成员国可分为履行第8条义务的国家和履行第14条义务的国家,两类国家都需要在汇率政策方面接受国际货币基金组织的监督,促进汇率稳定。

---

① http://www.imf.org/en/countries.访问日期:2018年9月30日。

履行第 8 条义务的国家的义务是,未经国际货币基金组织同意,不得对国际收支的经常性交易的支付或清算加以限制,除经国际货币基金组织核准以外,不得实行外汇歧视和复汇率措施。任何成员国对其他成员国在经常性交易中积存的本国货币,在对方为支付经常性交易而要求兑换时,应用外汇或对方货币换回。

履行第 14 条义务的国家的义务是实行有限制的外汇管制。第 14 条规定了废除外汇管制的 5 年过渡时期,在过渡期内成员国可以继续实行外汇管制,但条件许可时要立即取消。5 年期满仍不能取消外汇管制的,要同国际货币基金组织磋商,在基金组织同意下可继续实行,但每年要与基金组织磋商一次。如果国际货币基金组织认为一国具备条件而建议取消外汇管制,该国拒不取消的,基金组织可采取制裁措施。第 14 条成员国有资格在任何时候接受第 8 条义务。按照国际货币基金组织的原意,该协定第 14 条仅在第二次世界大战后的过渡期内允许成员国维持和施行某种临时性外汇限制措施,但这一条款后来被持续沿用至今。目前,接受第 14 条过渡性安排义务的成员国主要为发展中国家。

(三)国际货币基金组织的组织机构

根据《基金协定》第 12 条规定,国际货币基金组织按"三级结构"式设置其主要机构,即"理事会——执行董事会——总裁及工作人员",20 世纪 70 年代中期后,又陆续设置了临时委员会和发展委员会等机构,对执行董事会的工作进行指导。

1. 理事会

理事会是国际货币基金组织的最高权力机构,由各成员国按其自行决定的方法委派正、副理事各一名组成。各国一般委派本国的财政部长或中央银行行长担任,因此能有权威地代表各国政府行事。理事任期五年,可连选连任。副理事仅在理事缺席时有投票权。理事会推选理事一人为理事会主席。理事会的主要职权是批准接纳新成员、修改基金份额、成员国货币平价的普遍变动,决定成员国退出基金组织并讨论其他重大问题。

理事平时都在各自的国内工作,只在每年 9 月聚集举行一次理事会年会。理事会经 15 个成员国或持有 1/4 总投票权的成员国请求时,得召集开会。理事会每次会议的法定人员应为半数理事,并持有不少于 2/3 的总投票权。但这只是实践中形成的,协定条款并没有明文规定。理事会可通过邮件投票决定某些事项,如接受新成员、增加配额、特别提款权的分配、批准对协定条款的修改方案等。

2. 执行董事会

执行董事会是处理日常业务的常驻机构,由 24 名执行董事组成,基金组织总裁任主席。执行董事其中 8 名由单个国家委派,主要是在基金中占份额最多的国家,现在为美国、英国、德国、法国、日本、沙特阿拉伯和中国、俄罗斯,其余 16 名由各成员国按地区分组成 16 个选区选举产生。执行董事每两年选举一次。

执行董事应根据基金业务的需要经常举行会议,一般是一周三次,每年会议常在百次以上。每次会议的法定人数应为过半数执行董事,并代表不少于半数的总投票权。执行董事会在华盛顿总部常年办公。每名执行董事指派一名副董事,在执行董事缺席时代行职权。当执行董事出席时,副董事可参加会议,但不得投票。执行董事按所代表的国家的投票权进行投票,由成员国联合选举的执行董事,则以其所代表的选区各国投票权的总和进行投票。

执行董事会负责处理日常业务,行使理事会所托付的一切权力,如审议成员国提出的资助申请,作出一般政策性决定,就接纳新成员、增加资金等事项向理事会提出建议等。

3. 总裁和办事机构

总裁是国际货币基金组织工作人员的行政首脑,负责在执行董事会的指示下处理国际货币基金组织的业务工作,并在执行董事会总的监督下负责有关工作人员的组织、任命及辞退。总裁由执行董事会选举产生,是执行董事会的当然主席,任期五年,可连选连任。按惯例,总裁应是欧洲人,或至少是一名非美国人。理事或执行董事皆不得兼任总裁。总裁可出席理事会,但无表决权,在执行董事会一般也不参加表决,但在赞成票与反对票相等时可投决定性一票。

总裁领导着一个复杂的办事机构,包括7个地区部门和14个职能部门,另外还在巴黎和日内瓦等处设有办事机构。工作人员不代表具体国家而是国际公务员,为全体成员国的利益服务。

4. 临时委员会

1971年以后,由于国际货币危机不断发生,修改国际货币金协定、改革国际货币体制被提上了议事日程。1972年国际货币基金组织理事会决议设立"国际货币制度改革及相关问题委员会"(Committee on Reform of the International Monetary System and Related Issues),即"二十国委员会",作为国际货币基金组织的一个附属机构,在一定程上行使理事会的职能,研究国际货币制度的改革和有关问题。1974年10月,国际货币基金组改设"临时委员会"(Interim Committee),由24个部长级成员组成,一般每年召开两次会议,就国际货币制度的管理和运作、货币基金组织协定的修改以及应付对国际货币制度造成威胁的动荡局势等问题向理事会提出建议。在大多数情形下,它作出的决定就等于理事会的决定。

5. 发展委员会

和临时委员会一样,发展委员会也由国际货币基金组织的24名部长级官员组成。它的主要任务是就发展问题向国际货币基金组织和世界银行的理事会提出报告和建议。

(四)国际货币基金组织的议事规则

国际货币基金组织的议事规则非常有特点,它执行加权投票表决制,每个成员国的投票权与其向国际货币基金组织所缴份额密切相关。成员国的投票权由两部分组成,每个成员国都有250票基本投票权,此外,根据各国所缴份额,每10万单位特别提款权份额增加一票,称为加权投票权。

国际货币基金组织的决定经由简单多数票作出,然而比较重要的问题则采取多数票通过,如经营方面的问题往往需要70%的多数通过,而涉及国际货币基金组织机构变动、份额改变等重大问题则需要85%的多数通过。由于美国一国的投票权就占总票数的20%,所以对要求85%的多数通过的提案,美国一国就拥有否决权。

2008年4月29日,国际货币基金组织理事会投票批准了关于份额和投票权改革方案,这一方案将适当增加发展中国家在该组织中的代表性和发言权。2009年9月,在二十国集团匹兹堡峰会上,会议取得突破性进展,决定对国际货币基金组织的治理结构进行改革。根据会议决议,发达国家将把部分配额转移给发展中国家,发展中国家的配额将从43%提高到48%。这是国际货币基金组织发展史上一次重要改革,它对提高发展中国家在国际金融机构中的地位有着积极的作用。

2010年11月5日,国际货币基金组织总裁宣布,基金组织执行董事会当天通过了份额改革方案。份额改革完成后,中国的份额从2.398%升至6.41%,投票权也从3.806%升至6.09%,超越德国、法国和英国,位列美国和日本之后,得到在这一国际组织中的更中的更大话语权。① 国际货币基金此轮份额改革完成后,将向新兴经济体转移超过 6% 的份额,从而更好地体现该组织的合法性和有效性。2016 年 1 月,该改革方案正式生效。

二、世界银行集团

（一）世界银行集团的形成

世界银行集团是由国际复兴开发银行、国际金融公司、国际开发协会、解决投资争端国际中心和多边投资担保机构五个国际金融组织组成的。

1945 年 12 月 27 日,28 个国家的代表签署了《国际复兴开发银行协定》,正式成立了"国际复兴开发银行"(International Bank for Reconstruction and Development,简称 IBRD),俗称"世界银行"(The World Bank)。世界银行于 1946 年 6 月 25 日正式开业,1947 年 11 月成为联合国专门机构之一。

1944 年举行布雷顿森林会议时,各国所关心的重点是重建一个开放的世界经济和稳定的汇率制度,而不是对发展提供资金,所以当时讨论的主要是国际货币基金组织的问题,而不是世界银行的问题。随着欧洲经济的复兴,资金问题日益突出,人们感到世界银行的贷款条件严格,有很多局限。1959 年 9 月美国在世界银行的代表正式向世界银行理事会提出设立国际开发协会的建议,并获同年 10 月举行的世界银行第十四届年会通过。1960 年 9 月 24 日,国际开发协会在华盛顿正式成立。国际开发协会(International Development Association,简称 IDA)是世界银行的附属机构,有时和世界银行一起合称为"银行"(The Bank),它也是联合国的专门机构之一。

1951 年 3 月,美国国际开发咨询局建议在世界银行下设立国际金融公司,专门对发展中国家的私人企业提供贷款或投资。1954 年,世界银行同成员国政府协商后正式决定建立国际金融公司(International Finance Corporation,简称 IFC)。1956 年 7 月 24 日,公司正式成立,作为世界银行的附属机构。1957 年 2 月 20 日,它成为联合国的专门机构之一。

第二次世界大战以后,新独立的发展中国家纷纷对涉及重要自然资源和国家经济命脉的外资企业实行征收或国有化,引起了发达国家与发展中国家之间的矛盾和纠纷,为解决此类问题,1965 年 3 月 18 日,世界银行执行董事会正式通过了《解决国家与他国民间投资争端公约》,1966 年 10 月正式生效。根据公约,在世界银行总部设立了解决投资争端国际中心,作为解决国家与他国国民民间投资争端的国际机构。解决投资争端国际中心是世界银行集团的第四个成员。

20 世纪 50 年代以来,为了对国际私人投资的政治风险提供国际性保护,一些国际组织、民间团体和私人致力于创设多边投资担保机构,世界银行也一直在进行此类研究。1985 年 10 月,世界银行年会通过了《多边投资担保机构公约》,依公约规定建立了多边投资担保机构(Multinational Investment Guarantee Agency,简称 MIGA)。1988 年 4 月 12 日,公约正式生效,多边投资担保机构成为世界银行集团的第五个成员。

（二）国际复兴开发银行

1. 国际复兴开发银行的法律地位及宗旨

国际复兴开发银行即世界银行是世界银行集团中最重要的组织,它是一个全球性政府

---

① 《张涛获任驻国际货币基金组织中国执行董事》,载《第一财经日报》2011 年 9 月 19 日。https://www.imf.org/external/np/see/membir/members.asp.访问日期:2018 年 9 月 30 日。

间国际金融组织。根据《国际复兴开发银行协定》第 7 条的规定,它具有完全的法人地位,有权签约、取得和处置不动产和动产、进行法律诉讼。它的财产和资产均免受搜查、征用、没收或其他行政或立法行为的任何形式的扣押,档案不受侵犯。成员国有义务采取行动,使银行的法律地位、特权和豁免得到保障。

国际复兴开发银行成立时主要是为向遭到战争破坏的成员国提供贷款以协助战后经济的恢复与发展,同时也为发展中国家提供贷款以协助各国的经济发展。其目标概括而言即是促进国际贸易长期稳定发展和提高各国人民的生活水平。其宗旨是:

(1)对用于生产目的的投资提供便利,以协助成员国的复兴与开发,并鼓励不发达国家生产与资源的开发;

(2)通过担保或参与私人贷款和私人投资的方式,促进私人对外投资;

(3)鼓励国际投资,开发成员国生产资源,促进国际贸易的长期均衡发展,维持国际收支平衡;

(4)在提供贷款时,同其他方面的国际贷款配合。

2. 国际复兴开发银行的成员国

只有参加国际货币基金组织的国家,才能申请参加世界银行。实践中,绝大多数国家均同时加入这两个组织。

世界银行的成员也分为创始成员国和纳入成员国。凡参加 1944 年联合国国际货币金融会议,并于 1945 年 12 月 31 日之前正式签署《国际复兴开发银行协定》的国家,是世界银行的创始成员国。其他根据世界银行规定的时间和条件申请加入世界银行的,是纳入成员国。

世界银行成员资格的丧失分为自愿退出和强制退出两种。根据《国际复兴开发银行协定》,成员国有退出世界银行的权利,成员国只要将其退出的意愿书面通知世界银行总部,从总部接到该项通知之日起,退出即生效。

如果成员国不履行其对世界银行所承担的义务,世界银行经持有总投票权半数以上的多数理事表决通过,可暂停其成员资格。从暂停成员资格之日起一年后,如果世界银行没有以上述相同的多数票表决恢复其资格,即自动终止其成员资格。在暂停成员资格期间,该国除有权退出之外,不再享有任何成员权力,但仍应对其全部债务负责。此外,任何成员国在丧失国际货币基金组织成员资格 3 个月之后,即自动丧失其世界银行的成员资格,除非经世界银行总投票权 3/4 多数通过允许保留其资格。

3. 国际复兴开发银行的组织机构

和国际货币基金组织相似,世界银行的组织机构也是"三级结构",即主要由理事会、执行董事会和办事机构三部分组成。

(1)理事会。理事会是世界银行的最高权力机构,由成员国各指派一名理事和一名副理事组成,任期 5 年,可连选连任。理事一般由各国财政部长、中央银行行长或其他相当地位的高级官员担任,副理事只在理事缺席时才有投票权。理事会每年举行一次会议,一般与国际货币基金组织理事会联合举行。必要时经理事会、5 名理事或具有全部投票权 1/4 的成员国提议,可召开特别会议。理事会会议必须有行使全部投票权的 2/3 以上理事参加。理事会负责世界银行的一切重大事项,它可以将部分权力下放至执行董事会。

(2)执行董事会。执行董事会是负责处理世界银行日常业务的机构,负责执行理事会决议及行使由理事会授予的其他职权。它由 22 名执行董事成,每名执行董事任命一名副执行董事,副执行董事在执行董事缺席时代理其行使职权。22 名执行董事中有 5 名由在银行中持有股份最多的国家指派,具体由美国、英国、德国、法国和日本各指派 1 人,其余 17 人由其他成员国按地区划分为 17 个选区,每个选区推选一人,俄罗斯、沙特阿拉伯和中国以单独选区选派执行董事。执行董事任期 2 年,设主席一人,由世界银行行长兼任。由于执行董事会在决定政策和考虑个别项目贷款时既要代表成员国的利益,又要在成员国中代表世界银行的利益,因而在作出决策时一般采取协商一致的方式,很少进行投票表决。

(3)办事机构。世界银行的办事机构由行长、副行长和工作人员组成,负责银行的日常业务。行长是世界银行的行政首脑,应由执行董事会选举理事和董事以外的人担任,但实际上历任行长总是由美国政府选择。行长任期 5 年,可连选连任。行长可参加理事会会议,但无投票权。行长同时是执行董事会的当然主席,但在董事会中一般也无投票权,只在双方票数相等时投决定性一票。世界银行有一个庞大的办事机构。

(4)行政法庭。1980 年,世界银行设立行政法庭,以解决世界银行集团内工作人员与管理机构之间的争端。

4. 国际复兴开发银行的议事规则

除非另有规定,世界银行采用简单多数票通过决议事项。与国际货币基金组织相似,世界银行各成员国的投票权也是与其认缴的股份直接相关。每个成员国首先自动取得 250 票基本票,每认缴 10 万特别提款权即增加一票。1979 年,世界银行通过了普遍增资决议,又分配给每个成员国 250 股股本。由于额外增加法定股本,每一成员国得以认购 250 股而无须缴纳股金,这就意味着每一成员国的基本票增加了一倍,使较小成员国的表决权不至于过低。

(三)国际开发协会和国际金融公司

1. 国际开发协会

(1)国际开发协会的宗旨:国际开发协会是为给较不发达的国家在更灵活的基础上提供贷款而建立的,其宗旨是促进欠发达国家成员的经济发展,对这些国家的公共工程和发展项目提供条件较宽松的长期贷款,以协助世界银行的贷款工作。

(2)国际开发协会的成员国:国际开发协会的成员必须是国家,且必须是世界银行的成员国。建立国际开发协会的协定后列名的同意在 1960 年 12 月 31 日以前加入协会的国家,是其创始会员国,创始会员国的份额是预先设定的。其他国家要加入必须提出申请,它们的份额由协会决定。根据认购股金的方式不同,国际开发协会的会员国分为两类,一类主要是发达国家,是协会资金的主要提供者,另一类主要是发展中国家,是协会信贷的主要接受者。

(3)国际开发协会的组织结构:其组织机构分为理事会、执行董事会、会长和工作人员三级。协会的会长就是世界银行的行长,理事和董事也就世界银行的理事和董事,与世界银行是一套人马,两块牌子,因此又称为"第二世界银行"。但国际开发协会是一个独立的政府间国际经济组织,它在法律上和财务上都与世界银行独立,二者的股本、资产和负债相互分开,业务也分别进行。

2. 国际金融公司

国际金融公司的宗旨是鼓励成员国、特别是欠发达国家中有生产能力的私人企业的增长,为其新建、改建和扩建项目提供资金,促进它们的经济发展,从而补充世界银行的活动。

只有世界银行的成员国才有资格成为国际金融公司的成员。1955年6月30日时满足这一条件的56个国家,如果在1956年12月31日以前交付份额,均为公司的创始成员。

国际金融公司的组织机构与世界银行类似,分为理事会、执行董事会、总经理和员工三级。公司的正副理事、正副执行董事也是世界银行的正副理事和正副执行董事,公司的总经理由世界银行行长兼任。但和国际开发协会不同,国际金融公司有自己独立的行政人员,虽然某些机构人员也由世界银行相应的机构人员兼任。国际金融公司有自己独立的办公地址,具有完全的法人地位,是一个独立的国际金融机构,在1957年与联合国签订协定后,成为联合国的专门机构之一。

三、世界贸易组织

(一)世界贸易组织的法律地位

世界贸易组织(以下简称为世贸组织)根据1994年4月15日在摩洛哥马拉喀什签订的《WTO协定》,是1947年关贸总协定的继续和发展。世贸组织是独立于联合国的常设国际组织,于1995年1月1日正式开始运作。

关于世贸组织的法律人格,WTO协定第8条第1款明确规定:"世界贸易组织具有法律人格,每个成员都要赋予世界贸易组织以行使其职能所必需的法律能力。"毫无疑问,世贸组织根据该协议的规定,取得了独立享有权利和承担义务的法律人格。这具体表现在世贸组织具有独立的法律人格,享有执行其职能所必需的权利能力与行为能力,包括取得和处置动产与不动产的能力,为维护自身的权益进行法律诉讼的能力,与其他国际组织缔结条约的能力等。

WTO协定对世贸组织享有的特权与豁免权作了如下规定:(1)WTO协定第8条第2款规定,世贸组织的每个成员都要赋予世贸组织以行使其职能所必需的特权与豁免权。为使世贸组织能充分行使其各项职能,必须赋予世贸组织在房舍、档案、文件、通讯、财产和资产等方面的特权与豁免权,这是世贸组织具有独立法律人格的表现之一。(2)WTO协定第8条第3款规定,每个成员要赋予世贸组织官员和各成员代表以独立行使其与世贸组织相关的职能所必需的特权与豁免权。这主要涉及世贸组织官员和成员代表在履行其职责时所实施的行为,没有这种特权与豁免权,就无法保障他们能有效地履行世贸组织赋予他的各项职能。(3)WTO协定第8条第4款规定,世贸组织的官员与成员代表的特权与豁免权,与1947年11月21日联合国大会批准的《专门机构特权与豁免权公约》所规定的特权与豁免权相类似。世贸组织并不是联合国的专门机构,但采用这一标准,统一与联合国专门机构享有特权与豁免权的标准,有利于与联合国及有关国际组织的良好交往。

(二)世贸组织的宗旨与职能

WTO协定的序言非常概括地列举了世贸组织的宗旨。归纳起来,世贸组织的宗旨包括5点:(1)提高人类生活水平。WTO协定开宗明义地指出,本协议的各成员"认识到指导它们在贸易与经济领域的关系,应旨在提高生活水平,保证充分就业和大幅度稳步提高实际收入和有效需求";(2)扩大货物、服务的生产和贸易。扩大货物的生产和贸易是关贸总协定的宗旨之一,在世贸组织中,随着其调整领域的扩大,服务的生产与贸易自然被涵盖在内;(3)按可持续发展的目标使世界资源获得最佳利用。WTO协定在其序言中强调,"按可持续发展的目标使世界资源获得最佳利用,力求兼顾保护与维护环境",世贸组织并不一味追求资源的充分利用,而是考虑到资源利用与环境保护之间的关系,强调合理利用。(4)采取积极的努力以保证发展中国家贸易、经济的发展。WTO协定指出,"需作出积极努力以保证发展中国家,尤其是最不发达国家,在国际贸易增长中获得与其经济发展需要相适应的份额";(5)建立一体化的多边贸易机制。WTO协定序言强调,"决心建立一个一体化的、更为可行的、持久的多边贸易体制"。正是在这一宗旨的指导下,乌拉圭回合将多边贸易体制的范围扩展到与贸易有关的投资措施、服务贸易、知识产权等新领域,灰色区域被大大削弱,长期游离于多边贸易体制之外的农产品、纺织品和服装终于被纳入了多边体制的范围。

世贸组织作为一个永久性的国际经济组织,必然有其特定的职能。它集中反映在WTO协定的序言和第3条,并得到《关于有利于最不发达国家措施的决定》和《关于世界贸易组织对实现全球经济决策更大一致性所作贡献的宣言》这两个单独文件的补充。归纳起来,其职能主要是:(1)实施协议;(2)提供谈判场所;(3)争端解决与贸易政策的审议;(4)维护发展中国家的利益;(5)追求全球经济决策的一致性;(6)管理诸边贸易协议。

(三)世贸组织的成员资格

根据WTO协定第11条、第12条的规定,世贸组织的成员可分为创始成员和加入成员两大类。

WTO协定第11条规定,具备以下条件的,可以成为世贸组织的创始成员:(1)在WTO协定生效之日已经取得关贸总协定的缔约方的资格;(2)必须按该协议规定的程序和期限,履行接受WTO协定和乌拉圭回合的各项多边贸易协定的手续;(3)必须在GATT 1994中附有关税减让表和承诺表;(4)在GATS中附有具体承诺表。

世贸组织是一个开放性的国际组织,任何主权国家或单独关税区,根据其与世贸组织之间达成的条件,都可申请加入WTO协定和其他各项多边贸易协议。在向世贸组织提出加入申请后,世贸组织总干事应将这一申请通知所有成员,并指定一个工作组专门负责该申请方的加入问题。申请方应首先向世贸组织成员提交一份有关该国贸易政策制度的备忘录,然后工作组请各成员提出有关问题,在将有关问题汇总后交给申请方,由其作出答复。工作组在收到有关答复后,开始进行审议。如果所有的问题都得到了解决,工作组便着手起草"加入议定书"和工作组报告,并递交给各成员。在该申请获得部长会议2/3多数票通过后,即取得世贸组织的成员资格。

综合WTO协定第10条、第15条的规定,世贸组织成员资格的丧失,实际上存在两种情形:一是按第10条的规定,在有关多边贸易协议进行修改后,没有接受有关修改方案的,经部长会议以3/4多数票作出决议,一成员"自行退出",实际上是被开除出世贸组织;二是依WTO协定第15条的规定宣布退出,此种退出自世贸组织总干事收到退出书面通知之日起6个月后生效。

截至2016年7月29日,世贸组织共有164个成员。[①]

(四)世贸组织的主要组织机构与决策程序

世贸组织为了保证实现其宗旨,充分、有效地履行其职能,设立了清晰、系统的组织机

---

① See https://www.wto.org/english/the_wto-ee/whatis-e/tif-e/org6-e.htm.访问日期:2018年9月30日。

构。除部长会议、总理事会和秘书处三个主要机构外,还依章程的规定,设立了其他机构。

1. 部长会议

部长会议是世贸组织组织机构的最高层,是其决策机构。根据 WTO 协定第 4 条第 1 款的规定,部长会议由全体成员的代表组成,至少每两年举行一次会议。部长会议应履行世贸组织的职能,并为此采取必要的行动,对任何多边贸易协议规定的所有事项,部长会议均有权依该协议及有关多边贸易协议关于决策的专门规定,作出决定。

依上述协议第 4 条第 7 款的规定,部长会议还要设置"贸易与发展委员会","国际收支差额限制委员会"和"预算、财务和行政委员会",各自履行协议指定给它们的职责,以及总理事会指定给它们另外的职责,并在它认为适宜的时候,设置其他的委员会负责该类职责。上述各委员会对世贸组织全体成员开放。

部长会议休会期间,其职能由总理事会行使。

2. 总理事会、争端解决机构和贸易政策审议机构

根据 WTO 协定第 4 条第 2 款的规定,世贸组织设立总理事会,由全体成员的代表组成,在其认为适宜的时候召开会议。综合来看,总理事会应行使下列职能:

(1)在部长会议休会期间,代行其各项职能。

(2)负责对世贸组织实施不间断的管理,并监督世贸组织工作的各个方面,同时处理最重要的紧急事务,包括指导货物贸易理事会、服务贸易理事会和与贸易有关的知识产权理事会的工作,批准其相应的程序规则;听取贸易与发展委员会、国际收支差额限制委员会与预算、财务和行政委员会的汇报,促使其更好地履行各自的职责;听取各诸边协议机构的汇报,监督其履行诸边贸易协议赋予的职能。

(3)履行"争端解决谅解"规定的争端解决机构的职能。当总理事会履行其争端解决职能时,即被视为争端解决机构。按 WTO 协定第 4 条第 3 款的规定,争端解决机构可设立自己的主席,并制定它认为履行此职能所需的程序规则。

(4)履行贸易政策审议机构的职能。WTO 协定第 4 条第 4 款规定,总理事会应随时开会以履行贸易政策审议机构的职责,它可设立自己的主席,并制定为履行此职能所必需的程序规则。

(5)对世贸组织的有关事务与各政府组织的协商和有效的合作进行适当安排,并与各种非政府组织的协商和合作进行适当的安排。

在世贸组织的所有机构中,总理事会的职能最多,角色最复杂,它是一个执行机构,但在部长会议休会时是决策机关,同时又兼任争端解决机构和贸易政策审议机构的工作,其地位非常重要。

3. 秘书处与总干事

WTO 协定第 6 条规定,世贸组织应设立秘书处,并设总干事领导之。

秘书处的工作人员由总干事任命,并根据部长会议制定的规则确定他们的职责和服务条件。秘书处的职能是为世贸组织的各种机构提供秘书性工作,为世贸组织的各种会议进行会务安排,负责出版秘书处各种文件;此外,秘书处的经济学家对贸易实绩和贸易政策进行分析,法律专家主要是起草文件,协助组织会议、谈判及向各代表团提供法律咨询,并协助解决涉及世贸组织规则和程序的贸易争端。秘书处设在日内瓦。

总干事是秘书处的首脑,其人选由部长会议确定、任命,其权力、责任、服务条件和任期

等均由部长会议以立法形式确定。尽管世贸组织协议对总干事的职能并未作非常具体的规定,但其对世贸组织工作的影响则是显而易见的。其职能可通过其实际工作而在实践中不断得到扩充,他可以最大限度地向各成员施加影响,要求它们遵守多边贸易规则;他可以参与调解国际贸易争端;他还是每一轮多边贸易谈判的当然主席。正因为如此,总干事的人选一直为成员各方所关注,两届总干事人选的争议就充分反映了这一点。

另外值得注意的是,秘书处工作人员与总干事和联合国工作人员与秘书长一样,均为国际公务员。WTO 协定第 6 条第 4 款明确规定,"总干事和秘书处工作人员的职责是纯国际性的。在履行他们的职责时,总干事和秘书处工作人员不得寻求或接受世贸组织之外的任何政府或任何其他当局的指示。他们要力戒做出足以损害其国际官员身份的事情。世贸组织各成员要尊重总干事和秘书处工作人员的国际性职责,不得设法影响他们行使职责"。

4. 货物贸易理事会、服务贸易理事会和与贸易有关的知识产权理事会

这三个理事会在总理事会的指导下开展工作,向总理事会报告工作,并对世贸组织的所有成员开放。货物贸易理事会应监督 GATT 1994 中多边协议的运作情况,服务贸易理事会应监督服务贸易总协定的运作情况,与贸易有关的知识产权理事会应监督与贸易有关的知识产权协议的运作情况。这三个理事会应履行它们各自的协议和总理事会指定给它们的职责,制定各自的程序规则,并经总理事会批准,按履行其职责的需要召开会议。

货物贸易理事会、服务贸易理事会和与贸易有关的知识产权理事会可视需要设置下属机构,该机构应制定其程序规则,并经各自的理事会批准。

5. 诸边贸易协议下的机构

世贸组织的法律框架中包括四个诸边协议,这四个诸边协议各自设立了自己的机构,负责管理相应的协议,这四个机构分别是:民用航空器贸易委员会,政府采购委员会,国际奶制品理事会,国际牛肉理事会。其中国际奶制品理事会已于 1997 年底停止活动,其职能由世贸组织农业委员会和动植物检疫措施委员会承担,国际牛肉理事会也作了同样的安排。

世贸组织的决策方式为两类,首先是协商一致,当不能实现协商一致时,便由投票决定。

协商一致是由世贸组织的全体成员对有关表决事项进行磋商,当全体成员达成一致意见时,可就表决事项作出决定。但值得注意的是,世贸组织和 GATT 1947 虽然都采用了"协商一致"一词,但两者的含义却存在差别。在关贸总协定中,"协商一致"是指所有缔约方的意思完全一致,即都赞成作出某项决定,因此,"协商一致"就是意见一致;但 WTO 协定第 9 条第 1 款的注释说,"在就提交事项作决定的会议上,只要与会成员无人'正式'提出反对,就视为该机构对提交考虑事项以协商一致作出了决定"。这意味着"协商一致"并不等于意见一致。如果某一成员根本不参加有关会议,即便它对待决议的事项持有异议,也不影响"协商一致"的形成;如果某一成员参加了会议,但对待决议事项保持沉默,或弃权,或只发表一般性的评论,只要不正式提出反对,也都不影响"协商一致"的形成,从而可就待决议事项作出决定。

依 WTO 协定第 9 条第 1 款的规定,"除另有规定者外,若某一决定无法取得协商一致时,则所争议的问题应以投票表决来决定"。按该规定,在无法达成协商一致时,可用投票的方式作出决策。依 WTO 协定第 9 条第 1 款的规定,在部长会议和总理事会会议上,世贸组织的每一成员均有一票表决权。

第三节　区域性国际经济组织

一、区域性国际经济组织的形成与发展

区域性国际经济组织的产生和发展与区域经济一体化的产生和发展存在着密切联系。目前大量的和重要的区域性国际经济组织都是区域经济一化组织，区域经济一体化的进程大大推动了区域性国际经济组织的建立和发展。

区域经济一体化依其经济整合程度的不同，可区分为优惠性贸易安排、自由贸易区、关税同盟、共同市场和经济同盟五种。

优惠性贸易安排是指在此安排下，成员中一方授予产自另一方的特定产品以优惠贸易待遇，且不将此项优惠待遇授予非成员。优惠性贸易在实践中包括两种情形，一是由发达国家依普惠制单方面给发展中国家特定产品的优惠待遇，如欧盟与非洲、加勒比海及太平洋地区的一些发展中国家签订的洛美协定；一是发展中国家依授权条款相互间给特定产品以贸易优惠时所签订的协议。优惠性贸易安排有两大特点：一是贸易优惠只给予经谈判确定的特定的产品，对受惠产品范围有明确的限定；二是贸易优惠幅度由签订协议的国家具体约定。

自由贸易区，是指成员同意取消相互间贸易的关税及非关税壁垒，但各个成员仍保留各自对外的关税及贸易政策，即在自由贸易区组成成员间实行自由贸易，但对非成员不实行共同的关税及贸易政策。这是目前最常见的一种区域经济一体化形式，占到总数的72%，前述优惠性贸易只占总数的19%。

关税同盟是指成员除相互同意消除彼此间的关税及非关税壁垒外，还相互协议采取共同的关税及贸易政策，从而在成员之间形成了一个统一的关税区。

共同市场是指成员除彼此实行自由贸易、采取统一的关税及其他贸易政策外，还允许其他生产要素，如人员、资金、劳务等在成员之间自由流动，因而自由化程度比关税同盟更高。

经济同盟，是指成员国除实现共同市场的政策目标外，还通过谈判设立单一货币，实行共同的货币政策和经济政策。经济同盟是目前经济整合程度最高的一种区域经济一体化形式。欧盟随着欧元的发行，成为由共同市场转为经济同盟最典型的例子。

20世纪60年代以来，产生了一些对世界经济发展具有较大影响的区域性国际经济组织。在亚洲，主要包括1985年的南亚区域合作联盟，1981年的海湾合作委员会，1992年的东盟自由贸易区，①2010年的中国—东盟自由贸易区；在非洲，主要包括1983年的中非国家经济共同体，1992年的南部非洲发展共同体，1993年的东南非共同市场；在美洲，主要包括1981年的拉丁美洲一体化协会，1984年的安第斯共同体，1991年的南方共同市场，1992年的北美自由贸易区；在欧洲，除欧盟（欧共体）外，主要包括1960年的欧洲自由贸易联盟，1972年的欧洲自由贸易区，1992年的中欧自由贸易区，1994年的欧洲经济区。

---

①　2004年，东盟自由贸易区决定，在2015年将自由贸易区建成为东盟共同体，包括东盟安全共同体、东盟经济共同体、东盟社会—文化共同体。

二、欧洲联盟

(一)欧洲联盟的建立

欧洲联盟(European Union/EU,简称欧盟,)由欧洲共同体发展而来,是一个集政治实体和经济实体于一身、在世界上具有重要影响的区域一体化组织。1991年12月,欧洲共同体马斯特里赫特首脑会议通过《欧洲联盟条约》,通称《马斯特里赫特条约》(简称《马约》)。1993年11月1日,《马约》正式生效,欧盟正式诞生,其总部设在比利时首都布鲁塞尔。规范欧盟的基础条约经过了多次修订,目前欧盟依照2009年12月1日生效的《里斯本条约》规定的方式运行。

1946年9月,英国首相丘吉尔曾提议建立"欧洲合众国"。1950年5月9日,当时法国外长罗贝尔8 舒曼代表法国政府提出建立欧洲煤钢联营。1951年4月18日,法国、意大利、联邦德国、荷兰、比利时、卢森堡六国签订了为期50年的《关于建立欧洲煤钢共同体的条约》(又称《巴黎条约》)。1955年6月1日,参加欧洲煤钢共同体的六国外长在意大利墨西拿举行会议,建议将煤钢共同体的原则推广到其他经济领域,并建立共同市场。1957年3月25日,6国外长在罗马签订了建立欧洲经济共同体与欧洲原子能共同体的两个条约,即《罗马条约》,该条约于1958年1月1日生效。1965年4月8日,6国签订了《布鲁塞尔条约》,决定将欧洲煤钢共同体、欧洲原子能共同体和欧洲经济共同体统一起来,统称欧洲共同体。条约于1967年7月1日生效,欧洲共同体正式成立。

欧共体起步于关税同盟。《罗马条约》的主要内容包括:1958年至1969年,成员国之间逐步取消关税壁垒和贸易限额,废除成员国之间在公路、铁路和水运运费率的歧视待遇,以使商品自由流通,并逐步实行统一的关税税率。1961年底,各国全部取消了对内部贸易限额,1968年,内部关税全部削减完毕,在取消贸易限额和内部关税的同时,逐步实现统一的对外关税税率。

在关税同盟的基础上,欧共体致力于共同市场的建立。1986年,欧共体成员国签订了《单一欧洲法令》(Single European Act,简称SEA),对《巴黎条约》和《罗马条约》进行了修改,明确提出了要在1992年12月31日前完成内部市场建设,实现四大自由流通:(1)商品自由流通。取消共同体的商品在内部边境的一切检查,统一商品技术卫生标准;(2)资本自由流通。取消本国居民买卖其他成员国股票、债券限制,公民可在各成员国存贷款,取消外汇管制;(3)人员自由流通。允许人口在成员国之间自由流动,公民在共同体内可自由迁徙,享受所在国公民同等待遇,相互承认居留权、工作人员的高等学历与技术职称等;(4)服务自由交换。开放服务市场,允许跨国界自由提供金融、保险、运输服务和软件等新技术以及其他服务,相互承认专业执照。

1991年12月通过的马斯特里赫特条约的目标是,在1999年1月1日之前分三个阶段,将欧盟建设成为经济货币联盟;第一个阶段从1990年7月1日至1993年12月31日止,主要任务是与统一大市场同步,协调宏观经济政策,确保资本自由流通;第二个阶段从1994年1月1日开始,主要务是进一步实现经济、货币、财政政策的趋同,设立欧洲货币局作为未来欧洲中央银行的前身,规定成员国进入第三阶段必须达到4项经济标准,否则将受到欧共体的警告并应接受欧共体的监督;第三个阶段的目标是,在1996年12月31日以前对欧共体成员国经济状况进行评估,最迟应于1999年1月1日建成经济货币联盟。欧盟11国已于 1999 年 1 月 1 日起采用欧洲单一货币,从而实现了建立欧洲经济货币联盟的目标。

（二）欧洲联盟的成员国

作为一个区域性国际组织,欧盟的成员国只限于欧洲国家。马约声明,"任何欧洲国家均可申请成为联盟成员国,该国须向理事会提出申请,理事会在征询执行委员会意见和收到欧洲议会同意答复,以及得到绝大多数成员国认可后,才能采取公允行动","任何欧洲国家,只要其政治体制是按民主原则建立的,都可以申请成为欧盟成员国"。

欧盟成员国的数量从作为关税同盟的 6 个国家,到目前作为经济货币联盟,已拥有 27 个成员国。1973 年,英国、丹麦和爱尔兰加入欧共体;1986 年,葡萄牙和西班牙加入欧共体,使欧共体成员国增至 12 个;1995 年,奥地利、瑞典和芬兰加入欧盟;2002 年 11 月 18 日,欧盟 15 国外长在布鲁塞尔举行会议,决定邀请马耳他、塞浦路斯、波兰、匈牙利、捷克、斯洛伐克、斯洛文尼亚、爱沙尼亚、拉脱维亚、立陶宛等 10 个国家加入欧盟。2003 年 4 月 16 日,在希腊首都雅典举行的欧盟首脑会议上,上述 10 国正式签署加入欧盟协议。2004 年 5 月 1 日,上述 10 个国家完成加入手续,正式成为欧盟成员国;2007 年 1 月 1 日,罗马尼亚、保加利亚加入欧盟;随着克罗地亚于 2013 年 7 月 1 日加入欧盟,其成员国增至 28 个国家。

（三）欧洲联盟的主要机构

1. 欧洲理事会

1974 年 12 月欧共体首脑会议决定,自 1975 年起使首脑会议制度化,并正式称为欧洲理事会。1987 年 7 月生效的《单一欧洲法令》规定,欧洲理事会由各成员国国家元首或政府首脑以及欧共体委员会主席组成,每年至少举行两次会议。马约则明确规定了欧洲理事会在欧洲联盟中的中心地位,规定理事会主席由各成员国轮流担任,任期半年。顺序基本按本国文字书写的国名字母排列。2009 年 11 月 19 日,依 2009 年 11 月 3 日通过的《里斯本条约》的规定,欧盟 27 国领导人在布鲁塞尔召开特别峰会,选举比利时首相赫尔曼8 范龙佩为631首位欧洲理事会常任主席,英国的欧盟贸易委员凯瑟琳8 阿什顿为欧盟外交和安全政策高级代表。根据职务特点和内容,这两个职务被形象地称为"欧盟总统"和"欧盟外长"。

2. 欧盟理事会

欧盟理事会原称为部长理事会,是欧共体的决策机构,拥有欧共体的绝大部分立法权。由于赋予了部长理事会以欧洲联盟范围内的政府间合作的职责,因此部长理事会自 1993 年 11 月 8 日起改称作欧盟理事会。欧盟理事会分为总务理事会和专门理事会,前者由各国外长参加,后者由各国其他部长参加。

3. 欧盟委员会

欧盟委员会是欧洲联盟的常设机构和执行机构,负责实施欧洲联盟条约和欧盟理事会作出的决定,向理事会和欧洲议会提出报告和立法动议,处理联盟的日常事务,代表欧盟对外联系和进行贸易等方面的谈判等,但在欧盟实施共同外交和安全政策范围内只有建议权和参与权。根据马约的规定,自 1995 年起,欧盟委员会任期为 5 年,设主席 1 人、副主席 2 人。该委员会由来自不同成员国的代表组成。

欧盟委员会主席人选由欧盟各成员国政府征询欧洲议会意见后共同提名,欧盟委员会其他委员人选由各成员国政府共同协商提议。按此方式提名的欧盟委员会主席和其他委员需一起经欧洲议会表决同意后,由欧盟成员国政府共同任命。

4. 欧洲议会

欧洲议会是欧洲联盟的执行、监督、咨询机构,在某些领域有立法职能,并有部分预算决定权,并可以三分之二多数弹劾欧盟委员会,迫其集体辞职。议会大厦设在法国斯特拉斯堡,议会秘书处设在卢森堡;自 1979 年起,欧洲议会议员由成员国直接普选产生,任期 5 年。欧洲议会不是真正意义上具有立法权的议会,和成员国的议会相比,它的立法权力要小得多。

5. 欧盟法院

欧盟法院始于 1952 年建立的欧共体法院,欧盟法院及其前身为欧洲一体化作出了巨大的贡献,成为区域经济组织司法机构的典范。

依 1951 年 4 月签订的《巴黎条约》,成员国决定设立欧洲煤钢共同体法院,该法院于 1952 年 12 月正式成立。1953 年 3 月,法、德、意等六国又签订了《罗马条约》,同时还签订了《关于欧洲共同体(复数)的某些共同机构的公约》,规定欧洲煤钢共同体、欧洲原子能共同体及欧洲经济共同体共用一个法院即欧洲法院。其后,1986 年 2 月签订的《单一欧洲法令》、1991 年 12 月签订的《欧洲联盟条约》、1997 年 6 月签订的《阿姆斯特丹条约》、2001 年 2 月签订的《尼斯条约》及 2007 年 12 月签订的《里斯本条约》,对欧盟法院的名称、管辖权、组织结构等,作出了一系列调整,以适应欧洲一体化进程的需要。

2009 年 12 月 1 日生效的《里斯本条约》对《欧洲联盟条约》和《欧洲共同体条约》作了重大修改,并将后者改名为《欧洲联盟运行条约》。依该条约第 19 条的相关规定,欧盟将其司法机构正式命名为"欧盟法院"(the Court of Justice of the European Union),欧盟法院由欧洲法院(the Court of Justice)、普通法院(the General Court)和专门法院(specialised courts)三部分组成,但依《欧洲联盟运行条约》第 257 条的规定,专门法院和原先的司法审判庭隶属于初审法院一样,隶属于普通法院。专门法院可包括多个法庭,由欧洲议会和欧盟理事会根据普通立法程序设立,目前只设立了公务员法庭(the Civil Service Tribunal),未来还可能设立知识产权法庭、竞争法庭等。自此,欧盟法院形成了由欧洲法院、普通法院和专门法院组成的三级司法体制。

依经《里斯本条约》修订后的《欧洲联盟条约》第 19.2 条的规定,欧洲法院由来自每个成员国的各一名法官组成,因此欧洲法院现由 27 名法官组成。依《欧洲联盟运行条约》第 252 条规定,欧洲法院设 8 名护法顾问协助法院工作,如果欧洲法院要求,欧盟理事会经全体一致通过,可增加护法顾问的人数。欧洲法院的法官和护法顾问由欧盟成员国政府以一致同意的方式予以任命,任期 6 年,可以连任。

第四节　国际商品组织

一、国际商品组织概述

(一)国际商品组织的含义

国际商品协定是由若干国家的政府就特定商品签订的,旨在对该商品的产销予以分配或调节的协定,是一种管制贸易的手段,其性质介于国营贸易与国际卡特尔之间。

国际商品组织(又称原料生产和出口国组织)就是根据各国际商品协定设立的,用来管理和执行协定的国际经济组织。国际商品组织是大宗生产和出口同类原料及初级产品的发展中国家维护共同经济利益、加强相互协调和合作的产物。

（二）国际商品组织的组织结构

根据国际商品组织协定的规定，该类组织是法人，其法律地位取决于该组织与驻在国政府协定的规定。在组织协定中还规定了组织及其代表和公职人员的豁免。

国际商品组织的成员资格一般只对国家政府开放。成员要承担制定进出口规则，保证销售或购买某种国际商品，认缴缓冲库存等义务。国际商品组织的成员主要是发展中国家，同时也接纳了一些发达国家。在某些情况下，国际商品组织的成员资格会对其他国际组织开放。

国际商品组织的组织机构都比较相似，一般由理事会、执行委员会和办事机构组成。其中理事会是权力机构，具有为贯彻商品协定条款所需要的一切权力。执行委员会是执行机构，对理事会负责，在理事会指导下进行工作。办事机构是常设的处理组织行政事务的机构，一般由组织的行政首长和一般工作人员组成。

（三）国际商品组织的活动

参加商品协定的发展中国家期望借助协会的支持稳定和发展某些具体原料产品的出口收入。它们知道仅依靠增加自然资源的出口数量并不能从根本上稳定和增加外汇收入，因此发展中国家利用协定这一工具，不仅是为了促进原料出口，更重要的是为了获得对它们更有利的价格。事实证明，当某些原料商品的生产和销售高度集中于有关协会成员国手中，而世界市场对这些商品有着稳定需求时，此类商品的出口国便可互相协商提高商品价格。

当发展中国家发现它们的出口行情越来越不利，出现供过于求的情况时，会通过商品协定调整成员国的开采量和出口量。通常采取的措施包括实行出口限额，即根据成员国协议，按配额出口有关商品，或建立共同商品缓冲储备。

为了稳定有关商品市场和规定合理的互惠价格，以生产和出口国为一方，以主要消费国为另一方，签订和实施商品协定，是国际商品组织的重要活动。一般说来，签订这类协定的主导权在出口国联盟，而协定的成员国是草拟和实施协定的积极参加者。此外，国际商品组织还收集和出版有关商品在世界范围的产量、进出口额、价格和储存等统计资料。

二、石油输出国组织

（一）石油输出国组织的宗旨

石油输出国组织，通称欧佩克（Organization of Petroleum Exporting Countries，简称OPEC）是主宰全世界石油价格动向的重要组织。

由于石油的广泛运用，一些发达国家早在 19 世纪初便深入产油国家，以便控制石油来源。二战结束后的初期，世界石油的勘探、开采、冶炼和销售几乎全部控制在西方石油垄断财团手中，使其获得超额利润。产油国家逐渐意识到它们正在遭受剥夺，遂展开摆脱其控制的运动。

欧佩克是根据 1960 年 9 月委内瑞拉的倡议成立的。当时为处理西方垄断国际石油公司降低中东原油标价，损害产油国利益的问题，伊拉克、伊朗、科威特、沙特阿拉伯和委内瑞拉五个产油国在巴格达举行会议，一致决定成立欧佩克，以协调各自的石油政策、商定原油价格，对抗国际石油资本的垄断，维护民族经济利益。《石油输出国组织章程》是在第二次会议上订立的，1965 年 5 月 1 日开始生效。

欧佩克的宗旨是：协调和统一各成员国的石油政策，确定最有效的手段维护各自和共同的利益;寻求保证国际石油市场价格稳定的途径,以避免有害的价格波动现象的出现;保障成员国的稳定收入和对石油需求国有效、按时的供应以及在石油工业中投资的合理收入。

(二)石油输出国组织的成员国

欧佩克的成员国分为正式成员国和准成员国。正式成员国包括创始成员国,以及加入欧佩克的申请已为大会所接受的所有国家;准成员国是指虽未获得全权成员国的资格,但在大会规定的特殊情况下仍为大会所接纳的国家。

符合成员国条件的所有国家均可申请加入。这些条件包括:(1)必须是实际上的原油净出口国,即一国的原油生产量超过其石油消费量。这一条件排除了多数发达国家加入组织的可能性,因为它们的石油消费量远远超过其生产能力;(2)须经欧佩克 3/4 的正式成员国一致同意接受。此条件确保了欧佩克经济和社会方面的共同利益,使其具有一定的凝聚力和决策能力。

截至 2016 年 3 月,欧佩克共有 13 个正式成员国,除前述 5 个创始成员国外,还包括阿尔及利亚、安哥拉、厄瓜多尔、卡塔尔、利比亚、尼日利亚、印度尼西亚和阿拉伯联合酋长国。

(三)石油输出国组织的组织机构与表决规则

欧佩克的组织机构由欧佩克大会、理事会及秘书处三大机构组成。

欧佩克大会是该组织的最高权力机构,由各成员国向大会派出的以石油、矿产和能源部长(大臣)为首的代表团组成。大会每年召开两次例会,如有需要还可召开特别会议。大会的法定人数为代表团的 3/4,各成员国的代表团人数不限于 1 人,但只有一票表决权。准成员国可参加会议,但无表决权。大会的主要职责是制定总政策,确定实施总政策的适当办法,对理事会提交的报告和建议进行审查并作出决定;审查和确定预算、财务报告,批准各成员国对理事的任命,任命理事会主席、副主席、秘书长和副秘书长等。大会根据一致同意通过的议事规则作出决定。

欧佩克理事会类似于普通商业机构的理事会,由各成员国提名并经大会批准通过的一名理事组成,每两年为一届。理事如有违背欧佩克利益的行为,经理事会 2/3 多数表决通过,可撤销其职务。理事会每年召开两次以上的会议,负责贯彻大会的各项决议,向大会提出报告和建议,拟定年度预算,审查财务报告。理事会还审议由秘书长向大会提交的有关欧佩克日常事务的报告。

欧佩克秘书处是欧佩克的行政管理机构,由秘书长、副秘书长及各职能部门,包括调研室、数据服务中心、能源形势研究部门、石油市场分析部门、行政与人事部门、信息部门、秘书长办公室以及法律室等组成。依据欧佩克组织条例,秘书处在理事会的领导下负责行使该组织的行政职能,主要是为大会做准备和研究工作。秘书处内设一专门机构,即经济委员会,协助该组织把国际石油价格稳定在公平合理的水平上。

欧佩克采用与会代表一致通过的议事规则作出决议。决议具有与国际条约相同的法律性质,一旦被成员国接受,就成为该国国内法的一部分。欧佩克只要求成员国诚实信用遵守该组织的法令,没有规定针对成员国错误或相反行为的法律制裁。

在本章的引例中,IMF 投票权的争夺实际上反映出国际经济组织与国际经济法十分密切的关系,它们相互影响,相互作用。国际经济组织是依据国际经济条约建立的,它们不仅是按照国际经济法的原则制定的,而且这些法律文件本身就是国际经济法的一种法律表现形式,并为成员所共同遵守。国际经济组织的发展,使原有的国际经济关系,从单一的国家与国家之间的关系,扩展到国家、自然人、法人与国际经济组织之间的关系,国际经济组织成为国际经济法的主体,并进而使国际经济法渊源得到扩展。国际经济组织对国际经济法的编纂和发展发挥了重大作用。一方面,一些世界性的多边公约都是在国际经济组织的主持下制定的;另一方面,随着国际经济组织的大量出现,又出现了许多新的国际经济法律问题,要求国际社会和国际经济组织予以解决,而这无疑又推动了国际经济法的发展。在实践中,IMF 理事会与执行董事会在通过相关决议以及对成员国进行经济救助时,通过投票通过的相关规则,对国际货币金融秩序产生了重大影响。

IMF 在此次改革之前,由于投票权集中在少数发达国家手中,这些国家左右着 IMF 的决策权。近年来,新兴市场经济体在世界经济中的地位显著上升,但在基金组织中的份额和发言权却没有得到相应的体现。基金组织成立至 2005 年底历经多次增资,但发展中国家在基金组织中的份额非但没有增加,实际上却是不断下降。基金组织份额的分配办法也不利于发展中国家公平地参与国际经济金融的决策。

美国之所以支持发展中国家要求改革 IMF 的主张,扩大新兴市场大国的投票权,甚至不惜得罪欧洲盟友,其原因在于:美国认识到新兴市场大国的群体性崛起是客观事实,不让它们参与国际经济事务的讨论,很多问题没有办法解决;美国也非常担心新兴市场国家会另起炉灶,挑战美国主导的现有国际经济金融体系;况且无论如何改革,美国的优势地位并没有实质性动摇,美国在 IMF 依然享有事实上的否决权。

❋ 思考题

1. 国际经济组织对世界经济的发展有何贡献?

2. 国际经济组织的法律地位如何?

3. 国际货币基金组织与世界银行在组织机构的设置上有何异同?

4. 区域性国际经济组织对国际经济法的发展有何影响?

5. 区域经济一体化的发展与区域性国际经济组织的发展有何关系?

6. 案例讨论:

在欧共体香蕉案中,世贸组织的争端解决机构裁决欧共体香蕉进口体制违反了世贸组织相关协定,建议欧共体对香蕉进口体制予以纠正以符合世贸组织相关协定。欧共体执行争端解决机构裁决与建议的合理期限至 1999 年 1 月 1 日。1998 年 7 月 20 日和 10 月 28 日,欧共体颁布第 1637/98 号和 2362/98 号条例,确立了新的香蕉进口体系,以执行争端解决机构的裁决。美国认为欧共体确立的新香蕉进口体系仍然不符合争端解决机构通过的裁决,提出依世贸组织《关于争端解决规则与程序的谅解》第 21.5 条进行磋商,但遭到欧共体的拒绝。欧共体认为,依该条规定,执行审查程序必须等到欧共体执行裁决的合理期限结束后才能启动。美国则指出,一旦合理期限结束,美国将不再诉诸第 21.5 条要求执行审查程序,而会直接请求争端解决机构依规定授权实施贸易报复。欧共体于 1998 年 12 月 14 日根据第 21.5 条的规定,向世贸组织申请成立专家组以审查其新香蕉进口体制,而美国则在专家组成立后的第 3 天,即 1999 年 1 月 14 日,要求争端解决机构根据第 22.2 条规定,授权其对欧共体实施贸易报复。请谈谈你对该案的看法。

司法考试真题链接

"恐龙国际"是一个在甲国以非营利性社会团体注册成立的组织,成立于1998年,总部设在甲国,会员分布在20多个国家。该组织的宗旨是鼓励人们"认识恐龙,回溯历史"。2001年,"恐龙国际"获得联合国经社理事会注册咨商地位。现该组织试图把活动向乙国推广,并准备在乙国发展会员。依照国际法,下列哪些表述是正确的?(2006年)

A. 乙国有义务让"恐龙国际"在乙国发展会员

B. 乙国有权依照其本国法律阻止该组织在乙国的活动

C. 该组织在乙国从事活动,必须遵守乙国法律

D. 由于该组织已获得联合国经社理事会注册咨商地位,因此它可以被视为政府间的国际组织

第十二章　国际经济争端解决法

【引例】日本一家生产精密仪器的甲株式会社与中国广州的乙公司就购买精密仪器签订了合同书,并且在合同书最后的仲裁条款中写道:若乙公司没有异议,日本的甲株式会社同意由中国国际经济贸易仲裁委员会上海分会仲裁。后来双方在合同履行中发生争议,日本的甲株式会社根据仲裁条款向中国国际经济贸易仲裁委员会上海分会申请仲裁。请问:中国国际经济贸易仲裁委员会上海分会是否能够受理该案?为什么?

第一节　国际经济争端解决法概述

一、解决国际经济争端的法律规范

就解决国际经济争端的法律规范而言,主要由国际法与国内法两个方面的规范构成:

（一）国际法有关规范

国际社会为处理国际经济争端,签署了一系列条约,这类条约可以分为三类:

1. 关于司法与仲裁的国际条约

在司法方面,主要有 1945 年《国际法院规约》、1954 年《民事诉讼程序公约》、1965 年《民商事案件中诉讼与非诉讼文书送达公约》、1970 年《民商事案件中外国判决承认与执行公约》等。在仲裁方面,主要有 1899 年和 1907 年《海牙和平解决国际争端公约》、1928 年《和平解决国际争端总协定书》以及 1958 年《承认与执行外国仲裁裁决公约》(即《纽约公约》)等。1986 年 12 月 7 日,中国批准了关于加入《纽约公约》的议案,该公约于 1987 年 4 月 22 日对中国生效。

2. 处理国际争端的国际条约

1965 年《解决国家与他国国民民间投资争端公约》(《华盛顿公约》)和 WTO 章程附件二《关于争端解决规则和程序谅解书》等专门处理国际经济争端条约对争端处理的调解、仲裁方式或其他解决方式作了具体规定。我国于 1990 年 2 月 9 日签署了《华盛顿公约》,1992 年 7 月 1 日正式批准该公约。

3. 双边经济条约中的有关规范

大量的双边条约(如投资条约等)中均对有关国际经济争端的调解、仲裁方式或其他特殊解决方式作了具体规定。中国自 1980 年以来,签署了一系列双边投资协定,其中多数规定了处理国际经济争端的临时仲裁方式。由于我国加入了《华盛顿公约》,近年签署的中外双边投资条约也有规定"解决投资争端国际中心(ICSID)仲裁条款,即同意将缔约一方与缔约另一方国民之间的投资争端提交 ICSID 仲裁解决"。

（二）国内法有关规范

各国普遍主张对本国境内的国际经济争端的司法管辖权。一些国家还规定了国际经济争端的调解、仲裁或司法解决方式。仲裁法是这个方面的重要组成部分。仲裁法的形式可以是各国专门制定的调整仲裁关系的法律,例如 1889 年《英国仲裁法》、1929 年《瑞典仲裁法》和 1994 年中国《仲裁法》等;也可以是国家制定或确认的关于仲裁的法律规范,如中国《民事诉讼法》第 26 章中有关涉外仲裁的规定等。在一些国家的仲裁法中还规定了调解程序。

二、解决国际经济争端的主要方式

处理国际经济争端主要有司法解决、调解解决、仲裁解决以及 WTO 争端解决方式,分述如下:

（一）司法解决方式

司法解决方式包括国际司法解决方式与国内司法解决方式。国际法院是联合国的法定组织之一。《国际法院规约》与《联合国宪章》规定了国际司法解决管辖权的范围,但国际司法解决方式却存在着很大的局限性,例如国际法院的诉讼当事人仅限于国家以及管辖权需以争端当事国的自愿、协定或声明为前提等。

国内司法解决方式是指将国际经济争端提交给各国法院解决的方式。各国法院主要受理不同国籍私人之间的经济争端。国际上主要的涉外经济管辖权制度包括:(1)属地管辖权制度;(2)属人管辖权制度;(3)普通法管辖权制度;(4)协议管辖权制度;(5)强制管辖权制度等。

（二）调解解决方式

调解是争端当事人在中立的第三人协助下解决争端的方式。调解的主要优点在于能够较快地解决争端,有利于当事人保持良好关系,给当事人带来相互信任感和节省费用。调解人只有促使双方当事人达成协议的职责,不能不顾当事人意愿,自行作出具有法律拘束力的裁决。如果一方当事人因某种理由不予合作,调解即告失败。如果调解失败,当事人可继续寻求其他的争议解决方式,或者诉讼或者仲裁。调解通常是在常设仲裁机构的主持或协助下进行的,许多常设仲裁机构都制定了调解规则或在仲裁规则中作出有关调解的规定。不过,相对于仲裁方式,调解方式在解决国际争端中所起的作用比仲裁方式小。[①]

（三）仲裁解决方式

仲裁是指当事人自愿将争端提交第三者审理,并由其作出有拘束力仲裁裁决的解决方式。仲裁与调解相比,具有许多优点:仲裁员是以裁判者的身份对争端作出裁决。这种裁决一般是终局的,对双方当事人具有拘束力。如一方当事人不自动履行裁决,另一方当事人有权申请法院予以强制执行。显然,仲裁解决方式比调解解决方式能够更加彻底地解决争端。

与司法解决方式相比,仲裁也有其自身的特点,例如,仲裁机构的民间性、自愿性、快捷

---

① 陈安主编:《国际经济法学》,北京大学出版社 2001 年版,第 503 页。

性、灵活性、专业性、经济性、中立性、强制性、国际性、终局性等①,因此,仲裁发展成为与司法解决方式并驾齐驱的解决国际经济争端的最主要的方式之一。

（四）WTO争端解决方式

世贸组织（WTO）争端解决机制仅适用于该组织成员方之间由于执行WTO一揽子协议而产生的争端。因此,争端的主体仅限于该组织的成员,即各缔约方（contracting member）。这些缔约方多数为主权国家,还有一些地区,如我国港澳台。因此,各缔约方的自然人或法人,不得成为该争端解决机制的主体。这一争端解决机制的首要目标,是确保WTO各项协议的实施,废除各国与WTO各项协议的规定不一致的有关措施。

第二节　国际民事诉讼制度

一、国际民事诉讼法的概念

（一）国际民事诉讼程序的概念

在民事诉讼中,如果介入了国际或涉外因素或者从某一具体国家来看,涉及了国际因素,便构成了国际民事诉讼。民事诉讼中的国际因素主要有:诉讼当事人中有外国人;诉讼客体是涉外民事法律关系;引用的证据具有涉外因素;法院按国际条约或国内冲突法规定应适用外国法作为案件的准据法;诉讼请求是外国法院或其他机构判决在内国的承认或执行;诉讼程序涉及国际司法协助问题等。

国际民事诉讼程序就是指一国法院审理国际民事案件和当事人及其他诉讼参与人进行此种诉讼行为时所应遵循的专用特殊程序。国际民事诉讼法便是这些涉外民事诉讼专用的特殊程序规则的总和。

（二）国际民事诉讼法的主要内容

国际民事诉讼程序与国内民事诉讼程序的区别就在于其含有外国因素。根据国家主权原则,民事诉讼程序问题一般适用法院地法,但由于民事案件中介入了国际因素,其审理、判决和执行程序都将遇到国内民事诉讼所不会发生的特殊问题,这就要有专门规范对这些问题进行规范,这也就是国际民事诉讼法特有的调整内容,主要包括:

1. 一国法院作为一个整体对于某一国际民事案件是否拥有管辖权问题。与国内民事案件不同,由于国际上并不存在一个统一的确定管辖权规范,各国确定管辖权的方式也不相同。

2. 外国诉讼当事人在内国的民事诉讼地位问题,如诉讼能力问题、诉讼费用、诉讼代理、法律救助等问题。

3. 国际民事诉讼中的域外送达、域外取证及其他国际司法协助问题。比如跨国送达司法文书和司法外文书或调取域外证据有什么特殊规则等。

4. 外国法院判决的承认与执行问题,也就是外国审判在内国的效力问题,包括内国是否承认和执行外国法院判决以及承认和执行的条件等。

---

① 　余劲松、王传丽主编:《国际经济法》,北京大学出版社、高等教育出版社2000年版,第472页。

二、国际民事诉讼的基本原则

国际民事诉讼法的基本原则是指作为国际民事诉讼程序具体制度或规定基础的贯穿于民事诉讼程序并对民事诉讼立法和司法具有指导意义的根本性准则。根据我国《民事诉讼法》第四编"涉外民事诉讼程序的特别规定"以及其他规定,在中国进行涉外民事诉讼应遵循国家主权原则、平等与对等原则、国际条约优先和国际惯例补缺原则、便利当事人与便利法院司法原则。

(一)国家主权原则

国家主权原则原本是调整国际公法、国际私法关系最基本的原则,现代国际法就是建立在国家主权原则基础之上的。国家主权原则要求在国际民事诉讼中保持国家司法独立,国家享有独立而完整的司法管辖权。如果一个国家司法主权不独立,不能充分和完整地行使属地管辖权和属人管辖权,就意味着这个国家主权也是不独立和不完整的。国家主权原则是国际民事诉讼法中一项首要基本原则,主要表现在以下方面:

1. 立法主权

任何国家有权通过立法形式独立地对其境内的民事诉讼活动作出规定,外国人在其境内进行诉讼活动必须遵守该规定。

2. 司法管辖权

任何一个主权国家对其领域内的一切人和物,除依据国际条约应予以豁免者外,国家享有属地和属人管辖权。这是各国公认的原则,它构成了国际民事诉讼程序的基础。

3. 司法豁免权

同司法管辖权一样,司法豁免权也是从主权原则引申出的权利。国家是主权者,所以都是平等的。根据"平等者无裁判权"国际原则,国家行为及其财产享有司法豁免权,也即一国法院不得受理对另一外国国家行为和财产的诉讼。

4. 诉讼程序依法院地法

即一国在其领域内审理涉外民事案件,除其缔结或参加的国际条约另有规定外,只适用本国的民事诉讼程序规范。

5. 外国法院判决非经内国法院承认,不得在内国生效和执行

如果内国法院认为外国法院判决违反内国国家主权或公共秩序的,可以拒绝承认和执行。

(二)平等与对等原则

平等原则是外国人民事法律地位上国民待遇制度的延伸或必然反映。但平等诉讼权利,不是无条件赋予外国诉讼当事人的,必须建立在对等原则基础上,如一国对另一国当事人诉讼权利加以限制,则该另一国有权对该国当事人的诉讼权利也作出同样限制。

我国《民事诉讼法》第5条第1款就规定:"外国人、无国籍人、外国企业和组织在人民法院起诉、应诉,同中华人民共和国公民、法人和其他组织享有同等的诉讼权利义务。"

(三)国民待遇与互惠原则

在国际民事诉讼活动中,一国在诉讼权利义务方面应赋予在本国境内诉讼的外国人以国民待遇;不能使其诉讼权利和义务仅因为外国人身份而受到限制或改变。但这一待遇是以互惠为基础的,即双方在平等基础上相互给予对方国民待遇。如果一国给予另一国国民以

不同于其本国国民诉讼地位的待遇,则另一国有权对该国国民的诉讼权利义务作出对等限制。

(四)遵守国际条约原则

根据"条约必须遵守"原则,一国法院在审理国际民事案件时,应优先适用本国缔结或加入的国际条约中相关诉讼程序的规定,即便该规定与本国国内立法不一致,但是本国声明保留的条款除外。

(五)方便诉讼原则

一般认为,从国际民事诉讼国际性前提出发,方便诉讼原则要求国家在管辖权、期间、司法协助等方面充分考虑当事人利益和法院审理和执行的方便程度。为方便外国当事人进行诉讼,各国一般对涉外诉讼的诉讼时效和期间都加以延长;有管辖权的法院还可以根据该法院对于当事人而言是不公平或不方便地点为由而在其权限内放弃行使管辖权。

三、外国人的诉讼代理与领事代理

(一)诉讼代理

诉讼代理是指诉讼代理人基于当事人或其法定代理人的委托、法律的规定或者法院的指定,以当事人的名义代为实施诉讼行为,其后果及于当事人。

在国际民事诉讼中,由于法律关系复杂和外国人对法院地法生疏,因此外国人诉讼代理问题显得更加重要。在国际民事诉讼中,诉讼代理主要可以分为委托代理、指定代理、法定代理和领事代理。由于指定代理和法定代理是内国法律明确的规定和司法机关行为,因此国际民事诉讼中代理制度的主要问题是委托代理和领事代理。

根据我国《民事诉讼法》及其司法解释,外国人在我国法院参加诉讼,可以亲自进行,也可以委托他人进行,包括我国律师、其他公民、其本国人以及其本国律师以非律师身份进行。我国目前不允许外国律师以律师身份在我国法院代理诉讼。

(二)领事代理

领事代理是指派遣国派驻在驻在国的领事可以根据有关国家的国内法和国际条约的规定,在其管辖范围内依照其职权代表驻在国境内的派遣国公民、法人在驻在国进行诉讼。

领事代理是职务行为,其代理不是律师身份,而是以领事身份进行,而且无须征得被代理人的委托或授权。领事代理是临时性质的,只要有关当事人指定了代理人或亲自参加诉讼,领事代理就终止。

1963年《维也纳领事关系公约》第5条对这种领事代理制度作了规定,而我国是该公约的缔约国。

四、国际民事诉讼管辖权

目前国际社会尚未形成统一的确定国际民事案件管辖权制度,各国主要还是根据国际条约和国内立法来确定国际民事案件管辖权。根据连接因素不同,国际民事诉讼立法和实践中采用的确定管辖权依据主要有以下几种:

1.属人管辖原则

属人管辖是指一国法院以国际民事案件当事人具有内国国籍这一连接因素为依据对该案主张管辖权。也即,法院对具有该国国籍的当事人国际诉讼案件具有管辖权,而无论其是原告还是被告,也无论其现在居住地是境内还是境外。

该原则是源自于国家主权中的属人优越权,旨在保护本国当事人和国家利益。但是以属人管辖原则为管辖权依据不太强调与别国管辖权的协调,而过于重视内国主权权利的行使,有时会使诉讼明显有利于内国人而对外国人造成有失公平的结果,而这样的判决也难以得到外国法院的承认和执行。

2. 属地管辖原则

属地管辖也称为地域管辖,是指一国法院以国际民事案件与该国之间存在地域上的连接因素为依据对该案主张管辖权。基于地域形成的连接因素有很多,主要可以分为以下类型:

(1)以当事人与法院地的联系主张管辖权

当事人与法院地国的联系因素也有多种,如住所地、居所地、惯常居住地、现在居所地、临时居所地,等等,其中属地管辖原则中最常用的是依据"被告住所地"来确定法院管辖权,也就是通常所说的"原告就被告"原则。这一原则要求原告向被告住所地法院起诉。目前采用这一原则的主要是以德国为代表的大陆法系国家,包括德国、日本、瑞士、奥地利、俄罗斯、泰国、中国等。

我国《民事诉讼法》第 22 条和 1992 年最高人民法院《关于适用〈民事诉讼法〉若干问题的意见》(以下简称《适用〈民法〉意见》)对此作了规定。此外,也可以原告住所地或居所地作为法院实施管辖权的补充依据,但一般仅仅适用于被告所在地不明或难以确定有关身份的诉讼。比如我国《民事诉讼法》第 22 条的规定。

英美法系国家也采取属地管辖原则,但奉行"实际控制"原则,也就是只要法院能够有效控制被告,作出判决并且执行,法院就有管辖权。在对人诉讼中,只要被告实际出现在该国境内并且法院能够将传票有效送达被告,法院就可以主张管辖权。因此在英美法系,被告住所地、居所地、惯常居住地、现在居所地、临时居所地都可以成为管辖的依据。

(2)以诉讼标的物与法院地国的联系主张管辖权

这一原则是指国际民事诉讼可以诉讼标的物所在地确定管辖权。比如有争议的保险合同中保险标的物所在地、争议财产所在地、遗产所在地等的法院可以属地管辖作为管辖权依据。由于此种法院判决也能够得到顺利执行,所以这一依据得到广泛承认。

(3)以法律事实发生地与法院地国的联系主张管辖权

这些法律事实发生地一般包括合同缔结地、合同履行地、侵权行为地、无因管理地、婚姻缔结地,等等。一国可以以这些法律事实发生在该国境内而主张管辖权,这种管辖权常称为特殊管辖权。如我国《民事诉讼法》第 265 条规定了这类案件的管辖权问题。

(4)以被告财产所在地与法院地国的联系主张管辖权

这一依据与诉讼标物所在地的不同在于:被告财产是与诉讼争议无关财产,包括实物、现金、有价证券等等。但由于财产与诉讼没有实质联系或只有少量财产在法院地国时,这种管辖依据是有争议的。当然,这一依据有利于判决在内国执行,但难以得到外国法院承认与执行。目前德国及受其影响的一些国家规定这一依据。我国民事诉讼法第 24 条、第 265 条采用该方式。

3. 专属管辖原则

专属管辖原则又称独占管辖权或排他管辖权,是指一国法院对于某些类型民事案件主张独占管辖权,排除其他国家对此类案件的管辖权,而当事人也必须服从该国专属管辖权。

目前,国际上只对不动产纠纷由不动产所在地国享有专属管辖权基本达成一致意见。各国专属管辖权一般是针对与该国公共利益或社会秩序有重大关系的民事案件,如一些有关身份的诉讼。专属管辖权范围一般包括涉及不动产、身份、家庭婚姻、亲属继承等方面的诉讼。我国《民事诉讼法》第33条和第266条明确规定了我国专属管辖案件。

4. 协议管辖原则

协议管辖又称为合意管辖,是指在法律允许的范围之内,可以基于当事人的协议选择确定法院,而被选择的法院享有该案件管辖权。协议管辖原则源于意思自治原则,它能够有效减少涉外管辖权的冲突,因此得到了大多数国家立法肯定。但是由于这一原则赋予当事人选择法院的权利,因此其适用大都受到限制,一般只适用于涉外合同和一些财产权益等与公共秩序影响不大的纠纷。

五、国际民商事司法协助

(一)国际司法协助概念

国际司法协助,简称司法协助,一般是指一国法院或其他主管机关,根据另一国法院或其他主管机关或有关当事人的请求,代为协助执行与诉讼有关的某些司法行为。从当前来看,司法协助涉及民事诉讼、刑事诉讼,在有些国家之间还涉及行政诉讼,这里只探讨国际民事司法协助。

司法协助有狭义和广义之分。狭义司法协助仅包括协助进行诉讼文书的送达、传讯证人、搜集证据等;广义司法协助除上述内容外,还包括承认和执行外国法院判决和仲裁裁决。狭义说认为仲裁裁决承认和执行不属于司法协助的内容,因为仲裁并非严格意义上的司法,只是一种"准司法程序"。但因仲裁强制执行都必须通过法院按司法程序解决,所以归入司法协助范围。

我国《民事诉讼法》第四编第二十七章专门规定了司法协助问题,属于广义司法协助。

(二)国际司法协助请求的途径

关于国际司法协助请求途径,国际上并没有统一规定,主要是由各国立法和条约加以规定。大体常见途径有:(1)外交途径,即由请求国法院通过本国司法部和外交部与被请求国外交部、司法部联系,向被请求国法院提出;(2)领事渠道,即由请求国法院通过其在被请求国的领事与被请求国法院联系;(3)通过司法部联系,即请求国法院通过本国司法部直接与被请求国的法院联系,或有关国家司法部之间直接联系。

根据《民事诉讼法》第277条的规定,请求和提供司法协助,应依照我国缔结或参加的国际条约所规定的途径;没有条约关系的通过外交途径进行。另外,根据1992年《适用〈民诉法〉意见》第318条规定,当事人向我国有管辖权的中级法院申请承认和执行外国法院作出发生法律效力的判决、裁定等,如果该法院所在国与我国没有缔结或共同参加国际条约,也没有互惠关系的,当事人可以向人民法院起诉,由有管辖权的法院作出判决,予以执行。该条规定意味着无司法协助协定,也无互惠关系国家,可由当事人向我国有管辖权的法院重新起诉,由人民法院重新作出判决。第319条规定,"与我国没有司法协助,又无互惠关系的国家的法院,未通过外交途径,直接请求我国法院司法协助的,我国法院应予以退回,并说明理由"。

(三)国际司法协助的费用

关于国际司法协助的费用问题,国际实践中,在没有国际条约作其他规定时,应由请求国支付。费用标准应以其国内执行类似行为时的收费数额来确定。同时,被请求国还可以就本国机构协作行为收取一定的费用。至于上述费用应由哪一方来承担及由谁预交的问题,是由各国民事诉讼法规定的。不过,目前国际社会所订立涉及司法协助条约要求缔约国之间互相免费提供司法协助,一般都规定被请求国不能收取执行有关请求费用和手续费。我国和法国、波兰、比利时等国签订的司法协助协定也规定相互提供免费司法协助。但对于应支付给鉴定人、证人以及翻译人员的费用等不在免除之列。

六、域外送达与域外取证

(一)域外送达的概念与方式

1. 域外送达概念

域外送达(Extraterritorial Service)是指一国司法机关依据有关国内立法或国际条约规定,将司法文书和司法外文书递送给居住在国外的诉讼当事人或其他诉讼参与人的行为。司法文书(Judicial Document)主要是诉讼过程中法院或诉讼当事人为进行诉讼所依法制作的传票、起诉书、答辩书、反诉书、上诉书、授权委托书、判决书、执行令等。而司法外文书(Extrajudicial Document)是指司法程序以外的由一个官方机构发出的用以确定民事法律关系和程序文书,如汇票拒绝书、收养同意书、退租通知书等。

目前,域外送达的依据主要是各国国内立法、双边司法协助协定和国际公约。1965 年《送达公约》是关于域外送达最重要的国际公约。

2. 域外送达的方式

根据各国国内法和国际条约,司法文书和司法外文书的域外送达主要通过两种途径进行:

一种是直接送达,也就是内国法院依据国内法律和国际条约通过一定方式直接将相关司法文书和司法外文书送达给处于法院地国以外诉讼当事人或参与人。

另一种方式是间接送达,也就是内国法院依据国内法律和国际条约通过一定途径委托外国主管机构间接地将相关司法文书和司法外文书送达给处于法院地国以外的诉讼当事人或参与人。

域外直接送达司法文书和司法外文书方式主要有以下几种:

(1)外交代表或领事送达。这种方式是指内国法院将需要在国外送达的文书委托给内国驻有关国家的外交代表或领事机构,由它们将文书直接送达到在国外(其所驻国)的应受送达人。目前这种方式得到了国际社会的普遍认可和采用,但一般而言,外交代表和领事送达只能送达给其本国国民,而且不能采取强制方式。此外,比利时、卢森堡、埃及、挪威等国反对适用这种方式。

(2)邮寄送达。这种方式是指内国法院通过邮局直接将有关司法文书和司法外文书直接向身在国外的诉讼当事人人或参与人送达。对这种方式,各国态度不一,美国、法国等多数国家认可,但德国、瑞士、卢森堡、埃及等国家反对。中国、德国、挪威、土耳其、埃及、希腊等国在加入《送达公约》时对此提出了保留。

(3)个人送达。这种方式是指内国法院直接将文书委托给有特定身份的个人,由其完成司法文书和司法外文书送达。这里有特定身份的个人主要是当事人、诉讼代理人、当事人指定的人或有密切关系的人。这种方式主要为英美法系所采用。我国《民事诉讼法》也规定了这种方式。

(4)公告送达。这种方式是指内国法院将需要送达的司法文书和司法外文书内容以张贴公告、登报、广播等方式公开告知有关当事人或诉讼代理人,自公告之日起经过一定时间即视为已送达。许多国家有条件地采用这一方式,比如美国、日本、我国等。这种方式一般用作补充方式,而且各个国家规定公告期间不同。

(5)按照当事人协商方式送达。这种方式是指内国法院按照当事人协议方法将有关司法文书和司法外文书送达给有关当事人或其他诉讼参与人。这一办法主要为英美法系采用,但这种方式往往不考虑送达地国法律,因此在实践中难以得到施行。

域外间接送达方式需要通过外国中央机关参与,因此它必须遵循特定程序。

(二)域外调查取证的概念与方式

1. 域外取证的概念

域外调查取证(Extraterritorial Discovery,taking evidence abroad),即域外取证,是指在国际民事诉讼中,一国司法机关在征得被请求国家同意之下,自行或请求外国代为调查、提取与案件有关而又处于外国境内的证据。目前,域外调查取证的依据主要是各国立法和双边司法协助协定。目前关于域外调查取证最重要的国际公约,是中国加入的 1970 年《取证公约》。

2. 域外取证的方式

根据各国立法和国际条约,域外调查取证主要也是通过两种途径进行:一种是直接调查取证,也就是内国法院在征得有关国家同意后直接在外国提取相关证据;另一种方式是间接调查取证,也就是内国法院委托外国主管机构代为提取位于该国境内的有关证据。

域外直接调查取证的方式主要有以下几种:

(1)外交或领事人员取证。该方式是指内国法院直接委托内国驻有关国家外交代表或领事自行收集证据。目前这种方式是国际社会普遍认可和采用的方式,一般各国立法都加以规定。

(2)特派员(commissioner)取证。该方式是指内国法院委托本国专门官员去有关外国境内收集相关证据。1970《取证公约》规定了这种方式,但作了严格限制,如必须得到外国主管机关同意,必须要当事人自愿提供证据等。

(3)当事人或诉讼代理人自行取证。该方式主要是英美法系国家采用,尤其是美国,允许当事人和诉讼代理人在其境内以非正式方式提取证据。1970 年《取证公约》原则上不反对这种方式,但实际上除了美国以外,其他缔约国对此都予以保留。

1970 年《取证公约》对于域外间接调查取证方式作了较为详细的规定,而且大多数双边司法协助条约的规定与《取证公约》类似。具体程序主要包括:

(1)提出取证请求。各国法律都规定了内国法院或其他有权机构请求外国法院或其他相关机构代为提取证据时,必须提交书面申请。其程序与域外送达类似。请求书一般也具有规定的格式要件,一般请求书用请求国官方文字书写,并附有被请求国文字译本。

(2)取证请求书的传递。①中央机构途径。1970 年《取证公约》第 2 条规定了"中央机构"(Central Authority)的传递方式,这成为国际上普遍采用的方式。也即各国均建立起一个专门的中央机关负责办理请求书的传递。②法院直接传递。这种方式是内国法院不通过任何的中间环节,直接将请求书传递给被请求国法院,请求该法院代为取证。这种方式必须以条约和互惠关系为基础。③外交途径。内国法院或有权机构将请求书交给本国外交部,由本国外交部交给被请求国的外交部,再由该国外交部交给其本国法院。这是比较普遍采用的方式,尤其在两国之间不存在条约关系的时候。④领事途径。由法院将请求书直接交给本国驻在被请求国的领事,由领事将其交给被请求国法院或其他机构。这种办法也比较简洁,因此受到广泛采纳。

3. 请求的执行

当请求书传递给被请求国后,根据各国立法与实践,一般请求执行是按照被请求国法进行。如在美国,一般依赖于联邦律师来获取证据,有必要时还可以通过法院强制令来取证。通常在不违背内国法前提下,被请求国也可以按照请求国所要求的特殊方式或程序取证。这和域外送达的理论一致。

被请求国法院或有权机构依法实施取证行为之后,不论结果如何,都需通过适当方式及时将执行结果通知外国请求机构,并将已提取证据材料转交给请求机构。具体途径通常与请求的途径一致,并多在双边条约里加以规定。

此外,域外调查取证原则上无须支付手续费,但在取证过程中产生的鉴定费和翻译费以及按照请求国要求的特殊方式执行而引起的额外费用,请求国应支付或清偿。被请求法院在收到域外调查取证请求后,同样可以依据一定理由拒绝请求。一般国际上承认的理由是"危害公共安全与国家主权"和"危害公共秩序"等。

七、外国法院判决的承认与执行

(一)外国法院判决的承认与执行的概念

对外国法院判决的承认与执行,包括承认和执行两个相互联系的问题。所谓承认外国法院判决是指内国法院确认外国法院判决具有与本国法院判决相同的法律效力,其法律后果是当事人不得就同一争议再向内国法院起诉,而且其他人就与该判决相同事项提出与该争议不同请求时,利害关系人可以以该判决作为对抗他人的理由。

所谓执行外国法院判决,则是内国法院不但承认外国法院判决效力,而且就其中应在内国执行部分通过适当程序执行,其法律后果是使得判决中当事人权利得到实现。可见,承认外国法院判决是执行外国法院判决的前提条件,如果没有内国法院承认,就谈不上外国法院判决执行问题。但有些国家规定,外国法院判决,只需要内国承认即可,不需要再执行。比如依法国法律,外国法院作出的允许离婚的判决无须经过法国法院承认程序就在法国具有法律效力。

(二)承认与执行外国法院判决的依据

1. 国际条约互惠原则

国际条约是承认和执行外国法院判决的重要法律依据。基于此,国与国之间有必要用条约形式将愿意承认缔约对方法院判决意愿以及相关原则和程序确定下来,以此作为有关缔约国之间相互承认对方法院判决的依据。

2. 事实互惠原则

互惠原则(Reciprocity)亦称相互原则或称相互主义,意指如果请求国曾拒绝承认和执行被请求国法院所作的判决,则对于请求国法院作出的判决,被请求国法院也不给予承认和执行。各国实行互惠原则的目的在于强迫外国承认和执行判决作出国法院的判决。

我国《民事诉讼法》第 280 条和第 281 条的规定,我国在与有关国家未订有条约的情况下,承认与执行该国法院判决时,原则上要求以互惠为前提。对于互惠原则,我国与其他国家的态度是一样的,把它作为承认与执行外国法院判决的一项条件。

(三)承认与执行外国法院判决的一般条件

一般而言,根据各国国内法和国家条约,外国法院判决的承认与执行的条件主要包括:

1. 作出判决的外国法院具有合格的管辖权

一国法院对国际民事案件拥有管辖权是民事诉讼程序进行的前提。如果法院对于该案没有管辖权,其作出的判决是不可能得到外国承认和执行的。各国判断管辖权依据不同,因此如何判定作出判决的法院是否有管辖权的标准又各不相同。

2. 外国法院的判决是确定判决

所谓确定的判决,通常是指一国法院或其他审判机关按照内国法律规定的程序,对诉讼案件作出的具有拘束力并且已发生法律效力的判决。这一原则已是各国公认的承认与执行外国法院判决的条件。不过,在一定条件下,一些国家也承认和执行外国法院中间裁决,如先行给付或保全措施等。

3. 诉讼程序必须具有公正性

为了保护败诉当事人的利益,一般各国和国际条约都规定了被请求承认和执行国需要审查诉讼程序是否满足必要的公正性,如败诉方是否得到合法传唤;败诉方是否被给予充分机会陈述自己的观点;败诉方没有诉讼行为能力时是否得到了适当代理,等等。如果法院诉讼违反了法律正当程序要求,将不能在外国得到承认与执行。当然,由于当事人自己拒绝出庭而作出缺席判决不在此列。

4. 外国法院的判决必须是合法取得

请求承认和执行的外国法院判决必须是合法手段取得的,也即如果该判决是通过欺诈手段获得,不能得到外国法院的承认和执行。这也是普遍承认的基本原则,但具体识别欺诈的法律各国规定不同。

5. 不存在"平行诉讼"或诉讼竞合

各国法律和有关国际公约都规定,如果出现"平行诉讼或诉讼竞合"的情形,即外国法院的判决与内国法院就同一当事人之间同一争议所作的判决或内国法院已承认第三国法院就同一当事人之间同一争议所作判决相冲突,内国法院可以拒绝承认与执行。①

6. 作出判决的法院适用了被请求国家冲突法所指向的准据法。

我国与有关国家签署的双边司法协助条约里规定如果请求方法院判决时没有适用被请求方国内冲突法所指向的准据法,则被请求方可以拒绝承认和执行该判决,但如果得到相同结果时除外。这条规则并没有得到普遍采用。

7. 必须存在有互惠关系

一般而言,除了允许内国法院对外国法院判决进行实质审查国家或只允许内国法院基于国际条约承认和执行外国法院判决的国家以外,其他国家一般都规定了内国法院可以在互惠的基础上承认和执行外国法院的判决。

8. 外国法院的判决不违反内国的公共秩序

公共秩序或公共政策是各国的一个普遍做法,大多数国家法律都规定如果对外国法院

---

① 王瀚、李广辉:《国际私法中的诉讼竞合探究》,载《法律科学》2004 年第 2 期。

判决承认和执行有损内国公共政策,内国法院可以拒绝承认和执行该判决。

(四)承认与执行外国法院判决的程序

和其他司法协助一样,请求承认和执行外国法院判决必须向内国法院或主管机关提交请求,而具体依据什么程序来承认和执行该判决则主要是国内法规定的问题。从各国国内法来看,承认和执行外国法院判决的具体程序可以分为以下几种:

1. 以英美为代表的登记程序和重新审理程序

目前英国法院主要视作出判决国的不同而分别适用登记程序和重新审理程序来承认和执行外国法院判决。如果是英联邦国家或者是欧共体国家法院作出的判决,则适用登记程序,即英国法院在收到承认和执行申请后,只要查明外国法院判决符合英国法律所规定的条件,就可以予以登记和执行。

美国一般将承认和执行外国判决视为州法调整范围,但是对于金钱判决,大多数州都采用重新审理程序。对于非金钱判决,各个州立法很不统一,基本完全由各州的法律决定。

2. 以德国、法国为代表的执行令程序

目前除普通法系国家外,大部分国家,包括日本、意大利、拉丁美洲国家等都采用这种制度。在这种制度中,内国法院受理了承认和执行外国法院判决请求之后,一般对判决进行审查,如果符合内国法所规定的条件,则由内国法院发出执行令,从而使外国法院判决在内国生效并获得执行力。

3. 自动承认程序

还有些国家对外国法院判决采自动承认程序,即符合本国法律规定关于承认外国法院判决的条件的,不需要任何手续,法律上即被视为当然承认,除非该项外国法院判决违反内国法上关于承认条件的规定,经当事人申请才通过确认之诉不承认其效力。这种承认方式尤其多见于有关身份关系的外国判决,以及多法域国家内各法域之间的相互承认。[①]

(五)中国对外国法院判决的承认与执行制度

我国对外国法院判决的承认和执行制度主要由《民事诉讼法》规定。根据该法第 281 条和第 282 条的相关规定,我国承认和执行外国法院判决的条件主要是:(1)外国法院判决已生效;(2)原判决国的法院必须具有管辖权;(3)审判程序公正;(4)不与我国正在进行的或已经终结的诉讼相冲突;(5)不违反中国的公共秩序;(6)该国与中国存在条约或互惠关系(离婚判决的承认无须此项条件)。如果中国对外国法院的判决不予承认与执行,当事人可以向我国法院起诉,由有管辖权的法院作出判决并予以执行。

而我国承认和执行外国法院判决的程序主要是:

(1)由当事人或外国法院向我国有管辖权的中级法院提出承认和执行外国法院判决的请求;(2)我国依据国内法和缔结或参加的国家条约进行审查,一般是形式审查;(3)裁定承认其效力,需要执行的,发出执行令,依照民事诉讼法的有关规定执行。

此外,我国与法国、波兰、蒙古、意大利、西班牙、泰国、新加坡等 30 多个国家签订了双边司法协助条约,同时还批准加入了含有相互承认和执行外国法院判决的 1969 年《国际油污损害民事责任公约》等有关公约。这些都是我国对外国法院判决承认和执行的依据。

---

① 陈计男:《民事诉讼法论(下)》,台湾三民书局 1994 年版,第 97~98 页;蓝瀛芳:《外国判决之承认》,载《法学丛刊》1981 年 9 月第 103 期。

第三节　国际商事仲裁制度

一、国际商事仲裁概述

(一)国际商事仲裁的含义

国际商事仲裁,是指国际经济贸易活动中的当事人双方,依据事先或事后达成的仲裁协议,将有关争议提交给某一仲裁机构进行审理,并由其作出具有法律约束力裁决的一种争议解决方式。

仲裁最早在国内法中出现,可以追溯到古罗马时期。国际商事仲裁也早在十三四世纪意大利城邦国家时期就已出现。但仲裁作为一种国际社会普遍认同的争议解决方法,却是19世纪末叶20世纪初期后的事。此时,随着国际贸易的广泛开展,国际商事争议随之增多,各国普遍把仲裁作为解决商事争议的一种有效方式,纷纷制定仲裁法,设立常设仲裁机构受理国际商事仲裁案件。同时,为了协调各国有关仲裁制度冲突,统一仲裁的有关法律制度,经过不懈努力,先后于1923年通过了《仲裁条款议定书》,于1927年通过了《关于执行外国仲裁裁决公约》,于1958年通过了《纽约公约》,从而使得国际商事仲裁制度日趋完善。

(二)商事的含义

许多国际条约以及有些国家规定只允许"商事"争议的当事人提起仲裁,而如何界定国际商事仲裁中的"商事"是存有争议的。因此正确界定"商事"的含义,在国际商事仲裁中才具有重要意义,它关系到争议能否以仲裁方式解决以及解决作出后能否得到本国或外国法院的承认与执行。

各国对一项争议是否属于"商事"性质没有共同认可的、统一的衡量标准。《国际商事仲裁示范法》列举了一系列被认为是商事关系的交易事项:"商事一词应作广义理解,以便包括产生于所有具有商业性质关系,包括但不限于下列交易:任何提供或交换商品或劳务的贸易交易;销售协议;商事代表或代理;保付代理;租赁;咨询;设计;许可;投资;融资;银行业;保险;开采协议或特许权;合营企业或其他形式的工业或商业合作;客货的航空、海上、铁路或公路运输。"它虽然未给"商事"一词下定义,但仍可以用来作为识别一项争议是否属于商事性质的参照标准。1958年《纽约公约》第1条第3款规定:"任何缔约国可以声明,本国只对根据本国法律属于商事的法律关系,不论是不是合同关系,所引起的争执适用本公约。"但该公约并未对"商事"一词作出具体解释,而是将此问题留给各缔约国国内法处理。

(三)国际的含义

关于"国际"的含义,有不同理解。准确理解这一概念,在仲裁中具有十分重要的法律意义。一般来说国家对国际仲裁赋予自由度要大一些,国家干预较少,当事人自治权相对比较广泛。各国对于商事仲裁是否具备"国际性",大致可分为三种判断方法:

以实质性连接因素为认定标准。一些国家以实质性连接因素作为判断商事仲裁是否具有国际性,若仲裁地点、当事人国籍、住所或居所、法人注册地及公司管理中心所在地等连接因素中具有国际因素的商事仲裁即被视为国际商事仲裁。采用此标准的有英国、丹麦、瑞典、瑞士等欧洲国家以及埃及、叙利亚等中东国家。

以争议性质作为认定标准。争议性质标准是指对于争议性质加以分析,当争议涉及国际商事利益时,为解决这一纠纷的商事仲裁便是国际商事仲裁。采用该标准的有法国、美国和加拿大等国。这一标准可以适应复杂的国际经济活动需要,但它不像实质性连接标准那样具体明确。

混合标准。《国际商事仲裁示范法》第 1 条第 3 款规定:"一项仲裁是国际性的,如果(a)仲裁协议双方当事人在签订该协议时他们的营业地位于不同的国家;或者(b)下列地点之一位于双方当事人营业地共同所在地国之外:(ⅰ)仲裁协议或根据仲裁协议确定的仲裁地点;(ⅱ)商事关系义务的主要部分将要履行的任何地点或与争议的标的具有最密切联系的地点;或者(c)双方当事人已明示约定仲裁协议的标的与一个以上的国家有关。"该《示范法》采用四种标准:营业地标准、争议性质标准、仲裁地标准和任意性标准。

我国没有对国际商事仲裁的"国际性"作明确定义和解释。《民事诉讼法》第 257 条将涉外仲裁机构受案范围限定为"涉外经济贸易、运输和海事纠纷",《仲裁法》第 65 条沿用《民事诉讼法》的规定。我国涉外仲裁机构除了以争议性质来确定仲裁具有国际性外,还鉴于国际商事利益和当事人国籍或住所等具有决定性意义的因素来确定"国际性"问题。因此,凡属中国当事人或外国当事人或两个不同国籍当事人在任何国家境内或相同国籍双方当事人在外国或争议的客体在外国等而进行的仲裁,均属国际商事仲裁的考虑因素。

二、国际商事仲裁的特征

(一)仲裁与斡旋和调解的异同

仲裁、斡旋、调解三者都是非诉讼争议解决方式,都以当事人自愿为基础,适用范围广泛,尤其适合于商事纠纷的解决。斡旋是和平解决国际争端的方法之一,由第三方为争端当事国提供有利于它们接触和谈判的便利条件,提出自己的建议或转达各方意见。

仲裁与调解的不同在于:(1)调解的随意性大。(2)调解的灵活性大,在调解中双方当事人互谅互让,协商一致即可达成调解协议,而仲裁则需按仲裁规则规定的程序进行,裁决根据事实、依据法律规定作出。(3)调解协议须当事人双方同意方可作出,而仲裁裁决由仲裁庭依法独立作出裁决,无须当事人双方同意。

仲裁作为非诉讼解决争议方式,其优势明显。但与调解相比,由于仲裁的对抗性本质,仲裁有时变得冗长、烦琐、费用大。甚至有时即便在仲裁中胜出,却得不到实质执行。相形之下,调解的优势在于其和解性、更大的经济性和灵活性。调解为当事人提供了更多自由选择的空间。调解的非对抗性,使当事人不伤和气,更易于解决纠纷,也有利于其后的合作。更重要的是,调解所需时间较短,费用也大幅度降低。调解的灵活性随处可见:无论在时间、地点、程序还是规则上都极其灵活。正因如此,实践中越来越多的当事人以调解作为争议解决方式。当然,调解并非完美,例如不适用一些争议的解决;稳定性有时较差;和解协议效力较低,其性质仅同其他合同。

(二)仲裁与诉讼的异同

1. 机构性质不同

国际商事仲裁机构是民间组织,各种仲裁机构是相互独立的,彼此没有上下级隶属关系,也不存在级别管辖、地域管辖等限制。而审理国际民事纠纷的法院,则是国家司法机关,是国家机器的重要组成部分,法院之间有上下级关系等。

2. 管辖权来源不同

国际商事仲裁机构管辖权来自双方当事人的合意,它的管辖权是非强制性的,建立在双方当事人自愿达成仲裁协议的基础之上。而法院审理国际民事诉讼的管辖权则来自国家强制力,是由法律赋予的,不是来自于当事人双方授权,只要一方当事人提起诉讼,法院就可以管辖,而不必有双方当事人的合意。

3. 审理程序的公开性不同

国际商事仲裁程序一般都是不公开进行的,即使双方当事人要求公开审理,也仍由仲裁庭作出是否公开审理的决定。而法院审理国际民事争议,除极少数涉及国家秘密和个人隐私之外,原则上是必须公开进行的。

4. 当事人自治性不同

国际商事仲裁中当事人的自治性大大超过国际民事诉讼中当事人的自治性。

例如,仲裁当事人可以选择仲裁机构和仲裁组织形式;而诉讼当事人仅在很小范围内有选择受诉法院的自由,一般都要求选择跟案件有实际联系的法院,而不放任当事人自由选择,并且当事人协议选择不能排除法院专属管辖。仲裁当事人可以选择仲裁地点,而诉讼当事人则不能选择审理地点,除非法院根据需要决定在法院所在地以外的地点进行审理。仲裁当事人可以选择审理案件的仲裁员,而诉讼当事人则不能选择审理案件的法官。仲裁当事人可以合意选择仲裁程序,而诉讼当事人则无权选择诉讼程序,而必须遵守法院地国家的诉讼程序法。

5. 裁决效力不同

商事仲裁裁决实行一裁终局制,任何一方当事人均不得向法院起诉;如果败诉一方拒不自动执行有关裁决,胜诉方可以请求有关法院予以强制执行;在国际民事诉讼中则一般实行二审终审制或三审终审制,生效判决本身即具有强制执行的效力。

6. 争议解决成本和效率不同

国际商事仲裁的专业性较强,仲裁员一般都由熟悉国际经济贸易、海事海商专家、学者担任,办案迅速、准确、解决争议方式比较灵活,仲裁费用相对较少;而诉讼程序严格复杂,耗时费力,诉讼费用较高。

三、国际商事仲裁机构的种类

依据仲裁机构组织形式不同,国际商事仲裁可以被划分为临时仲裁与常设仲裁两种。

临时仲裁(ad hoc arbitration)又称特别仲裁,是指不需要常设机构的协助,直接由双方当事人指定仲裁员自行组成仲裁庭进行的仲裁。以前仲裁多为临时仲裁,但由于这种形式变动性大,不能满足日益增多的仲裁任务要求,于是在 19 世纪以后各国纷纷设立了常设仲裁机构。

常设仲裁又称机构仲裁(institutional arbitration),是一种由当事人合意选择仲裁机构解决其争议的商事仲裁。常设仲裁机构是指根据国际条约或国内立法规定成立的,有固定组织形式、固定仲裁地点、固定仲裁规则以及一定仲裁员名单,并具有完整的办事机构和健全的行政管理制度的仲裁机构。目前,世界上各种常设仲裁机构多达 130 多个,我国现有 235 家仲裁委员会都是常设仲裁机构。

（一）国际性的常设仲裁机构

1. 国际商会仲裁院（Court of Arbitration of the International Chamber of Commerce）

该院成立于1923年，隶属于国际商会，总部设在法国巴黎，下设理事会和秘书处，为国际商会常设仲裁机构。现行仲裁规则是1988年1月1日起生效的规则，共26条。该仲裁院为目前世界上提供国际经贸仲裁服务较多、具有重大影响的国际经济仲裁机构，自成立至今，已处理了近万件仲裁案，在国际商事仲裁中发挥了极其重要的作用。

2. 解决投资争议国际中心（International Center for the Settlement of Investment Disputes，简称ICSID）

该中心是根据1965年《解决国家与他国国民间投资争端公约》于1966年10月成立的，隶属于世界银行，总部设在美国华盛顿。该中心宗旨在于兼顾资本输出方与资本输入方利益，提供解决国家与他国私人投资者之间投资争议的一整套调节和仲裁规则，从而鼓励私人资本国际流动。

该中心专门为解决国家契约——国家与外国私人投资者签订的"特许协议"或"经济开发协议"所产生的争议问题而设，其为专门性国际组织，具有国际法人地位。ICSID与世界银行关系密切。ICSID仲裁为完全自治的管辖体制，不受制于内国法律和内国法院。在该体制中，缔约国对本国国民和另一缔约国根据公约已同意交付仲裁的争议不得给予外交保护或提出国际要求。内国法院仅限于为ICSID裁决提供便利和给予司法协助。

（二）国家性的常设仲裁机构

1. 瑞典斯德哥尔摩仲裁院（the Arbitration Institute of the Stockholm Chamber of Commerce，SCC Arbitration Institute）

该院成立于1917年，隶属于斯德哥尔摩商会，但在职能上独立，总部设在瑞典的斯德哥尔摩。目前，它是世界上最著名的仲裁机构之一。瑞典的中立国地位，为其公平性提供了很好的保障，瑞典斯德哥尔摩仲裁院享有很好的国际声誉。该院与CIETAC有业务联系，中国贸促会建议，我国当事人在选择第三国仲裁机构时，可优先考虑该仲裁院。

2. 美国仲裁协会（American Arbitration Association）

该院为美国主要的国际商事仲裁机构，于1926年设立，总部在纽约，在全国主要城市设有24家分会。为独立的非营利性民间组织，由美国仲裁社团、美国仲裁基金会以及其他一些工商团体组成。它既受理国内商事争议案件，也受理国际商事争议案件，但该协会受理的案件多数为美国当事人与外国当事人之间的争议。

3. 英国伦敦国际仲裁院（London Center of International Arbitration）

该院成立于1892年，原名伦敦仲裁会，1903年改为伦敦仲裁院，为英国最有国际影响的国际商事仲裁机构。该院由伦敦市政府、伦敦商会和女王特许仲裁协会共同组成的联合委员会管理。目前，该仲裁院也是国际商事和海事仲裁的中心之一。

4. 香港国际仲裁中心（Hong Kong International Arbitration Center）

该中心于1985年设立，为受限制担保并按香港公司法的规定设立的民间非营利性公司。受理香港区内仲裁案件和国际商事仲裁案件。该中心无自己的国际商事仲裁规则。实践中，依《联合国国际贸易法委员会仲裁规则》进行操作。

（三）中国的国际商事仲裁机构

我国《仲裁法》对涉外仲裁机构作了专门规定。该法第66条规定，涉外仲裁委员会可以由中国国际商会组织设立。涉外仲裁委员会由主任一人、副主任若干人和委员若干人组成，涉外仲裁委员会的主任、副主任和委员可以由中国国际商会聘任。第 67 条还规定,涉外仲裁委员会可以从具有法律、经济贸易、科学 技术等专门知识的外籍人士中聘请仲裁员。我国现有两个常设涉外仲裁机构:一是中国国际经济贸易仲裁委员会(CIETAC),二是中国海事仲裁委员会(CMAC),两者现都属于中国国际经济贸易促进委员会(中国国际商会)。

1. 中国国际经济贸易仲裁委员会

该委员会成立于 1956 年,前身为"对外贸易仲裁会"及"对外经济贸易仲裁委员会",简称"贸仲",总部设在北京,在上海及深圳设有分会。2000 年该委员会启用了一个新名称:中国国际商会仲裁院。CIETAC 的现行仲裁规则是 2014 年修订,2015 年 1 月 1 日施行的新的仲裁规则。仲裁规则。自 1990 年以来,贸仲受案数量在各国际商事仲裁机构中名列前茅,其裁决的公正性也得到国内外一致公认。可以说,贸仲已成为世界上主要国际商事仲裁机构之一。

2. 中国海事仲裁委员会

根据国务院 1958 年 12 月 21 日《关于在中国国际贸易促进委员会内设立海事仲裁委员会的决定》,中国海事仲裁委员会成立于 1959 年 1 月,简称"海仲",当时名为"中国国际贸易促进委员会海事仲裁委员会"。1988 年 6 月 21 日又改名为中国海事仲裁委员会。"海仲"主要仲裁解决涉外海事争议。1959 年 1 月 8 日,中国国际贸易促进委员会通过了《仲裁程序暂行规则》。现行的仲裁规则是 2014 年修订,2015 年 1 月 1 日施行的仲裁规则。

四、仲裁协议制度

(一)仲裁协议的概念与效力

仲裁协议是指当事人一致同意将他们之间已发生或将来有可能发生的争议交付仲裁解决的意思表示。它是双方当事人意思自治的表现,也是仲裁员或仲裁机构受理争议的依据。它是一种合意的产物,必须由双方当事人在自愿平等基础上协商订立,任何一方都不得将自己的意志强加于另一方。

仲裁协议的法律效力来自有关国家立法或有关国际条约的确认,即只有承认仲裁协议的国家同意将原属于它的法院管辖案件交付仲裁,才赋予仲裁协议以法律效力。仲裁协议的法律效力主要表现在以下几个方面:

1. 排斥了法院的审判权

对于承认仲裁协议的国家,凡是仲裁协议中规定提交仲裁的争议,其法院即不再受理。

2. 排斥了诉讼管辖权

仲裁协议的当事人不可以将所约定的提交仲裁的争议事项向法院起诉,如果当事人一方违反仲裁协议向法院起诉,对方可以根据仲裁协议要求法院停止司法诉讼程序。

3. 是作出仲裁裁决的基础

仲裁协议是仲裁机构受理案件及作出的裁决具有法律约束力的合法依据。

4. 产生当事人及仲裁庭必须遵守仲裁程序的义务

仲裁程序据仲裁协议启动以后,仲裁庭、仲裁员和当事人都有遵守的义务。

5. 是承认与执行仲裁裁决的依据

根据有效仲裁协议作出的仲裁裁决是他国法院予以承认和执行的有效依据。

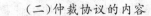

（二）仲裁协议的内容

根据有关立法、国际条约以及国际商事仲裁实践，一项有效的仲裁协议，至少应当具备以下基本条件：

1. 仲裁协议符合形式要件

除了美国等极个别国家承认口头仲裁协议以外，大多数国家立法和国际条约都规定，仲裁协议必须采取书面形式，否则视为仲裁协议不存在。

2. 仲裁协议的当事人必须具有合法的资格和能力

一份有效的仲裁协议，其订立人必须具备合法的权利能力和行为能力，这也是保证商事交往活动有效性的前提。当事人的权利能力，亦即当事人订立仲裁协议的资质问题，主要涉及国际民商事活动中委托、代理（尤其是我国外贸代理）法律制度。

3. 仲裁协议必须是双方当事人真实的意思表示

既然仲裁协议是合同的一种，根据合同的意思自治原则，仲裁协议必须是双方的真实意思表示。如果由于当事人的误解或疏忽造成了意思表示有瑕疵的仲裁协议的话，该仲裁协议就是无效的。

4. 仲裁事项具有可仲裁性

仲裁协议中约定提交仲裁的事项，必须是有关国家立法所允许采用仲裁方式处理的事项。如果所约定事项属于有关国家立法不可仲裁事项，该国法院将判决该仲裁协议无效，并命令中止仲裁协议的实施或拒绝承认和执行已作出的仲裁裁决。

5. 仲裁协议的内容必须合法

一项有效的仲裁协议至少应具备以下四个方面内容：（1）提交仲裁的事项。一般来说，各国都规定了仲裁解决争议事项的范围，如我国《仲裁法》第 3 条规定："婚姻、收养、监护、扶养、继承纠纷，依法应当由行政机关处理的行政争议，不能仲裁。"《国际商事仲裁示范法》虽未明确规定哪些争议不能通过仲裁解决，但其第 7 条将可仲裁之争议范围界定为"契约性或非契约性的商事法律关系"。（2）仲裁地点和仲裁机构。（3）仲裁规则。（4）裁决的效力。有关国际公约和多数国家立法规定仲裁裁决是终局的。

我国《仲裁法》对仲裁协议内容作了严格和明确规定。该法第 16 条规定："仲裁协议应当具有下列内容：（1）请求仲裁的意思表示；（2）仲裁事项；（3）选定的仲裁委员会。"而且该法第 18 条进一步明确规定："仲裁协议对仲裁事项或者仲裁委员会没有约定或者约定不明确的，当事人可以补充协议；达不成补充协议的，仲裁协议无效。"

（三）有效仲裁协议的确定

对于仲裁协议的效力有不同的看法时，能够对协议效力作出认定的第三方是谁？法院、仲裁机构、仲裁庭还是其他组织？目前国际上没有统一规定，国际商事立法和实践不尽相同。

1. 由仲裁庭认定仲裁协议的效力

所谓的仲裁庭自裁管辖权原则，即仲裁庭对当事人提出的管辖权异议有管辖权，为目前国际实践中广泛使用。中国有人称之为"自裁管辖权原则"，仲裁庭本身有权对仲裁协议的效力和仲裁庭是否有管辖权作出决定。仲裁庭可以对其自身管辖权包括对仲裁协议的存在或效力的任何异议，作出决定。

2. 由仲裁机构认定仲裁协议的效力

这是少数国家采用的方法，而中国的做法比较典型。《仲裁法》施行前，《民事诉讼法》没有规定认定仲裁协议效力的诉讼,1994年以前的 CIETAC 仲裁规则,由仲裁机构决定仲裁协议效力,但裁决作出后在执行程序中,该决定效力由法院决定。《仲裁法》施行后,情况有了变化,第20条规定:当事人对仲裁协议有异议的,可以请求仲裁委员会作出决定或请求法院裁定;一方请求仲裁委员会决定,另一方请求法院裁定,由法院作出裁定。实际上,法院和仲裁机构共同认定仲裁协议的效力,法院在仲裁过程中实施监督,不利于仲裁程序的顺利进行,而且《仲裁法》未规定仲裁机构作出决定后当事人何时可以向法院起诉、一方向法院起诉后仲裁程序是否继续进行。

3. 法院的最终决定审查权

该原则贯穿于上述两种认定方式中,各国对于法院决定权和审查权都作了规定,只是法院介入时间和条件不尽相同而已。仲裁机构或仲裁庭对仲裁协议效力认定,需要接受司法监督,法院的决定有最终效力,只是实践中有两种不同情况,如果仲裁机构或仲裁庭确定了仲裁协议效力从而确定对争议的管辖权,一些国家允许这种监督在仲裁过程中即可进行,而另外一些国家,则只允许裁决后的监督。

(四)仲裁条款的独立性

所谓仲裁条款的独立性是指,当合同无效或失效时,作为合同一部分的仲裁条款仍然单独有效,独立于基础合同,亦即合同无效或失效并不必然引起仲裁条款无效或失效。世界上绝大多数国家都承认这一原则。

在国际商事仲裁实践上,一些国际仲裁规则对仲裁条款的独立性,也作了明确的规定。事实上,几乎所有国际仲裁机构的仲裁规则中,都含有上述类似规定。目前,仲裁条款独立原则已为绝大多数国家接受。

我国对此原则的承认从立法到实践均有个发展过程,法院从确认自始无效合同中的仲裁条款无效的态度转变为肯定仲裁条款独立性原则的态度。① 我国《仲裁法》第19条第1款规定:"仲裁协议独立存在,合同的变更、解除、终止或者无效,不影响仲裁协议的效力。" CIETAC 现行仲裁规则对此也采取了肯定态度。

五、国际商事仲裁中的法律适用

(一)仲裁程序法的适用

对于国际商事仲裁程序法的选择问题比较复杂。仲裁不仅要受到当事人期望的约束,还要受到仲裁法的支配。这个仲裁法与仲裁庭适用于争议实质问题的法律是不同的。

1. "本座"理论

在决定仲裁法的问题上,国际上普遍的实践是"本座"论,也就是仲裁程序受仲裁地法的支配。它提供了一个确定仲裁裁决"国籍"的客观标准。而这种裁决的国籍常常是依据有关国家间公约或双边协定得以在外国承认和执行的重要依据。

2. 非地方化理论

尽管"本座"论具有很大的普遍性,近年来"非地方化理论(delocalization)"在迅速发展。它主张尽管仲裁会受到所在地法的制约(如特定国家的法律禁止在其领土内进行仲裁活动,仲裁就不能在那里合法进行),但仲裁与法院审判活动终究不同。主张仲裁应当是超越国家

---

① 王瀚、李广辉:《仲裁庭的自裁管辖权原则》,载《中国法学》2004年第2期。

的。但事实上,这种理论没有被普遍接受。

(二)国际商事仲裁实体法的适用

在国际商事仲裁中,有关实体法的适用趋向于同一。主要有以下适用原则:

1. 根据意思自治原则来选择适用的法律

目前,几乎所有国际商事仲裁公约、规则、国内法律、仲裁规则都确认了此原则。如1961年的《欧洲国际商事仲裁公约》、1976年《联合国国际贸易法委员会仲裁规则》,以及1977年《瑞士联邦苏黎世商会调解与仲裁规则》都对此原则作了规定。对于"意思自治"是无限还是有限的问题,一般而言,各国对当事人选择法律都作了一定限制。

2. 当事人未作选择时实体法的确定

在仲裁当事人未选择应适用的法律时,仲裁员或仲裁庭如何确定案件应适用的实体法呢? 对此在理论和实践中有许多不同主张和做法:

(1)适用与合同有最密切联系地的法律。以"最密切联系"作为一个弹性的连接因素代替传统的固定的连接因素,已成为法律选择的一项基本原则,它经常作为当事人意思自治原则的补充用来确定合同准据法。

(2)根据国际法和一般国际法原则选择适用法律。一般认为,既然仲裁制度的主要特点是允许当事人选择法律,则没有任何理由限制当事人只选择国内法而不能选择国际法。但如果当事人没有选择适用国际法,如何确定国际法是应适用的法律就成为一个问题。

至于一般法律原则的适用,常常是在国际合同选择条款中规定适用或是单独适用或是结合国内法律体系适用,联合国《国际法院规约》第38条规定,可以一般法律原则作为裁判依据。但在国际商事仲裁实践中,适用一般法律原则的情况很少见。

(3)适用国际惯例。现行国际商事仲裁中能适用的国际惯例主要是由国际贸易惯例和标准格式合同组成的。

(4)特殊情况的法律适用。我国《合同法》第126条规定的三类合同就是属于此种情况。由于三类合同有许多连接点存在于中国,根据国际私法准据法选择原则,也应适用中国法律。

六、国际商事仲裁裁决的承认与执行

(一)内国仲裁裁决与外国仲裁裁决

内国法院承认与执行外国仲裁裁决是指,仲裁裁决在外国作出,不自动执行裁决的一方当事人位于国内,或者其财产在国内,另一方当事人向内国法院提出申请,要求承认并执行该外国仲裁裁决。

所谓外国仲裁裁决,根据1958年《纽约公约》的规定,有以下两种情况:(1)在被申请承认和执行地所在国以外的国家领土内作出的裁决;(2)在被申请承认与执行地所在国领土内作出的裁决,但因适用外国仲裁法而被认为不是本国裁决的仲裁裁决。

(二)拒绝承认与执行外国仲裁裁决的理由

关于承认与执行外国仲裁裁决的国际公约有三个:(1)1923年《日内瓦仲裁条款议定书》;(2)1927年《关于执行外国仲裁裁决的公约》;(3)1958年《纽约公约》。《日内瓦仲裁条款议定书》规定了缔约国间相互承认在彼此国家境内签订的仲裁协议的效力,并执行依据上述仲裁协议所作出的仲裁裁决。

1927年仲裁公约是对1923年仲裁条款议定书的补充,该公约规定了缔约国间相互承认和执行彼此仲裁裁决的条件,以及拒绝承认和执行的条件。由于这些条件很严格,程序也很复杂,远远不能适应国际贸易发展的要求。为此,联合国 1958 年制定了《纽约公约》,目前已有 159 个成员国①。由于上述两个公约成员国都加入了《纽约公约》,所以它已取代了前述两个公约,成为在全球范围内承认与执行外国仲裁裁决唯一的国际公约。

1958 年《纽约公约》第 5 条规定了拒绝承认和执行的理由:

1. 被请求承认或执行裁决的管辖当局只有在作为裁决执行对象的当事人提出有关下列情况的证明的时候,才可以根据该当事人的要求,拒绝承认和执行该裁决:

(1)第 2 条所述的协议双方当事人,根据对他们适用的法律,当时是处于某种无行为能力的情况之下;或者根据双方当事人选定适用的法律,或在没有这种选定的时候,根据作出裁决国家的法律,仲裁协议是无效的。(2)作为裁决执行对象的当事人,没有被给予指定仲裁员或者进行仲裁程序的适当通知,或者由于其他情况而不能对案件提出意见。(3)裁决涉及仲裁协议所没有提到的,或者不包括仲裁协议规定之内的争执;或者裁决内含有对仲裁协议范围以外事项的决定;但对于仲裁协议范围以内的事项的决定,如果可以和对于仲裁协议范围以外的事项的决定分开,则这一部分的决定仍然可予以承认和执行。(4)仲裁庭的组成或仲裁程序同当事人间的协议不符,或者当事人间没有这种协议时,同进行仲裁的国家的法律不符。(5)裁决对当事人还没有约束力,或者裁决已经由作出裁决的国家或据其法律作出裁决的国家的管辖当局撤销或停止执行。

2. 被请求承认和执行仲裁裁决的国家管辖当局如果查明有下列情况,也可以拒绝承认和执行:(1)争执的事项,依照这个国家法律,不可以用仲裁方式解决;(2)承认或执行该项裁决将和这个国家的公共秩序相抵触。

我国《民事诉讼法》第 274 条规定了对涉外仲裁裁决不予执行的情形:(1)被申请执行人如果请求法院拒绝执行仲裁裁决,该方当事人负有举证责任,即证明仲裁裁决有下列情形之一:①当事人在合同中没有订立仲裁条款或事后没有达成书面仲裁协议的;②被申请人没有得到指定仲裁员或进行仲裁程序的通知,或由于其他不属于被申请人负责的原因未能陈述意见的;③仲裁庭的组成或仲裁的程序与仲裁规则不符;④裁决的事项不属于仲裁协议的范围或仲裁机构无权仲裁的。(2)人民法院可以依职权主动审查仲裁裁决的执行是否违反社会公共利益,如果裁决的执行违反社会公共利益,人民法院也可以裁定不予执行。

我国《民事诉讼法》第 274 条规定了法院认定仲裁裁决违背社会公共利益的,也应当裁定不予执行。由于法律没有进一步解释,该条款实际给予法院过于宽泛的裁量权。

七、外国仲裁裁决在我国的承认与执行

(一)1958 年《纽约公约》

《纽约公约》于 1958 年 6 月 10 日通过,1959 年 6 月 7 日起生效。我国于 1987 年 1 月 22 日加入该公约,1987 年 4 月 22 日对我国生效。我国加入公约时作了两项保留声明:(1)中国只在互惠的基础上对在另一缔约国领土内作出的仲裁裁决的承认和执行适用该公约(即互惠保留);(2)中国只对根据中国法律认定为属于契约性和非契约性商事法律关系所

---

① See http://www.uncitral.org/uncitral/en/uncitral-texts/arbitration/NYConvention-staus.html. 访问日期:2018 年 9 月 30 日。

引起的争议适用该公约(即商事保留)。

(二)外国仲裁裁决在我国的承认与执行问题

根据最高人民法院关于执行加入《承认和执行外国仲裁裁决公约》的通知和民事诉讼法的有关规定,参照国际上的通常做法,我国在承认和执行外国裁决时,按以下三种情况分别对待。

1.《纽约公约》缔约国裁决在我国的承认与执行

由于我国加入该公约时作了互惠保留和商事保留声明,因此,我国在承认与执行在另一缔约国领土内作出的属于商事裁决时适用该公约。所谓商事裁决,按前述最高人民法院通知的规定,是指由于合同侵权或经济上权利义务关系而引起的争议而作出的裁决。

凡申请我国法院承认与执行在另一缔约国领土内作出的裁决,均需由仲裁裁决一方当事人在《民事诉讼法》规定的申请执行期限内提出。根据《民事诉讼法》的规定,申请执行的期限为2年,自法律文书规定履行期间的最后一日起算。

对于当事人执行申请,应由我国下列地点的中级法院受理:(1)被执行人为自然人的,为其户籍所在地或者居所地;(1)被执行人为法人的,为其主要办事机构所在地;(3)被执行人在我国无住所、居所或主要办事机构,但有财产在我国境内的,为其财产所在地。

当我国有管辖权的法院收到一方当事人的申请后,应对申请承认与执行的裁决进行审查,裁定承认其效力,并按民事诉讼法规定程序执行;如无特殊情况,应在裁定后2年内执行完毕,如果认定裁决具有《纽约公约》第5条第1项、第2项规定情形之一的,应裁定驳回申请,拒绝承认与执行。但在裁定拒绝承认与执行前,必须报请本辖区所属高级人民法院进行审查;如果高级人民法院同意,应将审查意见报最高人民法院。待最高人民法院答复后方可裁定拒绝承认与执行。

2.非《纽约公约》缔约国,但与我国有条约关系国家的裁决在我国的执行

一国裁决在外国得到承认和执行,需要有条约或协定,已成为通行的国际惯例。我国在承认与执行外国裁决时,也适用该惯例。我国同外国签订的司法协助协定中,许多订有互相保证执行仲裁裁决的条款。这些国家有的是《纽约公约》缔约国,我国在执行其裁决时当然适用该公约。对于那些还不是《纽约公约》缔约国的,其裁决在我国执行时,应按有关公共秩序办理,即由当事人向我国法院申请,经我国法院审查后,认为其裁决不违反我国利益的,裁定予以承认与执行。

3.既非《纽约公约》缔约国,也未同我国签订含有互相保证执行仲裁裁决条款的司法协助协定国家的裁决在我国的执行

从法律上看,我国没有执行这种外国仲裁裁决的义务。不过,对于事实上存在互惠关系的国家的裁决,我国还是予以承认与执行。对于那些没有存在任何互惠关系的国家的裁决,要在我国执行,外国当事人可以通过外交途径请求协助执行。

总之,只要有关裁定是在有仲裁协议的基础上作出的,在不违反我国社会公共利益的情况下,我们都会尽可能给予协助执行。

八、"一国两制"下仲裁裁决的相互承认和执行

(一)大陆与香港仲裁裁决的相互承认与执行

1.《内地与香港特别行政区相互执行仲裁裁决的安排》的要点

(1)香港特别行政区法院统一执行内地仲裁机构(名单由国务院法制办公室经国务院港

澳台事务办公室提供)按《仲裁法》作出的裁决,内地法院同意执行在香港特别行政区按香港《仲裁条例》作出的裁决。有关管辖法院,在内地指被申请人住所地或其财产所在地的中级人民法院,在香港指高等法院。被申请人住所或财产所在地在内地不同中级人民法院辖区内的,申请人可以选择其中一个法院申请执行裁决,不得分别向两个或两个以上法院提出申请,被申请人住所或财产所在地,既在内地又在香港的,申请人不能同时分别向两地有关法院提出申请。只有一地法院执行不足以偿还其债务时,可就不足部分向另一地法院申请执行。两地法院先后执行的总额,不得超过裁决总数。

(2)申请人向有关法院申请执行仲裁裁决时,应提交以下文书:执行申请书、仲裁裁决书、仲裁协议。执行申请书应以中文提出,裁决书或仲裁协议没有中文文本的,申请人应提交正式证明的中文译本。执行申请应当载明下列事项:

申请人或被申请人为自然人的情况下,该人的姓名、住址;申请人或被申请人为法人或其他组织的情况下,该法人或其他组织的名称、地址及法定代表人姓名。

申请人为法人或其他组织的,应当提交企业注册登记的副本。申请人是外国籍法人或其他组织的,应当提交相应的公证或认证材料。

申请执行的理由与请求的内容,被申请人的财产所在地及财产状况。

(3)申请人申请执行内地或香港特别行政区仲裁裁决的期限,依据执行地法律有关时限的规定。有关法院接到申请人申请后,应当按照执行地法律程序处理及执行。

(4)被申请人接到法院的执行通知后,提出证据证明内地或香港仲裁裁决具有下列情形之一,经审查核实,有关法院可裁定不予执行:

①仲裁协议当事人依对其适用的法律属于某种无行为能力的情形;或者该项仲裁协议依约定的准据法无效;或者未指明以何种法律为准时,依仲裁裁决地的法律是无效的。

②被申请人未接到指派仲裁员的适当通知,或者因他故未能陈述意见的。

③裁决所处理的争议不是交付仲裁的标的或不在仲裁协议条款之内,或裁决载有关于交付仲裁范围以外事项的决定的;但交付仲裁事项的决定可与未交付仲裁的事项划分时,裁决中关于交付仲裁事项的决定部分应当予以执行。

④仲裁庭的组成或仲裁庭程序与当事人之间的协议不符,或在有关当事人没有这种协议时与仲裁地的法律不符的。

⑤裁决对当事人尚无约束力,或业经仲裁地的法院或者按仲裁地的法律撤销或者停止执行的。

⑥有关法院认定依执行地法律,争议事项不能以仲裁解决的,则可不予执行该裁决。

内地法院认定在内地执行该仲裁裁决违反内地社会公共利益,或香港特区法院决定在香港特区执行该仲裁裁决违反香港特区的公共政策,则可不予执行该裁决。

(5)1997年7月1日以后申请执行内地或香港仲裁裁决的按本安排执行。

(二)大陆与澳门仲裁裁决的相互承认与执行

根据《澳门特别行政区基本法》第93条的规定,最高人民法院与澳门经协商,达成《关于内地与澳门特别行政区相互认可和执行仲裁裁决的安排》(以下简称《安排》),并于2008年1月1日生效。与内地和香港之间的上述安排相比,内地与澳门之间的《安排》在标题上多了"认可"二字,但这两个安排的核心内容是相同的,差异主要在于程序性细节。具体如下:

1. 适用范围

《安排》适用的仲裁裁决采用仲裁机构与仲裁地、准据法三重标准,即内地法院认可和执行澳门仲裁机构及仲裁员按照澳门仲裁法规在澳门作出的民商事仲裁裁决。反之,澳门法院认可和执行内地仲裁机构依据《仲裁法》在内地作出的民商事仲裁裁决。《安排》没有规定的,适用认可和执行地的程序法律规定。

2. 管辖法院

在内地或澳门作出的仲裁裁决,一方当事人不履行的,另一方当事人可以向被申请人住所地、经常居住地或财产所在地法院申请认可和执行。内地有权受理认可和执行仲裁裁决申请的法院为中级人民法院。两个以上中级法院均有管辖权的,当事人应当选择其一,澳门有权受理认可仲裁裁决申请的法院为中级法院,有权执行的法院为初级法院。被申请人住所地、经常居住地或财产所在地分别在内地和澳门的,申请人可以向一地法院提出认可和执行申请,也可以分别向两地法院提出申请。当事人分别向两地法院提出申请的,两地法院都应依法进行审查。予以认可的,采取查封、扣押或冻结被执行人财产等执行措施。仲裁地法院应先进行执行清偿,另一地法院在收到仲裁地法院关于经执行债权未获清偿的部分进行执行清偿。两地法院执行财产的总额,不得超过依据裁决和法律规定所确定的数额。

3. 申请的条件

申请人可向有关法院申请认可和执行仲裁裁决的,应提交下列文件或公证副本。这些文件没有中文文本的,申请人应提交经正式证明的中文译本。

(1)申请书;(2)申请人身份证明;(3)仲裁协议;(4)仲裁裁决书或者仲裁调解书。法院在受理认可和执行仲裁裁决申请之前或之后,可以依当事人的申请,按照法院地法律规定,对被申请人的财产采取保全措施。

4. 申请书

申请书应包括下列内容:(1)申请人或者被申请人为自然人的,应载明其姓名及住所;为法人或其他组织的,应载明其名称及住所,以及其法定代表人或主要负责人的姓名、职务和住所;申请人是外国籍法人或其他组织的,应提交相应的公证和认证材料。(2)请求认可和执行的仲裁裁决书或仲裁调解书的案号或识别资料和生效日期。(3)申请认可和执行仲裁裁决的理由及具体请求,以及被申请人财产所在地、财产状况及该仲裁裁决的执行情况。

5. 不予认可的理由

与内地和香港的有关安排相同。

6. 过渡措施

本《安排》实施前,当事人提出的认可和执行仲裁裁决请求,不适用本《安排》。自1999年12月20日至《安排》实施前,澳门仲裁机构及仲裁员作出的仲裁裁决,当事人向内地申请认可和执行的期限,自本《安排》实施之日起算。

7. 其他规定

由一方有权公共机构(包括公证员)作成的文书正本或经公证的文书副本及译本,在适用《安排》时,可以免除认证手续在对方使用。为实施《安排》,最高人民法院和澳门终审法院应相互提供相关法律资料,每年相互通报执行本《安排》情况。《安排》在执行过程中遇有问题或需要修改的,由最高人民法院和澳门协商解决。

（三）大陆与台湾地区仲裁裁决的相互承认与执行

台湾自古就是中国领土，然而由于历史原因，自1949年新中国成立，国民党军队逃往台湾。处理大陆与台湾地区关系，不仅仅需要了解双方有关仲裁规定，更要了解双方对于执行境外仲裁的规定。

1. 大陆关于承认与执行台湾地区仲裁裁决的规定。

大陆有关执行台湾地区仲裁裁决的法规和政策，可分为三个阶段：（1）在大陆实行改革开放政策前，两岸关系处于极度对立状态，根本不可能产生所谓执行台湾地区裁决问题。大陆直到1987年加入《纽约公约》前，没有承认与执行外国仲裁裁决制度，更遑论执行台湾地区裁决。（2）大陆加入《纽约公约》后，尤其是1991年《民事诉讼法》颁行，台湾地区裁决在理论上可以向大陆法院申请承认与执行，大陆法院参照相关规定予以办理，政策性较强。（3）1998年1月15日最高人民法院发布了《关于人民法院认可台湾地区有关法院民事判决的规定》，这是大陆法院承认与执行台湾地区裁决的转折点。该《规定》第19条规定："申请认可台湾地区民事裁定和台湾地区仲裁机构裁决的，适用本规定。""被认可的台湾地区有关民事判决需要执行的，依照《民事诉讼法》规定的程序办理。"据此，台湾地区仲裁机构作出的裁决，当事人可以向大陆有关人民法院申请认可。经人民法院认可的仲裁裁决需要执行的，则应依照《民事诉讼法》规定的程序办理。

根据上述司法解释精神，台湾地区仲裁裁决如果需要得到大陆法院的认可，必须具备如下条件：（1）申请人应提交申请书，并须附有不违反一个中国原则的台湾地区有关仲裁机构的仲裁判断书正本或经证明无误的副本、证明文件。（2）仲裁判断必须终局。人民法院对台湾地区仲裁判断是否终局不能确定时，申请人应提交作出该裁决仲裁机构的证明文件。（3）申请人必须向申请人住所地、经常居所地或者被执行财产所在地中级人民法院提出申请。

同时，根据该《规定》第9条的规定，在下列情形下，大陆法院将拒绝认可台湾地区的裁决：（1）裁决的效力未确定；（2）裁决是在被申请人缺席又未经合法传唤或者在被申请人无行为能力又未得到适当代理的情况下作出的；（3）案件系人民法院已作出判决的；（4）裁决违反国家法律的基本原则，或者损害社会公共利益的。不过，对于未获认可的裁决当事人，还可就同一事实向人民法院起诉。因此最高人民法院发布这一《规定》，为承认与执行台湾地区仲裁机构作出的裁决提供了法律依据。

2. 台湾地区关于承认与执行大陆仲裁裁决的规定

2003年"台湾地区与大陆地区人民关系条例"第74条第1项规定："在大陆地区作成之民事确定裁判，民事仲裁判断，不违背台湾地区之公共秩序及善良风俗者，得声请法院裁定认可。"第2项规定："前项经法院裁定认可之裁判或判断，以给付内容为者，得为执行名义。"第3项规定："前两项规定，以在台湾地区作成之民事确定裁判，民事仲裁判断得声请大陆地区法院裁定认可或得为执行名义者得为执行名义，始适用之。"此为"强制执行法"第4条第1项第6款规定"其他依法律之规定，得为强制执行名义者"之一种情形。据此，大陆仲裁机构作出的仲裁裁决，当事人可以向台湾地区法院申请承认和执行。

第四节　WTO 争端解决机制

一、WTO 争端解决机制的起源及形成

（一）GATT 争端解决规则与程序概况

成立于 1947 年的关税与贸易总协定（GATT）作为一个准国际组织或者有关国际贸易的协议规则体系，已经被世贸组织（WTO）所取代，但在其存续期间形成的一整套有关货物贸易的规则与程序已经融入了 WTO，成了 WTO 新协议的一部分。这其中也包括了 GATT 在解决国际贸易争端方面原来就有的规则与程序，在 WTO 争端解决机制中依然有效。WTO《关于争端解决规则和程序的谅解书》第 3 条第 1 款规定："重申信守基于《1947 年关税与贸易总协定》第 22 条和第 23 条所适用的原则，以及经进一步阐述与修改的各项规定和程序。"据此，WTO 争端解决机制起源于 1947 年《关税与贸易总协定》第 22 条和第 23 条，以及在 GATT 存续期间"经进一步阐述与修改的各项规定和程序"。

1947 年《关税与贸易总协定》第 22 条的规定是磋商，其规定：对于每一缔约方应对另一缔约方就影响本协定运用的任何事项可能提出的交涉给予积极考虑，并应提供充分的磋商机会。在一缔约方请求下，缔约方全体可就经根据第 1 款进行的磋商未能满意解决的任何事项与任何缔约方进行磋商。GATT 1947 第 22 条规定了解决争端的基本方法是磋商，不仅仅是当事方之间的磋商，而且还包括了缔约方全体与任何缔约方之间的磋商。而这后一种所谓的"磋商"，实际上已经包含了由缔约方全体对争端事项采取更广泛解决方法的意思。在此基础上，后来发展形成了斡旋、调停、调解以及专家组建议和裁定等多种规则和程序。

GATT 1947 第 23 条规定了启动争端解决程序的情况和条件，包括了所谓的"违规之诉"和"非违规之诉"，以及在当事方未能达成满意调整时将争端提交缔约方全体之后的大致规则和程序。根据该条，在通过多边方式解决争议之前，争议各方必须进行磋商，这是通过多边方式解决争议的必要前提，这一点被 WTO 争端解决机制所沿用。

（二）GATT 争端解决机制评价

1. 关贸总协定争端解决机制的成就

在解决缔约方之间的贸易争端方面，GATT 争端解决规则与程序还是有相当成就的，从 1948 年到 1994 年，在 GATT 运行的 47 年时间里，有 200 多项国际贸易争端通过 GATT 的争端解决机制得到了处理。这些争端案件涉及的内容相当广泛，包括最惠国待遇、国民待遇、关税减让、数量限制、反倾销和反补贴等。与国际关系其他领域有关争端解决机制普遍的软弱无力状况相比，GATT 争端解决机制还算是比较有效率的。有学者评价说："GATT 的争端解决程序是非常成功的国际司法制度，无论是 88％的总成功率，还是在 20 世纪 80 年代 81％的成功率，都表明了至少有 4/5 的申诉成功地得到了处理。……其成就在国际社会法律制度史中，即使不是独一无二的，也是罕见的。这些成就为其后来的发展奠定了基础。"

2. GATT 争端解决机制的缺陷

GATT 争端解决机制的缺憾也是显而易见的，如：争端解决机制内部缺乏协调性、缺乏

明确的程序期限、对贸易领域的管辖权存有局限性、缺乏强有力的裁决执行机制、政府对争端解决机制的干预等。

（三）乌拉圭回合谈判与 WTO 争端解决机制的形成

随着国际贸易的迅速发展，贸易参与者以及贸易种类、数量的急剧增长，贸易争端的发生也越来越频繁。GATT 争端解决机制的不足日益显现，尽管在 1973—1979 年期间的东京回合谈判中就争端解决机制问题取得了相当大的进展，但仍然不足以从根本上解决问题。因此，在 1986 年开始的乌拉圭回合谈判中，争端解决机制依然被列为最重要的议题之一。经过几年的谈判，最终达成了《关于争端解决规则与程序的谅解》(*Understanding on Rules and Procedures Governing the Settlement of Disputes*，DSU。以下简称 DSU)。DSU 是 WTO 协议的重要组成部分，也是 WTO 争端解决制度的核心内容。

二、WTO 争端解决机制的适用范围

包括对人、对物和对时的适用范围。

（一）在对物的适用方面

在不损害特别或另外争端规则与程序的前提下，DSU 适用于与 WTO 体系所有法律文件有关的任何争端。

从理论上来进行分析，适用 WTO 争端解决机制来解决的国际贸易争端从案件的性质上可以进一步分为"违规之诉"(violation complaints)和"非违规之诉"(non-violation complaints)两大类。

1. 违规之诉

违规之诉指投诉国认为它依照关贸总协定直接或间接享有的利益由于被控国违反 WTO 规定的行为或措施正在蒙受损失而提出的投诉。从实践情况来看，无论是在原来的 GATT 还是现在的 WTO 争端解决机制下，"违规之诉"都是启动争端解决机制的常见形式。

2. 非违规之诉

非违规之诉指被控国的行为即使不违反 WTO 的规定，但只要造成了对缔约方利益的丧失或损害，利益受损失的一方也可提起申诉。除在 WTO 成立后的 5 年内，在与贸易有关的知识产权方面不适用"非违规之诉"外，其他协定均允许适用。

（二）在对时的适用方面

WTO 争端解决机制只适用于 WTO 协定生效后其成员国之间因适用 WTO 协定所发生的争端。

（三）在对人的适用方面

适用于 WTO 成员方之间因解释和适用 WTO 法律文件而产生的争端。WTO 与其成员间的争端原则上也适用。WTO 与非成员之间、与非成员的国家、私人和国际组织之间的争端则超出了 WTO 争端解决机制的管辖范围。

三、WTO 争端解决机构

（一）争端解决机构的建立

基于在 GATT 体制下，并不存在常设的、稳定的争端解决机构，使得缔约方不能及时、

有效地处理随时发生的争端,在 WTO 正式运作之后,设立一个常设性的争端解决机构显得非常紧迫和必要。有鉴于此,根据 DSU 第 2 条决定,争端解决机构(Dispute Settlement Body,简称 DSB)于 1995 年 1 月 31 日成立。DSB 的设立,是 WTO 在管理争端解决活动方面有别于 GATT 的一个重要创新。

根据 DSU 的规定,DSB 的职责主要有:成立专家组并通过其报告;组建上诉机构并通过其报告;监督裁决的执行;根据有关协议授权中止各项减让和其他义务。

(二)争端解决机构的组成

DSB 对于争端的解决是严格地根据 DSU 的规定,在职权范围内以开会的方式通过其内部的组织机构作出决定。其内部重要的组织机构主要有如下三个:

1. 专家组(Panels)

(1)性质。专家组不是一个常设机构,它是应申诉成员的请求就某一争端而临时成立的组织,一旦争端解决或控诉成员方撤回请求,专家组即解散。

(2)职权范围。根据 DSU 第 7 条规定:"除非争端各方在自成立专家小组后 20 日内另有约定,否则专家组应具有下述标准职权范围:① 根据争端各方援引的适用协定名称的有关规定,审查(一方的名称)依……文件向争端解决机构提交的事项并作出调查结果,以协助争端解决机构提出建议或作出该协定所规定的裁决。② 专家组应直接注意并审查争端各方援引的任何适用协定中的有关条款;③ 在成立专家组时,争端解决机构可以授权主席按照①款的规定与争端各方协商拟订该专家组的职权范围,不过这样拟订的专家组的职权范围应散发给所有的成员国。"

(3)组成。在这方面,DSU 规定了比 1947 年关贸总协定争端解决机制更为详尽的规则,它不仅规定了专家组成员资格的具体条件,而且规定了选择专家组成员的指导原则,以确保专家组成员的合格性、独立性和公正性。专家组通常由三名成员组成(除因争端当事方在自设立专家组之日起 15 日内同意一个 5 人组的专家组外),这些人士可以是政府官员或独立人士。①

2. 特别专家评审组(Expert Review Groups)

如一方提出的问题牵涉到科学或其他技术性问题,专家组可与争端各方协商一致后,成立或指定一特别专家评审组提出书面咨询报告。专家评审组在专家组的领导下工作,由专家组决定其权限和工作程序,并向专家组提供报告。但其报告只具有咨询性质,不具有约束力。特别专家评审组有的是常设性的,如补贴问题特别专家评审组,有些是根据具体问题的需要临时成立的。

3. 常设上诉机构(Standing Appellate Body,SAB or AB)

AB 是 DSB 设立的一个常设性的机构,它是 WTO 争端解决的最终机构。同时,它的设立以及对专家组决定的审查是 WTO 最重大的创新。

(1)职能。处理专家组案件上诉事宜,但审查范围仅限于专家组报告中之法律问题和专

---

① DSU 第 8 条规定:"这些人士中特别包括曾担任过专家组成员或向专家组陈述过案件的人士,或担任过成员国或 1947 年关贸总协定某缔约方代表或任何适用协定或其前身协定的理事会或委员会的代表,或在关贸总协定秘书处工作过或从事国际贸易法政策的教学或出版这方面著作的人士,或担任过某一成员国高级贸易政策官员的人士。"

家组对法律问题的诠释。

（2）组成。AB由7名人员组成，每届任期四年并可以连任两届。7名成员定期轮换且这7名成员应在WTO成员方中具有广泛的代表性。其成员产生的程序大致如下：成员方代表团提名→WTO总干事、DSB主席、总理事会主席及货物贸易理事会、服务贸易理事会、知识产权理事会的主席联合提出建议名单→DSB形式任命。

四、WTO争端解决程序

世贸组织争端解决的基本方法与程序构成DSU的核心内容。争端解决的基本方法和程序主要包括：协（磋）商、斡旋、调解、调停、仲裁、专家组、上诉机构、争端解决机构的决定及其实施的监督、制裁等。

（一）协商或磋商程序

DSU第4条将各成员方确认其决心加强和改进成员方所使用的协商程序的效力作为首要条款列入该条，对于在特定期限内不理睬协商请求或虽然接受协商请求但不进行协商的被要求协商的成员方，请求协商方可直接向争端解决机构要求设立专家组。协商是贸易争端解决的第一个阶段，WTO争端解决机制鼓励首先通过协商寻求与世贸组织规定相一致、各方均可以接受的解决办法。

1. 一般协商程序

（1）争端一方根据某个有关协议向争端对方提出磋商请求。（2）接到协商请求的争端方应自收到请求的10天内，对该请求作出答复（双方同意的时间除外）。（3）在收到协商请求后不超过30天内，真诚地开始进行协商。在紧急情况下，包括涉及易腐货物的争端，应在收到该项协商请求之后不超过10天的时间内进行协商。

2. 协商的规则

（1）请求协商的争端方应向争端解决机构及有关理事会和委员会书面通报其有关协商请求，其通报文件中应说明提出协商理由，包括争端中各项措施的核实材料，并说明申诉法律依据。（2）协商应秘密进行。（3）协商不得损害任何成员方在以后诉讼程序中的各种权利。（4）每个成员方要对协商请求给予同情考虑，提供充分机会。（5）在根据某个协议规定而进行协商过程中，在按照DSU采取进一步行动前，各成员方应力求使案件调解得到令人满意的结果。（6）在进行协商过程中，各成员方应特别注意发展中成员的各项特殊问题及其利益。（7）根据有关协议规定，对正在进行的协商所涉及的问题，有重大贸易利益的其他成员方如有意参加协商，可在该协商请求分发之日起的10天内，向参与协商的各成员和争端解决机构通告其参加协商的愿望。如果参与协商成员同意其理由，则可以参与协商程序。

（二）斡旋、调停与调解[①]程序

与协商程序不同的是，斡旋、调解与调停是经争端各当事方同意而自愿选择的程序。DSU第5条规定："如果自收到协商请求之日后60天内进行斡旋、调解或者调停，则申诉方必须在接到协商请求之日后和在要求成立专家组之前给予60天的期限，如果争端当事方共同认为斡旋、调解和调停的程序不能解决争端，则申诉方可以在60天期间内请求设立专家组。"斡旋、调解和调停程序具有自愿性、灵活性、兼容性、保证性等特点。

---

① 《关于争端解决规则与程序的谅解》第5条。

（三）专家组的审议和裁决

当通过协商、斡旋、调解、调停方法仍不能解决争端时,申诉方应以书面的形式向 DSB 提交设立专家组的申请,诉诸司法性解决方法来解决争端。一般来说,专家组最迟都会在该申请被首次列入 DSB 会议议程的下次会议上设立,除非该申请在 DSB 会议上被以共识方式所否定。这就说明,专家组的设立几乎是自动的。

专家组成立后,其主要的工作是对所审理的争端进行客观地调查,并向 DSB 提出调查结果报告和争端解决的建议。专家组作出报告的期限,自其成立之日起,一般不超过 6 个月。情况紧急的应在 3 个月内完成。如果在上述期限内不能完成的,应向 DSB 说明理由。但无论如何从专家组成立之日到向争端双方发送最终报告时止,不得超过 9 个月。当案件的审理涉及某些专业技术时,专家组可以设立专家评审组,评审组在专家组的领导下向其提供具有咨询性质的报告。

专家组的报告并不当然具有法律效力,还必须经争端解决机构以"否定式共识"或"倒协商一致"的方式通过。DSU 要求专家组的报告应在 DSB 审议通过前 20 天散发给各成员国,因为报告的内容复杂,争端各方有权参加对报告的审议并发表意见。但对专家组报告提出反对意见的成员国应至少在 DSB 召开会议前 10 天以书面的方式提出反对的理由。在一份专家组报告散发给各成员国之日起 60 天内,除非争端的一方正式通知 DSB 其上诉决定或 DSB 协商一致不通过该报告,否则,该报告应在 DSB 会议上予以通过。且该通过程序不妨碍各成员国对专家组发表意见的权利。

（四）上诉机构的复审

1. 上诉的提起

当争端的一方对专家组的报告有异议并以书面的方式将上诉决定通知 DSB 或 DSB 一致反对采纳专家组的报告时,则产生了上诉程序。上诉一般只能由争端方提出,不过经过确认的第三方可以向常设上诉机构提供书面材料和进行口头说明,上诉机构应听取第三方的意见。上诉的提起受时间的限制,否则会导致上诉无效。DSU 第 16 条第 4 款规定,在专家组报告向成员散发之后 60 日内,专家组报告通过之前,争端的一方应正式通知 DSB 决定上诉。否则,一旦 DSB 通过专家组的报告,争端方就丧失了上诉权。另外,《上诉审查工作程序》第 29 条也规定,如果上诉的参加方没有在要求的时间内提交意见书或未出席口头聆讯,上诉法庭应在参考上诉的争端的观点后签发其认为适宜的判令,包括驳回上诉的判令。

2. 审查的范围

上诉机构不审查事实问题,只审查专家组报告中的法律问题以及对法律问题的解释,并且只针对提出上诉的问题进行审查。对于没有上诉的问题,上诉机构也不予审查。

3. 审查的期限

为了提高解决的效率,DSU 规定了上诉机构审查的期限。一般来说,自争端一方正式通知其上诉之日起到上诉机构作出决定止,应不超过 60 日。在紧急情况下,上诉机构应决定其相应的进度。若出现特殊情况,常设上诉机构延长工作期限至 90 天,但是它必须书面通知 DSB,说明延长的理由和估计提交报告的时间。但不管怎样,从专家组的设立到通过上诉机构的报告的时间最长不超过 12 个月。

上诉机构应在合理的期限内作出报告,该报告与专家组报告通过的程序一样。上诉机构的报告也采用"倒协商一致"的方式,几乎自动通过。报告通过以后,争端当事人应无条件地接受,不得再次上诉。

（五）仲裁

仲裁作为解决 WTO 成员之间争议的方法,主要规定在 DSU 第 21 条第 3 款第 3 项、第 22 条第 6 款和第 25 条中,分为一般意义上的仲裁和特殊仲裁。

DSU 第 25 条规定的是一般意义上的仲裁,当事人可根据他们之间业已达成的仲裁协议,将争议提交仲裁解决。此时,仲裁解决的是双方就已明确的事项产生的争议,可作为援用专家组或上诉程序的一种替代手段。

特殊仲裁规定在 DSU 第 21 条第 3 款第 3 项和第 22 条第 6 款中。第 21 条第 3 款第 3 项规定的是对执行 DSB 已经通过的专家组或者上诉机构裁定的合理期限,当双方当事人不能就执行的合理期限达成一致时,可将确定此合理期限的任务交给仲裁庭裁定。第 22 条第 6 款规定的是当败诉一方在上述合理的时间内,对与世贸组织不符的措施加以纠正的条件下,胜诉一方可以对其采取的中止减让或赔偿等报复性措施所涉及的合理金额问题,双方在此问题不能达成一致的情况下,可以将此争议提交仲裁解决。与普通仲裁不同,特殊仲裁带有强制仲裁的性质,即任何一方都可单独提起仲裁,而不需要另一方的同意及双方的仲裁协议。

（六）执行

DSU 第 21 条规定,迅速执行 DSB 的建议或裁决,是确保有效解决影响全体成员方利益的争端的必要条件。根据执行的方式不同,执行分为两种:自愿执行与强制执行。

1. 自愿执行

是指败诉方在 DSB 合法有效的裁决或决定作出后,立即或在合理的期限内完全执行裁决的内容。一般来说,在专家组或上诉机构的报告通过后 30 天内,有关成员应通知争端解决机构其履行争端解决机构建议或裁决的意愿。如不能立即执行建议或裁决,该成员应在合理期限内执行。合理期限为:有关成员国提出并获得 DSB 批准的时间;如未获得批准,争端当事方在该建议或裁决通过后 45 天内相互同意的时间;如没有上述相互同意的时间,则在建议或裁决通过之日后 90 天内经仲裁所确定的时间,但该时间不超过专家组或上诉机构报告通过之后的 15 个月。若双方协商一致,处理争端的时间可超过 18 个月。同时 DSB 也继续对实施的情况进行监督。

2. 强制执行

如果败诉方不自觉履行有关义务,那么胜诉方就可以采取相应的强制措施,以迫使对方履行义务。DSU 规定的强制措施主要是报复。根据 DSU 第 22 条的规定,当专家组或上诉机构所作出的决定或报告未被 DSB 采纳或者执行时,争端方可以在自愿的基础上就补偿的方法达成协议。如果在合理的期限后 20 天内不能达成令人满意的协议,则援引争端解决程序的任何当事方,可以要求争端解决机构授权中止适用对有关成员国依照各适用协定承担的减让或其他义务。但在中止履行减让和其他义务时,应遵循以下的顺序:申诉方应中止履行与利益丧失或损害相关的同一协议中同一部门的减让或其他义务。如无效,则中止履行同一协议内其他部门中的减让和其他义务。如果仍无效,则可中止其他协议中的减让或其他义务(称为交叉报复)

只有当对补偿协议达不成一致协议时,才可以使用报复手段。报复是 WTO 争端解决程序中的最终救济手段。DSU 多次重申报复必须谨慎使用,到万不得已时方可使用,且申诉方在采取交叉报复前,应要求 DSB 授权,陈述理由,并向拟交叉报复的部门的有关机构和协定的有关理事会或委员会提出。如果协定禁止此类中止,则 DSB 不得授权报复。无论如何,中止减让和其他义务的水平应与申诉方受损害利益程度相当。

(七)执行专家组或上诉机构裁决的监督程序

执行专家组或上诉机构的裁决通过后,执行问题就成为考验新成立的 WTO 争端解决机制是否值得信赖的一个关键。在 GATT 历史上,曾多次出现某些缔约方故意拖延采取专家组报告所建议补救行动的事例,而总协定对此却无能为力,处境十分尴尬,因而也自然失去不少缔约方对它的信任。为防止败诉方在 WTO 争端解决机制中故伎重演,新的机制确立了特殊监督措施。

DSU 第 20 条对争端解决机构建议与裁决实施的监督,制定了具体的规则:(1)在专家组或上诉机构报告通过后的 30 天内举行的争端解决机构会议上,有关成员方应将其实施争端解决机构的建议与裁决的打算通知争端解决机构。如果该成员方不可能及时遵守这种建议与裁定,它应有一个合理期限来遵守。如果争端双方对"合理期限"有不同意见,则可以诉诸仲裁。(2)关于对建议与裁决的监督问题,DSU 规定对有关各方执行建议或裁决的情况进行经常的监督,该监督职能应由争端解决机构执行。在建议或裁决通过之后,任何成员方可以在任何时间提出有关执行建议或裁决的问题。除非争端解决机构另有决定,即全体一致不同意执行建议或裁决,则在合理期限确定之日起的 6 个月后,执行问题必须列入争端解决机构的议事日程,并将一直保留在其议事日程上,直至问题的最后解决为止。

WTO 争端解决机制除了建立一个适用于大多数问题的一般程序外,而且承认在一定条件下和有限范围内可以适用有关特别规则和程序。在 WTO 争端解决机制中,以下各多边货物贸易协定含有特别或附加规则与程序的规定,包括:《纺织品与服装协定》、《政府采购协议》、《反倾销协定》、《反补贴协定》、《装运前检验协议》、《服务贸易总协定》等。

当 DSU 与特别规则和程序发生冲突时,应依下述原则解决:(1)特别程序优于一般程序。(2)各特别程序发生冲突时先协商决定,否则由 DSB 主席与各方协商后确定。(3)WTO 部长会议和总理事会有解释各协定的专有权。

五、WTO 争端解决机制的原则

WTO 争端解决机制的一般原则,是该机制得以建立、运行与发展的基本指导原则,这些原则贯穿于该机制运作全过程,可以概括为以下几个方面:

(一)遵循争端解决惯例原则

《WTO 协定》第 16 条第 1 款"遵循 GATT 及该协定框架下其他机构所遵循的决议、程序及习惯"的规定,就当然包括了"争端解决的惯例"在内了。

(二)磋商和调解原则

各成员方承诺要建立一个完整的、更具活力的和持久的多边贸易体系,以促进世界经济贸易发展,提高各国人民生活水平。要维护这样一个组织,实现其确立目标,各成员方对于发生在它们之间的贸易争端采取友好协商态度是非常必要的。总干事作为该组织的最高行政长官,则应积极进行斡旋、调解或调停,协助各成员及时解决争端。

(三)确保成员方之间权利义务平衡原则

WTO 争端解决机制建立的目的是保证成员方之间权利义务平衡,也即争端解决机制

405

一方面是保证各成员方履行各有关协议所规定的义务,以维护各方权利义务平衡;另一方面是在各方都已履行应尽义务的情况下,由于某方采取的某项措施而给他方利益造成了损害时,受损方仍可以提起"非违法之诉"以获得适当补偿。

（四）程序上的协商一致原则

WTO 争端解决机制比旧机制要更完善,它引入了"无异议协商一致"和"反向协商一致"（negative consensus）的概念。"反向协商一致"表决方式实际上是一种自动通过程序,正是这种"反向协商一致"的表决原则的引入,保证了对某些争端问题的及时处理和某些争端解决程序的顺利进行。从世贸组织已处理的争端案件来看,还未出现以前总协定时期曾多次发生的滥用"协商一致"原则阻挠专家组成立或阻止专家组报告通过的案例。

（五）应特别考虑发展中成员利益原则

发展中成员方的不同和优惠待遇原则、最不发达成员方特别待遇原则,也是属于指导争端解决活动的重要原则。

（六）善意和谨慎地运用争端解决机制原则

DSU 要求成员方在诉诸争端解决程序时持谨慎和善意之态度,即要求"各成员方在申诉前应对这些程序下的行动是否有效作出判断","调解和使用争端解决程序不应旨在作为或视为诉讼行为,而且一项争端发生,所有成员方应善意参与这些程序,以谋求解决该争端。申诉与对截然不同事项的反诉不应有任何联系"。

六、WTO 争端解决机制的评价

自 1995 年世贸组织成立以来,各缔约方对争端解决机制的日益信任,该机构也已不再仅仅是"富国的俱乐部"（Club of the Rich）,特别是 WTO 争端解决机制已多次启用授权贸易报复,即中止关税减让的程序,而在 GATT 的历史上却是零纪录。可见,WTO 争端解决机制运行态势良好,基本上满足了缔约方对于贸易争端解决的需求。

（一）WTO 争端解决机制的新发展

世贸组织争端解决机制与关贸总协定争端解决机制相比,在许多方面都作了改进。WTO 争端解决机制强调法治,使多边贸易体制更加安全和有可预见性:

1. 建立了专门的争端解决机构

原关贸总协定中没有形成专门的争端解决机构,负责解决贸易争端的职责由总协定缔约方理事会承担。世贸组织成立了专门负责解决贸易争端的机构,虽然该机构与世贸组织总理事会是一套机构、两块牌子,但却有自己的主席,并有自己的议事规则与程序。争端解决机构有权设立专家组,有权通过专家组和上诉机构的报告,监督建议或裁决执行,并依据有关协议授权中止各项减让和其他义务。

2. 确立了具有较高统一性和协调性的争端解决程序

WTO 争端解决机制是一种统一的争端解决制度,具有较强的系统性,这样就避免了在总协定时期由于各种争端解决条款"各自为政"而导致在适用法律上出现的分歧,为争端解决程序发起奠定了基础。这种统一机制对于提高争端解决的效率和加强各争端解决程序之间的协调,具有积极意义。

3. 确立了 WTO 争端解决机制的强制管辖权

DSU 对于争端解决机制管辖权问题作出了明确规定,而且争端解决机构管辖权是强制性的,即除非争端当事方协议以仲裁等其他方法妥善解决它们之间的争端外,只要任何一个当事方因争端不能协商解决而提出设立专家组或提出上诉,对方必须接受,并且还须接受争端解决机构对裁决或建议执行情况的监督。该机制不仅具有相当大的强制性,而且具有绝对的优先排他性,这是 WTO 争端解决机制的独特之处。

4. 确立了政治方法与法律方法相结合的争端解决程序

与关贸总协定争端解决机制偏重以外交方法解决争端相比,WTO 争端解决机制的重心则倾向于争端法律解决方法。政治方法和法律方法在一般国际法上是两种不同性质的争端解决模式。WTO 争端解决机制的一个突出贡献就在于将这两种模式结合起来,从而形成了一种全新的、独特的和平解决争端的制度。

5. 明确了争端解决程序各阶段的期限,避免案件久拖不决

DSU 对争端解决各个环节硬性规定了严格时间限制。一个案件经过全过程直至作出首次裁决,则一般不应超过 12 个月,如果提起上诉程序,则不应超过 15 个月。DSU 规定的时间是灵活的,如果案件被认为是紧急的,则案件审理不应超过 3 个月,并规定败诉方不能阻挠裁决的通过。这种严格时间限制性规定在很大程度上可以避免审案效率低下的弊端,从而可以保证争端解决机构迅速地解决争端。

6. 改革了争端解决机制表决方式

为实现争端解决制度的有效性和争端解决程序的迅捷性,争端解决机构决策采取了一致否决才不予通过的制度[称为"全体一致否认"(negative consensus)或"否定式共识"]。该表决方式实际上是对专家组和上诉机构报告设置了一种自动通过程序,该机制有利于争端解决程序的顺利、迅速进行,有利于制约大国的强权,保护胜诉的弱小国家利益。这一制度从根本上改变了关贸总协定争端解决制度框架下有关成员能够阻挠程序的进行、阻挠报告通过的缺陷,成为 WTO 的一种独特表决制度。

7. 首创了"交叉报复"机制,强化了争端解决力度

为了防止滥用报复手段破坏国际贸易秩序危险,WTO 争端解决机制对报复权授予、行使以及适用范围规定了详细而严格的原则和程序,并对报复权的行使设立了明确监督机制,有效地防止了报复权滥用行为,真正做到将报复权控制在一定界限内,并尽力将其置于国际控制之下,防止其扩散和增加,把这个曾经是经济的武器,转化为维护国际秩序的工具。

(二)WTO 争端解决机制的缺陷与不足

世贸组织争端解决机制是在关贸总协定 40 多年实践基础上根据国际贸易关系新发展而建立起来的,是现代国际法中最新的国际贸易争端解决制度。然而该机制仍然存在着诸多缺陷或不足,例如:DSU 中有些概念表述含混、报复与交叉报复制度上的不公平性、上诉审查制度缺乏必要的灵活性等。① 这些不足有待于实践发展去解决。

在本章的引例中,中国国际经济贸易仲裁委员会不能受理该案。因为:(1)合同书中最后的仲裁条款关于请求仲裁的意思表示并不明确,附带有条件,即乙公司没有异议,而不是双方当事人共同的、明确的意思表示;(2)该仲裁条款也没有约定提交仲裁的仲裁事项。

---

① 黄建华:《论 WTO 争端解决机制的贡献、不足与对策》,载《世界贸易组织动态与研究》2000 年第 9 期。

❋ 思考题

1. 简述国际民事诉讼程序与国内民事诉讼程序的异同。
2. 简述国际商事仲裁的特征。
3. 简述拒绝承认与执行外国仲裁裁决的理由。
4. 简述世贸组织争端解决机制的主要程序及其新发展。
5. 案例讨论：

2008 年,美国相继对来自中国的标准钢管、非公路用轮胎、薄壁矩形钢管和复合编织袋等四种产品征收反倾销税和反补贴税。2008 年 9 月 19 日,WTO 收到中国递交的磋商请求。2008 年 12 月 9 日,中国向世贸组织争端解决机制提起申诉,要求就美国商务部针对来自中国的标准钢管、矩形钢管、非公路用轮胎和复合编织袋等四种产品采取的双反措施进行调查。2009 年 3 月 4 日,世贸组织正式就此案设立专家组,展开调查。2010 年 10 月 22 日,专家组散发调查报告,部分支持中国主张。2010 年 12 月 1 日,中国正式向世贸组织上诉机构提出上诉。2011 年 3 月 11 日,世贸组织上诉机构发布裁决报告,支持中方有关主张,认定美方对中国产标准钢管、矩形钢管、非公路用轮胎和复合编织袋采取的反倾销、反补贴措施,以及"双重救济"做法,与世贸组织规则不符。中美双方争议的焦点如下:(1)中国国有企业和国有商业银行是否为"公共机构"。(2)中国国有银行的贷款是否具有"专项性"。(3)中国的贷款利率能否作为可比"基准"。(4)"双反"措施是否构成双重救济。请谈谈你对上述问题的看法。①

❧❦ 司法考试真题链接

1. A 公司和 B 公司于 2011 年 5 月 20 日签订合同,由 A 公司将一批平板电脑售卖给 B 公司。A 公司和 B 公司营业地分别位于甲国和乙国,两国均为《联合国国际货物销售合同公约》缔约国。合同项下的货物由丙国 C 公司的"潇湘"号商船承运,装运港是甲国某港口,目的港是乙国某港口。在运输途中,B 公司与中国 D 公司就货物转卖达成协议。B 公司与 D 公司就运输途中平板电脑的所有权产生了争议,D 公司将争议诉诸中国某法院。根据我国有关法律适用的规定,关于平板电脑所有权的法律适用,下列选项正确的是？(2011 年)

A. 当事人有约定的,可以适用当事人选择的法律,也可以适用乙国法
B. 当事人有约定的,应当适用当事人选择的法律
C. 当事人没有约定的,应当适用甲国法
D. 当事人没有约定的,应当适用乙国法

---

① 案例来源:http://www.chinalawinfo.com/wto/include/dydetail.asp? jdalid＝39,下载日期:2011年 12 月 15 日。